泰國
Thailand
史

陳鴻瑜 著

增訂版序

當本書第一版印刷後，泰國再度爆發軍事政變，各種政治勢力重歸馴服，偃旗息鼓，示威抗爭各街道重現車水馬龍，不再像過去數年在街頭上吶喊、鬥毆的肅殺景象。泰國重新在泰王和軍人共治的體制下運轉，政黨和政客靠在一旁，這已成為泰王蒲美蓬治下的特殊政治模式，蒲美蓬憑其特殊的政治魅力和精神感召，才能在政變、頒佈新憲、民選國會、動亂、再度軍變的循環中治理，因此，很難想像往後在沒有蒲美蓬之情況下泰國會變成什麼模樣？

至今帕拉育執政已一年多了，社會恢復秩序，工商業開始復甦，觀光客回流，整體而言，泰國正在恢復國家元氣之中。帕拉育首相正循老路，在 2015 年 3 月組成新憲法起草委員會，預定 2016 年 1 月公投通過新憲法，接著選舉國會議員，產生新政府。由於黃衫軍和紅衫軍的殘餘勢力尚在，只是暫時避風頭，養精蓄銳，以待再度國會選舉之機會，故一旦舉行國會選舉，將可能再度引發兩股勢力較勁。近年引發政治動亂的塔信家族，已暫告退出政治舞臺。只要蒲美蓬國王在位一天，流亡在外的塔信就無返泰之日。

臺灣讀者對於泰國情有獨鍾，對於其歷史文化特感興趣，本書才能獲讀者青睞。值此再版之際，再對泰國政治作一簡評，敬請讀者諸君指教。

陳鴻瑜敬啟

2015 年 8 月 8 日

序

　　筆者想寫泰國史已醞釀十多年，皆因諸事耽擱而未能完成，今完成初稿，謹贅數語以記之。

　　關於泰國之早期史料，中文歷史文獻應是最為豐富者之一，為筆者撰寫泰國古史時主要參考來源。惟中文古文獻偏重泰國對中國的朝貢關係，且屬斷代的紀錄，對泰國內政歷史之發展較少著墨。在英文文獻中，對泰國史則有較為詳盡和完整的記載，因筆者不諳泰文，故主要參考文獻是英文資料。

　　在撰寫過程中最感困難者，乃泰國早期歷史跟其他東南亞國家之早期歷史一樣，缺乏信史，以致於人名、地名和歷史事件之內容，不僅中文文獻和英文文獻記載的人名拼音不同，而且每本英文著作記載的人名拼音也不同。其次，在這些文獻中，經常會將人名和官銜混用，以致於官銜被誤認為人名，最明顯的是曼谷王朝的建造者昭披耶卻克里是官銜。第三，對於歷史事件的描述，各書也出現差異性記載。本書將這些不同的記載寫在註釋中，俾讓讀者參考索查。

　　造成寫作泰國歷史之困難的原因，是泰國缺乏早期歷史文獻，不是被戰火所毀，就是沒有保存文獻的機構。最嚴重的一次文獻毀滅性浩劫是 1767 年緬甸軍隊占領及焚燒阿瑜陀耶城，使得許多文獻失傳。以後曼谷王朝穩固統治後才逐步修史，因為佐證資料有限，有些歷史事件就憑史官（史家）記憶或少許的碑文記載重新整理撰述，就造成彼此差異及不連貫的現象。

　　筆者參考的文獻是英文作品，而有些英文作品是從泰文轉譯而來，在轉譯之間難免有語意不清楚的地方，對於若干名詞或泰國歷史有疑義之處，請國立政治大學東亞研究所碩士、目前在泰國卜蜂集團（CP）正大管理學院（Panyapiwat Institute of Management）擔任專任講

師的林漢發幫我查詢泰文的記載，特此一併致謝。

　　筆者以數十年教授東南亞史之經驗，將泰國歷史之研究心得整理完成此書，本書偏重政治史，專列文化一章，對於經濟、外交歷史僅約略述及。

　　本書如有疏漏之處，敬請博雅讀者諸君不吝賜教。

陳鴻瑜謹誌

2014 年 1 月 29 日

目　次

圖目次

表目次

資料來源：http://www.maps-thailand.com/，2009 年 7 月 12
日下載

第一章　緒論

第一節　自然環境與種族

　　泰國舊名暹羅（Siam），總面積為51萬4,000平方公里，位於印度支那（Indo-China）半島的中心。東、北、西三面為陸地，南面臨暹羅灣，西南為一長條狀半島陸地，延伸至馬來半島。泰國的國際邊界線長達4,932公里。西部和北部毗鄰緬甸，東北界寮國，東鄰柬埔寨，南接壤馬來西亞。

　　泰國是由兩條大河流沖積而成，境內最大的河流是湄南河（Chao Phya, Menan），從北往南流入暹羅灣。第二條大河是靠近緬甸的素攀河（Supan），也是從北往南流入暹羅灣。兩河上源為山區，兩河沖積河谷地為平原，西南部靠近馬來半島為一狹長地帶。依地形特點，整個泰國可分為四個地理區：

1. 中央平原：指泰國中央心臟地帶，屬湄南河沖積平原，是泰國主要產米區，也是人口主要集中區。首都曼谷（Bangkok, *Krung Thep Maha Nakhon*）[1]即位於此，曼谷人口將近830萬（2010年），是工商、文化和政治中心。其次有佛統（Nakhon Pathon）、素攀（Supan）等城市。

2. 東北區：占全國面積三分之一，主要有柯叻（Khorat）高原。此區

---

1. 曼谷之泰文原意是：「天使之城、偉大之城、永恆珍寶之城、Indra 神之堅固不易攻破之城、擁有九顆寶石之世界之都、快樂之城、統治再生之神的偉大皇宮、Indra 神賦予之城、毗濕奴神建造之城。」（The city of angels, the great city, the eternal jewel city, the impregnable city of God Indra, the grand capital of the world endowed with nine precious gems, the happy city, abounding in an enormous Royal Palace that resembles the heavenly abode where reigns the reincarnated god, a city given by Indra and built by Vishnukarma）http://en.wikipedia.org/wiki/Bangkok，2010/7/31 瀏覽。

是泰國土地最貧瘠的地區，雨量不足，無法種植水稻及其他經濟作物。該地區因為土地貧瘠，人民生活困苦，大多數男人從事外勞工作，許多女人也到曼谷從事特種行業。主要城市有柯叻、廊開（Nong Khai）。

3. 北區：主要是山地及陡深的谷地，約占全國四分之一的土地，是木材主要產地。主要城市是清邁（Chaingmai），是泰國北部的政治、商業和文化中心。

4. 南區：是一條狹長的陸地，稱泰南半島，由泰國中部延伸至馬來半島，全區為熱帶雨林。橡膠、椰子及其他熱帶經濟作物是本區重要的出產，也盛產錫礦。主要城市是猜耶（Chaiya）、蘇叻他尼（Surat Thani）、單馬令（Nakhon Si Thammarat）、宋卡（Songkla）、北大年（Pattani）。

從表1-1可知，除了曼谷是一個超級大都會外，其他城市都是只有40萬以下的小城市。為何泰國城市分布如此不均衡？有幾個原因，第一，在1782年建首都曼谷以前，泰國長期陷於與緬甸、柬埔寨和寮國之戰亂中，城市常遭燒毀以及人口擄掠遷移，以致於無法形成大城市。第二，早期泰南的宋卡、單馬令、北大年等港口城市隨著貿易路線改變，而趨於沒落。第三，泰族人普遍住在鄉下務農為生，所以散布在農村地帶。第四，曼谷自從建都後，未遭到外敵入侵，且是國王所在地，因此鄉下過剩人口都遷往曼谷謀生。第五，從十六世紀以後泰國對於西方外國人表示歡迎，西方人可以在都城居住、傳教。曼谷時期也是一樣，因此曼谷成為引進西方觀念和設施的首善城市。以後華人大量從中國遷移至泰國，也大都集中住在曼谷。

泰國屬熱帶氣候，終年受季風吹拂。全年可分乾季（1月至2月）、熱季（3月至5月）、雨季（6月至10月）、冬季（11月至12月）。全年的平均溫度在攝氏13度至35度之間。全年雨量在1,000公厘至3,000公厘之間，是屬於高熱潮濕的國家。[2]

---

2. George T. Kurian, *Encyclopedia of the Third World*, Mansell Publishing Limited, London, 1982, p. 1732.

表 1-1：泰國人口超過 10 萬之城市（2010 年）

	城市名	泰文	2010 年 8 月 16 日人口普查
1	Bangkok (Krung Thep Maha Nakhon)	กรุงเทพมหานคร	8,280,925
2	Nonthaburi City	นนทบุรี	262,158
3	Pak Kret	ปากเกร็ด	178,114
4	Hat Yai	หาดใหญ่	158,007
5	Korat (Nakhon Ratchasima)	โคราช (นครราชสีมา)	142,645
6	Chiang Mai	เชียงใหม่	142,632
7	Udon Thani	อุดรธานี	138,332
8	Surat Thani	สุราษฎร์ธานี	125,548
9	Mae Sot	แม่สอด	120,569
10	Khon Kaen	ขอนแก่น	114,335
11	Nakhon Si Thammarat	นครศรีธรรมราช	108,831
12	Pattaya	พัทยา	107,289

資料來源：http://en.wikipedia.org/wiki/List_of_cities_in_Thailand，2013/12/28 瀏覽。

　　泰國在 2010 年 7 月所進行的人口普查，總人口數為 65,981,659，[3] 主要種族是泰族（Thai），占全國人口 75 ％，其中暹羅人為泰族的主幹。他們的生活及社會型態構成其他泰人的典範。[4] 其次，華人占總人口的 11.3 ％，[5] 主要居住在曼谷。華人大都從商，且與泰人同化程度高。第三則為馬來人，占總人口的 2.2 ％，主要居住在泰國南部，與馬來西亞交界

---

3. http://web.nso.go.th/eng/census/poph/data/090913_StatisticalTables_10.pdf，2013/12/15 瀏覽。

4. George T. Kurian, *op. cit.*, p. 1733.

5. 依據中華民國僑委會之推估，2008 年泰國總人口為 63,389,730 人，華裔人口為 7,163,039 人，約占總人口的 11.3%。參見中華民國僑委會編，各國華人人口專輯，第三輯，中華民國僑委會編印，臺北市，2009 年 12 月，頁 40。

的地區。此外，泰境內尚有一些少數民族。泰國族群總數約有112個。[6] 例如在南部的孟族（Mon），在柬埔寨邊境的高棉族（Khmer），約占總人口的 2.3 %。其他山地民族約占 1.2 %。[7] 靠近寮國的寮族（Laos）、寮－伊山族（Lao Isan）（古時有其自己的文字）。北方的拉瓦族（Lawa）、陸族（Lue）、元族（Yuan）[8] 和泰外族（Tai Yai）。靠近緬甸的撣族（Shan）和克倫族（Karen）。泰國中部和南部的桂族（Kui）、普泰（Phu Tai）、泰魯（Thai Lue, Lü）、孟族（Mon）、苗族（Meo）、阿卡族（Akha, Ekaw, Ikaw）、辛族（Thin, Kha Tin）、利蘇族（Lisu, Lasaw, Lishaw, Lisaw）、拉胡族（Lafu, Musser）、猺族（Yao, Iu Mien, Man）、拉瓦族（Lawa）、卡木族（Khmu?）、豪族（Haw, Ho, Hor, Yunnanese）、查文族（Chaobon）、小黑人（Negrito）、皮東巒族（Phi Tong Luang, Yumbri）、母拉布里族（Mrabri）、布拉歐族（Brao, Lave, Love）、金拋族（Jinghpaw, Kachin）、高棉族（Khmer）、柯叻泰（Khorat Tai）、莫肯族（Moken）、普恩族（Phuan）、希克族（Saek）、撣族（Shan）、梭族（So）。[9]

在宗教方面，泰人篤信佛教，依據2010年人口普查，信徒占總人口的 97.3 %，故泰國有「佛國」之稱。佛教對泰國有重要的影響力，泰政府設有一宗教事務局，且在憲法規定其國王必須是佛教徒。惟政府仍准許人民有信仰其他宗教的自由。泰國的佛教是建立在婆羅門教（Brahmanism）和印度教（Hinduism）之基礎之上，受到南印度的小乘佛教（Hinayana）之影響，從十三世紀起即是信奉小乘佛教。信奉伊斯蘭教者有1.5 %。[10]

據考古紀錄，在西元前 10 萬年左右，泰國便有人類的足跡及文明出

---

6. http://www.joshuaproject.net/countries.php? rog3=TH&sf=peopnameincountry&so=asc，2009 年 7 月 5 日瀏覽。

7. http://web.nso.go.th/en/census/poph/indiregion/indi_whole.htm，2010/9/16 瀏覽。

8. 元族又稱為康蒙族（Khon Muang）、坎蒙族（Kham Muang）、蘭那泰（Lanna Thai），古時有其自己的文字。參見 Erik Cohen, *Thai Society in Comparative Perspective*, White Lotus, Bangkok, Thailand, 1991, p. 13.

9. Peter Kunstadter, "Thailand: Introduction," in Peter Kunstadter(ed.), *Southeast Asian Tribes, Minorities, and Nations*, Volume 1, Princeton University Press, Princeton, New Jersey, 1967, pp. 369-400, at pp. 397-398.

10. http://web.nso.go.th/en/census/poph/data/bkk_2.keyin dicators.pdf，2013 年 12 月 31 日瀏覽。

表 1-2：泰國人口從 1909 年到 2010 年人口數和成長率

年代	人口數	年成長率
1909	8,149,487	—
1919	9,207,355	1.22
1929	11,506,207	2.23
1937	14,464,105	2.86
1947	17,442,689	1.87
1960	26,257,916	3.15
1970	34,397,374	2.70
1980	44,824,540	2.65
1990	54,548,530	1.96
2000	60,606,947	1.05
2010	65,981,659	1.04

資料來源：http://web.nso.go.th/en/census/poph/prelim_e.htm，2010/9/16 瀏覽。
說明：2010 年資料為作者所補充。

現。現在的泰族人則是在西元六、七世紀時，由南中國移入。十三世紀，泰人建立了第一個王國——素可泰（Sukhothai）王國。

第二節　泰南文明的興起

泰國北部的斯匹里特洞窟（Spirit Cave），烏通（U-Thong）的賽耀克（Sai Yok）是早期有人類活動的地區。斯匹里特洞窟的時間約在西元前11000～5500年。[11]賽耀克位在康昌那布里（Kanchanaburi）省，在該洞窟中發現粗面石器，狀如馬蹄形，其年代約在舊石器時代末期。[12]班昌

---

11. http://archaeology.about.com/od/sterms/g/spiritcave.htm，2006 年 6 月 9 日瀏覽。
12. Peter Bellwood, "Southeast Asia before History," in Nicholas Tarling(ed.), *The Cambridge History of Southeast Asia*, Vol.One, From Early Times to C. 1500, Cambridge University Press, U.K., 1999, pp. 55-136. at pp. 81-83.

（Ban Chiang）的遺址約在西元前 3600 年。[13]泰南克拉比（Krabi）省的藍隆格林（Lang Rongrien）洞窟發現的石器，距今約37,000年前至27,000年前之間。除了石器外，亦有陸龜和囓齒動物的遺骸，但未發現海中貝殼。[14]

在泰國南部馬來半島（本文為行文方便稱泰南半島）上最窄的地點是從尖噴（Chumphon）到安達曼海（Andaman Sea）一帶，約僅 80 公里左右，稱為克拉地峽（Kra Isthmus）。在西元前一世紀以前的未知年代，該地帶人民即透過步行越過該半島，然後乘船而往來於印度和東南亞其他地區，甚至到中國。

據目前的研究所知，馬來半島靠近吉打（Kedah）一帶，約在西元前10 萬年即有人類（現代意義的人類）居住，他們來自何地，無法知道。從考古發現，他們大都屬於穴居，使用石器的土著民族。到西元前五世紀時，他們已知使用鐵器，並有初級的農業活動。

至西元前一到二世紀，對於印度支那（Indo-China）和泰南半島沿海地帶人類，已可辨別出屬於何種種族，例如越北為越族（京族）、越南中部為占族、越南南部到柬埔寨本部為高棉土著族（可能為印度尼西亞種族Indonesians）、[15]泰國南部從華富里（Lop Buri）到猜耶（Chaiya）一帶為孟族（Mon）、從佛統（Nakhon Pathom）到緬甸南部薩爾溫江和勃固（Pegu）一帶也是孟族、在伊洛瓦底江（Irrawaddy）下游一帶為驃族（Pyu）、從猜耶到馬來半島為沙蓋族（Sakai）〔又稱為西諾伊族（Senoi）〕，吉打到霹靂的西蠻族（Semang），吉蘭丹（Kelantan）的攀根族（Pangan），泰國南部的捲髮族（Ngok），[16]馬來半島南部彭亨和柔佛森

---

13. http://archaeology.about.com/od/bterms/g/banchiang.htm，2006 年 6 月 9 日瀏覽。

14. Peter Bellwood, *op. cit.*, p. 81.

15. Lawrence Palmer Briggs 認為在西元初，柬埔寨有三個種族，一是扶南族（Funanese），分布在洞里薩湖（Tonle Sap）到湄公河下游一帶。二是占族（Chams），分布在扶南族的上游的 Se Mun 河口，延伸到越南中部的 Col des Nuages 的海岸地帶。三是高棉族（Khmers），分布在占族的上游。西元初，高棉族驅逐占族，占領其住地，同時同化其他族群。到七世紀，高棉族又控制扶南族的地區。參見 Lawrence Palmer Briggs, "A Sketch of Cambodian History," *The Far Eastern Quarterly*, Vol. 6, No. 4, August 1947, pp. 345-363.

16. 泰國的捲髮族就是西蠻族，是小黑人族的後裔，擅於吹箭。在泰國南部的耶拉（Yala）還有此一族群。Rong Syamananda, *A History of Thailand*, Thai Watana Panich Co., Ltd., Bangkok, Thailand, 1973, pp. 13-14.

林地帶的耶昆族（Jakun）。[17] 泰族主要分布在泰北素可泰以北到中國雲南和廣西邊境一帶，少數泰族人則遷徙分布在湄南河河谷的下游地帶。這些族群進化程度不一，有些已發展出更為近代的文明，例如孟族和高棉族，但有些卻仍然停留在森林地帶或者依然過著狩獵生活，例如沙蓋族或西諾伊族屬於南印度的吠陀族人（Veddoid），西蠻族、攀根族則屬於小矮人族群。小矮人族群分布在安達曼群島（Andaman Islands）、馬來半島、印尼群島、菲律賓群島和臺灣。他們的身體特徵為身材矮小（身高150公分以下）、頭髮捲曲、黑皮膚、眼睛黑褐色、短頭顱。吠陀族的身體特徵為；身高較高，約在153～158公分之間，皮膚為褐色，頭髮粗糙且呈波浪狀，鼻子扁平，鼻孔向外，臉大口闊，長頭顱，但頭蓋骨小。沙蓋或西諾伊是僅存最純種的族群，其他族群都與外來族群混血。[18]

　　上述諸族群因為與外來族群混居、互婚、衝突和融合而形成新的族群。例如中國秦朝在西元前214年入侵越北，越族往南發展，侵逼占族的居住地。泰族從泰北沿著湄南河南下，占領孟族土地，並逐漸與孟族融合。泰南半島上的最重要的外來族群是印度人和孟加拉人。印度人和孟加拉人是在哪一個年代移入泰南半島，並無確實的文獻。西元前六世紀印度史詩拉瑪耶那（Ramayana）曾提及黃金半島（Suvarna-dvipa），指印度東方有一個產黃金的小島（golden-isle）或黃金之地。對於該一描述，有不同的解讀，有指緬甸半島，亦有指馬來半島。然而筆者認為，以當時的地理知識，是否能夠知道馬來半島是一個半島，是有疑問的。無論如何，大概在該一時期印度人和孟加拉人已航行抵達下緬甸地帶，應無疑問。[19] 在西元前數世紀到西元後六世紀，緬甸伊洛瓦底江下游的海岸地帶可能在卑謬（Prome）以南10公里處，阿拉干（Arakan）山派向外

17. Richard Winstedt, *The Malays, A Cultural History*, Routledge & Kegan Paul, Ltd, London and Boston, 1947, pp. 7-13.許雲樵，「馬來亞的來歷」，許雲樵輯，馬來亞研究講座，世界書局，新加坡，1961年，頁1-7。

18. Edwin M. Loeb, *Sumatra: Its History and People*, Singapore, Oxford University Press, New York, 1988, p. 14.

19. Brian Harrison, *Southeast Asia: A Short History*, Macmillan & Co., Ltd., London, 1954, p. 26.

海突出形成一個半島地形。以後因為泥沙淤積海岸往外海移動，以致下緬甸一帶成為斧頭狀半島地形。

在西元前二至三世紀時，印度人和孟加拉人已徒步橫越過泰南半島，在緬甸南部和泰南半島北部東西兩岸定居，而逐漸出現較大群落、人口集中的雛形城市，為了商業利益，他們繼續航行到中國，引起漢朝的興趣，在漢武帝時派遣使節抵達泰南半島和緬甸南部一帶，建立起雙邊的貿易關係。

東印度人東進建立扶南國

東印度人大概在一世紀時向東發展，越過馬來半島，並沒有在佛統一帶建立據點（因為佛統一帶是孟族和泰族混居的地區），而是從馬來半島最窄的克拉地峽附近越過陸地，然後從該處沿著泰國海岸航行到扶南（今柬埔寨），並與當地土著通婚，組成扶南國家，根據梁書的記載：

「扶南國俗本裸、文身、被髮，不制衣裳，以女人為王，號曰柳葉，年少壯健，有似男子，其南有徼國，有事鬼神者，字混填，夢神賜之弓，乘賈人舶入海。混填晨起，即詣廟，於神樹下得弓，便依夢乘船入海，遂入扶南外邑。柳葉人眾見舶至，欲取之，混填即張弓射其舶，穿度一面矢及侍者，柳葉大懼，舉眾降混填，混填乃教柳葉穿布貫頭，形不復露，遂治其國，納柳葉為妻，生子分王七邑。」[20]

從該文記載可知，在印度人混填未抵達之前，扶南是一個部落，人民尚不知衣物。柬埔寨的歷史也說其祖先普里亞東（Preah Thong）係來自印度，搭船航行至柬埔寨，與當地公主結婚，繁衍後代。[21]混填因係印度的婆羅門（Brahman），文化水準較高，引進了印度的文化和制度，逐漸擴大政治組織，統治七個屬邑。尤有進者，約在西元一世紀左右，可能有大量的印度人（包括商人、傳教士和旅客）進入柬埔寨，且與土著

---

20. 〔唐〕姚思廉撰，梁書，卷五十四，列傳第四十八，海南諸國，扶南條，頁6-7。
21. Dawn F. Rooney, *Angkor, An Introduction to the Temples*, Airphoto International Ltd., Hongkong, 2002, pp. 21-22.

混血而形成以後的高棉族。

坎普貝爾（Donald Maclaine, Campbell）認為爪哇土著可能是從柬埔寨地區移入的。早在西元初年印度人移入扶南（即古代的柬埔寨的稱呼）地區時，當地土著已會農耕技術，他們可能在遭到印度人的攻擊時逃難而移入爪哇島。坎普貝爾進一步舉述伊諾克（C. Reginald Enock）的著作太平洋的秘密（*The Secret of the Pacific*）和史密斯（S. Percy Smith）的著作夏威基：毛利人的原鄉（*Hawaiki:the Original Home of the Maori*）做為證據，伊諾克說波里尼西亞人（Polynesians）祖先約在西元前 450 年來自印度，而印度人在西元前65年移入爪哇。坎普貝爾認為西元前450年印度人入侵波里尼西亞的時間是不錯，但該印度人可能不是直接來自印度，而可能是來自遷移至印度支那的印度人。[22]

英國學者吳迪（W. Wood）所著之暹羅史（*A History of Siam*）亦說：「在阿輪迦王（按：或譯為阿育王）（Asoka）入侵羯陵迦國時，印度人在數年之內在今之白古（按：或譯為勃固）（Pegu）、暹羅、柬埔寨和交趾等沿海地區建立殖民地。」[23]

據布里格斯（Lawrence Palmer Briggs）的著作，扶南的 Fan Shih-man（中文文獻寫為范蔓）是在 205～225 年統治扶南，他征服高吧（Takaba 或 Takala）和盤盤一帶，將該地置於扶南的附庸地位。[24]明朝楊一葵撰的裔乘和羅曰褧撰的咸賓錄都說：「扶南王盤盤以國事委其大將范蔓，盤盤立三年死，國人共舉蔓為王。蔓勇健有權略，復以兵威攻伐，取旁國，自號扶南大王，乃作大船，窮漲海，攻滅旁十餘國，開地五、六千里。」[25]高吧和盤盤都位在泰南半島。泰國學者黎道綱認為盤盤在今泰國

22. Donald Maclaine, Campbell, *Java: Past and Present, A Description of the Most Beautiful Country in the World, Its Ancient History, People, Antiquities, and Products*, William Heinemann, London, 1915, pp. 16-17.

23. 吳迪原著，陳禮頌譯，暹羅史，臺灣商務印書館，臺北市，1988 年，頁 39。

24. Lawrence Palmer Briggs, *The Ancient Khmer Empire*, The American Philosophical Society, Philadelphia, 1951, p. 23.

25. 〔明〕楊一葵撰，裔乘（上），南夷卷之二，真臘條，國立中央圖書館出版，正中書局印行，臺北市，1981 年；〔明〕羅曰褧，咸賓錄，南夷志卷之六，真臘條。

南部的蘇叻他尼（Surathani）。[26]

在三世紀時，扶南和印度往來密切，梁書中天竺條：「唯吳時扶南王范旃遣親人蘇物使其國，從扶南發投拘利口，循海大灣中，正西北入，歷灣邊數國，可一年餘，到天竹江口，逆水行七千里，乃至焉。」當時扶南控制的範圍可能到泰國南部，故扶南使節從扶南出發，經過泰國南部，越過陸地到西岸的拘利口，即從 Pakchan 河口出發，沿著孟加拉灣海岸航行，經一年餘才到達恆河口。

當時的高吧和盤盤是旅客和商人從東印度過來轉往扶南的重要港口，很多東印度人在此兩港口定居，他們因與扶南有血統關係，所以扶南文化在該地區發揚傳播，而與該地北方的孟族控制區──佛統──形成不同的文化風貌。

位在該航路中間的頓遜[27]亦屬於扶南控制，按廣東通志：「滿剌加國，古哥羅富沙也。漢時，常通中國，後為頓遜所羈屬，頓遜在海崎山上，地方千里，城去海十里，有五王，並羈屬扶南。去扶南可三千里，東界通交州，即古哥羅富沙也。其西界接天竺，徼外諸國，其國城接闍婆，故又名大闍婆，今稱重迦羅。東有吉里地悶，故其處，舊不稱國。」重迦羅，即 Janggala 之譯音，Janggala 位在東爪哇。[28]

至四世紀時，中國文獻又記載同樣的故事，即有印度婆羅門從印度到盤盤，再從盤盤到扶南，被迎立為王。根據梁書上的記載：

> 「晉穆帝升平元年（357 年），〔扶南〕王竺旃檀奉表獻馴象，詔曰此物勞費不少，駐令勿送。其後王憍陳如，本天竺婆羅門也，有神語曰：『應王扶南。』憍陳如心悅，南至盤盤。扶南人聞之，舉國欣戴，迎而立焉。復改制度，用天竺法。憍陳如死後，王持梨陀跋摩宋

26.〔泰〕黎道綱，泰國古代史地叢考，中華書局，北京市，2000 年，頁 126。
27. 許雲樵認為頓遜即是今緬甸南部的廷那沙林(Tenasserim)，它的港口就是墨吉(Mergui)（或稱丹老）。（許雲樵，馬來亞史（上冊），新加坡青年書局，新加坡，1961 年，頁 78-79。）Lawrence Palmer Briggs 亦認為頓遜位在廷那沙林和墨吉之間，也包括湄南河三角洲的北部地區。（Lawrence Palmer Briggs, "The Khmer Empire and The Malay Peninsula," *The Far Eastern Quarterly*, Vol. 3, No. 3, May 1950, pp. 256-305.）
28. 陳佳榮、謝方、陸峻嶺編，古代南海地名匯釋，北京市：中華書局，1986，頁 601。

文帝世奉表，獻方物。」[29]

　　從上述兩則故事中可以知道，大概在西元一世紀到四世紀期間印度人就相繼到柬埔寨，他們是如何從印度到達柬埔寨的？文獻並沒有詳細的記載。不過，從印度婆羅門先抵達盤盤，可以判斷他是先搭船到泰南半島西海岸，再步行越過半島，然後再乘船至扶南。

印度人東行的路線

　　印度人，應是東印度的呵陵伽人（Kalinga）〔其分布在恆河盆地到克里斯那（Krishna）河口〕，[30] 他們在何時知道下緬甸和馬來半島？西元前六世紀的印度史詩拉瑪耶那曾提及 Suvarna-dvipa 和 Yava-dvipa 兩個地名，dvipa 的梵文意指半島或島嶼，而 Suvarna 意指黃金，Yava 意指大麥。下緬甸和馬來半島都產黃金，因此該史詩所指的地方可能是這兩個地點之一。西元前三世紀，印度阿育王（Asoka）（?～252 B.C.）（改信佛教並將其普及推廣）之佛教傳教士到「黃金之地」（Suvarna-bhumi），其地點可能在今天的下緬甸，[31] 即在打端（Thaton, Sudhammavati）（或譯為直通）。

　　從該史詩判斷，印度人可能至少在西元前六世紀左右乘船從恆河口往東航行，沿著緬甸海岸航行。以後可能也是經過一段時間，印度人才繼續向東走經過馬塔班（Martaban）、土瓦（Tavoy）、墨吉（Mergui）、高吧、吉打等地，因為商人、旅客和傳教士往來，而使這些地點發展成為港口城市。在西元前一世紀以前，印度人從高吧越過泰南半島抵達東岸的蘇叻他尼。在經過一段時間後，蘇叻他尼也發展成一個港口城市，該地的人民乘船往南邊和北邊發展，而以往北航行較具商業價值，因為該條航線可以往泰國南部、柬埔寨等地，甚至遠到中國做生意。往南邊發展的，就形成單馬令（或譯為西勢洛坤）。[32] 甚至更遠到爪

---

29. 〔唐〕姚思廉撰，梁書，卷五十四，海南諸國條，頁 8。
30. 鍾錫金，吉打二千年，佳運印務文具有限公司，馬來西亞吉打州，1993 年，頁 262。
31. Brian Harrison, *Southeast Asia: A Short History*, Macmillan & Co., Ltd., London, 1954, p. 10.
32. Nakhon，泰文意指城市，Sri 意指偉大的，Thamarat 即單馬令，故全文應為偉大的單馬令城市。

哇和蘇門答臘。

依據中國文獻之記載，下緬甸最早的古國是驃國，舊唐書說：「驃國，在永昌故郡南二千餘里，去上都一萬四千里。其國境，東西三千里，南北三千五百里。東鄰真臘國，西接東天竺國，南盡溟海，北通南詔些樂城界，東北拒陽苴咩城六千八百里。往來通聘迦羅婆提等二十國，役屬者林王等九城，食境土者羅君潛等二百九十部落。」[33]

緬甸學者蒙汀翁（Maung Htin Aung）認為驃國首都在卑謬，驃國人稱該城市為室利差呾羅（Sri Ksetra），意為「幸運之城」（The Fortunate Field）。該城市位在伊洛瓦底江河口，早期該城市距海邊很近，是一交通繁忙的內河港口，後來泥沙淤積，形成沖積三角洲，該城遂距海岸遙遠。至九世紀時，驃國首都不在室利差呾羅，而在北緬甸的某一個城市。他說室利差呾羅在七世紀時已被廢棄作為首都，「悉利移」應是「the Lord of Sri」，即悉利城主，而悉利城應是被廢棄的城，因為當時沒有另一個城市以「悉利」為名。不過，驃國的新首都在哪一個城市，無可考。[34]

緬甸學者翁時文（Michael Aung-Thwin）認為在 638 年時，驃國已成為伊洛瓦底江河谷最重要的國家，其首府在室利差呾羅。在八世紀初，該城市被摧毀，另建首都在伊洛瓦底江上游的漢蘭（Hanlan）。在 832 年和 835 年，南詔兩次入侵漢蘭和下緬甸的米沾（Mi-ch'en）。蒲甘王尤民替（Pyuminhti 或 Pyusawhti）在 849 年在蒲甘建都，開展蒲甘（Pagan, Pukam）王朝。[35]

緬甸學者蒙汀翁認為，西元 131 年，羅馬帝國人即乘船沿印度海岸抵達廷那沙林（Tenasserim），然後從該地越過泰南半島，到暹羅灣，繼續前往中國。166 年，另一個羅馬帝國安敦王（Marcus Aurelius Antonius）

---

33. 〔後晉〕劉昫等撰，舊唐書，列傳，卷一百九十七，列傳，第一百四十七，南蠻，西南蠻，驃國。

34. Maung Htin Aung, *A History of Burma*, Columbia University Press, New York and London, 1967, pp. 8, 20-22.

35. Michael Aung-Thwin, *Pagan: The Origins of Modern Burma*, University of Hawaii Press, Honolulu, 1985, pp. 20-21.

時期的商人亦走同樣的路線到中國。[36]布里格斯亦認為羅馬人走上述路線在166年到中國。[37]從廷那沙林越過別羅克山（Bilauk Taung）可抵達泰國的巴蜀（Prachuap），然後繼續乘船到泰南的佛丕（Phetburi）、佛統。

但中文書的記載稍有不同。梁書「海南諸國」條目記載：「海南諸國大抵在交州南及西南大海洲上，相去近者，三五千里，遠者二三萬里，其西與西域諸國接壤，漢元鼎中，遣伏波將軍路博德開百越，置日南郡。其徼外諸國，自武帝以來皆朝貢，後漢桓帝世，大秦、天竺皆由此道遣使貢獻。及吳孫權時遣宣化從事朱應、中郎康泰通焉。其所經及傳聞則有百數十國，因立記傳。晉代通中國者，蓋渺，故不載史官。及宋齊，至者有十餘國，始為之傳。自梁革運，其奉正朔，修貢職，航海歲至踰於前代矣。今採其風俗粗者，綴為海南傳云。」[38]

在漢和帝時，天竺遣使至中國，不過當時走的是陸路，至漢桓帝延熹二年（159）、四年（161），因西域叛亂迭起，交通受阻，乃改走海道到中國。後漢書曾記載：「天竺國，西與大秦通，有大秦珍物，又有細布、好毾㲪、諸香、石蜜、胡椒、姜、黑鹽。和帝時（89～105），數遣使貢獻。後西域反叛，乃絕。至桓帝延熹二年（159）、四年（161），頻從日南徼外來獻。」[39]

後漢桓帝延熹九年（166），大秦、天竺等從海道遣使到中國朝貢。「大秦國……與安息、天竺交市于海中，利有十倍，……其王常欲通使于漢，而安息欲以漢繒彩與之交市，故遮閡不得自達。至桓帝延熹九年（166）大秦王安敦遣使自日南徼外獻象牙、犀角、玳瑁，始乃一通焉。其所表貢，並無珍異，疑傳者過焉。」[40]安敦即是 Marcus Aureius Antonius。可惜的是該段記載並沒有載明航行南海的路線。

印度學者密斯拉（Patit Paban Mishra）亦認為除了從高吧到猜耶（中

36. Maung Htin Aung, *op. cit.*, p. 8.
37. Lawrence Palmer Briggs, *The Ancient Khmer Empire*, p. 24.
38. 〔唐〕姚思廉撰，梁書，卷五十四，海南諸國條。
39. 〔南朝・宋〕范曄撰，後漢書，卷八八，西域傳・天竺。
40. 〔南朝・宋〕范曄撰，後漢書，卷一一八，西域大秦傳。

國古籍稱為𣲗仔）[41] 的陸路路線外，尚有一條係從土瓦越過「三佛塔隘道」（Three Pagodas Pass），然後經由坎布里河（Kanburi River）到湄南河谷地。[42]

密斯拉引述托勒密（Ptolemy）的說法，托勒密提及印度東海岸的帕魯拉（Palura）港口（位在 Orissa 省 Ganjam 河口），船隻到此不再沿海岸而行，而是進入公海航行。船隻從埃及出發後到亞丁（Aden），再到印度海岸，從印度東海岸的阿里卡米度（Arikamedu）航向帕魯拉，帕魯拉港是羅馬船隻航向東南亞之前最後的港口。以後經由孟加拉灣（Bay of Bengal）到達緬甸南部的阿拉干，沿南邊海岸到伊洛瓦底江三角洲，進入馬塔班灣（Gulf of Martaban）。船隻經由高吧、巴生（Klang）和北大年（Pattani），最後目的地是卡替嘎拉（Kattigara）港〔位在今天越南西南部面向暹羅灣的歐奇歐（Óc Eo）港〕。商人避開環繞馬來半島海岸的海運路線的危險，因為有海盜。他們經由吉打到泰國，再走陸路越過寮國、柬埔寨到越南中部的占婆（Champa）。[43]

在二世紀，羅馬人、波斯人和印度人可能亦是循此路線前往中國。大量的東印度人進入泰南半島後與當地的孟族、泰族、[44] 沙蓋族、西蠻族

---

41. 〔清〕嵇璜、劉墉等撰修，清通典，卷九八，宋臘勝，「旁有𣲗仔、六昆、大呢諸國。」𣲗仔，即泰南猜耶(Chaiya)。（陳佳榮、謝方和陸峻嶺等編，前引書，頁 624。）

42. Patit Paban Mishra, "India-Southeast Asian Relations: An Overview," *Teaching South Asia*, Volume I, No. 1, Winter 2001. 2011 年 8 月 10 日瀏覽，http://www4.sdstate.edu/projectsouthasia/Resources/upload/India-Southeast-Asian-Relations-Mishra.pdf

43. Patit Paban Mishra, *op. cit.*

44. 此時泰族人是否居住在湄南河下游，有不同的說法。根據泰國學者 Charnvit Kasetsiri 的著作，他舉述 Prince Damrong 的看法，認為在墮羅鉢底時期，在華富里（Lopburi）地區的住民可能是拉瓦人（Lawa）。Kasetsiri 又說在 1964 年時，曼谷曾舉行一場研討會，討論墮羅鉢底人種的來源，Kachorn Sukhabanij 在會上表示墮羅鉢底人種可能為一種原始泰人（Proto-Thai）。因此該一族群容易與後來移入的泰人融合，而成為湄南河流域的統治者。有些學者則直接說墮羅鉢底人種就是泰族人。（參見 Charnvit Kasetsiri, *The Rise of Ayudhya, A History of Siam in the Fourteenth and Fifteenth Centuries*, Oxford University Press, Kuala Lumpur, 1976, p. 15.）換言之，這些討論的重點是將孟族視為泰族之一支。另一種觀點是認為早在墮羅鉢底形成過程中，當時的居民包括孟族和泰族，例如泰國學者 Dhida 博士即持此觀點，他認為孟族是主要族群，說的也是孟族語，而另有少數泰族（Tai, Sam, Sayam, Siam, Tanluin）、印度人、華人和安南人。（參見 Dhida Saraya, *(Sri) Dvaravati, The Initial Phase of Siam's History*, Darnsutha Press Co. Ltd., Muang Boran Publishing House, Bangkok, Thailand, 1999, pp. 12,47.）從而可以知道，在西元二世紀時，應有少數泰人沿著湄南河到下游一帶居住。

通婚而形成新的族群，不過基本文化是屬於婆羅門教。

　　換言之，從西元前一世紀到西元後三世紀上半葉，泰南半島的東西交通路線是越過泰南半島，[45] 位在該半島東西兩岸的先後形成的重要城市有西岸的馬塔班、毛淡棉、土瓦、墨吉、廷那沙林、高吧、吉打，東岸的蘇叻他尼、單馬令、巴蜀、佛統等城市的出現。這些港口城市都是位在泰南半島的中部，在馬來半島南部、西南部和東南部則尚未出現城市，顯示人口係從兩個方向移動的，一是從馬來半島東岸的蘇叻他尼往南發展，沿岸有單馬令、宋卡、北大年等城市；另一是從馬來半島西岸的高吧往南邊移動到達馬來半島的南端，沿岸只有一個大城市（國家）吉打。

　　到了三世紀，在泰緬邊境出現一條新交通孔道，就是在毛淡棉乘船上溯阿塔巒河（Ataran），抵達邊境的帕亞松如（Payathonzu），越過「三佛塔隘道」（參見圖 1-1），[46] 進入泰境內北碧府（Kanchanaburi）的桂蓮河（Khwae Noi）上游的汕卡拉武里（Sangkhla Buri），順流而下至北碧，再轉往佛統。約在三世紀時，印度人曾利用該古道進入泰國，並傳進佛教。目前在泰國境內的三佛塔道矗立有三座石造佛塔。[47]

　　泰南半島的人民，至何時才知道他們所居住的地方是一個半島？這是一個有趣且重要的問題，因為知道泰南是一個半島，就可以繞過半島重新找出新航路。

何時知道繞越馬來半島的航線？

　　馬來半島既然有國家雛形出現，當地人若繼續航行到蘇門答臘，並非不可能。故引起注意的問題是馬來半島東岸和蘇門答臘何時出現國家？如果印度人和當地土著結合後形成新的族群勢力是從克拉地峽往南

---

45. O. W. Wolters, *Early Indonesian Commerce: A Study of the Origins of Srivijaya*, Cornell University Press, Ithaca, 1967, p. 37; Kenneth Hall, *Maritime Trade and State Development in Early Southeast Asia*, University of Hawaii Press, Honolulu, 1985, pp. 63-64.

46. 參考 http://en.wikipedia.org/wiki/Three_Pagodas_Pass，該網站的介紹並不清楚，筆者重新寫上古道位置。2010/5/29 瀏覽。

47. www.answers.com/topic/three-pagodas-pass，2010/5/29 瀏覽。

圖 1-1：泰國境內三佛塔隘道的三個石造佛塔

資料來源：http://www.bangkoksite.com/Kanchanaburi/ThreePagodas.htm

移動，它必然會在馬來半島東岸建立新的人口集中的城市，或者出現新的國家。

目前文獻所知，最早知道馬來半島是一個半島的記載有三個來源：第一個是印度史詩拉瑪耶那。第二個是約在西元 80 年，一名住在埃及亞歷山卓（Alexandria）的希臘商人所著的厄立特里亞海航海記（*Periplus of Eritrean Sea*）中，曾記載印度人航行到馬來半島，當時稱「黃金半島」（Aurea Chersonesus, Golden Peninsula）。[48]第三個是西元150年托勒密出版的地理導覽（*Guide to Geographia*）（詳後）。

在馬來半島上在西元後出現的國家，依先後順序有：在佛教教律義釋（*Niddesa*）一書曾提及在西元二世紀時有 Tambalingam，應即為六世紀時的 Tāmbralinga，即單馬令國，它位在今天的單馬令（Nakhon Si Thammarat）。[49]424 年的盤盤國，位在蘇叻他尼。442 年的婆皇國〔馬來

---

48. 別技篤彥原著，潘明智譯，「西洋地圖學史對馬來西亞的認識」，東南亞研究（新加坡），1966 年，第二卷，頁 103-110。

49. Walter F. Vella, ed., *The Indianized States of Southeast Asia by G. Coedès*, An East-West Center Book, the University Press of Hawaii, Honolulu, 1968, p. 39.

半島的彭亨（Pahang）一帶，或指蘇門答臘東南海岸、巴鄰旁河以南〕。515 年的狼牙脩國（馬來半島上的吉打州到宋卡、北大年一帶地區）。608 年的赤土（吉打、宋卡和北大年之間）。631 年的羅剎（可能在馬來半島上，亦可能在巴里島東邊的島）（「羅剎國在婆利之東……隋煬帝大業三年遣使常駿等使赤土國至羅剎。」）[50]。650 年的哥羅〔泰南克拉（Kra）地峽〕、拘蔞蜜（可能在馬來半島東南方）。唐朝時有哥羅，「哥羅國漢時聞焉，在盤盤東南，亦曰哥羅富沙國羅國。」[51] 頓遜、毗騫（「梁時聞焉，在頓遜之外大海洲中，去扶南八千里。」）[52]〔韓振華認為毗騫即為扶甘（Pugan），但未指出在今天何地〕[53]、投和〔泰國學者黎道綱亦認為投和在六世紀初稱為墮羅鉢底國（Dvaravati），位在今天泰國中部佛統一帶。〕[54] 但另外根據泰國學者伊里克（Erik Seidenfaden）的說法，墮羅鉢底國為印度化的孟族的首府，其位置在今天的華富里（Lophuri）。[55] 毗騫位在「頓遜之外大海洲中」，也就是在墨吉的外海，即今之金島（King Island）。

　　如果上述推測可靠的話，則當時的船員應該也知道可以從高吧、吉打經過馬六甲海峽到葉調國〔位在爪哇的萬丹（Banten）〕。[56] 換言之，在西元131年之前，蘇門答臘和馬來半島的人應已知道繞過馬來半島的航線。

　　另一個重要的發展是人口的移動，從蘇門答臘地區的馬來人開始移動到馬來半島東海岸，可以從他們今天分布的情況，瞭解這種人口移動的方向，亦即愈往馬來半島北部馬來人人數愈少，其與泰族人交會的地

---

50. 〔唐〕杜佑纂，通典，卷一百八十八，邊防四，南蠻下，羅剎條。
51. 〔唐〕杜佑纂，通典，卷一百八十八，邊防四，南蠻下，哥羅條。
52. 〔唐〕杜佑纂，通典，卷一百八十八，邊防四，南蠻下，毗騫條。
53. 韓振華，「中國古籍記載上的緬甸」，載於韓丘漣痕、韓卓新、陳佳榮、錢江編，韓振華選集之一：中外關係歷史研究，香港大學亞洲研究中心，香港，1999 年，頁 536-560,頁 539。
54. 〔泰〕黎道綱，前引書，頁 44。
55. Erik Seidenfaden, "The Name of Lopburi," *The Journal of the Thailand Research Society*, Bangkok, Vol. XXXIII, PT. 11, November 1941, pp. 147-148.
56. 參見陳鴻瑜，印度尼西亞史，鼎文書局，臺北市，2008 年，頁 24。

點在北大年、耶拉（Yala）一帶，在單馬令和蘇叻他尼也有少數的馬來人。從此可以看出來，在馬來半島東岸的馬來人是從蘇門答臘島移去的。

何時越過孟加拉灣？

希臘航海家希帕勒斯（Hippalus）在西元一世紀發現印度洋的季節風後，改變了航行的技術，船隻可以更迅速的利用風向和風力航行越過更寬廣的海洋，不必再像以前一樣沿岸航行。季節風是每年 4 月到 10 月吹西南往東北方向的風，越過安達曼海（Andaman Sea）、孟加拉灣（Bay of Bengal）到緬甸南部和泰南一帶海岸，然後風力減弱。從 11 月份起到隔年 3 月，風向相反，吹東北往西南方向的風，然後風力漸減弱，至 4 月再度循環一遍。[57]（參考圖 1-2）

密斯拉說：「受到希帕勒斯發現季節風的影響，羅馬船隻才能直接越過印度洋到印度西海岸。在印度東海岸的帕魯拉港才扮演重要的角色。從阿里卡米度來的船隻，越過孟加拉灣，進入伊洛瓦底江三角洲，刺激印度商人沿著馬來半島航行，尋求新貨物。」[58] 密斯拉的說法點出了南印度人利用季節風航行到緬甸南部，再前往馬來半島，而不是直接從南印度越過安達曼海到達馬來半島。最主要的原因很可能是當時的船隻還不能離開海岸太遠，仍須貼著海岸線航行，而季節風只可能使得船行速度加快。

根據谷士毗（Robert Guisepi）的說法：「在一世紀時，由羅馬資助的船舶抵達南印度和錫蘭的富有的市場。」[59] 若再從在這一世紀發現季節

---

57. Paul Wheatley, *The Golden Khersonese: Studies in the Historical Geography of the Malay Peninsula Before A.D.* 1500, University of Malaya Press, Kuala Lumpur, 1961, pp. xviii-xix. 關於孟加拉灣季節風風向，另外參考 A. Grimes, "The Journey of Fa-hsien from Ceylon to Canton," in Geoff Wade (selected and introduced), *Southeast Asia-China Interactions*, Reprint of articles from the Journal of the Malaysian Branch, Royal Asiatic Society, Academic Art and Printing Services Sdn. Bhd, Selangor, Malaysia, 2007, pp. 167-182.

58. Patit Paban Mishra, "India-Southeast Asian Relations: An Overview," *Teaching South Asia*, Volume I, No. 1, Winter 2001. 2004 年 8 月 10 日瀏覽 Teaching South Asia.htm 網站。

59. Robert Guisepi, "The Meeting of East And West in Ancient Times: The Asian Way of Life," 1992, http://www. The Meeting Of East And West In Ancient Times.htm，瀏覽時間 2004 年 8 月 15 日。

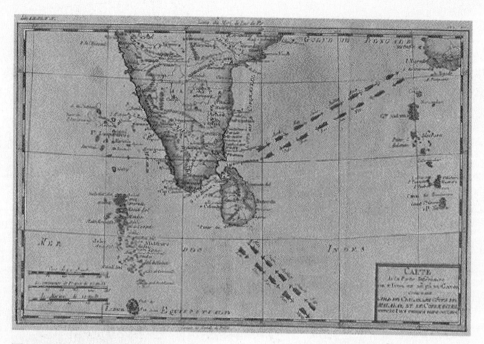

圖 1-2：安達曼海季節風向

說明："Carte de la Partie Inférieure de L'Inde en de Çàdu du Gange contant L'Isle de Ceylan, Les
Côtes de Malabar et de Coromandel". Copper etching by Rigobert Bonne (1729-1795) for
"Atlas de toutes les parties connues du globe terrestre" by Guillaume Thomas Francois Ray-
nal (1713-1796). Published 1780 in Geneva. Modern hand coloring.

資料來源：http://www.raremaps.de/mapsindia.html，2007 年 12 月 25 日瀏覽。

風來看，應該是在該一世紀東羅馬人才能利用季節風航行到緬甸南部或
泰南半島，然後經由泰南半島前往中國。

　　古埃及亞歷山卓（Alexandria）大王時期的希臘地理學家托勒密在西
元 150 年的著作地理導覽書中曾提及爪哇，他稱之為 Iabadij，梵文為
Yavadvipa，即是耶婆提，意為產粟米（小米）之島。又指出馬來半島西
側的 Tacola 是一個大港口和商業城市。（參見圖 1-3）他稱馬來半島為
「黃金半島」（Golden Chersonese）。這應該是西方人首先知道有馬來半
島。吉里尼（G. E. Gerini）認為 Tacola 位在現在的高吧（Takua Pa）。[60]但

---

60. 參見 Lawrence Palmer Briggs, "The Khmer Empire and the Malay Peninsula," *The Far Eastern
Quarterly*, Vol. 9, Issue 3, May 1950, pp. 256-305, at p. 257.

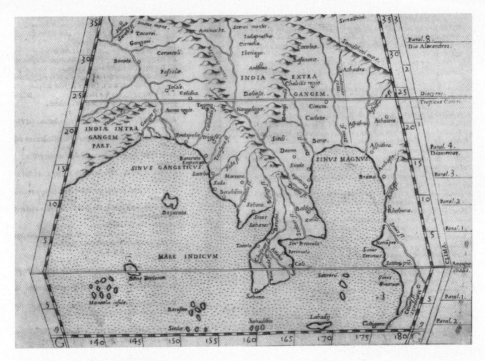

圖 1-3：托勒密繪的馬來半島圖

說明：義大利威尼斯人路士西里於 1561 年重新繪製及修改的托勒密地圖。

資料來源：http://www.helmink.com/Antique_Map_Ruscelli_Ptolemy_Far_East/，2006 年 4 月 6 日瀏覽。

泰國學者拉查尼（Janjirayu Rachanee）卻認為 Takkola（Tacola）位在泰國南部的萬崙（Ban Don）。[61] 這種說法是錯誤的，因為在以後根據托勒密的著作所繪的世界地圖上標示的 Tacola，是在馬來半島的西邊而非東邊。此外，佛蘭西斯（Peter Francis, Jr.）亦認為托勒密所講的 Takola 是位在今天泰南的克龍潭（Khlong Thom），其位在高吧南方靠近普吉島（Phuket）的對岸海邊。主要的理由是在高吧並沒有發現早期外國人從事商業活動的考古遺址，而克龍潭則有一世紀到二世紀玻璃鑲嵌珠子、以及三世紀用淡米

61. Mom Chao Chand Chirayu Rajani, *Sri-vijaya in Chaiya*, Madsray Printling, Bangkoknoi, Bangkok, 1999, p. 9. 該書原文為泰文。

爾（Tamil）文寫的石碑、一世紀到七世紀的印璽考古遺址。[62]

　　托勒密的書記載了印尼群島，包括耶婆提島、沙巴迪巴（Sabadi-bar）（即蘇門答臘）、巽他（Sinda）和巴魯斯（Barussae）等島。根據義大利威尼斯人路士西里（Girollamo Ruscelli）於1561年重新繪製及修改的托勒密地圖（參見圖1-3），將這些島畫在今天印尼群島的位置上，但地點有錯誤，例如巽他島的位置在巴魯斯的南邊。而且將沙巴迪巴、巽他和巴魯斯分為三個小島群，也是錯誤。這種錯誤，到底是後來繪製地圖的人的錯誤，還是原書記載的錯誤，無從知道。無論如何，顯然在托勒密之前已有人知道有馬來半島和其他島嶼存在，他才能根據有關的書籍和旅客商人的情報，繪出該半島及附近的地形。

　　托勒密在緬甸南部畫出四個城市，分別為 Berobe、Sabara、Berub-Óna、Sada。Berobe，可能為現在的馬塔班。Sabara，可能為現在的勃固。BerubÓna，可能為現在的建德里（Kyeintali）。Sada，可能為現在的山都衛（Sandoway）。這些城市應該是二世紀時重要的港口城市，也是東羅馬人、波斯人和印度人航行靠港的沿岸城市。

　　儘管季節風的發現，以及船隻性能的改進，不過，直至三和四世紀，可能大部分的船隻還是沿岸航行。由於受到季節風的影響，從南印度往馬來半島的航線，其登岸港口在高吧和吉打，以致吉打變成從南印度到東方中國的一個轉運港，吉打成為南印度淡米爾族的移民地，吉打的國王也是南印度人。[63]此與馬來半島東岸的情況迥異，東岸是東印度人的移民地。狼牙修，又稱凌牙斯、龍牙犀角，從狼牙一詞即為斯里蘭卡（Sri Lanka）使用的蘭卡（Lanka）來看，很可能該國也是來自斯里蘭卡的移民。[64]西爪哇的多羅磨（Taruma）的國王亦可能來自南印度。[65]末羅

---

62. Peter Francis, Jr., *Asia's Maritime Bead Trade: 300B.C. to the Present*, University of Hawaii Press, Honolulu, 2002, pp. 32, 34.

63. 許雲樵，「馬來亞古代史研究」，許雲樵輯，馬來亞研究講座，新加坡：世界書局，1961年，頁 8-18。

64. 狼牙一詞即為斯里蘭卡使用的蘭卡（Lanka），表示二者有關聯。狼牙被譯為 Langka 或 Langga，與蘭卡（Lanka）所指稱的意思相同，都是指「山」。根據鍾錫金的吉打二千年一書的記載，「狼牙修國的得名，大概是受了印度化的影響，因為印度人很早就到這地方經商，而且在那裡建立了商站。按照印度的佛經楞伽經裡的記載，『狼牙』（LAN-

瑜信仰的是小乘佛教，也有一部分人信仰大乘佛教。[66]而室利佛逝（Sri-Vijaya）的國王和僧侶信奉的是大乘佛教，從發掘的碑文使用拔羅婆（Pallavas）（拔羅婆為四至九世紀在南印度的國家）[67]國家的字母和梵文來看，該國也是來自印度人。[68]從上述蘇門答臘和爪哇一帶原先信奉的是小乘佛教，後來出現一個信奉大乘佛教的室利佛逝，很可能室利佛逝是來自馬來半島東岸的佛教徒移入形成的國家。

南印度的淡米爾人應該是在孟加拉灣發現季節風後，開始移民到馬來半島北部。岡那西加欒（S.J.Gunasegaram）即認為馬六甲、霹靂、吉打、高吧、西爪哇的多羅磨都是南印度人的移居地。早期南印度的拔羅婆王朝使用的巴利文（Pali）在該地亦甚為流行。在馬來半島的霹靂州發現五世紀南印度的碑文。在吉打的吉打峰山下亦發現多處南印度濕婆（Shiva, Siva）神廟的遺址。在高吧發現早期南印度人的濕婆神、帕瓦蒂女神（Parvati）和一尊舞女像。[69]在多羅磨發現早期南印度的拔羅婆王朝使用的巴利文碑文，其使用南印度的字母——格蘭塔（Grantha）字母。在章格爾（Changal）發現的一塊在 732 年的石碑，記載中爪哇山閣耶（Sangaya）國王供奉林伽（Linga）（男性生殖器），該國祖先來自南印度的康加拉-康加迪沙（Kunjara-kunjadesa）。在迪那耶（Dinaya）亦發現

KA）一辭，原是傳說中是一個馬來亞峰（Mount Malaya）上面的山城。『修』這一個音實，是『蘇卡』（Sukha）音的合譯，在梵文中，它乃是『快樂世界』（Sukhavati）一詞的前半截。因此，狼牙修這個國名，可能取義于『快樂的馬來亞山城』。」（參見鍾錫金，吉打二千年，佳運印務文具有限公司，馬來西亞，吉打，1993 年，頁 153。）W. P. Groeneveldt 即認為不無可能是斯里蘭卡（錫蘭）的人民移民到狼牙修後，以其故居之名命名該地。（參見 W. P. Groeneveldt, *Notes on the Malay Archipelago and Malacca*, compiled from Chinese Sources, 1880, p. 12.）Sri Lanka 的 Sri，意即偉大之意，故斯里蘭卡意即偉大的山城之國。

Maung Htin Aung 亦認為 Lankasuka 意即「錫蘭的快樂」（happiness of Ceylon）。Maung Htin Aung, *op. cit.*, p. 23.

65. 〔印尼〕薩努西・巴尼原著，吳世璜譯，印度尼西亞史，上冊，香港：商務印書館香港分館，1980，頁 32。

66. 〔印尼〕薩努西・巴尼原著，前引書，上冊，頁 38。

67. http://www.absoluteastronomy.com/reference/pallava，2006 年 5 月 15 日瀏覽。

68. 〔印尼〕薩努西・巴尼原著，前引書，上冊，頁 40-41。

69. S.J.Gunasegaram, "Early Tamil Cultural Influences in South East Asia," Selected Writings published 1985. http://www.tamilnation.org/heritage/earlyinfluence.htm，2005 年 6 月 28 日瀏覽。

760 年的石碑，記載設立阿加斯特耶（Agastya）神像的事。這些石碑都用南印度的沙迦（Saka）曆。[70]

　　至於船隻何時能越過暹羅灣以南的南海、從蘇門答臘到南印度的安達曼海，要到五世紀時才有較為詳細的記載。

第三節　早期古國

　　除了考古發現外，有關於泰國早期王朝的情況，以中國文獻有較為詳細的記錄。惟這些記錄並不完全，僅略微提及這些國家何時到中國朝貢，對於其國情之介紹大都很簡略。茲依其在中國載籍中出現的前後順序，列述如下。

一、邑盧沒國

　　漢書地理志曾提及漢朝曾遣人前往黃支國，沿途經過幾個國家，其中位在今天泰國境內的有邑盧沒國、諶離國和夫甘都盧國。

　　「漢武帝以來（漢武帝在西元前 111 年平南越，設置九郡，故以該年起算，但不知是哪一年遣使至南海）。自日南障塞、徐聞、合浦，船行可五月，有都元國。又船行可四月，有邑盧沒國。又船行可二十餘日，有諶離國。步行可十餘日，有夫甘都盧國。自夫甘都盧國船行可二月餘，有黃支國，民俗略與珠崖相類，其洲廣大，戶口多，多異物。自武帝以來皆獻見。有譯長，屬黃門，與應募者俱入海，市明珠、璧流離、奇石、異物。齎黃金雜繒而往，所至國皆稟食為耦（顏師古注：稟，給也。耦，媲也。給其食而侶媲之，相隨也。），蠻夷賈船，轉送致之，亦利交易。剽殺人。又苦逢風浪溺死，不者，數年來還。大珠至圍二寸以下。平帝元始中，王莽輔政，欲耀威德，厚遺黃支王，令遣獻生犀牛。自黃支船行可八月到皮宗，船行可二月到日南象林界云。黃支之南

70. S.J.Gunasegaram, *op. cit.*

有已程不國，漢之譯使，自此還矣。」[71]

這是南洋諸國首度至中國貿易和朝貢的最早記載。漢武帝時還派有譯長與他們交易，而該譯長是由黃門擔任（從東漢起黃門令由太監擔任，故以後稱黃門即指太監），以後即形成一種制度，與東南亞外番打交道，大都由太監主其事。這也是漢朝首次遣人攜帶黃金、雜繒前往上述國家進行貿易之記載，而到達時則另由當地番船運送到各地交易。另外從派譯長一事來看，可見當時兩地人民已有往來，而且官方還訓練出翻譯人員。

泰國學者黎道綱認為邑盧沒國，應在今泰國素攀府烏通。[72]

日人藤田豐八認為邑盧沒國當新唐書南蠻傳盤盤國東南之拘蔞蜜，而位於緬甸沿岸。

唐書盤盤傳說：「盤盤東南有拘蔞密。」唐書南蠻傳：「盤盤，……東南有拘蔞密，海行一月至。南距婆利，行十日至。東距不述，[73]行五日至。西北距文單，[74]行六日至。」如果盤盤位在蘇叻他尼，其東南方有拘蔞密，而且須海行一月至，則一定是位在馬來半島以東外海地帶，不可能位在緬甸沿岸。

李金明說邑盧沒國位在暹羅的羅斛（Lavo），即今華富里（Lo-phburi）。

筆者從當時船隻航行的時間估量邑盧沒國之地點，可能在今泰國南部暹羅灣沿岸克拉地峽最窄處的尖噴（Chumpon）一帶。

---

71. 〔唐〕顏師古注，班固撰，漢書，地理志，粵地條。
72. 〔泰〕黎道綱，前引書，頁 5-17。
73. 不述，可能位在婆羅洲島西北部或納土納(Natuna)群島一帶。（陳佳榮、謝方和陸峻嶺等編，前引書，頁 181。）
74. 文單，其地點所在有不同說法，有謂之在寮國南部的萬象（永珍）。（參見景振國主編，中國古籍中有關老撾資料匯編，河南人民出版社，中國，1985，頁 32，註 67。）王頲認為是位在泰國東部穆達漢（Mukdahan）府南面附近。（王頲，「逕行半月：文單國新探及真臘疆域問題」，載於王頲著，西域南海史地研究，上海古籍出版社，上海，2005 年，頁 129-146。）

二、諶離國

段立生認為諶離國在今泰國蘇叻他尼府（Surathani）。[75]

泰國學者黎道綱認為諶離國，應在今北碧府境，後來稱為頓遜。〔關於頓遜的地點，蘇繼卿同意張禮千的看法，認為頓遜在泰南六坤（Ligor）內陸的董頌（Tung Sawng）。[76]〕

「頓遜，梁時聞焉。一曰典遜，在海崎山上，地方千里，城去海十里，有五王並羈屬扶南。北去扶南可三千餘里，其國之東界通交州，其西界接天竺、安息，徼外諸國賈人多至其國交易焉，所以然者，頓遜迴入海中千餘里，漲海無涯岸，賈舶未嘗得逕過也。其市東西交會，日有萬餘人，珍物寶貨無種不有。」[77]

「頓遜，在扶南之南海崎上，可三千餘里，地方千里，其國東界通交州，西界接天竺、安息，王並羈屬扶南。一曰典遜，徼外諸國賈人，多至其國市焉，所以然者，頓遜迴入海中千餘里，漲海無涯岸，船舶未曾得逕過也。其市東西交會，日有萬餘人，珍物寶貨無物不有，梁時聞焉。」[78]

日人藤田豐八認為諶離國當賈耽入四夷道里中之驃國悉利城。

李金明說諶離國位在泰國暹羅灣頭的佛統。

筆者也是從當時船隻航行的時間估量，諶離國地點可能在萬崙灣（Bandon Bay）的蘇叻他尼一帶。

三、夫甘都盧國

李金明說夫甘都盧國在緬甸之蒲甘城。

日人藤田豐八認為夫甘都盧國當緬甸之蒲甘城。

---

75. 段立生，泰國史散論，廣西人民出版社，廣西，1993 年，頁 92-93。

76. 蘇繼卿，南海鈎沈錄，臺灣商務印書館，臺北市，1989 年，頁 26。

77.〔宋〕鄭樵撰，通志，頓遜條，頁志 3174。

78.〔清〕邵星巖，薄海番域錄，京都書業堂藏板，文海出版社，臺北市，1971 年重印，卷十一，頁 5。

　　筆者從當時船隻航行和越過陸地的時間來估量，認為夫甘都盧國應該是位在馬來半島西岸泰南的一個大港口高吧（或譯為大瓜巴）（Takua Pa 或 Takola）。[79]

四、哥羅

　　在東漢光武帝時，始出現哥羅國名。「後漢光武時交阯日南，徼外蠻來貢馬，援（按指馬援）建銅柱，後西屠彝亦改國名哥羅，屬於扶南，自是各國名屢易矣，日南、象林蠻屢叛，復降而區憐（一作區連），竟據林邑背違中國，習俗文字漸與婆羅門同，而佛書遂至。」[80]

　　哥羅即今天泰國泰南半島最窄處的克拉地峽。七世紀時哥羅屬於扶南的屬地。

　　關於哥羅的國情，杜氏通典的記載稍詳：

> 「按**漢書**不載。按杜氏**通典**：哥羅國，漢時聞焉。在槃槃東南，亦曰哥羅富沙羅國云。其王姓矢利婆羅，名米失鉢羅。其城累石為之。城有樓閣，門有禁衛，宮室覆之以草。國有二十四州而無縣。庭列儀仗，有蠹，以孔雀羽飾焉。兵器有弓、箭、刀、槊、皮甲。征伐皆乘象，一隊有象百頭，每象有百人衛之。象鞍有鉤欄，其中有四人，一人執盾，一人執弓矢，一人執矟，一人執刀。賦稅人出銀一銖。國無蠶絲、麻紵，唯出吉貝布。畜有牛，少馬。其俗，非有官者不得上髮裹頭。又嫁娶初問婚，惟以檳榔為禮，多者至二百盤。或婚之時，唯以黃金為財，多者至二百兩。婦人嫁訖則從夫姓。音樂有琵琶、橫笛、銅鈸、鐵鼓、簧。吹蠡擊鼓。死亡則焚屍，盛以金罌，沉之大海。」[81]

---

79. 關於漢使前往黃支國經過的各港口，其確切地點之討論，請參考陳鴻瑜，「西元初期至第七世紀環馬來半島港市國家、文明和航線之發展」，政大歷史學報，第28期，2007年11月，頁131-188。

80. 〔清〕陳夢雷輯，古今圖書集成（電子版），方輿彙編邊裔典／南方諸國總部／彙考，外志，邊裔典，第89卷，第216冊第48頁之1。

81. 〔清〕陳夢雷輯，古今圖書集成（電子版），方輿彙編邊裔典／滿刺加部／彙考，漢，邊裔典，第96卷，第217冊第30頁之2。

「**文獻通考**：哥羅國，漢時聞於中國。其音樂有琵琶、横笛、銅鈸、鐵鼓。」[82]

杜氏通典說哥羅國位在槃槃東南，若盤盤係位在蘇叻他尼，則哥羅應該位在單馬令（六坤），顯然杜氏通典所說的哥羅的方位有錯誤，一個較為正確的說法應是盤盤位在哥羅的東南方。

五、盤盤國

盤盤國又寫為槃槃國，中文文獻最早有關盤盤國之記載見於晉穆帝升平元年（357）。「晉穆帝升平元年（357），〔扶南〕王竺旃檀奉表獻馴象，詔曰此物勞費不少，駐令勿送。其後王憍陳如，本天竺婆羅門也，有神語曰：『應王扶南。』憍陳如心悅，南至盤盤。扶南人聞之，舉國欣戴，迎而立焉。復改制度，用天竺法。憍陳如死後，王持梨陀跋摩宋文帝世奉表，獻方物。」[83]

「武帝大通元年，盤盤國遣使入貢。按梁書・武帝本紀不載。按盤盤本傳：盤盤國，宋文帝元嘉，孝武孝建、大明中，並遣使貢獻。大通元年，其王使使奉表曰：揚州閻浮提震旦天子：萬善莊嚴，一切恭敬，猶如天淨無雲，明耀滿目；天子身心清淨，亦復如是。道俗濟濟，並蒙聖王光化，濟度一切，永作舟航，臣聞之慶善。我等至誠敬禮常勝天子足下，稽首問訊。今奉薄獻，願垂哀受。」[84]

關於盤盤國的國情，依據古今圖書集成的記載如下：

> 「太宗貞觀　年，盤盤國遣使來獻。按**唐書**・太宗本紀不載。按**南蠻傳**：盤盤，在南海曲，北距環王，限少海，與狼牙修接，自交州海行四十日乃至。王曰楊粟翨。其民瀕水居，比木為柵，石為矢鏃。王坐金龍大榻，諸大人見王，交手抱肩以跽。其臣曰敎郎索濫，曰崑

82.〔清〕陳夢雷輯，古今圖書集成（電子版），經濟彙編樂律典／鈸部／紀事，紀事，樂律典，第 100 卷，第 738 冊第 41 頁之 2。

83.〔唐〕姚思廉撰，梁書，卷五十四，海南諸國條，頁 8。

84.〔清〕陳夢雷輯，古今圖書集成（電子版），方輿彙編邊裔典／柯枝部／彙考，武帝大通，邊裔典，第 99 卷，第 217 冊第 45 頁之 2。

崙帝也，曰崑崙致和，曰崑崙致諦索甘，亦曰古龍。古龍者，崑崙聲
近耳。在外曰那延，猶中國刺史也。有佛、道士祠，僧食肉，不飲酒，
道士謂為貪，不食酒肉。貞觀中，再遣使朝。其東南有哥羅，一曰箇
羅，亦曰哥羅富沙羅。王姓矢利波羅，名米失鉢羅。累石為城，樓闕
宮室茨以草。州二十四。其兵有弓矢槊殳，以孔雀羽飾纛。每戰，以
百象為一隊，一象百人，鞍若檻，四人執弓槊在中。賦率輸銀二銖。
無絲紵，惟古貝。畜多牛少馬。非有官不束髮。凡嫁娶，納檳榔為禮，
多至二百盤。婦已嫁，從夫姓。樂有琵琶、橫笛、銅鈸、鐵鼓、蠡。
死者焚之，取爐貯金罌沉之海。東南有拘蔞密，海行一月至。南距婆
利，行十日至。東距不述，行五日至。西北距文單，行六日至。與赤
土、墮和羅同俗。永徽中，獻五色鸚鵡。」[85]

　　盤盤國人民信奉婆羅門教和佛教，道士應是婆羅門教士或苦行僧。
人民居住水邊，每戶設有木柵。國王則居住在石頭城內。民間交易使用
銀。婦女嫁夫後改從夫姓，可見是父系社會。人死後採火葬，骨灰則用
金罐沈入海中。火葬應是早期印度人的習俗。使用的樂器有琵琶、橫
笛、銅鈸、鐵鼓、蠡。嫁娶，納檳榔為禮，此跟其他東南亞民族風俗相
同。

　　「宋文帝元嘉（424～453），盤盤國遣使貢獻。」[86]
　　「元嘉孝建大明中（424～464），盤盤國並遣使貢獻。」[87]
　　關於盤盤國的位置，有不同的說法。許鈺認為盤盤在泰南華新（Hua
Hin，即 Pranpuri）至佛丕一帶。[88]許雲樵亦認為盤盤在華新南方的鉢蘭補
利（Pranpuri）（或作攀武里）。[89]蘇繼頗和布里格斯（Lawrence Palmer

85.〔清〕陳夢雷輯，古今圖書集成（電子版），方輿彙編邊裔典／柯枝部／彙考，太宗貞
　　觀，邊裔典，第 99 卷，第 217 冊第 45 頁之 2。
86.〔唐〕姚思廉撰，梁書，卷五十四，海南諸國條，頁 12。
87.〔唐〕李延壽撰，南史，卷七十八，列傳第六十八，頁 13。
88.許鈺，「丹丹考」，載於姚枬、許鈺編譯，古代南洋史地叢考，商務印書館，上海，1958
　　年，頁 3，10。
89.許雲樵，「墮羅鉢底考」，南洋學報，新加坡南洋學會出版，第 4 卷，第 1 輯，1947 年
　　3 月，頁 1-7。

Briggs）認為盤盤在馬來半島的萬崙。[90] 姚枬在「古印度移民橫越馬來半島蹤跡考察記」一文，亦稱萬崙灣附近的池城（Wieng Sra），應即為古代盤盤之國名。[91] 泰國學者黎道綱認為盤盤在今泰國蘇叻他尼。[92] 前述文獻提及「盤盤在南海曲」，海曲指的是海灣彎曲，而蘇叻他尼的海邊形成一個朝向東北方向的海灣，地形與唐書所描述的一樣，故盤盤國位在蘇叻他尼之可能性最大。

六、頭和國（或投和國）

陳朝時曾有頭和國遣使獻方物。「陳後主至德元年（583）十二月丙辰，頭和國遣使朝貢。」[93]

隋朝時亦有投和國遣使朝貢，甚至獻佛牙舍利，人民信仰婆羅門教。

「梁武帝時，婆利、丹丹、毗騫始通。毗騫王身長三丈，頸長三尺，自古以來不死，知神聖未然之事，其子孫則生死如常人。隋使通赤土，致羅剎，其國在婆利之東，其人極陋，朱髮黑身，獸牙鷹爪，蓋佛書所謂長身金剛，夜叉羅剎即此物也，他若投和、邊斗之屬，貢於隋者益多，其貢入大抵金寶香藥等物，亦有獻佛牙、舍利者，皆奉婆羅門之教故也。」[94]

唐朝時投和國再度遣使朝貢。「唐高祖武德貞觀（618～649）中，投和（在真臘南，自廣州西南海行百日乃至。）……遣使以黃金函內表，並獻方物。」[95]

關於投和國之位置，亦有各種不同的說法。蘇繼卿認為頭和國即為

---

90. 蘇繼廎，「後漢書究不事人考」，南洋學報，新加坡南洋學會出版，第六卷，第一輯，1950 年 8 月，頁 17-19。Lawrence Palmer Briggs, "The Khmer Empire and the Malay Peninsula," pp. 256-305, at p. 261.

91. 姚枬，「古印度移民橫越馬來半島蹤跡考察記」，載於姚枬、許鈺編譯，古代南洋史地叢考，頁 119-135，131。

92. 〔泰〕黎道綱，前引書，頁 126。

93. 〔唐〕李延壽撰，南史，卷十，陳本紀下第十；陳書，卷六，本紀第六，後主。

94. 〔清〕陳夢雷輯，古今圖書集成（電子版），方輿彙編邊裔典／南方諸國總部／彙考，外志，邊裔典，第 89 卷，第 216 冊第 48 頁之 1。

95. 〔宋〕宋祁撰，唐書，卷二百二十二下，列傳第一百四十七下，南蠻條，頁 6-7。

唐高祖武德貞觀時的投和國，亦與墮羅鉢底國（Dvaravati）為同一國。[96]
許雲樵認為投和、墮和羅、獨和羅、墮和鉢底、杜和鉢底等，都是墮羅
鉢底的異譯，其首府在佛統附近。[97]泰國學者黎道綱亦認為投和在六世紀
初稱為墮羅鉢底國，位在今天泰國中部佛統一帶。[98]但另外根據泰國學者
伊里克（Erik Seidenfaden）的說法，墮羅鉢底國為印度化的孟族的首
府，其位置在今天的華富里。[99]泰國學者狄達（Dhida Saraya）認為墮羅
鉢底國位在佛統，是孟族建立的國家。[100]威爾斯（Quaritch-Wales）更假
設其首府遠至泰國東北部的孟（Mun）和齊（Chi）河谷。[101]華濤認為義
淨的南海寄歸內法傳一書中提及的杜和鉢底（即墮羅鉢底），舊唐書寫
為墮和羅，新唐書寫為獨和羅，玄奘的大唐西域記作墮羅鉢底，為泰國
南部阿瑜陀耶（Ayuthaya）的梵文名。[102]

蘇繼卿認為耨陀洹的「耨」字，為「國」的意思，所以耨陀洹即為
陀洹國。[103]但許雲樵認為陀洹國在今緬甸南部靠近馬來半島北部的土
瓦。此地原屬暹羅所有，在拉瑪一世（Rama I）時（即 1782 年後）為緬
甸所占領。[104]

布里格斯認為耨陀洹即陀洹，位在今天泰國東部尖竹汶（Chanthabu-ri）海岸地帶。[105]

泰國學者黎道綱認為曇陵即宋代的登流眉，今天泰國克拉地峽北部
的碧武里（或稱佛丕）（Phet Buri）、巴蜀（Prachuap）二府。[106]

---

96. 參見蘇繼卿，前引書，頁 229-230。
97. 許雲樵，「墮羅鉢底考」，南洋學報，新加坡南洋學會出版，第 4 卷，第 1 輯，1947 年 3 月，頁 1-7。
98. 〔泰〕黎道綱，前引書，頁 44。
99. Erik Seidenfaden, "The Name of Lopburi," *The Journal of the Thailand Research Society*, Bangkok, Vol. XXXIII, PT. 11, November 1941, pp. 147-148.
100. Dhida Saraya, *op. cit.*, p. 8.
101. Charles Higham, *The Archaeology of Mainland Southeast Asia*, Cambridge University Press, Cambridge, New York, 1989, pp. 279-280.
102. 義淨，南海寄歸內法傳，華濤釋譯，佛光山宗務委員會印行，高雄市，1998 年，頁 25。
103. 蘇繼卿，前引書，頁 352。
104. 許雲樵，「墮羅鉢底考」，南洋學報，新加坡南洋學會出版，第 4 卷，第 1 輯，1947 年 3 月，頁 1-7。
105. Lawrence Palmer Briggs, "The Khmer Empire and the Malay Peninsula," pp. 256-305, at p. 269.
106. 〔泰〕黎道綱，前引書，頁 7、123。

　　綜合各家說法，墮羅鉢底國的首府位置，初期是在烏通，後來遷至佛統，後期可能擴展至華富里。

　　關於投和國之國情，南蠻傳有較為詳細的記載，「太宗貞觀　年，投和遣使獻方物。按唐書・太宗本紀不載。按南蠻傳：投和，在真臘南，自廣州西南海行百日乃至。王姓投和羅，名脯邪迄遙。官有朝請將軍、功曹、主簿、贊理、贊府，分領國事。分州、郡、縣三等。州有參軍，郡有金威將軍，縣有城、有局，長官得選僚屬自助。民居率樓閣，畫壁。王宿衛百人，衣朝霞，耳金環，金縱被頸，寶飾革履。頻盜者死，次穿耳及頰而劓其髮，盜鑄者截手。無賦稅，民以地多少自輸。王以農商自業。銀作錢，類榆莢。民乘象及馬，無鞍靮，繩穿頰御之。親喪，斷髮為孝，焚屍斂灰於甖，沉之水。貞觀中，遣使以黃金函內表，并獻方物。

　　按杜氏通典：投和國，隋時聞焉，在南海大洲中，真臘之南。自廣州西南水行百日，至其國。王姓投和羅，名脯邪迄遙，理數城。覆屋以瓦，並為閣而居。屋壁皆以彩畫之。城內皆王宮室，城外人居可萬餘家。王宿衛之士百餘人。每臨朝，則衣朝霞，冠金冠，耳掛金環，頸掛金涎衣，足履寶裝皮履。官屬有朝請將軍，總知國政。又有參軍、功曹、主簿、城局、金威將軍、贊理、贊府等官，分理文武。又有州及郡、縣。州有參軍，郡有金威將軍，縣有城局，其為長官，初至，各選官僚助理政事。刑法：盜賊重者死，輕者穿耳及鼻并鑽鬢，私鑄銀錢者截腕。國無賦稅，俱隨意供奉，無多少之限。多以農商為業。國人乘象及馬。一國之中，馬不過千匹，又無鞍韉，唯以繩穿頰為之節制。音樂則吹蠡、擊鼓。死喪則祠祀哭泣，又焚屍以甖盛之，沉於水中。若父母之喪，則截髮為孝。其國市六所，貿易皆用錢銀，錢小如榆莢。有佛道，有學校，文字與中夏不同。訊其耆老，云：王無姓，名齊杖摩。其屋以草覆之。王所坐塔，圓似佛塔，以金飾之，門皆東開，坐亦東向。大唐貞觀中，遣使奉表，以金函盛之。又獻金楬、金鎖、寶帶、犀、象、海物等數十品。」[107]

107.〔清〕陳夢雷輯，古今圖書集成（電子版），方輿彙編邊裔典／投和部／彙考，太宗貞觀，邊裔典，第 102 卷，第 218 冊第 1 頁之 2。

「右投和國錢,唐書・南蠻傳曰:投和,在真臘南。銀作錢,類榆莢。盜鑄者截手。樂史、太平寰宇記曰:投和國其市中所貿易,皆用銀錢,小如榆莢。私鑄者,截腕。」[108]

從上面的描述可知,投和國設有文武百官,國王盛裝,頗有威儀。國王居住在圓形的草屋,上有黃金飾物。刑法嚴厲,市易以銀為通貨媒介,私鑄者截腕。人死火葬,骨灰以甕裝,沈入海。其習俗類似盤盤國。該國信奉佛教,設有學校,亦有文字。

七、墮羅鉢底國

墮羅鉢底是印度梵文的譯音,梵文為 Dvaravati,沙拉雅(Dhida Saraya)認為該詞是指港口。其構成的族群主要是孟族,其次有高棉族、泰族,以及華人和印度人。因此當地人講的語言有孟語(Mon)、巴利語(Pali)和梵語(Sanskrit)。[109] 另據許雲樵之研究,Dvara 的梵文和巴利文是指「門」或「路」,vati 是指「主」,所以墮羅鉢底是指「門主」、「路主」、「門城」或「路城」。[110]

中文文獻中對於墮羅鉢底國之記載不多,對於該國的狀況瞭解也不多。最早有關該國的記載出現於玄奘的大唐西域記一書,唐朝玄奘在貞觀二十年(646)所撰的大唐西域記之記載:「三摩呾吒國(東印度境),周三千餘里。濱近大海,地遂卑濕。國大都城,周二十餘里。……從此東北大海濱山谷中有室利差呾羅國,次東南大海隅有迦摩浪迦國,次東有墮羅鉢底國,次東有伊賞那補羅國,次東有摩訶瞻波國,即此云林邑是也。」[111]

室利差呾羅國位在今天緬甸的卑謬(Prome)。在季尼(U Ohn Ghine)所寫的「卑謬的佛陀頭髮遺址」(The Shway Sandaw of Prome)

108.〔清〕陳夢雷輯,古今圖書集成(電子版),經濟彙編食貨典/錢鈔部/彙考,外國品,食貨典,第 354 卷,第 704 冊第 28 頁之 2。
109. Dhida Saraya, *op. cit.*, pp. 50, 58, 160.
110. 許雲樵,「墮羅鉢底考」,頁 1。
111.〔清〕陳夢雷輯,古今圖書集成(電子版),方輿彙編邊裔典/三摩呾吒部/彙考,太宗貞觀,乾象典,第 75 卷,第 215 冊第 33 頁之 2。

一文中，提及位在卑謬以東南 5 英里的地方有一個古代重要的海港叫 Hmawza，他說該地是室利差呾羅（Thiri Khettara）（意即吉祥的國土）（The Fortunate Field）[112] 王國的首都。迦摩浪迦國，可能是狼牙修國。墮羅鉢底國即是位在泰國的佛統一帶。伊賞那補羅國，是今天的柬埔寨。摩訶瞻波國，即是占城（或稱占婆），中國古稱林邑。

古代中文文獻並沒有記載墮羅鉢底國何時建立。根據威爾斯（H. G. Q. Wales）之說法，佛統一帶原屬於扶南（柬埔寨）之屬地，居住在該地的孟族於550年脫離扶南的控制，建立墮羅鉢底國。[113]

許雲樵認為投和、墮和羅、獨和羅、墮和鉢底、杜和鉢底等，都是墮羅鉢底的異譯，其首府在佛統附近。[114]

「貞觀中，與墮和羅、墮婆登皆遣使者入貢，太宗以璽詔優答。墮和羅丏良馬，帝與之。」[115]

「太宗貞觀　年，墮和羅遣使入貢。按唐書・太宗本紀不載。按墮和羅本傳：墮和羅，亦曰獨和羅，南距盤盤，北迦邏舍弗，西屬海，東真臘。自廣州行五月乃至。國多美犀，世謂墮和羅犀。有二屬國，曰曇陵、陀洹。曇陵在海洲中。陀洹，一曰耨陀洹，在環王西南海中，與墮和羅接，自交州行九十日乃至。王姓察失利，名婆那，字婆末。無蠶桑，有稻、麥、麻、豆。畜有白象、牛、羊、豬。俗喜樓居，謂為干欄。以白氈、朝霞布為衣。親喪，在室不食，燔屍已，則剔髮浴於池，然後食。

貞觀時，並遣使者再入朝，又獻婆律膏、白鸚鵡，首有十紅毛，齊於翅。因丏馬、銅鐘，帝與之。」[116]

---

112. Maung Htin Aung, *op. cit.*, p. 8.

113. 姚枬、許鈺編譯，前引書，頁 158。

114. 許雲樵，「墮羅鉢底考」，南洋學報，新加坡南洋學會出版，第 4 卷，第 1 輯，1947 年 3 月，頁 1-7。

115. 〔清〕陳夢雷輯，古今圖書集成（電子版），方輿彙編邊裔典／瓜哇部／彙考，太宗貞觀，邊裔典，第 97 卷，第 217 冊第 37 頁之 2。

116. 〔清〕陳夢雷輯，古今圖書集成（電子版），方輿彙編邊裔典／墮和羅部／彙考，太宗貞觀，邊裔典，第 102 卷，第 218 冊第 1 頁之 2。

「貞觀二十三年，墮和羅國、吐谷渾、迦毘葉國來貢。按唐書・太宗本紀不載。按冊府元龜：墮和羅國遣使獻象牙、火珠。」[117]

佛統一帶是孟族和泰族混居的地區，人民信仰小乘佛教，[118] 佛陀造型呈現簡單風格。墮羅鉢底國的疆域多大，並無記載，泰國學者伊里克（Erik Seidenfaden）認為墮羅鉢底國的首府在今天的華富里，[119] 意指該國的疆域擴張至湄南河的華富里一帶。至十世紀末，該國再度為高棉所滅。華雅特（David K. Wyatt）則認為在八世紀時，墮羅鉢底國的中心在華富里。[120] 泰國歷史學者丹龍（Prince Damrong Rajanubhab）認為墮羅鉢底國靠近華富里，主要居民是拉瓦族（Lawa）。[121] 司雅曼南達（Rong Syamananda）認為墮羅鉢底國在 1007 年被併入高棉帝國（Khmer Empire）。[122] 因此，卡西特西里（Charnvit Kasetsiri）認為墮羅鉢底國有四大城市，包括烏通（U Thong）、佛統、華富里和南奔（Lamphun）。[123]

綜合各家說法，墮羅鉢底國的首府位置，初期是在烏通，後來遷至佛統，後期可能擴展至華富里。至十一世紀，該王國為高棉帝國〔建都於吳哥（Angkor），中國古稱真臘〕所滅，而引進了印度教和婆羅門教。[124] 原為墮羅鉢底國之屬國的羅斛，在十世紀脫離獨立，1005～1022年成為高棉的屬國，後又脫離獨立，[125] 其首府在華富里。1103 年，宋徽宗首度遣使招納。羅斛屬於孟族，其立國雖比素可泰為早，因此泰國歷

---

117. 〔清〕陳夢雷輯，古今圖書集成（電子版），經濟彙編食貨典／貢獻部／彙考，太宗貞觀，食貨典，第 185 卷，第 691 冊第 2 頁之 1。

118. Dhida Saraya, *op. cit.*, p. 198.

119. Erik Seidenfaden, "The Name of Lopburi," *The Journal of the Thailand Research Society*, Bangkok, Vol. XXXIII, PT. 11, November 1941, pp. 147-148.

120. David K. Wyatt, *Thailand: A Short History*, Yale University Press, Thai Watana Panich Co., Ltd., 1984, p. 22.

121. Charnvit Kasetsiri, *The Rise of Ayudhya, A History of Siam in Fourteenth and Fifteen Centuries*, Oxford University Press, Kuala Lumpur, 1976, p. 15.

122. Rong Syamananda, *A History of Thailand*, Thai Watana Panich Co., Ltd., Bangkok, Thailand, 1973, p. 16.

123. Charnvit Kasetsiri, *op. cit.*, p. 16.

124. Chai-Anan Samudavanija, "Political History," in Somsakdi Xuto (ed.), *Government and Politics of Thailand*, Oxford University Press, Singapore, 1987, pp. 1-40.

125. Hans Penth, *A Brief History of Lan Na, Civilizations of North Thailand*, Silkworm Books, Bangkok, 2000, pp. 25-28.

史並不以羅斛國為泰族初期王朝。

八、金鄰國

隋朝時出現金鄰國，「異物志：金鄰國去扶南二千餘里，土地出銀。[126]

都昆國，隋時聞于中國。按隋書不載。按杜氏通典：邊斗國，一云班斗。都昆國，一云都軍。拘利國，一云九離。比嵩國，並隋時聞焉。扶南渡金鄰大灣南行三千里，有此四國。其農作與金鄰同。其人多白色。都昆出好棧香、藿香及硫磺。其藿香樹生千歲，根本甚大，伐之，四五年木皆朽敗，唯中節堅固，芬香獨存，取以為香。」[127]

許雲樵認為都昆（屈都乾）國為漢時的都元國，在馬來半島東岸。[128]亦有認為屈都乾國位在蘇門答臘。[129]都昆國，即屈都昆的同名異譯。[130]

許雲樵認為邊斗國可能位在馬來半島東岸吉蘭丹的沿岸。[131]亦有認為邊斗位在泰南萬崙灣一帶。[132]

拘利國，又寫為拘蔞蜜，可能位在馬來半島東南部。

陳佳榮等人認為金鄰位在泰國佛統（Nakhon Pathom）一帶，[133]可能還包括泰國灣的夜功（Samut Songkram）到佛丕（Phetburi）一帶。佛統剛好位在暹羅灣的西北端，而暹羅灣被稱為金鄰大灣，可能因此佛統被稱為金鄰國。

---

126. 〔清〕陳夢雷輯，古今圖書集成（電子版），經濟彙編食貨典／銀部／雜錄，食貨典，第 340 卷，第 703 冊第 15 頁之 2。
127. 〔清〕陳夢雷輯，古今圖書集成（電子版），方輿彙編邊裔典／都昆部／彙考，隋，邊裔典，第 101 卷，第 217 冊第 61 頁之 1。
128. 許雲樵，馬來亞史，上冊，頁 77；陳佳榮、謝方和陸峻嶺等編，前引書，波邊條，頁 543。
129. 陳佳榮、謝方和陸峻嶺等編，前引書，屈都乾條，頁 554。
130. 陳佳榮、謝方和陸峻嶺等編，前引書，都昆條，頁 644-645。
131. 許雲樵，馬來亞史，上冊，頁 85。
132. 陳佳榮、謝方和陸峻嶺等編，前引書，邊斗條，頁 302。
133. 陳佳榮、謝方和陸峻嶺等編，前引書，金鄰條，頁 524。

九、無論國

隋朝時出現無論國，「無論國，隋時聞焉，在扶南西二千餘里。其國大道左右夾種枇杷樹及諸華果。」[134]

「按隋書不載。按杜氏通典：無論國，隋時聞焉，在扶南西二千餘里。其國大道左右夾種枇杷樹及諸華果，行其下常有元陰。十里一亭，亭皆有井。食麥飯，飲蒲桃酒，如膠，若飲，以水和之，味甚甘。」[135]

陳佳榮等人認為無論國與唐朝的武令可能為同名異譯，約在今泰國武里南府或烏隆府一帶。[136]

十、僧高國

唐太宗時出現僧高、武令、迦乍、鳩密四國，他們在 638 年遣使入貢。「唐太宗貞觀十二年（638），僧高、武令、迦乍、鳩密四國使者朝貢。僧高，直水真臘西北，與環王同俗。其後，鳩密王尸利鳩摩又與富那王尸利提婆跋摩等遣使來貢。僧高等國，永徽（650～655）後為真臘所并。」[137]

「按唐書・太宗本紀不載。按南蠻傳：貞觀十二年，僧高、武令、迦乍、鳩密四國使者朝貢。僧高直水真臘西北，與環王同俗。其後鳩密王尸利鳩摩，又與富那王尸利提婆跋摩等遣使來貢。僧高等國，永徽後為真臘所并。」[138]

泰國學者黎道綱認為僧高（Sengkao）可能位在泰國東北部的商卡補羅國（Sangkapura）。[139]

水真臘位在今天柬埔寨洞里薩湖（Donle Sap Lake）以東的地區，僧

---

134. 〔唐〕杜佑纂，通典，卷一百八十八，邊防四，南蠻下，無論條。
135. 〔清〕陳夢雷輯，古今圖書集成（電子版），方輿彙編邊裔典／無論部／彙考，邊裔典，第 101 卷，第 217 冊第 61 頁之 1。
136. 陳佳榮、謝方、陸峻嶺編，前引書，頁 185、487。
137. 〔宋〕宋祁撰，唐書，卷二百二十二下，列傳第一百四十七下，環王條，頁 3。
138. 〔清〕陳夢雷輯，古今圖書集成（電子版），方輿彙編邊裔典／僧高部／彙考，太宗貞觀，邊裔典，第 102 卷，第 218 冊第 1 頁之 2。
139. 〔泰〕黎道綱，前引書，頁 68。

高位在其西北部，可能是泰國東部的國家。

　　陳佳榮等人認為鳩密，可能為吉蔑、高棉族（Khmer）的音譯，今通譯為高棉。[140]

　　吉里尼認為鳩密位在柬埔寨西南部的一個國家。布里格斯則認為上述四國位在寮國北部。

十一、武令

　　陳佳榮等人認為武令可能為隋朝時無論國之同名異譯，約在今泰國武里南府或烏隆府一帶。[141]

十二、迦乍

　　惠特里（Paul Wheatley）認為迦乍是羯荼（即馬來西亞的吉打）的同名異譯。[142] 但該作者將「羯荼」寫為「羯茶」，以為讀音接近「迦乍」，所以誤認為是「迦乍」。

　　陳佳榮等人認為迦乍可能位在泰國中部，為甲色（Kasetsombun）之省譯。[143]

十三、薩盧都、訶盧

　　唐高宗顯慶年間，初次提及薩盧都、訶盧等國。

　　「按唐書‧高宗本紀不載。按南蠻傳：多摩萇，東距婆鳳，西多隆，南千支弗，北訶陵。地東西一月行，南北二十五日行。其王名骨利，詭云得大卵，剖之，獲女子，美色，以為妻。俗無姓，婚姻不別同姓。王坐常東向。勝兵二萬，有弓刀甲槊，無馬。果有波那婆、宅護遮菴摩、石榴。其國經薩盧都、訶盧、君那盧、林邑諸國，乃得交州。

　　顯慶中貢方物。按杜氏通典：多摩萇國居於海島，東與婆鳳，西與

---

140. 陳佳榮、謝方、陸峻嶺編，前引書，頁 427。
141. 陳佳榮、謝方、陸峻嶺編，前引書，頁 185、487。
142. Paul Wheatley, *The Golden Khersonese*, Greenwood Press, Westport, Connecticut, 1961, p. 46.
143. 陳佳榮、謝方、陸峻嶺編，前引書，頁 559。

多隆，南與半支跋（唐書作千支弗），華言五山也，北與訶陵等國接。其國界東西可一月行，南北可二十五日行。其王之先，龍子也，名骨利。骨利得大鳥卵，剖之得一女子，容色殊妙，即以為妻。其王尸羅劬傔伊說，即其後也。大唐顯慶中，遣使貢獻。其俗無姓。王居以柵為城，以板為屋，坐獅子座，東向。衣物與林邑同。勝兵二萬餘人。無馬，有弓、刀、甲、矟。婚姻無同姓之別。其食器有銅、鐵、金、銀。所食尚酥、乳酪、沙糖、石蜜。其家畜有羖羊、水牛，野獸有獐、鹿等。死亡無喪服之制，以火焚其尸。其音樂略同天竺。有波那婆、宅護遮、菴磨、石榴等果，多甘蔗。從其國經薩盧都、思訶盧、君那盧、林邑等國，達於交州。」[144]

陳佳榮等人認為薩盧都可能為泰南蘇叻他尼，或為 Selat 之譯音，指柔佛海峽一帶。[145]

陳佳榮等人認為訶盧可能位在宋卡，即 Singora 之譯音。[146]

不過從對音來看，訶盧的音接近泰國東北部的柯叻（Korat）。

十四、西棚國

1178 年周去非所撰的嶺外代答真臘國條說：「真臘國遠於占城，而近於諸蕃，其旁有窊裏國、西棚國、三泊國、麻蘭國、登流眉國、第辣撻國，真臘為之都會，北抵占城，最產名香。登流眉所產為絕奇，諸香國香所不及也。」[147]

窊裏國，可能在緬甸南部的墨吉古名 Mrit 的音譯。[148]據異域志記載說：「西棚國，與真臘相鄰，風俗不同，其國望見天有一竅，極明，土人稱天門。」[149]

---

144. 〔清〕陳夢雷輯，古今圖書集成（電子版），方輿彙編邊裔典／多摩萇部／彙考，高宗顯慶，邊裔典，第 102 卷，第 218 冊第 2 頁之 1。
145. 陳佳榮、謝方、陸峻嶺編，前引書，頁 693。
146. 陳佳榮、謝方、陸峻嶺編，前引書，頁 449、591-592。
147. 〔宋〕周去非，嶺外代答，卷二，真臘條。
148. 陳佳榮、謝方和陸峻嶺等編，前引書，窊裏國條，頁 666。
149. 〔元〕周致中纂集，異域志，卷上，五卷二十四。

西棚國可能位在泰國中西部的素攀（Suphan）。[150]三泊國，可能在
柬埔寨桔井省的三坡（Sambor），或泰國華富里附近或佛統一帶。[151]。
麻蘭國，可能在柬埔寨西部馬德望（Battambang）省南部。[152]第辣撻國，
可能在泰國東南岸的達叻（Trat）。[153]

十五、真里富國

宋朝寧宗慶元六年（1200），真里富國遣使獻瑞象。「按宋史・寧
宗本紀不載。按玉海：慶元六年十月，真里富國獻瑞象。」[154]

「寧宗慶元六年，真臘屬邑真里富奉表貢方物。按宋史・寧宗本紀
不載。按真臘本傳：真臘屬邑有真里富，在西南隅，東南接波斯蘭，西
南與登流眉為鄰。所部有六十餘聚落。慶元六年，其國主立二十年矣，
遣使奉表貢方物及馴象二。詔優其報賜，以海道遠涉，後冊再入貢。」[155]

泰國學者黎道綱認為真里富位在今天泰國佛統和夜功一帶的叻武
里，波斯蘭位在泰國暹羅灣東側的春武里（Chonburi），登流眉位在泰
國南部碧武里（Phet Buri）〔六坤〕一帶。[156]蘇繼廎認為真里富在泰國東
部的尖竹汶，而波斯蘭可能位在暹羅灣口。[157]布里格斯和華特斯（O. W.
Wolters）亦認為真里富在尖竹汶一帶。[158]

方國瑜引述法國馬司帛洛（Georges Maspero）的「宋初越南半島諸
國考」一文說：「宋史謂真臘西南隅之真里富，余擬依位置於 Pexaburi

---

150. 陳佳榮、謝方和陸峻嶺等編，前引書，西棚國條，頁 335。
151. 陳佳榮、謝方和陸峻嶺等編，前引書，三泊國條，頁 127。
152. 陳佳榮、謝方和陸峻嶺等編，前引書，麻蘭國條，頁 739。
153. 陳佳榮、謝方和陸峻嶺等編，前引書，第辣撻國條，頁 705。
154. 〔清〕陳夢雷輯，古今圖書集成（電子版），曆象彙編庶徵典／獸異部／彙考，寧宗慶
　　　元，庶徵典，第 170 卷，第 049 冊第 36 頁之 2。
155. 〔清〕陳夢雷輯，古今圖書集成（電子版），方輿彙編邊裔典／真臘部／彙考，寧宗慶
　　　元，邊裔典，第 101 卷，第 217 冊第 57 頁之 1。
156. 參見〔泰〕黎道綱，前引書，頁 132、140。
157. 蘇繼廎，前引書，頁 106。
158. Lawrence Palmer Briggs, "The Khmer Empire and The Malay Peninsula," *The Far Eastern
　　　Quarterly*, Vol. 3, No. 3, May 1950, pp. 256-305; O. W. Wolters, "Tāmbralinga," *Bulletin of the
　　　School of Orient and African Studies*, University of London, Vol. 21, Issue 1/3(1958), pp.
　　　587-607, at p. 594.

一帶，蓋真臘南境即抵加羅希，若不於此處求真里富，似無他地可以位置也。」方國瑜即同意該說，認為真里富位在六坤南與北大年北之間。[159]

1200 年和 1205 年，真里富遣使中國。華雅特說：真里富位在今天碧武里（Phetburi）。[160]

十六、登流眉國（丹眉流、丹流眉、單馬令）

宋朝時，出現丹眉流國。「宋真宗咸平四年（1001），丹眉流來貢。」[161]

宋真宗咸平四年（1001），「丹眉流國主多須機遣使打吉馬、副使打臘、判官皮泥等九人來貢木香千斤、鍮鑞各百斤、胡黃連三十五斤、紫草百斤、紅氈一合、花布四段、蘇木萬斤、象牙六十一株。召見崇德殿，賜以冠帶服物。及還，又賜多須機詔書以敦獎之。」[162]

文獻通考將「丹眉流」寫為「州眉流」；將「打吉馬」寫為「打古馬」；將「皮泥」寫為「箚皮泥」。[163]

宋寧宗慶元四年（1198），又寫為單馬令。「宋寧宗慶元四年（1198），單馬令，唐舡自真臘風帆十晝夜方到。其國無王，有地主。宋朝慶元二年（1196），進金三埕，金傘一柄。」[164]

關於丹眉流的位置，宋朝的諸蕃志一書記載登流眉國：「登流眉國在真臘之西，地主椎髻簪花，肩紅蔽白，朝日登場，初無殿宇。」[165] 明朝稱丹眉流為「答兒密」。[166] 清朝丁謙說：「丹眉流，即真臘傳登流

---

159. 方國瑜，「宋代入貢之真里富國」，南洋學報，新加坡南洋學會出版，第四卷，第二輯，1947 年 12 月，頁 9-11。

160. David K. Wyatt, op. cit., p. 52.

161. 〔元〕脫脫等撰，宋史，卷六，本紀第六，真宗一。

162. 〔元〕脫脫等撰，宋史，卷四百八十九，列傳第二百四十八，外國五，丹眉流條。

163. 〔宋〕馬端臨撰，文獻通考，卷三百三十二，四裔九，州眉流條。

164. 〔南宋〕陳元靚撰，事林廣記，〔明成化十四年（1478）劉廷賓等福建刊本〕卷之四，方國類，單馬令條。或避菴由編，新編群書類要事林廣記九十四卷，卷八，島夷雜誌，單馬令條。

165. 〔宋〕趙汝适撰，諸蕃志，卷上。

166. 〔明〕楊一葵撰，裔乘，八卷（上），南夷卷之二，國立中央圖書館出版，臺北市，1981 年，頁 2-227。

眉，以四至核之，當為今暹羅湄公河西南地，故羅斛在其東北。羅斛者，暹羅之南境也，後與北境之暹併為一國，始稱暹羅。」[167]

許雲樵則認為「丹眉流」與「登流眉」是同一地點，一字倒誤。至於其地點則不在六坤，而可能在克拉地峽西側海岸，即大瓜巴地方，後來遷到東海岸與單馬令合為一國。[168] 許雲樵認為單馬令不是丹眉流，若丹眉流位在六坤，則單馬令應位在關丹（Kuantan）。[169]

伯希和認為是位在泰國南部的六坤。[170] 蘇繼廎、黎道綱、和吳翊麟亦均認為是單馬令同音別譯，其地在今泰國南部六坤一帶。[171] 黎道綱進而認為宋史所說的「丹眉流」，與嶺外代答和諸蕃志所說的「登流眉」不是同一地點，後者在今靠近海岸邊之碧武里（Phet Buri）。[172] 碧武里，今稱佛丕。惠特里則認為登流眉不在六坤，而在克拉以北的地區。[173]

蘇繼廎認為單馬令即丹眉流，位在今六坤至萬崙一帶。[174] 蘇繼廎此一看法與黎道綱同。

布里格斯認為單馬令（Tambralinga）位在萬崙灣南部，約在二世紀即已存在。[175]

華特斯則認為單馬令位在六坤到萬崙一帶，其南部是狼牙修國（在北大年），其北部到猜耶（Jaiyā, Chaiya）。[176] 華特斯根據 775 年的六坤碑文之記載，單馬令當時可能是室利佛逝的統治地區，約在十世紀末獨立。趙汝适在 1225 年著的諸蕃志一書提及室利佛逝的屬國之一「加羅

---

167. 〔清〕丁謙撰，宋史外國傳地理考證，嚴一萍選輯，原刻景印叢書集成三編，藝文印書館印行，1915 年浙江圖書館校刊，頁 14。

168. 許雲樵，馬來亞史（上冊），頁 178。

169. 許雲樵，馬來亞史（上冊），頁 188-189。

170. 伯希和著，馮承鈞譯，交廣印度兩道考，臺灣商務印書館，臺北市，1972 年，頁 76。

171. 參見蘇繼廎，前引書，頁 151-154；〔泰〕黎道綱，前引書，頁 132；吳翊麟，暹南別錄，臺灣商務印書館，臺北市，1985 年，頁 11。

172. 參見〔泰〕黎道綱，前引書，頁 133。

173. Paul Wheatley, *op. cit.*, p. 66.

174. 蘇繼廎，前引書，頁 152。

175. Lawrence Palmer Briggs, *The Ancient Khmer Empire*, The American Philosophical Society, Philadelphia, 1951, p. 17.

176. O. W. Wolters, "Tāmbralinga," p. 587.

希」，華特斯認為加羅希可能位在猜耶，因此他推論在 1183～1225 年之間六坤地區應還是在室利佛逝的統治地區。[177]

根據上述諸人的看法，單馬令可能位在北緯 8.5 度和東經 99.8 度的單罵令（Nakhon Si Thammarat），從 Thammarat 的讀音來看，與單馬令相近。筆者在 2004 年 7 月 9 日前往該市作歷史考察，該市約在七世紀起有印度人移入，並由印度傳入印度教，八世紀後又傳入斯里蘭卡的佛教，至十三世紀已成為文明發達的城市，佛教日益興盛，亦是重要的商業港口。[178]當地華人亦稱該市為洛坤或六坤。

關於登流眉國的習俗，諸蕃志之記載為：「地主椎髻簪花，肩紅蔽白，朝日登場，初無殿宇。飲食以葵葉為椀，不施匕筋，掬而食之，有山曰無弄，釋迦涅盤示化銅像在焉。產白荳蔻、箋沈速香、黃蠟、紫礦之屬。」[179]三才圖會亦略有記載：「單馬令國，廣州發舶自真臘國起，風帆十晝夜可到。其國有地主，無王。宋慶元二年，進金三罈、金傘一柄。」[180]

「登流眉國，選人作地，主椎髻、纏帛，蔽身。番王出座名曰登場，眾番拜罷，同坐，交手，抱兩膊，為禮。」[181]

諸蕃志同一書亦記載單馬令，為：「地主呼為相公，以木做柵為城，廣六七尺，高二丈餘，上堪征戰，國人乘牛，打鬃跣足，屋舍官場用木，民居用竹，障以葉，繫以藤，土產黃蠟、降真香、速香、烏楠木、腦子、象牙、犀角，番商用絹傘、雨傘、荷池、纈絹、酒、米、鹽、糖、瓷器、盆鉢、䰞重等物，及用金銀為盤盂博易。日囉亭、潛

---

177. O. W. Wolters, "Tāmbralinga," pp. 588-589.

178. 參見 Natthapatra Chandavij and Saengchan Traikasem, eds., *Visitors Guide to the Nakhon Si Thammarat National Museum*, Office of Archaeological and National Museums, Fine Arts Department, Ministry of Education, Second Edition, Rung Silp Printing Co., Ltd., Baangkok, Thailand, 2000, pp. 21-22.

179. 〔宋〕趙汝适撰，諸蕃志，卷上，登流眉國條。

180. 〔清〕陳夢雷輯，古今圖書集成（電子版），方輿彙編邊裔典／南方未詳諸國部／彙考，單馬令，邊裔典，第 107 卷，第 218 冊第 26 頁之 2。

181. 〔清〕陳夢雷輯，古今圖書集成（電子版），方輿彙編邊裔典／丹眉流部／彙考，圖考，邊裔典，第 104 卷，第 218 冊第 12 頁之 1。

圖 1-4：蘇叻他尼火車站

資料來源：筆者於 2004 年 7 月 10 日攝於蘇叻他尼火車站前。

邁、加羅希類此，本國以所得金銀器，糾集日囉亭等國，類聚獻入三佛齊國。」[182] 馮承鈞考證日羅亭位在馬來半島上、潛邁即吉蔑（即真臘）、加羅希在泰國南部猜耶。[183] 當時這三國和單馬令都屬於位在蘇門答臘島的三佛齊的屬國，需行入貢。

　　南宋的事林廣記一書同時記載登流眉國和單馬令，顯然二者不是同一國。登流眉國之記載為：「屬真臘，選人作地主，椎髻、纏帛，蔽形，每朝蕃主出座，名曰登場，眾蕃皆拜，罷，同座，交手抱兩膊為禮，如中國嗦手也。」[184] 單馬令之記載為：「唐舡自真臘風帆十晝夜方

182.〔宋〕趙汝适撰，諸蕃志，卷上，單馬令國條。
183. 參見馮承鈞校注，趙汝适原著，諸蕃志校注，卷上，志國，三佛齊條，臺灣商務印書館，1986 年，頁 15-17。
184.〔南宋〕陳元靚，事林廣記，前集，卷之五，方國類，方國雜誌，登流眉條。

到其國，主有地主，宋朝慶元二年進金三埕、金傘一柄。」[185] 就此而言，黎道綱之說法頗具可靠性。

在中文文獻中稱單馬令無王，有地主，應是指該地不是大國，但有地方上的頭人。歐康諾（Stanley J. O'Connor）認為在十一世紀初，單馬令（Tāmbralinga）為柬埔寨帝國的領地。1050 年，約在柬埔寨的蘇亞瓦曼一世（Sūryavarman I）去世左右，柬埔寨出兵進攻緬甸勃固，為緬甸將領擊退，該緬甸將領後來成為基雅安奇塔國王（King Kyanzittha）。柬埔寨企圖以單馬令控制馬來半島東部的港口。[186]

十七、八百媳婦

蒙古軍隊在 1253 年入占大理後，對西南邊區的少數民族構成嚴重威脅。蒙古軍隊於 1260 年出兵攻打八百媳婦，結果敗戰而歸。「中統元年（1260），世祖命將征八百媳婦，不能達而還。遣使招徠，置八百大甸軍民宣慰司。」[187]「至元二十九年（1292）八月，遣沅兀魯迷失以軍征八百媳婦國。」[188]

八百媳婦在今之清邁至中國雲南邊界一帶。「世傳其土酋有妻八百，各領一寨，故名。」[189] 該一說法可能有誤解，一人不可能有妻八百。一個最大的可能是當地流行母系社會，很多村寨都是由女性為首長，因此八百媳婦應是指有眾多部族首領都是由女性擔任。八百大甸，為位在泰國北部清邁附近的蘭那（Lanna）王國。[190] 蘭那為百萬稻田之意。[191] 八百媳婦和八百大甸應是指同一個國家。

「元統初平章賽典赤遣使招附置八百等處宣慰司，明洪武二十四年其

---

185. 〔南宋〕陳元靚，事林廣記，前集，卷之五，方國類，方國雜誌，單馬令條。
186. Stanley J. O'Connor, "Tāmbralinga and the Khmer Empire," *The Journal of the Siam Society*, Vol. 63, Part I, January 1975, pp. 161-175, at p. 173, 175.
187. 〔明〕柯邵忞撰，新元史，卷之二百五十二，列傳第一百四十九，八百媳婦條。
188. 〔明〕陳邦瞻編輯，元史紀事本末，卷六，西南夷用兵。
189. 〔明〕柯邵忞撰，新元史，卷之二百五十二，列傳第一百四十九，八百媳婦條。
190. Geoff Wade, "The Ming Shi-Lu as a Source for Thai History — Fourteenth to Seventeenth Centuries," *Journal of Southeast Asian Studies*, 31, 2, September 2000, pp. 249-294.
191. 段立生，泰國史散論，廣西人民出版社，中國廣西，1993 年，頁 117。

酋刁攬那來貢方物，始立八百大甸軍民宣慰使司，每遇改元則頒給敕諭金牌，勘合與緬甸同。其地東至老撾，南至波勒蠻，西至木邦，北至孟艮，自司治北至布政司三十八程。」[192]

木邦，在今緬甸東部的新維（Hsenwi）一帶。[193]

孟艮，在今緬甸東部景棟（Keng Tong）。[194]

成宗大德元年（1297）9 月甲子，八百媳婦入侵撤里，蒙古派遣也先不花討伐，[195] 結果失敗。「大德四年（1300）十二月癸巳，遣劉深、合刺帶、鄭祐將兵二萬人征八百媳婦，仍敕雲南省每軍十人給馬五匹，不足則補之以牛。」[196]

「大德四年（1300）十二月，遣雲南行省左丞劉深將兵擊八百媳婦。完澤因劉深之言勸帝曰：『世祖以神武一海內，功蓋萬世。今陛下嗣大歷服，未有成功，以彰休烈。西南夷有八百媳婦未奉正朔。請往征之。』哈刺哈孫曰：『山嶠小夷，遼絕萬里，可諭之使來，不必遠屢兵力。』不聽，竟發兵二萬，命深及哈刺帶等將之以往。御史中丞董士選亦言：『不當輕信一人妄言，而實百萬生靈於死地。』帝變色曰：『事已成，勿復言。』麾之出。」[197]

「大德五年（1301）一月庚戌，給征八百媳婦軍鈔，總計九萬二千餘錠。二月丁亥，立征八百媳婦萬戶府二，設萬戶四員，發四川、雲南囚徒從軍。四月壬午，調雲南軍征八百媳婦。五月丙寅，詔雲南行省自願征八百媳婦者二千人，人給貝子六十索。七月癸丑，命雲南省分蒙古射士征八百媳婦。八月甲戌，遣薛超兀而等將兵征金齒諸國。時征緬師

---

192. 〔清〕陳夢雷輯，古今圖書集成（電子版），方輿彙編職方典／雲南土司部／彙考，雲南土司八百媳婦考，職方典，第 1517 卷，第 180 冊第 57 頁之 1。
193. 陳華、常紹溫、黃慶雲、張廷茂、陳文源點校注釋，魏源撰，海國圖志（上），岳麓書社，湖南，1998 年，頁 427。
194. 陳佳榮、謝方和陸峻嶺等編，前引書，頁 556。
195. 〔明〕宋濂等撰，元史，卷十九，本紀第十九，成宗二，楊家駱主編，前引書，頁 413。新元史作「野老不花」。〔明〕柯劭忞撰，新元史，卷之二百五十二，列傳第一百四十九，八百媳婦條。
196. 〔明〕宋濂等撰，元史，卷二十，本紀第二十，成宗三，楊家駱主編，前引書，頁 430-433。
197. 〔明〕陳邦瞻編輯，前引書，卷六，西南夷用兵。

還，為金齒所遮，士多戰死。又接連八百媳婦諸蠻，相效不輸稅賦，賊殺官吏，故皆征之。」[198]

「按元史・成宗本紀：四年十二月，遣劉深、合剌帶、鄭祐將兵二萬人征八百媳婦，仍敕雲南省每軍十人給馬五匹，不足則補之以牛。

大德五年，給征八百媳婦軍鈔。

按元史・成宗本紀：五年，給征八百媳婦軍鈔，總計九萬二千餘錠。立征八百媳婦萬戶府二萬，戶四員，發四川、雲南囚徒從軍。調雲南軍征八百媳婦。詔雲南行省自願征八百媳婦者三千人，人給貝子六十索。命雲南省分蒙古射士征八百媳婦。」[199]

大德六年（1302）二月丙戌，因為征八百媳婦右丞劉深等人戰爭失敗而遭到免官，收其符印、驛券。[200] 大德七年（1303）三月乙巳，以征八百媳婦喪師，誅劉深，笞合剌帶、鄭佑，罷雲南征緬分省。[201]

至大二年（1309），八百媳婦聯合大小徹里作亂，威遠州土官谷保奪據木羅甸。元朝派遣雲南右丞算只爾威招之。私下接受谷保的賄賂，結果敗還。[202]

至大三年（1310）一月壬寅，遣雲南行省右丞算只兒威（即算只爾

198. 〔明〕宋濂等撰，元史，卷二十，本紀第二十，成宗三，楊家駱主編，前引書，頁433-437。

199. 〔清〕陳夢雷輯，古今圖書集成（電子版），方輿彙編職方典／雲南土司部／彙考，雲南土司八百媳婦考，職方典，第1517卷，第180冊第56頁之2。

200. 〔明〕宋濂等撰，元史，卷二十，本紀第二十，成宗三，楊家駱主編，前引書，頁440-441。「按元史・哈剌哈孫傳：大德五年同列，有以雲南行省左丞劉深計倡議曰：世祖以神武一海內，功蓋萬世，今上嗣元大歷服，未有武功以彰休烈，西南夷有八百媳婦國未奉正朔，請往征之，哈剌哈孫曰：山嶠小夷，遼絕萬里，可諭之使來，不足以煩中國。不聽，竟發兵二萬，命深將以往，道出湖廣，民疲於餽餉，及次順元深脅蛇節求金三千兩，馬三千匹，蛇節因民不堪舉兵圖深於窮谷，首尾不能相捄，事聞，遣平章劉國傑往援，擒蛇節斬軍中，然士卒存者纔十一二，轉餉者亦如之，訖無成功，帝始悔不用其言，會赦有司議釋深罪，哈剌哈孫曰：徼民首釁，喪師辱國非常罪，比不誅無以謝天下，奏誅之。」（參見〔清〕陳夢雷輯，古今圖書集成（電子版），方輿彙編職方典／雲南土司部／彙考，雲南土司八百媳婦考，職方典第1517卷，第180冊第56頁之2。）

201. 〔明〕宋濂等撰，元史，卷二十一，本紀第二十一，成宗四，楊家駱主編，前引書，頁448-454。

202. 〔明〕柯劭忞撰，新元史，卷之二百五十二，列傳第一百四十九，八百媳婦條。

威）招撫八百媳婦。[203]結果亦因接受賄賂而未能奏效。[204]

至大四年（1311）五月癸酉，八百媳婦蠻又與大、小徹里蠻寇邊，忽必烈命雲南王及右丞阿忽臺出兵征討。[205]隔年二月，八百媳婦遣使獻馴象二。八月辛卯，又叛，敕雲南省右丞阿忽臺等，領蒙古軍從雲南王討八百媳婦蠻。九月戊戌，元朝改變策略，罷征八百媳婦蠻、大、小徹里蠻，以璽書招諭之。辛丑，八百媳婦蠻、大、小徹里蠻獻馴象及方物。[206]

八百媳婦繼遣其子招三聽到中國朝貢。當時大徹里哀用，亦遣貢使75人詣闕，忽必烈賜以裘帽、�襪有差。[207]以後八百媳婦和元朝維持友好關係，「延祐二年（1315）十月丁酉，八百媳婦蠻遣使獻馴象二，賜以幣帛。」[208]

「泰定三年（1326）五月甲寅，八百媳婦蠻招南通遣其子招三聽奉方物來朝。七月，八百媳婦蠻招南通遣使來獻馴象方物。」[209]

「泰定四年（1327）七月戊午，謀粘路土官賽丘羅招諭八百媳婦蠻招三斤來降，銀沙羅土官散怯遮殺賽丘羅，敕雲南王遣人諭之。」[210]

1327年，八百媳婦請元朝派官（官守）管理邊界地區，元朝置蒙慶宣慰司都元帥及木安、孟傑二府于其地。[211]

203.〔明〕宋濂等撰，元史，卷二十三，本紀第二十三，武宗二，楊家駱主編，前引書，頁521。
204.〔清〕曾廉撰，元書，宣統三年出版，文海出版社，1991年重印，八百媳婦條，頁16。
205.〔明〕宋濂等撰，元史，卷二十四，本紀第二十四，仁宗一，楊家駱主編，前引書，頁542、546。
206.〔明〕宋濂等撰，元史，卷二十四，本紀第二十四，仁宗一，楊家駱主編，前引書，頁554。
207.〔明〕柯邵忞撰，新元史，卷之二百五十二，列傳第一百四十九，八百媳婦條。
208.〔明〕宋濂等撰，元史，卷二十五，本紀第二十五，仁宗二，楊家駱主編，前引書，頁570-571。
209.〔明〕宋濂等撰，元史，卷三十，本紀第三十，泰定帝二，楊家駱主編，第二冊，前引書，頁667-671。
210.〔明〕宋濂等撰，元史，卷三十，本紀第三十，泰定帝二，楊家駱主編，第二冊，前引書，頁679-683。
211.〔明〕柯邵忞撰，新元史，卷之二百五十二，列傳第一百四十九，八百媳婦條。「泰定四年，八百媳婦遂請官，乃置蒙慶宣慰司都元帥府及木安、木傑二府。」（〔清〕曾廉撰，前引書，八百媳婦條，頁16。）

「致和一年（1328）五月己巳，八百媳婦蠻遣子哀招獻馴象。」[212]

「文宗天曆一年（1328）十一月，八百媳婦國使者昭哀、雲南威楚路土官坂放等，九十九寨土官必也姑等，各以方物來貢。」[213]

1331年，元朝將八百媳婦之木安、木傑二府並為路，立軍民總管府。[214]

「仁宗皇慶元年，也先不花、八百媳婦、占城國來貢。按元史‧仁宗本紀：皇慶元年二月庚午，西北諸王也先不花遣使貢珠寶、皮幣、馬駝。己卯，八百媳婦來獻馴象二。三月甲寅，西北諸王也先不花等遣使以橐駝、方物入貢。九月辛丑，八百媳婦蠻、大、小徹里蠻獻馴象及方物。」[215]

關於八百媳婦國之國情，中文文獻記載不多，根據古今圖書集成之記載，「其人性頗緩，刺花樣于眉目間以為飾，男女服食與木邦同，事佛敬僧亦同緬甸，與客相見無跪拜之節，但把手為禮，境內有南格刺山，山上有河，屬八百北屬車里。」[216]

明朝柯邵忞撰新元史之記載為：「由於該國好佛，惡殺，每村立一寺，每寺建塔，約有萬餘座，有敵人來侵，不得已舉兵應之，得其仇即止。俗名慈悲國也。」[217]

十八、必察不里城

元朝成宗時必察不里城敢木丁遣使朝貢。「按元史‧成宗本紀：三十一年（1294）五月庚申，雲南部長適習、四川散毛洞主覃順等來貢方

---

212. 〔明〕宋濂等撰，元史，卷三十，本紀第三十，泰定帝二，楊家駱主編，第二冊，前引書，頁686。「文宗嗣位，八百媳婦使者昭哀入貢。」（〔清〕邵遠平撰，元史類編（續弘簡錄），卷四十二，八百媳婦條，頁44。）

213. 〔明〕宋濂等撰，元史，卷三十二，本紀第三十二，文宗一，楊家駱主編，第二冊，前引書，頁708、720。

214. 〔清〕曾廉撰，前引書，八百媳婦條，頁16。

215. 〔清〕陳夢雷輯，古今圖書集成（電子版），經濟彙編食貨典／貢獻部／彙考，仁宗皇慶，食貨典，第190卷，第691冊第27頁之2。

216. 〔清〕陳夢雷輯，古今圖書集成（電子版），方輿彙編職方典／雲南土司部／彙考，雲南土司八百媳婦考，職方典，第1517卷，第180冊第57頁之1。

217. 〔明〕柯邵忞撰，新元史，卷之二百五十二，列傳第一百四十九，八百媳婦條。

物。六月乙酉，雲南金齒路進馴象三。庚寅，必察不里城敢木丁遣使來貢。」[218]

陳禮頌認為敢木丁即 K'un Ram Kamheng（坤‧藍甘亨）音之轉譯，為十三世紀素可泰王朝第三代君主，在位期間為 1275～1317 年。必察不里城，即 P'etchaburi 一音之轉譯，今譯碧武里（或佛丕），位在素可泰南邊。[219]

許雲樵認為敢木丁即羅摩坎亨。[220] 按：羅摩坎亨即坤‧藍甘亨（K'un Ram Kamheng）。

泰國黎道綱認為元史同時提到必察不里城和暹國，顯然是不同的政治實體，而兩地都稱國王為敢木丁，因此敢木丁不是泰國國王的名字，也不是坤‧藍甘亨，而是高棉語對國王或國主的稱謂。[221] 必察不里城應是素可泰的屬國。

查相關的泰國史書籍，1294 年時暹國的統治者正是藍甘亨，華雅特認為其在位時間是 1279～1298 年。[222] 但中文書稱必察不里城而非必察不里國，顯然敢木丁應是城主或太守的意思，也可能是城主的名字。

十九、沙哈魯

在明成祖時，沙哈魯遣人入貢。

「成祖永樂　年，沙哈魯遣人入貢。按明外史‧沙哈魯傳：沙哈魯，在阿速西海島中。永樂時，遣七十七人來貢，日給酒饌、果餌，異於他國。其地，山川環抱，饒畜產，人性樸直，恥鬥好佛。王及臣僚處城中，庶人悉處城外。海產奇物，西域賈人以輕直市之，其國人不能

218.〔清〕陳夢雷輯，古今圖書集成（電子版），經濟彙編食貨典／貢獻部／彙考，至元，食貨典，第 190 卷，第 691 冊第 26 頁之 2。
219.〔英國〕吳迪(W.A.R. Wood)著，陳禮頌譯，暹羅史（A History of Siam），臺灣商務印書館，臺北市，1988 年 8 月修訂重排初版，附錄（一）暹羅王敢木丁之文治武功，頁 315。
220. 許雲樵，「中暹通使考」，南洋學報（新加坡），第三卷第一輯，1946 年 9 月，頁 3-35。
221.〔泰〕黎道綱，前引書，頁 212。
222. David K. Wyatt, *Thailand: A Short History*, Yale University Press, Bangkok, 1984, p. 309.

識。按明會典：沙哈魯，永樂時，使臣七十七人每日下程一次，羊十二隻，鵝四隻，雞十四隻，酒五十瓶，米一石五斗，果子一石，麵一百二十斤，燒餅二百箇，糖餅一盤，蔬菜廚料。」[223]

「明永樂間，沙哈魯來貢者七十七人。」[224]

明朝楊一葵說沙哈魯是古投和國，明朝將之更名為沙哈魯。「沙哈魯，古投和國，隋以前無聞。唐貞觀中，遣使奉表盛以金函，又獻金榴、金鎮、寶帶、犀象、海物等數十品。自後遂不相通。我朝更名沙哈魯。」[225] 但楊一葵的描述顯然有錯誤，因為他說沙哈魯在阿速西海島中，而投和卻是位在暹羅灣西北端海邊，不是海島。

二十、孫姑那（宋卡、宋腳）

武備志卷二百四十刊的自寶船廠開船從龍江關出水直抵外國諸蕃圖，頁 14 記載孫姑那。許雲樵認為孫姑那是隋朝赤土國都僧祇城，清通典及清通考都作宋腒勝，清朝陳倫炯的海國聞見錄作宋腳，清朝謝清高的海錄作宋卡。[226]

暹羅統治馬來半島東岸時間頗長，依據「雍正七年（1729）後，宋腒勝、埃仔、六崑、大泥與中國通市不絕，皆為暹羅屬國。」[227] 皇朝〔清〕文獻通考之記載：「宋腒勝在西南海中，屬暹羅，俗佞佛。……雍正七年（1729）後，通市不絕。其國距廈門水程180更，旁有埃仔、六崑、大呢諸國。」[228] 埃仔，即泰南猜耶（Chaiya）。[229] 六崑，即單馬令。大呢，即大泥、北大年。據此可知，從宋卡到北大年等地都為暹羅所控制。

清朝謝清高曾在 1782～1795 年到南洋跑碼頭，後由其口述，由楊炳

---

223. 〔清〕陳夢雷輯，古今圖書集成（電子版），方輿彙編邊裔典／沙哈魯部／彙考，成祖永樂，邊裔典，第 86 卷，第 216 冊第 36 頁之 2。
224. 〔明〕楊一葵撰，裔乘（上），南夷卷之二，沙哈魯條，頁 2-225。
225. 〔明〕楊一葵撰，裔乘（上），南夷卷之二，沙哈魯條，頁 2-225。
226. 許雲樵，馬來亞史，上冊，頁 198-200。
227. 清高宗敕撰，清朝文獻通考，新興書局，臺北市，1963 年重印，卷二百九十七，四裔考五，宋腒勝條，頁考 7464。
228. 〔清〕嵇璜奉敕撰，皇朝〔清〕文獻通考，卷二百九十七，四裔考五，宋腒勝條，頁考 7464。
229. 陳佳榮、謝方和陸峻嶺等編，前引書，埃仔條，頁 624。

南記錄並於 1842 年撰海錄一書，該書記載：「宋卡國，俗不食豬，與回回同。」[230]「太呢國（即北大年），風俗土產均與宋卡略同。」[231]「丁咖囉，風俗與上數國略同。」[232] 丁咖囉，為馬來半島的丁加奴（近年譯為登嘉樓）。「咭蘭丹國（即吉蘭丹），君民俱奉佛甚虔也。」[233] 顯見在十九世紀中葉，宋卡、北大年和丁加奴，已伊斯蘭教化。而吉蘭丹還是信奉佛教。

二十一、大泥

大泥，又寫為打泥、太呢、佛大坭、大坭、大年、孛大泥、大哖、北大年。

在西元二世紀時，北大年應為狼牙修國之一部分，是當時重要的港口。在七世紀初流行佛教。有關其早期歷史，史載缺如。依據單馬令紀年之記載，在十三世紀上半葉北大年曾屬於單馬令控制，單馬令的統治者肯達拉哈奴（Candrabhānu）曾在 1247 年和 1260 年出兵進攻錫蘭。阿瑜陀耶（Ayudhya）的波羅瑪拉惹一世（Boromaraja I,或 Borommaracha I（1370～1388））曾娶北大年土酋的女兒為妾，雙方建立密切的關係。[234]

單馬令在十六世紀初成為暹羅的藩屬國，由暹羅任命單馬令的行政長官，實施治理。1500 年，單馬令的太守在暹羅國王之命下出兵進攻彭亨；1530 年，彭亨仍須向暹羅進貢。夾在二者之間的北大年必然也是暹羅的藩屬地位。[235]

「神宗萬曆　年，淳泥王卒，無嗣，族人爭立，國中大亂。按明外史・淳泥傳：萬曆中，其王卒，無嗣，族人爭立。國中殺戮幾盡，乃立其女為王。漳州人張姓者，初為其國那督，華言尊官也，因亂出奔。女主立，迎還之。其女出入王宮，得心疾，妄言父有反謀。女主懼，遣人

---

230. 〔清〕謝清高口述，楊炳南撰，海錄，火宋卡條，臺北市：臺灣學生書局印，1975 年，頁 222。
231. 〔清〕謝清高口述，楊炳南撰，海錄，太呢國條，頁 224。
232. 〔清〕謝清高口述，楊炳南撰，海錄，丁咖囉條，頁 232。
233. 〔清〕謝清高口述，楊炳南撰，海錄，吉蘭丹條，頁 226。
234. A. Teeuw, D. K. Wyatt, *Hikayat Patani, The Story of Patani*, The Hague, Matinus, Nijhoff, 1970, p. 5.
235. A. Teeuw, D. K. Wyatt, *op. cit.*, pp. 3, 6.

按問其家，那督自殺。國人為訟冤，女主悔，絞殺其女，授其子官。後雖不復朝貢，而商人往來不絕。國統十四洲，在舊港之西，自占城四十日可至。初屬瓜哇，後屬暹羅，改名大泥。華人多流寓其地。時紅毛番強商其境，築土庫以居。其入彭湖互市者，所攜乃大泥國文也。」[236]

清朝謝清高的海錄將大泥寫為太呢，該國「風俗、土產均與宋卡略同。民稀少而性兇暴……，其山多金，山頂產金處名阿羅帥。國屬暹羅，歲貢金三十斤。」[237]

伊斯蘭教約在 1386～87 年傳入登嘉樓，大概在傳入馬六甲之前傳入北大年和彭亨，不過，此一說法仍有待進一步研究。

二十二、埭仔（猜耶）

「雍正七年（1729）後，宋腒朥、埭仔、六崑、大泥與中國通市不絕，皆為暹羅屬國。」[238]猜耶是個佛教城市，境內有一個古佛寺遺址。

圖1-5：猜耶古廟遺址。（右一為筆者）
資料來源：筆者攝於 2004 年 7 月 10 日

236.〔清〕陳夢雷輯，古今圖書集成（電子版），方輿彙編邊裔典／淳泥部／彙考，神宗萬曆，邊裔典，第 104 卷，第 218 冊第 11 頁之 2。
237.〔清〕謝清高口述，楊炳南筆錄，海錄，太呢國條。

表 1-3：在中國古籍中按時間順序出現的向中國朝貢的泰國早期王國

226	扶南（柬埔寨）、林邑（越南中部）、堂明（寮國中部或北部，或指頓遜，或指泰南西勢洛坤）
424	盤盤國（蘇叻他尼）
515	狼牙脩國（馬來半島上的吉打州到宋卡、北大年一帶地區）
583	頭和國〔即墮羅鉢底國，泰國中部佛統（Nakon Pathon）一帶〕
608	赤土（吉打、宋卡和北大年之間）、迦羅舍（泰國碧差汶府的室貼（室利提婆））
638	僧高〔泰國東北部的商卡補羅國（Sangkapura）〕、武令（泰國武里南府或烏隆府一帶）、迦乍〔泰國中部甲色（Kasetsombun）〕、鳩密〔吉蔑、高棉族（Khmer）的音譯，今通譯為高棉〕、富那（可能在泰國和柬埔寨一帶）
650	哥羅〔泰南克拉（Kra）地峽〕、拘蔞蜜（可能在馬來半島東南方）
660	哥羅舍分〔可能在泰國西部的叻丕（Ratburi），或泰國西北部，或緬甸境內〕
1001	丹眉流（單馬令同音別譯，其地在今泰國南部六坤一帶）
1151	羅斛國（泰國）〔泰國中部的華富里（Lopburi）〕
1196	單馬令〔六坤至萬崙（Bandon）一帶〕
1200	真里富（墮羅鉢底國式微後，真里富國取而代之，其勢力及於今佛統地區，隔海與今之春武里相望）
1289	羅斛、女人國〔在今印尼爪哇島以東，或謂指蘇拉威西島（Sulawesi）布吉斯（Bugis）人的居住地〕
1294	必察不里城（泰南的碧武里（或佛丕））
1299	速古臺（即泰國中北部的素可泰）、探奔（不可考）
1312	八百媳婦（泰北清邁）
1403	沙哈魯〔為墮羅鉢底國（Dvaravati），位在今天泰國中部佛統（Nakon Pathon）一帶〕、答兒密（古名丹眉流，今泰國南部六坤一帶）

資料來源：作者自行整理。

---

238. 清高宗敕撰，前引書，卷二百九十七，四裔考五，宋脈勝條，頁考 7464。

第二章　蘭那、羅斛與暹國

第一節　蘭那

　　泰國北部的馬宏山（Mä Hòng Sòn）省的潭菲（Tham Phī）石窟，發現約在西元前 10000 年前到 6000 年前的人類活動遺址。在南邦（Lampāng）以北45公里的普拉土帕（Pratū Phā）的岩洞，亦發現用紅色顏料畫的一群人圍捕兩隻水牛以及其他動物和植物的圖畫。[1] 蘭那（Lan-Nan）地區的主要族群是屬於孟－高棉族（Mon-Khmer）的母拉布里（Mlabri）、克哈（Khā）、辛（Thin）、拉瓦（Lawa）等族。拉瓦族在種族、語言和文化上與孟族接近。[2]

　　據傳說有一位隱士蘇貼普（Suthep 或 Sudeva, Vāsudeva）約在西元750年在南邦地區建立哈里奔猜（Hariphunchai）（就是南奔 Lamphun）城市，該城市位在馬賓（Mä Ping）河西岸。蘇貼普邀請羅斛（Lavo）的公主蒂薇（Jām Thewī）為該城之統治者，公主帶了一些和尚和工匠前往該城市，因此將墮羅鉢底孟族的文化帶入蘭那。公主隨後生了雙胞胎，長子約特（Mahanta Yot），繼承其母成為南奔的統治者。次子殷塔旺（Inthawon 或 Ananta Yot）則成為基郎（Khelang）的統治者，後來發展成為南邦。南奔和南邦是兩個由孟族建立的城邦國家。[3]

　　關於泰族之早期歷史，泰文沒有信史，以致於相關的書籍對於早期泰國史之記載充滿分歧。中國古籍對於泰族曾有不少記載，成為研究泰族歷史之重要文獻來源之一。譬如後漢書哀牢國傳中記載：「漢光武建武二十七年（西元 51 年），哀牢王賢栗等遂率種人戶 2770，口萬 7659，

---

1. Hans Penth, *op. cit.*, pp. 15-17.
2. Hans Penth, *op. cit.*, p. 21.
3. Hans Penth, *op. cit.*, p. 24.

詣越雟太守鄭鴻，降求內屬。光武封賢栗等為君長。自是歲來朝貢。」[4]
「漢明帝永平十二年（69），哀牢王柳貌遣子率種人內屬，其稱邑王者
七十七人，戶 51,890，口 55 萬 3,711。西南去洛陽七千里。」[5] 前述的哀
牢，即可能為泰族人。[6] 哀牢族分布的地區在泰北、寮國北部、越南西北
部、中國雲南到四川一帶的山區。

瓦德哈勘（Luang Vichitra Vadhakarn）認為在西元前69年，泰族受到
中國的壓迫，而從中國南部移入印度支那半島。[7] 西元78年，泰族領袖萊
寮（Lei Lao）抗拒中國失敗後，率其族人遷移至緬甸北部的撣邦
（Shan）。[8]

雲茂倫（Likhit Hoontrakui）則認為225年緬甸孟（Man）國王攻打雲
南大理，導致住在四川、雲南和貴州的山地民族泰族從雲南沿著瀾滄江
南下進入景洪（Keng-Hung, Xieng-Hong）（或稱車里），建立「西雙版
納」（Sip-Song-Pan-Na）[9] 國家，它的疆域包括雲南南部、撣邦東部、寮
國西部。中國稱該一地區為車里，其西部為大車里，東部為小車里。[10] 約
在 881～1094 年間，西雙版納的波隆國王（King Khun Borom）繼續沿著
湄公河南下，建立蘭那國，首都在琅勃拉邦（Luang-Phra-Bang）。
1095～1253 年間，蘭那國王刀馬哈普隆（King Thao-Maha-Prom）出兵進
入湄南河，驅逐孔恩（Korm）的勢力，在湄南河西岸建立沙萬卡洛克
（Sawankalok）。[11]

西元225年，三國志中記載諸葛亮南征南蠻，七擒七縱孟獲。孟獲住

---

4. 〔南朝・宋〕范曄撰，後漢書，卷八十六，南蠻西南夷列傳第七十六，哀牢條，頁 16。
5. 〔南朝・宋〕范曄撰，後漢書，卷八十六，頁 16。
6. Rong Syamananda, *A History of Thailand*, Thai Watana Panich Co., Ltd., Bangkok, Thailand, 1973, p. 7; W.A.R. Wood, *A History of Siam*, Chalermnit Press, Bangkok, 1982, p. 32.
7. Rong Syamananda, *op. cit.*, p. 8.
8. W.A.R. Wood, *op. cit.*, p. 33.
9. 版納在泰語為「千田」之意，指古代泰族統治者擁有上千的田地的統治地區。參見翁永德，「否定泰人遷移的證據」，星遲日報（泰國），1985 年 2 月 11 日，版 9。
10. Likhit Hoontrakui, *The Historical Records of the Siamese-Chinese Relations*, Debsriharis, Bangkok, 1967, pp. 99-100.
11. Likhit Hoontrakui, *op. cit.*, p. 100.

在四川西部地區，可能為泰族早期活動地區。新唐書南蠻傳（卷222上）亦記載雲南境內蒙舍國王歸義併周邊五小國，650年統一泰族，都大理，國號南詔。[12]738年，並獲中國冊封。

745年，南詔國王皮邏閣（Pilawko）與唐朝訂約，隨後進攻西藏，控制數個城市。[13]但南詔是否屬於泰族？華雅特（David K. Wyatt）認為不是，他舉述的證據是南詔國王的姓名是依據前王姓名的後面的字，做為下一代姓名的第一個字，例如 Pi-lo-ko，其子為 Ko-lo-feng，其子為 Feng-chia-i，其子為 I-mou-hsun，這套命名法在羅羅族（Lolo）和其他藏緬語族（Tibeto-Burman）很通行，但在泰族卻未見及。此外，在泰族的傳說或編年史籍均未提及南詔。[14]司雅曼南達（Rong Syamananda）認為從種族和語言來看，南詔不是泰族國家。在雲南地區，泰族不是主要族群，其人數甚至比依（Yi）族或羅羅族、白族（White race）或民佳族（Min-chia）少。[15]許雲樵亦認為南詔並非泰族所建的國家，其理由一是，依據語文考證，南詔應為藏緬系之一。二是從習俗來看，南詔姓名採父子連名，此為緬族之習俗；南詔以龍為圖騰，而泰族沒有龍的圖騰；南詔除信奉佛教外，亦信「本村鬼主廟」（鬼主指主祭之巫師或統治者），而此為泰族所無。許雲樵認為南詔應屬於爨族建立的國家，泰族不是從長江流域往南遷移到今天泰國境內的族群。[16]

在印度支那半島北部的泰族，向東發展到今天寮國境內組成國家，在法格倫國王（King Fagnum）統治時期，約在1353～1371年時成為一個大型的王國。向西發展的泰族進入緬甸北部，在撣邦的泰族可能在六世紀起就形成一個王朝，其首府在司威里（Shweli）河的蒙毛（Müang Mao）。[17]

---

12. 關於南蠻之歷史，新唐書 222 上卷有詳細記載，見宋朝歐陽修、宋祁撰新唐書，中華書局出版，北京，1975 年 1 月第 1 版，頁 6267-6295。
13. W.A.R. Wood, *op. cit.*, p. 32.
14. David K. Wyatt, *Thailand: A Short History*, Yale University Press, Thai Watana Panich Co., Ltd., 1984, p. 14.
15. Rong Syamananda, *op. cit.*, p. 10.
16. 許雲樵，「南詔非泰族故國考」，南洋學報（新加坡），第四卷第二輯，1947 年 12 月，頁 1-8。
17. W.A.R. Wood, *op. cit.*, p. 36.

華雅特的著作則說，在七世紀，在泰北、越南西部和緬甸東部的交接處清線（Chiang Saen）出現一個泰族的國家約諾克（Yonok）（即蘭那），它需向平河（Ping River）上游的高棉（Khom, Khmer?）的統治者獻納黃金貢物，該高棉統治者不信佛教。約在十世紀初，約諾克的普隆王子（Prince Phrom, Brahmakumara）將高棉統治者逐回吳哥（Angkor）（時為 Indapathanagara 統治），由其父潘恩王子（Prince Phang）重建清線王國，而普隆王子則另外在方恩（Fang）的地區建立偉安猜普拉勘（Wiang Chaiprakan）城市。可能連接哈里奔加耶（Haripuñjaya）到緬甸直通（Thaton）（Sudhammavati）、勃固（Pegu, Hamsavati）的商業關係，約諾克日趨繁榮，佛教也開始流行，逐漸取代原先的拜物教。[18]

司雅曼南達的說法與上述不同，他說清線王國創立於568年，其北為南詔國，南邊為哈里奔加耶。該國後來被高棉統治。直至第四十三任國王旁卡拉惹（Puncaraj）統治時，普隆王子生於1098年，非常英勇，停付高棉貢物，並驅逐高棉勢力，建立一個獨立的國家。其領地直到蘭那泰（Lanna Thai, Lān Nā Thai）（Lān 是指百萬稻田[19]）、琅勃拉邦（Luang Phra Bāng）、永珍（Wiengchen, Vientiane）、南掌（Lanchang）。旁卡拉惹建立方恩城市，並命名為加普拉勘（Jaiprakarn）。1117年，在其子普隆的請求下，旁卡拉惹搬出方恩，遷移到永西敦（Wiengsituang），繼續統治清線的首都約諾克納孔（Jonoknakorn）或猜布里（Jaiburi）。[20]

泰國學者彭斯（Hans Penth）認為泰族進入南奔的時間約在1150年，他們在賓河建立村落。1260年，泰族推翻南邦孟族的統治，並短暫的統治南奔。在這一段時間，泰族從北方和東方進入蘭那，主要的泰族是元族（Yuan, Yūn 或 Yōn）。他們原先住在中國、緬甸、寮國和泰國交界的金三角地區。有歷史記載的第一任統治者是孟萊國王（Phayā（King）Mang Rāi），是中國雲南景倫（Chiang Rung）的泰呂（Thai Lü）家族的親戚。他在1263年建立清萊（Chiang Rāi）的「孟萊國王的城市」（King

18. David K. Wyatt, *Thailand: A Short History*, p. 31.
19. Hans Penth, *op. cit.*, p. 5.
20. Rong Syamananda, *op. cit.*, p. 18.

Mang Rāi's City），1281 年或 1292 年占領南奔。南奔的孟族統治者往南逃，但其人民仍留在當地。泰族移入人數日增，最後超過孟族，成為主要族群。[21]

普隆逝於 1177 年，他統治加普拉勘五十九年，傳位給其兒子賈西里（Jaisiri），統治十一年，遭到孟族的入侵，將首都遷移到今天甘烹碧（Kamphaeng Phet）的帕布（Pab）。後又遷至猜那特（Chai Nat）的特瑞土魯安斯（Traitruengs），又遷至帕松市（Nakhon Pathom），當時稱為猜西市（Nahkon Chaisi）。由於此一遷移關係，烏通（U Thong）王子與之有血緣關係。猜布里跟加普拉勘的命運一樣，遭到孟族的入侵，遂遷移到今天的彭世洛省東部的那空泰（Nahkon Thai）。以後出現許多小的泰族部落，例如戈恩揚（Ngoenyang）、帕堯（Payao）、拉德（Rad）、邦揚（Bangyang）。拉德位在今天的皮查汶（Phetchabun, Pechabun），邦揚位在那空沙萬（Nahkon Sawan）的帕克南波（Paknampo）。[22]

高棉吳哥王朝的勢力日益增強，約在九世紀末取代了墮羅鉢底在湄南河河谷地的勢力，[23] 高棉族向今天阿瑜陀耶和華富里一帶移民發展。1005 年西進，併吞羅斛國，其北界延展到湄南河上游的素可泰一帶，向西到素攀河流域一帶。

由於羅斛被高棉控制，以致於以後南奔經常與羅斛戰爭。兩地距離遙遠，高棉無法征服南奔。1050 年，南奔爆發霍亂，迫使居民遷移到緬甸東南部的孟族住區直通和勃固，兩地的孟族遂經常往來。[24]

在 1180 年，南詔默許在其南部邊緣位在西雙版納內成立景洪（Chiang Hung, Ch'e-li）或車里侯國，景洪的王子帕真（Pa Chên, or Chao Phaya Choeng）有四位兒子，分別收取蘭那（Lan Na，Yonok）、門昭（Meng Chiao，Chiao-chih）（靠近北越）、永珍（Viang Chan, Vientiane）、景洪的歲入。最後由凱連（K'ai Lêng，Khai Loeng）在 1192 年繼承王位。[25] 景

---

21. Hans Penth, *op. cit.*, p. 39.
22. Rong Syamananda, *op. cit.*, p. 19.
23. David K. Wyatt, *Thailand: A Short History*, p. 25.
24. Hans Penth, *op. cit.*, p. 26.
25. David K. Wyatt, *Thailand: A Short History*, p. 35.

洪是泰族人建立的國家，其勢力的興起亦反映了南詔的國力減弱，無法控制南邊的泰族部落。

在十二世紀中葉，清邁地區是由潘恩國王（King Phang）的兒子坤忠（Khun Chüang）統治，他曾遭到來自西雙版納的卡伊歐（Kaeo）的攻擊，他召集泰北和撣邦的軍隊擊退入侵者，但為了維持兩國之間的關係，他免除卡伊歐的進貢，並任命卡伊歐為蒙旺（Müang Wong）的統治者，他在 1140 年在雲南刻寫碑文記載此事。坤忠逝於 1172 年，在這之前他將王國分由他五個兒子統治，大兒子統治清線，次子統治卡伊歐的本部，三子控制琅勃拉邦，四子控制猜納萊（Chainarai, Siang Khwang?），五子控制西雙版納的景洪。[26]

清邁的蘭那王國的創建者孟萊（Mangrai）於1239年10月23日生於清線。其母親是景洪統治者的女兒。他在 1259 年繼承其父親成為清線的統治者，出兵占領周邊的小部落，包括孟萊（Muang Lai）、清康（Chiang Kham）、清彰（Chiang Chang）。1262 年他在清萊（Chiang Rai）建立新城市，並將首都搬至清萊，接著出兵占領清孔（Chiang Khong）以及方恩（Fang）周圍地區。他想併吞哈里奔加耶，但哈里奔加耶過於強大，且有佛骨的保佑，不易征服，其一位孟族的會計官獻計，需以奸計取得該國。孟萊遂派了一名書記艾發（Ai Fa）前往哈里奔加耶，為其國王服務。艾發取得哈里奔加耶國王的信任，並開始離間國王與大臣和人民之間的情感，鼓動大臣和人民傾向孟萊。至1281年4月，時機成熟，艾發通報孟萊可以出兵了，因此孟萊率大軍征服了哈里奔加耶，在 4 月 23 日控制了在南奔的哈里奔加耶。[27]1289 年，他決定遠征下緬甸的孟族首都勃固。他率軍抵達薩爾溫江（Salween）的馬宏生（Maehongson），與勃固的國王蘇德哈梭瑪（Suddhasoma）結盟，蘇德哈梭瑪將女兒嫁給孟萊，雙方透過通婚而結成同盟關係。[28]

---

26. David K. Wyatt, *Thailand: A Short History*, p. 45.

27. Haripuñjaya 是孟族於 654 年建立的國家，首任統治者是羅斛（Lavo）的 Princess Chamadevi。華雅特說該國在 1281 年為孟萊王所滅，但 Rong Syamananda 認為是在 1283 年。參見 Rong Syamananda, *op. cit.*, pp. 16-17.

28. David K. Wyatt, *Thailand: A Short History*, p. 47.

　　1096年，普隆王子（Prince P'rohm）的兒子坤中坦瑪（K'un Chom T'amma）建立帕堯（P'ayao）城市，成為獨立國家的首都。[29] 帕堯的國王甘蒙（Ngam Muang）生於1238年，是坤忠的後代，他在1254年前往羅斛學習，認識了素可泰的藍甘亨（Ramkhamhaeng）王子。1258年，他返國繼承其父的王位。1276年，孟萊率領軍隊至帕堯的邊境班代（Ban Dai），甘蒙前往會面，簽署友好互助條約，甘蒙將邊境500戶居民割讓給孟萊。[30]

　　孟萊於1290年率軍遠征蒲甘-阿瓦（Pagan-Ava）（Pagan, Pukam）（中國元朝於1287年2月滅蒲甘國，選其君長為帥，並定三年一貢），在抵達其南境時，蒲甘國王派遣一名撣族（Shan）使節與其會面，孟萊表示其此行之目的不是在掠奪，而是想獲得蒲甘作金屬工藝的師傅，蒲甘應允供應500戶金匠、銀匠和銅匠，雙方沒有發生戰爭。孟萊將這些工匠分散住在其國境內，包括景東（Keng Tung）。[31]

　　剛好此時有一群和尚帶了兩個佛骨獻給孟萊王，孟萊王將之奉祀在廟中。1292年3月27日，孟萊王選擇在清邁建立新首都，他與甘蒙和藍甘亨商量建城事宜，1296年4月18日開工建城。他之所以延遲築城，主因是中國元朝的威脅。元朝在1287年滅緬甸蒲甘王朝，在1290年征服景洪，景洪的統治者刀阿里（Thao Ali）是孟萊的第二個表弟。1292年，景洪叛變，元朝再派遠征軍攻打孟萊和景洪。「至元二十九年（1292）八月，遣沆兀魯迷失以軍征八百媳婦國。」[32]

　　1296年，中國占領景洪，孟萊立刻率軍奪回景洪。[33]1297年，八百媳婦與小徹里復進攻中國，雲南行省請求派遣2萬軍隊攻擊八百媳婦。[34]

---

29. W. A. R. Wood, *op. cit.*, p. 51.
30. David K. Wyatt, *Thailand: A Short History*, p. 46.
31. David K. Wyatt, *Thailand: A Short History*, pp. 46-47.
32. 〔明〕陳邦瞻編輯，元史紀事本末，卷六，西南夷用兵。
33. 「元貞二年(1296)，車里結八百媳婦為亂，雲南行省言：『大徹里與八百媳婦犬牙相錯，今大徹里降，小徹里復占扼地利，多相殺掠。大徹里、胡倫乞別置一司，擇通習蠻夷情狀者為之帥，招其來附，以為進討之地。』遂立徹里軍民總管府，又立蒙樣剛等甸軍民官。」（〔清〕曾廉撰，元書，宣統三年出版，文海出版社，1991年重印，車里條，頁15。）
34. 〔清〕曾廉撰，前引書，車里條，頁15。

　　1301 年，中國派遣 2 萬大軍、1 萬匹馬進攻景洪，結果戰爭失利。
1309 年，清邁和景洪聯合進攻中國的威遠州（Wei-yüan），戰爭持續到
1311 年。1312 年，清邁和景洪向中國貢方物和馴象。清邁分別在 1315、
1326、1327、1328、1329、1347 等年向中國進貢。[35] 中國在元朝時稱清邁
為八百媳婦或八百大甸。[36]

　　孟萊王的長子因企圖奪取王位而被處死，其三子坤克魯亞（Khun
Khrüa）才幹不足，被派至東部統治撣族地區，他最喜歡的次子坤勘
（Khun Kham）則統治清萊。1317 年，孟萊王去世。諸子爭立，結果在
以後的十一年，先後有六王爭奪王位，至 1328 年由孟萊王的孫子坤富
（Khun Fu）繼位才穩定下來。

　　蘭那在 1328 年建新城市清線。1338 年，帕堯侯國成為清邁的屬國。
1350 年，蘭那地區為元族所統治，直接或間接地受到清邁的控制或影
響。波勒（Phrā）在 1444 年、南城（Nān）在 1449 年分別併入蘭那。[37]

　　元族使用兩種文字來記錄，一種是傳統泰族文字，可能借用舊孟族
文字，用來記錄世俗的事務；另一種是現代孟族文字，稱為「達摩」
（Tham Dhamma）字母，也稱為土亞蒙（tua müang）（地方文字）。主
要用以記錄宗教經文和活動，例如巴利文（Pali）寫的佛教經文。以後也
用「檀」（Tham）（泰語對達摩之發音為「檀」，所以「檀」文，也就
是達摩文）字母記錄世俗事務。[38]

　　目前曼谷的玉佛寺供奉的玉佛是源自寮國永珍，後遷至泰國昌萊
府，昭訕范宮將它恭迎往清邁供奉，當象隊走至分岔路時，象隊不願轉
至清邁，而轉往南邦，所以在 1436～1468 年之間玉佛供奉在南邦的隆道
素差拉玉佛寺。[39]

---

35. David K. Wyatt, *Thailand: A Short History*, p. 49.但在中國文獻中，1347 年並無朝貢記錄。
36. 「世傳其土酋有妻八百，各領一寨，故名。由於該國好佛，惡殺，每村立一寺，每寺建
　　塔，約有萬餘座，有敵人來侵，不得已舉兵應之，得其仇即止。俗名慈悲國也。」
　　（〔明〕柯邵忞撰，新元史，卷之二百五十二，列傳第一百四十九，八百媳婦條。）
37. Hans Penth, *op. cit.*, p. 41.不過該書說蘭那在 1327 年建新城市清線。
38. Hans Penth, *op. cit.*, p. 41.
39. 郎問津，「喃邦藩王古國與現況簡介」，星暹日報（泰國），1985 年 4 月 26 日，頁 12。

　　蘭那信奉佛教，1477年在清邁附近的吉耀寺（Wat Jet Yòt）舉行第八屆佛教大會，目的在重新確定佛教經文內容。不過，該項重訂之經文未能流傳下來。1558年，緬甸出兵入侵清邁，蘭那因此亡國。

　　蘭那不是一個單一的國家，而是由許多城邦國家組成。它基本的單位是 Bān，即村。數村組成一個區（pan nā），即一千稻田。較大的區叫鎮（wiang）。若有王族駐守的鎮，即較大的鎮稱為市（chiang）。由數個市或鎮組成的稱國（müang）。[40]

表 2-1：蘭那王朝世系表

蘭那王朝（Kings of Lan Na）		
任次別	稱號姓名	在位時間
1	Mangrai（1292 年起在清邁）	1259～1317
2	Chai Songkhram	1317～1318
3	Saen Phu	1318～1319
4	Khrüa	1319～1322
5	Nam Thuam	1322～1324
6	Saen Phu（第二次統治）	1324～1328
7	Kham Fu	1328～1337
8	Pha Yu	1337～1355
9	Kü Na	1355～1385
10	Saen Müang Ma	1385～1401
11	Sam Fang Kaen	1401～1441
12	Tilokaracha	1441～1487/5/24
13	Yot Chiang Rai	1487～1495
14	Müang Kaeo	1495～1526
15	Ket Chettharat	1526～1538
16	Chai	1538～1543
17	Ket Chettharat（第二次統治）	1543～1545
18	Queen Chiraprapha	1545～1546

---

40. Hans Penth, *op. cit.*, p. 53.

表 2-1：蘭那王朝世系表（續）

蘭那王朝（Kings of Lan Na）		
任次別	稱號姓名	在位時間
19	Setthathirat（of Lan Sang）	1546～1551
20	Thao Mae Ku（女王）	1551
21	Mekuti（也許是前者續任）	1551～1564
22	Queen Wisutthithewi（緬甸為宗主國）	1564～1578
23	Tharawaddy Prince（緬甸人）	1578～1607
24	前者之兩個兒子	1607～1613
25	Thadogyaw	1613～1615
26	Si Song Müang	1615～1631
27	Phraya Thipphanet	1631～1659
28	Phrae 的統治者	1659～1672
29	Ingsemang（緬甸人）	1672～1675
30	Chephutarai（緬甸人）	1675～1707
31	Mangraenara（緬甸人）	1707～1727
32	Thep Sing（叛亂）	1727～
33	Ong Kham	1727～1759
34	Chan	1759～1761
35	Khi Hut	1761～1762
36	Abhayagamani（緬甸人）	1762～1768
37	Moyagamani（緬甸人） 蘭那的叛亂	1768～1771 1771～1774

資料來源：David K. Wyatt, *Thailand: A Short History*, Bangkok, Yale University Press, 1984, pp. 310-311.

第二節　羅斛

　　墮羅鉢底國的首府位置，初期是在烏通，後來遷至佛統。卡西特西里（Charnvit Kasetsiri）認為在五世紀華富里成為墮羅鉢底國在東邊的城

表 2-2：清邁王朝世系表

清邁王朝（Chao of Chiang Mai）		
任次別	稱號姓名	在位時間
1	Kavila（1775～1781 年在南奔）	1781～1813
2	Thammalangka	1813～1821
3	Kham Fan	1821～1825
4	Phutthawong	1825～1846
5	Mahawong	1846～1854
6	Kavilorot	1856～1870
7	Intanon	1871～1897
8	Suriyawong	1901～1911
9	In Kaeo	1911～1939

資料來源：David K. Wyatt, *Thailand: A Short History*, Bangkok, Yale University Press, 1984, p. 311.

市，在七世紀中葉向北擴張至南奔，同時傳播佛教。在八世紀，一名日本王子到訪華富里，學習佛法和佛經，最後死在華富里。[41]原為墮羅鉢底國之屬國的羅斛，在十世紀脫離墮羅鉢底而獨立，1005～1022 年成為高棉的屬國，後又脫離獨立，[42]其首府在華富里。高棉統治華富里時，引進了印度教和婆羅門教。[43]羅斛屬於孟族，其立國雖比素可泰王朝為早，但泰國歷史並不以羅斛國為泰族初期王朝。

關於羅斛國的位置，法國學者馬司帛洛（Georges Maspero）認為羅斛國在今泰國中部的華富里。當高棉帝國擴張到泰國中部時，羅斛為高棉人控制，成為高棉帝國的屬國。[44]

41. Charnvit Kasetsiri, *op. cit.*, p. 18.
42. Hans Penth, *op. cit.*, pp. 25-28.
43. Chai-Anan Samudavanija, "Political History," in Somsakdi Xuto (ed.), *Government and Politics of Thailand*, Oxford University Press, Singapore, 1987, pp. 1-40.
44. 馬司帛洛（Georges Maspero）撰，馮承鈞譯，「宋初越南半島諸國考」，載於馮承鈞編譯，西域南海史地考證譯叢，甲集，臺灣商務印書館，臺北市，1972 年，頁 137-170；〔泰〕黎道綱，泰國古代史地叢考，中華書局，北京市，2000 年，頁 149。

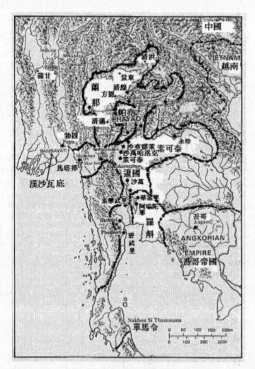

圖 2-1：十三世紀末泰國泰族邦國分佈圖

資料來源：David K. Wyatt, *Thailand: A Short History*, p. 40.

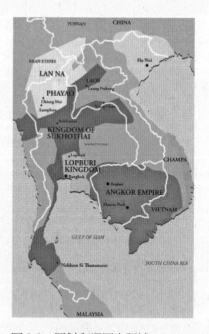

圖 2-2：羅斛和暹國之疆域

資料來源：http://www.onlychaam.com/thailand-history.php，2011 年 10 月 17 日瀏覽。

泰國學者彭斯說，羅斛在 1005～1022 年成為高棉的屬國。以後羅斛與南奔國（在清邁）陷入長期戰爭。直至 1115 年，羅斛取得獨立地位，才派遣使者前往中國。[45]

緬甸蒲甘（Pagan, Pukam）國王阿奴律陀（King Anurudh 或 Anawrahta, 1044～77 年）於 1057 年在蒲甘建都，隨後出兵進攻高棉，控制有今天整個泰國，並從佛統引進小乘佛教，以後小乘佛教傳到印度支那半島北部。阿奴律陀去世後，緬甸勢力消退，泰國再度為高棉控制。[46]

---

45. Hans Penth, *op. cit.*, pp. 25-28.
46. Rong Syamananda, *op. cit.*, p. 17.

　　華雅特則說羅斛在十一世紀初保持獨立地位，它受到來自泰國北部的哈里奔加耶的攻擊，吳哥國王烏達亞迪特亞瓦曼（Udayadityavarman，1001～1002 年）出兵協助羅斛。後來高棉王子賈亞維拉瓦曼（Jayaviravarman）從泰南半島的單馬令出兵占領了羅斛，接著進兵控制吳哥。蘇亞瓦曼一世（Suryavarman I, 1007?～50）號召吳哥北部和東部的人民奪回首都，恢復吳哥王朝以及控制羅斛。吳哥派遣一位總督管轄羅斛。羅斛為取得獨立地位，在 1001 年遣使中國，欲與中國聯繫。一百多年後，羅斛趁高棉內亂在 1115 年遣使到中國。蘇亞瓦曼二世（Suryavarman II, 1113～50）於 1150 年去世。羅斛在 1155 年又遣使到中國，希望中國給予承認。[47] 不過，按中國文獻，羅斛並無在 1001 年遣使到達中國的紀錄。

　　中國宋朝宋徽宗在 1103 年首度遣使招納羅斛。[48] 1115 年遣使到羅斛「說諭招納」，「宋徽宗政和五年（1115）8 月 8 日，禮部言：『福建路提舉市舶司狀，本路昨自興復市舶，已於泉州置來遠驛，及已差人前去羅斛、占城國，說諭招納，許令將寶貨前來役（投）進外，今相度欲乞諸蕃國貢奉使、副判官、首領，所至州軍，並用妓樂迎送，許乘輪或馬，至知通或監司，客位俟相見罷，赴客位上馬，其餘應干約束事件，並乞依著蠻入貢條例施行。本部尋下鴻臚寺勘會。據本寺契勘，福建路市舶司依崇寧二年（1103）二月六日朝旨，招納到占城、羅斛二國前來進奉，內占城先累赴闕進奉，係是廣州解發。福建路市舶申到，外有羅斛國，自來不曾入貢，市舶司自合依政和令，詢問其國遠近大小強弱，與已入貢何國為比，奏本部勘會。』今來本司並未曾勘會施行，詔，依本司所申。其禮部並不勘，當即官降一官，人吏降一資。」[49]

　　羅斛首次遣使到中國的時間在 1151 年。「宋高宗建炎二十五年

---

47. David K. Wyatt, *Thailand: A Short History*, p. 28.
48. 「宋徽宗崇寧 2 年(1103 年)2 月 6 日，說諭招納羅斛前來進奉。」〔清〕徐松，宋會要，蕃夷四，卷八千一百十六，占城蒲端條，頁 13-14。收錄在續修四庫全書，史部政書類，第 786 卷，上海古籍出版社，上海市，2002，頁 308-309。
49. 〔清〕徐松，宋會要輯稿，第一百九十七冊，蕃夷四之七三，占城蒲端條。

（1151）（紹興二十一年）十一月，真臘、羅斛國貢馴象。」[50] 以後在1155、1289、1291、1296、1297、1299 等年代至中國朝貢。而且在1297[51]、1299[52]兩年同時與暹國使節至中國朝貢。

關於羅斛國的國情，元朝汪大淵的島夷志略有所記載，該書之羅斛條目說：「山形如城郭，白石峭厲。其田平衍而多稼，暹人仰之。氣候常暖如春風，俗勁悍，男女椎髻，白布纏頭，穿長布衫，每有議，刑法、錢穀出入之事，並決之於婦人。其志量常過於男子。煮海為鹽，釀秫為酒。有酋長，法以肶子代錢流通行使，每一萬準中統鈔二十四兩，甚便民。此地產羅斛香，味極清遠，亞於沈香，次蘇木、犀角、象牙、翠羽、黃蠟。貨用青器、花印布、金錫、海南檳榔口肶子次曰彌勒佛日、忽南圭日、善司延日、蘇剌司坪日。吉頓力，地無所產，用附于此。」[53]

該段記載表明羅斛國有廣大的平原，盛產糧食，係一母系社會，女子權力大於男子，有酋長和刑法。

從「煮海為鹽」一詞可知，該國領土可能從華富里向南延伸至暹羅灣一帶，清朝魏源對於暹國和羅斛的疆界曾有如下的分析：「暹與羅斛，古之扶南國也。暹國北與雲南徼外八百媳婦接壤，東界安南，西北距緬。羅斛在暹之南，濱大海。暹土瘠，不宜稼。羅斛地平衍，種多獲，暹仰給焉。有大河自暹達於羅斛，東南入海。」[54]此地所稱的大河，應即是湄南河（Menan），或稱昭披耶河（Chao Phraya River）。換言之，羅斛國的疆域包括從華富里到佛統一帶，南臨暹羅灣。就此而言，羅斛國應是墮羅鉢底國的繼承者。

---

50. 〔元〕脫脫等撰，宋史，卷三十一，本紀第三十一，高宗八。
51. 「成宗大德元年（1297 年）四月壬寅，賜暹國、羅斛來朝者衣服有差。」（元史，卷十九，本紀第十九，成宗二。）
52. 「大德三年（1299 年）一月癸未朔，暹番、沒剌由、羅斛諸國，各以方物來貢。賜暹番世子虎符。」（〔元〕脫脫等撰，元史，卷二十，本紀第二十，成宗三，楊家駱主編，前引書，頁 425-426。）
53. 〔元〕汪大淵，島夷誌略，羅斛條。
54. 〔清〕魏源撰，元史新編（十），外國，卷之九十五，暹（羅斛）條，頁 4427。

　　羅斛國的國力強盛，在 1349 年併吞暹國，據汪大淵的島夷志略一書的說法：「元至正己丑夏 5 月，暹國降於羅斛。」該年為 1349 年，換言之，此時羅斛國勢力已很強大。1350 年，烏通與羅斛國通婚，因烏通發生疫病，遂遷都於阿瑜陀耶，首任國王號拉瑪狄菩提一世（Ramathibodi）。[55]

第三節　暹國

　　素可泰是泰族和蒙族（Muang）居住地區，可能已有若干泰族沿著湄南河上游至中游一帶居住，其地點可能在今天的阿瑜陀耶到華富里一帶，而與當地的孟族混居。高棉勢力進入後，這些地區成為高棉的屬國，無論在政治、經濟、社會和文化、宗教信仰都受到高棉的影響。

　　高棉的蘇亞瓦曼二世（Suryavarman II, 1113～1150）統治時，勢力進入湄南河河谷地，在泰北的總督駐守在 Sayam（這是高棉語）（即 Siam），後來泰族人將之改為素可泰。[56]在南部的總督駐守在羅斛。

　　高棉吳哥王朝為了拉攏泰北的泰族領袖蒙拉惹（Muang Raja）[57]侯國的坤巴蒙（Khun Pha Muang），而授以室利印陀羅提耶（Sri Indraditya）的頭銜，猶如一國的國王或總督，並贈以一把劍和吳哥國王的女兒。[58]

　　1238 年，泰族蒙邦央（Muang Bang Yang）的統治者坤邦克郎刀（Khun Bang Klang Thao, Khun Bang Klang Tao），聯合拉德的統治者坤巴蒙攻占高棉帝國北部都城素可泰，高棉國王派遣坤蘭朋（Khlon Lamphong）率軍鎮壓泰族叛亂，結果失敗。泰族驅逐高棉族人，坤邦克郎刀被擁立為王，號坤室利印陀羅提耶（Khun Sri Indraditya），為素可泰王朝

---

55. W. A. R. Wood, *op. cit.*, pp. 58-59.

56. Rong Syamananda, *op. cit.*, p. 3.

57. 華雅特的書寫為 Muang Rat。David K. Wyatt, *Thailand: A Short History*, p. 52.

58. David K. Wyatt, *Thailand: A Short History*, p. 52.

之始。素可泰意即「快樂的泰族」。[59]

　　法國學者馬司帛洛認為暹國即是位在素可泰的一個王朝。[60]但泰國學者黎道綱認為暹國不是素可泰，素可泰是暹國的屬國。暹國的位置在今泰國素攀武里（Suphanburi）。[61]但此說亦有可斟酌之處，蓋依據明外史·暹羅傳：「暹土瘠不宜稼，羅斛地平衍，種多穫，暹仰給焉。」東西洋考亦有類似說法，「暹瘠土，不宜耕稼；羅斛土平衍，而種多穫，暹取給焉。」[62]據此來看，如果暹國是在素攀的話，則素攀位在素攀河的平原地帶，且亦在南方，年可三種，此與東西洋考和元史新編的描述顯然不符。而素可泰位在泰北，高地少雨，地貧瘠，不適耕種。此與東西洋考和元史新編的描述接近。無論如何，至十三世紀時，暹國勢力應已進入素攀河流域一帶。

　　中國古籍稱的暹國應為素可泰，[63]巴克（Chris Baker）和彭百契特（Pasuk Phongpaichit）認為英文的 Siam 一詞，係葡萄牙人對中文「暹」的音譯。[64]不過，泰國學者則提出不同的觀點。1924年，丹龍王子在朱拉隆功大學（Chulalongkorn University）作了一系列有關泰國歷史的演講，他說：「Siam 一詞源起於素可泰時期，它是由外國人所使用。泰國人本身不稱自己的國家為 Siam，而自稱為蒙泰（Muang Thai）或素可泰王國（Kingdom of Sukhothai）。「蒙」字是土地之意，「泰」字是自由之意。「蒙泰」亦即自由之土地。[65]事實上，Siam 一詞是印度的梵文，可知該詞應是最早由印度人使用，以後華人或其他國人才跟著使用。至於「暹」有兩個意義，一個是淺黑色；另一個是黃金。若該詞是指人，則是

59. Rong Syamananda, *op. cit.*, p. 20. 但泰國學者 Prachoom Chomchai 認為素可泰建都時間在 1257 年。（參見 Prachoom Chomchai, *Chulalongkorn The Great*, Sobunsha, Co., Ltd., Tokyo, Japan, 1965, p. 24.）

60. 馬司帛洛(Georges Maspero)撰，馮承鈞譯，「宋初越南半島諸國考」，載於馮承鈞編譯，西域南海史地考證譯叢，甲集，臺灣商務印書館，臺北市，1972 年，頁 137-170。

61. 參見〔泰〕黎道綱，泰國古代史地叢考，頁 211-215。

62. 張燮，東西洋考，卷二，暹羅（六坤）條。

63. W. A. R. Wood, *op. cit.*, pp. 51-52.

64. Chris Baker, Pasuk Phongpaichit, *A History of Thailand*, Cambridge University Press, Cambridge, 2005, p. 8.

65. Rong Syamananda, *op. cit.*, p. 4.

指淺黑色的人種。若是指國家,則是指黃金之國。Siam 與緬甸東部的撣族(Shan),應是同一個字,是後來使用的習慣改變而變成兩個字。瓦德哈勘(Luang Vichitra Vadhakarn)認為 Sayam(即 Siam)一詞是高棉語(Khmer),在十一世紀首度被採用,指黑色、淺黑色或黃金。[66]

昭特(Chot,Mesort)的王子企圖攻擊素可泰西邊的塔克(Tak)鎮,坤室利印陀羅提耶的第三子藍甘亨王子(Prince Ramk'amheng)出兵抗拒昭特的進攻,成功擊退入侵者,而贏得「英勇的拉瑪」(Rama the Bold)(英勇的國王)的稱號。

1253 年,蒙古忽必烈滅大理國,迫使鄰近的泰人向南方遷徙,甚至進入泰北和緬北地區。[67]而早在中國境內的泰族進入今天泰國境內前,泰國境內已有泰族分布,主要在泰國北部和中部一帶,沿著湄南河流域居住。泰國南部則居住著孟族和高棉族兩個主要族群以及其他小族群。從大理國往南逃進入泰境的泰族,增強了素可泰王朝的人力資源。

根據趙汝适於 1225 年出版的諸蕃志一書,曾提到三佛齊(即室利佛逝)的屬國包括加羅希(今之猜耶)和單馬令,可見此時單馬令已脫離高棉,成為室利佛逝的屬地。另據猜耶發現的一塊 1230 年的印度梵文碑文之記載,帕德瑪瓦姆沙(Padmavamsa)王朝的昌德拉漢奴(Sri

---

66. Rong Syamananda, *op. cit.*, p. 3.
67. F. W. Mote 批評該種論點,他認為南詔的主要族群不是泰族,而是 Pai 或 Min-chia 和 Yi 或 Lo-Lo。當地的泰族只是少數族群。當忽必烈征服南詔時,沒有造成人口移動,反而是被漢人同化。參見 Charnvit Kasetsiri, *op. cit.*, pp. 31-32.
雲南省東南亞研究廳廳長陳呂範曾在一項「泰國研究」會議上指出,沒有泰人因為忽必烈入侵大理,而導致泰人南遷,他提出四項證據:第一,在大理發現的古石碑為中文,而素可泰的古石碑為泰文,為何懂中文的泰人南遷時未將中文帶入素可泰?第二,大理的泰人信奉的是大乘佛教,而素可泰的是小乘佛教。第三,大理和素可泰的佛塔形式各有不同。第四,大理發現的南詔國王服裝都是高高的,且戰士穿虎皮衣。參見翁永德,「否定泰人遷移的證據」,星暹日報(泰國),1985 年 2 月 11 日,版 9。
　　泰國學者素集·旺貼亦認為當年蒙古占領大理時,並未壓迫當地人民,所以沒有引起大量泰人南遷。他也認為泰族不是南詔的主人,而是彝族和白族的祖先。在南詔時期(738〜937 年),昭皮耶河(即湄南河)流域已有泰族居住。在忽必烈滅大理國時,在素可泰已建有泰族的王國。參見素集·旺貼撰,翁永德譯,「泰人不是從那裡來的,泰族來源考」(一),星暹日報(泰國),1985 年 1 月 21 日,版 11;素集·旺貼撰,翁永德譯,「泰人不是從那裡來的,泰族來源考」(二),星暹日報(泰國),1985 年 1 月 22 日,版 20。

Dharmaraja Chandrabhanu）國王統治單馬令。1256年，泰國素可泰國王室利印陀羅提耶（Sri Indraditya）征服該地。[68]

坤室利印陀羅提耶在何年去世，不詳。其長子早逝，由其二子班蒙（Ban Muang）繼位，但在位時間短暫，約在1275年去世，由三子藍甘亨繼位。藍甘亨在未登基前，曾到過羅斛學習佛法。當時可能孟萊（Mangrai）（後來成為清邁統治者）和帕堯王子（後來成為帕堯統治者）都在羅斛一起學習佛法。[69]藍甘亨文治武功彪炳，在他統治的四十年間，素可泰的統治地區包括下述城市和地區，波勒（Phre）、南城（Nan）、琅勃拉邦、彭世洛（P'itsanulok）、龍沙克（Lomsak）、永珍（Wiengchan）、那空沙萬、蘇萬普米（Suwanp'umi）、拉特武里（Ratburi）、碧武里（或佛丕）（P'etchaburi）、單馬令、拉亨（Raheng）、美梭特（Mesot）、廷那沙林、土瓦、馬塔班、東吁（Taungu）、勃固到孟加拉灣（Bay of Bengal）一帶。[70]勃固和馬塔班是孟族統治地區，他們與藍甘亨的女兒通婚，統治期間從1287到1306年間。[71]

素可泰東邊的尖竹汶（Chantaburi）仍屬高棉控制。西北邊的蘭那泰（Lannat'ai）王國，包括清邁（Chiengmai）、南邦市（Nak'on Lamp'ang）、南奔、清萊、清線、景東（K'emarat，現在的Kengtung）；以及帕堯公國（Principality of P'ayao）則是獨立國家。

暹國的勢力南下進入素攀河流域的烏通和佛統，烏通和佛統成為暹國的屬國。根據元史的記載，暹國曾與麻里予兒舊相仇殺，「成宗元貞元年（1295），暹國進金字表，欲朝廷遣使至其國。比其表至，已先遣使，蓋彼未之知也。賜來使素金符佩之。使急追詔使同往。以暹人與麻里予兒舊相仇殺，至是皆歸順。有旨諭暹人勿傷麻里予兒，以踐爾言。」[72]清朝曾廉認為麻里予兒就是沒剌由，或沒剌予。[73]沒剌由，即末

68. Lawrence Palmer Briggs, *The Ancient Khmer Empire*, The American Philosophical Society, Philadelphia, 1951, pp. 238-240.
69. Charnvit Kasetsiri, *op. cit.*, p. 18.
70. W.A.R. Wood, *op. cit.*, p. 53.
71. David K. Wyatt, *Thailand: A Short History*., p. 55.
72. 〔明〕宋濂等撰，元史，卷二百十，列傳第九十七，暹條，頁10。
73. 〔清〕曾廉撰，元書，卷一百，南蕃列傳第七十五，宣統三年出版，文海出版社，1991年重印，羅斛條，頁12。

羅瑜，在蘇門答臘的占卑（Jambi）。暹國唯有勢力進入佛統一帶，才可能有海軍遠征蘇門答臘的末羅瑜。

　　元朝汪大淵於 1349 年所著的島夷志略亦提及暹國曾出兵攻打單馬錫（新加坡），該書說：「暹：自新門臺入港，外山崎嶇，內嶺深邃，土瘠不宜耕種，穀米歲仰羅斛。氣候不正，尚侵掠，每他國亂，輒駕百十艘，以沙湖滿載，舍而往，務在必取。近年以七十餘艘來侵單馬錫，攻打城池，一月不下，本處閉關而守，不敢與爭，遇爪哇臣經過，暹人聞之乃遁。遂掠息里而歸。至正己丑夏五月，降於羅斛。凡人死，則灌水銀以養其身。男女衣著與暹羅同。仍以貝子權錢使用。地產蘇木、花錫、大楓子、象牙、翠羽。貿易之貨用硝珠、水銀、青布、銅鐵之屬。」[74]新門臺，在今北欖港。[75]

　　此時暹國應是一個大國，元朝王東撰的「暹國回使歌」（并序）曾讚美東南島夷兩大國家，一個是暹國，另一個是倭國。該歌稱：「暹，赤眉遺種，天曆初，嘗遣使入貢。今天子嗣位，繼進金字表章，九尾龜一，象、孔雀、鸚鵡各二。朝廷以馬十匹賜其國王，授使者武略將軍、順昌知州。使者，錢唐人。江東羅徹作歌，僕遂和之。江東先生遠扣門，口誦暹國回使歌。高秋夜靜客不寐，歌詞激烈聲滂沱。東南島夷三百六，大者只數暹與倭。暹人云是赤眉種，自昔奔竄來海阿。先皇在位歷五載，風清孤嶼無揚波。方今聖世霑德化，繼進壞貢朝鸞和。紫金為泥寫鳳表，靈龜神象懸鳴珂。彤庭懷遠何所賜，黃驪白駱兼青騧。卉裳使者錢唐客，能以朔易通南訛。遙授將軍領州牧，拜舞兩頰生微渦。樓船歸指西洋路，向天夜夜瞻星河。金雞啁唧火龍出，三山宮闕高嵯峨。番陽驛吏親為說，今年回使重經過。先生作歌既有以，卻念黎獠頻驚呵。田橫乘傳嗟已矣，徐市求仙胡爾訛。豈如暹國效忠義，勳名萬世同不磨。」[76]該歌可能寫於天曆初期，即約在1328年後。

74.〔元〕汪大淵，島夷誌略，暹條。
75.黃省曾著，謝方校注，西洋朝貢典錄校注，中華書局，北京市，2000 年，頁 57-58。
76.〔清〕陳夢雷輯，古今圖書集成，經濟彙編食貨典／貢獻部／藝文，暹國回使歌（并序），食貨典，第 195 卷，第 691 冊第 49 頁之 1。

素可泰是佛教國家，建有許多佛寺和佛陀像。原先泰族在中國西南部時，從中國傳來的是大乘佛教。因此有些泰族是信奉大乘佛教。但當他們移入印度支那半島時，接觸了小乘佛教和婆羅門教，因此改信小乘佛教和婆羅門教。[77] 十二世紀中葉，錫蘭國王巴胡（King Parakrama Bahu）致力於恢復小乘佛教，聲名遠播，孟族、泰族和高棉族的和尚紛紛到錫蘭學習修正的佛教經典。泰族和尚返國後，先在單馬令傳授錫蘭的小乘佛教。剛好藍甘亨國王到訪單馬令，為小乘佛教教義所吸引，他資助和尚到素可泰講道。藍甘亨也派遣和尚到錫蘭，錫蘭送給藍甘亨佛陀圖像（Pra Buddha Sihing）。藍甘亨成為虔誠的佛教徒。[78] 佛陀造型修長、俊美、與其他地方的佛陀的豐腴造型不同，成為素可泰佛教造型的最大特色。

英國學者吳迪認為中國元朝在 1282 年派遣使節至素可泰，藍甘亨隨同該使節前往中國訪問。吳迪說藍甘亨留有此行的日記，藍甘亨在 1300 年第二度前往中國，他從中國帶回製造陶器工匠，專門製造沙萬卡洛克（Sawank'alok）陶器。但忽必烈在 1295 年去世，所以他沒有見到忽必烈。[79]

吳迪的說法係根據元史下列一段話「至元三十一年（1294）四月，遣禮部侍郎李衎、兵部郎中蕭泰登齎詔使安南。六月庚寅，必察不里城敢木丁遣使來貢。七月，詔招諭暹國王敢木丁來朝，或有故，則令其子弟及陪臣入質。」[80]

根據中文文獻推論，敢木丁應是必察不里城總督（或太守）的頭銜，而必察不里城即是碧武里（或佛丕），應是素可泰的屬地。而另從「暹國王敢木丁」之用語來看，城市和國王後面都加上敢木丁，故敢木丁可能是領導人之意思，並非國王名字。吳迪說藍甘亨在 1300 年第二度

77. Rong Syamananda, *op. cit.*, p. 25.
78. Rong Syamananda, *op. cit.*, p. 25.
79. W.A.R. Wood, *op. cit.*, p. 55.
80. 〔元〕脫脫等撰，元史，卷十八，本紀第十八，成宗一，楊家駱主編，前引書，頁382-388。

前往中國，但在中國文獻中該年有暹國貢使到中國，未提及有暹國國王。反而是在「大德三年（1299）一月癸未朔，暹番、沒剌由、羅斛諸國，各以方物來貢。賜暹番世子虎符。」[81]

「暹番世子」一詞，許雲樵和福拉德（E. Thaddeus, Flood）解釋為藍甘亨的兒子，[82] 福拉德之理由是中國元朝在 1294 年曾要求暹國「令其子弟及陪臣入質」，所以暹國派遣其兒子到中國為人質。依中國元朝的習慣，世子有兩種意思，一是指世襲繼承人，例如「成宗大德元年（1297）二月，……詔封的立普哇拿阿迪提牙為緬王，賜銀印，子僧合八為緬國世子，賜以虎符。」[83] 另一個意思是元朝對於未經中國冊封為國王之統治者，通常是以世子稱呼，例如元朝不承認安南國王，而以安南世子稱之。[84] 值得注意的是，雖然暹國國王未經中國冊封，而中國稱其為世子，是否就是指暹國國王藍甘亨？可能未必，因為從元朝賜予暹國世子虎符來觀察，顯然其與賜予緬國世子的情況一樣，所以世子應是指兒子。

素可泰和北方的清邁和帕堯關係友善，蘭那泰國王孟萊於 1281 年攻擊及占領南奔，當時名稱為哈里奔猜（Harip'unjai），是高棉藩屬國的孟族的土邦。孟萊在 1296 年建立清邁城。孟萊邀請藍甘亨和帕堯王子甘蒙（K'un Ngam Müang）一起選擇清邁城的建城位置。在清邁建城數年前，藍甘亨拜訪甘蒙，而與甘蒙的王后私通，被甘蒙發覺，甘蒙將此事請孟萊國王調解。孟萊認為三個土邦應該聯合對付共同的敵人，而且藍甘亨已認錯，所以要求藍甘亨賠償甘蒙 99 萬瑪瑙貝殼。藍甘亨同意支付該賠償，以後清線、清萊和素可泰三個土邦維持友好關係。[85]

---

81. 〔元〕脫脫等撰，元史，卷二十，本紀第二十，成宗三，楊家駱主編，前引書，頁 425-426。沒剌由，即末羅瑜。
82. 許雲樵，「中暹通使考」，頁 4。許雲樵指世子為藍甘亨之子丕耶羅泰（Phya Lo. Thai）。 E. Thaddeus, Flood, "Sukhothai-Mongol Relations," *Journal of the Siam Society*, 57:2(July 1969), pp. 203-57, pp. 225, 248.
83. 〔明〕宋濂等撰，元史，卷二百十，列傳第九十七，緬條，頁 5。
84. 〔明〕柯劭忞撰，新元史，卷之二百五十一，列傳第一百四十八，安南條。「初朝廷以日烜不請命自立，故日烜以下四世俱稱安南世子，至端午，始封為國王焉。」
85. W.A.R. Wood, *op. cit.*, pp. 56-57.

藍甘亨是一位偉大的君王，他在王宮前豎立一座銅鐘，任何有冤屈者皆可敲鐘鳴冤，藍甘亨都會出來接見鳴冤者，然後給予公正的判決。藍甘亨另一個重要的貢獻是將當時流行的高棉文字和蒙族文字改革，他在 1283 年開始使用他修改的文字字母，使之適用於素可泰。該一泰文字母包含有四十四個子音、三十二個母音、五個音階，一直使用至今。然而有泰國學者認為藍甘亨文字的拼法，並未流傳下來，其拼讀法則只有藍甘亨石碑獨有而已。現代泰文字的字形、韻符及聲調，上下左右排放，與藍甘亨石碑文字不同。1984 年 1 月，清邁府藝術廳在清邁府沙拉披縣汪丹區央軍甘地方挖掘出五塊古代石碑，據清邁大學社會研究學院漢斯博士的研究，該五塊石碑有三種文字，包括 1207～1307 年間的蒙文、介於蒙文和泰文之間的文字、約在 1397 年的素可泰文字。從該項研究可知，在藍甘亨時期之前，清邁地區已有流通的文字。而泰文字是借用蒙族文字，然後才發展成自創一格的文字。漢斯博士認為泰文字的雛形，應是在 1277～1317 年間才被確立起來。[86] 無論如何，藍甘亨開創泰國文字，已被泰國官方承認。

1314 年，藍甘亨冊封瓦里魯（Wareru，Mogado）的孫子為勃固的國王，王號為普拉昭生蒙明（Prachao Sen Müang Min）。勃固成為素可泰的屬國。藍甘亨約在 1317 年去世，[87] 由其子羅伊泰（Loet'ai, Lö Thai）繼位。孟萊國王亦在同一年去世。甘蒙逝於 1328 年。1338 年，帕堯失去獨立地位，被併入清邁。藍甘亨去世後，素可泰王國的屬國紛紛脫離，蘭那、琅勃拉邦、永珍等都宣告脫離素可泰。1321 年，位在素可泰西邊的塔克（Tak）被蘭那占領。

1330 年，勃固叛離素可泰，入侵土瓦和廷那沙林，羅伊泰出兵意圖收回失地，結果失敗。

烏通（Suwanpumi 或 Ut'ong）公國的勢力日益增強，它是清線的親

---

86. 丹彤，「泰文字的新爭論」，星運日報（泰國），1985 年 5 月 27 日，版 14。
87. W.A.R. Wood, *op. cit.*, p. 58.但華雅特說藍甘亨逝於 1298 年。David K. Wyatt, *Thailand: A Short History*, p. 59. Rong Syamananda 說藍甘亨逝於 1300 年。Rong Syamananda, *op. cit.*, p. 27.

圖2-3：素可泰公園景色
資料來源：筆者於2004年7月8日攝於素可泰。

圖2-4：素可泰的行走的佛
資料來源：http://www.panoramio.com/photo/1225197，2011/3/5 瀏覽。

圖 2-5：素可泰立佛
資料來源：作者於 2004 年 7 月 8 日攝於素可泰。

圖 2-6：藍甘亨雕像
說明：藍甘亨右手拿書，表示他創造泰文。
資料來源：筆者於 2004 年 7 月 8 日攝於素可泰公園前。

戚，也許也是孟萊國王的遠親，在羅伊泰統治末期，烏通已兼併不少素可泰的領土，甚至控制了不少高棉的領土，例如羅斛、阿瑜陀耶和昌達汶（Chantabun）。1350 年，烏通王子在阿瑜陀耶建立新城市，並登基為王，稱拉瑪狄菩提一世（Rama T'ibodi I）。

羅伊泰任命其長子李泰（Prince T'ammaraja Lüt'ai, Lithai）為沙特昌納萊（Si Satchanalai）的副王（Maha Uparat, Deputy King），另一子為賈坤格拉歐（Jakungrao）（現稱為甘烹碧 Kamphaeng Phet）的行政長官。羅伊泰逝於 1347 年，由其子李泰繼位，但國家領土大為縮小，僅侷限在素可泰、沙萬卡洛克、甘烹碧、彭世洛、皮契特（P'ichit）、那空沙萬。李泰並沒有恢復國土的企圖，而是沈醉於佛教，廣蓋佛寺和僧院。他有偉大的「正義之王」（Maha Tammaraja 或 Dhammaraja）之封號。他任命一位錫蘭高僧為素可泰僧院的院長（Sangharaja），並將和尚分為都市派寺院（Gamavasi）團體和森林派寺院（Arunyavasi）團體。前者住在城裡的佛教學院，研習巴利文，著重研究。後者住在森林中的僧院，學習解脫和輪迴之道，著重禪修。他甚至在 1361 年出家為和尚。[88] 此成為以後泰國男子在年滿二十一歲後出家一段時間的濫觴，通常在佛誕日出家為期四個月。他亦寫了佛教宇宙論的天、地與地獄三界論（*Tribhumikatha*，或 *Tribhumi Pra Ruang*，*The Three Worlds-Heaven, Earth and Hell*），此應為泰國最早的第二本著作，第一本是藍甘亨在 1292 年的石碑碑文。[89] 李泰興建許多道路和運河，例如從素可泰到沙萬卡洛克和甘烹碧的道路。

李泰可能逝於 1370 年，由其子賽伊王子（Prince Sai）繼位，號湯瑪拉惹二世（T'ammaraja II）。1371 年，阿瑜陀耶國王婆羅瑪拉惹一世（King Boromaraja I, P'angoa）進攻素可泰，遭到素可泰激烈的反抗，戰爭持續六年多。1378 年，素可泰成為阿瑜陀耶的屬國，其領土縮小，包括美樣（Meyom）和南城谷地，重要城市有沙萬卡洛克、彭世洛和皮契特。湯瑪拉惹二世將首都搬遷到彭世洛。素可泰遂沒落。湯瑪拉惹二世

---

88. W.A.R. Wood, *op. cit.*, p. 59.
89. Rong Syamananda, *op. cit.*, p. 30.

逝於 1406 年，由其子湯瑪拉惹三世繼位，統治至 1419 年，由其兄弟湯瑪拉惹四世繼位。[90]

中國明朝鞏珍在 1434 年撰的西洋番國志提及上水一地，該書說：「去國（按：指暹羅）西北二十餘里有市鎮名上水，可通雲南後門，番人五六百家。但有諸色番貨皆出賣紅馬廝肯的石，此石在紅鴉鶻石肩下，明淨如榴子。中國寶舡到，亦遣小舡到上水買賣。」[91]上水一地即素可泰，有通道前往雲南，生產百貨，特別是紅寶石，明朝時中國商人前往做買賣。

明朝黃省曾在 1520 年撰西洋朝貢典錄時亦記載上水（即素可泰）之情況，該書說：「國之西北可二百里，有市曰上水，居者五百餘戶，百貨咸集，可通雲南之後。其交易以金銀、以錢、以海𧴤。其利珍寶、羽毛、齒、革。其穀宜稻。其畜宜六擾。有石焉，明淨如榴子，其品如紅雅姑，其名曰紅馬廝肯的石。善香四等：一曰降真，二曰沉香，三曰黃速，四曰羅斛。多花錫、象牙、翠羽、犀角。多花梨木、黃蠟，多白象、白鼠、獅子貓。有木焉，其葉如櫻桃，其脂液流滴如飴，久而堅凝，紫色如膠，其名曰麒麟竭，食之已折損。」[92]上水在大德南海志作上水速孤底，因此謝方認為上水即為速古臺（或譯為素可泰）。紅雅姑，雅姑為阿拉伯波斯語 yakut 對音，即寶石。紅雅姑即紅寶石。[93]速孤底，應就是素可泰的別譯。

在中文文獻中，暹國最早出現的年代在 1282 年。「至元十九年（1282）六月己亥，命何子志為管軍萬戶使暹國。」[94]元朝遣使之目的在與暹國建立友好關係，使之保持中立，而不與緬甸聯合攻打中國。但何子志逝於路途。[95]以後暹國遣使到中國朝貢的年代有1295、1297、1299、1300、1314、1319、1323 等年。暹國使節從中國帶回了若干陶藝匠，協

90. W.A.R. Wood, *op. cit.*, p. 61.
91.〔明〕鞏珍，西洋番國志，暹羅國。
92.〔明〕黃省曾著，謝方校注，西洋朝貢典錄校注，中華書局，北京市，2000 年，頁 59。
93.〔明〕黃省曾著，謝方校注，西洋朝貢典錄校注，頁 59。
94.〔元〕脫脫等撰，元史，本紀第十二，世祖九，楊家駱主編，前引書，頁 244。
95. Rong Syamananda, *op. cit.*, p. 27.

助其改善製陶技術，最有名的是宋加祿（Sungalok）陶器。

素可泰王朝強盛時的疆域範圍大約如下：

⑴近畿領土：包括素可泰、西沙恰那萊（Seesacha Nalai）、彭世洛、那空沙萬、甘烹碧，是由國王直接指揮。

⑵畿外領土：包括拉特武里、碧武里（佛丕）、皮查汶、波勒（Prae）、廷那沙林，是由國王任命的總督（或太守）管轄。

⑶藩屬國：包括單馬令、柔佛、馬六甲、土瓦、馬塔班、漢沙瓦底（即勃固）、琅勃拉邦、永珍。這些地區有其自己的統治者，但須定期向素可泰國王進貢貢品和「金銀花（Bunga Mas）」（泰語為 Dokmai Thong），在戰時還需派兵助戰。[96]

表 2-3：素可泰王朝世系表

素可泰王朝（Kings of Sukhothai）		
任次別	稱號姓名	在位時間
1	Sri Indraditya	? 1240s～? 1270s
2	Ban Muang	? 1270s～? 1279
3	Ramkhamhaeng	? 1279～1298
4	Lo Thai	1298～1346（or1347）
5	Ngua Nam Thom	1346～1347
6	Mahathammaracha Ⅰ（Luthai）	1346（or1347）～1368（or1374）?
7	Mahathammaracha Ⅱ	1368（or1374）?～1398?
8	Mahathammaracha Ⅲ（Sai Luthai）	1398～1419
9	Mahathammaracha Ⅳ	1419～1438

資料來源：David K. Wyatt, *Thailand: A Short History*, Bangkok, Yale University Press, 1984, p. 309.

---

96. Prachoom Chomchai, *op. cit.*, pp. 24-25.

第三章　阿瑜陀耶王朝

第一節　暹羅建國

　　在藍甘亨去世後，湄南河谷地形勢混亂，而羅斛（華富里）應該是該谷地東部的文化和行政中心。它夾在素可泰和吳哥之間而保持獨立地位。其文化具有佛教和吳哥的印度教的混合色彩。其人民可能大部分是高棉族和孟族。素攀武里人民為泰族，信仰小乘佛教。

　　在中文文獻中，暹羅一名出現的年代是在 1370 年。「明太祖洪武三年（1370）八月辛酉（初五），遣呂宗俊等詔諭暹羅國。」[1]

　　素可泰在 1318 年控制單馬令、拉特武里、碧武里（或佛丕）、廷那沙林、土瓦，而烏通在 1325 年兼併這些地區。關於烏通興起的背景，記載不很清楚。烏通為何會被放棄，有說是因為疫病流行。

　　關於烏通之起源，根據泰國學者汪那拉特（Somdet Phra Wannarat）之研究，他認為在十二世紀末，下緬甸的軍隊驅趕一群泰族人從清線（Chiengsaen）到平河（Ping River）流域的甘烹碧，他們建立特瑞特彎（Traitrung）城市。當素可泰脫離柬埔寨成為獨立國家後，特瑞特彎是素可泰的屬國。十四世紀初，特瑞特彎的女兒嫁給平民，因有損國王顏面而被驅趕出城，他們在 1319 年在南方建立新城市貼那空（Thepnakhon）。1344 年，他們的兒子烏通成為國王。1351 年，烏通將首都從貼那空遷移至阿瑜陀耶。[2]

　　泰國學者丹龍王子大體接受汪那拉特的看法，不過，他說甘烹碧的泰族可能南移更遠到佛統一帶，該泰族領導人的兒子與烏通國王的公主

---

1. 〔明〕胡廣等修，明實錄，太祖洪武實錄，卷之五十五，頁五上。
2. Charnvit Kasetsiri, *op. cit.*, p. 56.

結婚。該王子後來成為烏通國王，並改名為烏通。後因為烏通有傳染病，所以遷都到阿瑜陀耶。[3]烏通現在是素攀武里的一個區。

另一位泰國學者瓦里哈塔瑪（Manit Vallibhotama）則提出與上述不同的觀點，他前往烏通作實地研究，他發現烏通出土的古器物都是墮羅鉢底晚期約在十一至十二世紀的東西，因此他下結論說烏通應該在十二世紀被放棄，不可能烏通王子從該城市遷移到阿瑜陀耶。在 1966 年，學者曾在烏通進行考古發掘，證實了瓦里哈塔瑪的假設，烏通應該在十一至十二世紀被放棄。[4]

根據阿瑜陀耶皇家紀年（*Royal Chronicles of Ayudhya*）之記載：

「柬埔查（Kamphucha）國王去世後，沒有親人繼承王位。眾人推舉烏通王子為王，他是華商領袖朱都克西提（Chodüksethi）的兒子，統治王國。當時流行天花，許多人染病。國王留下軍隊看管城池，在夜晚帶領人民往南遷移，以逃避疫病。他（妻子）的哥哥留守素攀武里，國王則帶領人民和軍隊走了數天到達一條大河，河中有一個島，島上土地平緩、乾淨，他遂帶領軍隊登上東沙諾（Dong Sano）島，開始築城……。

712 年，虎年，星期五，第十五個月滿月的第六天，在破曉後的第三個小時（nalika）和第五十四分鐘（1 bat 等於六分鐘，故 9 bat 等於五十四分鐘）阿瑜陀耶市建成（即在 1351 年 3 月 14 日，星期五，早上九點首都阿瑜陀耶市落成）。」[5]

阿瑜陀耶的梵文意思是指不能征服的城市。[6]

然而，根據司雅曼布仁的說法，阿瑜陀耶在柬埔寨人統治時就已是一個貿易城市，城內有一個供奉有名的佛陀像的帕囊臣（Panuncherng）

---

3. Charnvit Kasetsiri, *op. cit.*, pp. 56-57.
4. Charnvit Kasetsiri, *op. cit.*, pp. 57-58.
5. David K. Wyatt, *Thailand: A Short History*, p. 65.
6. 蔡文星說，「阿」字意為不能，「瑜陀」意為軍隊，「耶」意為進入。三字合稱即為「不可征服之城」。蔡文星編著，泰國近代史略，正中書局，1946 年滬一版，頁 2。

寺，約建於1324年。[7]阿瑜陀耶位在湄南河、羅斛河和帕沙克（Pasak）河的三河交會處。羅斛曾在十一至十三世紀被柬埔寨統治，而阿瑜陀耶統治羅斛後，自然承繼以前柬埔寨的婆羅門教、佛教和文化特點。

據汪大淵的島夷志略一書的說法：「元至正己丑夏五月，暹國降於羅斛。」該年為1349年，換言之，此時羅斛國勢力已很強大，暹國成為其屬國。1350年，因烏通發生疫病，遂遷都於阿瑜陀耶。[8]烏通王子原先在阿瑜陀耶（Ayodhya）建城，三年後才在湄南河三河交會處的一座小島上建阿猶地亞（Ayut'ia）城（即阿瑜陀耶）。烏通王子自上尊號拉瑪狄菩提一世（Ramathibodi I）。他派遣其妻子的長兄帕恩固（Pha-ngua）控制素攀武里，其兒子拉梅軒（Ramesuen）控制羅斛。烏通在阿瑜陀耶建都，兼有羅斛，而形成暹羅王朝，史稱阿瑜陀耶王朝，華人稱阿瑜陀耶為大城，故又稱大城王朝。

阿瑜陀耶在十二至十三世紀是一個繁忙的港口城市，有許多華人居住在城區南部，即今天的班卡恰（Bangkacha）地區。1282年，該一地區有200名中國宋朝的難民，因為避蒙古兵追擊而逃難到此。[9]這些難民中最有名的是宋朝左丞相陳宜中，他在蒙古於1277年占領南宋後逃到占城，1282年元朝出兵攻打占城，陳宜中逃到暹國避難。[10]同一年，元朝遣使到暹國，「至元十九年（1282）六月己亥，命何子志為管軍萬戶使暹國。」[11]福拉德（E. Thaddeus Flood）認為元朝此舉的目的在探查這些宋朝難民的行動。[12]

華雅特（David K. Wyatt）說，拉瑪狄菩提一世的父親是碧武里（或佛丕）的華商，其母親是羅斛統治者的女兒，其妻子是素攀武里國王的

---

7. Rong Syamananda, *op. cit.*, p. 32.

8. W. A. R. Wood, *A History of Siam*, Chalermnit Bookshop, Bangkok, 1982, pp. 58-59.

9. Charnvit Kasetsiri, *op. cit.*, p. 81.

10. 「在井澳之敗後，欲奉王走占城，乃先如占城諭意，度事不可為，遂不反。二王累使召之，終不至。至元十九年，大軍伐占城，宜中走暹，後歿於暹。」（〔元〕脫脫等撰，宋史，卷四一八，列傳第一百七十七，陳宜中傳，楊家駱主編，前引書，頁12532。）

11. 〔明〕宋濂等撰，元史，本紀第十二，世祖九，楊家駱主編，前引書，頁244。

12. E. Thaddeus Flood, "Sukhothai-Mongol Relations," *Journal of the Siam Society*, 57: 2(July 1969), pp. 243-244.

女兒。由於他具有羅斛的背景，所以有法律和醫藥的才能；由於具有素攀武里的關係，所以有人力和軍事的才能；由於具有碧武里的關係，所以有商業的才能。由於他具有這三方面的人脈優勢，故能成就偉大的事業。[13]從該敘述亦可知，當時在碧武里、佛統和素攀武里一帶，有許多華人居住，有些華人因為經商而成為富商。他們可能與泰族上階層的人通婚，而成為統治階層之一分子。烏通應是一個典型的例子。據此而言，拉瑪狄菩提家族可能與宋朝遺臣有關聯。

卡西特西里的說法異於華雅特，他說烏通可能是碧武里的統治者，與素攀武里的公主結婚，亦與阿瑜陀耶的公主結婚，使他與羅斛建立關係，成為羅斛的統治家族之一個成員。[14]

拉瑪狄菩提一世統治之領土包括阿瑜陀耶、華富里、素攀、拉特武里、碧武里、單馬令、宋卡（Singora）、昌達汶（Chantabun）、廷那沙林和土瓦。他甚至出兵馬六甲，成為統治馬來半島的第一個暹羅君王。原先王宮是用木材建造的。1548年，查克拉帕國王（King Chakrap'at）開始建造磚城。

拉瑪狄菩提一世於1352年派遣其兒子拉梅軒率5,000名軍隊遠征柬埔寨。開始時受挫，後來暹羅增派援兵，由波羅瑪拉惹王子（Prince Boromaraja, P'angoa）領軍馳援，經過一年的包圍戰，才占領柬埔寨首都，柬埔寨國王蘭朋沙拉惹（Boroma Lamp'ongsaraja）戰死，由其子帕沙特（P'asat）繼位，柬埔寨成為暹羅的屬國。

拉瑪狄菩提一世統治時頒布了若干法律，最主要的是從緬甸引入的曼奴法典（Code of Manu）[15]，並加以修改，使之適用於暹羅。例如在1350年頒布證據法（The Law of Evidence），該法規範除了經過兩造同意，否則下述人等不能充當證人，包括：異教徒、兩造的債務人、兩造的奴隸、病患、七歲以下兒童、超過七十歲以上的老人、背後誹謗者、垂涎者、專業舞者、乞丐、無家者、聾者、盲者、妓女、孕婦、雙性

13. David K. Wyatt, *Siam in Mind*, Silkworm Books, Chiang Mai, Thailand, 2002, p. 23.
14. Charnvit Kasetsiri, *op. cit.*, p. 88.
15. 曼奴法典是西元前六世紀至西元前二世紀印度通行的法規彙編。

人、無能者、巫師、巫婆、瘋子、庸醫、漁民、鞋匠、賭徒、竊賊、罪犯、劊子手。1351 年的叛亂法（The Law on Offences Against the Government）。1355 年的接受訴狀法（The Law on Receiving Plaints），該法規範一個沒有價值的人和不孝順的人想控告其父母或祖父母，他應在他人面前被鞭打，他的控告不能被接受。1356 年的誘拐法（The Law on Abduction），該法主要規範誘拐妻子、女兒和奴隸的懲罰。1357 年的侵犯人民法（The Law on Offences Against the People），該法規範侵犯他人、攻擊、非法監禁以及對受害人給予賠償。1350 年及 1366 年的強盜法（The Law Concerning Robbers），該法規範搶劫、竊盜、縱火、謀殺和其他重罪。1359 年的雜項問題法（The Law on Miscellaneous Matters），該法規範偷竊成長中的穀物、轉移灌溉溝渠、欺騙等罪刑。1359 年的夫妻法（The Law of Husband and Wife），該法承認一夫多妻，亦規範夫妻任一方有身心疾病者，可以離婚。

拉瑪狄菩提一世逝於 1369 年，由其子拉梅軒繼位。但拉梅軒在 1370 年被大臣逼迫遜位，由素攀總督波羅瑪拉惹一世（Boromaraja I, Pa' ngoa）繼位國王，他是拉梅軒的叔叔，拉梅軒回任華富里總督，後為素攀王。[16] 波羅瑪拉惹是拉瑪狄菩提一世的同父異母弟。

中國明外史暹羅傳曾對上述暹羅權力變動有記載，其內容如下：

「洪武五年（1372），〔暹羅〕貢黑熊、白猿及方物。明年復來貢。其王之姊參烈思寧，別遣使進金葉表，貢方物於中宮，卻之。已

---

16. 「明太祖洪武七年(1374 年)，暹羅使臣沙里拔來貢，言去年舟次烏豬洋，遭風壞舟，飄至海南，賴官司救護尚存，飄餘兜羅棉、降香、蘇木諸物進獻，廣東省臣以聞。帝怪其無表，既言舟覆而方物乃有存者，疑其為番商，命卻之。諭中書及禮部臣曰：『古諸侯於天子，比年一小聘，三年一大聘，九州之外，則每世一朝，所貢方物表誠敬而已。惟高麗頗知禮樂，故令三年一貢。他遠國如占城、安南、西洋、瑣里、爪哇、浡泥、三佛齊、暹羅斛、真臘諸國，入貢既頻、勞費太甚，今不必復爾，其移牒諸國，俾知之。』然而來者，不止其世子蘇門邦王昭祿群膺，亦遣使上箋於皇太子，貢方物，命引其使朝東宮，宴賚遣之。」（〔清〕張廷玉撰，明史，卷三百二十四，列傳第二百一十二，外國五，暹羅條，頁 14-19。）根據陳棠花的觀點，大城王朝初期，以素潘為陪都，凡皇太子即封為素攀王，爵名均為昭祿群膺，其英文為 Chao Nagor In。參見陳棠花，泰國四個皇朝五十君主簡史，泰威信印刷有限公司，曼谷，1959 年，頁 28。

而其姊復遣使來貢，帝仍卻之，而宴賚其使。時其王懦而不武，國人推其伯父參烈寶毗牙毗哩哆囉祿主國事，遣使來告，貢方物，宴賚如制。已而新王遣使來貢、謝恩，其使者亦有獻，帝不納。已，遣使賀明年正旦，貢方物，且獻本國地圖。」[17]

上文提及「懦而不武」的王，應即是拉梅軒，其「伯父」（應為叔叔）參烈寶毗牙毗哩哆囉祿，應即是波羅瑪拉惹。

1371 年，波羅瑪拉惹出兵進攻素可泰，奪取數個城池，戰爭持續到 1375 年，占領了素可泰的第二個首都彭世洛，許多人民被俘為奴隸。1376 年，再度進攻甘烹碧，清邁派遣寮族軍隊，由刀帕空（T'ao P'a Kong）率軍馳援甘烹碧，戰爭直至 1378 年才結束，素可泰國王覺得抵抗無益，遂向波羅瑪拉惹投降。素可泰國王坦瑪拉惹二世（Tammaraja II）並未被廢黜，而只統治原先王國的一小部分，其首都從素可泰搬遷到彭世洛，素可泰遂逐漸荒廢。素可泰承認阿瑜陀耶為宗主國。素可泰南邊的領土，包括甘烹碧，被併入暹羅，波羅瑪拉惹的繼子楊納迪斯（Phya Yarnnadis）以該城市作為其統治總部。[18] 那空沙萬（Nakhon Sawan）（Nakhon 泰語之意思為市）和甘烹碧都成為暹羅的屬國。

波羅瑪拉惹在權位鞏固後，於 1376 年遣使至中國，獲得中國的冊封。

「明太祖洪武九年（1376），命禮部員外郎王恆、中書省宣使蔡時敏，賜暹羅國王參烈寶毗牙思里哆哩祿詔。詔曰：『君國子民非上天之明命，后土之鴻恩曷能若是，華夷雖間，樂天之樂，率土皆然。若為人上能體天地好生之德，協和神人，則祿及子孫，世世無間矣。爾參烈寶毗牙思里哆哩祿自嗣王位以來，內修齊家之道，外造睦鄰之方，況類遣人稱臣入貢，以方今蕃王言之，可謂盛德矣。豈不名播諸蕃哉！今年秋貢象入朝，朕遣使往諭，特賜暹羅國王之印及衣一襲。爾尚撫邦民，永

---

17. 〔清〕陳夢雷編，古今圖書集成，方輿彙編邊裔典／暹羅部／彙考，太祖洪武，邊裔典第 101 卷，第 217 冊第 54 頁之 1。
18. Rong Syamananda, *op. cit.*, p. 31.

為多福。』」[19] 參烈寶毗牙思里哆哩祿應即為波羅瑪拉惹，明太祖賜其「暹羅國王之印」。

但 在 下 列 幾 年，1371、1372、1373、1374、1375、1377、1378、1379、1380、1381、1382、1383、1384、1385、1386、1387、1388、1389、1390、1391、1393、1395、1398 年，中文文獻使用暹羅斛國名。何時始有暹羅一國名，在中文文獻中有記載，時間在1377年。

> 「按明外史‧暹羅傳：洪武十年（1377），昭祿群膺承其父命來朝。帝喜，命禮部員外郎王恆等齎詔及印賜之，文曰暹羅國王之印，并賜世子衣幣及道里費。自是，其國遵朝命，始稱暹羅；而比年一貢，或一年兩貢。至正統後，乃或數年一貢云。」[20]

不過，明朝陳循所著的寰宇通志一書，則有不同的記載，其書說：

> 「永樂初，暹羅斛國始去斛字，止稱暹羅國。其王昭祿群膺哆囉諦剌遣使奈必表貢方物，詔賜古今烈女傳，且乞量衡為國中法式，從之，自是累歲朝貢不絕。」[21]

根據上述文獻，暹國可能已被羅斛征服，而成為羅斛的屬國，以致於暹國和羅斛合併稱為暹羅斛。永樂初年後，羅斛完全控制暹國，才改用暹羅國名。

1386 年，波羅瑪拉惹一世聯合蘭那泰進攻素可泰。波羅瑪拉惹一世於1388年在征服甘烹碧後返國途中去世，由其十五歲的兒子東倫（T'ong Lan, Tonglun, Thong Chan）繼位，前廢王華富里總督拉梅軒立即出兵進入阿瑜陀耶，逮捕東倫，並將之處死。東倫在位僅有七天。東倫行刑的方式極為特別，是將他裝在天鵝絨袋中，然後用檀香木棒打死，意即不讓低賤人的手碰觸皇族的身體。[22] 兩年後，清邁國王森蒙瑪（Sen Müang

---

19. 〔明〕慎懋賞撰，四夷廣記（下），海國廣記，暹羅國條，頁 2-22-485- 486。
20. 〔清〕陳夢雷編，古今圖書集成，方輿彙編邊裔典／暹羅部／彙考，太祖洪武，邊裔典第 101 卷，第 217 冊第 54 頁之 1。
21. 陳循，寰宇通志，卷 118，頁 10。
22. W.A.R. Wood, *op. cit.*, p. 74.

Ma）率軍協助素可泰脫離阿瑜陀耶，素可泰為了回報，送了兩尊白象雕像，放在清邁的城門口，至今仍可見到。

1390 年，第五世皇拉梅軒征服清邁，俘擄數萬人，將之遷移至帕塔倫（Phatthalung）、宋卡、單馬令、尖竹汶等地。

1393 年，柬埔寨國王柯東波昂（Kodom Bong）襲擊暹羅的春武里（Chonburi, Jolburi）和尖竹汶，擄走六千多人口。拉梅軒派軍反攻柬埔寨，占領其首都吳哥通（Angkor Tom），柯東波昂逃逸無蹤，逮捕其兒子帕汪（Sri Suriyo P'awong），立為傀儡國王，派遣那隆（P'ya Jai Na-rong）將軍率領 5,000 名軍隊駐守吳哥通以監國。暹羅俘虜柬埔寨人民 9 萬人，移居暹羅境內。

拉梅軒逝於 1395 年，由其子拉瑪拉惹（Ram Raja, Ramaracha）繼位。

> 「按明外史・暹羅傳：洪武二十八年（1395），昭祿群膺遣使朝貢，且告其父之喪。命中官趙達等往祭，敕世子嗣王位，賜賚有加。諭之曰：朕自即位以來，命使出疆，周于四維，足履其境者三十六，聲通于耳者三十一，風殊俗異。大國十有八，小國百四十九，較之于今，暹羅最近。邇者使至，知爾先王已逝。王紹先王之緒，有道于邦家，臣民歡懌。茲特遣人錫命，王其罔失法度，罔淫於樂，以光前烈。欽哉。」[23]

依據上段文字，昭祿群膺應是指拉瑪拉惹。但廣東通志之記載顯有出入。

> 「按廣東通志：洪武二十八年十二月，詔遣內使趙達、宋福等使暹羅斛國，祭王參烈寶毗牙思哩哆囉祿，賜嗣王蘇門邦王昭祿群膺文綺四匹，羅四匹，氈絲布四十匹，王妃文綺四匹，羅四匹，氈絲布十

---

23. 〔清〕陳夢雷編，古今圖書集成，方輿彙編邊裔典／暹羅部／彙考，太祖洪武，邊裔典第 101 卷，第 217 冊第 54 頁之 1。

二四，敕諭之。」[24]

上段文字將去世的國王名字寫為參烈寶毗牙思哩哆囉祿，顯然有錯誤，應是拉梅軒。嗣王蘇門邦王昭祿群膺，應是拉瑪拉惹。

1396 年，暹羅的使節暗殺了南城侯國[25]的統治者，隔年將其法律體系施行於素可泰及其屬國。素可泰國王瑪哈桑瑪拉查三世（Mahatham-maracha III, Sai Lüthai, 1398～1419）起來反抗暹羅，1400 年占領那空沙萬，並將其勢力延伸入南城侯國和波勒（Phrae），並企圖介入蘭那的王位繼承。[26]

拉瑪拉惹於 1408 年與其大臣不睦，該大臣逃至素攀，獲素攀總督那空印（Prince Nakon In）收容，那空印出兵進入阿瑜陀耶逮捕拉瑪拉惹，迫其遜位，然後自立為王，號印塔拉惹一世（King Int'araja I）。那空印為波羅瑪拉惹一世之弟弟的兒子。印塔拉惹一世在成為國王之前，曾在 1377 年前往中國南京訪問。[27]印塔拉惹一世於 1412 年出兵控制素可泰，將其貶低為屬國地位。在 1417 年，印塔拉惹一世曾短暫訪問素可泰。瑪哈桑瑪拉查三世逝於 1419 年，印塔拉惹一世前往那空沙萬處理素可泰的王位繼承問題，最後任命瑪哈桑瑪拉查四世（Mahathammaracha IV, 1419～38）為新王。至 1438 年，瑪哈桑瑪拉查四世去世時，素可泰已變成阿瑜陀耶的一省。

印塔拉惹一世有三子，長子和次子為爭奪王位，雙方騎大象打架，結果雙雙從象背摔下跌死。由小兒子婆羅瑪拉惹二世（Boromaraja II）於 1424 年繼位為王。婆羅瑪拉惹二世派其兒子拉梅順（Ramesuan）（後來成為 King Borommatrailokanat）統治彭世洛。

婆羅瑪拉惹二世於 1431 年出兵侵略柬埔寨，包圍其首都吳哥通七個

24.〔清〕陳夢雷編，古今圖書集成，方輿彙編邊裔典／暹羅部／彙考，太祖洪武，邊裔典第 101 卷，第 217 冊第 54 頁之 1。
25. Nan 侯國是位在北方的小國，蘭甘亨時成為素可泰的屬國。1393 年，Nan 與素可泰簽訂軍事同盟條約，互有協防義務。Charnvit Kasetsiri, *op. cit.*, p. 129.
26. David K. Wyatt, *Thailand: A Short History*, p. 69.
27. Rong Syamananda, *op. cit.*, p. 35. 該年前往中國之暹羅王子是昭祿群膺。（張廷玉撰，明史，卷三百二十四，列傳第二百一十二，外國五，暹羅條，頁 14-19。）

月，柬埔寨國王坦馬沙克（Tammasok）戰死，暹羅立其子印塔武里（Prince of Pra Intaburi）為柬埔寨國王。暹羅退兵後，俘虜眾多柬人及大量藝術品，包括銅製動物雕塑品。印塔武里統治不久即病死，[28] 由柬埔寨王子繼位為王，號婆羅瑪拉惹‧狄拉特‧拉瑪‧狄菩提（Boromaraja Tirat Rama Tibodi）。1432 年，為避免遭暹羅攻擊，將首都東遷至湄公河東岸的巴山（Basan）。1434 年，再遷至金邊（Phnom Penh）。後來又遷至金邊以北 30 公里的祿兀（Lowek, Lawak）（位在金邊和洞里薩湖之間）。十九世紀又遷回金邊。

婆羅瑪拉惹二世於 1438 年任命其長子拉梅順王子為彭世洛的總督，素可泰王國被併入暹羅，成為其王國之一省。（中國明朝稱之為暹羅或暹羅斛。）在這之前，素可泰是暹羅的藩屬國。

暹羅於 1442 年與清邁爆發戰爭，暹羅軍隊在出征路上，逮捕許多寮族的俘虜，利用這些俘虜照顧大象，這些寮族在半夜割去大象的尾巴。第二天，大象失去前象尾巴的指引，而自相踐踏，引起軍隊的混亂，清邁利用該時機出兵進攻暹羅軍隊，此時暹羅國王生病，遂退返大城。

1445 年，暹羅出兵越過彭亨進攻馬六甲，馬六甲仰賴巴生（Klang）的酋長敦霹靂（Tun Perak）率軍協助擊退暹羅軍。

婆羅瑪拉惹二世逝於 1448 年，拉梅順王子繼位為王，號為婆羅瑪‧特萊洛卡那特（Boroma Trailokanat），年僅十七歲。婆羅瑪‧特萊洛卡那特篤信佛教，將先王的王宮改建為佛寺。他也建立初具規模的政府機構，分設內政部（設一首相管轄眾官員）、地方政府部、財政部、農業部和皇室部（管宮內事務和司法）。

婆羅瑪‧特萊洛卡那特將官爵分為七級，依次為「披耶」（Phya）、「普拉」（Pra）、「鑾」（Luang）、「坤」（Khun）、「目恩」（Muen）、「潘」（Pun）、「塔奈」（Tanai），官爵不能世襲。後來加了「昭披耶」（Chao Phya, chau phraya）一級。「昭披耶」約等於英國的侯爵（Marquess），而「披耶」等於卿（Lord）（為對侯、伯、子、男之尊

---

28. Rong Syamananda, *op. cit.*, p. 36.

稱）。最高一級的「昭披耶」等於國務部長或第一級省城的總督。第二級的「披耶」等於國務次長，或第二級省城的總督。通常這些官銜會與職務連在一起，例如昭披耶馬哈西納（Chao Phya Mahasena）是國防部長（Samuhakalahom），昭披耶卻克里（Chao Phya Chakri）是民事部長（Samuhanayok）。昭披耶普拉克郎（Chao Phya Praklang）或柯沙狄菩提（Kosatibodi）是財政部長。昭披耶約馬拉特（Chao Phya Yomarat）是地方政府部長。披耶斯里披帕特（Phya Sripipat）是財政次長。披耶拉吉萬山（Phya Rajwangsan）是海軍司令。[29]

　　1454年，婆羅瑪・特萊洛卡那特頒布「授田食邑制」（Sakdi Na）等級法，其法係按照每人的等級可獲分配一定的土地，例如，「昭披耶」或「披耶」等級的官員允許獲得 1,000～4,000 英畝的土地，下一級的「坤」和「鑾」允許獲得160英畝的土地，一般平民只能允許10英畝的土地。官員就靠這一「授田」的土地維生，而沒有領薪水。[30]此一土地制亦不能世襲，人死後，其土地歸還國王。該一制度在朱拉隆功國王（King Chulalongkorn）時予以廢除，取消官員分配土地，改領薪水，但給予爵銜仍存在。

　　婆羅瑪・特萊洛卡那特於1450年頒布宮內法（Palace Law, Kot Montien Bau），規範屬國進貢「金銀花」；王宮內的王后、王子的等級和爵位名稱、各項慶典的儀節、節日假期典禮以及違反王宮規範的懲罰，例如，與宮女通姦，男子處以三天拷打，然後處死，女子則處死；將戀愛情詩傳入宮內，處死；搖幌國王舟船，處死；王宮官員讓流浪動物進入宮內，處死；此時值勤哨兵，則挖去其眼珠；腳踢宮門，砍斷其腳；虐打國王的大象和馬，砍斷其手；辱罵御象和馬者，割其舌；對王室人員吹口哨者，處死。該法亦規定王子和高官的懲罰方法，王子可上金製手銬，低階官員則上銀製手銬。還有王室人員不能用非聖潔的刀劍處死，而須將王室人員用絨布袋包著再使用檀香木棒打死。

---

29. Rong Syamananda, *op. cit.*, p. 38.
30. W.A.R. Wood, *op. cit.*, p. 85.

　　婆羅瑪‧特萊洛卡那特亦頒布一項法令，將皇家船隊人員的職位和職稱改用中國語，顯見當時華人可能控制皇家船隊的指揮，而暹羅人只擔任一般水手的工作。[31]

　　素可泰的王族之權力被削減，引起不滿，沙萬卡洛克（Sawankalok）的總督帝拉（Pya Yutit Tira）在1451年決定起來反抗暹羅，秘密尋求清邁國王帝洛克（Maharaja Tilok）的援助，允諾對他朝貢。帝洛克遂立即派遣寮族軍隊攻打素可泰，但遭嚴重損失。琅勃拉邦因為不滿清邁給予的條件不好，所以趁機入侵清邁的領地。寮族軍隊一聽到此一消息，立即從素可泰撤兵。

　　1454年，暹羅爆發天花傳染病。1456年，暹羅再度進攻馬六甲，派遣海軍艦隊進入馬六甲海峽，敦霹靂率軍在峇株巴轄（Batu Pahat）擊敗暹軍。[32] 司雅曼南達（Rong Syamananda）的書說在暹羅進攻後，馬六甲承認暹羅的宗主權，但為時不久即脫離暹羅的控制。[33]1460年，沙萬卡洛克總督叛離暹羅，逃到清邁，帝洛克任命他為帕堯的總督。1461年，清邁派遣寮族軍隊占領素可泰，攻擊彭世洛，後聽說中國從雲南出兵入侵，立即退兵，惟清邁仍然控制素可泰，直到1462年。沙萬卡洛克短暫地成為清邁的領地。由於經常遭到清邁入侵的騷擾，所以婆羅瑪‧特萊洛卡那特決定在彭世洛建立新都，他任命其長子婆羅瑪拉惹（Prince Boromaraja）為阿瑜陀耶的總督，他帶其幼子印塔拉惹（Prince Intaraja）於1463年前往彭世洛，以後二十五年彭世洛成為暹羅的首都。帝洛克並未受此情勢影響，立即出兵進攻素可泰，雙方經過一場激戰，印塔拉惹英勇戰死。雙方沒有勝負，暹羅暫時退兵，維持數年的和平。

　　沙萬卡洛克總督想投效暹羅，結果城市的一部分遭寮族軍隊燒毀，總督被逮捕，流放到清邁偏遠地區。帝洛克任命其叔叔清江（Chiengjun）總督東那空（Mun Dong Nakon）出任沙萬卡洛克總督。

---

31. Charnvit Kasetsiri, *op. cit.*, p. 82.

32. Barbara Watson Andaya and Leonard Y. Andaya, *A History of Malaysia*, Second Edition, Basingstoke, Hampshire (English): Palgrave, 2001, p. 52; J. Kennedy, *A History of Malaya, A.D. 1400-1959*, St. Martin's Press, New York, 1967, p. 12.

33. 參見 Rong Syamananda, *op. cit.*, p. 39.

　　婆羅瑪・特萊洛卡那特在 1465 年出家為和尚。鄰近國家派遣使節來參加他的神職授任典禮，清邁的帝洛克也派了一名使節帶領十二位高僧參加典禮，獲得接待。但雙方並未因此友好相處，婆羅瑪・特萊洛卡那特要求沙萬卡洛克投降，遭到拒絕。帝洛克開始備戰，而婆羅瑪・特萊洛卡那特想用秘法法術以減弱對手的力量。1467 年，婆羅瑪・特萊洛卡那特派遣一名緬甸高僧到清邁，趁機勸告帝洛克建造一所新王宮，而新址需要砍伐孟萊王所種植的聖樹，帝洛克接受該高僧的意見，砍了這些樹。以後帝洛克遭逢了一連串的厄運，其妻子之一指控長子魯安王子（Prince Bun Ruang）陰謀造反，而被處死。一名忠誠的官員也被陷害而處死。

　　1468 年，暹羅派遣一個使節團出訪清邁，領隊是一名婆羅門，他們在清邁的行為引起懷疑，遭到逮捕，經拷打後承認他們在城內數處地方埋了七個瓦罐，內裡裝了神秘東西，有藥草和符咒。他們也洩漏那名緬甸和尚曾勸告砍掉聖樹，是暹羅的奸計。帝洛克將瓦罐內的東西燒成灰，然後拋入河中。緬甸和尚和波羅門腳上被綁上石頭，也被拋下河中淹死，其他使節雖被釋放，但隨後亦被派出之軍人殺害。

　　暹羅在 1460 年代占領廷那沙林，目的在取得出孟加拉灣的貿易港口。1460 年，遠征馬六甲，馬六甲成為阿瑜陀耶的屬國，承認阿瑜陀耶為宗主國。

　　1471 年，暹羅獵獲一頭母白象，是阿瑜陀耶建城後的首次。1474 年，暹羅再度與清邁戰爭，暹羅占領了沙萬卡洛克。雙方持續戰爭二十五年（稱白象戰爭），沒有結果，所以帝洛克提議和平，雖未獲同意，雙方此後維持數年的和平。

　　婆羅瑪・特萊洛卡那特任命其幼子吉塔（Prince Jetta）為副王（Uparat, Second King, Vice King）。1486 年，暹羅入侵清邁領土，但沒有發生大戰。隔年，帝洛克去世。婆羅瑪・特萊洛卡那特逝於 1488 年，由其長子波羅瑪拉惹繼位，號波羅瑪拉惹三世，他將首都遷回阿瑜陀耶，吉塔仍留在彭世洛，擔任總督。

　　1488 年，波羅瑪拉惹占領土瓦，引起以後數百年暹羅和緬甸的戰

爭。1489年，馬六甲反抗暹羅，暹國出兵占領馬六甲，迫使馬六甲臣屬於暹羅。[34]暹羅波羅瑪拉惹三世逝於1491年，由十九歲的吉塔繼位，王號為拉瑪狄菩提二世（Ramatibodi II）。

1507年，清邁出兵攻擊素可泰，被擊退。隔年，暹羅報復清邁，占領波勒（P're, Phrae），後又被清邁奪回。1510年，雙方再度發生戰爭。

葡萄牙駐印度總督阿布奎克（Afonso Albuquerque）在1511年占領馬六甲後，聽說暹羅對馬六甲擁有宗主權，遂派遣略懂泰語的佛蘭德茲（Duarte Fernandez）攜函搭乘中國船隻前往阿瑜陀耶進行協商。佛蘭德茲晉見泰王，獲泰王贈以一把金鞘上鑲嵌鑽石的劍。暹羅沒有反對葡萄牙占領馬六甲，還派了一名使節跟隨佛蘭德茲經由廷那沙林到馬六甲，暹羅使節攜帶禮物贈送阿布奎克。1512年，葡萄牙派遣第二個使節米蘭達（Miranda de Azevedo）經由陸路前往阿瑜陀耶。1516年，阿布奎克又派遣第三個使節柯爾霍（Duarte de Coelho）前往阿瑜陀耶，並與暹羅國王拉瑪狄菩提二世簽訂條約，暹羅允許葡人在阿瑜陀耶、廷那沙林、墨吉、北大年、單馬令居住和經商。拉瑪狄菩提二世允許柯爾霍在阿瑜陀耶的熱鬧地區豎立一個木造的十字架，作為祈禱之用。拉瑪狄菩提二世的宗教寬容，為後來歷代暹羅國君立下典範。葡萄牙則提供暹羅軍火武器，後來有葡萄牙人成為暹羅的雇用兵，並協助暹羅製造武器。柯爾霍在阿瑜陀耶住了一年才返回馬六甲。

清邁於1513年入侵素可泰和甘烹碧。1515年，寮族軍隊又襲擊素可泰和甘烹碧。暹羅在葡萄牙的協助下，反攻清邁成功，軍隊深入南邦市（Nakon Lampang），擄回用黑色石頭雕刻的佛陀像。1518年，拉瑪狄菩提二世重建軍事系統，將全國劃分為數個軍區，每個年滿十八歲的男子需徵召服役，有事時即需從軍，平常無事則各司其業。該一制度維持到1899年，該年採取西方的強制徵兵制。

1518年，挖掘山龍（Samrong）和塔普南（Tapnang）運河，連接湄南河和班帕空（Bangpakong）河，其出口接近現在的北欖（Paknam），

---

34. Rong Syamananda, *op. cit.*, p. 42.

以利於較大船隻出海。1526 年，任命長子普坦坤（Prince Noh Putta-ngkun）[35]為副王，派其出任彭世洛總督。1529年7月，拉瑪狄菩提二世去世，由普坦坤繼位，號婆羅瑪拉惹四世（Boromaraja IV）。婆羅瑪拉惹四世於 1534 年逝於天花，由其子拉特沙達（Prince Ratsada）繼位，年僅五歲。拉特沙達在位五個月即被廢黜，由婆羅瑪拉惹四世的表兄（或同父異母弟）[36]普拉傑（Prince Prajai）繼位，普拉傑時任彭世洛總督。1536年，頒布神明裁判法（Law for Trial by Ordeal），規範由神明來裁判之法，例如兩造赤足走在燒紅的煤炭上，誰的腳燙傷了，就是輸家；兩造潛水，在水中憋氣愈久，就是贏家；兩造燃燒同等長度的蠟燭，誰燃燒的久，就是贏家。

　　普拉傑在1538年時雇用了120名葡萄牙人擔任禁衛軍，並指導暹羅士兵如何使用槍械。普拉傑在該葡人禁衛軍的協助下擊退入侵清萊（Chiengkrai, Chiengkran, Gyaing）的緬甸軍隊。普拉傑在 1545 年 6 月出兵清邁，並未發生戰爭，反而獲得友好接待。該年阿瑜陀耶發生大火，燒毀城內約三分之一的房子，約有 10,050 間房子。當時城內人口約有 15 萬人，其規模大於倫敦。[37]不久，暹羅又出兵清邁，彭世洛總督攻擊南奔，燒毀該城。普拉傑亦率軍進攻清邁，遭嚴重挫敗，寮族軍隊在清坤寺（Wat Chiengkung）（今天的 Sarapi）地區擊敗暹羅軍隊，俘擄眾多暹軍。暹羅損失三名將軍、10,000 名軍人、3,000 艘船。普拉傑經此挫敗，健康惡化，於1546年6月去世，有一說他是被其妻子毒死。[38]由其十三歲的兒子基歐發（Keo Fa）繼位。1548年底，基歐發被人毒死，由攝政瓦拉汪沙（Kun Jinarat, Kun Worawongsa）繼位。[39]此一篡位引起一位王族親戚披仁（Kun Piren）不滿，暗中與三位朋友密商，計畫暗殺瓦拉汪沙，另立田王子（Prince Tien）為王。他們尋求超自然吉兆，他們在半夜到廟裡點燃

---

35. Rong Syamananda 的書寫為 Prince Atityawong。參見 Rong Syamananda, *op. cit.*, p. 43.
36. David K. Wyatt, *Thailand: A Short History*, p. 89.
37. W.A.R. Wood, *op. cit.*, p. 104.
38. W.A.R. Wood, *op. cit.*, p. 106.
39. 陳棠花的書認為瓦拉汪沙是皇太后的情夫，因此得以登上王位。參見陳棠花，前引書，頁45。

兩根蠟燭，一支代表篡位者，另一支代表田王子，祈願若田王子的蠟燭先燒完，將放棄該計畫。結果是篡位者的蠟燭先燒完，表示是神明同意他們採取行動。

1549年1月，在華富里捕獲一隻大象，瓦拉汪沙下令將該大象關進獸欄，而且他將於1月13日搭船前往華富里觀看該大象。披仁另遊說沙萬卡洛克和披猜（Pijai）兩位總督參加他的計畫。一位計畫者拉惹申哈（Mün Rajasenha）負責去應付副王乃昌（Nai Chan）。其他五人則分別乘一艘船，去攔截瓦拉汪沙的船，他們將瓦拉汪沙及其弟弟、瓦拉汪沙的妻子和小女兒，予以殺頭，並棄屍任由禿鷹啄食。另一方面，乃昌騎象到華富里觀看大象，拉惹申哈躲在樹後，等乃昌出現後，用槍將他擊斃。1月19日，田王子登基為王，號卻克拉帕（Maha Chakrapat）。

卻克拉帕以其長女嫁給披仁，並封給他最高爵宋德‧瑪哈‧坦瑪拉惹（Somdet Maha Tammaraja），並出任彭世洛總督。

緬甸國王莽瑞體（King Tabeng Shwe Ti）認為暹羅內亂正是入侵最好時機，遂在1549年利用邊境的小衝突為藉口，派遣30萬軍人、3,000匹馬、700頭大象入侵暹羅，其路線是經由馬塔班、北碧（Kanburi）和素攀，沒有遭到阻力，在6月緬軍進至阿瑜陀耶附近，開始包圍戰。緬軍包圍四個月，卻克拉帕國王和王后蘇里雅泰（Queen Suriyotai）及公主都參戰，王后和公主穿上鎧甲軍服，騎在大象上作戰，為了解救國王而雙雙被矛刺死在象背上。由於圍城日久，緬軍已失去戰力，再加上傳言披仁將從彭世洛率大軍南下解救阿瑜陀耶，以及傳來緬甸內部不安的消息，所以莽瑞體國王決定退兵，緬軍經由塔克（Tak）退回緬境。暹羅國王的女婿披仁和國王的長子拉梅宣王子（Prince Ramensuen）在緬軍後面追擊，在甘烹碧遭緬軍布仁農（Burengnong）將軍伏擊而被逮捕。

卻克拉帕要求緬軍釋放這兩人，緬軍提出兩個條件，一是緬軍安全退兵，暹羅不得從背後騷擾；二是需送兩隻大象給緬甸國王。暹羅應允此兩項條件，送了兩隻大象，但因為這兩隻大象不易馴服，所以緬甸歸還這兩頭象。暹羅經此緬甸入侵之教訓，阿瑜陀耶於1550年用磚頭砌城牆，取代以前的泥牆。此外，也加強海軍兵力，建造新軍艦。在阿瑜陀耶也興建幾

個保衛首都的新城市，例如沙拉武里（Saraburi）、查充紹（Chachoen-gsao）、農塔武里（Nontaburi）、沙空布魯（Sakonburu）（Samut Na-khon）、賈斯里（Nakon Jaisri）、塔欽（Tachin）。他同時將素攀、華富里、那約克（Nakhon Nayok）的軍事設施拆除，怕被緬軍利用以攻擊阿瑜陀耶。他亦重建普拉丹（Phra Pradaeng）的砲臺，以控制到海邊的通路。他也大肆捕獲大象，以充作戰爭之用，在1550～1562年間捕獲300頭象。

當阿瑜陀耶遭到緬軍包圍時，柬埔寨趁機入侵巴真（Prachim）。暹羅在1551年和1556年攻擊柬埔寨，結果遭到失敗。

緬甸國王莽瑞體返回緬甸後，縱酒過度，而在1550年遭暗殺。緬甸陷入內亂。莽瑞體的同父異母弟莽應龍（Bhureng Noung，或寫為 Buren-gnong，或寫為 Bayinnaung）鎮壓東吁、卑謬和勃固的叛軍。1553年，莽應龍在漢沙瓦底（勃固）登基為王。他出兵占領撣邦。1556年4月，緬軍進攻清邁，只數天就占領清邁，此一立國二百六十年的古國就此亡國。清邁的統治者美庫惕（Maharaja Mekuti）獲允繼續統治，但須向緬甸入貢，成為緬甸的屬國。

1561年，暹羅爆發嚴重的叛亂。普拉傑的幼子斯里辛（Prince Sri Sin）由卻克拉帕領養，斯里辛在十三歲時曾被命令擔任見習和尚。在他見習結束後不久，他被指控陰謀推翻國王，後被嚴格監管。1561年，當斯里辛十九歲時，卻克拉帕命令他出家當和尚。斯里辛抗拒，潛逃。他聯合同夥，在夜晚攻擊阿瑜陀耶，殺進王宮，國王乘船脫走，兩位王子拉梅宣（Prince Ramesuen）和馬辛（Prince Mahin）起來對抗叛軍，結果英勇戰死。斯里辛也被殺死，結束亂事。

此時暹羅捕獲7頭白象，卻克拉帕被勸進自號「白象之君」（Lord of the White Elephants），緬甸國王莽應龍趁機派遣使節到暹羅，要求兩頭白象。拉梅軒（Prince Ramesuen）主張拒絕此請，以免緬甸得寸進尺。所以暹羅婉拒了緬甸的要求。莽應龍遂立即對暹羅宣戰。

1563 年 11 月，緬甸派遣 20 萬軍隊從緬甸[40]、清邁出兵，清邁還資助船隻。暹羅北方的幾個城市，如甘烹碧、素可泰、沙萬卡洛克、披猜、彭世洛難以抗拒緬軍而告失陷。彭世洛總督卻克拉帕的女婿瑪哈·坦瑪拉惹隨著 7 萬緬軍從清邁進軍阿瑜陀耶。若干葡萄牙槍兵試圖抵擋緬軍，結果失敗。

緬軍在 1564 年 2 月抵達阿瑜陀耶，暹羅一些貴族主張求和，應允給予緬甸白象，於是與莽應龍進行談判，莽應龍提出如下條件：主戰派的拉梅軒王子、宋克蘭（Pya Suntorn Songkram）應送至緬甸當人質；每年供給緬甸 30 頭象和 300 斤（catties）（1 斤等於 600 公克）的銀；緬甸有權徵收墨吉港的關稅；送給緬甸 4 頭白象。[41] 由於緬甸發生叛亂活動，莽應龍留下一部分軍隊駐守暹羅，就立即經由甘烹碧趕回緬甸。

當緬軍撤離後，北大年蘇丹穆達發（Sultan Mudhaffar Syah）率領的大軍，包含 200 艘船的援軍才抵達阿瑜陀耶，但為時已晚，緬軍已退。北大年拉惹見阿瑜陀耶防務空虛，起念發動政變，卻克拉帕在慌亂中脫逃，號召周圍暹羅軍隊，在重整軍隊後，最後才將北大年叛軍驅逐出阿瑜陀耶。拉惹穆達發可能在該年去世或失蹤，沒有返回北大年，由其弟曼素沙（Manzur Syah）繼位。1572 年，曼素沙派遣使節到阿瑜陀耶進貢，同時打聽其兄拉惹穆達發之下落。以後北大年恢復與阿瑜陀耶的關係。[42]

在緬軍入侵暹羅之前，琅勃拉邦的國王賈吉塔（Jai Jetta）在永珍（Wiengchan, Sri Satanakonahut）建立新首都，並請求與卻克拉帕的女兒克拉紗翠（Tep Krasatri）公主結婚，雖然卻克拉帕在之前已將另一個女兒許配給賈吉塔，卻克拉帕同意該項新的要求。但當克拉紗翠公主出發前往永珍時，突然身體不適，所以卻克拉帕以其妾所生的公主替代出

---

40. Rong Syamananda 的書說根據暹羅皇家史（*Royal History of Siam*）的記載，緬軍有 20 萬，但 Rong 估計當時的緬甸的人口和條件，緬軍約只有 10 萬。參見 Rong Syamananda, *op. cit.*, p. 49.

41. W.A.R. Wood, *op. cit.*, p. 119.

42. A. Teeuw, D. K. Wyatt, *op. cit.*, pp. 8-9.

嫁，結果該頂替公主被退婚，賈吉塔執意要娶克拉紗翠公主，其目的在與暹羅結盟。1564年4月，克拉紗翠公主終於出發嫁去永珍。彭世洛的瑪哈‧坦瑪拉惹（Maha Tammaraja）無法阻擋此事，遂請求緬甸協助，莽應龍下令緬甸軍隊在皮查汶截留克拉紗翠公主，並將她送至緬甸漢沙瓦底（勃固）。

同一年，莽應龍發覺清邁的美庫惕想尋求獨立，於是重新占領清邁，將美庫惕送至緬甸看管，另派蒂薇（Maha Tewi）公主為清邁攝政。暹羅國王普拉傑於1546～7年入侵清邁時，蒂薇也曾擔任攝政。莽應龍出兵清邁時，暹羅的拉梅軒王子隨行，卻不幸死於途中。清邁的若干大臣逃至永珍，緬軍追蹤到永珍，賈吉塔逃至森林，緬軍擄走賈吉塔的弟弟、眾妻妾，包括卻克拉帕的女兒。[43]

1565年，卻克拉帕對於瑪哈‧坦瑪拉惹之行為感到羞愧，他先任命其子馬辛（Prince Mahin）為攝政，自己則退休。馬辛的能力不強，施政常遭到瑪哈‧坦瑪拉惹的掣肘，後者常以緬甸的利益為考量。甘烹碧的總督披耶鑾（Pya Ram）對瑪哈‧坦瑪拉惹不滿，到阿瑜陀耶擔任攝政的首席顧問，其立場是反緬甸的。披耶鑾聯合賈吉塔計畫重奪回北部幾個省分。1566年底，披耶鑾率大軍進攻彭世洛，並予包圍。瑪哈‧坦瑪拉惹在戰爭爆發初期時，立即通知緬甸軍隊先進入彭世洛，而阻止馬辛進城。瑪哈‧坦瑪拉惹被迫退兵，馬辛的船隊因為船槳被燒毀，而返回阿瑜陀耶遭到困難。1567年7月，卻克拉帕出家當和尚。

1568年初，瑪哈‧坦瑪拉惹要求披耶鑾投降，表面上是任命他為披猜的總督，遭馬辛拒絕。馬辛請求卻克拉帕回任國王，卻克拉帕在4月重新視事。瑪哈‧坦瑪拉惹則前往緬甸報告暹羅的情勢，他被封為宋貴王子（Chao Fa Song Kwe）（chaofa是王子的最高的頭銜）的頭銜。此時卻克拉帕國王和馬辛趁機出兵彭世洛，擄走瑪哈‧坦瑪拉惹的妻子和子女，帶到阿瑜陀耶當人質。馬辛進攻甘烹碧，亦無功而返。

緬軍在1568年12月出兵經由美拉毛隘道（Melamao Pass）進攻暹

---

43. W.A.R. Wood, *op. cit.*, pp. 120-121.

羅，清邁公主攝政亦被迫出兵，此次緬軍兵力高達 140 萬人。[44] 當緬軍在
1569 年 1 月包圍阿瑜陀耶時，卻克拉帕去世。馬辛繼位，荒於逸樂，將國
政大事交給披耶鑾。披耶鑾在貴族的協助下，鞏固防衛，給緬軍嚴厲的
打擊。國王的弟弟沙瓦拉惹（Sri Sawaraja）英勇異常，具軍事才幹，給
緬軍重創。緬甸想除去披耶鑾，叫瑪哈・坦瑪拉惹寫信給他在阿瑜陀耶
的妻子，說披耶鑾是這次戰爭的教唆者，假如能將披耶鑾解交緬軍，則
條件可以很容易安排。馬辛國王聽信反對披耶鑾的人的意見，將披耶鑾
解交緬軍。結果莽應龍將披耶鑾以背叛罪加以處罰，同時食言，沒有與
暹羅談和解條件，反而提出暹羅應無條件投降。5 月，馬辛國王妒忌其弟
弟沙瓦拉惹之英勇，竟然將他處死。8 月，在 1563 年緬甸第二次入侵暹羅
時與拉梅軒王子一起被俘為人質的披耶卻克里（Pya Chakri），帶著腳鐐
前往阿瑜陀耶的城門，偽稱他是從緬軍監管中脫逃。馬辛國王不疑有
詐，接待他，並委以重任。披耶卻克里調查清楚城內最脆弱之處，然後
通報緬軍，緬軍在 8 月 31 日大規模進攻該最弱處，阿瑜陀耶首度遭緬軍
攻陷。馬辛國王及親屬、大量人民、大砲被俘往緬甸。馬辛國王在亡命
緬甸途中，得病去世。莽應龍將 11 名醫治無方的醫生處死。

---

44. 吳迪的著作引述 Caesar Frederick 的說法，緬軍共出動 140 萬人，戰爭損失 50 萬人。Ralph
Fitch 說損失 30 萬人、5,000 頭象。參見 W.A.R. Wood, *op. cit.*, p. 123. 不過，這一數字不可
靠，因為當時人口數必須相當龐大，才能派出如此多的軍人。

表 3-1：Rong Syamananda 的阿瑜陀耶王朝世系表

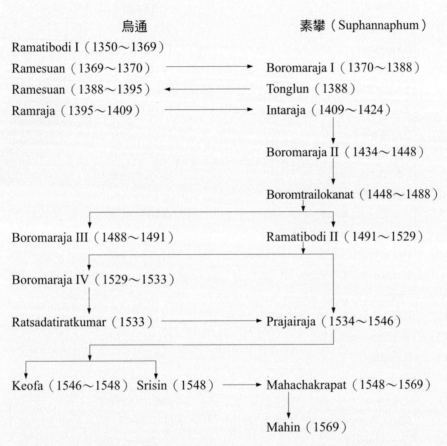

資料來源：Rong Syamananda, *op.cit.*, p.52.

表 3-2：華雅特的阿瑜陀耶王朝世系表

阿瑜陀耶王朝（Kings of Ayudhya）		
任次別	稱號姓名	在位時間
1	Ramathibodi	1351～1369
2	Ramesuan	1369～1370
3	Borommaracha I	1370～1388
4	Thong Chan	1388
5	Ramesuan（second reign）	1388～1395
6	Ramaracha	1395～1409
7	Intharacha	1409～1424
8	Borommaracha II	1424～1448
9	Borommatrailokanat （ruling in Ayudhya） （ruling in Phitsanulok）	1448～1463 1463～1488
10	Borommaracha III（in Ayudhya）	1463～1488
11	Intharacha II（nos. 10 and 11 are the same）	1488～1491
12	Ramathibodi II	1491～1529
13	Borommaracha IV	1529～1533
14	Ratsada	1533～1534（五個月）
15	Chairacha	1534～1547
16	Yot Fa	1547～1548.6
17	Khun Worawongsa（篡位者）	6～1548.7
18	Chakkraphat	1548.7～1569.1
19	Mahin	1～1569.8
20	Maha Thammaracha	1569.8～1590.6
21	Naresuan	1590.6～1605.4.25
22	Ekathotsarot	1605.4.25～1610.10/ 1611.11
23	Si Saowaphak	1610～1611?

表 3-2：華雅特的阿瑜陀耶王朝世系表（續）

阿瑜陀耶王朝（Kings of Ayudhya）		
任次別	稱號姓名	在位時間
24	Song Tham（Intharacha）	1610（or1611）～ 1628.12.13
25	Chettha	1628.12.13～1629.8
26	Athittayawong	8～1629.9
27	Prasat Thong	1629.9～1656.8.7
28	Chai	8,7～1656.8
29	Suthammaracha	8.8～1656.10.26
30	Narai	1656.10.26～1688.7.11
31	Phra Phetracha	1688.7.11～1703
32	Sua	1703～1709
33	Phumintharacha	1709～1733.1
34	Borommakot	1733.1～1758.4.13
35	Uthumphon	1758.4.13～1758.5
36	Suriyamarin	1758.5～1767.4.7

資料來源：David K. Wyatt, *Thailand: A Short History*, Bangkok, Yale University Press, 1984, p. 312.

第二節　暹羅復國

　　三個月後，莽應龍在阿瑜陀耶為瑪哈・坦瑪拉惹加冕為王，王號為沙拉皮特（Pra Sri Sarapet，或 Pra Srisanpet）。瑪哈・坦瑪拉惹將一名女兒嫁給莽應龍。緬軍班師回緬甸時，遷移阿瑜陀耶大多數居民，城內僅留下1萬人。在以後的十五年，暹羅成為緬甸的一個省的地位。緬甸官員在暹羅工作，並移入許多緬甸的法律和制度。1571 年，由辛加拉惹（Thinga Raja）於 638 年篡奪蒲甘王位時所創立的緬甸曆法，被引入暹羅，取代以前的馬哈沙卡拉特（Mahasakarat）曆法或大曆法（Great Era），緬甸曆法在暹羅被稱為朱拉沙卡拉特（Chulasakarat）曆法或小曆

法（Little Era）。[45] 大曆法是印度古普塔（Gupta）王朝的卡尼司卡國王（King Kanishka）在西元 78 年所創立。暹羅國王朱拉隆功（Chulalongkorn）在1889年以歐洲曆法取代小曆法，但訂4月1日為新年。朱拉隆功國王稱此曆法為拉塔那柯新曆法（Ratanakosin Era）或曼谷曆法（Bangkok Era）。拉瑪六世（Rama VI）在 1911 年 4 月 1 日引入佛教紀年，訂該年為佛曆2454年，即以釋迦牟尼圓寂的西元前543年為紀年第一年。首相披汶（Pibun Songgram）在1941年1月1日宣布以該日為泰國的新年。[46]此時緬甸亦將其法律彙編（Dhammathat）引入暹羅，該法律彙編是以印度的曼奴法典為基礎。[47]

1569 年 7 月，[48]柬埔寨國王婆羅瑪拉惹（King Boromaraja）再度利用暹羅亡國之機會出兵2萬入侵暹羅，結果失算，暹羅強力反擊，柬埔寨受創嚴重只好退兵。瑪哈·坦瑪拉惹國王也利用遭柬埔寨入侵之機會，整建阿瑜陀耶之城牆，開鑿運河，向葡萄牙和外國購買大砲。這些行動並未引起緬甸的懷疑。瑪哈·坦瑪拉惹國王的兒子納里軒（Prince Naresuen）生於 1555 年，1564 年緬甸入侵暹羅時被押至緬甸當人質，瑪哈·坦瑪拉惹出任國王後，將其女兒嫁給莽應龍，換回納里軒。納里軒於 1571 年返回暹羅，被任命為副王，並擔任彭世洛總督。納里軒因為皮膚較黑，被稱為「黑王子」，其弟弟伊卡托查洛特（Prince Ekatotsarot）被稱為「白王子」。

依據明實錄之記載，暹羅在緬甸之攻擊下，中國冊封暹羅之印信遭焚燬，而於 1573 年遣使到中國，請求中國補發印信。暹羅之目的在獲取中國承認其獨立地位。

「明神宗萬曆元年（1573）三月甲申（初三），兩廣提督侍郎殷正

---

45. 有關暹羅引入緬甸小曆法之時間，參見陳棠花，前引書，頁 57。
46. Rong Syamananda, *op. cit.*, p. 53.
47. W.A.R. Wood, *op. cit.*, p. 127.
48. 關於戰爭的時間，吳迪的著作説是 1570 年，而中文文獻記載是 1569 年 7 月。參見「明神宗萬曆三年(1575)九月，暹羅國王招華宋頃遣使握坤哪朵思灣等奉金葉表貢方物。先是有東牛國與暹羅鄰，因求婚王女不諧，遂擁眾攻暹羅國，陷其城，王普喇照普啞先自盡。擄其世子哪渤喇照為質，時隆慶三年七月也。」（〔明〕佚名撰，四夷館考，卷之下，暹羅館，東方學會印本，廣文書局，臺北市，1972 年重印，頁 21。）

茂奏：暹羅國王華招宋差夷使進貢方物，稱原給印信勘合，因東牛國攻破城池燒毀，乞行補給。下禮部議。」[49]文中提及的暹羅國王華招宋，應即是瑪哈・坦瑪拉惹。東牛國，應即是緬甸東吁（Toungoo）王朝。中國在1575年給予暹羅新印信，表示給予外交承認。

　　莽應龍於1574年入侵永珍，要求暹羅國王和納里軒一起同行，伊卡托查洛特則擔任阿瑜陀耶攝政。納里軒在進軍永珍途上患天花，而沒有到永珍。

　　1575年和1578年，暹羅遭逢柬埔寨數次入侵，黑王子抗敵英勇，展現其軍事才能，擊退柬埔寨軍隊。1578年，清邁攝政蒂薇去世，莽應龍任命其兒子塔拉瓦迪民（Tharawadi Min）為清邁王子，號為諾拉塔宙（Nohrata Zaw）。1580年，柬埔寨入侵暹羅，占領碧武里（或佛丕），擄走大部分人口。1582年，又入侵暹羅東部。

　　1581年12月，莽應龍去世，由其子布仁（Nanda Bhureng）繼位。布仁登基後，要求緬甸所有藩屬國國王親往朝貢，暹羅國王未能出席，由納里軒代表出席。剛好緬甸東部撣邦的蒙昆（Müang Kum）發生叛亂，布仁派遣兩位王子和納里軒及暹羅軍隊前往平亂，納里軒成功平亂，而兩位王子則無功，此一事件引致雙方出現緊張。納里軒於1582年底返回暹羅，遂決定脫離緬甸的控制。

　　布仁和其表弟阿瓦王子（Prince of Ava）在1584年爆發衝突，阿瓦王子的女兒嫁給緬甸王儲，她向其父親抱怨遭到虐待，阿瓦王子發函給其他領袖起來反對布仁，布仁遂出兵攻擊阿瓦，王儲則任勃固的攝政。布仁命令納里軒出兵進攻阿瓦，圖謀利用此一機會除去該一可怕的人物，布仁命令勃固兩位貴族在邊境接待納里軒，並伺機加以暗殺。在邊境的猛克倫（Müang Kreng, Krang）擔任殺手，因良心發現，不忍殺害該一英雄，向納里軒告白。納里軒遂在5月3日在猛克倫召集勃固的官員宣布暹羅不再向緬甸朝貢，獲當地大多數孟族之支持。他率大軍包圍勃固，但聽說布仁已平服阿瓦的亂事，正班師回勃固，為了避免戰爭，以保留實

49.〔明〕胡廣等修，明實錄，神宗萬曆實錄，卷之十一，頁二。

力，所以就退兵返回暹羅，同時將過去被莽應龍俘虜的1萬暹羅人帶回暹羅。這些暹羅人過去被緬甸安置住在勃固。

布仁一聽說納里軒背叛，立即派遣王儲追擊，但在西東（Sittaung）河遭到納里軒擊敗。恰好撣邦有不少人逃入彭世洛，布仁要求他們投降緬甸，並派兵進攻甘烹碧，結果被納里軒逐回緬甸境內。沙萬卡洛克和披猜兩地的總督，傾向緬甸，而沒有出兵協助納里軒，納里軒遂出兵攻擊這兩個城市，將兩個總督處死。

布仁準備進攻暹羅，暹羅由三股力量組成，準備抗擊緬甸，一支是由披耶卻克里率領，一支是由素可泰總督率領，一支是由兩位暹羅王子率領。總兵力約5萬人。暹羅並將緬軍可能行進路線的稻穀先收穫或將其他糧食予以摧毀，以免為緬軍所用。1584年，緬軍3萬人由三佛塔隘道進入暹羅，另一支緬軍10萬人從清邁南下。從三佛塔隘道進入暹羅的緬軍，在行抵素攀時，遭到暹羅的抵抗，損失慘重。而從清邁南下的緬軍在1585年2月才行進到猜那特（Jainat），因遭到暹羅的游擊隊攻擊，而退到甘烹碧，不久就退兵。

緬甸王子塔拉瓦迪民（Tharawadi Min）戰爭失利遭到布仁國王的譴責，布仁國王命其準備再度攻擊那空沙萬，預備破壞阿瑜陀耶附近的稻田以及阻止人民耕種。緬甸王儲派了5萬人到甘烹碧，準備採取上述行動。清邁王子則在安東（Angtong）附近的斯拉吉特（Sraket）村子紮營。1586年4月納里軒攻擊清邁王子，導致後者損失1萬人、120頭象、400艘船。塔拉瓦迪民脫逃，數千名寮族軍人被俘，暹羅利用他們耕種稻田，以增加農業產出。柬埔寨國王派遣王子斯里素攀瑪（Prince Srisupanma）協助暹羅攻擊清邁王子，此為首次柬埔寨和暹羅合作。但當兩軍班師回阿瑜陀耶時，黑王子認為斯里素攀瑪對他不敬，於是將寮族俘虜被砍下來的頭用矛刺著指向斯里素攀瑪的船，作為報復。柬埔寨國王沙塔（Satta）乃決定今後不再跟暹羅合作。

1586年11月，布仁國王再度派遣25萬軍隊入侵暹羅，分三路進軍，一是由布仁國王率領，二是由王儲領軍，三是由東吁王子領軍。分別從北、西、南三個方向進軍，1587年1月抵達阿瑜陀耶，一直包圍到5月。

由於暹羅戰鬥力高昂，納里軒驍勇善戰，經常挫敗緬軍，造成緬軍傷亡人數增加，再加上士兵染患疾病、以及雨季即將來臨，所以緬軍退兵。暹羅因此恢復獨立地位。

當暹羅遭緬軍包圍時，柬埔寨再度於1587年1月入侵暹羅領土，占領巴真（Prachim）。等緬軍退去後，納里軒立即出兵懲罰柬埔寨，除了奪回巴真外，亦進兵到柬埔寨境內，占領馬德望（Battambang）、菩薩（Pursat），進抵首都祿兀，因缺乏後援，所以退兵。此後，納里軒認為柬埔寨國王沙塔視兩國於 1585 年簽的條約為廢紙，背信棄義，應給予相當的懲罰。

瑪哈・坦瑪拉惹逝於1590年7月，由納里軒繼位，納里軒任命其弟弟伊卡托沙洛特王子（Prince Ekatotsarot）為副王。與以前的作法不同，副王並未同時兼彭世洛總督，而係留在阿瑜陀耶。原因有二，一是兩兄弟感情很好，二是暹羅北部人口稀少。納里軒希望副王同享國王的權力。

1590 年 11 月，緬軍 20 萬在王儲率領下進攻暹羅，走三佛塔隘道和北碧。納里軒在與緬軍戰鬥中，殺了蒲甘王子，逮捕巴生王子（Prince of Bassein），並將緬軍逐回緬甸。布仁國王不甘心失敗，於 1592 年 12 月再度由王儲率 25 萬軍隊入侵暹羅，實際的領導人是卑謬的王子那欽龍（Natchin Noung）和札帕羅王子（Prince of Zaparo）。王儲進兵路線是走三佛塔隘道，其他司令走的是美拉毛路線。在清邁的緬甸王子亦受命派軍助征。原本納里軒準備進攻柬埔寨，以懲罰柬埔寨，此時緬軍突然來襲，所以就立即準備應戰。1593 年 1 月 18 日，兩軍在距離素攀武里西北方23公里的龍沙萊（Nong Sarai）發生激戰，納里軒國王殺了緬甸王子司瓦（Prince Min Chit Swa）。伊卡托查洛特王子也殺了札帕羅王子。緬軍敗退返回緬境。暹羅軍隊沒有追擊，因為擔心另一股緬軍從美拉毛進攻暹羅。當緬王聽到其兒子戰死，就召回在美拉毛的緬軍。

納里軒國王回到阿瑜陀耶後召開軍事會議，檢討沒有遵守他的命令的將軍，應如何處置，他主張將他們處死，但有人建議原諒他們，納里軒說他們必須從緬甸手中奪回土瓦和廷那沙林才能免死。從素可泰王朝開始土瓦和廷那沙林就屬於暹羅，後暹羅在 1568 年亡於緬甸，才被緬甸

占領。土瓦的人口不是泰族，過去一直被視為暹羅的屬國。廷那沙林和墨吉港，則經常被視為暹羅的領土。1593 年初，暹羅派遣昭披耶卻克里（Chao Pya Chakri）（Chao Pya 又寫為 Chaophaya，是貴族最高的頭銜）將軍和普拉克郎（Pya Praklang）將軍各率 5 萬軍隊出征土瓦和廷那沙林。昭披耶卻克里將軍包圍廷那沙林十五天、普拉克郎將軍包圍土瓦二十天，就攻克該兩城市。昭披耶卻克里將軍的海軍亦擊潰緬甸海軍，後者逃回伊洛瓦底江（Irrawaddy）。

儘管暹羅遭到緬甸和柬埔寨的攻擊，納里軒國王在1592年10月遣使到中國，提議將派遣海軍協助中國一起對抗日本。惟中國在 1593 年 2 月婉拒該項提議。[50]「明神宗萬曆二十年（1592），日本蹦朝鮮，會暹羅入貢，其使請勤王，尚書石星因令發兵搗日本。彥言：『暹羅處極西，去日本萬里，安能飛越大海。』請罷其議。星執不從，既而暹羅兵卒不出。」[51]

暹羅納里軒待與緬甸的戰爭告一段落，在 1593 年 5 月派遣 10 萬軍隊進攻柬埔寨（柬國文獻說暹羅軍隊有 5 萬人）。戰事持續到1594 年 7 月占領祿兀（Lovek），雙方損失慘重。柬埔寨沙塔國王致函西班牙駐菲律賓總督，請求援助，且表示一旦獲得援助，他將改信天主教。[52]在西班牙援助未到之前，柬埔寨沙塔國王與其兩個兒子和女眷逃到柬國北方和寮國南部，隔年，又退入琅勃拉邦的領土，1596 年，沙塔在琅勃拉邦去世。西班牙曾兩次派軍協助柬埔寨，未能抗拒暹羅的入侵。1603 年，暹羅控制柬埔寨，擄獲斯里蘇潘瑪王子（Prince Srisupanma）及其家屬至阿瑜陀耶，並帶回許多過去被柬國俘虜的暹羅人，同時派遣軍事總督駐守祿兀，立梭里約波（Soriyopor）為柬埔寨國王，暹羅成為柬埔寨的宗主國。[53]

1594 年，暹羅與緬甸重啟戰端。由於勃固人民想脫離緬甸的控制，

50. David K. Wyatt, *Thailand: A Short History*, p. 104.

51. 〔清〕張廷玉等撰，明史，卷二二七，列傳第一一五，蕭彥傳。

52. David P. Chandler, *A History of Cambodia*, O. S. Printing House, Bangkok, Thailand, 1993, p. 84.

53. Lawrence Palmer Briggs, "The Treaty Of March 23, 1907 Between France and Siam and the Return of Battambang and Angkor to Cambodia," *The Far Eastern Quarterly*, Vol. 5, No. 4 (Aug., 1946), pp. 439-454, at p. 441.

受到暹羅的鼓勵，緬甸馬塔班總督遂出兵鎮壓勃固的叛離，有許多難民逃入暹羅。勃固的總督請求暹羅給予援助，納里軒國王派遣3萬軍隊占領馬塔班。緬甸派東吁王子驅逐暹羅軍隊，結果戰敗，退至直通。由於暹羅軍隊深入敵境過遠，相當不安全，所以就退兵了。

1598年，控制馬尼拉的西班牙派遣阿吉瑞（Don Tello de Aguirre）特使到暹羅，與暹羅簽訂友好及通商條約。這是暹羅與歐洲國家簽訂的第二個條約，第一個條約是在拉瑪狄菩提二世與葡萄牙簽的條約。

緬甸布仁國王在1593年任命其子阿瓦王子（Prince of Ava）為王儲，以取代被納里軒殺害的司瓦，另任命其表弟楊明（Nyaung Yan Min）為阿瓦王子，此一安排激起卑謬王子不滿，他一直希望能成為王儲。卑謬王子認為是其表兄弟東吁王子從中作梗，遂出兵攻擊東吁，結果失敗，他返回卑謬後，宣布獨立。此時，阿瓦王子沒有協助布仁國王。清邁王子也不再派兒子到緬甸接受教育，實則是當人質。

1596年，阿拉干（Arakan）國王建造一支海軍艦隊，並占領斯里安港（Syriam）和沿岸城市，他進而與東吁王子協商瓜分緬甸，並將請求暹羅的協助。這兩國派遣使節到暹羅，要求暹羅出兵緬甸，然後他們將給予協助。

琅勃拉邦前任國王賈吉塔的兒子基歐王子（Prince Noh Keo）被俘至緬甸，經過二十年，於1594年被釋放回琅勃拉邦，並出任國王。他第一步的作法就是使琅勃拉邦獨立，1595年，他與清邁的塔拉瓦迪民發生齟齬，煽動南城酋長（Chief of Nan）叛變。1598年，他與清邁宣戰，占領清邁。塔拉瓦迪民是緬甸人，未能獲得清邁人民的支持，而此時緬甸亦無力援助他，面對此一情況，他只有請求暹羅的援助，願意做暹羅的藩屬國。納里軒國王接受此議，派遣軍隊到清線，驅逐寮國軍隊，另派一名寮族貴族迪卓（Pya Ram Dejo）駐守清線，充當暹羅的專員。

1599年，納里軒國王再度出兵緬甸，但他誤信東吁和阿拉干統治者的話，東吁王子沒有協助暹羅，反而抗拒暹羅入侵。納里軒國王成功的在該年年中越過東吁進入勃固，但勃固陷入混亂。當納里軒國王努力恢復秩序時，阿拉干的軍隊進抵漢沙瓦底（勃固）。隨後不久東吁王子的

軍隊亦抵達漢沙瓦底，與阿拉干的軍隊會合。東吁王子請求布仁國王共同結盟。在經過冗長的談判後，緬甸王儲離開漢沙瓦底，隨後即被東吁王子暗殺。東吁王子擄走布仁國王，阿拉干軍隊遂進入漢沙瓦底，擄掠數天，然後放火燒城。納里軒國王率軍抵達漢沙瓦底已是 10 月，漢沙瓦底已成廢墟。

納里軒國王對此非常憤怒，決定攻伐東吁，1600 年 5 月包圍東吁，結果因為士兵多生病以及飢餓，而放棄攻城，返回暹羅。當他返回暹羅的路上，聽到清邁再度發生問題，暹羅派駐清邁的專員迪卓自稱其地位等同於緬甸統治時期的親王。清邁領地因此分為兩部分，北部由迪卓統治，南部由塔拉瓦迪民統治。納里軒國王派遣伊卡托查洛特王子（Prince Ekat'otsarot）到清邁調解。結果給予迪卓清邁親王的地位。

納里軒國王在返回暹羅前，任命達拉（P'ya Dala'）為駐馬塔班總督。在 1604 年以前，勃固為暹羅所控制。十九個撣族部落中有三個，包括森威（Hsenwi）、蒙漢（Müang Hang）、蒙奈（Müang Nai），亦置於暹羅保護之下。在緬甸布仁王朝崩潰後，其他撣族部落實際上變成獨立。阿瓦國王出兵欲控制這些撣族部落，蒙奈酋長莐瓦（Sawbwa'）向納里軒國王求援。納里軒國王率 10 萬軍隊前往撣族住區，後來又加上清邁的 10 萬軍隊，總數 20 萬軍隊於 1605 年 4 月越過薩爾溫江（Salween）。當他抵達蒙漢時病倒了，他迅速招請其在方恩（Müang Fang）的兄弟伊卡托查洛特王子到蒙漢，在他抵達後的第三天，納里軒國王於 1605 年 5 月 16 日去世，由伊卡托查洛特王子繼位，森威、蒙漢、蒙奈三個土邦再度為緬甸控制。緬甸國王在征服撣族返回緬甸時，亦患病去世，由其兒子坦瑪拉惹（Maha T'ammaraja）繼位。

伊卡托查洛特王子在執政時，實施了一項新稅制，就是商店稅或市場稅，以及地方或封建屬邦需向暹羅進獻貢稅，例如「金銀花」、木材、稻米或財物等。1606 年，葡萄牙第一位耶穌會教士西奎伊拉（Balthazar de Sequeira）抵達阿瑜陀耶。他在該年派遣一名使節前往果阿（Goa）會見葡萄牙總督。荷蘭船隻和商人亦相繼前往暹羅做生意，他在 1608 年派遣使節至荷蘭。

　　從 1592 年到 1604 年，日本之有馬的大名（諸侯）向德川家康（Iyeyesu Minamoto）（1543～1616）將軍呈請發給日本商人前往暹羅行船證三張；對馬之大名亦請求發給日本商人前往暹羅行船證一張。德川家康將軍在 1606 年 10 月 22 日遣使至大城，開啟雙方官方關係。[54] 使節所攜帶之信函，載明日本要求暹羅致送香木和大砲，日本則贈以鐵甲三具（每具由三片配合為一）、長刀十柄。1608 年 11 月 17 日，日本本田正清致暹羅財政大臣書函，要求暹羅給予大砲二、三尊，日本則贈以暹羅鐵甲六具。當時暹羅為何會有大砲，而為日本所重視？此乃因為暹羅獲得葡萄牙之協助能夠製造銅炮，此為日本所無。[55]

　　在此前後亦有七百多名日本人定居阿瑜陀耶，他們大都為商人，由山田長政（Yamada Nagamasa）領導。另又有日本商人居住北大年和六坤經商。1621 年 10 月，在山田長政之建議下，暹羅國王與日本幕府德川家康建立友好關係。暹羅曾在 1623、1625、1629 年三次遣使日本通好。1636 年，日本採取鎖國政策，中斷與暹羅之關係，亦禁止居住暹羅之日本人返回日本。在暹羅之日本人熟悉劍道，有不少人出任暹羅國王之禁衛軍，很多日本人亦娶暹羅女。[56]

　　伊卡托查洛特任命其長子蘇塔特王子（Prince Sut'at）為王儲，但該王儲被指控涉嫌陰謀奪取王位，而遭伊卡托查洛特處死。伊卡托查洛特於 1610 年去世，由其妾所生的兒子因塔拉惹王子（Prince Int'araja）繼位，他曾一度出家為和尚，他被稱為帕威蒙檀（P'ra Wimon T'am, Vimaladhamma），他在歷史上被稱為正義之王（King Songt'am），因為他上臺後第一件工作就是將應為蘇塔特王子之死負責的普拉奈偉（P'ra Nai Wai）處死。當時有 280 名日本人支持普拉奈偉，他們發動叛亂，進入國王寢宮，迫使國王用他的血簽署屈辱的條約，接受他們所提出的條件，包括討厭日本人的 4 名有名的官員投降、給予日本人各種居住和商業特權、釋

---

54. 陳棠花，「泰國史地叢考（二三），（五）泰日古代關係」，陳毓泰主編，泰國研究，彙訂本第二卷，第 0076 期，泰國曼谷，1940 年 10 月 1 日出版，頁 152。
55. 陳棠花，「泰國史地叢考（二六）」，陳毓泰主編，泰國研究，頁 158。
56. 陳棠花，「泰國史地叢考（二五）」，陳毓泰主編，泰國研究，頁 156。

放被關押的主要人犯。當這些暹羅高官投降後，立即被日本人處死。日本人掠奪了阿瑜陀耶之後，前往碧武里，其領袖儼然成為該地的國王。琅勃拉邦的國王普拉旺沙（P'ra Wongsa）聲稱要鎮壓該日本人亂軍，而進兵到華富里。暹羅國王帕威蒙檀重整軍隊，首先鎮壓在碧武里（或佛丕）的日本人的暴亂，接著在 1612 年 4 月 5 日擊敗入侵的琅勃拉邦軍隊。

但事後，暹羅國王並沒有驅逐日本人，山田長政仍率領一支日本人組成的禁衛軍，保衛暹羅國王的安全。山田長政甚至被封為「披耶希那披穆克」（P'ya Senap'imuk）的頭銜。[57]

1612 年 6 月 23 日，英屬東印度公司船隻「全球號」（Globe）停靠北大年，船長為希朋（Captain Anthony Hippon），他在北大年設立一處土庫。他在 8 月 15 日航抵阿瑜陀耶。8 月 17 日，希朋船長晉見暹羅國王，面交一封英王詹姆士一世（James I）的信，暹羅國王賜予這些英國人金杯和服飾。在該年底，英屬東印度公司在阿瑜陀耶和北大年設立土庫。暹羅國王帕威蒙檀是第一個允許葡萄牙人、法國人、英國人、荷蘭人和日本人自由定居暹羅的國王，是一位現代化的國王。此後，泰國與西方國家和平相處交流，應是承襲該一歷史傳統。

然而，英國在暹羅的貿易無法與荷蘭競爭，遂在 1623 年完全退出，直至 1660 年代才又重新在暹羅設立貿易站。

緬甸想重新控制清邁，其國王任命查班（P'ya Chaban）為清線的親王，接著在 1614 年入侵清邁，想要廢黜幼小的塔多耀王子（Prince Thadogyaw）。後者棄清邁城而逃至南奔，緬軍包圍南奔，最後城破，塔多耀王子戰死。南城的酋長因為協助緬軍有功，其酋長被委任為清邁的統治者，清邁成為緬甸的屬國。英屬東印度公司在清邁的代辦山謬爾（Thomas Samuel）在這次戰役中被俘虜至勃固，不久死於勃固。

1618 年，暹羅和緬甸簽訂條約，暹羅割讓馬塔班給緬甸，而緬甸放棄對清邁的主張。南城的酋長則繼續統治清邁，不過，改由暹羅派任。

1618 年，真臘脫離暹羅獨立，國名改為甘孛智（甘破蔗），即柬埔

---

57. W.A.R. Wood, *op. cit.*, pp. 161-162.

寨。

　　1622 年，暹羅國王宋檀（Songt'am）從陸路和水路進攻柬埔寨，由於水軍在柬埔寨河流受到阻礙，而提前返回暹羅，陸軍遭到柬埔寨的堅強抵抗，而遭到失敗。大象被俘250頭。1628年，國王宋檀健康出狀況，繼位問題引發衝突，一派由卡拉宏（P'ya Kalahom）為首，支持斯里辛親王（Prince Sri Sin）繼位；另一派為國王的表兄瓦拉旺（P'ya Sri Worawong）支持國王的長子，年僅十五歲的吉塔（Prince Jett'a）。兩派人尋求日本人山田長政之支持，山田長政暗中支持瓦拉旺。[58] 該年 12 月 22 日，宋檀國王去世，年僅三十八歲。由吉塔繼位，受瓦拉旺之操控。

　　瓦拉旺先清除反對派的卡拉宏，斯里辛親王則避入佛門出家當和尚。山田長政受命清除斯里辛親王，他到佛寺遊說斯里辛親王，表示日本人將會支持他奪取王位，斯里辛親王誤信山田長政的話，就脫去袈裟返俗，此形同脫去佛門的保護傘，所以立即被逮捕，送至碧武里（或佛丕），準備將他關在地牢中餓死。幸獲斯里辛親王的同夥猛康（Luang Mongkon）的拯救，猛康挖了一個地道，通到地牢，然後將一名奴隸的屍體拖入地牢中，再與斯里辛親王的衣服對調，斯里辛親王才從地牢中脫逃。隨後斯里辛親王號召民眾控制數城，並登基為王，失敗後被逮捕，被處以用檀香木棒打死。猛康亦因暗殺瓦拉旺失敗而被處死。

　　瓦拉旺在火葬其母親時，排場猶如皇室人員，所有主要官員都被命令出席。此舉引起國王吉塔之不快，雙方發生衝突，瓦拉旺號召其黨羽進攻王宮，國王及其母被逮捕，當國王被執行死刑前，指控瓦拉旺毒死國王宋檀。但瓦拉旺奪取王位之路有阻礙，因為山田長政支持立國王宋檀的幼子年僅十歲的阿提雅旺王子（Prince Ati'tyawong）為王。瓦拉旺想將山田長政差遣到遠方，以免妨礙其陰謀。剛好單馬令總督被指控謀反，瓦拉旺遂派遣山田長政及日本人禁衛軍前往平亂，並任命山田長政為單馬令總督。山田長政對此新職感到滿意。瓦拉旺自任為攝政，迫使幼王阿提雅旺進入僧院，不到一個月，阿提雅旺被迫離開僧院，被捕後

―――――――――――――

58. W.A.R. Wood, *op. cit.*, p. 170.

以檀香木棒打死。惟據暹羅史，阿提雅旺活到 1637 年，因涉嫌叛亂而被處死。[59]

瓦拉旺登基為王，王號為普拉沙特‧東（King Prasat T'ong），意即黃金王宮之王。他成為阿瑜陀耶王朝建立以來第一位非王位繼承人之篡位者。

山田長政在出任單馬令總督不久，遭人毒死，其子山田歐因（Oin Yamada）與前任總督的黨羽進行對抗，後夥同其他日本人退至柬埔寨。然後又從柬埔寨前往阿瑜陀耶，並將 1629 年離開阿瑜陀耶逃到柬埔寨的日本人一起帶回阿瑜陀耶。但普拉沙特‧東對於這些日本人不放心，1632 年派人襲擊阿瑜陀耶的日本人住區，有不少日本人被殺，其他日本人則搭船逃往柬埔寨。

隨後普拉沙特‧東派遣使節到日本，而未獲得幕府接見，因為日本已有長期的習慣，即皇帝隱居，而由他人代為執政。日本人視篡奪王位者為無賴之徒，不值得尊敬。北大年女王亦拒絕對普拉沙特‧東進貢，稱其為叛徒、謀殺者，並宣布獨立。1632 年，普拉沙特‧東派軍鎮壓北大年亂事，結果失敗。1634 年，再度派遣 5 萬多兵力出征北大年，同時獲得荷蘭同意提供 6 艘大船的援助，但未等荷蘭船隻抵達，就攻擊北大年，結果失敗，荷蘭船隻到達北大年時，暹羅軍隊已退至宋卡。普拉沙特‧東將戰敗的將軍砍頭，其他將領則受到嚴厲處罰。他對荷蘭之支援感到滿意，付給荷蘭 5,000 金幣（Florins）做為報酬，並允其與暹羅進行貿易。

1629 年，緬甸背約，出兵清邁，借道攻擊寮國琅勃拉邦。1630 年，清邁親王宣布脫離緬甸獨立，並占領清線。1631 年，緬甸國王坦瑪拉惹（Tado Tammaraja）出兵清邁，1632 年 4 月攻下清邁。緬甸另立提帕尼特（Pya Luang Tipanet）為清邁親王。

單馬令總督亦拒絕向普拉沙特‧東進貢，普拉沙特‧東於 1632 年親率軍隊征服單馬令，並將大部分居民遷徙到阿瑜陀耶。普拉沙特‧東是

---

59. W.A.R. Wood, *op. cit.*, p. 175.

一名暴君，任內殘殺人民高達 3,000 人。

　　1636 年，暹羅準備再度攻擊北大年，先派遣使節要求北大年女王投降，在吉打蘇丹之斡旋下，女王同意求和，在 4 月遣使到阿瑜陀耶進貢「金銀花」。

　　由於荷屬東印度總督致函暹羅國王對於暹羅遲延交付給荷蘭米糧有所不滿，而引起普拉沙特・東國王對荷蘭的反感。1636 年 12 月 10 日，有兩位荷屬東印度公司職員與一些傳教士發生口角，後被一大群暹羅人攻擊和逮捕，他們被控攻擊國王之弟弟的住所，有兩人被判處以大象踩死的罪刑。這兩人被綁縛手腳在大街上示眾，荷屬東印度公司駐暹羅代表韋禮特（JeremiasVan Vliet）向國王及大官贈送禮物並請求釋放這兩人，在簽署以後遵守暹羅法令後被釋放。

　　1648 年，宋卡發生叛亂，暹羅出兵鎮壓。巴達維亞（Batavia）的荷蘭總督下令派船協助暹羅。結果暹羅未能平息叛亂。1654 年，暹羅國王普拉沙特・東和荷蘭發生衝突，因為荷蘭未能如期派遣 20 艘船協助暹羅攻打宋卡，接替韋禮特的荷屬東印度公司駐暹羅代表威斯特瓦爾特（Westerwolt）受到暹羅不友善的對待，當他威脅要離開暹羅時，他被警告若離開，將與他的伙伴一起由大象踐踏致死。後來有人告訴普拉沙特・東由於荷蘭和英國發生戰爭，所以荷蘭無法提供船隻。荷蘭也送了許多禮物，才平息普拉沙特・東的怒氣。此時停在單馬令候令的暹羅陸軍，則被召回，停止前進攻打宋卡，指揮官則被逮捕入獄。1655 年，暹羅再度出兵宋卡，因海軍指揮官脫逃，以致失敗。

　　普拉沙特・東執政時期頒布了許多法律，較重要的有 1633 年的上訴法（The Law of Appeal），該法律所規範的不是因為對基層法院判決不滿所提出的上訴案，而是對法官因為不公平、偏袒、或怠惰而提出上訴。一旦有理，則上訴法院的法官可對下層法官實施罰款。若是無理，則提告者會受到懲罰。

　　1635 年頒布繼承法（The Law of Inheritance），該法是對摩奴法典的內容加以修改而成，該法規定了遺囑之訂定和遺囑見證。1637 年的債務奴隸法（The Law of Debt Slavery），規定主人殺害或傷害其奴隸將受到

懲罰。1648 年的債法（The Law of Debt），規定了夫妻、父母、兄弟姊妹之間的債務責任。該法有一個特別的規定，即一個人在法院前否認他欠債，一旦證實他需負擔該債務，他就應償付兩倍的債。此法目的在警告逃避債務的人。1926 年，暹羅實施民法，才取代該債法。1657 年普拉沙特·東對反政府法（The Law of Offences against the Government）發布一項補充命令，規定「任何人，泰族或孟族、男人或女人，無懼於王室不快和法律，欲到外國做生意取得財富和財產，將允許他們的女兒或孫女嫁給外國人，包括英國人或荷蘭人、日本人或馬來人、其他宗教的人，允許她們改信外國宗教。這些人對國家或國家的敵人都是令人頭痛的人物。她們得被處以沒收財產、終生監禁、降級、割草餵食皇室大象或各種等級的罰款。此是對他人的一種示範。為何如此？因為外國父親會播種、繁延後代，父和子會在外國報告有關暹羅的事情，而為大家所知道，則外國人將會攻擊暹羅任何地方，佛教將會因此衰退、名譽掃地。」[60]

普拉沙特·東於 1656 年 8 月 8 日去世，由其長子昭法猜（Chao Fa Jai）繼位，但其叔叔那萊王子（Prince Narai）數天後發動政變，擁立昭法猜之幼弟斯里蘇坦瑪拉惹（Prince Sri Sut'ammaraja）為王，自己成為副王。昭法猜被處死。斯里蘇坦瑪拉惹迷上其姪女（為那萊王子的妹妹），但其姪女並不喜歡他，遂暗中藏在一隻木箱中逃出宮外向其兄長告狀，那萊王子決定廢黜斯里蘇坦瑪拉惹的王位，1657 年 11 月發動兵變，處死國王。那萊自立為王。

中國明朝於 1644 年亡國後，桂王於 1658 年逃入緬甸躲藏，隔年吳三桂出兵包圍阿瓦，迫使緬甸交出桂王，中國才退兵。此一行動影響清邁，擔心同樣遭到中國的進攻，帕森蒙（P'ra Sen Müang）親王遂致函暹羅，請求暹羅保護。那萊國王在 1660 年 11 月率軍前往清邁。清邁親王此時聽到中國已從阿瓦退兵，擔心遭到緬甸國王之報復，遂密令其官員和與暹羅軍隊在一起的軍隊立即返回清邁。那萊國王覺得受到愚弄，遂出

---

60. W.A.R. Wood, *op. cit.*, pp. 186-187.

兵占領南城數個小鎮，惟因遭到清邁的反擊，在 1661 年初返回阿瑜陀耶。該年底暹羅又出兵 10 萬征清邁，隔年 3 月攻下清邁，親王及眾多貴族被俘。緬甸曾出兵救清邁，但遭擊退。暹羅帶回一個有名的佛陀雕像叫帕辛（Prasingh），它以前存放在阿瑜陀耶。該雕像是紀元初年錫蘭的作品，藍甘亨國王遣使錫蘭獲得該雕像，返國時船隻發生船難，該雕像飄到單馬令，後被送到猜那特。1378 年，婆羅瑪拉惹一世（Boromaraja I）將該雕像帶至阿瑜陀耶。甘烹碧總督的兒子以計謀取走該雕像，存放在甘烹碧直至 1388 年。普羅姆王子（Prince P'rohm）在該年以武力奪取該雕像，帶回清邁。1548 年，吉塔國王將該雕像及其他重要的佛陀的雕像帶到琅勃拉邦。1556 年，該雕像送回清邁。1662 年，那萊國王將該雕像帶至阿瑜陀耶。1767 年，緬甸毀滅阿瑜陀耶時，將該雕像送回清邁。1795年，曼谷王朝將該雕像帶回曼谷，存放在博物館內。[61]

當中國軍隊包圍阿瓦時，勃固人民爆發反對阿瓦的動亂，當中國撤兵後，緬甸國王對勃固進行懲罰，勃固派遣馬塔班總督前往阿瑜陀耶求援，並將勃固置於暹羅保護之下，有許多勃固人也移民進入暹羅。1662年底，緬甸進攻暹羅，均在邊界被擊退。那萊國王乘勝追擊率軍進入勃固，並占領馬塔班、仰光等地。後因糧食不足以及緬甸發生飢荒而退回暹羅。勃固再度為緬甸控制。

1663 年，清邁親王帕森蒙去世，緬甸派遣卑謬親王統治清邁，直至1727年，清邁都是由緬甸親王統治。

英屬東印度公司在 1661 年在大城重建商館。隔年，法國傳教士在大城建一所教堂和神學院。荷蘭對於暹羅給予英國和法國這些特權感到不滿，乃在 1664 年初，荷蘭要求暹羅給予各種商業特權，未獲允，即派船艦封鎖湄南河口，暹羅被迫在 8 月 10 日簽訂條約，允許荷蘭取得獸皮專賣權，以及暹羅不得雇用華人、日本人和安南船員，此一規定使得暹羅無法與荷蘭競爭對中國的貿易。該約亦規定荷蘭人在暹羅境內可自由貿易、暹羅不得隨意增加荷蘭商品的關稅，在暹羅犯罪享有治外法權，暹

---

61. W.A.R. Wood, *op. cit.*, p. 74, note 1.

羅應將該荷蘭人移交荷印公司首長處斷。暹羅船隻在孟加拉灣貿易時，若有困難，可獲得荷蘭人的善待、食物供應和工匠的協助。

由於英國在大城的商館獲利不多，葡萄牙人在大城也缺乏實力，故那萊國王欲藉法國之力量以阻遏荷蘭之野心，他允許法國傳教士傳教，1662年，伯力特（Bérythe）主教藍伯特（Monsignor de la Motte Lambert）抵達暹羅傳教。1664年，接替他的是法國黑里歐波里斯（Heliopolis）市的主教帕魯（Monsignor Pallu）及其他耶穌會傳教士。那萊國王請湯瑪士神父（Father Thomas）在曼谷、阿瑜陀耶、龍塔武里（Nontaburi）及其他重要地點建設砲臺以防備荷蘭入侵。由於阿瑜陀耶易被接近攻擊，所以那萊國王搬到華富里居住，新建王宮和砲臺。他也在阿瑜陀耶建立一座瞭望塔。那萊國王允許法國人取得土地、房屋和建造教堂。1676年，在阿瑜陀耶有一所天主教神學院，有一百多名學生就讀。另亦設有女性聚會所，稱為十字信眾堂（Votaries of the Cross）。那萊國王亦以自己的經費為天主教徒在華富里蓋教堂。他甚至任命一位法國傳教士為普吉島的地方官。

傅爾康（Constantine Phaulkon）於1650年生於希臘的西發羅尼亞（Cephallonia）的小島，其父為小客棧主人，在十歲時離家到一艘英國船工作，他住在倫敦直到1669年。他出任懷特（George White）船長的侍應生。1678年，他隨著英屬東印度公司的伯恩納比船長（Captain Richard Burnaby）的船到暹羅。1680年，他為狄菩提（P'ya Kosa T'ibodi）服務，後來昇為普拉克郎（P'rak'lang），負責對外貿易之主管，具有鑾韋猜文（Luang Wijaiyen）之頭銜。他娶日本女子為妻，其妻信奉基督教。

法國路易十四（Louis XIV）在1664年頒給法屬東印度公司（French East India Company）憲章，以與英屬東印度公司競爭。法屬東印度公司於1668年在蘇拉特（Surat）成立，該公司在1680年派遣一艘船前往暹羅，在阿瑜陀耶設立一座土庫。暹羅國王給予法屬東印度公司許多特權。1680年12月25日，暹羅派遣3位特使和30名隨從前往巴黎，攜帶一封暹羅國王致法國國王的信，該信寫在金箔上，該信提議將宋卡割讓給法國，此時宋卡仍處於叛亂狀態，暹羅並無法控制宋卡。此外，還攜帶

許多珍稀禮物，包括幼象、犀牛。可惜該船在馬達加斯加島東岸擱淺，所有人員及貨物皆沈入海底。

那萊國王亦對英國示好，1678 年提議割讓北大年給英屬東印度公司，享有如同在聖喬治堡壘（Fort St. George）的特權。英屬東印度公司的經紀人波茲（Samuel Potts）前往北大年，但該地有動亂，所以轉往宋卡。北大年在 1679 年歸順暹羅。波茲協助叛亂的宋卡總督對抗暹羅。1679 年，一名法國人西普林（Cyprien）厭煩暹羅將軍攻打宋卡的拖泥帶水方法，他在夜晚潛往宋卡，逮捕宋卡總督，並將他解交暹羅軍隊。

宋卡亂事平定後，波茲返回阿瑜陀耶，而與自 1678 年負責管理英屬東印度公司土庫的伯恩納比發生齟齬，伯恩納比在 1681 年去職，由波茲和伊瓦特（Thomas Ivatt）共同管理土庫。傅爾康在伯恩納比時期欠了大筆債務，波茲要求傅爾康償債。伊瓦特站在傅爾康一邊，辭去英屬東印度公司土庫首長工作，轉到暹羅政府工作。1682 年 12 月 6 日，在阿瑜陀耶的英屬東印度公司的房舍遭人縱火焚燬，波茲指控傅爾康縱火以消滅欠債證據。傅爾康反而指控波茲自行縱火，以湮滅自己的罪行。此一爭論使傅爾康轉而傾向支持法國，並改變成為天主教徒。[62]

法國在 1682 年派遣一個商業代表團前往阿瑜陀耶，由帕魯主教率領，此時傅爾康已向耶穌會士（Jesuits）受洗為天主教徒，充當帕魯主教的翻譯，迅速同意法國和耶穌會的利益。大多數人同意傅爾康對於將那萊國王和暹羅改變為信奉天主教的想法感到興奮。但暹羅是個佛教國家，要改變那萊國王的宗教信仰是很困難的。

暹羅在1684年1月第二度遣使到歐洲，尋求與法國結盟，有兩位使節以及一位法國傳教士陪同，先抵達英國的馬嘎特（Margate），然後前往巴黎。由於他們的官階不高，所以受到冷落。1685 年，在聖喬治堡壘的議會（Council）派遣一個商務代表團至阿瑜陀耶，在該年 9 月抵達，同時法國也派兩名軍人到阿瑜陀耶，傳達法國國王路易十四的命令將在暹羅設立大使館。法國使節團團長為昭蒙特（Chevalier de Chaumont），另

62. W.A.R. Wood, *op. cit.*, pp. 202-203.

有許多耶穌會傳教士之協助。法國國王之目的在使暹羅國王改信天主教。法國和暹羅在1685年12月19日簽署條約，法國使節團獲得宗教和商業租界地。除了進出口關稅以及所有貨物需存放王室倉庫外，法屬東印度公司擁有商務自由權；該公司亦擁有治外法權；公司在普吉島擁有錫礦獨占權；割讓宋卡給法國，法國有權在該地建造堡壘；允許法國人在暹羅自由傳教、修建教堂、創辦學校；教徒之訴訟由教會裁決；豁免法國人進出口稅。法、暹之間且有秘密諒解，就是法國將協助暹羅對抗荷蘭。[63] 由於荷蘭在1641年控制馬六甲，威脅暹羅在馬來半島的安全，所以暹羅欲利用法國制衡荷蘭的勢力。

圖3-1：1686年暹羅使節訪問路易十四

資料來源：http://www.enotes.com/topic/History_of_Thailand，2010/12/21瀏覽。

1685年12月22日，昭蒙特離開暹羅返回法國，暹羅派遣第三個使節團隨同，由宋東（P'ra Wisut Sunt'orn，Nai Pan）為首，獲得法國良好的印象。他請求法國派遣軍隊協助暹羅防守若干砲臺。

1686年7月，那萊國王和傅爾康在華富里國王的夏宮度假，阿瑜陀耶爆發武吉斯人（Bugis）陰謀叛亂，他們是荷蘭從印尼蘇拉威西島（Sulawesi）遷移至阿瑜陀耶，人數約有幾百個家庭，他們對荷蘭不滿，陰謀推舉那萊國王的弟弟為國王，以他改信伊斯蘭教作為交換條件。9月，傅爾康知道此一計畫，遂派兵以及在歐洲雇用兵的協助下，包圍武吉斯人住區，並加以屠殺。[64]

1687年7月，在墨吉有60名英國人被殺，事件起因是傅爾康招聘英國船隻為暹羅服務，以對抗南印度的果爾康達王國（Kingdom of Gol-

63. W.A.R. Wood, *op. cit.*, p. 204.
64. David K. Wyatt, *Thailand: A Short History*, p. 115.

conda），而英屬東印度公司欲與果爾康達維持友好關係，視此英國私人船隻為海盜。1686年，英屬東印度公司決定對暹羅開戰。傅爾康遂任命兩位英國朋友伯恩納比和懷特（Samuel White）管理墨吉，並趁機撈了不少財富。1687年4月，英屬東印度公司向暹羅要求損害賠償65,000英鎊，否則威脅攻擊暹羅船隻、人民及封鎖墨吉。6月，兩艘英國船開抵墨吉，要求賠償。伯恩納比和懷特害怕被英國法庭以海盜罪起訴，而給予英國船隻指揮官慷慨的接待。當地暹羅官員懷疑英國人可能接管墨吉，在7月14日突然對英國船隻開火，並對英國人大開殺戒。8月，那萊國王對英屬東印度公司宣戰，並將墨吉交由一名法國總督和一小股法軍管理。[65]

　　法國第二個使節團在1687年9月27日抵達阿瑜陀耶，團長是羅貝里（Simon de la Loubére），團員有寶拉雷（Claude Céberet du Boulalay）、3名軍人隨扈和4艘船隻。船上裝載了600名法軍和300名工匠。路易十四給予傅爾康聖麥可和聖彼得伯爵和騎士頭銜（Count and a Knight of the Order of St.Michael and St.Peter）以及許多貴重禮物。法軍原本想駐軍在曼谷，以控制暹羅的對外貿易。法軍亦想駐守一小股軍隊在墨吉。12月1日，法、暹簽訂新條約，暹羅給予法屬東印度公司更多的特權，但沒有規定法軍在曼谷和墨吉駐守的事。在簽約完後，寶拉雷立即返回法國。羅貝里則在1688年1月帶暹羅第四個使節團到歐洲。法軍則仍留在暹羅，有些得熱病去世。

　　那萊國王沒有兒子，領養一名兒子叫孟皮（Mom Pi），信仰天主教。傅爾康幾次建議國王將王位傳給公主約塔蒂普（Princess Yo'ta Tep），未被接受。傅爾康乃建議將王位傳給那萊的養子，皮特拉惹（P'ra P'etraja, Phetracha）將軍則屬意國王的哥哥阿派托特（Chao Fa Ap'ai T'ot）。1688年3月，國王生病期間，群臣建議任命阿派托特為攝政，阿派托特掌握政權後，暗殺孟皮。傅爾康見到政局混亂，遂請求在曼谷的法軍指揮官法吉士（Des Farges）協助。法吉士出兵到阿瑜陀耶，但聽說國王已死，又折返曼谷。6月5日，傅爾康被以叛亂罪處死。

---

65. David K. Wyatt, *Thailand: A Short History*, pp. 115-116.

皮特拉惹將軍以國王之名義下令法吉士將其軍隊帶至華富里，法吉士拒絕，暹羅軍隊遂攻擊曼谷砲臺，並開始迫害基督教徒。皮特拉惹並不想篡奪王位，只是想撤除傅爾康及將外國軍隊驅逐出暹羅。但他的兒子沙拉沙克（Luang

圖3-2：暹羅使節覲見法國皇帝路易十四
資料來源：http://en.wikipedia.org/wiki/Thailand，2011-03-03 瀏覽。

Sarasak）極具野心，下令逮捕國王的兩個兄弟，將之裝在天鵝絨袋中，用檀香木棒予以打死。兩天後，7月11日，那萊國王去世，皮特拉惹將軍立即登基為王，王號為拉梅軒（Ramesuen）。為了排除那萊國王王族男性繼承王位，皮特拉惹與那萊國王的女性親族結婚，包括其姊姊約塔蒂普公主（Princess Yot'a T'ip）和其女兒約塔特普公主（Princess Yot'a T'ep）。

暹羅逮捕法國天主教傳教士，本地天主教徒有的被處死，有的遭懲罰。在曼谷的法軍在談判後，9月30日達成協議，搭乘由暹羅提供3艘船離開暹羅前往印度東南部的龐迪車里（Pondicherry）。但在墨吉及其他港口的法軍，則沒有如此幸運，有些人被處死或逮捕。法吉士及500名法軍、36名英國人在11月底搭乘3艘暹羅商船和1艘法國軍艦離開曼谷。法吉士及若干法國人被當作人質，等船隻回到暹羅後才予以釋放。

　　柯沙（P'ya Kosa，P'rak'lang）過早釋放法吉士等人質，法吉士反而將看管他的暹羅軍人扣押為人質，拒絕送回法國人質。暹羅認為法吉士違反當初協議，乃將最近釋放的傳教士重新逮捕以及迫害天主教徒。有許多法國人被屠殺。

　　1689 年底，法吉士回到普吉島，致函暹羅國王，願意和平相處。他也釋放了暹羅人質。暹羅也釋放法國人，允許神學院重新開辦，恢復宗教信仰自由。

　　1691 年底，柯叻（Korat）和單馬令的總督叛變，暹羅派遣 1 萬名軍隊平亂，他們使用風箏，上面綁了火把，風箏飄入柯叻城內，使城裏的房舍著火，柯叻總督約馬拉特（P'ya Yomarat）逃至單馬令，加入反叛同夥。1692 年，暹羅再度派軍 1 萬征服單馬令，約馬拉特在猜耶（Jaiya）戰死。暹羅軍隊包圍單馬令，單馬令總督迪卓（P'ya Ram Dejo）是馬來人，英勇無比，拒絕投降，他先殺了妻子和家人，在暹羅海軍統帥拉惹班山（P'ya Rajabangsan）的縱容下，他率其部下 50 人搭小船逃逸。拉惹班山是馬來人，也是迪卓的朋友。城破後，暹羅國王將拉惹班山砍頭，將其頭顱懸掛在單馬令的城門上。[66]

　　1697 年，柬埔寨國王沙迪特（King Sadet）贈送暹羅國王一頭母白象，表示向暹羅臣服。

　　1703 年初，皮特拉惹國王年高七十一歲，且有病，除了副王沙拉沙克王子（Prince Sarasak）外，國王有兩個兒子，一個是與約塔蒂普公主生的柯萬（Chao K'wan），另一個是與約塔特普公主生的諾伊（Tras Noi）。此時柯萬年十四歲，諾伊年十歲，一般咸認為前者是接替王位的適當人選。副王陰謀除掉他。副王引誘柯萬到其王宮，並加以殺害。柯萬的母親到瀕危的國王床邊，控訴該一謀殺案，國王立即宣布副王不能繼位，立其表弟蘇林（P'ra P'ijai Surin）為繼位者。當晚國王即去世。蘇林個性溫和，立即前往副王的王宮，請副王為王。沙拉沙克遂登基，王號為蘇里揚塔拉狄菩提國王（King Suriyentharathibodi），史稱普拉昭蘇

---

66. W.A.R. Wood, *op. cit.*, p. 221.

雅（P'rachao Süa）或老虎國王（King Tiger），以示其個性殘暴。[67]

　　普拉昭蘇雅於1709年去世，由其長子繼位，稱普民塔拉惹（King Pu'mint'araja）或泰師拉（King T'ai Sra），其弟班吞諾伊（Prince Bant'un Noi）為副王。

　　1714年，年輕的斯里坦瑪拉惹（Sri T'ammaraja）繼任為柬埔寨的國王，他的叔叔已退位的國王基歐法（King Keo Fa）對年輕的國王宣戰，號召交趾支那的軍隊協助他復位，斯里坦瑪拉惹被推翻，夥同其弟弟逃到阿瑜陀耶求援。暹羅嘗試以和平方式解決問題，結果失敗，遂派遣兩支軍隊攻打柬埔寨，大軍由卻克里（P'ya Chakri）指揮，路經暹粒（Siemreap），另一支小軍由華人柯沙狄菩提（P'ya Kosa T'ibodi）指揮，沿海岸前進，占領班替密斯（Bantéay M'eas），並燒城。但在該處遭到柬埔寨和交趾支那聯軍的攻擊，後勤補給不足，士兵吃隨軍動物，而且生病，最後失敗而歸。在北方的卻克里軍隊則進展順利，攻進首都烏東（Udong），基歐法致送「金銀花」，以示臣服。不過，暹羅仍允許基歐法在位，並未恢復斯里坦瑪拉惹的王位。[68]

　　普民塔拉惹國王有意讓其長子納仁王子（Prince Naren）繼位，但其長子認為應由副王繼位，不久遁入佛門。普民塔拉惹國王乃決定由其次子阿派王子（Prince Ap'ai）繼位，副王反對，支持納仁王子繼位。兩派人馬遂爆發衝突。1733年1月，普民塔拉惹國王去世。阿派王子獲得披耶普拉克郎（P'ya P'rak'lang）和批耶卻克里（P'ya Chakri）之支持，兵力較強，但戰鬥力不及副王，最後阿派王子失敗被處死。由於納仁王子不願做國王，所以由副王登基為王，王號為坦瑪拉惹二世（King Maha T'ammaraja II）或婆羅瑪科特王（King Boromakot）。

　　1733年，爆發華人動亂，300名華人攻擊王宮，最後被鎮壓。婆羅瑪科特王之長子西納皮塔克王子（Krom K'un Sena P'itak）個性暴烈，對其堂兄納仁王子不友善，因為覺得國王對他有偏袒。一次國王身體違和，

---

67. 有關蘇里揚塔拉狄菩提國王之暴行，可參見陳棠花，前引書，頁85-86。不過該書有關該國王之在位期間是從1712～1728年。
68. W.A.R. Wood, *op. cit.*, pp. 227-228.

納仁王子前往探視，遭到西納皮塔克王子以匕首攻擊，幸未受傷，國王對西納皮塔克王子處以鞭刑。納仁王子卻為西納皮塔克王子求情，並將之帶回廟中予以保護。西納皮塔克王子獲得寬赦，另兩位涉案的西納皮塔克王子的表弟則被處以笞刑致死。1740 年，西納皮塔克王子被任命為副王。

緬甸國王狄帕惕（Maha T'ammaraja Dhiphati）在 1734 年將首都遷到阿瓦，引起勃固人民的不滿。1737 年，勃固總督蒙塔安（Maung Tha Aung）起來反抗，宣布獨立。但蒙塔安在 1740 年被勃固人暗殺。緬甸國王派其叔叔出任勃固總督，亦被暗殺。一位撣族和尚假冒緬甸國王的親戚，於 1742 年被選為獨立勃固的國王，王號為沙民杜（Saming T'oh）。馬塔班和土瓦的總督受到勃固的威嚇但又未能從阿瓦獲得援助，而避難到阿瑜陀耶，獲得婆羅瑪科特王之禮遇。勃固王致函暹羅，要求娶婆羅瑪科特王之公主，遭拒絕。婆羅瑪科特王不願其任何女兒嫁給一個暴發戶。

緬甸國王在 1744 年遣使到阿瑜陀耶，感謝婆羅瑪科特王善待勃固的避難者，要求暹羅協助對抗勃固，如若不然，則請暹羅保持中立。1746 年，暹羅亦遣使到阿瓦。勃固在 1744 年占領卑謬，並向阿瓦進軍。暹羅使節到阿瓦，被誤以為暹羅出兵協助阿瓦，於是勃固就退兵，緬甸從後面攻擊，勃固軍失敗而歸。

勃固國王沙民杜娶了清邁公主，鑄成大錯。勃固之王后是披耶達拉（P'ya Dala）的女兒，對於其丈夫娶了清邁公主而受到冷落感到不滿，於是其父親在 1746 年趁沙民杜騎大象狩獵時發動政變，沙民杜逃到清邁，披耶達拉成為勃固國王。沙民杜數次想奪回王位失敗後，於 1750 年到阿瑜陀耶，請求婆羅瑪科特王的協助，婆羅瑪科特王將他逮捕入獄。披耶達拉遣使暹羅，要求將沙民杜引渡回勃固。婆羅瑪科特王加以拒絕，惟沙民杜在暹羅會帶來困擾，所以將他交由一艘中國船帶到中國去。船抵達安南時，沙民杜脫逃，回到清邁。1756 年，當他聽說摩克梭波（Moksobo，現稱為 Shwebo）的村長雍籍牙（Alaungpaya）擊敗披耶達拉時，他帶領數百名隨從投效雍籍牙，雍籍牙不信任他，將他監禁，

直至1758年去世為止。

1752 年 3 月，披耶達拉的弟弟烏帕拉惹（Uparaja）占領阿瓦，擄走國王，作為漢沙瓦底之俘虜。雍籍牙在很短的時間召集5,000人馬於1753年12月占領阿瓦，建立貢榜王朝（Konbaung Dynasty）。1757年5月占領漢沙瓦底，烏帕拉惹成為俘虜。短暫的勃固王朝隨即亡國。

1756 年 4 月，婆羅瑪科特王發現其長子也是副王坦瑪迪比特王子（Prince Thammathibet）與其兩個妾私通，施予鞭笞230鞭，在打了180鞭後他下令停止。[69]那兩位妾則被棒子打死。婆羅瑪科特王另有兩個兒子，伊卡塔特王子（Prince Ekat'at）患有癲瘋病，不適合治國，因此，婆羅瑪科特王任命巫東蓬王子（Prince Ut'ump'on）為副王。1758年5月，婆羅瑪科特王去世，其子女眾多，遺有 123 名子女，3 位王后總共生了 15 名子女，其他的妾則生了108名子女。他被認為是暹羅名君，勤政愛民，愛好和平。巫東蓬王子繼位為王，史稱「無花果王」（King Dok Madüa，Fig-flower）。他上臺後將三位陰謀奪權的表兄弟處以死刑。由於伊卡塔特王子擁有不少支持者，干擾施政，所以巫東蓬出任國王三個月即退位，隱居佛寺。伊卡塔特王子登基為王，號婆羅瑪拉惹五世（Boromaraja V）。婆羅瑪拉惹五世才智低、優柔寡斷。巫東蓬的表弟皮皮特王子（Prince T'ep P'ip'it）意圖恢復巫東蓬的王位，但巫東蓬自行揭發此一陰謀，所以皮皮特王子沒有被處死，被流放到錫蘭。

1759 年初，若干勃固叛軍在襲擊斯里安港後搭乘法國船隻逃走，因為天氣不好，迫使該船停靠暹羅的廷那沙林。緬甸要求該船隻投降，遭暹羅拒絕。該年土瓦的若干叛軍亦逃到廷那沙林，緬甸遂有進攻暹羅的理由。雍籍牙的兒子曼格拉（Mangra）及大將諾拉塔（Mingaing No-hrata）立即率軍占領廷那沙林。暹羅派遣三支軍隊到西部邊境，阻止緬軍進犯。由約馬拉特（P'ya Yomarat）率領 2 萬軍隊南下到泰南半島，但在桂武里（Kuiburi）遭到失敗，碧武里（或佛丕）和拉特武里亦相繼淪

---

69. W.A.R. Wood, *op. cit.*, p. 237. B. J. Terwiel 的著作認為該王子被處死。參見 B. J. Terwiel, *Thailand's Political History from the Fall of Ayutthaya in 1767 to Recent Times*, River Books Co., Ltd., Bangkok, 2005, p. 34.

陷。雍籍牙在距離阿瑜陀耶40里處紮營。暹羅之所以處此危境，乃因自1717年與柬埔寨大戰後即沒有大戰，缺乏武備，軍人不能應戰。

婆羅瑪拉惹五世遭到群臣批評，要求其下臺，重新召請在廟中的巫東蓬出任國王。緬軍的第一波攻城被擊退，1760年4月雍籍牙獲得援軍，他企圖先用柔性手段，呼籲暹羅投降，他說他是佛教徒，受上天之命來改革佛教，他的呼籲遭到暹羅的嘲笑。5月，緬軍在土堆上安放大型加農砲，準備轟擊阿瑜陀耶的王宮。由於雍籍牙操作大砲時突然爆炸，雍籍牙受到重傷以及雨季即將來臨，所以緬軍開始撤兵，行至泰可拉（Taikkala）時，雍籍牙去世，年僅四十五歲。[70]

當緬軍撤退後，巫東蓬發現其兄仍處處掣肘，而且生命有危險，所以在1762年再度退位，隱居寺廟。

雍籍牙去世後，由其長子曼洛克（Manglok，或寫為Hsinbyushin）繼位，[71]花了兩年時間肅清反對分子。1762年，除了土瓦外，控制了整個緬甸地區。緬軍在1763年進攻清邁，南奔酋長逃到披猜，他和清邁親王請求暹羅援助。披耶彭世洛（P'ya P'itsanulok）率軍北上援助清邁，但未抵達前，清邁即於1763年7月陷落，緬甸派遣坎迷你（Ap'ai K'ammini）將軍為清邁總督。隨後緬軍控制琅勃拉邦。緬甸國王曼洛克於1763年去世，由其弟弟曼格拉（Mangra）繼位。曼格拉立即出兵土瓦，迅即加以占領。土瓦總督逃到墨吉，暹羅拒絕交出該總督，所以緬軍進而攻占墨吉和廷那沙林，並進抵碧武里（或佛丕）。當時守衛碧武里（或佛丕）的將軍是華裔的鄭信（P'ya Taksin），緬軍受挫，退回廷那沙林。

廷那沙林淪陷時，土瓦的總督和從錫蘭流放回來的皮皮特王子一起逃走。暹羅國王伊卡塔特將這兩人逮捕，將皮皮特王子關在昌達汶。

清邁在1763年7月後發生動亂，緬甸總督逃逸。1764年底，緬軍再度控制清邁。1765年6月，緬甸從清邁出兵5,000人前往阿瑜陀耶。緬軍由狄哈帕泰（Thihapatei）率領，他動員清邁、琅勃拉邦、和其他寮族的增援

70. W.A.R. Wood, *op. cit.*, p. 242.
71. B. J. Terwiel, *Thailand's Political History from the Fall of Ayutthaya in 1767 to Recent Times*, River Books Co., Ltd., Bangkok, 2005, p. 33.該書將緬甸國王名字寫為Hsinbyushin。

軍隊，占領了披猜、拉亨（Raheng）、沙萬卡洛克、素可泰。緬軍繞過彭世洛，沒有加以騷擾。占領披契特（Phichit）、那空沙萬、安東（Ang Thong）等地，進抵阿瑜陀耶。

10月，緬軍南方軍由馬哈那拉塔（Mahanawrahta）率領5,000人從廷那沙林出發，經土瓦、尖噴和碧武里（或佛丕）。另一支緬軍經由三佛塔隘道東進，11月底與南方緬軍在拉特武里會合，占領拉特武里，未遭嚴重抵抗。進而占領素攀武里。然後進抵阿瑜陀耶。緬軍對於抵抗的暹羅人民，採取恐怖政策，無論大小和男女，大量屠殺或納為奴隸。12月，緬軍攻打塔納武里（Tanaburi），即曼谷。一名英國船長鮑尼（Powney）起來抵抗緬軍，給予緬軍重創，當緬軍控制一個砲臺後，鮑尼的船暴露在射程內，所以退至龍塔武里（Nont'aburi），繼續抵抗。但暹羅國王對於他的成功感到嫉妒，人民也疑慮他可能變成第二個傅爾康，所以他只得悻悻然離開暹羅。龍塔武里遂為緬軍占領。

1766年2月，緬軍包圍阿瑜陀耶，緬軍總數約4萬人。雙方並未進行大戰，暹羅軍隊派了5,000人在附近的村子班格拉昌（Bangrachan）進行游擊戰。5月，皮皮特王子離開廟宇帶領1萬人在巴真（Prachin）對抗緬軍，戰敗後逃到柯叻。緬軍在阿瑜陀耶城外四周築土堆，並準備許多船隻，以備雨季來臨時使用。城內各族群，例如基督教徒、荷蘭人（荷屬東印度公司）和華人都各有他們堅守的地點，12月，基督教徒和荷蘭人的據點皆被緬軍攻破。暹羅派遣披耶碧武里（P'ya P'etchaburi）和鄭信率領6,000人軍隊、160艘船，每艘船上有三尊加農炮，出城反擊緬軍，結果失敗。披耶碧武里戰死，殘軍退入城內。鄭信因為未積極協助披耶碧武里，致受到譴責。後又因未獲得國王同意，而使用大型加農炮砲轟緬軍，引起國王不快。鄭信對此不合理的規定不滿，遂帶了500名軍隊突圍出城。

據暹羅歷史記載，當時暹羅派遣三支軍隊出城應戰，包括碧武里（或佛丕）總督、鄭信總督和沙拉西尼（Luang Saraseni），碧武里總督與緬軍戰爭瀕臨危險時，另兩支軍隊沒有馳援，以致於碧武里總督戰死，鄭信

和沙拉西尼沒有回到城內，而在城外建立據點。[72]

雨季結束後，緬軍獲得增援，緬軍占領數個據點，可以轟擊城內。城內人民因為糧食不足，有不少人餓死，野狗啃食屍骨隨處可見。再加上傳染病流行，影響士氣。1767 年 1 月 7 日，城內發生大火，燒毀 1 萬間房舍。暹羅國王伊卡塔特決定投降，成為緬甸屬國。但緬甸只允無條件投降。雙方堅持到 4 月 7 日，緬軍攻入城內，緬軍包圍阿瑜陀耶十四個月，終於加以占領。

緬軍將城內重要建築、王宮等燒毀，將銅佛像砍成碎塊，取去黃金部分。鞭打城內的人，叫他們說出藏放金銀珠寶的地方。國王伊卡塔特搭乘小船逃走，不知所蹤。前王巫東蓬則被從廟中帶走，擄往緬甸，於 1796 年去世。王室成員、貴族、農民等等約 3 至 20 萬人均被擄往緬甸，緬軍將城內重要建物放火燒毀。

國王伊卡塔特之孫詔翠逃至靠近暹羅灣岸的安南河仙鎮，由當地土官莫士麟留養之。莫士麟還向中國清朝呈報此一訊息。[73]

阿瑜陀耶建城四百一十七年最後被毀滅，1568 年和 1767 年兩度毀於緬甸軍隊之手。最重要的，有關阿瑜陀耶的成文歷史紀錄均毀於這次戰火，應是泰國歷史甚至是人類歷史文明的浩劫。

歸納阿瑜陀耶王朝戰敗亡國之原因如下：第一，王權爭奪，導致領導力分散。第二，長期和平，缺乏戰鬥意識，一遇戰爭，兵士怯戰，將領無求勝之念，因此，沒打幾次大戰，緬軍即圍困阿瑜陀耶城。第四，被包圍將近十四個月，無外圍暹羅軍隊來援，顯見當時暹羅王朝未能獲得王城外其他暹羅軍隊的支援。第五，暹羅王朝在城外建有許多寺廟，這些寺廟用磚頭興建，而且有些建有圍牆，緬軍逐一占領這些寺廟，並興建土堆，作為砲擊城內的重要據點。[74]第六，城內大火，使城內人民失去糧食、庇護所和信心。

---

72. B. J. Terwiel, *op. cit.*, p. 34.
73.〔民國〕趙爾巽等撰，清史稿，卷十三，本紀十三，高宗本紀四。
74. B. J. Terwiel, *op. cit.*, p. 38.

第三節　北大年王朝

北大年地區的最早王朝，可能是狼牙修。狼牙修在何時轉變為北大年之名稱，則缺乏歷史記載。當十三世紀室利佛逝勢力強大時，北大年成為其屬國。當室利佛逝在 1397 年亡國後，北大年成為獨立國家。北大年逐漸控制附近的土地，稱為大北大年（Patani Raya or Greater Patani）。素可泰在 1318 年控制單馬令，以後指派總督管轄單馬令。北大年在何時成為單馬令的屬國，無可考。當葡萄牙於 1516 年和暹羅議定條約時，暹羅即同意讓葡人在北大年經商和定居。

1457 年，北大年國王東那克帕（Paya Tunaqpa）生病，醫生未能治癒，剛好有一位伊斯蘭教傳教士到北大年，言明若能治好病，則國王需改信伊斯蘭教。結果國王的病治好了，所以國王就改信伊斯蘭教，王號為阿藍蘇丹（Sultan Ismail Syah Zillullah fi al-Alam）。但北大年須向暹羅朝貢「金花」，因此欲尋求葡萄牙的協助，以擺脫暹羅的控制。1517年，葡人柯爾胡（Quarte Coelho）抵達北大年，雙方達成協議，葡人取得貿易特權，北大年則獲得葡人的保護。[75]

曼素沙在 1574 年去世後，陷入王位繼承危機。穆達發和曼素沙留下 8 名子女。曼素沙在臨終前任命穆達發的幼子年僅九歲的帕帝克暹（Patik Siam）繼位，由其姑媽愛莎（Raja A'ishah）擔任攝政。此後引發王室內訌，穆達發的妃子生的長子邦班（Raja Bambang）和畢瑪（Raja Bima）（曼素沙王妃生的兒子）於 1573 年殺了其弟弟帕帝克暹蘇丹。由曼素沙王后生的兒子巴度斯亞（Sultan Bahdur Syah）繼位。巴度斯亞在 1584 年去世，依據曼素沙的血統，王位繼承順序是其三位女兒：伊昭（Ijau）（Green）、畢魯（Biru）（Blue）、安谷（Ungu）（Violet）。[76] 因此，1584 年是由伊昭繼承王位。

---

75. "A brief introduction to the Malay Kingdom of Patani [1]," 21 December 2004, http://www.ihrc. org.uk/show.php? id=1292，2010/7/14 瀏覽。
76. A. Teeuw, D. K. Wyatt, *op. cit.*, pp. 9-10.

伊昭女王和畢魯女王在暹羅史皆稱為「普拉高」（phra-cao）或「普拉南昭-揚」（Phra Nang Chao-Yang）或「南卡樣拉惹」（Raja Nang Cay-am）。[77] 安谷女王則拒絕該一頭銜，起來反抗暹羅。北大年在1600年代初期，成為一個重要的繁忙的港口，1601年荷蘭船隻首次抵達北大年，英國船隻在1612年抵達北大年，來自中國、日本、汶萊、柬埔寨、爪哇、蘇門答臘、暹羅的船隻絡繹於途。

根據明朝郁永河所著的海上紀略之記載，中國海盜林道乾於1576年抵達北大年，該書說：「……林道乾前往大崐崙（山名，在東京正南三十里，與暹羅海港相近），見風景特異，預留之，但龍出無時，風雨倏至，屋宇人民多為攝去，始棄之，前往大年，攻得之，今大年王是其裔也。」[78] 明史外國傳雞籠條之記載稍異，該書說：「嘉靖末，倭寇擾閩；大將戚繼光敗之，倭遁居於此，其黨林道乾從之。已，道乾懼為倭所併，又懼官兵追擊，揚帆直抵浡泥，攘其邊地以居；號道乾港。」該文所記載的「浡泥」，應是誤寫，實為大泥，即北大年。

從郁永河所寫的「今大年王是其裔也」這句話可知，林道乾可能與北大年統治者通婚，而繁延後代。有些文章即記載林道乾與北大年女王結婚，而改信伊斯蘭教。甚至還流傳了一個感人的故事，即林道乾之妹林慈貞奉母命前往北大年要求他返鄉，但林道乾懼怕官府追捕，所以以正在建造清真寺為藉口，拒絕返鄉，林姑娘為此傷心，竟在清真寺旁的木坎樹上吊，且詛咒這座清真寺必遭天毀，永遠也建不成。後來，該清真寺不知為何，無法完工，至今殘留牆垣。木坎樹也枯死，當地人改種芒果樹，亦枯死，且樹根出現一大洞。當地華人為紀念此事，建有林姑娘墓（占地120畝），另亦建林姑娘廟，每年3月1日林姑娘生，廟裡香火鼎盛。[79]

---

77. "A brief introduction to the Malay Kingdom of Patani (1)," 21 December 2004, http://www.ihrc.org.uk/show.php? id=1292，2010/7/14瀏覽。

78. 郁永河，「海上紀略」，載於裨海紀遊，卷下，臺灣銀行發行，臺北市，1965年7月，頁62。

79. 蔡加茂，「林姑娘廟遊記」，http://www.thaisinoliterature.com/200201/16_ 07.htm，2010/9/8瀏覽。

在 1600 年代初期，日本商人曾兩度放火焚燒北大年街區。1613 年，爪哇的奴隸發生動亂，亦放火燒毀北大年街區。在伊昭女王執政初期，其妹妹安谷嫁給彭亨蘇丹穆哈丁沙（Sulatn Abdul-Ghafur Mohaidin Syah）。北大年的力量大於彭亨，因此迫使彭亨蘇丹穆哈丁沙攜其妻子安谷在 1613 年訪問北大年；隔年，蘇丹穆哈丁沙去世，安谷就返回北大年居住。

在畢魯女王執政期間（1616～23 年），其與暹羅的關係更為密切，她獲得暹羅封的貴族頭銜「坤」（Khun）。單馬令總督的長子迪卡（Okphaya Deca）與北大年女王的姪女昆寧（Raja Kuning）結婚，昆寧是安谷與彭亨蘇丹生的女兒。[80]

安谷在 1624 年繼承王位，拒絕暹羅的「普拉高」或「普拉南昭-揚」或「南卡樣拉惹」的頭銜，進而安排將她女兒昆寧改嫁給柔佛蘇丹，儘管昆寧的丈夫還健在。1629 年，普拉沙特・東政變取得王位，安谷不承認其合法性。北大年反抗暹羅的跡象逐漸明顯，1630 年，威脅將出兵進攻單馬令。在 1629 年，暹羅任命日本人山田長政為單馬令總督。在 1630 年夏天，北大年出兵進攻帕塔倫（Phatthalung）和單馬令，結果失敗。山田長政在戰爭中受傷，前單馬令總督的弟弟趁機在山田長政包紮傷口處投以毒藥，山田長政被毒死。北大年依賴葡萄牙的協助，對抗暹羅。1631 年，阿瑜陀耶國王普拉沙特・東忙於應付柬埔寨、緬甸的戰爭，以及內部日本人的反抗，所以在 1632 年才有時間對付北大年。該年底，暹羅請荷蘭出兵協助攻打北大年，北大年拒絕臣服。1633 年初，山田長政的兒子在單馬令與前總督之子對抗，北大年允諾援助他 3,000 名軍隊。阿瑜陀耶在該年派遣 1 萬人軍隊進攻單馬令。1634 年 5 月，暹羅號召單馬令、廷那沙林、吉打、帕塔倫、以及住在暹羅的外國人，連同暹羅的軍隊總數約 3 萬人進攻北大年，荷蘭艦隊來不及抵達，暹羅軍隊就發動攻勢。北大年也號召其南部的馬來人協助，共有 50 艘船、柔佛和彭亨的 5,000 人援軍。由於暹羅軍隊指揮不統一、缺乏紀律及相互爭權，導致戰

---

80. A. Teeuw, D. K. Wyatt, *op. cit.*, pp. 15-16.

爭失敗。

暹羅原準備在 1635 年進攻北大年，由於準備不足以及米糧歉收，所以延後在 1636 年進攻。剛好北大年女王安谷於 1635 年去世，由其女兒坤寧拉惹繼位。坤寧女王知悉暹羅準備進攻北大年，所以委請吉打蘇丹穆罕默德沙（Sultan Rijalluddin Muhammed Syah, 1619～1652）斡旋，阿瑜陀耶國王普拉沙特‧東在 1635 年 10 月遣使至北大年，表明他願意寬大對待女王。1636 年 3 月，坤寧女王遣使到阿瑜陀耶；8 月，她再派特使到阿瑜陀耶進貢「金銀花」。雙方恢復友好關係，坤寧女王受封為「普拉高」爵號，她甚至在 1641 年訪問阿瑜陀耶。[81]

柔佛蘇丹阿布拉-賈里爾‧沙（Abdul-Jalil Syah, 1623-77）曾訪問北大年，並住了數年，直至 1641 年英國占領馬六甲後才返國。三年後，坤寧女王嫁給柔佛蘇丹的弟弟。隔了一年，女王丈夫的母親及隨從被殺害，女王丈夫逃離北大年。據稱事件起因是女王丈夫與王宮內的唱歌手絲拉特（Dang Sirat）有姦情。後來北大年遣使到柔佛，雙方和解。

1671 年，北大年女王與宋卡發生戰爭，暹羅國王遣使斡旋。1678～79 年，雙方戰爭再起，暹羅國王協助六坤和北大年對抗宋卡國王，後者獲得英國亡命之徒協助操作大砲。直至 1679 年，暹羅才成功鎮壓宋卡的反抗。

依據帝巫（A. Teeuw）和華雅特（D. K. Wyatt）的著作，吉蘭丹在 1688～1729 年之間曾統治北大年四十一年，共有 8 位統治者，其中狄威拉惹（Raja Déwi）是女王（1707～1716）。最後一位統治者是阿倫‧尤諾士（Alung Yunus），統治期間很短，從 1728 年到 1729 年，只有十一個月。阿倫‧尤諾士去世後，國內出現動亂，沒有統治者，大臣爭權奪利，最後被併入暹羅，也一直沒有國王。[82]

北大年的重要性在十八世紀逐漸減弱，主要的因素有：荷蘭控制馬六甲海峽的航運線、日本市場的關閉、對馬來半島產品需求減少、地方

---

81. A. Teeuw, D. K. Wyatt, *op. cit.*, p. 18.
82. A. Teeuw, D. K. Wyatt, *Hikayat Patani, The Story of Patani*, The Hague, Matinus, Nijhoff, 1970, pp. 21-22.

貿易量的增加等。

　　當緬甸軍隊在 1767 年滅了阿瑜陀耶王朝後，單馬令總督自立為王，於 1768 年出兵占領了北大年。在 1769 年 8 月鄭信軍隊占領單馬令，單馬令拉惹逃到宋卡，以後單馬令拉惹、宋卡拉惹和帕塔倫拉惹等及其眷屬避難到北大年，尋求蘇丹馬穆德（Sultan Mahmud）之保護。鄭信軍隊進入暹羅和北大年交界的替巴（Tiba）地區，要求北大年蘇丹馬穆德交出三位拉惹。12 月，鄭信軍隊進抵北大年。為了安全理由，蘇丹馬穆德只有將三位拉惹解交鄭信，宣誓效忠鄭信，才免於被攻打。1776 年，緬甸進攻暹羅北部，鄭信遣使要求北大年出兵協助抵抗緬甸的入侵及進貢 8 萬泰銖，北大年拒絕援助暹羅對抗緬甸。1784 年，緬甸進攻單馬令，暹羅出兵逐退緬軍，並奪回被緬甸占領的普吉島。隨後要求吉打和北大年向暹羅致送「金銀花」，遭北大年拒絕。1786 年 11 月，北大年再度拒絕向暹羅進貢，暹羅派軍占領北大年，屠殺當地人民，許多人被處罰以象群踐踏致死。暹羅俘虜 4,000 人送至曼谷興建城池和運河。有不少人逃到吉打避難。[83] 暹羅並任命當地官員拉米丁（Tengku Lamidin）統治北大年，受暹羅單馬令總督控制，每三年要向暹羅致送金銀花、三個金盒和三枝鍍金長矛，這些貢品的黃金總重量不少於 40 瓦罐（lahil）。[84] 1789 年，拉米丁企圖聯合安南攻擊暹羅，於是派遣使節汪成樞（Wan Cheng Su）到安南。但安南國王將拉米丁的信轉交給暹羅國王。暹羅國王再度派遣大將卡拉宏（Phraya Kelahom）遠征北大年。拉米丁先出兵攻擊宋卡，宋卡和單馬令的總督逃至帕塔倫。暹羅軍隊進抵單馬令後，聯合單馬令和宋卡的軍隊，攻擊拉米丁軍隊，雙方鏖戰三年，在 1791 年暹羅軍隊逮捕拉米丁，並將他送至曼谷處死。平定亂事後，任命馬來人潘卡藍（Datuk Pangkalan）擔任拉惹，另外任命一位暹羅人總督達江（Laksamana

---

83. "A brief introduction to the Malay Kingdom of Patani [1]," 21 December 2004, http://www.ihrc.org.uk/show.php? id=1292，2010/7/14 瀏覽。

84. Ibrahim Syukri, *History of the Malay Kingdom of Patani: Sejarah Kerajaan Melayu Patani*, Ohio University, Center for International Studies, 1985, p. 36. in http://www.geocities.ws/prawat_patani/chapter3.htm，2012 年 6 月 4 日瀏覽。

Dajang），以監控馬來人，並遷徙暹羅人進入北大年。1808 年，潘卡藍起來反抗暹羅人，曼谷出兵聯合宋卡和單馬令的軍隊，潘卡藍戰死，其他馬來酋長逃走。暹羅任命暹羅人乃光賽（Nai Khwan Sai）為北大年拉惹。乃光賽具有華人血統。數年後乃光賽去世，由其子乃派（Nai Phai）繼位。

　　1817 年，北大年的馬來人總督發動叛亂，失敗後，北大年被分割為北大年、雅林（Yaring）、賽武里（Saiburi）、拉恩格（Ra-ngae）、耶拉、拉曼（Rahman）、龍格西克（Nongcik）七個小省，以分散其力量。

　　由於吉打在 1832 年反抗暹羅之統治，暹羅要求北大年出兵協助攻打吉打，北大年內部出現歧見，反對暹羅的北大年馬來族拉惹和吉打的馬來人聯合起來攻擊宋卡。暹羅派遣帕拉克郎（Phraya Phraklang）率軍前往宋卡解圍，再進攻北大年。吉蘭丹（Kelantan）和登嘉樓（Trengganu）出兵協助北大年，亦遭擊退。吉蘭丹蘇丹馬穆德（Long Mahmud）為免暹羅入侵，派人求和，賠償 5 萬元，並將避難到吉蘭丹的北大年拉惹蘇龍（Tuan Sulong）和耶拉拉惹昆德（Tuan Kundur）及其妻子和子女解交暹羅。帕拉克郎才沒有出兵進攻吉蘭丹。帕拉克郎另遣使到登嘉樓，要求其蘇丹遣還避難的數名北大年軍事指揮官以及人民。同年 9 月，暹羅俘虜約 4,000 名北大年男女和小孩到曼谷。[85]

　　嗣後，暹羅指派拉惹統治北大年。1838 年，吉打爆發反暹羅運動，北大年有馬來人協助吉打，最後遭暹羅鎮壓。以後暹羅任命馬來人尤素夫（Nik Yusof）出任北大年統治者，才緩和當地的反暹羅運動。1902 年，朱拉隆功實施中央化政策，又激起北大年的緊張氣氛。該一政策將北大年七省歸併為一個大行政區（Area of Seven Provinces, boriween chet huamuang），由內政部派遣專員直接控制，其財務由財政部管轄。七個省的拉惹的主權和權力被廢除，將北大年區歸屬宋卡拉惹管轄。為實施該一新政策，朱拉隆功派遣一名大臣前往北大年，與這些馬來拉惹商議，將由暹羅付給這些馬來拉惹及其家屬年金，直至他們死亡為止，北

---

85. *Ibid.*, p. 42.

大年的歲收權則歸屬暹羅國王，馬來拉惹無須再向暹羅致送「金銀花」，最後除了北大年拉惹卡瑪拉魯丁（Tungku Abdulkadir Kamarallu-din）外，其他馬來拉惹被迫簽署同意書。[86] 拉惹卡瑪拉魯丁被俘至暹羅，仍不簽字，最後被放逐到暹羅北部的彭世洛拘禁。拉惹卡瑪拉魯丁被拘禁兩年九個月後，於 1905 年獲釋返回北大年。1906 年，北大年設省，稱為環北大年（Monthon Patani, monton Patani），以後下設四省區（changwut），包括北大年、陶公（班那拉）（Narathiwat, Bangnara）、賽武里和耶拉四省區。[87] 暹羅在北大年四省派駐領薪水的高級專員（Samuha Thetsaphiban），北大年成為暹羅的地方政府單位。1932 年，廢除北大年省，將之併入單馬令省。另亦廢除賽武里區，其一半領土歸併北大年區，另一半歸併陶公區。因此，北大年、陶公和耶拉三區，歸屬單馬令管轄，單馬令省府設在宋卡。[88]1933 年，北大年、陶公和耶拉三區歸屬內政部管轄。

拉惹卡瑪拉魯丁後來不願居住在北大年，而遷移到吉蘭丹，於 1933 年去世。

暹羅為了控制北大年的局勢，實施移民政策，將北方泰族移入北大年，他們從事橡膠業、開錫礦業，而當地馬來人很多是從事農業和漁業，但馬來人不接受泰化教育，仍繼續學習和使用爪夷文（Jawi）。由於馬來人信仰伊斯蘭教，其與泰族在信仰上有差異，在語言、衣著、風俗習慣上亦與泰族不同，卒致往後一再發生衝突。

---

86. *Ibid.*, pp. 48-49.
87. "A brief introduction to the Malay Kingdom of Patani [1]," 21 December 2004, http://www.ihrc.org.uk/show.php? id=1292，2010/7/14 瀏覽。
    Ibrahim Syukri, *op. cit.*, p. 50.
88. Ibrahim Syukri, *op. cit.*, p. 52.

表 3-3：北大年王朝世系表

```
                    ┌─────────────────────┐
                    │   Phy Tu Kerub      │
                    │   Mahajana          │
                    └─────────────────────┘
                              │
                    ┌─────────────────────────────┐
                    │   Phaya Tu Antara           │
                    │   ― Phaya Tu Nakpay         │
                    │   =1. S. Issmail Syah Of Pattani │
                    └─────────────────────────────┘
```

| Kerub Phichai Paina
=2. S. Mudhaffar Syah
（r. -1564） | f. Tunku Mahachai
= Sitti A'isyah
in. Raja Jalal Of Sai
regent for 4 | Mahachai Pailang
= 3. S. Manzur Syah
（r. 1564~1572） |

| 4. S. Patik Siam
（r. 1572~1573） | Raha Banbabg
（b. 1533~d.1573） |

| 5. S. Babdur
（r. 1573~1984） | 6. Raja Ijau
（r. 1584~1616） | 7. Raja Biru
（r. 1616~1624） | 8. Raja Ungu
（r. 1624~1635） | f.Raja Emas
Kerenchang | Raja Bima
Regicide |

| 9. Raja Kuning
（r. 1635~1688） |

S. = Sultan; m. = married; r. = reigned

資料來源：A. Teeuw, D. K. Wyatt, *op.cit.*, p.11.

表 3-4：吉蘭丹王朝世系表

統治者姓名	死後諡名	在位日期 1	首相姓名 2
			Datuk Terenam
Raja Bakal	Marhum Teluk	1688~1690	
			Datuk Dipera'

（續下頁）

表 3-4：吉蘭丹王朝世系表（續）

統治者姓名	死後諡名	在位日期 1	首相姓名 2
Raja Emas Kalantan	Marhum Kalantan	1690～1704	
			Datuk Bangrekam
			Tuk Tua
			Datuk Sai
			Tuk Tua
			Alung Cang?
			Tuk Tua
			Phra Phetphichai
			Datuk Kempul
			Datuk Tanah Mérah
Raja Emas Jayam	Baginda	1704～1707	
			（Datuk Bangrekam?）
			Datuk Tarab
Raja Déwi	Phra-cao	1707～1716	
Raja Bendang Badan	Paduka Syah Alam	1716～1720	
Raja Laksamana Dajang		1720～1721	（Datuk Tarab deposed）
Baginda		1721～1728	Datuk Tarab
Alung Yunus		1728～1729	

Notes:
1 On the chronology of the Kalantan Dynasty, see Chapter VI, sections 23-23, 28.
2 See below, HP, Malay text, part III.

資料來源：A. Teeuw, D. K. Wyatt, *op.cit.*, p.22.

第四節　王朝體制與社會

　　暹羅王朝的人口數，在十七世紀末曾有概略估計，約190萬。[89]不過當時並無疆界觀念，因此粗估的範圍包括哪些領地內的人，並不清楚。據法國人拉魯比之著作，阿瑜陀耶城市在被緬人毀滅前的人口數約有193,272人。[90]

　　王朝最高統治者是國王，國王選任以王族血統內的人為主要考慮，主要是國王的兒子或國王的弟弟，出任副王，分享國王的部分權力，通常副王是國王的繼任者。國王居住的宮殿位在東邊，副王的宮殿則位在其前面，稱為前宮（Wang Na或Front Palace）。王室成員（royalty, chao）皆從王庫支領薪俸，副王的年俸為40,000銖（baht），[91]具有昭發（chaof-a）等級的王子年俸為8,000銖，不具昭發等級的王子和孫子為1,600銖到4,000銖不等的年俸。王后領24,000銖，其他妃子或妾則領400銖到4,000銖不等的年俸。

　　國王除了王后外，娶了許多妾，目的在繁延子孫，以分擔王國的統治工作。王子們要負責各種行政的領導工作，公主們則被用來與王國的菁英通婚，以穩固統治網絡；或嫁給周邊國家統治者，以鞏固邦誼。國王的家族成員變成非常龐大，例如，拉瑪一世（Rama I）有42名子女，由28個媽媽所生；拉瑪二世（Rama II）有73名子女，由40個媽媽所生；拉瑪三世（Rama III）有51名子女，由37個媽媽所生；拉瑪四世（Rama IV）有82名子女，由35個媽媽所生；拉瑪五世（Rama V）有77名子女，由36個媽媽所生。[92]

　　國王是王朝的最高統治者，是行政、司法和軍事的統帥。國王的權力沒有人可以挑戰，若有陰謀政變，則國王會被武力推翻。因此，在位

---

89. B. J. Terwiel, *Thailand's Political History from the Fall of Ayutthaya in 1767 to Recent Times*, River Books Co., Ltd., Bangkok, 2005, p. 12.
90. 陳棠花，前引書，頁17。
91. 1銖當時約合15 grams。B. J. Terwiel, *op. cit.*, p. 14, note 14.
92. Chris Baker and Pasuk Phongpichit, *op. cit.*, p. 31.

的國王需掌握權力安排繼承人，一旦疏忽，則王朝將面臨繼承衝突的困境。在阿瑜陀耶王朝，即經常發生陰謀篡奪王位的衝突。

王族以下就是貴族（nai），他們都是支持國王有功的人，或有戰功而被授封爵位者。其次為自由民（phrai），是一般的工農大眾。最底層是奴隸（that），有欠債不還的人而被賣為奴隸或戰爭的俘虜。

在阿瑜陀耶王朝後期，文官官銜分為六級，依高低排列為「披耶」（phaya）、「耶」（ya）、「普拉」（phra）、「鑾」（luang）、「坤」（khun）、「沐恩」（mu'n）。大多數文官擁有「坤」和「沐恩」的官銜，100名官員擁有「鑾」的官銜，88人擁有「普拉」的官銜，24人擁有「耶」的官銜，17人擁有「披耶」的官銜。不同的官階穿戴不同的衣服和帽子。[93]

具有「披耶」和「耶」官階的有六個重要官職，列舉如下：

1. 昭普拉耶・卻克里（chaophraya Chakri），此為民事部（Mahatthai）的首長，負責管轄首都以北的省轄城鎮，也是國王選任委員會（King's Council）的主席，他可以使用自己的印璽發出公文，其印璽是一隻泰式獅子。

2. 昭普拉耶・馬哈・西納菩提（chaophraya Maha Senabodi），是武裝部隊（kalahom）總司令，負責管轄首都以南各省。他和民事部首長負責省的工程建設。他使用的印璽是一隻有象鼻的獅子。

3. 披耶・塔拉瑪狄菩提（phaya Tharamathibodi），是宮內部（Monthienban, krom Wang）首長，負責管轄王宮和王宮內的人，包括王宮守衛、奴僕和為宮內僧院工作的自由人。

4. 披耶・約馬拉特（phaya Yomarat），是市（phra Nakhonban,或 krom Mu'ang, city）的首長，負責阿瑜陀耶市的治安和安全，包括防火、警察、法庭和監獄。

5. 耶・朋拉特普（ya Phonlathep），是土地部（Kaset, krom Na）的首長，負責為政府收取穀租、土地登記、解決土地分界爭端。

---

93. B. J. Terwiel, *op. cit.*, pp. 16-17.

6. 披耶・西塔馬拉特（phaya Sithammarat），是財政部（kot, krom Phrakhlang）的首長，負責對進出口貨徵稅。[94]

上述六個部長形同國王的內閣，經常討論國政。不過，在當時並無內閣的稱呼。國王仍是獨裁的、專斷的決策者。卻克里一詞是官銜，本來文句很長，是指讚美無懼的勇者、王室保衛者，常用以賜封給軍事首長。被賜封該官銜的官員，常被稱為卻克里，而很少稱呼其姓名。[95]於是泰國歷史上出現幾個重要人物稱為卻克里，其實只是官銜而已。

王朝實施一種特別的土地制度，稱為「授田食邑制」，該制原先是將土地和人民分封給有功的人，類似中國的食邑。在阿瑜陀耶王朝末期，該制發展愈成熟，每個暹羅人按其地位知道其在該制中分得土地的大小。副王可分得 10 萬萊（rai），每萊約等於 0.25 英畝。「昭發」王子可分得 15,000～20,000 萊，若他升為「克隆」（krom）級，則可分到 40,000～50,000 萊。國王的姜及其子女可分到 6,000～7,000 萊，若他升到「克隆」級，可分得 11,000 萊。六個部長各可分到 10,000 萊，是非王室人員分到最高土地者。以下再分為二十七個等級，每級分到的土地大小依次遞減，最小的只分到 5 萊。第 25 級是屬於工頭，亦屬於食物分配者、清潔人員和巡夜者。第 20 級則給予一般自由人（phrai），他是一個家戶的家長。它亦包括王宮內沒有技術的工人，如運水者、女眷的轎夫。一般平民，無論男或女可分到 15 萊。最低的等級只有 5 萊，是分給乞丐、托缽僧、奴隸及奴隸的子女。[96]

一般平民須服強迫勞役（corvée），每年為國王服勞役六個月。由政府官員負責管理人民的勞役，人民須自負生活費。在 1688 年時，人民若經濟條件較好，可以支付每年 15 銖免除勞役。經濟不好者，亦有自賣為奴。

在十七世紀，暹羅的經濟蓬勃發展，阿瑜陀耶成為中國和印度貿易的中間站，荷蘭勢力進入印尼群島、西班牙控制菲律賓群島、中國和日

---

94. B. J. Terwiel, *op. cit.*, pp. 17-18.
95. B. J. Terwiel, *op. cit.*, p. 19.
96. B. J. Terwiel, *op. cit.*, pp. 21-22.

本正積極擴展對東南亞和南亞的貿易，因此，包括華人、日本人、荷蘭人、法國人、葡萄牙人、阿拉伯人、越南人、馬來人、印度人和波斯人都在阿瑜陀耶居住，而且也受到暹羅國王的歡迎。暹羅國王任用馬來人、印度人、日本人和葡萄牙人擔任王宮守衛。任用華人和波斯人管理商業貿易工作。雇用荷蘭工匠建造船隻，聘請法國和義大利工程師建造堡壘和水利工程。任用英國人和印度人擔任省級的官員。任用華人和波斯人為醫生。日本人、波斯人和希臘人（例如傅爾康）成為王朝內重要人物。那萊（Narai, 1656～1688）國王統治時期，歡迎新知識，與荷蘭、法國和波斯互派使節，從波斯、歐洲和中國引入衣著和建築風格。特別是在宗教上採取寬容政策，允許基督教和天主教在阿瑜陀耶設立教堂及傳教，以致於法國傳教士誤以為可以改變暹羅國王的信仰，使之相信天主教，結果導致發生 1688 年事件，傅爾康被殺害，法國人被驅逐，英國人逃逸離開暹羅。[97]

傳統暹羅社會，男性地位高於女性，此一情況與宗教有關。佛教強調「以行動創造命運」（Karma），指一個人的身體、口頭和認知的行為，因行為結果所造成的功德的得與失，決定了一個人的社會地位、才能、財富、和權力之不同。「行動」亦決定性別。一個人生而為女性，意即其功德不足，要修補該一情況，女性即須透過宗教奉獻以累積功德。因此在 1399 年，在素可泰末期，母后（Queen Mother）建立一座修道院，在紀念文上她祈求：「藉由我的功德的力量，願我再生為男生。」[98]

根據雷諾爾茲（Craig J. Reynolds）之著作，1805 年的家庭法規定，丈夫在家中擁有很大的權力，例如，有權支配家中的財產、將妻子出售、將妻子驅逐出家庭、懲罰妻子（體罰）。在結婚前，男性會付給他未來的岳父母一筆錢，以作為其養育女兒的補償。在 1900 年以前，一位沒有子女的妻子在與其丈夫協議離婚後，須將其所收的這筆錢退還給其

---

97. Chris Baker and Pasuk Phongpichit, *op. cit.*, p. 14.
98. Craig J. Reynolds, *Seditious Histories, Contesting Thai and Southeast Asian Pasts*, University of Washington Press, Seattle and London, 2006, p. 186.

丈夫。女性的地位不自由，須置於他人的保護之下。1857 年，暹羅國王下令給予貴族階層的丈夫一項權利，可獲得政府協助，追訴逃家的妻子。關於夫妻財產之處理，丈夫有全權處理，但夫妻離婚時，在婚前的財產各屬夫妻所有，在婚後的財產，則丈夫分得三分之二，妻子只分得三分之一。犯通姦罪的妻子，則完全喪失婚前和婚後的財產。若係因丈夫的過失而致離婚，則妻子可獲得一些婚後財產的補償。假如丈夫拋棄妻子，他可獲得婚前的財產以及婚後的應得部分財產。1805 年的家庭法將妻子的定義分為三類，一是妻子之父母同意其結婚的大妻子（principal wife, mia klang muang），二是娶的第二個妻子（secondary wife, mia klang nok），三是購買來的奴妻（slave wife, mia klang thasi）（或因債務而賣為人妻）。前述所講的夫妻財產分配，是指大妻子而言，不適用沒有帶進來財產的第二個妻子或奴妻。但在 19 世紀，法庭會根據第二個妻子對於婚後的財產是否做出貢獻，例如協助企業經營，而判決其擁有三分之一的財產繼承權。[99]

　　中國明朝曾隨鄭和下西洋的馬歡，返國後於 1451 年著瀛涯勝覽一書，該書對於暹羅之風俗習慣記載如下：

> 「暹羅地方千里，環國皆山，峭拔崎嶇。地下濕，土疏惡罕，宜耕種。氣候不常，或嵐、或熱。自占城西南舟行七晝夜方至新門海口，入港方達其國。王居宮室壯麗，民樓居，其樓密聯檳榔，片藤繫之甚固。藉以藤蓆竹簟寢處于中。王乃鎖里人也，白布纏首，無衣，腰束嵌絲悅，加以錦綺壓腰，跨象行，或肩輿金柄傘蓋，茭葦葉為之。尚釋教，國人皆然，僧尼甚多。其服類中國，有庵觀，持齋受戒，民俗婦人多智，夫聽於妻，妻與中國人私寢，食與同恬不怪也。男白布纏首，衣長衣。婦如之，乃椎結。男年二十，陰必嵌珠玉，及富貴者範金盛珠，有聲為美，否則貧賤人也。婚則僧群迎婿至女家，僧取女紅貼于男額，曰利市，陋不可言。踰三日僧暨親黨擁檳榔、綵舟送歸，

---

99. Craig J. Reynolds, *Seditious Histories, Contesting Thai and Southeast Asian Pasts*, pp. 190-191.

乃開筵作樂。喪禮富貴者則灌水銀而葬，民間則舁屍投海洲，有金色
烏數十飛來食之，有遺棄諸海，曰烏葬。已而用浮屠教齋事，言語與
廣東同。俗澆浮習水戰，常征伐鄰邦，市用海市，一如錢價。厥產紅
馬、肯的石，次于紅鴉忽明瑩如石榴子。國西北二百餘里，有市鎮，
曰：上水通南，居人無慮，六百家各種番貨，俱有黃連、香羅褐、速
香、降真、沉水，亦有花黎木、白豆蔻、大風子、血竭、藤結、蘇木
花、錫、象牙、翠毛、蘇木、賤如薪，色絕勝。獸有白象、獅、貓、
白鼠，蔬果如占城，有米酒、椰子酒，皆燒酒也。厥貢蘇木、降真香。
洪武六年，暹羅國遣使入貢。」

明朝鞏珍的西洋番國對暹羅之國情記載如下：「王居屋頗華麗整
潔。民庶房屋如樓，上用檳榔木、硬木，劈如竹片密鋪，用藤扎縛甚
堅，上鋪藤席竹簟，坐臥食處皆在其上。王者用白麻布纏頭，上不著
衣，下圍絲嵌手巾，加以錦繡壓腰。出入騎象或乘轎，一人執傘蓋。傘
以茭蕈葉製造，甚好，以金飾柄。其王鎖俚人，崇信釋教。國中為僧尼
極多。僧尼服色與中國頗同，亦住菴觀，受戒持齋。國王謀議刑罰，下
民買賣交易，一應鉅細事皆決於妻。其婦人才識亦果勝於男子。若其妻
與中國男子情好，則喜曰：『我妻有美，能悅中國人。』即待以酒飯，
或與同坐寢不為怪。男子櫛髻用白布纏頭，身衣長衫，婦人亦椎髻衣長
衫。凡男子年二十餘，隨貴賤以金銀為珠嵌飾陽物、女子嫁則請僧迎男
至女家，僧取女紅為利市，點男女額，然後成親。亦甚可笑。過三日又
請僧及諸親友分檳榔彩舡等物迎婦，男家置酒作樂。死喪之禮，富貴者
死則用木銀灌腹中而葬之。其餘則舁屍至海濱，有鳥大如鵝，其色如黃
金，凡三五十自空飛下，食其肉而去，餘骸棄海中，名曰烏葬。亦請僧
誦經禮佛。」[100]

明朝張燮之東西洋考對暹羅國之記載如下：「其土下濕，氣候嵐熱
不齊，民悉樓居，樓密聯檳榔片，藤繫之甚固，藉以藤席竹簟，寢處其

100.〔明〕鞏珍，西洋番國志，暹羅國。

閭。王宮高九丈餘，以黃金為飾，雕縷八卦，備極弘麗。諸酋見王，禮制甚肅，望門自拜，膝行乃前。王與國人白布纏首，被服長衫，腰束嵌絲悅。王獨加以錦綺、跨象或乘肩輿。尚釋教。國人效之。百金之產，便以其半施佛，婦人多智，丈夫事無大小，悉歸與婦計之，聽其裁決。婦見華人，慕悅之，置酒款接，留宿酣狎以為常，夫不能禁也。婚則群僧迎婿至女家，僧取女紅帖男額，以為吉祥。喪禮以水銀灌之，葬於高埠，蓋塔其上。貧家鳥葬耳。以蘂製紙，施煙粉為白黑。田平而沃，稼穡豐熟。其俗勁悍，善水戰。大將多用聖鐵裹身，刀矢不能入。聖鐵者，人腦骨也。」[101]

西洋朝貢典錄的記載為：「其王鎖俚之人，修浮圖教。是多僧尼，有寺刹而持齋戒，好習水戰，常用師於鄰國。其俗事皆決正於婦。其婦椎髻長衫，繫腰以青花色布，男亦如之。其纏首以白布，其語如廣東之鄉音。以椰子為酒。貴者年二十則用嵌砂。其送死，富者葬，浸以水銀；貧者棄諸海濱，有金色之鳥群集而食之，謂之鳥葬；不盡，則家人號哭，沉骨於海而歸，亦命憎齋誦而禮佛。」[102]鎖俚，指南印度。

明朝四夷廣記記載其風俗與前述各書大同小異，稍有不同的記載例如：「國無姓氏」、「凡男女志淫先私媾而後聘」、「既嫁而外私者，犯則出貨以贖，然猶蔽罪於男，謂其為亂首也。」[103]

上述諸書的記載提及暹羅採行母系社會制，男性嫁至女家，且女性社會地位頗高，在家中丈夫常須聽命於妻子。此一記載與雷諾爾茲的說法不同，可能的原因是上述諸書記載的是十五世紀初期的暹羅社會，而雷諾爾茲記載的是十九世紀初期的暹羅社會，當時暹羅有關夫妻財產處理的法律，可能是受到西化的影響，有許多是含有西方夫妻財產觀。今天泰國泰族婚嫁是採當代流行觀念，即女性嫁至男家，惟亦有男子嫁至女家者，並不完全是父系社會或母系社會。

---

101. 〔明〕張燮，東西洋考，卷二，暹羅條。
102. 黃省曾著，謝方校注，西洋朝貢典錄校注，中華書局，北京市，2000 年，頁 58。
103. 〔明〕慎懋賞撰，四夷廣記（下），海國廣記，暹羅國條，正中書局印行，臺北市，1974 年，頁 2-22-455-2-22-459。

第四章　吞武里王朝

緬軍於毀滅阿瑜陀耶後，因為其北方正與中國發生戰爭，故大部分軍隊撤返緬甸，僅留下一小股軍隊駐守，由蘇季將軍（General Sugyi）率領。蘇季將軍駐守在城外的三株菩提樹（Three Bo Trees, Tam-pol Bo Sam Ton）地區。

鄭信的軍隊先退到南方暹羅灣岸的羅勇（Rayong）和春武里（Chonburi）。尖竹汶總督開始時對鄭信示好，但在阿瑜陀耶陷落後，他覺得自己應成為暹羅國王，乃邀請鄭信到尖竹汶，意圖加以殺害。鄭信得悉其計謀，出兵攻擊尖竹汶，1767年6月占領尖竹汶。許多過去的官員和人民紛紛投效鄭信，到該年10月，其兵力已達到5,000人。

圖4-1：鄭信畫像
資料來源：http://en.wikipedia.org/wiki/Taksin，2011/8/16瀏覽。

鄭信生於1734年4月17日，父為中國廣東澄海人，姓名為鄭達（亦有說是鄭鏞），母為泰人，名為洛央（Nang Nok-iang）。鄭達在阿瑜陀耶經營賭博業有成，而成為王朝稅務官員，官方名字是坤帕特乃阿空（khun Phat Nai'akon）。泰國民間對於鄭信有些傳說，說他在出生三天時，有一條蛇盤繞在他的身（或稱搖籃）上，其父視此為不祥徵兆，認為該小孩應予殺死，其母卻極力反對，此一爭論為住在對街的民事部部長披耶卻克里所知悉，該部長為解決該一爭論，遂領養該小孩。該部長此後經濟狀況愈來愈好，認為是該小孩帶來的福氣，遂稱該小孩為「財富」（Sin）。鄭信從小在寺院學校就讀，以後在王宮學習，任國王侍從

多年。特偉爾（B. J. Terwiel）認為該一故事可能是杜撰的，實際的情況應是當時泰國社會流傳一種習慣，就是地位卑下的人家常將小孩送至有權勢的大官作養子，使該小孩有更好的前程，泰國人稱此一行為為「領養」（liang）（猶如中國的認乾親）。若該小孩聰明伶俐，都會給予最好的教育。[1] 在鄭信年幼時，其父即亡故，鄭信由民事部部長披耶卻克里領養，遂能接受貴族的傳統教育。鄭信在二十歲時到柯沙瓦特寺（Wat Kosawat）出家當和尚，正式接受三年的寺院教育。

三年後，鄭信重回王宮工作，擔任民事部的官職。1758 年，他出任北方諸省省城的巡察官。隨後出任西部靠近緬甸的塔克（Tak）省的鑾約克拉巴特（luang Yokrabat），分配有 500 萊土地。1760 年，升任為副總督，領有 600 萊土地。後又升任總督，封有普拉耶（phraya）官爵，領有 3,000 萊土地。此後他被稱為普拉耶塔克（phraya Tak）或鄭信（Tak-sin）。[2]

當緬軍包圍阿瑜陀耶城時，守軍奉命未經國王同意，不得開砲，但鄭信未遵守此一規定，擅自對緬軍開砲，以致被送上軍事法庭審訊，受到嚴厲的斥責。他遂萌生逃亡的念頭。1766 年 11 月，他利用出城突擊緬軍的機會，駐軍在城外的一個據點，一直到 1767 年 1 月 7 日城內發生大火為止，鄭信決定率領 1,000 人軍隊，大多數是華人，往南突圍，逃到華人較多的南方地區，以尋求華人的援助。

另有一說是塔信率軍出城應戰，失敗後欲退回城內，由於人數眾多進城速度緩慢，守城暹羅軍隊恐緬軍隨後趁機攻入城內，所以關閉城門，塔信無法返回城內，遂留在城外。塔信在進退不得的情況下，只好往南突圍。

鄭信逃到南方的春武里和更南的羅勇，獲得華人之援助，捐輸 500 艘船隻，但羅勇的領袖陰謀秘密邀請尖竹汶的領袖出兵欲驅逐鄭信，但迅被揭發控制。鄭信與尖竹汶領袖數度談判失敗後，於 6 月爆發戰爭，鄭信

---

1. B. J. Terwiel, *op, cit.*, pp. 39-40.
2. B. J. Terwiel, *op, cit.*, p. 40.

擊敗對手，控制尖竹汶以及暹羅東南部沿海地帶。10月，他率5,000名軍隊和100艘船出兵吞武里（Thonburi），11月6日，克復吞武里，將緬甸派駐吞武里的一名暹羅人總督乃東印（Nai T'ong In）處死。蘇季將軍派遣蒙耶（Maung Ya）至吞武里，欲驅逐鄭信，因為大部分軍人是暹羅人，他們棄械逃走，蒙耶敗逃回三株菩提樹。鄭信緊追攻擊三株菩提樹地區，蘇季戰敗投降，鄭信在短短六個月即光復阿瑜陀耶。

鄭信將伊卡塔特國王遺體挖出，然後以佛教儀式予以火化。他無意推舉前王的親族為王，為了獲得人民支持他為王，他將一些財物和糧食分給人民。他將前朝貴族的四位女眷納為妾，其中一位是皮皮特的女兒。他鑑於阿瑜陀耶之殘破，無法在短期內復原，遂決定在吞武里建都。兩年後，皮皮特的女兒及另一位貴族的女兒與他人通姦，其處刑非常殘酷，先予公開強暴，然後將頭和手砍斷。[3]

此時暹羅內部分為五大勢力：

1. 中部：為鄭信控制，其勢力包括：曼谷、拉蘇里（Rathuri）、猜西（Na'kon Jaisi）、巴真（Prachin）、尖竹汶、沙萬的一部分。

2. 泰南半島到尖噴。在阿瑜陀耶被緬甸占領後，在單馬令的代理總督帕勒特（P'ra Palat）宣布獨立稱王，號穆西卡國王（King Musika）。

3. 東部，包括柯叻：由皮皮特王子控制，首府在披麥（P'imai）。

4. 彭世洛省及沙萬的一部分：由彭世洛總督控制，自稱為魯安國王（King Ruang）。

5. 彭世洛省北部：由一名和尚魯恩（Ruan）自立為王，其首府在靠近烏塔拉迪特（Utaradit）（當時稱為 Fang）的沙萬武里（Sawangburi），因此被稱為方恩和尚國王（Priest King of Fang），其官員和軍官皆著黃袍。[4]

緬甸在暹羅境內還有拉特武里（Ratburi）的據點，緬甸國王門格拉

---

3. B. J. Terwiel, *op, cit.*, p. 43.
4. W.A.R. Wood, *op, cit.*, p. 254.

（King Mengra）命令土瓦總督率軍進攻曼谷，結果遭到大敗，暹羅軍隊也收復拉特武里。1768年5月，鄭信出征彭世洛，遭到失敗，鄭信腿部還受傷。彭世洛總督登基為暹羅國王，但一星期後，他突然去世，由其弟弟普拉殷（P'ra In）繼位。北方的和尚國王利用該一機會出兵進攻彭世洛，包圍兩個月，終於攻下，普拉殷被處死，屍首暴露在城門口。1768年雨季結束時，鄭信將注意力轉向柯叻，出兵占領柯叻，逮捕投靠皮皮特的蒙耶，將之處死。皮皮特則逃至寮國永珍，仍被鄭信捕獲並處死。12月28日，鄭信登基為王，時年三十四歲，王號為婆羅拉惹四世（Boromraja IV），通稱為鄭信國王。

東埔寨國王拉瑪狄菩提（Rama T'ibodi）在1769年初被其弟弟和交趾支那的越南軍隊趕下臺，逃亡至曼谷，由那萊拉惹（King Narai Raja）登基為王。鄭信要求那萊拉惹送「金銀花」以示臣服，遭拒絕。鄭信剛好要出兵單馬令，受此侮辱，遂出兵占領暹粒和馬德望。隨後暹羅軍隊攻擊單馬令，當軍隊行至猜耶，指揮的兩位將軍發生齟齬，鄭信立刻搭船於8月抵達猜耶，爭論遂告平息。鄭信占領單馬令，穆西卡國王往南逃至北大年，北大年拉惹將他解歸單馬令，交給鄭信。但鄭信並沒有殺他，在曼谷界予官職，數年後，重送回單馬令出任總督。鄭信之所以對他寬大，他說：「他不是我的僕役，我也不是他的主人，我倆都是伊卡塔特國王的僕役，當我們的主人死後，我們兩人沒有任何一個人更有權力自任為王，我比他幸運而已。」[5]

鄭信在單馬令待到1769年3月才返回曼谷，在他沒有在曼谷時，謠言他已去世，在暹粒和馬德望的暹羅軍隊趕回曼谷，擔心曼谷發生動亂。1770年初，北方的和尚國王派軍掠奪猜那特。鄭信派遣2萬軍隊北征，占領彭世洛，往沙萬武里推進，沙萬武里是個小鎮，四周有森林。剛好小鎮初生一頭白象，和尚國王認為是壞預兆，所以往北逃亡，不知所蹤。此時，鄭信恢復了以前暹羅控制的領土，除了土瓦和廷那沙林之外。他懷疑北方的和尚加入該一叛亂活動，所以命令所有和尚集中，那些曾犯

---

5. W.A.R. Wood, *op. cit.*, p. 258.

圖 4-2：鄭信登基大典

資料來源：http://en.wikipedia.org/wiki/Taksin，2011/8/16 瀏覽。

殺人、偷竊、與婦女通姦的和尚不得再任和尚，立即命其返俗。他要求
舉行一次潛水的考驗，潛水較久者，可證明其無罪，通過該考驗的才能
繼續擔任和尚，否則將被迫還俗。他在吞武里徵選 50 名有學問的和尚到
北方進行寺廟的改革，並捐款給寺廟。

　　鄭信親自率軍遠征清邁，沒有遭到抵抗，進抵清邁，他並沒有做長
期包圍的準備，只在清邁停留9天即退兵，他說有一個古老的寓言，即沒
有一個暹羅國王可以第一次就攻下清邁。緬甸軍隊利用暹羅退兵之際，
從後襲擊，但遭暹羅軍的反擊，反而遭到嚴重損失。

　　原先暹羅舊王王子昭翠逃至順化廣南王控制的河仙，受到鄭天賜之保
護，鄭信知道此一訊息後，為絕後患，於1771年10月派兵船圍攻河仙，總
兵鄭天賜不能守，棄城而逃。暹羅派陳聯駐守河仙。

柬埔寨那萊國王（King Narai）又利用暹羅出兵清邁時派軍偷襲尖竹汶和特拉特（Trat），塔信遂在1772年派軍1萬5,000人，船隻200艘，很快就占領班替密斯（Bantéay M'eas）、金邊、馬德望、波里汶（Boribun），以及金邊東北方5英里的首都班替披趣（Bantéay Pech）。那萊國王逃走，鄭信另立拉瑪狄菩提為王，柬埔寨成為暹羅的藩屬國。後來那萊國王投降，鄭信封其為柬埔寨副王（Maha Upayorat, Vice-King）。這次征服柬埔寨的將軍獲得昭披耶卻克里（Chao P'ya Chakri）的頭銜，其弟弟則獲得昭披耶蘇拉辛（Chao P'ya Surasin）頭銜。

1772年6月，廣南的阮主派遣總帥阮久潭率軍攻暹羅軍隊，進至南榮，暹羅軍敗回河仙，匿嫩亦走芹渤。匿尊重新恢復真臘國王位。暹羅國王鄭信回至河仙，派人與鄭天賜議和，遭拒絕。鄭信遂留陳聯守河仙，率軍及將鄭天賜子女和昭翠擄往暹羅。翌年，鄭天賜遣人至暹羅議和，暹羅乃釋放鄭天賜子女，昭翠則被殺害。鄭天賜仍統治河仙。[6]

1769年，緬甸與中國再度爆發戰爭，在戰爭結束後，緬甸受永珍親王之邀請於1771年派遣波蘇普勒（Bo Supla）將軍介入永珍和琅勃拉邦之間的紛爭，琅勃拉邦沒有抵抗，臣服於緬甸。1772年，緬軍入侵披猜，未得逞。1773年底，緬軍又入侵披猜，暹羅將之驅逐回緬境。

1774年11月，鄭信率領2萬軍隊北征清邁。隔年1月，擊敗在南奔的緬軍，再度包圍清邁，1月16日，占領清邁。披耶查班（P'ya Chaban）被任命為清邁親王，具有披耶偉真（P'ya Wijien）的頭銜。接著波勒（P're）和南城（Nan）的酋長也臣服暹羅。

鄭信於1775年2月返抵吞武里，剛好緬軍入侵西部邊境拉特武里，為應付該一入侵，鄭信下令軍隊不能休息，以及不可返家會見親人。他的一位高級軍官反對此議，鄭信親手將之砍頭。另一位反對他的作戰計畫的軍人，亦遭砍頭，作為警告。他命拉查西瑪市（Nakhon Ratchasima）的軍隊前進至拉特武里，由於該軍隊有些軍人堅持返家會見妻子，甚至攜妻子和子女同行，而延遲抵達，鄭信下令將這些眷屬處死。鄭信治軍

---

6. 〔越〕陳重金著，戴可來譯，越南通史，商務印書館，北京，1992，頁246。

嚴厲，最後將緬軍擊敗。

　　清線仍在緬甸控制之下，1775 年 10 月，緬甸將軍波蘇普勒從清線出兵再度占領清邁，昭披耶卻克里和昭披耶蘇拉辛出兵驅逐清邁的緬軍，波蘇普勒再度退到清線。緬軍越過東部邊境進入美拉毛，占領拉亨（Raheng）。1776 年 1 月，昭披耶蘇拉辛在素可泰遭到挫敗，緬軍包圍彭世洛並加以占領，惟因飢荒很快就退兵。暹羅將緬軍驅逐回緬境。在這次緬軍進攻中，緬甸將軍西哈蘇拉（Maha Sihasura）想見其對手是誰，結果是年僅三十九歲的昭披耶卻克里，而西哈蘇拉年事已老，他預言昭披耶卻克里日後將成國王。[7]

　　1777 年，柯叻省的南隆（Nangrong）總督叛變，與統治占巴寨（Champasak, Champassak）的昭歐（Chao O）通好，昭披耶卻克里很快就平定亂事，但因此與占巴寨結怨。鄭信另派昭披耶蘇拉辛東征占巴寨，逮捕昭歐並予處死。湄公河以西的土地，南到孔恩（K'ong），皆成為暹羅領土。昭披耶卻克里返回吞武里後被封為「王儲」（Crown Prince）頭銜，亦是「最高武士」（Supreme Warlord）之意。

　　當暹羅從占巴寨退兵後，永珍出兵侵略占巴寨。1778 年，暹羅出兵 2 萬攻打永珍，控制了永珍和琅勃拉邦。直至 1893 年才割讓給法國人控制的寮國。

　　柬埔寨於 1777 年發生內亂，副王被暗殺，前王那萊也隨後去世。拉瑪拉惹國王（King Rama Raja）被懷疑是這些事件的幕後主使者，他又因強迫人民支援暹羅遠征軍，攻擊永珍，而遭人民不滿，結果爆發叛亂，拉瑪拉惹國王及其四個兒子被處死，由那萊王的七歲兒子翁恩王子（Prince Ong Eng）出任國王，塔勒哈王子（Prince Talaha）為攝政。柬埔寨出現反暹羅的新政權，引起鄭信不快。暹羅在 1781 年初由昭披耶卻克里和昭披耶蘇拉辛率兵 2 萬遠征柬埔寨，王子殷披塔克王子（In P'itak）同行，當暹羅占領首都班替披趣後，殷披塔克王子被立為柬埔寨國王。塔勒哈逃到西貢，請求順化阮主之協助。

---

7. W.A.R. Wood, *op. cit.*, p. 266.

當軍隊出征柬埔寨後，鄭信的精神出現異常，他喜歡冥想，想像他是佛陀，個性也變得暴躁和疑心，此一想法與佛教教義有違，他認為俗人進入涅槃（nipphan, nirvana）後其地位應比那些未能進入涅槃的和尚高。他認為他是進入涅槃的聖人（sodaban）。和尚若接受該一主張，則須對國王行敬禮。有些高僧給鄭信勸告：「雖然有些俗人可以成為聖人，他仍是一個有缺陷的、低劣行為的人而已。一個和尚，即使他來自平民階級，卻是一個完美的、優秀的行為，因為他穿著黃色袈裟。遵守純潔的四戒律的和尚，不能對進入涅槃成為聖人的俗人敬禮。」[8]在泰國的佛教習慣中，和尚從不對俗人彎身低頭敬禮，唯有俗人甚至國王須對和尚敬禮。

鄭信認為他是國王，他沒有自稱為佛陀或神，他反對年輕和尚的地位可以超過國王，他召集和尚，要求他們對他行敬禮，許多和尚拒絕此一要求，高僧被降級，一般和尚則遭到50～100下不等的鞭打。[9]有500名和尚被處罰去運水肥，是一個低貶其身分的工作。亦有不少和尚遵守國王的要求，向鄭信行禮。他有次參加典禮時，僕人未將他的髮型做好，鄭信發怒，其子殷披塔克王子為該名僕人說情，竟被鄭信鞭打。1780年，阿瑜陀耶的一名和尚馬哈達（Maha Da）發動叛亂，鄭信平亂後，將馬哈達處死。

此外，當時暹羅對外貿易是官方經營，鄭信懷疑對外貿易官員從中舞弊。他嚴格查禁貪污和走私，有許多商人非法走私象牙、米、鹽、犀角和柚木，使國家稅金短收。他對走私者和貪污者施予嚴格懲罰。鄭信一名妾因偷竊財物，而被燒死。

當緬軍包圍阿瑜陀耶時，為了不讓緬軍奪去金銀珠寶，城內居民將財物埋在地下。因此，為了挖掘這些財物，鄭信將此工作包給韋吉特‧納隆（P'ra Wijit Narong），他每年要向政府繳交4,000銖（ticals），為了

---

8. B. J. Terwiel, *op, cit.*, p. 57.
9. B. J. Terwiel, *op, cit.*, p. 58.但泰國學者吳福元説在檔案中並無提及鄭信鞭打和尚的事。參見吳福元原著，陳毓泰譯，「鄭王史辯」，南洋學報（新加坡），第二卷第一輯，1941年1月，頁18-34，26。

賺取利潤，他對挖寶者榨取勞動力，引起這些工人暴動。他們在1782年3月占領阿瑜陀耶，主張推翻鄭信，另立昭披耶卻克里為王。阿瑜陀耶總督逃至吞武里。鄭信初以為是一般的盜匪，派遣披耶山卡武里（P'ya Sank'aburi）帶少數軍隊前去阿瑜陀耶處理，而叛軍的頭子正好是披耶山卡武里的弟弟坤基歐（K'un Keo），所以兩人遂結夥一起，披耶山卡武里變成叛軍領袖，率軍返抵吞武里。3月30日，叛軍包圍王宮，次日，鄭信投降，唯一條件是叛軍要求他退位並出家當和尚，為期三個月。數天後，鄭信即到黎明寺（越亞崙寺）出家當和尚。披耶山卡武里首先將監獄中的囚犯釋放，然後屠殺那些通風報信者。柯叻（當時稱為 Nakhon Ratchasima）總督阿派（P'ya Suriya Ap'ai）立即遣人通知在柬埔寨暹粒的民政部部長東敦（Thong Duang）（其爵號為 chaophraya Mahakasatsu'k）（即昭披耶卻克里），請其立即返回吞武里。昭披耶卻克里要求其弟弟汶瑪（Bunma）（爵號為 chaophraya Surasi）限制王子殷塔拉披塔克（kromakhun Intharaphitak）的行動，並通知其侄子柯叻總督阿派立即出兵控制吞武里。阿派率 1,000 名暹羅軍隊和寮族軍隊在鄭信退位不到兩個晚上的時間進占吞武里。

披耶山卡武里有野心想當國王，他給予支持者更多的賞賜，釋放關在監獄的國王的侄子宋克蘭（Prince Anurak Songk'ram），並給予軍隊，要他攻打阿派，宋克蘭燒毀了柯叻城的大部分，不過，卻戰敗被俘，其軍隊的半數投效阿派。昭披耶卻克里在 4 月 20 日返回吞武里，披耶山卡武里給予熱烈接待，仍表示支持昭披耶卻克里為王。

暹羅內部還有不少人支持鄭信，將來可能造成施政上的困難，因此群臣們建議昭披耶卻克里將鄭信處死，他接受此議，將鄭信送上法庭，以其未經審判虐待及處死高僧及其他人等之罪名，而判處死刑。鄭信在 1782 年 4 月 7 日在韋猜普拉西特（Wichaiprasit）堡壘被砍頭，[10] 年僅四十

---

10. 在泰國官方出版的國家年鑑（*State Annals*）王室手稿（Royal Autograph）記載鄭信是被用檀香木打死的。B. J. Terwiel 認為這是事後泰國官方為了美化此事，而作的記載。因為國王被砍頭，是不符合泰國傳統的，這在泰國是不榮譽的，王室成員之處死需使用檀香木打死。參見 B. J. Terwiel, *op, cit.*, p. 294.另據泰國吳福元的說法，鄭信是在 4 月 6 日在阿倫寺佛殿內被殺，死時身上還穿著黃袍。參見吳福元原著，陳毓泰譯，「鄭王史辯」，南洋學報（新加坡），第二卷第一輯，1941 年 1 月，頁 18-34，22。

七歲。他生有21個兒子、9個女兒。此外，昭披耶卻克里進行嚴酷整肅，披耶山卡武里及其同夥、王子殷塔拉披塔克及其同夥亦遭處死。昭披耶卻克里登基為王，號拉瑪狄菩提（Rama T'ibodi），或帕·普塔·約特·發·朱拉洛克｝（P'ra P'utt'a Yot Fa Chulalok｝，王號為拉瑪一世（Rama I）。

　　關於鄭信被殺害之原因，史家多所研析，意見亦頗紛歧，在拉瑪一世時期出版的編年史記載鄭信有兩項罪過，一是鄭信因為實行靜坐法而致瘋狂；二是誣告鄭王不守十誡。就是鄭信暗示一些作偽者，控訴私運米鹽到國外銷售的人，然後予以罰款和鞭打。後來出版了一本沒有作者的回憶錄（Cotmaihetu Khuam Song Cam），對鄭信的罪名又增加兩項，一是鄭信在 1768 年下令處斬被誣與歐籍人發生曖昧的蒙昭倩女親王（Mom Cao Ying Chim）及昭蒙烏汶女親王（Mom Cao Ying Upol）後，因受刺激而神經錯亂。二是在 1780 年，居住在暹羅的安南人叛亂，鄭信下令搜捕叛亂者，全部予以處死。顯示鄭信已有精神錯亂症。拉瑪四世的紀年史也記載鄭信的罪狀如下：「鄭王神經錯亂，行動失常，諭令鞭撻和尚，造成重重苦難。」吳福元認為上述各項指控都是不確實的，是欲加之罪，他反而認為鄭信勤政愛民、文治武功彪炳，應留名青史。[11]

　　鄭信統治時期，史家稱為吞武里王朝（Dynasty of Thonburi）。鄭信統治期間從 1768 年 12 月到 1782 年 4 月 7 日。從 1767 年到 1932 年，史家稱為拉塔納科新（Ratanakosin）時期。

---

11. 吳福元原著，陳毓泰譯，前引文，頁 27-32。

第五章　曼谷王朝

第一節　現代泰國的奠基者

拉瑪一世（1782～1806）

昭披耶卻克里本名為東敦（Thong Duang），生於1737年3月20日，其父為暹羅官員，其母為有錢華人的女兒，所以他具有華人血統。他在

圖5-1：拉瑪一世
資料來源：http://www.chiang-gmaichimes.com/kings_1.html，2010/8/17 瀏覽。

八歲時被送至阿瑜陀耶王宮，擔任烏松朋王子（Prince Uthumphon）的侍童。1757 年，出家當和尚。隨後重新回到王宮，任烏松朋王子的人員的侍從。1764 年，緬甸入侵時，他被任命為拉特武里總督，爵號為鑾約克拉巴特（luang Yokrabat）。他在該城市結婚，當緬軍占領該城市後，他搬到其妻子的故鄉宋克蘭（Samut Songkhram）附近小鎮。阿瑜陀耶淪陷後，他的家族分為不同陣營，他的弟弟汶瑪（Bunma）加入鄭信陣營，其父和其他家人則加入彭世洛，其父為彭世洛的昭披耶卻克里，擔任首席顧問。汶瑪勸其哥哥加入鄭信陣營，東敦遂成為鄭信重要的軍事指揮官。

東敦在鄭信執政期間，總共進行十一次戰役，第一次戰役時獲頒帕拉拉查林（phra Ratcharin）（phra 是貴族的頭銜，地位高於 luang）頭銜，[1] 兩年後獲得披耶約馬拉特

---

1. 暹羅封給貴族之爵號從高至低的位階如下：(1)phaya (phraya); (2)phra; (3)luang; (4)khun。

（phraya Yomarat）職位，1770 年獲頒披耶卻克里（phraya Chakri）頭銜。後來又獲頒昭披耶馬哈卡沙朱克（chaophraya Mahakasatsu'k）頭銜。

東敦登基後，在湄南河的右岸，即吞武里的對岸重建新王宮，並將該城市命名為曼谷（Bangkok），其建城的部分磚石是從阿瑜陀耶拆卸運來的。他將首都遷至東岸有其戰略的考慮，即湄南河可作為防衛曼谷的一道天然屏障，阻卻來自西邊的緬甸軍隊的進攻。營建新王宮和城垣的工匠是雇用自高棉人和寮國人。另外亦建設從護城河到越三飯的運河以及佛廟十三座。

東敦的官方正式名字是帕拉普塔約特發・朱拉洛克（Phraphutth-ayotfa Chulalok），簡稱為約特發（Yotfa）。[2]曼谷又稱為「拉塔納科新、殷德拉的珠寶、克倫迪普、天使之城」（Rattanakosin、Indra's jewel、Krungthep、city of angels）。[3]拉瑪一世敕諭曼谷稱為「貼那空」（Thep Nakhon），比喻其為神仙的京都、安樂而富足、摒絕戰禍、物富民豐的涵義。[4]而此時的國名應為「蒙泰」〔Muang Thai，或 Krung Thai（即 Thai

圖 5-2：大皇宮

資料來源：http://en.wikipedia.org/wiki/Grand_Palace，2010/8/17 瀏覽。

---

2. Chris Baker and Pasuk Phongpaichit, *op. cit.*, pp. 27, 267.

3. Chris Baker and Pasuk Phongpaichit, *op. cit.*, p. 31.

4. 郭顯，「園林蒼翠，文物薈萃，湄南(昭帕耶)河畔敘舊」，星暹日報（泰國），1989 年 7 月 3 日，頁 17。泰人簡稱曼谷為「軍貼」（Krung Thep）。參見蔡文星，前引書，頁 23。

圖 5-3：Chakri Mahaprasad 王宮

資料來源：http://en.wikipedia.org/wiki/File:Chakri_
　　Mahaprasad_Throne_Hall.jpg，2010/8/17 瀏覽。

State 之意）〕。泰國在 1826 年與英國簽訂的伯恩尼條約（Burney Treaty）時即使用該國名。[5] 1851～1868 年，蒙庫特（Mongkut）王時期，正式國名為暹羅。1855 年 4 月 18 日，蒙固特國王與英國簽署條約時使用「蒙泰」。1856 年 4 月 5 日，蒙固特國王批准該條約時使用暹羅。以後「暹羅」一詞一直使用至 1939 年 6 月 24 日。[6]

1784 年夏天，越南的阮福映為了復國，前往暹羅曼谷，請求拉瑪一世（Rama I）援助，暹羅派兵 2 萬，戰船 300 艘。10 月，暹羅兵分水陸兩路進攻柴棍（即西貢），水路沿著越南南部的迪石前進到嘉定登陸。另外派遣 2 萬軍隊從柬埔寨陸路進入越南，結果被阮文惠擊敗，只餘 2,000 人從陸路繞經柬埔寨逃回暹羅。阮福映也隨暹羅敗軍逃往暹羅。[7]

拉瑪一世為了恢復鄭信時期被破壞的佛教教規，重定僧院紀律的法規。他將被鄭信革除僧王地位的拍佛陀莊恢復僧王地位，然後鄭信所封的新僧王及僧伽尊長予降職或令還俗。[8] 他召開資深和尚的會議，重新編

---

5. Rong Syamananda, *op. cit.*, p. 4.
6. Rong Syamananda, *op. cit.*, p. 4.
7. 越南社會科學委員會編著，越南歷史，人民出版社，北京市，1977 年，頁 400-403。但明崢的書說，暹羅派遣的軍隊人數為 2 萬名海軍。參見〔越〕明崢著，范宏科、呂谷譯，越南史略，生活、讀書、新知三聯書店出版，北京市，1960 年，頁 238。
8. 蔡文星，前引書，頁 108。

纂佛教經典大藏經（*Tripitaka*）。他也建立一所學校重新教育和尚，也將數冊巴利文（Pali）的佛經譯為泰文。佛廟牆上繪有佛教訓諭及佛陀成佛的故事，國王每年在置放玉佛（Emerald Buddha）的寺中舉行念經祈福儀式。此一作法除了具有佛教教化之意義外，亦用以彰顯國王是佛教的保護者。

拉瑪一世登基那一年，頒布法令禁止官員賭博，被查獲者，賭客和做莊者各處以 30 棍懲罰。其目的在要求官員的生活像僧院的紀律一樣。一般百姓也禁鬥雞。他宣布不正當獲利者應予懲罰，例如人口販子、販奴，違犯者將打三鞭，並公開懲罰三天。奴隸將歸還其原先的主人。販奴者將歸還其騙來的錢，並替政府服勞役，若是男性，要去照顧大象，若是女性，則要到政府倉庫磨米。有時他也要聽訟，解決人民之間的紛爭，但他避免調解有關佛法的解釋問題，以免重蹈鄭信的覆轍。[9]

為了控制人力資源，拉瑪一世命令所有自由民須在手腕上刺青其官師（主管官員）姓名及居住城市名，以防止其逃避勞役。其次，在 1785 年，拉瑪一世下令所有自由人，無論是「國王的人」（King's men, phrai luang）或「私人隨從」（private retainer, phrai som），都須服強制勞役。國王限制王子和高官擁有過多僕役，以免勞動力分散。[10]

緬甸一直想重新占領暹羅，波道帕耶國王（King Bodawpaya）於 1781 年登基，1785 年再度出兵進攻暹羅，初期占領泰南部分領土，最後被暹羅副王率軍驅逐出境，暹羅進而控制吉打（Kedal）和北大年。甚至將其勢力延伸入吉蘭丹（Kelantan）和登嘉樓。北大年、吉蘭丹和登嘉樓成為暹羅的屬國。將原屬第四級省城的宋卡提升地位為第三級，將馬來屬邦歸由宋卡管轄。[11] 吉打蘇丹害怕遭到暹羅的攻擊，將檳榔嶼（Penang）租給英屬東印度公司，企圖獲得英國的保護。在暹羅建都曼谷時，

---

9. B. J. Terwiel, *op, cit*., p. 70.
10. David K. Wyatt, *Thailand: A Short History*, p. 155.
11. B. J. Terwiel, *op, cit*., p. 74. 此時宋卡城主為華裔福建人吳文輝，其父吳讓於 1775 年被鄭信封為宋卡城主，逝於 1784 年，由其子吳文輝繼位，蒙賜襲父爵號鑾素汪奇里頌木。參見吳翊麟，暹南別錄，臺灣商務印書館，臺北市，1985 年，頁 74-75。

吉打保持相當的獨立地位。

　　1786年，緬甸再度出兵進攻暹羅的北碧，拉瑪一世和副王率軍予以擊退。1787年，掌控清線和清萊（Chiengrai）的緬甸出兵進攻南邦和帕山（Pasang），但被寮國和暹羅聯軍擊退。在該年暹羅出兵土瓦，沒有成功。1791年，土瓦總督叛離緬甸，投效暹羅，導致暹羅和緬甸在1793年再度爆發戰爭，緬甸重新奪回土瓦。以後土瓦就被緬甸統治至今。

　　暹羅的卡偉拉王子（Prince Kawila）在1796年重新以清邁為其首都。緬甸在1797年進攻寮國，入侵清邁，暹羅軍隊將緬軍驅逐回清線。1802年，緬軍被逐出清線，清線人口銳減，重要性日漸降低。

　　1784年，拉瑪一世重新挖出鄭信的遺體，予以火葬。他與副王皆參加最後的火葬儀式。他的動機不明，一般以為是對前王的尊重，亦有認為是有意阻止鄭信下葬的班吉魯阿泰（Bangyiru'atai）寺廟將舉行有關鄭信的祭典。[12]拉瑪一世亦舉行第二次登基大典，以示他的政權重新在曼谷建都，舉行戲劇表演，布施窮人米飯，沿著城牆設置許多「希望樹」，每站每天散發80銖錢幣，連續三天以資慶祝。

　　葡萄牙駐印度果阿（Goa）總督在1786年派遣一名特使前往曼谷，要求設立一個土庫、設立教堂和派遣傳教士，並應允提供3,000枝步槍，拉瑪一世同意與葡萄牙發展關係。拉瑪一世並不擔心葡萄牙在暹羅設立教堂及傳教，因為他對官員改信天主教採取限制，有一位官員想改信天主教，他強迫該名官員出家當和尚，並將他的家人囚禁。[13]

　　東埔寨在1783年發生內亂，年輕的國王安恩（Prince Ong Eng, Ang Eng）及其隨從逃至曼谷，由大臣巴恩（Baen）擔任攝政，統治烏東（Udong）。1795年，暹羅拉瑪一世冊封安恩為東埔寨國王，然後送至東埔寨出任國王。安恩受到一位暹羅官員的監督。暹羅在烏東任命一名以前的東埔寨官員巴恩為首席大臣（ta-la-ha），巴恩立即招募軍隊對抗在東國境內的越南西山（Tay Son）軍隊。

---

12. B. J. Terwiel, *op, cit.*, p. 70.
13. B. J. Terwiel, *op, cit.*, p. 73.

　　1795 年，暹羅出兵占領柬埔寨的蒙哥比里、詩梳風。1796 年，安恩國王派遣朝貢使到曼谷，他在 1797 年初去世，其子王子安贊（Ang Chan）僅有四歲。但此後十年，柬埔寨沒有新立國王，可能原因是王子安贊與拉瑪一世意見紛歧，安贊的外交政策傾向越南而反對暹羅。1797 年，暹羅又占領馬德望（Battambang）和暹粒（Siem Reap）。

　　副王長於軍事，是一位勇敢的軍事將領，暹羅之領地都是靠他的南征北討而擴張鞏固。惟他與國王之間出現矛盾，1796 年，國王和副王為了準備划船比賽，雙方進行角力，副王船隊表面鬆弛，卻秘密訓練船隊，俾讓國王誤以為國王船隊可以輕易獲勝。國王知道此一消息後，感到不滿，取消船賽。副王為此兩個月不上朝，當他上朝時要求增加年俸為 1,000 暢（chang）或 8,000 銖。國王說財政困難，無法增加其年俸。此引起副王不滿，遂加強其王宮的武備，準備與國王戰鬥。後經其兩位姊姊的調解，才恢復友好關係。1802 年，緬甸入侵清邁，副王率領他自己的軍隊和一部分國王的軍隊前往清邁解圍，國王的軍隊戰鬥不力，引起副王的不滿。以後副王人馬陰謀奪權，他們想利用巫術成功奪權，結果巫術失敗，數人死亡。此一消息傳至國王，國王將這些陰謀者逮捕處死。副王在 1802 年與緬軍作戰時染病，在 1803 年去世。1804 年，暹羅驅逐緬軍，重新占領清線。[14]副王死後，其二子亦因涉嫌政變奪權失敗而遭以檀香木棒打死。

　　1801 年，一位司法官員坦瑪沙特（luang Thammasat）（luang 是貴族的頭銜，其地位高於 khun）整理各種法規，編纂成一部簡約的法典，稱為法律彙編（Kotmai Lilit）。1804 年，拉瑪一世命令組織一個 11 人委員會，研究編纂一部新法典，拉瑪一世審核修訂該新法典。該新法典獲得內政部長（krom Mahatthai）、國防部長（kalahom）和財政部長（krom Phraklang）之蓋印璽確認，因此被稱為「三印璽之法」（Kotmail Tra Sam Duang, Laws of the Three Seals）。[15]該法承認一夫多妻制。這三個印

---

14. Hans Penth, *A Brief History of Lan Na, Civilization of North Thailand*, p. 69.
15. B. J. Terwiel, *op. cit.*, p. 81.

圖 5-4：泰國在 1785-1909 年間喪失之領土

說明：1 是吉打在 1785-1800 年割讓給英國的檳榔嶼及威利斯省。

　　　2 是 1867 年法暹條約置於法國保護之下的領土。

　　　3 是法國在 1888 年取得黑泰村（Black Thai müang）。

　　　4 是 1893 年法暹條約割讓湄公河東岸給法國之領土。

　　　5 是 1904 年法暹條約割讓湄公河西岸給法國之領土。

　　　6 是 1907 年法暹條約割讓給法國之柬埔寨西部三省之領土。

　　　7 是 1909 年英暹條約割讓給英國之馬來四邦之領土。

資料來源：David K. Wyatt, *Thailand: A Short History*, p.207.

璽的鈴記分別為國防部長的拉查西（Ratchasi）（國王獅子及象鼻）、內政部長的柯查西（Khotchasi）和財政部長的布亞卡伊歐（Bua Kaeo）。該法保存在皇家建築物、皇家法庭和皇家廚房。該法律一直使用到拉瑪五世。[16]

表 5-1：曼谷王朝世系表

卻克里（或曼谷）王朝（Chakri Dynasty, Kings of Bangkok）			
任次別	稱號姓名	華文名	在位時間
1	Phra Phutthayotfa（Rama Ⅰ）	鄭華	1782,4,6～1809,9,7
2	Phra Phutthaloetla（Rama Ⅱ）	鄭佛	1809,9,7～1824,7,21
3	Phra Nangklao（Rama Ⅲ）	鄭福	1824,7,21～1851,4,3
4	Mongkut（Rama Ⅳ）	鄭明	1851,4,3～1868,10,1
5	Chulalongkorn（Rama Ⅴ）		1868,10,1～1910,10,23
6	Vajiravudh（Rama Ⅵ）		1910,10,23～1925,11,26
7	Prajadhipok（Rama Ⅶ）		1925,11,26～1935,3,2（退位）
8	Ananda Mahidol（Rama Ⅷ）		1935,3,2～1946,6,9
9	Bhumibol Adulyadej（Rama Ⅸ）		1946,6,9 迄今

資料來源：David K. Wyatt, *Thailand: A Short History*, Bangkok, Yale University Press, 1984, p. 313.

拉瑪二世（1809～1824）

拉瑪一世逝於 1809 年 12 月 7 日，由其子伊查拉（Prince Itsara Sunt'orn）繼位，號拉瑪二世（Rama II），登基時是四十一歲，具有行政和軍事經驗。伊查拉在 1804 年出任副王。當王室高層決定由伊查拉繼位後數天，拉瑪一世的女婿，即鄭信的兒子，夥同土地部（krom Na）部長朋拉迪普（chaophraya Phonlathep）陰謀奪權，結果遭匿名信告發，涉案的 40 人被處死，包括鄭信男性子孫被處死，其財富、宮室、奴僕和食米皆移交給

---

16. Anchalaporn Siriwan, ed., *The Thai People and Culture*, the Public Relations Department, Office of the Prime Minister, Bangkok, 1999, p. 47.

圖5-5：拉瑪二世
資料來源：http://www.chian-
　　gmaichimes.com/kings_1.
　　html，2010/8/17 瀏覽。

拉瑪二世的長子。拉瑪二世的弟弟西納奴拉克（kromaluang Senanurak）出任副王。

1810年，緬軍入侵泰南，占領普吉島及包圍尖噴，拉瑪二世率2萬軍隊輕易地將緬軍驅逐出境。1811年，拉瑪二世下令禁止銷售和吸食鴉片，違者鞭刑，但未執行。柬埔寨王室分為親暹羅和親越南兩派，柬國國王選擇越南保護，但同時向暹羅進貢。1812年，拉瑪二世派軍進入柬埔寨，柬埔寨國王烏特蓋拉惹（P'ra Utg'ai Raja）不滿，退至交趾支那。1814年，暹羅占領柬埔寨大部分領土。

吉蘭丹拉惹原先要向登嘉樓進貢，後來發生衝突，遂改向暹羅進貢「金銀花」，置於單馬令總督〔或稱六坤太守（Rajah of Ligor）〕控制之下。當時單馬令具有半獨立的權力，控制泰南地區。

1817年，暹羅船隻載運土產前往新加坡和澳門換取軍火，船上懸掛紅旗以為標幟，而當時馬來人船隻亦懸掛紅旗，為免混淆，當時暹羅捕獲白象三隻，拉瑪二世遂命紅旗中繪一白圈，白圈內加繪白象一隻，作為暹羅新國旗，於隔年正式實施。[17]

1818年，葡萄牙使節曼紐爾·西偉伊拉（Carlos Manuel Silveira）從澳門抵達曼谷。1820年4月2日，曼紐爾·西偉伊拉再度訪曼谷，與暹羅簽署商業條約，曼紐爾·西偉伊拉成為葡萄牙駐暹羅的首任領事。曼紐爾·西偉伊拉曾獲得暹羅國王封的「巒亞派哇呢」頭銜，又曾被判死刑，然後又獲赦免。[18]

---

17. 蔡文星，前引書，頁29-30。
18. W.A.R. Wood, *op. cit.*, p. 276. 蔡文星，前引書，頁30。

　　印度在1817年爆發霍亂，1819年傳到檳榔嶼，1820年4月傳到曼谷，死傷人數很多，寺廟來不及火化屍體，有許多屍體被拋入河中，拉瑪二世發表文告，聲明該疫病係外來傳染病，傳統醫藥救治無效，於是舉行驅邪儀式，念唱神聖經文，在城內四周的大砲開砲，暫時將值勤人員放假，告誡他們作功德，念唱神聖經文以及慷慨布施。即使在王宮內工作的人，亦給予假期，使其返家照顧家人。國王勸告人民讓動物在市場內自由徜徉，除了緬甸戰俘外，釋放所有囚犯。國王亦勸人民勿殺生。很快地傳染病疫情趨緩。當時謠言說傳染病起因於王宮內新建建築物，國王為了在王宮內建一座假山，從海中撈起一塊大石塊，運至曼谷，謠言即認為該項行為激怒了守衛的神祇，所以降臨霍亂做為懲罰。[19]

　　暹羅在 1819 年又與緬甸發生戰爭，此乃因吉打從中挑撥而發生的。暹羅在 1821 年 11 月 18 日出兵吉打，吉打蘇丹逃到檳榔嶼，請求英國保護。

　　英國駐新加坡駐紮官於 1821 年 5 月派遣一名商人摩根（John Morgan）到曼谷，攜帶一封信，表明英國有意與暹羅加強商業關係，並送了一支雙管的鎗和兩面鏡子。拉瑪二世同意與英國貿易。但摩根的貨物無法售出，因為他的貨物有許多是鴉片，而拉瑪二世已下令禁止鴉片買賣。1822 年，英國派遣正式使節克勞福德（John Crawford, John Crawfurd）抵達曼谷，剛好拉瑪二世派遣的一艘前往孟加拉的貿易船隻返國，遭受嚴重貿易損失，拉瑪二世希望克勞福德對此損失負起責任，不過，克勞福德所攜帶的信函不是由英國國王喬治四世（George IV）所簽署，而係由英國駐印度總督所簽署，其聲望不足，所以暹羅並未與他簽訂商業條約。[20]但此後英國和暹羅的貿易增加，英國在曼谷派駐首任商務代表杭特（James Hunter）。

　　克勞福德前往曼谷負有其他任務，就是評估暹羅的軍事力量，當時英國勢力已逐漸向泰南馬來土邦滲透，英國想瞭解一旦英國和暹羅開

---

19. B. J. Terwiel, *op, cit.*, p. 95.
20. B. J. Terwiel, *op, cit.*, p. 96.

戰，暹羅的軍事實力。他在報告中提及，英國只要派遣少數幾連的印度兵從檳榔嶼攻擊暹羅以及2至3艘小型的巡洋艦封鎖湄南河口即可達成目的。封鎖湄南河是相當容易、安全及有效的措施。[21]

美國人甲必丹漢於1821年底至暹羅貿易，贈送拉瑪二世火藥槍500枝，拉瑪二世封以鑾拍里叻，並豁免入口貨稅金。[22]

1824年，尖竹汶地方發生華人之間的衝突，潮洲幫和福建幫因為演戲而發生械鬥，參與械鬥者達八百多人，暹羅政府出兵鎮壓，將為首者捕獲，在曼谷正法。[23]

圖5-6：拉瑪三世
資料來源：http://www.chian-gmaichimes.com/kings_1.html，2010/8/17瀏覽。

拉瑪三世（1824-51）

拉瑪二世逝於1824年7月20日，由其妃子所生的長子吉塔（Prince Jett'a,或寫為 Chetsadabodin）繼位，稱為拉瑪三世（Rama III），時年已三十七歲，受到群臣的支持。至於王后生的長子蒙庫特王子（Prince Maha Mongkut），年二十歲，正好在廟中當和尚。拉瑪三世任命其叔叔沙克迪朋拉西普（kromamu'n Sakdiphonlasep）為副王。

英國在1824年派遣使節伯恩尼（Captain Henry Burney）至曼谷，遊說暹羅出兵進攻緬甸，暹羅遂出兵三路，北路從夜拉毛（Maelamal）進攻，中路從三佛塔隘道進攻廷那沙林，南路進攻土瓦和墨吉。3月，緬軍在英軍和暹羅軍隊之壓力下從仰光退至阿瓦，英軍占領仰光，派遣4,000名軍人駐守。英軍進而占領西里安（Syriam）、馬塔班（Marta-

21. B. J. Terwiel, *op, cit*., p. 104.
22. 蔡文星，前引書，頁31。
23. 蔡文星，前引書，頁32。

ban）、葉市（Ye）、土瓦（Tavoy）、墨吉（Mergui）和阿拉干（Ara-
kan）省首都姆羅哄（Mrohaung）。英國要求緬甸割讓阿拉干、廷那沙
林、阿沙姆（Assam）、馬尼波（Manipur）以及支付100萬英鎊的賠償，
並互派使節，緬甸被迫在1826年2月24日與英國簽署楊達波條約（Treaty
of Yandabo），割讓上述領土。[24]

　　英國挾其在緬甸的攻勢成功，於1826年再度派遣使節伯恩尼抵達曼
谷，攜帶一封孟加拉總督的信函給暹羅國王，他在曼谷停留八個月，遊
說暹羅給予英國更優惠的貿易條件。6月20日，伯恩尼代表英屬東印度公
司成功的與暹羅簽訂英暹友好和商業條約（Treaty of Amity and Commerce
between UK and Siam），又稱伯恩尼條約（Burney Treaty），總共十四條，
主要內容如下：

1. 第一條規定英國和暹羅維持友好關係。
2. 第二條規定，假如英國統治的地方或國家做出不利暹羅人的行
   為，暹羅人不去侵犯該一地方或國家，而首先向英國提出報告，
   英國將以真誠之心檢視該事。假如錯在英國，則英國將給予懲
   罰。假如暹羅所屬的地方或國家，發生侵犯英國人的事，英國人
   不去侵犯該一地方或國家，而首先向暹羅提出報告，暹羅將以真
   誠之心檢視該事。假如錯在暹羅人，則暹羅將給予懲罰。
3. 第四條規定，假如暹羅人前往並居住在英國的領土，則暹羅人不
   可以入侵、進入、逮捕或拘執該一領土內的人。除非適當的提出
   報告。英國有權決定交出該人或不交出。反之亦然。
4. 第五條規定，暹羅人和英國人進入對方領土應遵守當地的風俗習
   慣，假如他們不知道當地的風俗習慣，則當地的官方應加以解
   釋。暹羅人在英國領土發生糾紛，應以英國法律加以處斷。反之
   亦然。
5. 第六條規定，暹羅人和英國人進入對方領土貿易，應繳關稅。若
   有訴訟，須向當地官員投訴，並依當地法律審理解決。

---

24. http://www.san.beck.org/20-8-BurmaMalaya1800-1950.html，2010/12/13 瀏覽。

6. 暹羅和英國同意彼此可在英國所屬的檳榔嶼、馬六甲和新加坡、以及暹羅所屬的六坤、莫迪隆尼（Merdilony）、宋卡、北大年、普吉島（Junkceylon）、吉打和其他省分進行無限制的貿易。除了緬甸人、勃固人、歐裔之外，英國在亞洲屬地的商人應自由允許他們跨越陸地貿易，及經由河流貿易。除了緬甸人、勃固人、歐裔之外，英屬亞洲商人想與暹羅自治領，包括現在屬於英國的墨吉、土瓦、廷那沙林和葉市（Ye）（今天緬甸境內）貿易來往，將允許其跨越陸地或經由河流自由貿易，英國將給予許可。但禁止攜帶鴉片，因為暹羅政府禁止。商人若攜入鴉片，則總督查獲後應予全數銷毀。

7. 暹羅不得阻撓和干涉登嘉樓、吉蘭丹兩邦的商業，但英國人可在這兩邦自由貿易，不得以任何理由干擾和攻擊這兩邦。

8. 暹羅仍控制吉打，允許吉打人和檳榔嶼人彼此自由貿易。暹羅對於檳榔嶼人向吉打購買家畜和供應品，例如水牛、家禽、魚、米穀，以及船隻停泊，不徵關稅。暹羅不應在吉打之河流口出租耕種，但可適當徵收進出口稅。當暹羅在六坤之太守從曼谷回來後，應立即釋放奴隸、屬於前任吉打總督的家庭和親戚的私人奴僕，並允許他們自由離開和居住地點。

9. 英國不控制吉打，不攻擊吉打，不允許前任吉打總督〔指蘇丹塔朱汀（Ahmad Tajuddin Halim Shah II）〕或其徒眾攻擊、干擾和傷害吉打或暹羅所屬之其他領土。英國將安排前任吉打總督住在其他國家，不允許其居住在檳榔嶼、威利斯省（Wellesley）、霹靂、雪蘭莪或緬甸。假如英國不能安排前任吉打總督住在其他國家，則暹羅可繼續對吉打的米糧徵出口稅。英國不能阻止在檳榔嶼的暹羅人、華人、或其他亞洲人前往吉打居住。

10. 霹靂應由霹靂拉惹統治，今後他要向暹羅致送「金銀花」，英國不能阻止。假如六坤太守要派官員到霹靂任職，[25] 應以友好態度派

---

25. J. Kennedy 的著作認為六坤太守派往霹靂的是使節，此與條約原文有出入。參見 J. Kennedy, *A History of Malaya, A.D. 1400-1959*, Macmillan, London, 1967, pp. 111-112.

遣 40～50 名暹羅籍的暹羅人、華人或其他亞洲人前往。或者，假
如霹靂拉惹想派遣其部長或官員去見六坤太守，英國不應禁止。
暹羅或英國不應派軍干擾、攻擊或困擾霹靂。英國不允許雪蘭莪
攻擊或困擾霹靂。暹羅不應攻擊或困擾雪蘭莪。[26]

　　此約減少暹羅王室對於商品的獨賣權，有助於暹羅與外國增加貿易
機會，在 1840 年代，有 50 艘西方船隻航抵曼谷，其中對新加坡的貿易在
短短數年內增加 50 %。[27]

　　萬象王國（即永珍）於 1826 年兵分三路進攻暹羅，意圖擺脫暹羅的
控制，但暹羅在 1828 年反攻，占領萬象，萬象被併入暹羅領土。屬於萬
象的小邦巴色、那空拍儂、廊開（Nongkhai）等成為暹羅的畿外省。法
國傳教士巴勒格瓦亦在該年抵達暹羅，獲准在暹羅建立 7 所教堂、4 所小
禮拜堂、一個聖經講習班，以及幾所教會學校。

　　1831 年，暹羅出兵柬埔寨，因越南明命王出兵協助柬埔寨，使暹羅
失利。柬埔寨因而成為越南之藩屬國。

　　美國在 1833 年派遣特使羅伯茲（Edmund Roberts）到曼谷，尋求平等
的貿易條件，3 月 20 日，他與暹羅簽訂美國與暹羅友好與商業條約
（Treaty of Amity and Commerce between USA and Siam）。美國傳教士於
1818 年在曼谷三聘街地區設立教堂和醫院。美國人亦在 1836 年輸入印刷
機，在吞武里三雷地區設立印務局，專印基督教書籍，此為暹羅有印刷
業之開始。1837 年，美國人又傳入種牛痘之方法。[28]

　　拉瑪三世在 1833 年捲入與越南之衝突。該年 7 月，交趾支那的叛軍請

---

26. Great Britain, Parliamentary: House of Commons, *Reports from Committees: Eighteen Volumes, East India Company's Affairs, V1-Political*, (Vol.: VII), Session 6 December 1831-16 August 1832, Vol. XIV, House of Commons Papers, 1832, pp. 508-510.
　　http://books.google.com/books? id=lGtbAAAAQAAJ&pg=PP9&dq=Reports+from+Committees:+Eighteen+Volumes,+East+India+Company % E2% 80% 99s+Affairs&hl=zh-TW&ei=agdyTZPVH4f0vwPZ1eG9AQ&sa=X&oi=book_result&ct=result&resnum=3&ved=0CDEQ6AEwAg#v=onepage&q=Reports % 20from % 20Committees % 3A % 20Eighteen % 20Volumes%2C%20East%20India%20Company%E2%80%99s%20Affairs&f=false，2011/3/5 瀏覽。

27. David K. Wyatt, *Thailand: A Short History*, p. 170.

28. 蔡文星，前引書，頁 37-38。

求暹羅給予軍事援助，暹羅在該年底派遣波丁迪查（chaophraya Bodinde-cha）率領 4 萬軍隊進入柬埔寨，另由寮國軍隊沿湄公河而下進入柬埔寨，以及由帕拉克郎（chaophraya Phrakhlang）率領一支艦隊占領哈天（Ha Tien）港口及附近島嶼。暹羅軍隊在柬埔寨境內沒有遭到強烈的抵抗，於1834年1月兵臨西貢，但因為帕拉克郎的軍隊未能及時趕到，以致波丁迪查的孤軍未能抵擋越南軍隊，失敗退回暹羅。越南軍隊趁機占領柬埔寨，統治七年，後因柬埔寨人民反抗越南，派遣代表至曼谷，請求將柬埔寨王室成員安敦（Ang Duang）遣回擔任新王，以及驅逐越南軍隊。1841 年 12 月 18 日，暹羅派遣大軍護送安敦進入金邊，扶立其為柬埔寨國王。1844 年，柬埔寨人民反對暹羅統治，阻止對暹羅提供糧食，暹羅軍隊被迫退出金邊，安敦亦隨同暹羅軍隊返回暹羅。越南立即立安眉（Mei）公主為柬埔寨女王。1845年，暹羅與越南爆發戰爭，12月雙方簽訂停戰協議，雙方承認安敦為柬埔寨國王，柬埔寨以暹羅和越南為宗主國，對暹羅每年朝貢一次，對越南每三年朝貢一次。1847年6月，越南從柬埔寨撤軍。安敦重回柬埔寨出任國王，背後獲得暹羅之支持。

　　1836 年，拉瑪三世任命其弟弟蒙庫特王子為波汪尼威特僧院（Wat Bowoniwet）院長。在這之前，蒙庫特王子住在曼谷郊區的山摩拉特寺（Wat Samorat）。在山摩拉特寺附近有一所天主教堂，駐堂的神父是帕里勾克斯（Mgr. Pallegoix），從 1830 年即在此居住。蒙庫特王子定期與帕里勾克斯神父會晤，從他那兒知道西方的宗教、拉丁文和科學知識，對於日後他當上國王後採取西化政策有影響。

　　拉瑪三世最重要的建設是在曼谷西南方 30 公里的塔真（Tha Chin）河口建立新砲臺，華人磚匠捐助了 3,800 銖。塔真有一條舊的馬哈猜運河（Mahachai Canal）通到曼谷。為了保護曼谷，拉瑪三世令孟族人住在塔真，由馬哈約塔（chaophraya Mahayotha）領導。另外雇用華工興建一條通到湄南河口的運河，長30公里，花費8,100銖。從曼谷到拉特武里可經由此一運河，無須走海道。此一新運河可快速運送軍隊，以防備英軍的入侵。[29]拉瑪三世之所以雇用華工，乃因一般人民須服兵役，投入此一

---

29. B. J. Terwiel, *op, cit*., pp. 110-111.

工程，有損其防衛能力；其次是當時華人每年約有 2,000 人移入暹羅，勞動力充沛。[30]

從拉瑪二世起，暹羅就禁止鴉片貿易，鴉片都是從英屬印度的加爾各答港口進口的，吸食者大多數是華人。1839 年，拉瑪三世重申禁鴉片令。1844 年，因為政府官員暗中同意，所以鴉片再度進口，亦有許多人改吸當地生產的大麻煙。日後，在暹羅北部有人開始種植鴉片，鴉片成為暹羅政府難以克服的問題。

暹羅政府鼓勵對外貿易，尤其是對中國的貿易，因此，有許多華人陸續移入暹羅，在1820年代每年移入暹羅的華人有7,000人，至1870年代增加到 14,000 人。大約有半數的華人在暹羅工作數年即返回中國，留下來的在 1850 年代有 30 萬人。有些華人開始是從事勞力工作，後來有些華人在市郊種植蔬菜以供應城內的需求。1810 年，在曼谷地區有華人開始種植甘蔗，以後蔗糖成為暹羅的主要出口物之一。其他華人則從事製磚、造船、煙草、鋸木、鐵匠。在泰南地區，華人則從事種植橡膠、胡椒和錫礦。華人推動了暹羅的市場經濟。暹羅政府免除華人的強迫勞役，改課徵三年一次的人頭稅，此有助於增加政府的稅收。

剛開始時，暹羅政府想將華人納入管轄，將其領袖納入官僚系統，由其負責華人的管理。但由於華人分散居住，流動性很大，有些人住在港口、碾米廠、製糖廠、錫礦區，並不是完全集中住在曼谷，管理上會有諸多困難。有時華人還爆發動亂，例如，1848 年，在曼谷以西的猜西市（Nakhon Chaisi）和沙康武里（Sakhonburi）之間的地區爆發華人的暴動，暹羅派遣大軍鎮壓，殺了 300～400 名華人，有數百人被捕。隨之在曼谷以東的查州恩格紹（Chachoengsao）的省城亦爆發華人動亂，他們占領當地的堡壘，暹羅派遣數千軍隊鎮壓，殺害約一千多名華人，華人的甘蔗園亦遭破壞。兩起事件緣起於拉瑪三世為了增加稅收，對甘蔗工廠和蔗糖提高稅率，引起種植的華人不滿。該兩起事件亦引發華人和泰人之間的種族矛盾。[31]1870 年代，南部的拉隆（Ranong）爆發礦工的暴

---

30. B. J. Terwiel, *op, cit.*, p. 111.

31. B. J. Terwiel, *op, cit.*, pp. 126-127.

動，暴民燒毀和掠奪了普吉島。1889 年，曼谷華人幫派進行了三天的戰鬥。

在吉打的暹羅人經常遭到吉打人的報復和攻擊，1831 年被放逐的吉打蘇丹阿末‧塔朱汀‧哈林沙二世（Ahmad Tajuddin Halim Shah II）鼓動吉打人起來反抗暹羅的統治。六坤總督納空（Chaophraya Nakhon，Noi）徵召宋卡和北大年的軍隊，宋卡拒絕，北大年又叛。從 1817 年起，北大年被置於宋卡管轄之下，被劃分為七個小邦。1831 年北大年七小邦聯合起來企圖擺脫暹羅的統治。北大年的馬來人在進攻宋卡時獲得吉蘭丹和登嘉樓的支持。1832 年初，六坤軍隊成功的鎮壓吉打的叛亂。該年年中，又成功的鎮壓北大年的叛亂，重新派任暹羅人出任北大年總督。在暹羅的壓力下，吉蘭丹蘇丹將逃亡的北大年叛軍領袖解交暹羅以及付出一筆大的賠償金，以換取保留蘇丹的權位。登嘉樓蘇丹不願向暹羅低頭，暹羅乃撤換蘇丹。[32]

暹羅在 1836 年 9 月委任住在六坤的東姑阿嫩（Tunku Anum）為吉打總督，規定吉打需每三年贈送「金銀花」給暹羅國王。吉打政權重歸馬來人手裡。東姑阿嫩遣使至馬六甲，邀請蘇丹阿末‧塔朱汀‧哈林沙二世（Ahmad Tajuddin Halim Shah II）返國統治，但遭拒絕。東姑阿嫩於 1838 年 5 月委任東姑惹諾拉錫（Tunku Zainal Rashid）為「吉打蘇丹的繼承人」。1838 年底，吉打再度發動叛亂，1839 年初，六坤和宋卡的軍隊前往吉打鎮壓，至 3 月底亂事才平。7 月，在東姑惹諾拉錫的請求下，改由他哥哥東姑阿布都拉（Tunku Abdullah）成為「吉打蘇丹的繼承人」。東姑阿布都拉於 1841 年 2 月去世。

1842 年，暹羅改變政策，允許由馬來人統治吉打，吉打流亡蘇丹阿末‧塔朱汀‧哈林沙二世宣布復位，向暹羅致送「金銀花」，暹羅要求其定期派遣勞工從事道路建設工作。蘇丹阿末‧塔朱汀‧哈林沙二世因此獲得暹羅的支持，暹羅給予最高爵號侯爵「昭披耶」（chau phraya），成為暹羅的「封臣」。

---

32. David K. Wyatt, *Thailand: A Short History*, p. 172.

　　吉蘭丹在 1842 年發生內訌，拉瑪三世出兵支持該邦統治者，使之依附於暹羅。此外亦支持登嘉樓之親暹羅派，維持對它的影響力。

　　暹羅在 1806 年為安贊（Ang Chan）加冕登基為柬埔寨國王。安敦（Ang Duang）為安贊之弟弟，流亡在柬、泰邊境的馬德望多年，1837 年被暹羅軍隊逮捕，送至曼谷，受到暹羅的保護。1841 年 12 月 18 日，暹羅軍隊進入金邊，扶植安敦登基為王。越南張明講復派軍進攻金邊，企圖立安贊的弟弟安恩（Ong Eng, Ang Eng, Ang Im）王子為傀儡國王。他以自己的名義發出政令，未獲廣大柬國人民之支持，所以將安恩、公主和約 6,000 名平民撤往越南。他致函順化王朝，報告柬埔寨情況，越南國王明命王譴責他丟失柬埔寨，他遂服毒自殺。[33] 波丁迪查雖然控制柬埔寨，但情況對他不利。1844 年，有許多柬埔寨當地人民逃入森林，沒有提供暹羅軍隊必須的給養，暹羅士兵因糧食不足導致死亡約 1,000 人，所以暹羅軍隊只好放棄金邊，安敦隨暹羅軍隊退回暹羅。越南立即重新回到金邊，立安眉公主為柬埔寨女王。越軍進攻集結在烏東（Udong）的暹羅軍隊，1845 年一年的戰爭，雙方沒有勝負。最後越南和暹羅進行談判，雙方在 1845 年 12 月簽訂停戰協議，主要內容如下：[34]

1. 暹羅和越南均承認安敦為柬埔寨國王。
2. 越南釋放被扣押在越南的柬埔寨親王、公主和官吏。
3. 暹羅同意越南併吞交趾支那。越南則同意暹羅保留近五十年來在柬埔寨奪得的領土。
4. 暹羅和柬埔寨釋放越南戰俘。
5. 曼谷和順化的代表將出席於 1847 年底舉行的安敦加冕禮。

　　此後，柬埔寨以暹羅和越南為宗主國，對暹羅每年一貢，對越南三年一貢。波丁迪查於 1848 年率軍返回暹羅。

---

33. David P. Chandler, *A History of Cambodia*, O. S. Printing House, Bangkok, Thailand, 1993, p. 133. 陳重金説是得疾而卒。參見陳重金著，戴可來譯，越南通史，商務印書館，北京，1992，頁 346。
34. George Cœdès, translated by H.M.Wright, *The Making of Southeast Asia*, University of California Press, California, 1966, p. 200.

1849 年，美國駐新加坡領事巴拉斯地亞（Joseph Balastier）訪問暹羅，要求簽署更為有利的條約，未獲拉瑪三世同意。英國亦在隔年派遣使節至曼谷要求修約，均未獲結果。此次英、暹談判，暹羅談判代表首次使用英語，由蒙庫特王子擔任翻譯。[35]

曼谷在 1849 年 6 月爆發霍亂，在短短數週內有 3 萬到 3 萬 5,000 人死亡，民事部部長波丁迪查亦死於該病。拉瑪三世採取跟他父親一樣的對抗傳染病的方法，要求人民採取寬大態度及善行，釋放所有被捕的動物。但此舉遭到基督教傳教士的反對，認為是錯誤的宗教行為。拉瑪三世遂以各種理由逮捕 4 名外國傳教士，例如未經暹羅政府的同意印行暹羅法律，翻譯聖經的文句中包含了佛教經文之內容，以及批評暹羅佛教為錯誤信仰。

圖 5-7：拉瑪四世

資料來源：http://www.chian-gmaichimes.com/kings_1.html，2010/8/17 瀏覽。

拉瑪四世（1851-1868）

拉瑪三世逝於1851年4月2日，由其弟弟蒙庫特王子繼位，拉瑪三世被追諡為「普拉南克勞」（P'ra Nang Klao）頭銜。蒙庫特國王王號為拉瑪四世（Rama IV），被封為普拉鍾克勞（P'ra Chom Klao）。蒙庫特王登基時年齡是四十七歲，且已出家當和尚二十七年。他雖長期出家，但卻在準備作國王，所以他博覽群書，到鄉下旅行，接觸基層人民，瞭解一般人民的想法。在他當和尚期間，曾接觸西方傳教士，瞭解西方世界的文化和科學，這些知識有助於他日後成為國王後推動改革的動因，他的推動改革沒有受到任何壓迫或民意要求，完全是他自覺改革的必要，以使暹羅現代化。

拉瑪四世登基後，邀請在新加坡的安娜

---

35. 蔡文星，前引書，頁 38-41。

（Anna Leonowens）至王宮教授王子們英語。蒙庫特國王在登基前自修英文，也會說英語。為了擴展曼谷的市區範圍，雇用華工興建一條5公里的新運河，花了十個月就完成，共花費 31,000 銖。同時沿著運河每隔 1.5公里興建砲臺，另亦在湄南河沿岸建砲臺。他亦規定上朝的官員需穿著正式外衣。他亦允許外商入宮觀見。1851年7月，他減少關稅率一半，取消稻米出口限制，由官方專賣鴉片，以控制其使用。8月14日，允許基督教婦女團契進入內宮設立一個英文班，教導王室子弟英文。10月18日，蒙庫特王生日，邀請西方國家的人員參加，採用西方方式舉行慶典。在舉行拉瑪三世的火葬儀式時，有許多外國人參加，蒙庫特王看到美國傳教士伯拉德里（Dan Beach Bradley），突然從其寶座走下來，與伯拉德里寒暄握手。

1853年7月，蒙庫特王提供了一塊地給西方基督教傳教士作為墓地。1854年1月，他決定讓他的家人接種天花疫苗（牛痘）。

由於英國在中國販賣鴉片成功，所以也想在暹羅銷售鴉片。1821年，英國商人首先將鴉片帶入暹羅，以後從新加坡進口鴉片。1839年，暹羅政府禁鴉片進口和銷售。1840年，英國因為鴉片銷售問題而與中國發生戰爭，最後中國戰敗，英國挾其戰勝餘威，要求暹羅也開放鴉片進口。蒙庫特王上臺後，改革派認為對西方船隻和中國船隻給予不同的關稅是毫無意義的，而且禁止鴉片進口的結果，反而造成更大的走私鴉片的獲利者以及幫派的鬥爭。因此，他們主張與英國就此一問題進行談判。

1850年到1854年之間，中國雲南西雙版納南邊的景洪（Chiang Rung, Chiang Hung, Cheli），與景東（Chiang Tung）一樣，過去與清邁保持密切關係。由於緬甸企圖入侵，所以景洪請求暹羅保護，甚至派遣一名王子到暹羅進貢。惟暹羅派遣蘭那軍隊卻無法征服景東，以致於景洪變成中國的一部分。[36]

1855年3月，蒙庫特王邀請英國駐香港總督鮑林（Sir John Bowring）

---

36. Hans Penth, *A Brief History of Lan Na, Civilization of North Thailand*, pp. 73-74.

到曼谷，商談簽署貿易條約事宜，4月18日雙方簽署暹英友好與商業條約（Treaty of Friendship and Commerce Between Siam and UK），該約規定暹羅放棄皇家的貿易獨占權；准許英商直接與暹羅私人貿易；英人在暹羅有信教自由及暹羅要給葬地、暹羅應允許暹羅人信仰基督教；允許英國在暹羅設立領事館；英國公民在暹羅享有領事裁判權；允許暹羅人和英國人享有在對方任何港口之自由貿易和國境內永久居住之權利；英艦需要糧食和燃料時，暹羅人得以適當價格出售，暹羅船艦至英國時亦同；英船在暹羅領海擱淺或沈沒，暹羅可能則予救之，拾得船物需交還原主，暹羅船在英國領海之待遇亦同；允許英國公司在暹羅建造船隻；以及西方人和中國人船隻關稅相同，英國商品之關稅率為3％；允許英商進口鴉片不徵關稅而由暹羅政府專賣；允許英國軍艦進入湄南河口，在北攬（Paknam）要塞停泊，再往上航行，則須經暹羅之同意。英國使節前往曼谷時，可搭乘軍艦。[37]此外，亦規定暹羅成立一個正式的關稅機構，允許黃金和大米自由進出口，及廢除暹羅政府對椰子油的壟斷；廢除華商的承包稅制，改為低關稅，允許和外國人自由貿易。條約最後規定十年修訂新約。條約簽署後，蒙庫特王非常高興，接待鮑林禮節隆重，並致函英國維多利亞女王（Queen Victoria），將請鮑林的秘書帕克斯（Harry Parkes）將該條約送請女王批准後帶回暹羅。蒙庫特王贈送鮑林兩隻象，因為運送不便，所以鮑林只接受兩綹白象尾毛，後來他呈送給英國女王。[38]

1856 年 4 月，暹羅和英國正式簽署上述條約。其他國家，如美國（1856）、法國（1856）、丹麥（1858）、瑞士（1858）、葡萄牙（1859）、荷蘭（1860）、德國（1862）、瑞典（1868）、比利時（1868）、挪威（1868）、義大利（1868）、西班牙（1870）、日本（1898）等相繼與暹羅簽訂類似的條約。受這些條約的影響，外國商船

---

37. Chris Baker and Pasuk Phongpaichit, *op. cit.*, p. 45; Robert Bruce, "King Mongkut Of Siam And His Treaty With Britain," *Journal of the Royal Asiatic Society Hong Kong Branch*, Vol. 9 (1969), pp. 82-100, at pp. 95-96. 蔡文星，前引書，頁 43。
38. Robert Bruce, "King Mongkut Of Siam And His Treaty With Britain," pp. 96-97.

絡繹到曼谷做生意，1856年有141艘船，1857年有204艘船，1858年增加到3～400多艘船。由於交易需要使用貨幣，而暹羅銀幣（子彈形狀）不足，亦可使用墨西哥幣，每3元墨西哥幣兌換1銖。1860年，引進英國的鑄幣機器，生產平版銀幣。至於生產銅錢和錫錢則有困難，因為民眾不喜歡。[39]西方國家的商務公司紛紛到曼谷設立辦事處，曼谷的稻米出口大增，直至拉瑪四世去世為止，暹羅對外貿易量約增加一倍。鮑林條約標誌著暹羅的對外貿易從中國為主轉向西方國家。

1857年，拉瑪四世派遣一個27人代表團前往英國，收集有關科學、交通和政治制度的資訊。從1860年起，他雇用約80名西方人擔任政府顧問（例如雇用美國人擔任公務員及負責海關，聘用丹麥人擔任陸軍及警察訓練教官、航海員及工程師，聘請英國人在宮中教授英文）、翻譯西書、統合稅收、對各省統治者和藩屬國制訂治理規則、鼓勵人民向國王申訴其司法案件，他想像自己是一位偉大的國君，統治一個統一和獨立的王國。實際上，他受到貴族的掣肘，行政機器的運轉有些限制。

1861年6月，暹羅派遣一位使節抵達巴黎，獲拿破崙三世（Napoleon III）接見，並訪問了重要的工業設施和碼頭。但暹羅和法國之間卻存在著緊張，法國在1859年控制西貢，1862年取得越南南部三省的領土控制權，隨後法國勢力延伸至柬埔寨。法國於1863年8月與柬埔寨簽訂法、柬條約，迫使柬埔寨接受法國的保護，越南喪失對柬埔寨的宗主權。惟暹羅為了穩固控制柬埔寨，在該年12月與柬埔寨簽署秘密條約，由暹羅保護柬埔寨，暹羅擁有暹粒省和馬德望省以及其他暹羅所已控制的柬埔寨土地；柬埔寨需向暹羅朝貢。[40]

法國為了控制柬埔寨，需與暹羅進行談判，乃在1865年上半年派遣領事歐巴雷特（I. N. Aubaret）前往曼谷，他威脅說，假如暹羅不同意與法國聯合共管柬埔寨，則法國將採取懲罰行動。4月，暹羅和法國簽署草約，暹羅承認法國對柬埔寨的保護，並宣稱1863年12月暹羅與柬埔寨條

---

39. B. J. Terwiel, *op, cit.*, pp. 149-150.
40. Ronald Bruce St. John, Clive H. Schofield, *The Land Boundaries of Indochina: Cambodia, Laos and Vietnam*, International Boundaries Research Unit, University of Michigan, 1998, p. 9.

約無效。暹羅和法國承認柬埔寨是一個自由獨立的國家,不屬於任何宗主國。法國承認現行的吳哥和馬德望以及寮邦(Laotian states)為暹羅的邊境省分。由於該草約遭到法國各界的批評,主要是該條約將一部分土地割讓給暹羅,而換來暹羅承認法國對柬埔寨的保護,以致於法國政府沒有批准該約。[41] 吳哥和馬德望兩省都是柬埔寨人居住,從 1795 年以來成為暹羅的封地,都是由暹羅派遣的柬埔寨官員統治,實施柬埔寨法律和習慣。位在柬埔寨東北部的美洛普瑞(Melouprey,Mlu Prey or Mlo Prei)、洞里里普(Tonlé Repu)、司東特蘭(Stung Treng)、巴沙克(Basak)等地自其總督於 1810～1815 年叛亂後被暹羅占領,該地原是高棉人居住,後來從北方有不少寮族人南下,而成為暹羅的寮邦(Siamese Laos)。[42]

暹羅受到法國之威脅,迫使其轉向英國求援。英國領事於6月秘密與暹羅接觸,他建議暹羅無須做過多讓步,因為該法國領事之要求遠超過法國中央政府對他的指示。英國領事甚至為暹羅草擬答覆文,堅持柬埔寨為暹羅的藩屬國。歐巴雷特將暹羅之覆文帶回巴黎,法國政府不滿意,要求重新談判。1866 年底,歐巴雷特再度到曼谷談判,他與暹羅談判代表蘇里亞旺(Somdech Chaopraya Borom Maha See Suriyawong,或寫為 Sisuriyawong)會談,發生爭執,後者堅持不願讓步,歐巴雷特要求暹羅國王撤換蘇里亞旺,而由蒙庫特國王直接參與談判。由於歐巴雷特與蒙庫特國王之談判出現許多爭論,蒙庫特國王威脅將致函法國國王述說歐巴雷特的行為舉止,歐巴雷特回應說,法國政府充分支持他的行為。[43]

暹羅和法國談判沒有進展,蒙庫特國王在 1866 年 12 月 18 日致函英國領事,他以個人意見說:「假如英國的保護是需要的話,我及家人會接受。」[44]蒙庫特國王決定派遣一名使節到巴黎,以解決該問題。他指示該名特使說:英國正想將其勢力延伸到暹羅,他授權該名特使儘量與法國

---

41. Ronald Bruce St. John, Clive H. Schofield, *op. cit.*, p. 9.
42. Ronald Bruce St. John, Clive H. Schofield, *op. cit.*, p. 10.
43. B. J. Terwiel, *op, cit.*, p. 155.
44. B. J. Terwiel, *op, cit.*, p. 155.

達成協議，必要時可以做出讓步，並要求法國政府替換歐巴雷特。蒙庫特國王的指示如下：「假如他們拒絕將歐巴雷特傳召離開曼谷，而堅持留他在曼谷並賦予全權，則此事已非我所能容忍。假如你不能將歐巴雷特更換，則你可到英國尋求援助，你可從盡責之大臣、在職或不在職的英國大臣、鮑林爵士的角度作最適宜的決定。我作此決定有自己的理由。」[45] 從上述蒙庫特的信函來看，他寧願成為英國的保護國，也不喜歡法國。幸好，暹羅特使獲得法國友善的接待，並獲得滿意的回應，他們不必前往英國尋求保護。他們返回曼谷後不久，法國就撤換了歐巴雷特。

1866 年 1 月，蒙庫特王和王后生的長子朱拉隆功（Chulakongkorn）十二歲，舉行連續七天的官式的剃髮儀式，法國總統拿破崙三世（Napoleon III）贈送給蒙庫特王和朱拉隆功各一把寶劍。1867 年 7 月，副王的候選人選蒙庫特王的長子馬熙璇（kromam'un Mahesuan）病逝，因朱拉隆功年紀還小，所以暫不封為副王。

暹羅在 1867 年 7 月 15 日與法國達成協議簽署條約，暹羅同意柬埔寨成為法國的保護國；宣布 1863 年 8 月 11 日法國和柬埔寨簽訂的條約無效；法國同意不將柬埔寨王國併入交趾支那殖民地；將吳哥和馬德望兩省割讓給暹羅。吳哥和馬德望兩省直至 1907 年才被法國兼併。

在拉瑪四世執政初期，曾請求美國傳教士組織婦女教師團到內宮教導婦女英文，當時有布拉德里（Bradley）夫人、瑪褆（Mattoon）夫人和鍾斯（Jones）夫人在內宮上早上的英文班，有二十位女士上課。後來僅剩下數名蒙庫特王的妾上課。這些傳教士太太除了上英文課外，亦灌輸西方的觀念，例如不贊同一夫多妻制。蒙庫特王的妻妾有 600 人。[46] 此一批評引起內宮騷動，蒙庫特王遂在 1854 年下令讓其妾（約有 32 人）、女僕和舞者自由選擇退出內宮生活，另安排她們住在宮外。在某些情況下，她們還可以每年領取王室津貼，以度餘年。[47] 蒙庫特王亦同時停止該

---

45. B. J. Terwiel, *op, cit.*, p. 155.
46. Craig J. Reynolds, *Seditious Histories, Contesting Thai and Southeast Asian Pasts*, p. 193.
47. Craig J. Reynolds, *Seditious Histories, Contesting Thai and Southeast Asian Pasts*, p. 197.

英文班，他對美國人漸感不信任。惟當時曼谷有許多歐洲人居住，引入新的觀念和生產技術，而其子女亦相繼出生，人數漸多，他想讓其子女接觸西方文化的機會，他聘請當時在新加坡開設小學的安娜到內宮擔任英文教師，只能教授英文、科學和文學，不能教授基督教義。

安娜於1862年3月15日攜其幼子路易斯（Louis）到曼谷，於1867年7月5日離開暹羅。她寫了數本書，其中一本書廣為流傳，在暹羅王宮的女英文教師：在曼谷王宮的六年回顧和哈倫的情史（*The English Governess at the Siamese Court: Being Recollections of Six Years in the Royal Palace at Bangkok and The Romance of the Harem*）。該書後來被改編為國王與我（*The King and I*）及安娜與國王（*Anna and the King*）兩部電影。由於該書對於暹羅王宮日常生活的描述有所曲解，對蒙庫特王的描述失實，而引起泰人不滿。該書提及安娜初次晉見蒙庫特王時，蒙庫特王用食指指著安娜問其年齡，安娜回答說：「一百五十歲。」蒙庫特王又高聲的問安娜是哪一年出生，安娜回答說在1788年。此一回答讓蒙庫特王感到尷尬。該書反映了蒙庫特王的粗魯無禮，他不懂英國女人對於年齡有避諱，英國人通常不會直接問女人的年齡。此書將蒙庫特王寫成粗魯無禮，泰人無法接受，因為兩國文化不同，蒙庫特王提出之問題，在泰國是可以接受的。由於這兩部電影演出這些情節，致遭泰國政府禁映。

拉瑪四世下令取消當國王經過時必須關閉門窗的古老禁令，讓一般暹羅人可以看到國王的面孔。他也安排時間接見有冤屈的人民，聽取他們的訴怨。以後拉瑪五世也延續該一作法，並深入到鄉下瞭解民瘼，進而對偏遠地區進行行政改革。[48]

1868年3月21日，英國「海峽殖民地」（Straits Settlements）總督歐德（Sir Harry St. George Ord）在未經英國政府訓令下私自與暹羅訂約，英國政府未予批准。英國政府於隔年5月6日改派英國駐曼谷總領事諾克斯（Sir Thomas George Knox）與暹羅另訂英國和暹羅曼谷條約（UK-Siam

---

48. Chintana Bhandfalk, *The Thai Monarchy*, The Public Relations Department, Office of the Prime Minister, Bangkok, Thailand, 1999, p. 47.

Bangkok Treaty of 1869），取消英國和暹羅在1786年、1791年、1802年的條約以及1831年英國與單馬令和暹羅的條約，該新約的內容如下：

第一、英國海峽殖民地政府，年以一萬元給予吉打王作為租借檳榔嶼及對岸的酬勞。（第二條）

第二、吉打王承認檳榔嶼對面之英國政府大陸領地，包括下列地方，即是西向靠海，北向靠慕達河（Mudah）右岸，南向靠古鄰河（Kureen）右岸，東向從慕達河右岸一點畫一線與西馬吐勒（Simatool）現存邊界石柱相對，在滂克爾（Punchore）山脈極東邊一點引一直線從彼間沿滂克爾山。自山背頂點至古鄰河右岸，現在邊界柱石高約四百英碼，處西馬吐勒之東，指示上開東界之地圖附於此約，並由各委員署名。

英國於訂約之後，尊重割地內之王陵，並視此仍為吉打之財產，惟在其他各方面則須受英國法律統治，開放慕達河，俾暹羅國王臣民得以做和平通航。（第三條）

第三、在海峽殖民地與吉打接界處，雙方不得在邊境售賣鴉片、棕櫚酒或酒類，或設賭場。（第四條）

第四、凡謀殺、搶劫、縱火、強姦、強盜、盜竊家畜、逃獄、出於欺詐之破產或企圖作以上之罪犯，經英國政府之要求，則對方須將罪犯解交。（第五條）

第五、由吉打至英境之米，每四十擔抽稅不得超過八元，稻每八百干當[49]不得超過四元，家畜每頭抽一元。雞鴨每百頭抽一元。（第六條）

第六、此約經英國、暹羅政府簽字後即可執行。（第七條）[50]

該約明顯地表明暹羅承認英國擁有吉打的控制權以及英國擁有檳榔嶼和其對岸的領土。

---

49. 「干當」係馬來文的音譯，馬來文為 gantang，又譯為「干冬」，是古代馬來社會使用的圓筒形量米的容器。參見鍾松發、黎煜才編著，最新馬來語大辭典，聯營出版有限公司，雪蘭莪，馬來西亞，1997年，頁425。
50. 蔡文星，前引書，頁55-56。

拉瑪四世對於科學知識非常有興趣，他有意在1868年8月組織一個天文觀測團前往泰南觀察日全蝕。他想藉此破除泰人的傳統的對自然現象的迷信以及讓國內外都知道他是一名開明的國君。他邀請法國天文學家、英國外交官、暹羅王室天文學家以及大批王室成員和貴族，到泰南的華望（Hua Wan）觀察日全蝕。在暹羅有一個古老的傳說，即日全蝕會帶來厄運。參加這次觀察旅遊的人，蒙庫特王及許多皇室成員，包括朱拉隆功，10位法國科學家中的8位，及許多貴族都染病。9月底，有9人去世，蒙庫特王則是在10月1日去世，年六十四歲。蒙庫特王生有兒子39人，女兒43人，共82人。

王位繼承委員會（Great Council）立即開會，同意由朱拉隆功繼承王位。另選非王室成員的時任國防部長蘇里亞旺為攝政，由於他僅有「坤南」（khunnang）爵位（是指一般貴族的頭銜），不能指揮王子，所以另選蒙庫特王的弟弟邦拉普（kromakhun Bamrap，或稱 chaofa Mahamala）為「王宮事務的攝政」（regent of palace affairs）。在王位繼承委員會議上，蘇里亞旺建議任命韋猜昌（Prince Wichaichan）為副王，但遭資深王子窩拉沙克（Kromakhun Worasak）的反對，認為應由新國王決定人選。最後會議決議同意由韋猜昌王子為副王，其父平克勞（Phra Pinklao）亦曾為副王。[51]

朱拉隆功從泰南返回曼谷後，亦得熱病，經過兩個月的調養才恢復健康，因此登基日期延至11月11日舉行，稱拉瑪五世（Rama V），被封為帕朱拉鍾克勞（P'ra Chula Chom Klao）頭銜。

在十九世紀初期，有許多華人商界領袖（jao sua）獲得國王恩惠，他們代表國王及高官從事貿易。從1830年代後，他們獲得燕窩、酒、鴉片和賭博的承包稅的權力。國王給他們官職和封號。最顯赫的華人領袖成為「頭目」（choduek）。少數這些家族在阿瑜陀耶時期來到暹羅。克萊李克斯（Krairiksh）家庭的祖先在十八世紀中葉乘中國帆船抵達暹羅，擔任鄭信的朝貢使，前往中國，在十九世紀成為王室的貿易官員。

---

51. B. J. Terwiel, *op, cit.*, p. 172.

此時前往暹羅的華人中較有名的華人主要是福建人，其他人則是潮洲人或客家人。[52]

華人的爵號可傳給其兒子，例如依賴帆船貿易興盛的周帝卡普卡納（Chotikapukkana）家庭的領袖在1850年代成為「頭目」。以後其爵號就傳給其兩個兒子。周帝卡普卡納除了進口陶器供王室使用外，亦充當華人社區的法官，排難解紛。有些華人在政府機關任職，例如卡良那米特（Kalyanamit）家族的家長就出任強制勞役登記的部長，1850年代還升到「昭披耶」，該一頭銜後來傳給其兩個兒子。周帝卡沙新（Thian Chotikasathian）也是王室帆船貿易官員和「頭目」，曾協助朱拉隆功國王建立現代的財政部，其子在1872年陪同國王前往印度訪問。華商領袖亦與王室建立通婚關係，若干華商領袖的女兒成為拉瑪三世（Nangklao）的妻妾。菲梭耶布特（Phisolyabut）家族的女兒嫁給拉瑪五世為妾。以後數年國王的兩位親屬亦娶了菲梭耶布特家族的女兒。

這些華商非常富有，周帝卡普卡納的住房有100萊（1萊等於2.4畝）範圍，他們捐錢給國王，以裝飾曼谷，其他華商也捐錢建設曼谷、興建寺廟、修建運河、醫院和學校。拉瑪三世建造的佛廟使用中國的設計、工匠和材料，例如在屋脊以龍取代泰式的蛇（naga）作為裝飾。中國的鶴、菊的圖案取代了暹羅的圖案。他甚至在湄南河畔建造一座樣子像中國帆船的寺廟。蒙庫特王模仿中國皇帝的黃袍，在上面畫上自己的肖像。他也在挽巴茵（Bang Pa-in）王家隱退所蓋了一座中國式庭園。

許多華商領袖因為娶了暹羅女子而接受了暹羅文化，他們捐款建佛寺，或身居暹羅高層官職。阿派瓦尼特（Luang Aphaiwanit）因承包燕窩稅而致富，他出資成立了一個暹羅戲班，市井流傳他擁有一個戲班的妻子。[53]華人由於長期居住在暹羅、與暹羅女子通婚、獲得王室承認、接受暹羅文化，其後代子孫（lukjin）（泰人稱華人兒女）很容易融入暹羅社會。

---

52. Chris Baker and Pasuk Phongpaichit, *op. cit.*, p. 34.
53. Chris Baker and Pasuk Phongpaichit, *op. cit.*, pp. 35-36.

第二節　朱拉隆功推動現代化

圖 5-8：拉瑪五世

資料來源：http://www.chian-
　　gmaichimes.com/kings_1.
　　html，2010/8/17 瀏覽。

拉瑪五世（1868～1910）

　　拉瑪五世生於 1853 年 9 月 20 日，繼位時僅有十五歲，直至其年滿二十一歲時，攝政蘇里亞旺才大政奉還。蘇里亞旺是四朝元老，從拉瑪二世起開始擔任侍童起，以後為拉瑪三世、拉瑪四世和拉瑪五世服務。在國防部長蘇里亞旺攝政期間，掌握軍事和財政大權，凡百大政均由他決定，無須聽命於國王的意見。在統治初期，曾進行人口調查，前次調查是在 1858 年和 1860 年之間，在 1870 年的調查，大多數人是屬於一般的「平民」（phrai luang），[54]其主人住在曼谷，他們須到曼谷接受新的刺青標記，然後列在名冊內。許多人每年需支付 9～12 銖，以取得免除強迫勞役的證書。刺青標記顯示其屬於哪個王侯級別（krom）、行政區和主人。若主人屬於右邊的王侯級別，那麼刺青的位置在其右手腕或距離手腕不遠的手臂的內側。假如一個人的主人屬於左邊的王侯級別，那麼刺青的位置在其左手

---

54. 暹羅在十七世紀末實施強制勞役制，有許多人被徵調至礦場和森林工作，以供應國王所需。在首都之外的省分很少有公共工程在進行，森林和礦場的產品之供應，成為許多平民的主要工作，他們也靠森林和礦場工作維生，國王不會強迫他們放棄這項工作去從事半年的強迫勞役。相反地，國王允許他們以其生產的東西作為繳稅之用。這些人在名冊上登記為特殊的身分，例如，「徵鹽稅的平民」（salt-levy commoners, phrai luang suai klu'a）或「徵錫米的平民」（tin-levy commoners, phrai luang suai dibuk）。B. J. Terwiel, *op, cit.*, p. 31.

腕或距離手腕不遠的手臂的內側。禁衛軍則刺青在左腋窩之下的胸上。[55]

除了一般平民外，其他人則分為數類，例如，「私人隨從」是直接附屬於特定主人而非附屬於政府。「隨扈」（Thanai）是有權勢者的個人助理，可免除強迫勞役。另有替王室家庭服務的自由人。某些類別的人須每月服勞役十五天，有些要服勞役九個月，有些則替政府服勞役一輩子。後者可獲得年俸以及其他像房舍和食物的福利。有些人接受債務奴隸，俾讓其返還本金和利息。1870 年，債務奴隸不用服強制勞役，而改為每位奴隸每年繳交 1 銖 2 薩倫（salu'ng）（1 salu'ng 約合四分之一銖）的稅。在 1870 年登記時，有許多平民被歸類為某一類或另一類。有些人逃避不想歸屬哪一類，例如曼谷的馬來人和緬甸人登記為外僑，以規避負擔。華人則可支付每三年一次的人頭稅，以免除勞役，其人頭稅為 4 銖 1 薩倫。[56]

在 1870 年人口登記時，政府亦推動兵役登記，讓年滿十五歲以上的年輕人在未登記屬於何類別時可自願登記為軍人，此為暹羅建立常備軍人之開始。

蘇里亞旺極力輔佐拉瑪五世，讓他學習國王的角色，參加各種公開儀式，例如主持王室成員的火葬儀式、接見外國使節、每年 10 月到 11 月到佛廟參加「卡辛」（kathin）節慶（賜袈裟給僧侶的功德儀式）、每年 11 月 18 日舉行大規模的施放煙火慶祝其登基週年紀念。1871 年 3 月 9 日到 4 月 15 日，拉瑪五世前往新加坡和巴達維亞（Batavia）（今天的印尼雅加達）訪問，蘇里亞旺的目的在讓年輕的國王瞭解英國和荷蘭的行政制度。他訪問了郵局、監獄、醫院、學校、電報局、消防隊、燈塔、植物園、博物館、劇院、商店、孤兒院、鐵路、和工廠。他也參觀了一個美國馬戲團，同時邀請該馬戲團到曼谷表演。果然在他回國後不久，該馬戲團應邀在曼谷王宮內表演。

---

55. B. J. Terwiel, *op, cit.*, p. 174.
56. B. J. Terwiel, *op, cit.*, p. 174.

圖 5-9：穿西服之拉瑪五世
資料來源：http://www.thaiboxing.
　com/thailand_information，
　2010/8/17 瀏覽。

圖 5-10：朱拉隆功與諸子合影
資料來源：http://www.thailandlife.com/all-about-
　thailand/king-rama-vi.html，2010/11/16 瀏覽。

　　朱拉隆功組織了一支現代化的禁衛軍，由六個連組成，每連92人。甄選自貴族，模仿英國步兵團的組織和訓練，配備最新的西式武器。國王給予這些軍人一個月薪俸，要求這些軍人須上課，使用英文撰寫的教材，以增進學生的英文能力。他決定選派王族14名學童前往新加坡的萊佛士書院（Raffles Institution）就讀。於是在他前往印度訪問時，順便將這些學童送至新加坡。此行他訪問了新加坡、馬六甲、檳榔嶼、毛淡棉（Moulmein）（在下緬甸）、仰光、加爾各答、德里、亞格拉（Agra）（在印度）、魯克腦（Lucknow）（在印度）、坎普爾（Kanpur）（在印度）、孟買（Bombay）（在印度）和必那里斯（Benares）（在印度）。遊歷三個月返國後，他先在軍校中增開英文、法文和數學的課程，惟這些小孩耐心不足，人數漸減，至1873年只剩下5名王子就讀，都是朱拉隆功的弟弟。

朱拉隆功在 1872 年底到 1873 年初，曾建議進行改革，例如廢除強迫勞役制、廢止奴隸和賭博、改革法院、給公務員薪俸、設立警察武力和常備陸軍。但這些建議在內閣會議中被否決，認為不切實際。1873 年 11 月，朱拉隆功年滿二十歲，第二次正式登基，開始親政。他的第一道命令是禁止人民在他面前伏地，藉以鼓勵人民能站立起來，公開說話，更為坦率。增加王宮內領月薪的人數到 32 人，大多數是元老貴族的年輕兒子獲得月薪。

政府組織改造

朱拉隆功對歐洲的憲政制度非常有興趣，收集好些個歐洲國家的憲法，特別是對法國拿破崙法典有興趣。

1874 年 5 月 8 日，朱拉隆功任命組織一個國務委員會（State Council），以備諮詢國政，此為泰國歷史上第一個內閣。委員共有 12 人，參加的人員都是「披耶」級的資深官員，沒有資深的「昭披耶」級和王室人員參加。這些委員都是國王信任的有學問、知識、和進步思想的人。該一作法的主要目的在削減前任攝政的影響力。7 月，朱拉隆功計畫將分散在十七個財政機構合併在中央財政部之下，統籌徵收各種稅款，但財政大臣（krom Na）亞哈波里拉克（phraya Ahanborirak），是前任攝政的侄子，拒絕公開徵收土地稅細節，而遭到譴責。國務委員會的成員有不法情事者，亦遭到撤換。1885 年，朱拉隆功任命其弟弟納拉帝普（Narathip）擔任財政大臣，在以後的三年，將貴族布恩納（Bunnag）控制的酒、鴉片和賭博業的收入掌控在自己手裡，由國王控制的歲收從 1874 年的 160 萬銖增加到 1906～07 年的 570 萬銖。[57]

1874 年 8 月 15 日，朱拉隆功設立第二個委員會，即樞密院委員會（Privy Council），主要功能是提供諮詢意見。樞密院委員總共任命四十九名成員，成為國王的私人顧問。其中 13 人為王室成員。蘇里亞旺受邀為樞密委員，但他婉拒，其長子國防部長亦是如此。樞密委員沒有任

---

57. Chris Baker and Pasuk Phongpaichit, *op. cit.*, p. 53.

期，可終身擔任。樞密院委員會通過的決議，須送至內閣，然後將法案交由相關的國務部長審理，才能成為法律。

朱拉隆功在1874年派駐一名王室專員（resident royal commissioner）到清邁，以監督地方政府、林地放租合約、限制地方統治者的特權、預備將北部的城邦國家變成省而納入中央政府控制之下。過去都是由王子派駐在清邁等地方出任統治者，現在削減王子的政治權力時，會考慮不能嚴重損害他們的經濟利益。[58]

法國意圖兼併寮國，而英國已控制緬甸，暹羅面臨東西兩面的威脅，國家獨立地位岌岌可危。暹羅高層官員在1885年1月8日向國王提出一份研究報告，認為單憑暹羅的軍事力量或與歐洲國家維持外交關係，無法避免殖民化。最好的對抗歐洲擴張的途徑是不讓歐洲人有抨擊暹羅政府為一個古老的壓制的政府之機會。提出該建議的4名王子和7名高級官員主張應進行大幅度的內部改革，包括推行君主立憲制以及設立部長內閣制、王位繼承應更可預期，否則易造成動亂，亦建議消除官員貪污以及改革稅制、官員升遷應依據功績而非家世關係、實施普選制建立平等的司法權利和新聞自由。改革派認為這些改革中之要務是軍事改革，由一個最高司令統籌各層級軍隊。該改革建議被稱為「叛國」（lèse-majesté）之行為，一個具有叛逆性的挑戰。拉瑪五世感謝這些建議者的愛國心，不過，他說人手不足，無法完全執行這些改革。例如，沒有獨立的立法議員，無法建立有效的立法機關，年老的部長，不擅長於言論。因此，拉瑪五世採取的是漸進的改革。[59]

1881年，在大皇宮內設立士官學校。1887年4月，拉瑪五世成立國防部（krom Yutthanathikan, Department of the Military），下轄陸軍單位和海軍單位。他任命其弟弟潘奴蠻格西王子（Prince Phanurangsi）為代理陸軍單位首長。5月，拉瑪五世成立教育部，隨後又成立公共工程部、司法部、掌璽部，每部均由一位王子負責主持。拉瑪五世利用王子掌控政府

---

58. Hans Penth, *A Brief History of Lan Na, Civilization of North Thailand*, p. 79.
59. B. J. Terwiel, *op, cit.*, pp. 201-202.

機關，而非像以前的國王是利用貴族，拉瑪五世之目的在鞏固王權。12月，又下令禁賭，關閉許多已領有執照的賭館，原來曼谷有403家賭館，僅留下67家的小賭館。1889年又禁止曼谷10家賭館，1890年再禁10家賭館。至1906年，除了曼谷之外，關閉所有各地的賭館。而曼谷的賭館僅剩下9家。[60]

從1887年到1892年之間，許多部也進行重組。1887年，國防部設立一所軍官學校和一所士官學校。步兵重新裝備快速發射的曼利徹（Mannlicher）的槍枝。起草統一的軍事法典，設立軍官俱樂部，創辦軍事期刊日塔坤（Yutthakot）。由於這些軍事改革的成功，暹羅派往清邁、琅勃拉邦、拉查西瑪（Nakhon Ratchasima）、廊開、烏汶拉查塔尼（Ubon Ratchathani）的專員，更能掌控當地情勢，以阻止外國勢力對這些地區的挑戰。暹羅從1887年起，開始採取徵兵制，而在這之前是採取強制勞役制。初期在三個省分實施徵兵，以對抗叛亂活動。1901年，拉瑪五世廢除拉查西瑪省和拉特武里省的強迫勞役制，而開始在這兩省實施徵兵制。在這兩省，雖然有貴族反對，但對合格的男性徵收人頭稅，及正式廢止個人勞役。假如政府能成功的徵收人頭稅，則可以實施普遍徵兵制，政府對於徵召的士兵可以給予薪水。至1905年才全面實施徵兵制。因為採取徵兵制，國防經費隨之增加，1898年國防費用為100萬銖，1909～1910年增加到1,300萬銖。當時陸軍人數為2萬人，海軍為5,000人，預備軍有5萬人。[61]

1892年4月，拉瑪五世成立了包括十二部的內閣，其中九個部部長是由朱拉隆功的兄弟擔任。有些新設立的部是更改舊名而成的，例如皇家部（krom Wang）改為皇室部（Ministry of Royal Household），土地部（krom Na）改為農業部。新成立的部有內政部，是將以前的民事部和軍事部合併，並吸收財政部（krom Phrakhlang）的若干功能。徵稅工作由財政部負責，軍事事務由國防部負責，司法事務由司法部負責，公共工

---

60. Prachoom Chomchai, *op, cit.*, pp. 69-71.
61. Chris Baker and Pasuk Phongpaichit, *op. cit.*, p. 62.

程事務由公共工程部（Ministry of Public Instruction）負責。這十二個部名稱如下：皇室部、農業部、內政部、國防部、財政部、司法部、公共工程部、警務部（Nakorn Barn）（負責警察和軍人徵選、罪犯感化）、教育部、外交部、戰爭部（負責陸軍和海軍）和婆羅門慶典部（Brahman Ceremony）（負責國王印璽、法律敕令和官方文件）。1903 年，將戰爭部併入國防部，婆羅門慶典部併入皇室部，而只有十個部。[62]

　　儘管設立了類似西方國家的部，但最後還是由國王負全責，由國王作最後的決定。內政部轄下的各省，過去是由半世襲的家族控制，現已改為由中央派遣的官員管轄。從 1892 年到 1915 年，內政部長一職都是由丹龍王子（Prince Damrong Rajanubhab, 1862～1943）擔任。1899 年，該一制度由立法加以確立。至 1914 年，內政部派遣 3,000 名官員到各省。從 1902 年開始，官員的薪俸是由中央支付，而非由地方職位所獲得的利益維生。過去省長是在其住家發號施令，現在已另建官方辦公室。[63]

廢除副王制

　　副王韋猜昌王子喜歡西方科學和現代化，在曼谷的外交界亦頗活躍，其在蘇里亞旺之暗中支持下，聲勢日盛，且擁有一支自己的軍隊，而危及朱拉隆功國王的地位，引起朱拉隆功的防範。1874 年 12 月，曾謠言朱拉隆功有意廢除副王制或更換副王人選，雙方關係陷於緊張。12 月 28 日夜晚，大皇宮的煤氣室發生火災，附近有火藥庫、軍械庫和倉庫。副王派出的軍隊前往救火姍姍來遲，因此被懷疑該火災與副王有關。12 月 29 日，朱拉隆功派遣 5 千多名軍隊包圍副王的住處。朱拉隆功並寫信給在拉特武里的蘇里亞旺，要求其前往曼谷商量該一問題。朱拉隆功並邀請副王會談，意圖將他逮捕。副王沒有應邀。12 月 31 日，蘇里亞旺返抵曼谷，勸朱拉隆功談判解決此一問題。朱拉隆功要求韋猜昌王子放棄副王職位，解散其軍隊，僅可保留私人僕役，以及一定的收入以維持開

---

62. Prachoom Chomchai, *op, cit*., pp. 48-49. 蔡文星譯，「拉瑪五世皇政治革新的豐功偉績」，世界日報（泰國），1991 年 10 月 24 日，頁 9。

63. Chris Baker and Pasuk Phongpaichit, *op. cit*., pp. 54-56.

銷。但遭韋猜昌王子的拒絕。他趁夜逃入英國領事館，獲得代理總領事的政治庇護。當時謠言英國可能入侵曼谷，有民眾準備逃亡。最後朱拉隆功讓步，應允他保留副王職位以及少許權力，韋猜昌王子知道他逃入英國領事館是一叛國行為，輿論不會諒解，所以拒絕離開英國領事館。三星期後，英國代理總領事請求「海峽殖民地」（Straits Settlements）總督克拉克（Sir Andrew Clarke）到曼谷協助解決。一個月後，爭端最後獲得解決，解除副王的軍隊，韋猜昌王子仍繼續擔任副王。

副王韋猜昌王子在1885年去世後，即不再設副王。拉瑪五世宣布設立王儲（sayam makut ratchakuman, crown prince），他具有王位法定繼承人（somdetphraborom-orotsathirat）的頭銜。朱拉隆功的長子瓦七倫希特王子（Prince Wachirunhit）被任命為王儲，年僅九歲，其冊封禮在1887年1月舉行。拉瑪五世在1885年派遣其4名年長的兒子到外國留學。

建立王儲制

1895年1月，王儲瓦七倫希特王子去世，拉瑪五世任命十四歲的瓦七拉兀（Maha Vajiravudh）為王儲，瓦七拉兀正在英國求學。1896年，拉瑪五世再度率領4位兄弟、13名官員和若干侍女訪問新加坡和爪哇。1897年4月初，拉瑪五世搭乘王室汽船「馬哈卻克里」（Mahachakri）號訪問歐洲，他任命王后邵瓦帕（Queen Saowapha）為攝政，舉行任命攝政的儀式，王后須宣誓效忠，並受封為「國主」（chao phaendin, the country's overlord）。此項任命之最大原因是王室中沒有資深的成員可以擔任攝政。在長達九個月的歐洲之旅，拉瑪五世透過電報和信函與攝政聯繫。他訪問了羅馬、佛羅倫斯、土倫（Turin）、日內瓦、漢堡、布達佩斯、維也納、華沙、彼得堡、海牙、艾森（Essen）、布魯塞爾、巴黎和倫敦。他於12月16日返回曼谷。

在財政上的改革

朱拉隆功在財政上亦進行了改革，他在1874年設立公共歲收發展署（Public Revenue Development Chamber），負責收稅和國家歲入。1892年

改組為財政部。他取消承包稅制,制訂各地平等的稅率,由各省總督徵稅,再交給中央財政部。1896 年,將國家歲入和王室歲入區別,二者各有預算。汰換舊金屬錢幣,改鑄新幣。1880 年,使用紙鈔,以金本位制取代銀本位制,以穩定幣值。1906 年,成立第一家私人銀行「暹羅商業銀行」(Siam Commercial Bank)。[64]

拉瑪五世曾在 1895 年下令將北方的清邁、南邦、南奔、南城、波勒等納入行政體系內,改由中央派遣的專員和地方官組成的委員會負責收稅。但因為中央力量伸入北方,引起地方貴族不滿。1898 年,丹龍王子到北方視察,繼續推動該一政策,為贏得地方貴族之支持,增加其薪水。1899 年,派遣特別專員到北方執行此一政策。

暹羅這些行政改革,影響地方權貴的利益,1895 年在卡恩(Khon Kaen)爆發暴動,驅逐地方官員,動亂持續三年。1889～90 年,有 3,000 人反對清邁新的省長,暴民攻擊新政府大樓,要求驅逐暹羅官員和華人承包稅者。1901 年,在東北的烏汶(Ubon)府有 2,500 人參與反政府暴動。該暴動是由一位居住在寮國南部沙拉凡尼(Saravane)地區的村民亞拉克(Alak)所領導,他自稱擁有超自然力,假藉佛教動員村民。其妖言惑眾之語,例如:「我們將看到世界末日將近,砂石將變成金銀,金銀將變成砂石。葫蘆和南瓜將變成大象和馬,白色的水牛和豬將變成吃人的夜叉(yaksa)。神聖法律的主人(Thao Thammikarat)將統治這個世界。」故該暴動被稱為「神人之暴動」(Holy Men's Rebellion)。[65]在伊山的叛軍掠奪肯馬拉特(Khemmarat)鎮,並朝烏汶府首府進發,意圖建立一個不受暹羅人或法國人統治的國家。這些叛軍僅有土製武器以及相信神秘力量可以讓身體不受槍彈傷害,結果不敵現代的槍砲。在東北部,政府軍槍殺了 200 名叛軍。在蘭那,逮捕了 13 名領袖,遊街示眾三天後處死。[66]

1902 年,泰南邊境省分的人民叛亂,占領波勒省,有少數叛軍攻擊

---

64. Prachoom Chomchai, *op. cit.*, p. 75.
65. David K. Wyatt, *Thailand: A Short History*, pp. 213-214.
66. Chris Baker and Pasuk Phongpaichit, *op. cit.*, pp. 56-58.

南邦和南奔。北大年的總督卡德（Abdul Kadir, Abdul Kader）拉惹反對將收稅權移交給暹羅官員（顧問）或其指定的人，甚至尋求英國保護。暹羅將該總督逮捕，並放逐到彭世洛。[67] 當北大年七省的總督去世或退休後，泰國逐次更換為泰族總督，北大年被整合入泰國領土。

上述的動亂皆與新稅制有關。叛軍領導人大都是失勢的官員和舊統治者。新舊秩序的更動導致傳統勢力失去依靠，於是透過各種方式表達反對，最後釀成動亂。

在教育方面的改革

朱拉隆功在 1871 年在大皇宮設立學校，專門教授王室和高層貴族的子弟。1877年，麥克發蘭德（Samuel McFarland）建議在曼谷設立教育學院，拉瑪五世接受此一建議。1879 年，獲英國人帕騰生（Francis George Patternson）之協助，設立英文學校。1881 年，丹龍親王建立一所玫瑰園中學（Suan Kulap School），招收親王、貴族的子弟，目的在訓練公務員。後來有數名平民入學，以提高學費方式阻止平民就讀。1884 年，首先在馬漢帕彎（Mahan Param）寺院設立王立學校，招收平民。接著也在曼谷及各省寺院設立王立學校。至 1886 年，暹羅已有 5 所王立學校、35 所公立寺院學校（曼谷有 21 所、其他地方有 14 所）、教師 81 人、學生 1,994 人。

1887 年，設立教育署（Department of Education），負責曼谷的教育事務。1891 年，設立教育部，負責全國教育事務。教育部下設教育局、古物陳列局、醫務局和僧務局。1892 年，規定私立學校須向教育部註冊登記。另外為了培養師資，在同年設立了師範學校。1896 年，首次派遣留學生6人，其中有4人前往英國學習教育。[68]

1897 年在王立學校設立國王獎學金，鼓勵平民學生出國留學。1899

---

67. David K. Wyatt, *Thailand: A Short History*, p. 213. Chris Baker and Pasuk Phongpaichit 的書則說在北大年的馬來領袖被監禁二年。參見 Chris Baker and Pasuk Phongpaichit, *op. cit.*, p. 58.
68. 蔡文星譯，「拉瑪五世皇政治革新的豐功偉績」，世界日報（泰國），1991 年 10 月 24 日，頁 9。

年，設立公務員學校（Civil Service School），招收貴族子弟，1900 年易名為皇家見習學校（Royal Pages School），後來又易名為瓦七拉兀學院（Vajiravudh College），係模仿英國的公立學校。

1897 年，設立軍校，招收王族和貴族的子弟。1906 年，招生之出生背景更嚴格；1909 年，菁英階層皆是王族子弟構成。1910 年，中將或中將以上軍官都是王族成員。[69]

當拉瑪五世於 1897 年訪問歐洲時，曾考察當地的教育，他要求暹羅駐倫敦公使魏蘇特（phraya Wisut）提出一份教育改革報告。1898 年 4 月，魏蘇特提出一份教育改革報告，建議翻譯大量外國教科書、在各級學校教授英文、按英國教育體系調整暹羅的教育體系。拉瑪五世立即要求教育部長帕查柯拉望（Chaophraya Phatsakorawong）辦理。帕查柯拉望抱怨說，該部官員在過去六年即按照魏蘇特之計畫進行改革，但因經費不足而遭放棄。9 月，拉瑪五世召開教育部高級官員的會議，也邀請丹龍王子和瓦七拉揚王子（Prince Wachirayan）出席，他批評教育部未能提升暹羅教育的水準，不能接納丹龍王子有關的建議，包括在現行的寺院學校中採用現代的教科書，該教科書不是使用外國翻譯本，而是由暹羅人寫的具有暹羅觀點的教科書。拉瑪五世下令各省的學校課程發展由丹龍王子和瓦七拉揚王子負責，曼谷市的學校課程發展則由教育部負責。全國的教育工作移轉給丹龍王子的內政部負責。[70]

拉瑪五世的命令在 11 月成為法律，以後四年，暹羅教育體系分為兩個範疇，各省學校由和尚負責，屬於寺院教育。曼谷的學校則模仿英國教育制度。

司法改革

朱拉隆功為了進行司法改革，從國外聘請法律顧問，例如曾做過比利時國務部長的捷克民司（Rolyn Jacquemins）、比利時的科克帕翠克

---

69. Chris Baker and Pasuk Phongpaichit, *op. cit.*, p. 68.
70. B. J. Terwiel, *op, cit.*, p. 216.

（Richard Jacques Kirkpatrick）以及日本的政尾藤吉（Tokiji Masao）。1891 年，設立司法部。1892 年，首都地區的司法案件由各部底下的法院移轉到統一的法院，在以前，北方的法院歸由內政部管轄，南方的法院歸由國防部管轄，曼谷的法院則歸由內政部（Muong Department）管轄。無論是南方或北方的法院都可以審理民刑案件，而內政部只能審理刑事案件，有關民事案件則由中央民事法院（Central Civil Court）和卡申（Kasem）民事法院管轄。1902 年，派遣專員到各省統整法院系統，使之成為中央轄下的司法體系。1908 年，正式將各級法院置於司法部下，並訂定類似西方的法院審理程序的法令。1908 年 6 月，拉瑪五世公布新的刑法，該新刑法獲得外國專家之協助起草。

1897 年，由狄瑞克里特（Prachao Lukyater Krommun Rajburi Direkrit）發起設立一所法律學校，1902 年，該法律學校變成官立的法律學校，歸由司法部管轄。

收回治外法權問題

朱拉隆功在司法權改革的另一個努力是收回治外法權，1874 年，暹羅與英國簽署協議，在暹羅北部的暹羅法院有權審理涉嫌搶劫的英國公民，而不管其是否持有英國身分證件。除了強盜罪外，對於其他的犯罪，暹羅法院則無權審理持有英國身分證件的英國人。清邁的暹羅法庭有權審理涉及暹羅人和未持有身分證件之英國人之間的訴訟案，而該英國人居住在清邁、南奔、南邦。若該英國人持有身分證件，則暹羅法院無管轄權，除非該英國人自願同意。涉及英國人的民事案件，須送至曼谷，由英國領事裁決。[71]

1879 年，暹羅派遣帕查柯拉望（Phatsakorawong）到倫敦談判。暹羅與英國在 1883 年簽署條約，廢除 1874 年條約，暹羅允許英國在清邁派駐一位副領事，英國和暹羅的法官在清邁合設一個國際法庭，審理在清

---

71. Prachoom Chomchai, *op. cit.*, p. 140.

邁、南奔和南邦涉及英國人或英國公民（指歸化者）的民刑案件，該類法院的暹羅法官須與英國領事合作。但若兩造都是英國人或被告是英國人，假如英國領事不滿意判決，則他擁有撤銷權，他也可以自行判決。英國人若是原告，則暹羅混合法庭擁有管轄權。1884 年，英國首位副領事勾爾德（F. B. Gould）抵達清邁履任。[72]

1899 年，英國和暹羅簽訂解決國籍問題協議，其主要內容如下：

第一、凡英國生長及歸化人民，不屬於亞洲人種者，其子或孫雖在暹羅出生，均仍為英人，其曾孫或私生子女則不能保留英籍。

第二、亞洲人種之後裔，生於英國領土或在英國本國歸化者，可為英國籍，其孫則為暹羅人。

第三、上緬甸及英國撣部之土人，在 1888 年 1 月 1 日居留暹羅者，保留暹羅籍。[73]

1904 年 2 月 13 日，暹羅和法國簽訂條約，內容跟暹羅和英國在 1883 年簽訂的條約一樣。惟暹羅和英國對於國籍疑義，是由雙方協商解決；而法國和暹羅的國籍疑義，則規定由法國領事辦理。暹羅亦在 1905 年分別和丹麥和義大利簽訂條約，這些協約允許暹羅在曼谷設立一個法庭，來審理法國、丹麥和義大利公民為被告的案件。[74]

1907 年 3 月 23 日，暹羅又與法國簽訂條約，規定在暹羅境內的法國公民（指歸化的亞洲裔）的民刑案可由暹羅法庭審理。該條約之主要內容如下：

第一、國際法庭之法權擴張至暹羅全境的法國領養公民與屬民，他們有雜居內地權。

第二、凡 1907 年簽約日前登記之屬民有訴訟時，法國保留其觀審權，1907 年後登記者不在此例，即可在一般暹羅法庭審理。那些登記為法國公民之亞裔之子女，不含其孫子，亦由一般暹羅法庭審理。

第三、法國人的地位無變更。

---

72. Hans Penth, *A Brief History of Lan Na, Civilization of North Thailand*, pp. 74-75.
73. 蔡文星，前引書，頁 59。
74. Prachoom Chomchai, *op. cit.*, p. 141.

　　第四、依據1904年暹羅和法國條約第12條之規定，俟暹羅法典全部完成時，即行取消國際法庭，而由一般暹羅法庭審理。

　　第五、暹羅割讓馬德望、暹粒和詩梳風（Sisophon）三地予法國。暹羅獲得克拉特（Kratt）港口和丹賽（Dan-Sai）領土。[75]

　　1908年，暹羅頒布刑法，取消了法國領事此一撤銷權。無論如何，1907年的條約使得暹羅法院擁有針對亞裔法國人的審判權，至於天生法國人，在曼谷的法國領事仍擁有管轄權；在清邁，國際法庭擁有管轄權。

　　根據暹羅和英國在1909年3月10日簽訂的條約第五條之規定：「取消1883年9月3日條約第八條所定暹羅國際法庭裁判權，惟根據附於此間裁判權草約所定條件，暹羅司法權係延伸至在本約期前在英國領事登記居住暹羅的英國臣民，一俟暹羅刑法、民法、商事法、訴訟程序法、法院組織法頒布及執行時，國際法庭之裁判權得交暹羅普通法院，根據裁判權草約所定條約，所有其他居住暹羅的英國臣民，皆受暹羅普通法院裁判。」第六條規定：「暹羅境內之英國臣民享有該國土人所享有之種種權利及特權，如財產、居住、旅行權等，彼等不用服兵役，免納強迫公債或捐款等。」

　　另外依據該條約之附件之規定，國際法庭之管轄範圍包括：（一）民事、刑事和商事案件。若英國臣民為一造者，由國際法庭審理。（二）所有案件無論屬於國際法庭或暹羅普通法院，若英國人為被告，則須由一位歐籍法律顧問出席初審法院。（三）在所有案件中，若是天生英國人或歸化英國人為當事一造，則在初審時須有一名歐洲人顧問參與審判；若該天生英國人或歸化英國人為被告，則歐籍顧問之意見當屬有效。[76]此外，英國人民在暹羅享有充分的居住權。

---

75. 蔡文星，前引書，頁60-61。該書僅提及暹羅將馬德望、暹粒割讓給法國，而未提及詩梳楓。參閱 Lawrence Palmer Briggs, "The Treaty Of March 23, 1907 Between France and Siam and the Return of Battambang and Angkor to Cambodia," *The Far Eastern Quarterly*, Vol. 5, No. 4 (Aug., 1946), pp. 439-454, at p. 452.
76. 蔡文星，前引書，頁63。

1913 年，暹羅和丹麥簽訂一項跟 1909 年暹－英條約一樣的內容，暹羅擁有管轄丹麥人的訴訟案。

廢除奴隸制

拉瑪五世最大的貢獻是廢除奴隸制，朱拉隆功於1874年8月公布一項法令，凡是在 1868 年 10 月 1 日起（他登基那一年）因為出生而為世襲奴隸者，在年滿二十一歲時將獲得完全自由；在該年出生者，若未經其同意，其父母不可將其出賣，若其父母將其出賣，則其每月所值僅為4銖。當其年滿二十一歲時，即可獲得完全自由。[77]此一法令並沒有立即廢除奴隸，債務奴隸、戰俘、販賣兒童為奴隸和強制勞役等制度仍存在。[78]

1879 年又宣布，在 1897 年 12 月 16 日以後出生的暹羅人不得賣身為奴。

拉瑪五世在 1884 年下令東部諸省削減奴隸的價值，規定每一主人應削減每位奴隸每月4銖的價值，奴隸的子女應予自由。被解放的奴隸和自由民不可再被賣為奴隸；他們若受雇，每月可獲得4銖工資。1897年下令廢止債務奴隸。1899 年，取消農民的依附關係。1905 年，下令禁止自賣為奴、買賣奴隸、強制勞役，惟僅有少數年老的債務奴隸和戰俘為奴存在。那些仍為債務奴隸者，在每月扣除4銖後，直至其所有債務扣完後，即可獲得自由。[79]至1911年1月11日完全廢除奴隸。該一奴隸制度在泰國約實行五百多年。泰國將 1905 年視為反奴隸之年，並於 2007 年以朱拉隆功簽署的禁止奴隸文件申請聯合國的世界遺產。[80]

基層建設

1888 年，設立第一所現代醫院。1890 年，設立一所醫學校。1903年，聘請法國技師設計自來水池。1909 年開始動工建設自來水廠。1904

---

77. Prachoom Chomchai, *op. cit.*, p. 61.
78. Chris Baker and Pasuk Phongpaichit, *op. cit.*, pp. 52-53.
79. Prachoom Chomchai, *op. cit.*, pp. 62-63.
80. 大紀元時報（臺灣），2007 年 2 月 10 日。

年和 1906 年發生傳染病流行，政府公布公共衛生條例，設立衛生局，以防治傳染病和霍亂。政府也開始設立地方衛生機構，負責維持公共衛生。1917 年，頒布法令進行人口調查，就出生、死亡和居住地進行調查。

為了加強中央對地方的控制，通訊設施非常重要，因此在 1881 年推動郵件服務，1883 年設立郵局，讓信件快速運送，縮短時間。此一新措施有助於將中央政令快速送達地方政府。1881 年，開始設立電話線，1888 年完成從曼谷到清邁的電話線。1889 年，建設從曼谷到沙木特帕拉康（Samutprakan）、挽巴茵的電話線，1893 年成立電報局。1898 年，電報局和郵局合併。1905 年，又完成從清邁到清萊的電話線。

朱拉隆功在 1887 年下令進行鐵路線測量工作，包括從曼谷到清邁、從曼谷到拉傑西馬（Nakorn Rajseema）、從烏塔拉迪（Uttaradit）到寮國的塔丟爾（Tadeul）（位在廊開對岸）、從清邁到清線。測量工作由英國的攀恰德・貝克塔嘎德・羅賀公司（Panchard, Backtadgard Loher, Ltd.）負責。1890-1893 年，興建從曼谷到北欖的鐵路，長 32 公里，為暹羅第一條鐵路。1891 年 12 月興建從曼谷到柯叻的鐵路。1896 年 3 月 26 日，完成從曼谷到阿瑜陀耶的鐵路。朱拉隆功和王后在主持通車典禮後搭乘該火車前往阿瑜陀耶，兩天後，火車才開放給一般人民搭乘。1900 年，完成從曼谷到柯叻的鐵路。1901 年，通到華富里。1905 年，通到北欖坡（Paknampo）。1907 年從曼谷開築到彭世洛，1916 年到南邦，1919 年到清邁。泰北鐵路正式開放給民眾搭乘是在 1922 年 1 月 1 日。在 1913 年，從曼谷到清邁，需搭乘鐵路和公路並用，約須花十三天。今天只要十二至十三小時。[81]

泰南鐵路從 1899 年開工，1903 年完成從曼谷到碧武里。後因暹羅缺乏資金，工程停頓。暹羅透過 1905 年與吉打簽訂借款協定、與玻璃市（Perlis）簽署借款協定，1909 年 3 月與英國簽訂借款協定，暹羅向英國貸款 400 萬英鎊，暹羅才從 1909 年分三段施工。第一段是從董里（Tran-

---

81. Hans Penth, *A Brief History of Lan Na, Civilization of North Thailand*, p. 83.

g）到單馬令；第二段是從宋卡到佛頭廊（Patanlung）；第三段是從碧武里到單馬令。1918 年，完成到巴丹谷轄的路段。[82]

　　泰東鐵路從 1905 年興建，1905 年完成到北柳路段，長 63 公里。1925 年，從北柳延伸到甲賓武里（Kabinburi）。1926 年，延伸到最東的車站亞蘭（Aranyaprathet），東線鐵路共長 260 公里。[83]

　　暹羅在 1896 年設立鐵路局，由於暹羅缺乏鐵路建設人才，所以鐵路局局長一職由西方人擔任，最早是德國人。至 1917 年才由朱拉隆功的兒子克龍帕（General Krompra Kampaengpetch）出任鐵路局局長，他被稱為暹羅「鐵路之父」。[84]

　　此外，1896 年，在比利時工程師之協助下，在湄南河新建三座砲臺，使曼谷的防衛達到現代化。拉瑪五世亦在曼谷碼頭設立消防設施。

鎮壓地方叛亂及融合華人

　　1870 年，為了保護住在清邁的美國傳教士，攝政派了一名「王室專員」（Royal Commissioner）到清邁，命令清邁總督卡威洛羅特（Kawilo-rot）保護他們的安全。1874 年，朱拉隆功利用繼任卡威洛羅特的總督溫和和怠惰之機會，任命一位常任代表，配備以從大皇宮禁衛軍徵選的一支衛隊。暹羅之目的在加強對清邁之控制。在永珍和琅勃拉邦地區，則存在著由華人「何家團」（Ho gangs）率領的約 4,000 名軍隊的叛亂活動。1875 年底，暹羅派遣軍隊前往清剿叛軍，這些華人叛軍為避免傷亡，而於 1876 年 4 月，未發一槍就接受暹羅的招降。1877 年，在羅勇和普吉島爆發叛亂，中央政府派遣沙摩猜拉特（chaomu'n Samoechairat，Chun Bunnak）鎮壓平亂。至該年底，亂事始平。暹羅派遣專員管轄普吉島。

　　1909 年 3 月，公布新法令，對華人人頭稅從三年徵收一次改為每年徵收。1910 年，因徵該人頭稅引起華人不滿，6 月 1 日華人發動大罷工、罷

---

82. 蔡文星，前引書，頁 53。該書說暹羅與英國簽訂借款協定是在 1907 年，有誤，應該是在 1909 年。
83. 蔡文星，前引書，頁 54。
84. Prachoom Chomchai, *op. cit.*, p. 147.

市，持續三天，警察展開逮捕行動，商店才逐漸開張，社會秩序重新恢復。此次事件，引發暹羅民族主義分子對華人不滿，惟拉瑪五世對華人仍持寬容政策，希望他們融入暹羅社會。

因應外國入侵

受到鮑林條約的影響，外國商品進口暹羅關稅僅有3％，大量外國商品進入暹羅，造成暹羅稅收的短少。外商從爪哇和交趾支那進口米酒，而且外國領事對外國進口商發出進口執照，蒙庫特王時就曾認為外商此一作法侵犯暹羅的酒的專賣權。1867年，法國曾與暹羅簽約，法國同意暹羅政府對於此類進口貨擁有發執照權。但不為其他國家的領事所同意。法國最後也不願遵守其協議。此外，依據鮑林條約，外國領事不僅對外國人，對於其所雇用的暹羅人亦享有領事裁判權。許多外國領事沒有法律素養和訓練，常做出錯誤的決定。從該條約引伸的酒類進口執照，就是一個例子。暹羅在1881年派遣特使與歐洲各國政府談判，欲修改此一不平等的條約。暹羅特使是曾在英國讀書的普里查丹（phra'ongchao Pritsadang），他協助狄萬王子（Prince Thewan）進行談判，結果未能成功。[85]

泰南最狹窄的地方是克拉地峽，約僅有90公里，自古是從印度到中國的陸路要道，在1843年，特里門西里（G..B. Tremenheere）和布朗代爾（E.A. Blundell）即曾提出開鑿克拉運河的調查報告。1881年，一名英國商人向英國政府建議協助開鑿克拉運河，但英國政府的態度並不積極。反而是法國對此項計畫躍躍欲試，1882年6月，法國外交部派遣狄龍科（Francois Deloncle）前往曼谷，遊說開鑿克拉運河，獲得暹羅政府同意其進行調查。為了避免國際衝突，由「國際蘇伊士運河公司」（International Suez Canal Company）掌控計畫，英國政府同意不予反對，英國人民和船隻可以獲得與他國同樣的權益。1883年1月，開始進行調查工作，最後認為法國的建議不可行。

---

85. B. J. Terwiel, *op, cit*., pp. 191-192.

　　拉瑪五世在1884年1月派遣一支調查隊，在200名軍隊之護衛下前往永珍和琅勃拉邦的紅河、黑河上游和宋瑪（Song Ma）地區，調查該地的泰族和繪製地圖，當地亦是華人「何家團」的活動地區，他們避開與暹羅軍隊的衝突。不過，暹羅軍隊因為罹患瘧疾而撤軍。法軍則在1885年遭到「何家團」軍隊的嚴重打擊。暹羅在該年11月派遣軍隊進攻「何家團」軍隊，戰爭持續到1887年5月，抓獲「何家團」的一些領袖和30名寮國年輕王子和貴族，其他人則避入東邊靠近越南之邊界。

　　經過兩年的談判，法國和緬甸在1885年簽訂商業條約，法國在曼德勒（Mandalay）派駐領事。法國駐曼谷領事亦與暹羅談判新條約，法國可在琅勃拉邦派駐領事，但該條約在1886年未獲法國國會的批准，因為一旦通過此約，則將形同承認暹羅擁有琅勃拉邦的主權。

　　1887年，法國欲併吞寮、泰邊境靠近湄公河以東的地區，法人帕偉（Auguste Pavie）與當地土酋交涉，希其交由法國統治。暹羅人一聽說法國控制猛天寨（mu'ang Theng）（即奠邊府 Dien Bien Phu），立即派遣軍隊前往交涉。1888年12月，暹羅與法軍交戰，暹羅戰敗，法軍控制西布松昭泰（Sibsong Chao Thai）。法國駐曼谷領事向暹羅要求安南帝國控制的領土應包括湄公河，但遭狄瓦望王子（Prince Thewawong）之拒絕。兩國同意設立一個聯合委員會來協商兩國的疆界線。暹羅在湄公河和安南之間設立軍事監哨站，收復琅勃拉邦成為暹羅的首務。法國則在湄公河沿岸設立貿易站，要求暹羅停止在該地收稅。當法國任命一位寮族人出任法國的聯合湄公河委員會之代表時，引起暹羅不滿，提出抗議，不予接受。暹羅逮捕該名寮族人，並沒收其武器。在1892年，有兩位法國商人不願等候暹羅發的旅行許可及不願繳納關稅而被逮捕，其貨物被沒收。該年底一位在琅勃拉邦的法國代表自殺，謠言說他是因為不耐當地的緊張政治情勢而自殺的。

　　暹羅本想利用機會拉攏俄羅斯以對抗法國，但並不如預期，俄國並沒有協助暹羅，不過，雙方卻建立了正常的外交關係。1876～77年，俄國生物學家馬克雷（N. Miklukho-Maklay）訪問澳洲、菲律賓、紐幾內亞時順道訪問暹羅。1888年，俄國音樂家朱羅夫斯基（P. Schurovskiy）為

暹羅寫作國歌，該國歌一直使用到
1932 年，以後成為泰國皇家歌曲。
1891 年，俄國皇太子尼古拉（Nikho-
las）訪問曼谷。同年暹羅王子丹龍訪
問克里米亞（Livadia, Crimea），並覲
見俄皇亞歷山大三世（Alexander
III）。1897年4月7日，拉瑪五世搭乘
「卻克里」號軍艦訪問義大利、瑞
士、奧地利和俄羅斯（7 月 2～10
日），在聖彼得堡（Saint Peter-
sburg）會見俄皇尼古拉二世（Tsar
Nicholas II）。1898年4月14日，俄羅
斯在曼谷設立總領事館。1899 年 6 月
23 日，俄羅斯和暹羅簽署「司法管
轄、貿易和航海宣言」（Russian-Sia-
mese Declaration of Jurisdiction, Trade
and Navigation），此後一直到 1970 年代，泰國王宮警衛穿著俄國皇軍的
制服。[86]

圖 5-11：拉瑪五世與俄皇尼古拉二世
合影（左為拉瑪五世）。

資料來源：http://en.wikipedia.org/wiki/
Thailand，2011/3/3 瀏覽。

　　1893年4月，暹羅外長狄瓦旺西（Prince Devawongse）王子意圖將與
法國的邊界問題提交國際仲裁，但遭法國拒絕，要求暹羅立即讓步。法國
原先在湄南河口駐守有「進出口」（Lutin）號軍艦，此時又增派軍艦
「彗星」（Cométe）號。暹羅警告法國軍艦不得溯流而上，且加強在北
欖（Paknam）砲臺的軍備。暹羅再度請求英國干預及派特使到美國華府
求援。5 月，暹羅軍與法軍在今天泰國和柬埔寨交界的湄公河中的孔
（Khong）島發生衝突，數名法軍官被殺，一名高階官員被俘。隨後在
湄公河左岸發生一連串的衝突，暹羅動員眾多軍隊，戰爭一觸即發。7 月

86. "History of relation between Russian Federation and Kingdom of Thailand," in the website of the
　　Embassy of the Russian Federation in Bangkok, in http://www.thailand.mid.ru/Win_work/korol_
　　eng.htm，2011 年 3 月 5 日瀏覽。

13 日晚，法軍不顧暹羅軍隊的警告，溯流而上，暹羅軍隊對法軍艦開火，雙方爆發戰爭，法軍數名被殺死，法軍艦突破砲火，溯流而上。英國出面調停，遭法軍拒絕。法國在 7 月 20 日提出最後通牒，要求暹羅在二十四小時內從湄公河以東撤軍、懲兇、賠償 200 萬法郎、由暹羅提出 300 萬法郎作為保證金，若暹羅不提出該一保證金，則由法國收取馬德望和暹粒兩省的關稅。假如暹羅在二十四小時內沒有應允，則法軍將以海軍軍艦封鎖曼谷港。法軍見暹羅沒有回應，於是封鎖曼谷直至 7 月 29 日，暹羅不僅同意法國所提出的原先的條件，次日又同意法軍臨時占領尖竹汶，暹羅從馬德望和暹粒撤軍，及從湄公河西岸 5 公里地區撤軍（該一地帶成為非軍事區）。10 月 3 日，暹羅和法國簽訂和平條約（Treaty of Peace and Convention between France and Siam），主要內容為：(1)暹羅割讓湄公河左岸地區以及河中的島嶼，即琅勃拉邦一部分土地給法國。(2)暹羅政府同意不在湄公河右岸建設軍事據點和設施（成立 25 公里寬非軍事區）。(3)暹羅政府同意法國認為在適合地點設立領事館，可能的地點在拉傑西馬（Nakorn Rajseema）和南城。(4)暹羅向法國賠償 300 萬法郎。此外，還簽署一項協議，規定暹羅軍隊從湄公河左岸撤退、懲罰暹羅有罪的官員，法國臨時占領尖竹汶，直至暹羅履行法、暹條約的規定。[87]琅勃拉邦的其他土地亦在 1907 年割讓給法國。法國在 1887 年將交趾支那、安南、柬埔寨和東京合併成立印度支那聯邦（Indochina Union），1893 年併吞寮國後，亦將寮國併入印度支那聯邦。

1893 年 7 月，在法國封鎖湄南河口結束時，法國和英國同意藉由相互犧牲和讓步，在各自控制的土地之間建立一個中立區。以後兩國的談判集中在景成（Keng Cheng）的撣邦。1895 年初，英國和法國達成協議，將景成一分為二，雙方以湄公河為界。

英國不願看到法國勢力繼續向暹羅入侵，因為擔心此一情勢發展下去，若英國不遏阻法國，則不出十年，暹羅必將被法國併吞，則英國要防衛其控制的地區將遭到更大的危險。英國和法國乃在倫敦談判，1896

---

87. Prachoom Chomchai, *op. cit.*, p. 137.

年 1 月 15 日簽署「英國和法國關於暹羅王國和其他問題宣言」（Declar-ation between Great Britain and France with regard to the Kingdom of Siam and Other Matters），主要內容如下：(1)雙方保證不出兵湄南河盆地，要求暹羅不得在湄公河右岸 25 公里內駐軍。(2)雙方同意維護暹羅的獨立，任何一方不得與第三國簽署協議利用本條約所規定的限制措施。(3)雙方承認湄公河是兩國勢力範圍的分界線。[88]據此協議，英國和法國承認暹羅的中立地位。

　　換言之，在英、法之保證下，暹羅才得以維持獨立地位。而英國獲得馬來半島、法國取得暹羅東北部湄公河流域（琅勃拉邦）以及柬埔寨西部的控制權，英國和法國在 1897 年達成秘密諒解，排除第三國在泰南半島活動，也禁止暹羅在克拉地峽的最窄處建設克拉運河。法國且表示暹羅之東北部靠近寮國以及東部靠近柬埔寨的地區是法國之勢力範圍。[89]

　　英國在 1897 年亦派遣其駐曼谷的使節亞撒（John Archer）與暹羅朱拉隆功國王進行秘密談判，朱拉隆功對協議內容未置可否，但外長狄瓦旺西則擔心該項協議會使得英國勢力進入泰南地區。英國和暹羅在該年 4 月 6 日簽署秘密協議，有三個條款，第一條是暹羅不割讓蒙邦塔攀（Mu-ang Bang Tapan）（位在北緯 11 度）以南的任何領土或島嶼；第二條是英國協助暹羅抵抗第三國企圖取得根據第一條所劃定的任何領土；第三條，未經英國政府明示同意，暹羅不得給予第三國特權。[90]該秘密協議反映了暹羅無法抗拒英國的領土野心，導致以後英國蠶食泰南地區的惡果。

　　英國在 1895 年在馬來半島成功的組成「馬來聯邦」，勢力益加鞏固，於是企圖將其勢力東擴，英國陰謀削弱暹羅對於吉蘭丹和登嘉樓的影響力，乃在 1902 年 10 月 6 日在倫敦簽訂「英國與暹羅關於吉蘭丹和登嘉樓兩土邦宣言（附錄暹羅和這兩土邦拉惹協議草案）以及關於委任吉

88. Prachoom Chomchai, *op. cit.*, p. 138.
89. David K. Wyatt, *Thailand: A Short History*, p. 205.
90. Tom Marks, *The British Acquisition of Siamese Malaya (1896-1909)*, White Lotus Co.Ltd., Bangkok, 1997, p. 14.

蘭丹和登嘉樓拉惹之顧問和助理顧問之換文」（Declaration between the United Kingdom and Siam relative to the States of Kelantan and Terengganu（to which is annexed the Draft of an Agreement to be concluded between Siam and the Rajahs of those States）. Also an Exchange of Notes relative to the appointment of Advisers and Assistant Advisers of the Rajahs of Kelantan and Terengganu），共七條，其主要內容為：

第一、吉蘭丹與登嘉樓除有暹羅之介紹外，不與任何他國首長發生政治關係。

第二、暹羅派顧問或助理顧問為暹羅國王之代表駐於二國，除宗教和習俗之外，二國之一切政務，均得服從暹羅顧問或助理顧問之言。

第三、二國國王除其國民私人行為外，不得與他國個人或公司有讓予或訂立任何協定。

第四、二國的總稅，每年收入達 10 萬元時，須將十分之一解交暹羅國庫，但所繳的數不得超過 10 萬元，倘總稅收入不足 10 萬元時，僅依常例進貢暹羅國王。

第五、除本約規定者外，二國倘無違反暹羅國王對外國所負條約之權利義務而以人民福利為依歸者，暹羅政府不得干涉之。

第六、該二國之郵政、電報、鐵道三事為內政之一部，其建設得隨時與暹羅政府合作，所得全歸二國國庫。[91]

該約意圖使暹羅對於吉蘭丹與登嘉樓兩國僅具有表面的宗主權，實際上卻要求暹羅不得干涉該兩國的內政，俾便將來英國介入該兩國之事務。英國之深謀遠慮可見一斑。

1903 年 7 月，暹羅任命英國人顧問格拉漢（W. A. Graham）為暹羅駐吉蘭丹高級專員，以及派遣其他英國官員到吉蘭丹。[92]格拉漢常認為他是暹羅的受雇者，但他的責任如同「馬來聯邦」的駐紮官，他所建立的小型官僚機構是模仿霹靂和雪蘭莪。他進行司法改革、重整警力、明確伊

---

91. 蔡文星，前引書，頁 59-60。
92. Barbara Watson Andaya and Leonard Y. Andaya, *A History of Malaysia*, Second Edition, Basingstoke, Hampshire (English): Palgrave, 2001, pp. 199-200.

斯蘭法庭的權力、建設道路、建設醫療體系、設立一般學校。

　　1902年10月7日，暹羅和法國在曼谷簽署「法國和暹羅條約」（Convention between France and Siam），暹羅將湄公河右岸的琅勃拉邦割讓給法國；並將湄公河右岸、柬埔寨北邊的巴塞（Bassac）移轉給法國。暹羅和法國的疆界談判斷斷續續數年，1904 年 2 月 13 日，雙方在巴黎簽署法、暹條約（Convention between France and Siam），修改 1893 年條約以及取代 1902 年法、暹條約。據此新約，雙方同意以巴塞為兩國分水嶺，一邊為 Nam-Sen 和湄公河之間的扁擔（Dangrek）山脈，另一邊為 Nam-Moun（Mae Nam Mun）。然後從扁擔山脈沿著 Pnom-Padang 山脊到湄公河。此一對於湄公河的劃界規定，等於重新恢復 1893 年條約的規定。暹羅將靠近琅勃拉邦以及寮國南部占巴塞（Champassak）的一小塊土地割讓給法國，面積共 6 萬 2,500 平方公里，法國則同意從尖竹汶撤軍，並允許一部分東方的法籍人民的司法權歸由暹羅法庭管轄。法軍占領尖竹汶共十一年，從 1893 年到 1904 年。

　　拉瑪五世患有糖尿病和腎臟病，故其醫生勸他在不同季節出國旅遊。他在 1907 年 3 月到 11 月第二度前往歐洲旅遊。拉瑪五世第二次出訪歐洲，任命瓦七拉兀為攝政，但他仍然大權在握，重大決策須透過電報傳給他。外國使節一聽到拉瑪五世要出國，遂加快雙邊的談判速度，法國與暹羅的邊界談判很快就達成協議。

　　1907 年 3 月 23 日，暹羅和法國簽訂有關印度支那和暹羅邊境條約（Treaty between France and Siam regulating questions connected with the Frontiers of Indo-China and Siam），暹羅將柬埔寨西邊的馬德望、暹粒和詩梳風（Sisophon）割讓給法國。[93]

　　在 1904 年後，法國人有多人受雇於暹羅衛生部擔任顧問，且在曼谷設有銀行。德國人控制暹羅鐵路局，英國人在暹羅政府機關中亦有多人擔任顧問，1908 年有 110 名英國人受雇於暹羅政府機關，包括測量、礦物、警察、教育、司法和海關。有 45 名德國人，特別是鐵路技術人員，

---

93. David K. Wyatt, *Thailand: A Short History*, p. 206.

在暹羅工作；有 42 名丹麥人在暹羅海軍任職；有 13 名義大利人在公共工程部工作；有 8 名荷蘭人在灌溉部門工作；7 名法國人出任法官和文官；3 名美國人在暹羅工作，其中一人還是全國總顧問。1909 年的英國和暹羅的條約，將暹羅鐵路分為兩段，北段和中段由德國控制，南段則由英國控制。

當拉瑪五世返國後，英國對暹羅提出相同的要求，1909 年 3 月 10 日，暹羅和英國在曼谷簽訂條約，內容如下：第一條，暹羅將吉蘭丹、登嘉樓、吉打、玻璃市和鄰近島嶼割讓給英國，正確的疆界由邊界議定書規定。第二條，在條約批准後三十天內移轉上述領土。第三條，設立一個混合委員會，來決定割讓領土之公民權，對於留在當地的人給予公民權。第四條，英國感謝暹羅割讓領土。第五條，如管轄權議定書所規定的，治外法權已修改，依據暹羅新頒布的法律，包括刑法、民法和商事法、訴訟程序法、法院組織法，所有管轄權都移轉至暹羅法院。第六條，在暹羅的英國公民都享有如同當地人的相同權利，特別是財產、居住和旅行的權利。第七條，其他條約、協議、公約未受影響的條款，仍然有效。第八條，條約從簽署日起四個月內應批准。此外，秘密附錄，規定暹羅放棄 1897 年與英國簽署的秘密條約。最後是有關英國公民在暹羅之管轄權的議定書。在廢除治外法權之前的過渡時期，泰族之英國公民可以聘請歐洲顧問出席法庭，而歐洲公民可以有歐洲法官審理。最後是疆界議定書，規定劃分疆界事宜。暹羅將吉打、玻璃市、吉蘭丹和登嘉樓四邦割讓給英國，英國則貸款給暹羅修建從馬來亞至暹羅之鐵路。[94]

暹羅和英國同時亦簽署一項鐵路條約，主要內容如下：(1)英國貸款給暹羅 400 萬英鎊。(2)貸款之用途在興建在馬來半島的鐵路，購買必要的設備。(3)暹羅將分期每年償還貸款 75 萬英鎊或更少。(4)貸款之利率為 4%。[95]

朱拉隆功對於負責與英國談判的丹龍王子感到不滿，覺得他對英國

---

94. Tom Marks, *op. cit.*, pp. 98-99.
95. Tom Marks, *op. cit.*, p. 99.

讓步太多，遂任命其兒子、曾在丹麥受教育的武裝部隊司令納孔猜沙（Prince Nakawnchaisa）接任外長。

英國國會在7月9日批准該英暹條約，當天，暹羅派遣一艘軍艦「斯里坦馬拉特號」（Sri Tammarat）到達吉蘭丹外海，一名暹羅官員在船上將一封有關英暹條約的信交給吉蘭丹蘇丹。7月11日，吉蘭丹蘇丹收到一封來自曼谷的電報，內容是暹羅已將他的國家割讓給英國。[96]吉打蘇丹對於暹羅將其領土割讓給英國批評說：「我的國家和人民被當成閹牛一樣賣掉。」[97]

當東南亞大多數地區陷入西方列強的入侵而變成殖民地時，暹羅得以擺脫該一厄運，有幾個因素促成。第一，暹羅在英國和法國左右包夾下，被迫割讓其東北部和東南部的領土給法國，割讓其西南部的領土給英國，也就是割地以自保。第二，英國和法國在1896年達成協議，以湄南河流域為雙方之緩衝地區，保證暹羅的獨立地位。暹羅在兩強虎視眈眈下倖免於被瓜分。若假以時日，則難保暹羅不會被英、法瓜分併吞。第三，暹羅靈活的外交手腕，保全了暹羅的獨立地位。第一次世界大戰初起時，暹羅想保持中立地位以自保，然而在權衡國家利益下，暹羅國王拉瑪六世於1917年7月22日宣布對德國作戰，並在1918年7月底派遣志願軍到法國參戰。戰爭結束後，暹羅因為位列戰勝國而得以跟西方列強簽訂廢除不平等條約，取得司法的獨立地位（廢除治外法權）。此應為暹羅在國際政治上初試其觀察世局、站居有利地位之啼聲，以後泰國之外交手腕被稱為具有「風下之竹」之特色，應是汲取了從十九世紀以來遭逢國難之歷史教訓。

卻克拉朋王子之風波

拉瑪五世的幼子契拉普拉瓦王子（Prince Chiraprawat）在丹麥軍校完成學業，返國後擔任陸軍總司令。卻克拉朋王子（Prince Chakraphong,或

---

96. Tom Marks, *op. cit.*, p. 102.
97. David K. Wyatt, *Thailand: A Short History*, p. 206.

寫為 Prince Chakrabongse）在俄羅斯聖彼得堡（St. Petersburg）軍校完成學業。

　　卻克拉朋王子活潑聰明，長於社交，卻秘密與一名俄國女子結婚，他在 1906 年從俄國返回暹羅，將其妻子藏在新加坡。當拉瑪五世知道此一消息時，甚為生氣，因為卻克拉朋王子是王位繼承第二順位的人選。拉瑪五世拒絕見該名俄國媳婦。

拉瑪六世（1910～1925）

圖 5-12：拉瑪六世

資料來源：http://www.chiangmaichimes.com/kings_1.html，2010/8/17 瀏覽。

　　拉瑪五世在 1910 年 10 月 23 日因尿毒症去世，壽五十九歲，遺有子女 77 人。由其子瓦七拉兀繼位，稱拉瑪六世（Rama VI）。瓦七拉兀生於 1881 年 1 月 1 日，為朱拉隆功的長子。1894 年瓦七拉兀在被任命為王儲時，剛好在英國讀書（他從十二歲到二十二歲在英國讀書），因此其任命王儲禮是在暹羅駐英國領事館內舉行。後來他進入在山德賀斯特（Sandhurst）的皇家軍校（Royal Military College）就讀，選了幾門課。後又進牛津大學（Oxford University），未拿到學位，又轉到軍校接受軍事訓練。瓦七拉兀在 1903 年返回暹羅。拉瑪六世的弟弟也都在歐洲接受教育，例如，昭發‧波里帕特（Chaofa Boriphat，或稱 Prince Nakhon Sawan）在德國的卡色爾（Kassel）的軍校就讀。卻克拉朋王子在俄羅斯就讀軍校。這三位王子返國後獲得殊榮，瓦七拉兀擔任陸軍的總監察官（Inspector-General），昭發‧波里帕特出任參謀總長，卻克拉朋出任副參謀總長。

　　瓦七拉兀在 11 月 11 日正式登基，官方名字是蒙庫特克勞‧昭瑜華（phrabatsomdetphra Mongkutklao chaoyuhua）。12 月 4 日，舉行第二次登基，模仿外國禮儀，行加冕禮，邀請外國元首、嘉賓觀禮。日本裕仁太

子、美國總統特使漢米爾頓（Hamilton）都出席盛會。這次加冕禮過於奢華，總共花費45萬銖，占當時國家總預算6,000萬銖的13.3％。[98]

朱拉隆功在臨終前曾告訴其大臣說：「我信任我的兒子瓦七拉兀，在他登基後，他將設立議會及頒行憲法。」[99]瓦七拉兀登基後，拒絕設立議會和憲法，他認為對歐洲人有益者，對暹羅不見得有利。

1912年2月初，拉瑪六世在班朋（Ban Pong）舉行軍事演習。3月1日，有少壯派軍官陰謀發動政變，卻克拉朋王子迅即逮捕106名政變者，其中包括三個團體，第一個是華裔的醫官領導的團體，第二個是由司法部的官員領導的團體，第三個是由總參謀的軍官領導的團體。第一個團體主張將暹羅改為共和國，由拉特武里王子（Prince Ratburi）出任第一任總統。第二個團體主張實施君主立憲制，由昭發‧波里帕特為國王。第三個團體主張實施君主立憲制，由卻克拉朋為國王。這三個團體中以第一個團體力量最強，故以其主張為追求的目標。這次政變之發生有內外因素，外在因素是明顯受到中國在1912年革命成功建立共和國之影響，尤其參加政變者有不少華裔軍官，他們可能嚮往像中國一樣的共和政體。內在因素是年輕軍官不喜歡瓦七拉兀，因為有兩位軍人在1909年曾與瓦七拉兀的侍從打架，而瓦七拉兀堅持對若干軍人施行公開鞭打。此外，他們不喜歡瓦七拉兀偏袒徇私，不能保持公正態度，尤其是他偏袒準軍隊的「野虎」（Wild Tiger）兵團，該「野虎」兵團類似童子軍，經常舉辦各種活動。他們不喜歡打光棍（未婚）的國王，成天與一些朋友群聚，搞戲劇表演，而且頑固地不想改變政府制度。[100]軍變者想將國家、宗教和國王的模式改為國家、宗教與人民的模式。[101]

兩個月後，法庭對於參與政變者做出判決，有3人被判處死刑，20人終生監禁，32人二十年徒刑，7人十五年徒刑，30人十二年徒刑。拉瑪六世減輕其刑，僅被判處死刑和無期徒刑的人關在監獄，其他人則釋放。

---

98. B. J. Terwiel, *op, cit.*, p. 235.
99. Chris Baker and Pasuk Phongpaichit, *op. cit.*, p. 106.
100. B. J. Terwiel, *op, cit.*, p. 237.
101. Chris Baker and Pasuk Phongpaichit, *op. cit.*, p. 112.

這些人中僅有2人出身平民。

　　拉瑪六世與英國維持友好關係。他曾獲得英王喬治六世（King George VI）授給英國陸軍將軍之頭銜。他長於文采，有60篇作品，曾將莎士比亞（Shakespeare）、吉爾伯特（Gilbert）和蘇利文（Sullivan）的作品譯成暹羅文，也寫作180本劇本，建造劇院，推廣戲劇。據稱他有同性戀傾向，提拔他寵愛的人擔任侍從，然後再界予官職。[102]

　　拉瑪六世對於教育也進行若干重大改革，放棄傳統的寺院教育，改採現代教育。1912年，舉辦商業學校。1913年，實施初級教育制度，八至十二歲兒童須上初級小學三年、高級小學二年。該一時期學校系統分為三類：⑴國立學校：由教育部設立；⑵官立學校：由各地方政府設立的平民學校；⑶民立學校：包括私塾、華文學校和教會學校。1917年，開辦朱拉隆功大學。1922年，通過「強迫教育實施條例」，強迫七至十四歲兒童入學，受泰文教育四年。師資經費由政府規定地方攤派。

　　暹羅從1890年代即有報紙出版，有些報紙批評國王對於國家和民族主義的看法，亦有批評拉瑪六世浪費及個性怪異。拉瑪六世在1912年購買了一家報紙印泰報（*Phim Thai*）作為他的發聲工具，他在該報寫文章，與批評者進行辯論。他認為受過國外教育的現代人或詭辯者，已成為「半個泰人」，而且引進西方的觀念，特別是民主思想，是行不通的。1916年，拉瑪六世不再辯論，而改採鎮壓輿論的政策。1917年，曾起草一部限制輿論的法律，後因擔心外國的反對，而改用安全法關閉數家報紙。1923年，他頒布了一部嚴格的新聞法（Press Act），取締涉嫌誹謗、叛亂、不敬罪的出版者。依該法規範，有8名出版者被逮捕，17家報紙被關閉。[103]

　　1912～1914年，曼谷開始啟用自來水系統。在曼谷和若干省分設立診療所，對民眾施打牛痘疫苗。1913年，將鐵路往北延伸到南邦省的班帕塔（Ban Pak Tha）。同年3月22日，拉瑪六世頒令，從7月1日起家長

---

102. Chris Baker and Pasuk Phongpaichit, *op. cit.*, p. 106.
103. Chris Baker and Pasuk Phongpaichit, *op. cit.*, p. 109.

有半年的考慮期，以選擇和登記其姓氏。國王並提出聲音好聽的姓氏表，讓人民選擇採用。華人亦需改換泰國人的姓氏。在這之前，暹羅人僅有單音節的小名，沒有姓氏。只有上層階級的人才使用家族的姓。但一般人對於使用姓氏並不感興趣，因為無實際利益，且易於忘記，所以在拉瑪六世統治期間該項政策並無成效。1914年，完成曼谷的自來水系統、設立公營的電力站、繼續修築鐵路、進行教育和法律改革。

華人移入暹羅的時間相當早，而且人數日益增加，1825年，華人人數有23萬人，1850年有30萬人，1910年增加到79萬2,000人，華人人口占全暹羅人口從5％增加到9.5％。[104]1910年6月，暹羅通過新法律，規定不論任何種族，凡居住在暹羅境內者均一律徵收人頭稅，歐洲人和亞洲人也適用，唯一例外者是僧侶和祭司。華人反對該一辦法，進行罷市三天，癱瘓市場。在罷市中還爆發警民衝突，經鎮壓後才恢復行市。1912年中國共和革命成功後，引起暹羅華裔軍官發動政變，此舉引發拉瑪六世對於華人勢力的警覺。

拉瑪六世在1913年以筆名Asavabahu在報紙刊登一篇文章「東方的猶太人」，批評華人是東方的猶太人。他說華人拒絕同化入暹羅社會、政治上不忠於暹羅、期望不正當的特權、視錢如神、控制經濟、像吸血鬼一樣吸乾不幸的犧牲者的血。[105] 他批評華人比猶太人更可怕，猶太人沒有祖國，其所賺的錢還留在居住國，而華人則將其賺的錢匯回其祖國。暹羅為了同化華人，將之納入暹羅人民中，在1913年4月頒布第一部國籍法，採屬人主義和屬地主義混合制度，將父母之一為泰籍者以及在其境內出生的人全納入暹羅籍。此時暹羅境內華人勢力強大，控制暹羅的經濟。暹羅是東南亞各國中對於華人之政策最為不同者，暹羅歡迎華人加入其國籍，而非排拒，此應為以後華人被同化入泰國最重要的因素。

1916年，拉瑪六世將卻克里王朝歷任國王改稱為拉瑪一世、二世等順序，拉瑪是拉瑪狄菩提（Ramathibodi）的簡稱。他訂定拉瑪五世10月

---

104. David K. Wyatt, *Thailand: A Short History*, p. 217.
105. Chris Baker and Pasuk Phongpaichit, *op. cit.*, p. 115.

23日逝世日為第一個國定假日；4月6日為卻克里王朝紀念日；他鼓勵組織足球隊參與比賽；他提升婦女地位，鼓勵婦女參加男性的社交活動，倡導一夫一妻制，以取代以前的一夫多妻制；鼓勵現代教育，在1917年3月26日將公務學院（Civil Service College）改組為朱拉隆功大學（Chulalongkorn University）[106]；1916年禁止彩券賭博；1917年將曼谷最後的5家賭館關閉；[107]1921年頒布強制義務教育法，七至十二歲兒童需入學。暹羅初實施該項法令時，僅有45％的兒童強制入學。[108]

第一次世界大戰爆發後，暹羅為了不願捲入英、法或其他強國擴張的對象而在1914年8月宣布中立。1915～1916年，俄羅斯和法國要求暹羅取消中立，站在由英國、法國、俄羅斯和義大利組成的協約國（Entente Powers）一方參戰。暹羅沒有答應。1917年2月，美國和德國斷交，暹羅前外長狄瓦旺西王子建議考慮加入由德國、奧匈帝國、土耳其和保加利亞組成的同盟國（Allies）。4月，當美國參戰，暹羅內部出現歧見，卻克拉朋王子主張參戰，而狄瓦旺西王子主張繼續維持中立。鑑於德國可能戰敗，拉瑪六世於7月22日宣布加入協約國、對德國宣戰，並從1917年10月至1918年6月甄選志願軍，暹羅志願軍在1918年7月底到法國參戰。9月，歐戰結束。暹羅軍隊傷亡19人。為了是否參戰，內部發生衝突，昭發‧波里帕特主張維持中立，其意見未被採納，遂不出席5～6月的內閣會議。此時亦爆發政變，若干陸海軍軍官支持昭發‧波里帕特以取代拉瑪六世，後來被鎮壓。

暹羅參加歐洲戰爭，成為戰勝國，有助於提升其民族主義，拉瑪六世利用此一時機強調暹羅人應該團結保衛國家、宗教和國王，這三者是三位一體，國王居於最高地位，國王是佛教國家的政治體現，國王也是國家和宗教的保護者。他在1917年設計一面新的暹羅國旗，採取三色，作為在歐洲戰場作戰的暹羅軍隊之用。他認為這三色旗（Thong-Trai-Rong）之意含為：白色代表佛教，藍色代表國王，紅色代表暹羅人願意

---

106. 朱拉隆功大學初成立時，設立四個系，包括藝術、公共行政、工程、醫學等系。
107. Prachoom Chomchai, *op. cit.*, p. 71.
108. David K. Wyatt, *Thailand: A Short History*, pp. 228-229.

為國家犧牲性命。[109]

　　第一次世界大戰後暹羅取消了與德國和奧地利的不平等條約，相繼與美國（1920年10月16日）、法國（1925年2月14日）、荷蘭（1925年6月5日）、英國（1925年7月14日）、葡萄牙（1925年8月14日）、義大利（1925年8月26日）簽訂條約，廢除治外法權，暹羅取得司法獨立地位。暹羅之所以能在第一次世界大戰後順利與各國簽訂新約廢除不平等條約，應歸功於暹羅的外交顧問賽爾（Dr. Francis Bowes Sayre），賽爾是美國總統威爾遜（Woodrow Wilson）的女婿，為美國哈佛法學院教授，後出任美國駐暹羅大使、美國駐菲律賓專員、聯合國托管理事會美國代表、羅斯福總統時期的助理國務卿。拉瑪六世為感謝賽爾對暹羅的貢獻，特頒以披耶加蘭干米特里（Phya Garanganmitri）榮銜。[110]

　　拉瑪六世基本上是保守主義者，不想改變現行制度，財政部長卻克拉朋王子在1917年建議恢復朱拉隆功時期的立法諮議會（Legislative Council），由任命產生，具有議立法律及諮詢的功能。但拉瑪六世認為這只是橡皮圖章，而沒有接受此議。在同一年，卻克拉朋王子向拉瑪六世提出一份備忘錄，建議此時應給予人民一部憲法了。拉瑪六世認為不可行，因為人民尚未有足夠的教育來維持有效的議會政府。[111]

　　1921年，拉瑪五世時期聲望卓著的軍人蘇拉沙克蒙特里（Chaophraya Surasakmontri，Choem Saeng-Xuto）亦建議恢復朱拉隆功時期的樞密院，以做為國王諮詢之用，結果因其老邁而予以免職。後來拉瑪六世與大臣商量，有人建議設立首相，亦遭他否決。[112]

　　卻克拉朋王子被認為是最佳的王位繼承人，但不幸在1920年6月13日突然去世，年僅三十八歲。謠言說他是被毒死的。但這是沒有根據的，他是與其家人一起前往新加坡旅行而染上流行性感冒，後轉為肺炎，醫藥罔效而死亡。[113] 拉瑪六世在1920年11月10日與汪拉帕蒂薇

109. Chris Baker and Pasuk Phongpaichit, *op. cit.*, p. 107.

110. 蔡文星，前引書，頁81。

111. Benjamin A. Batson, *The End of the Absolute Monarchy in Siam*, Oxford University Press, Singapore, 1984, pp. 25-26.

112. David K. Wyatt, *Thailand: A Short History*, pp. 232-233.

113. B. J. Terwiel, *op, cit.*, p. 250.

（phra'ongchao Wanlaphathewi）訂婚，但四個月後，解除婚約。1922 年 8 月，他與拉克沙米拉汪（Laksamilawan）結婚，並娶了兩姊妹為妾，妹妹殷塔拉沙克（phra Intharasak）懷孕，被提升為王后，但因流產而無子嗣。1923 年 7 月，拉瑪六世的弟弟朱塔素特（Chuthathut）去世。1924 年，拉瑪六世頒布王位繼承法，正式承認若在他死後而無子，則前王后邵瓦帕（Queen Saowapha）的兒子將成為繼位人。1925 年 2 月，前王后邵瓦帕的兒子亞查丹（Atsadang）去世，因此，他的弟弟巴差帝帕王子（Prince Prachathipok）（朱拉隆功第 76 子）成為王位繼承第一順位。拉瑪六世在該年又娶了蘇瓦塔納（Suwathana），在她懷孕第八個月時被提升為王后，期望她能生出兒子。

拉瑪六世想改革行政，1918 年在大王宮設立一個虛擬的城市，藉以訓練其人民實施民主。他稱該一虛擬城市是杜喜塔尼（Dusit Thani），市內設有房舍、學校、醫院及其他公共設施。隔年，該城市遷移到帕耶泰王宮（Phayathai Palace），市內公民被稱為推市（Tuay Nakhon）人。市內行政事務由人民自行管理，以作為實施民主政府之準備。但隨著拉瑪六世在 1925 年去世，該實驗市也告結束。[114]

拉瑪七世（1925～1935 年）

拉瑪六世在 1925 年 11 月 26 日去世，無子，其女兒在其死前一天才出世。拉瑪六世在死前曾指示，若生的是男的，則其弟弟巴差帝帕王子將擔任攝政委員會的主席。最後由巴差帝帕王子繼位，稱拉瑪七世（Rama VII）。

巴差帝帕王子繼位時年齡為三十二歲，是朱拉隆功的最小的第 76 個兒子。他曾在英國伊東（Eton）就讀烏維治軍校（Woolwich Military Academy）。1924 年，從法國的高級戰爭學院（école Supérieure de Guerre）學成返回暹羅。當時泰皇之工作和角色猶如首相，要處理瑣細行政事務，很少行政授權，任何行政事務之決定最後都要經由國王批准。當

---

114. Anchalaporn Siriwan, ed., *op. cit.*, pp. 50-51.

時人民之請願書也可直達國王，數以百千計的
請願書流入皇室秘書處（Royal Secretariat），
巴差帝帕特別有耐心的閱讀這些請願書，並加
批註。為應付這些日常行政事務，他登基後第
三天，任命最高國務委員會（Supreme Council
of State），以備諮詢，其成員包括 5 位王子，
其中 3 位是其叔叔，包括潘奴鑾格西王子、長
期擔任內政部長（1892～1915）的丹龍、納里
特（Narit），另 2 位是其同父異母兄弟基替耶
康（Kitiyakon，或稱為 Prince Chanthaburi）和
財政部長（1908～23）昭發・波里帕特。由一
人統治轉變為由皇室重要成員參與治國，他說
他的目的在防止惡君主濫權。[115]1926 年 2 月 25
日，拉瑪七世舉行正式加冕禮。

圖 5-13：拉瑪七世
資料來源：http://en.wikipedia.
org/wiki/Siamese_revol-
ution_of_1932，2010 年 8

　　泰皇除了日理萬機外，也接見訪客，參加
慶典禮儀，主持剃髮式、皇室婚禮、皇室葬
禮、接受封疆北方的皇太子的敬獻，1926 年歡迎清邁的幼白象至曼谷。
泰皇也參加公開演講，參加外國外交官之宴會。1927 年，巴差帝帕又設
立樞密院委員會（Kammakan Ongmontri, Privy Council Committee），由數
名顧問和立法諮議會（Legislative Council）委員組成，共有 200 名成員。

　　拉瑪七世改組內閣和政府，免除舊人，任用自己的人擔任高層職
務，他意圖恢復朱拉隆功政府的型態。由於拉瑪六世留下 1,400 萬銖債
務，所以拉瑪七世執政後刪減政府開支、減少兩名部長、將政府部從十
八個減少到十四個，並裁汰冗員。他事必躬親，除了閱看政府的呈文
外，還看一般人民的請願書。1926 年底或 1927 年初，他收到一封普里迪

115. Anchalaporn Siriwan, ed., *op. cit*., p. 130.

（Pridi Phanomyong）（為廣東澄海人，華文名字為陳嘉祥）[116]的父親的請願書，有關從法國召回普里迪一事。普里迪是暹羅留學法國的學生組織之領袖，要求暹羅政府提高留學生津貼。暹羅駐法國公使曾要求將普里迪召回暹羅，他說普里迪是個危險人物，會做出他想做的事，無論對或錯，是未來暹羅的危險分子，也是半教育階級的危險分子。拉瑪七世受到普里迪父親請願之影響，撤回了他早先發出將普里迪召回的電報，允許普里迪繼續留在法國完成學位。拉瑪七世說：「一旦普里迪進入政府機關在負責的位置工作，他可能工作得很好，我不太相信他會如查倫沙克迪王子（Prince Charoonsakdi）所報告的對政府構成嚴重危險。」[117]拉瑪七世的判斷錯誤了，普里迪後來成為1932年政變的重要領袖之一。

關於政府行政之改革，1926年7月拉瑪七世曾詢問美國人顧問賽爾有關「暹羅的問題」（Problems of Siam），提出九點問題就教於賽爾，例如，暹羅是否需要有一部憲法？王位繼承應有規範嗎？最高國務委員會之角色如何？是否應立即任命首相？是否應設立立法機關？代議政府適合於東方人民嗎？暹羅應設立立法議會嗎？應如何使華人成為暹羅人？如同古代的情況一樣？拉瑪七世認為暹羅實施代議政府之時機尚未成熟，賽爾和丹龍亦同意此一看法。拉瑪七世認為可先選舉縣市代表作為開始。

1932年7月，即絕對王權結束後，汪恩親王（Prince Wan）對朱拉隆功大學生演講，提及他在1925年曾向國王建議建立立憲政府，國王雖表示同意，但遭最高國務委員會會議否決。[118]然而依據泰皇巴差帝帕於

---

116. 普里迪生於1900年，為商人之子，在學成績優異，十九歲即獲得「法律第一級」（Law First Class）碩士，1920年獲得政府獎學金前往法國巴黎大學深造，並開始參加政治活動。他因為抗議政府津貼不足，而被取消津貼。他靠己力完成博士學位。他在1929年返回泰國，在立法局（Department for Drafting Legislation）任秘書，並在皇家法律學校（Royal Law School）擔任教師。1932年參加軍事政變，負責起草臨時憲法。後因被控為共黨分子，而被迫去國。帕洪執政時，組織一個調查團，證明他不是共黨分子，而得以返國。後歷任內政部長、外長、財政部長、首相。David A. Wilson, *Politics in Thailand*, Cornell University Press, Ithaca, New York, 1962, p. 121.

117. B. J. Terwiel, *op, cit.*, p. 255.

118. B. J. Terwiel, *op, cit.*, p. 146.

1926 年所寫的「暹羅的問題」一文所述，他懷疑英式議會制政府適用於東方民族，也不準備在泰國實施代議政府制。他說：「在朱拉隆功時期，曾設立立法諮議會，包括國務部長和 12 名任命的人員。該機構只存在五年，就廢止了。國王認為主要原因是該機構耽誤部長的工作。現在有人提議重新恢復此一機構，我擔心該機構仍會延誤部長的工作。另外就是甄選人員和付薪資也有困難。」[119]

　　1927 年初，憲改之議又起，拉瑪七世任命一個委員會，由昭發・波里帕特擔任主席，研究設立一個顧問機構的可能性，該機構較最高委員會更具代表性，比樞密院更能處理事情。樞密院是從朱拉隆功執政初期設立，以後沒有發揮行政功能，出任該職者皆為榮譽職，至 1927 年，其成員人數已超過200人。拉瑪七世不主張實施代議政府，理由之一是暹羅尚未發展到可實施此制之階段；其次，一旦實施該制，則暹羅政治將為華人控制。由於華人人口數愈來愈多，所以暹羅政府在 1927 年頒布一個限制華人移民的法令。

　　泰皇巴差帝帕在 1927 年又寫了「暹羅的民主政治」（Democracy in Siam）一文，仍然表示懷疑西方政治制度適用於暹羅。他說：「我認為真正的民主在暹羅不易成功，它甚至有害於人民之利益。我們可以想像得到，若在暹羅實施議會民主制政府，則毋庸深論，我只須提出一項事實來說明，即國會將完全由華人控制，我們可以排除所有華人的政治權利，但他們仍將跟過去一樣控制情勢，因為他們掌握了經濟。任何政黨不依賴華人資金就不能成功，所以暹羅的政治將由華商支配控制。這是可能的結果。」[120] 他闡明暹羅一旦決定實施民主，須採緩進步驟，要教育人民政治意識、瞭解實際利益所在、如何投票及如何選擇代表。

　　拉瑪七世不喜歡設立國會，而喜歡設立樞密院委員會，其成員共 40 人，由王室成員和資深部長組成。該委員會有權自選主席，可提請國王討論重要議題。不過，該一機構無法形成討論問題的機構，也無法反應

---

119. B. J. Terwiel, *op. cit.*, p. 293.
120. B. J. Terwiel, *op. cit.*, pp. 303-304.

公眾輿論。

　　暹羅在1927年4月1日恢復自訂進口關稅率的權力，並完全取消了列強的治外法權。不過，暹羅經濟並未能因為如此而維持自主地位，錫、米和橡膠的生產都受到英國公司的壟斷和控制。

　　拉瑪七世和王后在1927年1～2月初搭火車前往彭世洛、波勒、南邦和清邁視察，然後乘汽車到清萊和清線。1929年年中，他和王后前往新加坡、爪哇和巴里島旅遊。在出國兩個月期間，由波里帕特出任攝政。拉瑪七世曾命隨行的外長迪瓦萬斯親王（Prince Devawongs Varodaya）研究荷屬東印度的代議政治制度。

　　1930年4～5月，他和王后訪問法屬印度支那，再度由波里帕特出任攝政。此時國王的眼力日衰，除了延聘眼科醫生到暹羅治病外，他決定前往美國就醫。1931年，他和王后經由日本、加拿大到美國治療眼疾，仍由波里帕特出任攝政。他在美國曾數度表明，有關他早期提出的代議政制不適合暹羅的觀點，現在已有所修正。4月，他在紐約對記者表示，他計畫逐步引進選舉辦法，從民選地方政府開始。9月，一位美國外交官報告稱，泰國可能在泰皇返國後進行政治變革，而且認為此舉可能朝向削減絕對王權及任命一位首相。10月中旬，泰皇及皇后返回曼谷後，立即任命外長迪瓦萬斯親王預備立憲，實際起草憲法之工作則交給史蒂文斯（Raymond B. Stevens）和斯里韋沙恩（Phya Sri Wisarn Waja）。史蒂文斯為美國人，民主黨的積極分子，曾任眾議院議員，1926年出任暹羅政府的外交事務顧問。斯里韋沙恩曾留學英國，返泰後進外交部服務。1925年獲四等爵號「鑾」（Luang）之頭銜，1928年獲二等爵號「披耶」（Phya）之頭銜，而出任外交部次長。1932年6月軍事政變後，他成為新政權的首任外長。

　　史蒂文斯和斯里韋沙恩認為暹羅建立君主立憲制不僅是不可避免，而且是需要的。他們都指出泰國一般人民的教育水準已提高，重大的政治變遷會對已受經濟問題困擾的政府造成衝擊。但他們認為泰國尚無成立民主政府之需要，因為權力一旦放給人民，就難以收回。他們主張先在地方實施代議政府。此與泰皇的觀念相符。他們在1932年3月8日提出

「政府形式變革大綱」，及對大綱的評估意見。內容是政府應任命一位首相，同時廢止國王處理國務，首相成為內閣之首，對立法部門負責。立法機關分由民選和任命的同等數議員組成，民選議員由間接選舉產生。[121]

　　1932 年 6 月 24 日發生軍事政變後第四天，英國代辦拜見泰國外長迪瓦萬斯親王，英國代辦表示：「迪瓦萬斯提及憲法，告訴我，約六個月前國王已指示他起草一部憲法，於卻克里王朝成立一百五十週年時（即 4 月 5 日）公布。但諸親王反對這項計畫，國王不得不讓步，雖然當時國王警告他們不可避免的結果是發生政變及軍人獨裁。現在這件事終於發生了，諸親王已嚐到自己行為的結果了。迪瓦萬斯親王雖沒有提到阻撓改革的人名，但他明白指出是最高國務會議的成員們，因為唯有這些人國王才會與之諮商憲法問題。」[122]

　　1932 年 4 月，泰皇巴差帝帕對軍官幹部發表演說，警告軍人不應對政治有興趣，並以中國因軍人干政而造成動亂為例。4 月中旬，泰國政府公布新的薪資稅，引起輿論抗議。4 月底，一位外國觀察家在曼谷時報（*Bangkok Times*）上撰文主張暹羅應維持其傳統而非進行民主實驗，但次日另一位作者呼籲成立代議政府，讚揚日本在憲政下進步的例子。[123] 足見當時泰國對於憲政改革問題，曾有熱烈的討論。

　　5 月底，公共建設部部長達尼

圖 5-14：1930 年曼谷耀華力（Yaowarat）街的唐人街景

121. B. J. Terwiel, *op, cit*., pp. 149-150.
122. B. J. Terwiel, *op, cit*., p. 151.
123. B. J. Terwiel, *op, cit*., p. 152.

親王（Prince Dhani）呈送泰皇一份有關義大利總理墨索里尼（Benito Amilcare Andrea Mussolini）對教育的聲明，墨索里尼強調灌輸人民有關國家的政治意識形態時，教育之角色具有重要性。泰皇雖對法西斯主義（Fascism）的教育哲學表示興趣，但他認為現在教育暹羅人民支持絕對君主制，可能為時已晚。6 月 1 日，泰皇巴差帝帕在致達尼親王和最高國務會議的函件中說：「灌輸人民支持絕對君主制是有需要的，也是最好的方法，但我們能如此做嗎？假使不能夠，我們也許應儘早準備改變為『憲政君主制』，並據此進行直接教育人民。」[124]6 月 8 日，泰皇到海邊的華新（Hua Hin）度假，6 月 24 日發生軍事政變，結束了絕對君主政治，開啟了君主立憲制的新時代。

第三節　1932 年政變

　　暹羅政府為了吸收西方科學知識和教育文化，在 1924 年由政府提供獎學金派遣留學生 400 名前往歐洲，亦有不少自費留學者。這些留學生大都出身上層階級，學成歸國後立即出任重要職位。留學英國的人數較多，具有階級意識的威權主義，不具意識形態。留學法國的人數較少，具有意識形態和激進思想。他們在巴黎學習法律和軍事，深受當時的社會主義和人民民主觀念的影響。[125]

　　1927 年 2 月 5 日，有 7 位暹羅青年在巴黎一家旅館聚會，他們自稱「人民黨」（People's Party, Khana Ratsadon），他們包括：3 名軍校學生〔包括披汶（Plaek Phibunsongkhram）、帕拉勇（Prayoon Phamornmontri）（為瓦七拉兀國王的前任侍從官）、宋蘇拉德上校（Colonel Phraya Songsuradet）（為軍校教育長）。〕、1 名法律系學生普里迪（Pridi Banomyong）、1 名工程學系學生庫恩・亞帕旺（Khuang Apha-

---

124. B. J. Terwiel, *op, cit.*, p. 153.
125. David K. Wyatt, *Thailand: A Short History*, p. 238.

iwong）、1 名倫敦律師塔普‧亞帕旺（Thaep Aphaiwong）和 1 名暹羅派駐巴黎的三等祕書偉契特‧瓦塔康（Luang Wichit Wathakan）（華文名字金良）。其領袖是時年二十七歲的普里迪，他在拉瑪七世時在司法部工作，負責編纂暹羅法律。他亦在朱拉隆功大學教授法律課程。他們主張將暹羅由絕對君王制改為君主立憲制；透過六項綱領使暹羅由國家推動經濟和社會進步，這六項綱領包括：真正獨立、公共安全、經濟計畫、平等權、自由、普遍教育。[126] 披汶原名是 Pleak，當時獲頒 Luang Phibunsongkhramm 爵位，後以 Phibun 揚名。

當 1929 年 10 月美國股票市場崩盤後，引發西方國家經濟大蕭條，受到波及的東方國家不僅止於經濟層面，政治層面也同受影響，泰國即是一個重要的例子。1930 年 5 月，泰國農業收成不好，6 月，穀物出口及錫價下跌。9 月，泰政府採行新經濟措施，削減皇室火車費用支出。12 月，政府發布經濟情勢公報，指出進出口數額大跌，政府收入銳減，經濟情況趨於惡化。1931 年初，泰政府對奢侈品進口增加稅率。3 月，政府為減少 1931～1932 財政年度之赤字，而削減公務員薪水，內閣以 7 比 4 票通過，最後經國王批准。

此外，暹羅政府也裁併中央部會，將十二個部裁減為九個部，在地方裁減四個省和九個縣，裁減公務員 5,963 人，對各級公務員課以 6～20 ％的俸給稅；增加土地稅 15 ％，房產稅 7 ％，火柴稅、印花稅、水泥稅等都提高。11 月，泰文報紙強烈批評暹羅菁英未能把資金用在生產投資上，而係過著悠閒的奢侈生活，亂花錢在進口貨上，進一步破壞了國家經濟。輿論也批評退休高官獲得大筆退休金，王室中唯有西錫朋親王（Prince Sithiporn）因經營企業而受到讚揚。[127] 暹羅政府堅持不放棄金本位制，而使暹羅幣值貶值、稻米出口減少。

1930 年 12 月，國防部長（Minister of War）波瓦拉德傑親王（Prince Bowaradej）因欲增加軍費，而與財政部長庫瑪拉庫（Phya Komarakul

---

126. Chris Baker and Pasuk Phongpaichit, *op. cit.*, p. 116.
127. Benjamin A. Batson, *The End of the Absolute Monarchy in Siam*, Oxford University Press, Singapore, 1984, p. 190.

圖 5-15：普里迪
資料來源：http://en.wikipedia.org/wiki/
Siamese_revolution_of_1932，
2010 年 8 月 11 日瀏覽。

圖 5-16：披汶
資料來源：http://en.wikipedia.org/wiki/
Siamese_revolution_of_1932，
2010 年 8 月 11 日瀏覽。

Montri）發生齟齬，財政部長指責國防部長不合作，忽視政府節約支出之政策，國王支持財政部長之立場，令國防部長遵守政府政策。1931年1月，國防部與財政部又為軍方之預算程序而發生衝突，軍方認為相同的原則和規定能同時應用到軍事和文事政府部門之支出嗎？國防部之下一年度支出也成為爭論焦點。3月，雙方經協商後，國防部之預算從 1,200萬銖刪減至 800萬銖。

1931年5～6月，波瓦拉德傑親王想提高322名軍官之薪水，再度引發衝突。其中231名軍官升級加薪，獲得財政部長庫瑪拉庫之同意，但其餘的 91 名軍官則遭到否決，庫瑪拉庫引述 1931 年 2 月政府頒布的政策為否決加薪之理由。5 月 26 日，在內閣會議上，波瓦拉德傑親王辯稱這 91 名軍官位居要職，故應加薪。此一爭論持續到 6 月 2 日，財政部長同意這些軍官之加薪案，但不允許政府其他部比照。商業及交通部長普拉查特拉親王（Prince Purachatra）則堅持，假如國防部的加薪案可以通過，則商業及交通部也應可比照。內閣最後也對此進行投票表決，結果多數贊成

取消加薪案，惟允許有關官員繼續領取已獲得的額外津貼。[128]

　　6月3日，國防部長波瓦拉德傑親王提出辭職，次日，召開最高國務會議，討論此案。因國王巴差帝帕眼疾在紐約治療，由攝政波里帕特親王（Prince Boriphat）主持，他強調6月2日之會議係經由內閣多數決通過，應遵守此議。丹龍親王在會上特別指陳，內閣閣員辭職係違反傳統的，尤其當國王不在時，會引起政治危機。也有人批評波瓦拉德傑親王之性格和行為，最後會議決議建議國王接受波瓦拉德傑親王之辭職。國王在美國同意了此項建議，並另派阿龍科特親王（Prince Alongkot）接替國防部長職位，隨後改組陸軍高階軍官。

　　普里迪在1931年學成歸國，在大學教法律，他經常批評政府，成為當時時論界的領袖。他與軍方的年輕軍官披汶（Luang Phibun Songkhram）少校[129]、塔特沙奈尼約姆蘇克（Luang Thatsanainiyomsu'k）、帕蒙蒙特里（Prayun Phamonmontri）建立密切的關係，他們主張實施君主立憲制。該年底，有一群陸軍軍官團體要求加入，其中最重要的人物是曾經留學德國的帕洪上校（Colonel Phraya Phahon Phonphayuhasena，或寫為Phraya Phahol Pholphayuhasena）[130]和宋蘇拉德上校（Thep Phanthumasen，或稱 Phraya　Songsuradet）。帕洪上校是曼谷炮兵隊的副督察官，宋蘇拉德上校是軍校的教育長。這些軍官大都支持國防部長的立場，對於最

---

128. Benjamin A. Batson, *op. cit.*, p. 191.
129. 披汶於1897年7月14日生於曼谷附近的Plack Khittasangkha，父為中國潮州人，務農，母為泰人，出身寒微，幼讀寺院學校，十二歲讀朱拉鍾克寮皇家軍校（Chulachomklao Royal Military Academy），1914年畢業，在砲兵營服役。1924～1927年前往法國深造，學習軍事。1927年返國，出任陸軍參謀部少校。1928年，獲頒 Luang Phibunsongkhram 頭銜，以後他將Phibunsongkhram作為其家族的姓。1934年，出任國防部長。參見David K. Wyatt, *Thailand: A Short History*, pp. 252-253. "Plaek Pibulsonggram," in http://en.wikipedia.org/wiki/Plaek_Pibulsonggram，2011/3/1 瀏覽。
130. 帕洪之父為中國潮州人，母為泰人，生於1887年，父為軍人，十二歲時進朱拉鍾克寮皇家軍校就讀，十六歲第一名畢業。1903年獲國王獎學金至普魯士軍校留學，後又至丹麥研習機械，共九年。他與其他留學生要求增加生活津貼，觸怒參謀總長卻克拉朋（Prince Chakraphong），而於1912年返回泰國。1931年獲 Phraya Phahon Phonphayuhasena 爵位，同時晉升上校。1932年出任皇家陸軍督察官。David A. Wilson, *Politics in Thailand*, Cornell University Press, Ithaca, New York, 1962, pp. 118-119. "Phot Phahonyothin," in http://en.wikipedia.org/wiki/Phot_Phahonyothin，2011/3/1 瀏覽。

高國務會議的決定感到不滿。

1932年3月，一位高級顧問向拉瑪七世報告稱，有謠言有人企圖推翻政府。此謠言源自拉瑪一世時期的古老傳說，認為卻克里王朝只有一百五十年壽命。而該年剛好是第150年。該謠言增添社會的不安。

1932 年 6 月 23 日，陰謀政變之消息走漏，警察首長向帕里巴特拉王子（Prince Paribatra）報告，要逮捕涉嫌政變分子。帕里巴特拉王子見到涉案名單都是顯赫人士，所以就延後逮捕時間。當晚海軍炮艇艇長辛杜（Luang Sinthu）在湄南河準備攻擊帕里巴特拉王子的王宮。辛杜率領 500 名武裝人員奪占市中心的接待外賓宮（Ananta Samakhom Throne Hall）以及杜西特宮（Dusit Palace）的一部分。帕拉勇則領軍占領郵局和電報局。所有王子和高層官員的房子外頭都被軍人和文人監管。24 日清晨 4 點，一群中階軍官 49 人和文官 65 人由普里迪和披汶率領控制曼谷皇室衛隊司令、逮捕王室人員及其助手 40 人，參與政變者自稱人民黨，主要參與者有陸軍和海軍，總協調人是宋蘇拉德上校。他們逮捕王位繼承人帕里巴特拉王子、警察首長及控制法院。在這次政變中只有第一軍團司令因反抗而遭到槍傷。政變者在早上6點發表的聲明中攻詰國王巴差帝帕及其政府，但恫言國王應留任，否則以其他王族人員取代之。人民排隊加入人民黨，商界和勞工歡迎這次政變，從各地發出支持政變的信息。

當時國王正在泰國中南部濱海的華新度假，在政變中脫逃的交通部長普拉查特拉王子（Prince Purachatra Jayakara,）搭火車前往華新通報國王有關曼谷發生政變的消息。拉瑪七世接受人民黨之意見，宣布為避免流血，他願放棄權力，做一個立憲君王。他返回曼谷後，在 26 日早晨在素可達雅王宮（Sukhodaya Palace）接見人民黨一名文人和一名軍人代表。國王在發給人民黨領袖的一封電報中宣稱他同意接受憲政君主制。接著國王發布一份公告，稱：「我們長期以來已想到憲政君主的制度。人民黨所做的事是對的，獲得我們的讚賞。人民黨之所為是合法的。」[131]

---

131. *Keesing's Contemporary Archives*, June 25-27, 1932, p. 368.

　　6月27日，人民黨公布一份暹羅臨時行政憲章（Temporary Charter for the Administration of Siam Act 1932），該份臨時行政憲章是事前由普里迪起草的。臨時行政憲章前言說國家最高權力屬於全體人民，由議會組成政府。剝奪國王的否決權、大赦權、以及決定其繼承人的權力。6月28日，在外賓接待宮召開人民議會第一次會議，通過新憲法草案。6月29日，國王簽署新憲法，具有半民主性質。國家的權力在人民手中，但目前是由國王、人民的參議院、人民黨的委員會和法院執行。國王是巴差帝帕，依現行法律即位。國王頒布之敕令需經人民黨之委員會成員副署。在初期，參議院由70人組成，將由軍人出任，他們代表人民黨。在六個月內，半數的參議員由民選產生，每一省選出一名參議員。當教育水準提升後，將改為全數民選。婦女將給予投票權。[132] 此外，則解散最高國務會議和樞密院委員會。

　　國王立即赦免人民黨之政變責任，甚至稱人民黨暫時拘留某些高級官員和皇室人員之行為為可理解的。經數天後，人民黨才釋放所有被捕人員，直至7月4日帕里巴特拉王子才被釋放，流亡到爪哇。其他王子有的流亡東南亞國家，有的流亡到歐洲。

　　值得注意的是，政變者與國王之關係並非處於完全對立，雙方均相當自制，未將對方逼上絕路，可從一些文件了解彼此的立場和處理僵局的技巧。在政變當天，人民黨曾發出一份由普里迪起草的聲明，嚴厲抨擊國王巴差帝帕，內容為：

　　　　「國王像以前一樣高居法律之上。他任命親友和無能者擔任重要職務，罔顧人民的聲音。他讓不誠實的政府官員濫用權力，如在政府建設計畫和購買設備上收受賄賂，在政府財務進出中取得利益，浪費公帑。他提高皇室待遇，給予皇室人員許多特權，甚至允許他們壓制平民。……

　　　　目前的王權政府不能糾正上述的錯誤，乃因為它不能像他國政府

---

132. *Keesing's Contemporary Archives*, June 29, 1932, p. 372.

一樣成為一個民享政府。他視人民如奴隸，甚至動物，而非以人看待
──人民被稱為『僕』或『奴』。結果，它不能為共利而治，政府反
而騎在人民背上。……

我們了解，這個國家屬於人民，而非屬於國王，我們過去因被騙
而相信國家屬於自己。是我們平民之祖先與敵人戰鬥，才維持了國家
的獨立，而國王卻坐享其成，這是他所不應得的。」[133]

二天後，國王巴差帝帕從華新返回曼谷，參與政變的人民黨領袖就
政變聲明中對王室所做的批評向他表示歉意。國王巴差帝帕說已忘記此
事，他並簽字大赦所有參與政變者。巴差帝帕致美國報紙的一分電報
稿，曾表明了他對政變之看法：

「人民黨和我皆有共同的目標，即為我國制訂一部憲法，但雙方
均不知道彼此的計畫。我的計畫曾遭到極端保守者的反對，甚至外國
顧問認為激烈改變為不智。人民自然感到不耐，而自行其事了。他們
以令人欣賞的自制行事，沒有一人喪生。合法政府現已由知名的和幹
練的政治家組成，深值我們信任。王后及我平安。」[134]

從這一段話也證實了一件事，即國王正在起草一部憲法，但為其他
皇室人員和國務會議所阻。一般相信國王對政變持同情態度，是君王制
被保留下來的主要因素。[135]

參與政變的人民黨分子，有三個團體，包括 23 位陸軍軍官、14 位海
軍軍官和 24 位文官。主要領導人是留學法國的司法部官員普里迪、披汶
少校和留學德國的帕洪上校（父為潮州人，母為泰人）。但一位英國軍
火商曾表示，參與政變的檯面人物都只是人頭而已，真正的領袖是波瓦
拉德傑親王、西錫朋親王和汪恩親王（Prince Wan），他們都與當時政府

---

133. 引自：Fred W. Riggs, *Thailand, The Modernization of a Bureaucratic Polity*, East-West Center Press, Honolulu, Second Printing, 1968, p. 107.

134. 引自：Benjamin A. Batson, *op. cit.*, p. 237.

135. Benjamin A. Batson, *op. cit.*, p. 240.

意見不和，遭到貶抑。也有傳言認為美國介入此次政變。[136]

　　由於政變者都為菁英，沒有民眾參與，因此政變之本質是菁英集團對抗國王和資深官僚菁英。在政變之前，上述參與政變的 61 人都身居政府要職，在政變後，有 35 人先後出任內閣部長，其中有 15 位出身陸軍，5 位出身海軍，15 位出身文官。[137] 這些新精英必須仰賴高級軍官和舊公務員才能在沒有暴力動亂之情況下，由舊體系轉變為新體系。新政府之妥協性反應在選擇保守派上訴法院法官曼諾（Phraya Manopakorn Nithithada）為政變後首任首相。曼諾之所以被選為首相，乃因為他在樞密院委員會上提議刪減王子們的年度津貼。[138] 他是樞密院中少數非王族成員，他的妻子曾是王后候選人之一。

　　政變後更換許多政府領導人，王室成員和親王室高官都被從文職和軍職解除職務。此外，政變也對社會階級結構有所影響。在政變前，暹羅華人被視為小資產階級，與世界資本主義經濟有關連，愈來愈不受到國家之政治控制，華人與執政階級之緊張關係正在形成。政變後，官僚和軍人等中產階級掌握了國家機器，而與小資產階級形成對立。中產階級主張由中央控制經濟，而小資產階級則主張把暹羅經濟視為代表歐洲資本家的買辦。中產階級唯有致力於發展國家資本家階級才能完成其階級角色，而小資產階級唯有致力於世界資本主義經濟才能完成其階級角色。[139] 在曼諾臨時政府時期，由普里迪負責經濟計畫，主張將土地和企業國有化，因具社會主義色彩，不為政府所容，普里迪乃被迫流亡法國。1938 年 12 月，披汶出任首相，採取激進的民族主義政策，如排華、建立國營企業，以及國有化某些西方資產，如 1941 年將英美煙草公司改為國營煙草專賣公司。[140]

---

136. Benjamin A. Batson, *op. cit.*, p. 240.
137. Chai-Anan Samudavanija, *The Thai Young Turks*, Institute of Southeast Asian Studies, Singapore, 1982, p. 6.
138. B. J. Terwiel, *op, cit.*, p. 262.
139. David Elliott, *Thailand: Origins of Military Rule*, Zed Press Ltd., London, 1978, pp. 78-79.
140. Malcolm Caldwell, *Thailand: Towards the Revolution*, The Institute of Race Relations, London, 1976, p. 11.

綜合歸納，1932年軍事政變之原因有三：

第一、是經濟大蕭條，導致泰國政府撙節各項開支，其間因削減國防經費而引起軍人不滿。

第二、政府內部因立憲問題迭起爭議，皇室人員因此分為二派，權力鬥爭結果，導致高階軍官和文官也分成不同的派系。

第三、軍官受西化影響，要求改革政治。二十世紀初，泰國皇家軍隊之高階軍官都由皇族或世家子弟擔任，在軍事養成教育中也都被派至英、法、德、俄學習。他們在西歐國家學習到民主思想和社會主義思想，但歸國後卻無法實現其所學，因為軍中高階決策都由皇太子及其親信把持，參加政變的人民黨的領袖帕洪上校就曾表示：「我加入政變的理由是感覺到當時政府的高級官員和皇太子都是自行其是，不願聽底下人的意見，即使他們的話有道理。他們大都認為底下人的意見之品質不是很重要，重要的是該意見能否取悅他們。」[141]

人民黨領袖提名 70 人組成議會，議會成員選出曼諾為主席，曼諾選出由 14 人組成的行政委員會（Executive Council），包括參與政變的重要領袖。6 月 29 日，成立由 7 名部長組成的內閣，包括代理國防部長帕梭宋克蘭（Phraya Prasoetsongkhram）、農業與商業部長烏格沙奴帕潘（chaophraya Woogsanupraphan）、內政部長查山波迪（phraya Chasaenbodi）、代理教育部長帕木恩維查奔（phraya Pramuanwichaphun）、外長西威山瓦查（phraya Siwisanwacha）、財長曼諾、司法部長狄普韋松（Phraya Thepwithun）。行政委員會和內閣成為臨時政府，成立一個制憲委員會負責起草憲法。

7 月 1 日，在人民黨委員會之諮詢意見下，除了皇室部長和掌璽部（Privy Seal）兩位部長之外，國王將所有部長解職，這兩位部長將繼續在任，但取消其部長地位。其次將農業和商業部與交通部合併。國防部長和教育部長為暫時委任，所有其他內閣職位由高級官員出任。人民黨

---

141. 引自：David A. Wilson, *Politics in Thailand*, Cornell University Press, Ithaca, New York, 1962, p. 173.

委員會之主席出任新的財政部長。內閣中已無王子，過去有5位王子出任
內閣職位。[142]

　　11月底完成新憲法草案，12月10日，經議會通過。新憲法是由曼諾
呈遞給國王，曼諾的職位接近首相。新憲法批准後，由一位王宮官員大
聲朗讀憲法。根據該新憲法，國王必須為佛教徒，王室人員不可積極參
與政治，禁止擔任部長職務。所有公民在法律前平等，有信仰宗教自
由。國會議員半數由國王委任產生，半數由民選產生，任期四年。議長
由國王委任。國王對於國會通過的法案擁有否決權，假如國會再度通過
該法案，則國王不能再予否決，該法案即成為法律。行政委員會類似內
閣，由一位主席和14～24人組成，均由國王委任。國王有權解散國會。[143]

　　總體言之，參與1932年政變的領導菁英幾全為華裔，他們以其留學
所獲取之西方知識，領導泰國近代思想，不僅改變了泰國政體，也帶給
泰國新的知識面貌。在以後所建立的西方議會體制，也為華裔開闢另一
個參與政治途徑，甚至主導泰國政治，尤可見這次政變對於泰國近代政
治起了深遠的影響。

---

142. *Keesing's Contemporary Archives*, July 1, 1932, p. 377.
143. *Keesing's Contemporary Archives*, December 27, 1932, p. 605.

第六章　半民主體制之發展

　　1932 年政變後，泰國政局陷入不安，軍人和政客交相把持，以致政變頻繁，迄 2013 年為止，共達二十次，成為泰國政治一個重要特徵。在這段時間，軍人長期執掌政權，偶而開放民選國會，但國會不過是軍人政權的樣板或傀儡，與西方國家國會的角色不同，無法發揮決定國家大政方針及反映民意之功能，徒擁有民選國會之外在形式而已，因此被稱為半民主體制。

第一節　民主試驗

　　1932 年 6 月 27 日，泰國政府曾頒布暹羅臨時行政憲章，成立 70 人組成的議會，由政變領袖委任。該一臨時議會包括軍人 20 名、司法官 12 名、行政官 10 名、教育家 5 名、律師 5 名、農民 5 名、新聞記者 5 名、工商業者 5 名、其他 5 名。[1]其次，由該議會選出人民委員會（People's Committee），負責政務。12 月 10 日再頒暹羅王國憲法（The Constitution of the Siam Kingdom 1932），恢復國王的若干權力，例如國王兼任國家陸海空元帥、有權解散國民議會、任命半數國民議會議員、宣布戒嚴、特赦、戰爭、訂約；國民議會議員半數由民選產生，顯示政變後政府是採半民主體制。至該年底，有 10 家報紙因為批評政府而遭到關閉。普里迪還計畫等全民有半數接受基本教育或再等十年，才實施代議政府。[2]

　　第一屆國民議會的成員有三分之一是過去的高層官員，包括若干

---

1. 蔡文星，前引書，頁 91。
2. David K. Wyatt, *Thailand: A Short History, op. cit.*, p. 246.

「昭披耶」（chaophraya）官銜的官員。國民議會主席是坦瑪沙克蒙特里（chaophraya Thammasakmontri，M. R. W. Sanan Thephatsadin），曾任教育部長。負責政務的人民委員會由11人組成，包括4名政變領袖、4名高層官員。這 4 名高層官員包括：上訴法院法官曼諾（Phraya Manopakonnitghithada（Kon Hutasing）、前外交部次長及巴差帝帕國王的顧問韋沙恩（Phraya Sri Wisarn Waja）。人民委員會推舉曼諾出任首相兼財政部長，韋沙恩出任外長。

在 12 月憲法公布後，統治集團內部分裂為五個派系，舊式保守派分為兩個派系，資深文官由曼諾領軍，另外的保皇派則沒有明顯的領袖。政變派則分為三個派系，資深軍官由帕洪和宋蘇拉德上校領導；年輕的陸軍和海軍由披汶領導；文人派系則由普里迪領導。[3]

1933 年初，新政府請普里迪起草一項「暹羅統制經濟計畫書」，他建議對工業和農業採取國有化政策，主張由政府付給公民月薪；農民加入由政府組織的合作社，為合作社工作；由政府控制所有生產的土地和機器，廢除私人企業。此一類似社會主義計畫引起政變領袖之間的歧見，曼諾和宋蘇拉德不贊同此一計畫。曼諾認為普里迪的議案類似共產主義，違反暹羅的傳統。在議會內引發激烈的辯論，造成政治危機。2月，曼諾禁止人民黨向所屬國民議會議員下令，並禁止軍人、官員和公務員參加人民黨，凡參加者均應脫黨。

在 1933 年 3 月底，曼諾首相決定議會休會。曼諾勸議會接受他的意見，議會拒絕，他只有在4月1日解散議會一途。曼諾成立一個新的國務委員會治理國家，由18名委員組成，保守派續掌政權。4月2日，頒布反共法（Anti-Communist Act），禁止主張共產主義。4月21日，曼諾並將普里迪派至歐洲，形同放逐。人民黨改名為「人民俱樂部」，從事贊助公益事業、鼓勵國民教育、聯絡團結精神。

6月10日，國務委員會內的4名軍人辭職，其中一人是帕洪上校。為了對抗保守派，帕洪上校在獲得以披汶為首的年輕軍官之支持下，於6月

---

3. David K. Wyatt, *Thailand: A Short History*, *op. cit.*, p. 247.

20 日發動一次成功的不流血的「護憲」政變，結束了曼諾政府。剛好巴差帝帕在華欣度假，帕洪等叛軍請求國王召開國會，所以國會在 22 日復會。25 日，帕洪上校出任首相，組織新政府，有 7 名軍官進入內閣，但仍未直接控制內閣運作，而委任軍方信任的資深文官負責政務。[4] 9 月底普里迪受邀返回暹羅，但其社會主義計畫不再受到重視。

8 月 5 日，曼谷京畿軍人陰謀叛變，為政府發覺，逮捕 15 名叛變分子，嗣後政府成立特別法庭，為首的沙載‧瑪哈目陸軍上士被判處死刑。[5]

10 月 11 日，前國防部長波瓦拉德傑親王（朱拉隆功的孫子）指責政府不尊重國王、煽動共產主義、要求主政者辭職，在軍中保皇派支持下，率東北部拉查西瑪（Nakon Ratchasima）、沙拉武里（Saraburi）和阿瑜陀耶駐軍進攻占領曼谷廊曼（Don Müang）機場，只有三支軍隊支持進抵曼谷北邊郊區，海軍總司令宣布保持中立，將軍艦撤出曼谷。政府宣布戒嚴，帕洪宣稱國王表示反對叛軍的行動。此時國王及王后從華欣避難到宋卡。至 10 月 25 日，曼谷人民出錢出力支持政府，叛軍為披汶領導的曼谷衛隊擊敗，死 23 人、傷無數，數名首謀者逃至越南西貢，殘餘的叛軍有 230 人被捕，2 名退役資深軍官被判死刑，涉案王子被判終身監禁。[6] 波瓦拉德傑親王逃至法屬印度支那。

此次政變有許多王族人員和貴族參加，他們想藉此恢復權力，結果失敗，有些被逮捕，有些被放逐，有些離開暹羅。1933 年 11 月 15 日，暹羅舉行第一次選舉，國王從人民黨提供的名單中任命半數國會議員，人數有 78 人，其中 45 人是陸軍軍官、5 人是海軍軍官。另外半數則由民選產生，人數有 78 人。凡年滿二十一歲者有投票權，王族成員與和尚沒有投票權。為了顧及許多選民不識字，每位候選人均標有號碼，選民只要在選票上勾選號碼即可。民選議員中大多數是退休文官（其中有 8 人是高官），3 名記者，2 名教授，3 人曾參加 1912 年的流產政變。新國會選舉帕

---

4. David K. Wyatt, *Thailand: A Short History, op. cit.*, p. 247.
5. 漢生，「五十三年來，政變知多少」，星暹日報（泰國），1985 年 9 月 30 日，頁 9。
6. Chris Baker and Pasuk Phongpaichit, *op. cit.*, p. 121.

洪為首相,他應是民選的首任首相。

當波瓦拉德傑親王發動政變時,國王巴差帝帕正好前往宋卡,他沒有公開支持波瓦拉德傑親王,但在事後呼籲給予特赦,人民黨相信國王暗中支持政變並提供金錢援助。在幾經談判後,國王才答應從宋卡返回曼谷。三個月後,巴差帝帕以醫治眼疾為藉口,在1934年1月前往英國,途中他停留在蘇門答臘的比拉萬(Belawan),在該地會見了流亡的叔叔丹龍王子、沙瓦特(Sawat)王子、波里巴特、布拉查(Burachat)和前首相曼諾。他在倫敦時,對於政府剝奪憲法賦予他的特權感到不滿,例如立法否決權,他建議政府恢復他的君主立憲的角色,未能獲得正面回應,他威脅將退位。於是政府在11月派代表前往倫敦溝通,結果談判破裂。1935年3月2日,巴差帝帕在英國宣布退位。[7]他在退位宣言中說:

> 「當我要求憲法應改變以符合真正的民主,以滿足人民,但現在完全掌控權力的政府及其政黨卻予拒絕。
>
> 我要求人民對於與其福祉有關的重要政策之改變,應有機會表達其意志時,政府竟公布壓制性法律,違反一般所接受的公道原則,將許多人給予政治懲罰,而沒有機會將這些案例送到法院審判。
>
> 我認為政府及其政黨應用了與我認為的和相信的人身自由和平等原則相違背的行政措施。我無法同意任何政黨以我之名實施該種行政措施。
>
> 謹此我宣布放棄我做為國王之所有權利,但保留我擔任國王之前擁有的所有權利。我不希望利用王位繼承法行使我的權利提名我的繼承人。我不希望任何人以我的名義在國內製造干擾。」[8]

巴差帝帕上述聲明所指的政府違反自由民主原則,是政府在1934年頒布新聞法(Press Act),該法禁止有害公共秩序或違反道德的出版品,

---

7. B. J. Terwiel, *op. cit.*, p. 267. 棠花的著作認為係巴差帝帕不滿政府的訓政措施及人民黨實施左傾的政策。參見棠花,泰國四個皇朝五十名主簡史,泰威信印刷有限公司印,泰國曼谷,1959年,第122頁。

8. *Keesing's Contemporary Archives*, March 1-4, 1935, p. 1566.

所以出版品皆須經過審查,政府有權決定哪些新聞可以出版。同樣地,收音機播放的內容亦需經過審查。

拉瑪八世(1935～1946年)

圖 6-1:拉瑪八世
資料來源:http://www.chiang-gmaichimes.com/kings_1.html,2010 年 8 月 17 日瀏覽。

1935年3月7日,暹羅國會宣布由巴差帝帕的侄子阿南達‧馬喜道(Ananda Mahidol)繼任為國王,是為拉瑪八世(Rama VIII)。阿南達‧馬喜道出生於1925年9月20日,登基時年僅十歲,正在瑞士讀書。他是巴差帝帕的弟弟馬喜道親王(Prince Mahidol)的兒子,馬喜道親王曾留學美國約翰霍普金斯大學(John Hopkins University)醫學院,後回泰國在醫院服務,不久英年早逝。阿南達‧馬喜道由其母親陪同在瑞士洛桑(Lausanne)讀書。在他未回國前,由攝政委員會(Council of Regency)暫攝國政,攝政委員會由巴差帝帕的表兄弟亞奴瓦塔納王子(Prince Anuvatana)、巴差帝帕的侄子亞迪耶王子(Prince Aditya)及前內政大臣約馬拉惹(Chowphya Yomaraj)組成。[9] 1938 年 11 月 15 日,拉瑪八世短暫回國,二個月後旋即返回瑞士。由於拉瑪八世長期不在暹羅國內居住,暹羅亦陷入文人普里迪和軍人披汶兩派的輪流治理和競爭的局面。

暹羅在外交方面,亦試圖與日本發展關係,當國際聯盟(League of Nations)在 1933 年對日本入侵中國滿州而通過一項譴責動議時,暹羅是唯一投棄權票的國家。1934 年初披汶出任國防部長,他設立軍中廣播電臺,宣傳他的理念:「你的國家是你的家,軍隊是你家的圍籬。」[10]他在該年與日本進行貿易談判,當時謠言兩國正在起草軍事同盟密約,以及

---

9. *Keesing's Contemporary Archives*, March 7-8, 1935, p. 1572.
10. Chris Baker and Pasuk Phongpaichit, *op. cit.*, p. 125.

日本提議開鑿克拉運河。1935 年，成立日本和暹羅協會（Japan-Siam Association），披汶集團有數人參加。在該年暹羅派遣一隊軍官到日本接受軍事訓練。披汶對於日本的效率以及人民追求國家目標的積極印象深刻，他在 1935 年建立童子軍（Yuwachon）運動，男孩穿著整齊的制服，每週受二至三小時的訓練。至 1938 年 9 月時，參加該一運動的人數已有 6,000 人，且計畫組織女學生的童子軍。[11]

1935 年 2 月，披汶遭暗殺，僅傷及頸子和肩膀。8 月，警方破獲一個政變陰謀，15 名軍官被逮捕，其首謀被判處死刑。[12]暹羅在該年 10 月 1 日通過民事與商事法（Civil and Commercial Code），其中第五卷家庭法承認一夫一妻制，[13]朱拉隆功是最後一位實施一夫多妻制的國王，瓦七拉兀僅娶一妻，生一女。巴差帝帕亦娶一妻，無子嗣。

暹羅外長普里迪在 1936 年 11 月 5 日曾通知各國，暹羅有意終止與外國簽訂的二十五個條約，內容是有關外國人地位和商業關係等。1937 年 11 月 23 日，暹羅與英國在曼谷簽訂商業和航海條約，規定英國人在暹羅受暹羅法律管轄。此外，在海關、財政事務、政府專賣和軍事採購等，暹羅政府擁有充分主權。11 月 2 日，暹羅與日本亦簽訂內容相同的條約。另外簽訂類似條約的國家有瑞典、法國、比利時、丹麥、瑞士、美國。1938 年 2 月 19 日，暹、英商業和航海條約正式換文。

自 1933 年至 1938 年，由帕洪執政，他採取文武兩派之中間立場，文派由被放逐返國的普里迪領導，武派則由披汶領導。普里迪為了培養更多具批判分析社會的年輕人，在 1934 年將朱拉隆功大學（Chulalongkon University）的法學院分開，另成立法政大學（Thammasat University, University of Moral and Political Sciences），第一年就招收 7,000 名學生。普里迪是華裔，華文姓名為陳嘉祥，朱拉隆功大學法律系畢業後留學法國，獲得法學與經濟學博士學位。普里迪具有社會主義思想，他獲得商界、

---

11. B. J. Terwiel, *op, cit.*, p. 269.
12. B. J. Terwiel, *op, cit.*, p. 270.
13. Craig J. Reynolds, *Seditious Histories, Contesting Thai and Southeast Asian Pasts*, University of Washington Press, Seattle and London, 2006, p. 185.

勞工領袖和泰北領袖的支持。在 1937～38 年間，暹羅與西方國家重新談判廢除十九世紀簽訂的不平等條約，這些條約限制了暹羅的財政自主權和司法管轄權，最後暹羅廢止這類不平等條約，增加海關稅收，有助於其從事工業建設。

1937 年，由於攝政委員會將屬於國王阿南達·馬喜道的土地賣給官員而遭致批評，遂提出辭職。國會在 8 月 2 日接受攝政委員會委員的辭職。8 月 4 日，國會重新任命新的攝政委員會委員。[14]該一土地係以極低的價格賣給政府官員，其中包括國防部長披汶。最後土地歸還國王。

1937 年 11 月 7 日，舉行第二次國民議會選舉，要選出 182 名議員中的半數 91 席，投票率僅有 26 %。帕洪再度被選為首相。1938 年 9 月，國民議會內部對於預算案出現爭論，迫使帕洪自動辭職。11 月 12 日，舉行第三次國民議會選舉，議員數減為 91 人。12 月國會選舉國防部長披汶接任首相。披汶在未當選首相之前，曾遭政敵暗殺及下毒三次，均未成功。他採取權威主義統治方式，引起不滿。1939 年 1 月，有王室成員陰謀復辟，他以叛亂罪逮捕 70 人，包括數名王室成員、國會議員和軍人，在經過軍法審判後，有 18 人被處以死刑、26 人被判終生監禁、有些人被放逐外國，包括宋蘇拉德。[15]

阿南達·馬喜道國王在 1938 年底返回暹羅，但在 1939 年 1 月又返回瑞士。新政府將皇室部（Ministry of the Royal Household）降格為一個局，將大多數的皇室官員解職。前國王巴差帝帕批評新政府專制，在 1939 年被新政府起訴控告濫用 600 萬銖，指控他將王室內庫的錢移轉到國外他私人帳戶。巴差帝帕在 1941 年 5 月去世時，官司還未了結。最後法院判決巴差帝帕有罪，他在暹羅的所有財產均被沒收。新政府並禁止展示巴差帝帕的畫像。

披汶執政時期兼掌國防部長、內政部長，後來又兼任外交部長。內閣 25 名官員中有 15 人是由軍人出任，國防預算增加到占全國預算的 33

---

14. *Keesing's Contemporary Archives*, August 1-2, 1937, p. 2688.
15. B. J. Terwiel, *op, cit.*, p. 271.

％。國會反對該一增加國防預算案，他即解散國會。

　　披汶積極推動民族主義，鼓勵人民愛國心、頌揚軍事武力和領袖的偉大。他企圖將泰族居住的地方組成一個國家，因此他在泰國革命七週年的1939年6月24日宣布更改國名為泰國（Thailand），意指泰族組成的國家。泰族一詞改為 Thai。他致力於建立泛泰民族主義，使泰國走向現代民族國家。[16]10月3日，更改國名案經人民議會通過及攝政委員會簽名。在學校教授的歌曲和舞蹈，亦皆反應此一民族主義的訴求。暹羅在1938年將1932年6月24日訂為國慶日，1939年起訂為國定假日。1941年，通過僧伽法（Sangha Act），廢止了王室的「宗法派」（Thammayut sect，or　Dhammayuttika Nikaya）的特權，將國王任命的最高的佛教長老的權力移轉給僧伽長老會議（Supreme Sangha Council or the Council of Elders，Mahatherasamakhom）。

　　披汶此一民族主義文化之主要推手是衛契特（Wichit Wathakan），衛契特於1920年代在巴黎從事外交工作，1920年代底返回暹羅，從事寫作，並在電臺從事政論，是一名民族主義者。衛契特在1932～33年是一名效忠王室的政論家。但當波瓦拉德傑親王政變失敗後，衛契特開始轉變態度，1934年起成為披汶的盟友，他被任命為藝術部（Fine Arts Department）部長，他成立新的國家劇團，並為該劇團寫劇本，在暹羅傳統戲劇中加上西方色彩。他的劇本頌揚對抗緬甸的納里軒國王和鄭信國王，他在1936年寫的素攀武里的血液（Blood of Suphanburi, Luat suphan），描述一名平民出身的年輕婦女號召暹羅人起來反抗緬甸人入侵。在塔郎之戰役（Battle of Thalang, Suk thalang）的劇本中，描述普吉島兩姊妹起義反抗緬甸。他在1939年興建憲法紀念碑（Constitution Monument），碑上的浮雕描述1828年一名女性蘇拉納里（Thao Suranari）保衛柯叻對抗寮族的入侵，以及村民拉章（Bang Rajan）在1767年反抗緬甸人入侵的故事。衛契特透過歌曲、戲劇、音樂、電臺和教育頌揚

---

16. Charles F. Keyes, *Thailand, Buddhist Kingdom as Modern Nation-state*, Westview Press, Boulder and London, 1987, p. 65.

泰族人的偉大，暹羅是黃金半島的核心，泰族和高棉族是出於同源，但暹羅是大哥。[17]

衛契特在1938年7月15日在朱拉隆功大學文學院演講「德國併奧問題」，重提瓦七拉兀有關華人和猶太人的比較，他補充說：「猶太人沒有祖國，但華人與猶太人不可相比，華人在此工作，但將錢匯回其母國；因此我們可說華人比猶太人更壞。」他在1939年寫了一個劇本南昭（Nanchao），描述中國人驅迫泰族人離開其早先的故鄉。[18]9月10日，曼谷警察搜查各鴉片煙館逮捕華人4,703人、泰人491人、馬來人3人、安南人1人、不明國籍者25人。最後泰國政府將其中3,354名華人驅逐出境。[19]

暹羅政府提高入境移民費兩倍，以阻遏華人移入暹羅的人數。禁止華人將錢匯回中國，將違規的兩家銀行關閉。將從事杯葛的華商和政治活動者逮捕並驅逐出境。除了1家華文報紙（中原日報）外，其他11家華文報紙均被關閉。華文學校只剩下2家，其餘285所華校均被關閉。除少數人轉入泰國學校就讀外，約有2萬多名華人小孩失學。為使華人儘快變成暹羅人，暹羅政府在1939年4月放寬入籍的條件，規定宣布放棄效忠中國而改效忠暹羅、能說泰語、改換泰姓、將孩子送至泰文學校就讀，即可取得暹羅國籍。第一年有104人取得暹羅國籍，他們都是當時重要的華人，例如有錢的商人、礦主、工廠主。有些人被暹羅政府網羅擔任國營企業的主管，例如，馬布拉坤（Ma Bulakun）負責國營的米糧貿易公司，中國國民黨領袖蕭玉生（Siew Hut Seng）的女婿偉拉特（Wilat Osathanon）以及最大米商家族之一的朱林（Julin Lamsam）協助政府經營批發和零售網絡。[20]

1939年12月，泰王發布敕令，推動國家經濟發展，主張推動本地經濟，追求經濟自主。經濟民族主義成為披汶政權的要政之一。[21]披汶主張

---

17. Chris Baker and Pasuk Phongpaichit, *op. cit.*, pp. 126-129.
18. Chris Baker and Pasuk Phongpaichit, *op. cit.*, p. 130.
19. 蔡文星，前引書，頁134。
20. Chris Baker and Pasuk Phongpaichit, *op. cit.*, pp. 130-131.
21. Craig J. Reynolds, "Introduction: National Identity and Its Defenders," in Craig J. Reynolds(ed.), *op. cit.*, p. 6.

自立、購買泰國貨、宣傳泰式衣著、公共秩序和社會生活的標準。為提升人民的健康，在 1938 年實施國民營養計畫（National Nutrition Project），鼓舞人民吃營養食品，在學校開設運動課程，政府增加衛生保健的經費，加強營養食物的公共教育。設立母親節，鼓勵對母親的尊敬。1942 年，成立公共衛生部（Ministry of Public Health），負責推行公共衛生，提昇人民的健康。

泰國政府在 1940 年公布第一個有關文化的命令，稱「民族文化維持令」（National Cultural Maintenance Act），目的在透過民族文化之建立以促進社會繁榮、秩序、民族團結和發展、提升人民的道德。1940 年公布「泰人習慣規範令」（Prescribing Customs for the Thai People），規範穿衣禮節，若只著沙龍、睡衣、內衣或女性在公共場合穿著內衣、披身的沙龍都是不妥的。該令要求學習西方的習慣，例如使用刀叉吃飯、戴帽子、在晚安道別時吻女主人的臉頰。還要求人民不要吃檳榔、不能在路上吐檳榔汁。[22] 為推行這些文化改革，特別在曼谷成立「暹羅文化研究所」（Siamese Cultural Institute, Sapha Wattanatham），致力於發揚暹羅文化的研究和推廣。

披汶也在泰南伊斯蘭教徒住區實施泰化政策，推行泰語、泰姓氏和泰式衣服，關閉當地的伊斯蘭教學校和伊斯蘭教法庭。當地伊斯蘭教領袖起來反抗，尋求馬來半島英國當局的協助。

在泰國和英國簽訂互不侵犯條約前，雙方曾在 1939 年 3 月 24 日舉行泰國和緬甸勘界典禮，原先泰國西北部的撣部一段是以夜柿河（Maa Sai）與緬甸為界，河的兩岸25公里為自由交通區域。1931 年及 1932 年，泰國和英國在曼谷達成劃界，以河中深水道為疆界。因河道改變，而重新勘界。[23]

1939年8月，法國向披汶提議簽署兩國的互不侵犯條約，泰國政府要

---

22. Craig J. Reynolds, "Introduction: National Identity and Its Defenders," in Craig J. Reynolds(ed.), *National Identity and Its Defenders, Thailand, 1939-1989*, Silkworm Books, Chiang Mai, Thailand, 1991, pp. 1-40, at pp. 6-7.
23. 蔡文星，前引書，頁 116-117。

求舉行修改邊界的談判，對於湄公河中的各個島嶼之地位應重新考慮。1940年6月12日，泰國與法國在曼谷簽訂互不侵犯條約，隨後泰國又與英國簽署互不侵犯條約。同一天泰國和日本在東京簽訂友好條約，其內容如下：(1)相互尊重領土完整，重申友好關係。(2)對於互利問題交換資訊以及協商。(3)保證不協助對方的敵國。該約有效期為5年。[24]8月31日，泰國與英國互不侵犯條約批准並換文。惟泰國和法國互不侵犯條約沒有換文，因為法國被德國擊敗占領，泰國遂無意批准該條約。

1939年9月1日，德國和波蘭爆發戰爭，泰國政府在5日以泰王名義發布嚴守中立立場。1940年6月12日，泰國和法國互不侵犯條約經法國政府批准，但調整邊界問題未獲解決。9月，泰國向法國要求以湄公河深水道做為泰國和越南之新疆界；法國需將鑾佛邦對岸及巴寨（Bassac）的湄公河右岸土地交還泰國；若越南必須脫離法國的統治，則法國應將寮國以及柬埔寨交還泰國。[25]此一要求未獲法國正面回應，引起泰國民族主義情緒，要求法國歸還侵占的領土。披汶在1940年8月30日派遣國防部次長兼陸軍副司令鑾蓬裕提上校為訪日本特使，另外亦派遣司法部長海軍上校鑾貪隆那哇沙越訪問緬甸、印度、新加坡、澳洲等地，呼籲法國、英國、美國、德國和義大利重視泰國要恢復過去割讓給法國之領土的問題，未受到正面的回應，所以披汶轉向日本。他在9月底讓日本外交官知道他想加入日本陣營。10月1日，他告訴日本海軍武官，假如有需要，泰國政府允許日本軍隊越過泰國領土，他也會考慮供應這些軍隊的所需。他希望日本協助泰國取回丟失的領土。他與日本簽定秘密協議，泰國內閣並不知曉。隨後泰國和法國在泰、寮和泰、柬邊境發生衝突，日本在11月初提議仲裁此一衝突。

1941年1月初，泰國和法國在柬埔寨西部邊境發生戰爭，法軍裝備和士氣不佳，而遭受重創。1月17日，法國軍艦駛入暹羅灣，在科昌（Koh Chang）與泰國海軍發生衝突，在兩小時的海戰中亦受創40％兵力。日本

---

24. *Keesing's Contemporary Archives*, June 8-15, 1940, p. 4095.
25. 蔡文星，前引書，頁122。

出面進行協調，再加上德國的協助，勸告法國維琪（Vichy）政府於 1941
年1月21日接受日本的調解。[26]

在日本安排下，泰國與法國分別在西貢外海的日本巡洋艦和東京舉
行談判，於1941年5月9日在東京簽訂和平條約（Convention of Peace be-
tween Thailand and France），法國將馬德望和暹粒兩省割讓給泰國；並將
湄公河右岸寮國土地歸還給暹羅。7月27日，泰國正式取得該兩省的土
地。[27]這次事件使披汶的聲望升高，他自升為元帥，跳過了少將和中將的
階級。

8月5日，泰國承認滿州國。8月28日，泰國財政部與日本橫濱正金
銀行（Yokohama Specie Bank）簽訂協議，泰國向日本購買 2,500 萬銖
（Baht）（約合250萬英鎊）黃金，使得日本有泰銖可以購買泰國貨品。
該黃金將儲存在日本，假如泰國有需要，隨時可以提出。[28]

11月19日，4艘日本巡洋艦開抵西貢，據估計日軍在印度支那約有 8
萬人。11月24日，美國駐河內領事館遭炸彈攻擊而損毀。11月28日，泰
國國民議會通過「保衛國家法」（Law for the Defence of the State），授權
政府採取軍事準備和其他必要手段以保衛國家。同一天，披汶首相會見
日本駐泰國大使後，在廣播中說美國和英國都保證泰國獨立地位應獲得
尊重，日本亦保證其軍隊無侵犯泰國之意圖。

12月7日，日本駐泰國大使向泰國政府請求允許其軍隊過境泰國進入
緬甸和馬來亞。泰國沒有做出立即答覆。12月8日清晨1點30分，5艘日
軍運輸艦和軍艦航抵馬來半島吉蘭丹河口，在艦砲的掩護下搶灘登陸，
在吉蘭丹州首府哥打峇魯（Kota Bharu）機場附近亦發生激戰。日軍同時
派遣 25 艘運輸艦登陸北大年和宋卡。中午，日軍大舉在哥打峇魯南方的

---

26. Ellen J. Hammer, *The Struggle for Indochina 1940-1955*, Stanford University Press, California,
    1968, pp. 25-26.
27. *Keesing's Contemporary Archives*, October 18-25, 1941, p. 4844; *International Boundary Study,
    No. 20, Laos-Thailand Boundary*, The Geographer Office of the Geographer Bureau of Intelli-
    gence and Research, Department of State of the United States, p. 5. in http://www.law.fsu.edu/li-
    brary/collection/limitsinseas/ibs020.pdf，2010 年 12 月 14 日瀏覽。
28. *Keesing's Contemporary Archives*, August 30-September 6, 1941, p. 4778.

基馬辛（Kemassin）、北大年、宋卡、宋貴（Sungei）和克拉（Kra）地區登陸。在哥打峇魯機場的戰鬥從早上打到下午，最後陷落。日軍亦登陸單馬令、普拉昭（Prachaub）、湄南河口的邦曝（Bangpoo）以及從柬埔寨的陸路進入馬德望省，以飛機轟炸曼谷的廊曼機場，泰軍只抵抗五小時又十五分鐘，泰國政府在當天中午就宣布允許日軍借道泰國領土，日軍並保證尊重泰國領土完整和主權。日軍在當天晚上進入曼谷。12月10日，日軍在關丹（Kuantan）外海，擊沈了英國最新的戰艦「威爾斯太子號」（Prince of Wales）和巡防艦「擊退號」（Repulse）。

12月10日，泰國在美國的資產被美國政府凍結。泰國駐美大使社尼·巴莫（Seni Pramoj）反對其政府向日本投降，主張將繼續恢復泰國的獨立。16日，他在華府建立「自由泰運動」（Free Thai Movement），[29] 採取親美反日政策，呼籲泰國各界聯合起來反日，將日軍驅逐出泰國領土。12月21日，泰國和日本在東京簽署泰日軍事同盟條約，為期十年，內容要點為：(1)日本和泰國將在尊重對方獨立和主權的基礎上結成同盟。(2)任何一方與他國發生武力衝突時，另一方將立即在軍事、政治和經濟上給予支持和援助。(3)在兩國聯合進行戰爭的場合，若未經對方同意，不得休戰或講和。條約還附有一個密約，規定日本將協助泰國收回喪失給英國的領土，而泰國則答應在日本與西方國家戰爭中給予日本條約第二條之一切協助。泰國外長和司法部長因反對該項協議而被免職。

披汶為了向日本顯示其反對中國的決心，在太平洋戰爭爆發後發表演說呼籲蔣介石向日本投降；在內部採取排華措施，12月25日頒布新移民條例，限制華人入境。1942年又頒布限制外僑職業的法令，規定佛像鑄造業、理髮業、出租汽車駕駛業等二十七種行業禁止外僑經營。

1942年1月25日，泰國宣布對英國和美國開戰。但駐美大使社尼·巴莫拒絕向美國遞交宣戰書。一位外交使節沒有遵守本國命令遞交宣戰書，竟然沒有遭到撤職的處分，繼續擔任大使工作，而且與西方同盟國

---

29. Charivat Santaputra 又將「自由泰運動」稱為「自由暹運動」（Free Siamese Movement）。（參見 Charivat Santaputra, *Thai Foreign Policy (1932-1946)*, Thai Khadi Research Institute, Thammasat University, Bangkok, 1985, p. 317.）

家進行外交交涉，這不得不讓人懷疑泰國政治菁英為維護泰國之利益，或者未雨綢繆，而採取兩手策略。5月，在日軍支持下，泰國軍隊入占緬甸的撣邦（Shan）。衛契特出任外長，有意將泰國變成為東南亞的文化中心。

披汶採取親日政策，攝政委員會委員普里迪則採取抗日政策，他在法政大學召開一次秘密的小組會議，有法政大學校長良汶納博士、法大秘書威集‧魯里系暖教授、森‧威匿杉軍教授和他威‧樂威鐵軍教授參加，決議秘密與中國重慶政府聯絡，爭取盟國的支持。[30]

4月21日，泰國和日本簽定關於泰銖和日圓平價兌換協議，日本重訂日圓和泰銖的匯兌，使泰銖貶值36%。9月，日本制定「對泰國經濟措施綱要」，日本對泰國進行物價管制和匯兌管理，要求商人報告存貨情況，非經當局批准，不得移動或出售。10月28日，泰、日簽定文化協議，雙方將進行學生和教師交流訪問、泰國將對日本文化機構的活動提供便利、轉播日本的廣播節目。日本還建議泰國成為世界佛教中心，沙拉武里城為宗教中心。

泰國為了強化和日本的關係，在7月7日宣布承認由日本扶植的南京汪精衛政府。但日本禁止南京政府和暹羅政府互派大使，而是由兩個政權駐東京之大使進行雙方之聯繫。

為了對抗泰國和日本的合作，泰國共產黨（Communist Party of Thailand）於1942年12月1日正式成立，發行大眾報，在泰南的單馬令活動。該黨組織「抗日義勇軍」，進行武裝抗日活動。1944年11月，泰共成立「曼谷工人聯合會」，12月23日成立「泰國抗日大同盟」，聯合各黨派、組織、階級的人起來反抗日本法西斯主義者。

1943年7月5日，日本首相東條英機（General Tojo）訪問臺灣、菲律賓、西貢、曼谷、新加坡，他在曼谷宣布日本同意將上緬甸的景東（Kentung）和猛潘（Mong Pan）約12,000平方英里以及馬來土邦吉打、玻璃市、吉蘭丹和登嘉樓約14,700平方英里土地、100萬人口（其中60%

---

30. 葛治倫，「比里與『自由泰運動』」（二），星遷日報（泰國），1989年7月8日，版7。

為馬來人，40％為華人和印度人）併入泰國。[31]8月20日，披汶和日本駐泰國大使坪上貞二簽約，泰國取得上述四州和撣邦兩州。11月，披汶見到日本在遠東的戰事日趨失敗，而拒絕前往東京參加「大東亞共榮圈」的會議，反而派了密使到中國重慶，企圖與西方盟國建立關係。[32]他曾向他的軍事司令說：「你認為哪方會失敗？失敗的一方即是我們的敵人。」[33]此後，泰國透過「自由泰運動」的人員對盟軍提供泰境內日軍的活動情報。

英國政府於1942年將英國「自由泰運動」戰士編入英國的工程部隊，參加者主要是泰國留學劍橋大學的學生，領導人是沙諾・丹布允；後來英國又從「自由泰運動」戰士中挑選20人送往印度一所軍校接受六個月的訓練，頒給少尉軍官官階，然後分派到部隊擔任作戰、電臺廣播和繪製地圖等工作。1943年8月，英、美根據魁北克會議（Quebec Con-ference）（1943年8月17日至8月24日在加拿大魁北克市召開）之決議，在斯里蘭卡成立東南亞司令部。駐在印度的「自由泰運動」戰士被派往東南亞司令部「第136部隊」（Force 136）所屬的泰國科。「136部隊」的「自由泰運動」戰士以空投的方式在猜那府空降，結果全部遭泰國警察逮捕。他們受到警察總監鑾亞倫（是地下反抗日軍副司令）之暗中庇護，雖然關在牢裡，晚上則以無線電和東南亞司令部聯繫，提供日軍活動的情報。[34]

普里迪為了與英、美的「自由泰運動」取得聯繫，委託前外長里綠・猜耶南和鑾素坤・奈巴蒂在美國中央情報局（CIA）幫助下飛往美國，會見了社尼・巴莫和一些美國官員通報泰國國內情勢，並要求美國提供支援。他又派他威・尊拉薩空軍中校、阿格薩・巴攀塔育廷中校為與美國中情局聯絡的聯絡官。1943年底，他派遣沙願・杜拉叻為「自由

---

31. *Keesing's Contemporary Archives*, October 23-30, 1943, p. 6059.
32. 有關「自由泰運動」在中國的活動，請參閱陳鴻瑜，中華民國與東南各國外交關係史（1912-2000），鼎文書局，臺北市，2004年，頁333-381。
33. Chris Baker and Pasuk Phongpaichit, *op. cit.*, p. 137.
34. 葛治倫，「比里與『自由泰運動』」（三），星暹日報（泰國），1989年7月15日，版6。

泰運動」駐中國重慶辦事處的代表。同時派涅・肯瑪育廷上校為駐東南亞司令部的代表，負責與英國聯繫。[35]

在美國接受軍事訓練的泰國大學生，美國挑選二十餘人，於 1943 年分兩批離開美國，第一批包括泰國駐美大使館軍事參贊鑾卡・恭沖中校、格倫・耿拉隆仁和一位美國少校軍官，他們飛往中國重慶。第二批成員隨同 4 名美國軍官乘船前往印度，後來搭機前往中國重慶，與鑾卡・恭沖中校等人會合，他們的費用由美國解凍泰國在美國銀行的基金支付。1943 年底，該支部隊從中國進入泰北清邁，其中一部分留在清邁，另一部分則前往曼谷，與「自由泰運動」人員建立聯絡關係。[36]

泰國國王阿南達・馬喜道在 1942 年住在瑞士，任命三位攝政權理國政，其中一位是普里迪。普里迪因為擔任攝政的關係，所以與王室人員建立了關係，特別是巴差帝帕的遺孀哈妮（Rambhai Bharni）。有些在英國的王室成員加入「自由泰運動」。在 1944 年後，國王阿南達・馬喜道鼓勵一些在海外的王室成員返國，以制衡披汶和軍隊。他給予被關的 61 名政治犯特赦，他們大都是遭披汶下獄的王室人員，並恢復他們的榮譽。

披汶在 1944 年廢除泰南三省和西吐爾（Setul）的宗教登記署，並廢止有關伊斯蘭教的婚姻和繼承的法律，有關該一領域的糾紛改由一般法院審理，使用泰國的民刑法。神學家卡德（Haji Sulung bin Abdul Kadir）起來組織一個反抗該一政策的伊斯蘭組織，反對泰化政策。[37]但暹羅政府並未改變此一泰化政策。

1944 年 7 月 29 日，因為國會否決披汶政府的兩項議案，而迫使披汶下臺，同時辭去武裝部隊最高司令的職位。該兩項議案包括：(1)因為曼谷遭到盟軍飛機嚴重轟炸，擬準備遷都到曼谷以北 190 英里的皮查汶（Pechabun）。(2)在泰北的沙拉武里（Saraburi）建立一個佛教城市。該

---

35. 葛治倫，「比里與『自由泰運動』」（三），星暹日報（泰國），1989 年 7 月 15 日，版 6。
36. 葛治倫，「比里與『自由泰運動』」（二），星暹日報（泰國），1989 年 7 月 8 日，版 7。
37. Ibrahim Syukri, *op. cit.*, p. 55.

兩項建議獲得日本之支持，結果在國會中未能通過。國會議員認為遷都會影響民心士氣，而披汶之重要決定事先未獲國會之支持，其行為是違憲的。巴克（Chris Baker）和彭派契特（Pasuk Phongpaichit）認為普里迪派系運用巧妙的策略讓披汶下臺，以免日後在與盟軍談判時被視為敵國。[38]

兩位攝政之一亞迪耶王子（Prince Aditya）恰於此時辭職，另一位攝政帕迪特（Luang Pradit Manudharm）曾請求 1933 年任首相的帕洪組織政府，未獲成功。7 月 31 日，庫恩（Khuang Aphaiwong 或稱為 Major Luang Kovid Abhaiwongse）[39]出任首相，國防部長為辛宋格蘭（Vice-Admiral Luang Sin Songgram Chai）。帕洪在 1938 年退休，在 8 月 25 日被任命為武裝部隊最高司令。普里迪成為唯一的攝政，負責與盟軍聯繫。

美國在 1945 年春在泰國境內空投了 175 噸各式武器和彈藥，足以裝備 1 萬人軍隊。美國也派遣情報人員進入泰國，由「自由泰運動」安排潛伏在法政大學內，從事蒐集情報的工作。盟軍飛機也向曼谷皇家廣場空投大批醫藥用品。英、美特工亦在泰、緬邊境訓練游擊隊以及蒐集日軍活動情報。[40]

1945 年 8 月 19 日，即在日本宣布無條件投降後的第四天，泰國國會一致通過一項決議，泰國決定停止戰爭，保證將馬來四邦歸還英國，將採取中立政策，恢復戰前友好國家之關係。攝政委員會主席普里迪亦於

---

38. Chris Baker and Pasuk Phongpaichit, *op. cit.*, p. 137.
39. 庫恩於 1902 年 5 月 17 日生於高棉的馬德望，父為泰國東部總督，具有皇家血統，四歲時隨父遷移至巴真府，在易三倉學校讀七年，學習法文，後到法國學習工程七年，回國後出任郵電廳助理工程師。1941 年發生印度支那事件後，他獲頒賜陸軍少校，隸屬特別御侍官，同時獲頒男爵（Luang Kovid Aphaiwong），擢升為郵電廳長。在帕洪執政時，他出任代理教育部長。披汶執政時，他出任助理教育部長。以後歷任國民議會副主席、交通部長和商業部長。庫恩為人幽默，報章雜誌經常以漫畫描繪他的詼諧，他亦不以為意。有次駐泰日軍司令要求他調查泰北是否有秘密機場，他知道那是「自由泰」建立的機場，所以當面答應該日軍司令兩國合組一個委員會前往調查，但暗地裡聯繫攝政委員會主席普里迪立即派人在該機場上種植農作物，以應付日軍前往調查。參見江平，「泰國第四任國務院長乃寬的幽默」，星選日報（泰國），1989 年 3 月 13 日，版 21。
40. 葛治倫，「比里與『自由泰運動』」（三），星選日報（泰國），1989 年 7 月 15 日，版 6。

同一天以泰王的名義發表和平宣言，聲明披汶政府於 1942 年 1 月 25 日對英美宣戰的行動是違反泰國憲法與人民願望的，因而是無效的。當日軍進入泰國時，泰國軍民曾予抵抗，泰國向英、美宣戰不過是受到日本的利誘和威脅。泰國一貫奉行中立政策。[41]

9 月 1 日，泰國內閣改組，由塔威（Nai Thawi Bunyakat）出任首相，同時兼外交、農業、福利和教育部長。9 月 2 日，泰國陸軍副司令納隆（Lt.-Gen. Narong Kittikachorn）中將率軍事代表團抵達斯里蘭卡（Sri Lanka）的康地（Kandy），討論在泰境日軍投降、泰國軍隊之處置及盟軍戰俘釋放等事宜。9 月 8 日，英國軍隊登陸泰國，接受日軍投降。蒙巴頓將軍（Admiral Lord Mountbatten）宣布將剝奪泰國在戰時所獲得的馬來土邦吉打、玻璃市、吉蘭丹和登嘉樓以及撣邦的部分土地，將歸還英國。[42]

9 月 8 日，泰國國名改為暹羅（Siam），廢除自 1939 年以來使用的泰國（Thailand）國名，以取悅盟軍及國內少部分的保守分子，以示其非擴張主義和非泰族沙文主義。但僅一個月，首相一職即由駐美大使社尼‧巴莫取代，主要目的是欲透過社尼‧巴莫改善與美國的關係，以尋求美國的支持和友誼。在日軍投降後英國本想占領泰國做為懲罰，但遭美國反對，美國主張泰國是個被敵國占領的國家。社尼‧巴莫出任首相之任務，是負責與盟國談判。泰國辯稱在戰時對美國和英國宣戰是不合法的及無效的，因為該宣戰書未經攝政委員會的簽署，且是在日本軍事壓迫下所為以及泰國黷武軍人未經深思熟慮的行為。他們也辯稱泰國軍隊實際上未與盟軍交戰，泰國現在正開始恢復民主政府。泰國這些論點獲得美國的支持。[43] 美國國務卿布來恩（James Byrnes）亦宣布泰國對美國的宣戰是無效的，因為違反泰國人的意志。[44] 從而可以看出來，泰國外交政

---

41. 葛治倫，「比里與『自由泰運動』」（四），星暹日報（泰國），1989 年 7 月 22 日，版 18。

42. *Keesing's Contemporary Archives*, September 8-15, 1945, p. 7422.

43. David K. Wyatt, *Thailand: A Short History, op. cit.*, p. 261.

44. Rong Syamananda, *op. cit.*, p. 5.

策的靈活度。在戰後，泰國沒有成為戰敗國而遭盟國占領，其外交政策以後轉向美國，且與美國建立密切的同盟關係。泰國在戰前以日本為其「保護人」，日本戰敗後，泰國另尋找美國為其「保護人」，小國如泰國者，亦只有透過該種「保護」關係，才能維護其獨立地位。

　　1945 年 12 月 5 日，在普里迪鼓勵下阿南達‧馬喜道國王返國，慶祝他的二十歲生日。同時有許多流亡海外的王室人員也回國。泰國第一個現代政黨是 1945 年 11 月 8 日由庫克立‧巴莫（Kukrit Pramoj）（為社尼‧巴莫的弟弟）組成的進步黨（Progressive Party, *Phak Kaona*）。1946 年初，接著又成立生活聯合黨（Sahachip Party）和憲法陣線黨（Constitutional Front Party, *Phak Ratthathamanun*）。[45]在國會內反對普里迪。社尼‧巴莫曾批評說：「儘管普里迪親王室，但我們不能不懷疑他是一名共產主義者。」[46]

　　戰後英國對泰國在戰時之行為感到不滿，對泰國提出了若干要求，包括：賠償英國財產的損失、優惠的經濟利益、駐軍泰國、泰國免費供應英國 150 萬噸食米。結果在美國的反對下，英國提出的條件作了若干修正。1946 年 1 月 1 日，暹羅與英國屬馬來亞和印度在新加坡簽署和平條約，總共二十四條，其主要內容如下：

第一條　暹羅放棄 1942 年 1 月 25 日對英國宣戰所採取的一切措施。

第二條　暹羅在戰時取得的英國領土（指馬來土邦吉打、玻璃市、吉蘭丹和登嘉樓、景東和猛潘）無效與失效；從上述領土撤出暹羅的軍人和文官；歸還上述領土的所有財產，若因暹羅占領而造成的損害，應給予賠償。

第三條　對英國人在暹羅的財產、權利和利益，暹羅政府應負責保障、維護和公正恢復，若有損失應予賠償。財產、權利和利益一

---

45. Eiji Murashima, "Democracy and the Development of Political Parties in Thailand 1932-1945," in Eiji Murashima, Nakharin Mektrairat, Somkiat Wanthana, *The Making of Modern Thai Political Parties*, Joint Research Programme Series No. 86, Institute of Developing Economies, Tokyo, 1991, chapter 1.

46. Chris Baker and Pasuk Phongpaichit, *op. cit.*, p. 141.

詞，指英屬馬來亞和印度政府在暹羅的所有財產；自戰爭爆發後移轉的財產；給予英國公民的年金；船運和碼頭；錫礦、柚木和其他商品；在 1941 年 12 月 7 日以前給予英國公民和廠商的有效特許。

第四條　暹羅應歸還被沒收的英國銀行和商業公司以及允許他們經營商業。

第五條　暹羅對於聯合國組織或其安理會所同意之國際安全協議，特別是與馬來亞、緬甸、印度、印度支那、太平洋和東南亞有關的防衛，應充分合作。

第六條　暹羅應接受下述負擔額，在支付延遲時應附加利息、貸款服務、當正常支付停止日起之年金支付。

第七條　未經英國同意，暹羅不可興建跨越克拉（Kra）地峽聯絡印度洋和暹羅灣的運河。

第八條　暹羅重建與隔鄰英國屬地的貿易，對沿岸貿易採取睦鄰政策。

第九條　儘速簽訂新的英國和暹羅的商業和航海條約以及新的領事條約。

第十條　與印度談判簽訂類似的新條約。

第十一條　1937 年 11 月 23 日的商業和航海條約第 9～10 條預定簽訂的新條約，仍繼續有效。

第十二條　暹羅可參與聯合國組織或其經濟和社會理事會所同意的有關錫礦或橡膠之國際安排。

第十三條　暹羅應不晚於 1947 年 9 月 1 日去限制米、錫、橡膠和茶的出口，規定這類商品的貿易及刺激其生產。但此限制需符合在華府的聯合委員會或成功的組織或第 14 條提及的稻米組織（Rice Organization）所做的建議。

第十四條　暹羅應免費支付給由英屬馬來亞指定的稻米組織一定數量的米，約等於暹羅目前有剩餘的 150 萬噸。或假如同意的話，可用等值的稻米或糙米（loonzain）（泰國香米）支付。正確的稻米之數量由前述的稻米組織決定。

第十五條　暹羅應不晚於1947年9月1日提供給稻米組織剩餘的稻米，以因應暹羅之內需。

第十六條　暹羅可與大英國協之成員國協商簽訂民航協議，其待遇不低於戰前給予帝國航空公司（Imperial Airways）之待遇。

第十七條　暹羅應與英屬馬來亞和印度簽訂協議，相互維護英國和印度在暹羅的戰爭死難者之墳墓，暹羅在英屬馬來亞和印度的戰爭死難者之墳墓。

第十八條　暹羅應視暹羅與英國、暹羅與印度的雙邊條約有效，英屬馬來亞和印度政府亦得作此規定，若不作此規定，則暹羅可廢止該種條約。

第十九條　暹羅視1941年12月7日以前簽訂的多邊條約、公約、協議有效，此包括：(1)暹羅、英國和印度是簽約國之條約、公約、協議；(2)英國或印度是簽字國之條約、公約、協議，而暹羅尚未成為簽字國。

第二十條　允許暹羅加入1941年12月7日以後成立的國際組織，這類組織英國和印度已是成員國，暹羅承擔的義務如同英國或印度的一樣。

第二十一條　基於第20條承擔之義務之考慮，英國和印度同意與暹羅的戰爭狀態已結束，恢復與暹羅的正常外交關係，互派外交代表。

第二十二條　英國和印度支持暹羅加入聯合國組織為會員。

第二十三條　本條約所稱的「英國」，意指英屬馬來亞公民、國王及國王陛下保護的所有人，適用於英王行使主權、宗主權、保護或委任地的所有領土。

第二十四條　本條約簽訂於1946年1月1日、暹羅佛曆2489年1月1日。有英文本和暹羅文本，若有爭端，以英文本為準。立即生效。[47]

---

47. *Keesing's Contemporary Archives*, January 26-February 2, 1946, p. 7695.

1945 年 12 月 5 日，泰王阿南達・馬喜道自瑞士求學完成返泰。攝政普里迪將大政奉還，由泰王主理王政。

1946年1月6日，舉行第四次國會大選，選出96名國會議員，由普里迪領導的自由派獲得勝利。普里迪在初期躲在背後，仍支持庫恩執政。1月 31 日，民主黨領袖庫恩重被任命為首相，但至 3 月即辭職，由普里迪出任首相。5 月，公布泰國王國憲法（The Constitution of the Kingdom of Thailand 1946），將一院制國會改為二院制，下議院由民選議員組成，上議院則由下議院議員選舉代表組成。

1946 年 3 月 24 日，暹羅最高法院判決所有第二次世界大戰期間與日本合作的「戰犯」無罪，包括從日本投降後就被逮捕的披汶，法庭的理由是戰犯法（War Crimes Act）是在盟軍的壓力下制訂的，它不能追溯既往，若追溯既往，則是違憲的。[48]此外，輿論亦對披汶有利，一般認為其處置正確，否則在日本的壓力下無以維持暹羅的利益。[49]披汶在監獄中被關了六個月，最後無罪開釋。披汶是右派主義者，而普里迪是具有社會主義之左派，兩人意識形態不同，但普里迪並未利用此一機會將披汶繩之以法，主要因素是泰國政治不以意識形態作為政治考慮，而是以派系和恩惠作為考慮。他們兩人同為1932年政變的同謀，同為留法學生。[50]

第二節　軍人政權下的民主錘鍊

6 月 9 日清晨，泰王阿南達・馬喜道遭暗殺頭部中槍死於床上，開始時泰國政府宣布是死於意外。後來在調查委員會之調查下，包括美國和英國的醫生，才宣稱是遭到謀殺。普里迪被懷疑涉及該一謀殺案，因為他的反王室態度，以及不滿巴差帝帕在 1933 年反對他的經濟計畫，他遂在8月21日辭職，出國旅遊。8月23日，國會和國務會議（State Council）

---

48. *Keesing's Contemporary Archives*, August 17-24, 1946, p. 8078.
49. David K. Wyatt, *Thailand: A Short History, op. cit.*, p. 263.
50. B. J. Terwiel, *op, cit.*, p. 280.

圖 6-2：年輕時的拉瑪九世

資料來源：http://www.chian-gmaichimes.com/kings_1.html，2010 年 8 月 17 日瀏覽。

聯席會議選舉前司法部長、海軍上將桑隆（Admiral Thamrong Nawasawat，或稱為 Luang Dhamrong Nawasasat）接任首相。

阿南達·馬喜道去世後，6 月 16 日，成立攝政委員會，由猜納王子（Prince Chainat）和國會議長米那瓦拉惹（Phya Minavaraj Sevi）擔任攝政。6 月 19 日，國會召開緊急會議，選舉阿南達·馬喜道之十八歲的弟弟蒲美蓬（Bhumibol Adulyadej, Phumiphon Aduldet）繼任，他在 1946 年 3 月從瑞士返國。

蒲美蓬於 1927 年 12 月 5 日在美國馬薩諸塞州坎布里奇市（Cambridge, Massachusetts）出生，當時其父馬喜道親王（Prince Mahidol of Songkhla）在哈佛大學就讀醫學院。蒲美蓬是馬喜道親王的第三個兒子，為拉瑪五世朱拉隆功之孫。1928 年，隨其父母返回泰國。在他兩歲時，其父即在泰國去世。1933 年，其母將三個兒子帶到瑞士洛桑（Lausanne）接受教育。在完成中小學後，繼續在洛桑克拉西克州立大學（Gymnase Classique Cantonal of Lausanne）攻讀文學，再入洛桑大學讀科學。後來到美國哈佛大學學醫，並結識其妻子詩麗吉（Princess Sirikit Kitiyakorn），當時她是一位學生護士。1946 年 6 月 9 日，他的哥哥阿南達·馬喜道國王被暗殺身亡。6 月 9 日，他正式加冕為國王，王號為拉瑪九世（Lama IX）。旋又回到瑞士洛桑，就讀洛桑大學，轉而攻讀政治和法律。1950 年 4 月 28 日與蘇拉納斯親王（Prince Chandaburi Suranath）的女兒詩麗吉結婚，其妻僅有十八歲，為泰國駐英國大使之女兒。詩麗吉立即被封為皇后。1951 年 11 月 29 日，拉瑪九世回到曼谷。

「蒲美蓬」在泰語的意思是「土地的力量，無比的權力」。泰王蒲美蓬育有一子三女，長女是鄔汶樂公主（Princess Ubolrattana），美國麻省理工學院畢業，嫁予美國人，已放棄公主頭銜，移居美國。長子為瓦

七拉隆功皇儲（Prince Vajiralongkorn）。次女是詩琳通公主（Maha Chakri Sirindhorn），在大學修讀藝術，後又修讀測量學、工程學和教育學，喜歡音樂和寫詩。1977年，國王授予她「卻克里王朝可愛、光榮和仁慈的女兒」的稱號，甚獲國王喜愛。三女是朱拉蓬公主（Princess Chulabhorn），專攻科學，獲有有機化學博士學位，嫁給泰國一位平民，常協助皇后推行手工藝計畫。[51]

阿南達‧馬喜道遭暗殺，泰國警方抓到3名兇手，包括國王的秘書查留（Chaliew Pathumros）和兩名前任侍從契特（Chit Singhaseni）和布特（Butr Pattamasirindi），3人被控謀殺及意圖推翻君主政體罪，而在1954年10月14日被最高法院判處死刑。[52] 1955年2月17日，三名兇手被正法。

庫恩是主張自由民主人士，希望與同樣主張民主觀念的社尼‧巴莫（Seni Promoj）和庫克立‧巴莫（Kukrit Pramoj）兄弟的進步黨（Kaona, Progress）合作。他同意領導該黨，隨即於1946年4月6日將之易名為民主黨（Democrat Party），[53] 該黨之支持來源在泰南和曼谷。8月，舉行國會選舉，普里迪的政黨失去多數黨地位。有些政治人物遭到暗殺，國會情勢出現混亂。普里迪到國外旅遊結束後返國，積極籌備東南亞民族主義者反殖民大團結，他在1947年9月成立東南亞聯盟（Southeast Asia League），在這之前，印尼、寮國和越南的反法和反日民族主義團體在曼谷有獲取情報和武器的據點。當時傳言普里迪想建立暹羅共和國，曾密派奸細到瑞士，準備暗殺蒲美蓬。在東英（Thong-in Phuriphat）部長的家裡發現許多俄羅斯製造的武器，準備進行共產主義革命。[54] 這類謠言暗指左派準備奪權，推翻帝制，建立共和體制。

11月的政變即是對左派勢力的一場反撲。由於政治和經濟情況不穩，披汶指控政府貪污，後備軍官屏‧春哈旺（Phin Chunhawan）陸軍中

---

51. 金淺，「受泰人尊敬的泰王蒲湄蓬」，南洋星洲聯合早報（新加坡），1990年5月26日，頁22。"A Down to Earth King," *South China Morning Post*, December 5, 1981, pp. 1, 7.
52. *Keesing's Contemporary Archives*, October 23-30, 1954, p. 13848.
53. Kramol Tongdhamachart, *Toward A Political Party Theory in Thai Perspective*, Maruzen Asia PTE. Ltd., Singapore, 1982, p. 10.
54. David K. Wyatt, *Thailand: A Short History, op. cit.*, p. 264.

將及其女婿鮑上校（Phao Siyanon,或 Phao Suriyanond）、沙立上校（Sarit
Thanarat）[55]、海軍上校余德哈沙特拉（Luang Yudhasatra Kosol）和空軍上
校羅納帕卡斯（Khun Ronapakas Ridhakani）於1947年11月8日率退伍軍人
和現役軍人發動一次成功的不流血政變，普里迪和桑隆逃亡國外。政變
者主張要建立一個尊重「國家、宗教和國王」之原則的政府。這次政變
被視為右派的政變，攝政藍西特王子（Prince Rangsit）在二十四小時內
就承認該項政變。政變的軍事執政團委任披汶元帥為陸軍總司令，11月
10日，並邀請庫恩重任首相，斯里偉沙瓦恰（Phya Srivisarvacha）為外
長，查特拉那科中將（Lieut.-General Luang Chatranakob）為國防部長，並
宣布廢止1946年憲法。5位最高國務會議（Supreme State Council）委員出
任攝政委員會委員，由藍西特王子擔任主席。新政府宣布解散國會，將
在九十天內舉行新選舉，起草泰國王國（臨時）憲法（The Constitution of
the Kingdom of Thailand（Temporary）1947）。同時宣布將遵守前任政府
與盟國簽訂的稻米協議。11月16日，武裝部隊最高副司令屏·春哈旺宣
布逮捕數名陰謀推翻政府的共和分子，他們準備推翻君主政體，建立共
和體制，他們試圖阻止國王從瑞士返國。他同時宣稱已逮捕數名暗殺阿
南達·馬喜道國王的兇手。[56]

在這次政變中，披汶居於何種角色？有不同的解釋。穆瑪·瑞（Ja-
yanta Mumar Ray）認為在政變前，政變軍官曾請求披汶起來領導，但為
披汶拒絕，有兩個原因，第一，他對於政治已感到失望，不想再介入；
第二，政變對象有幾位是他在1932年政變時的同伴。在政變前，穆瑪·
瑞曾與披汶一起在朋友家密會首相普里迪和桑隆，披汶告訴普里迪有一
群少壯軍官將發動政變，應立即採取措施糾正對軍隊不利的措施。但普

---

55. 沙立於1908年6月16日生於曼谷，父為陸軍少校。母為寮族人，居住在 Nakhon Phanom
省的 Mukdahan 地區。沙立從小就與母親住在 Mukdahan 地區。就學年齡時，他返回曼谷
讀小學。十一歲進入陸軍軍官學校就讀。1928年畢業。以後到1938年都在曼谷擔任軍
職。然後在撣邦服務數年，結識鮑（Phao Siyanon）和春哈望（Phin Chunhawan），在
1947年11月聯手發動政變，他升為曼谷第一軍區司令。1952年，升陸軍將軍。1956年，
升陸軍元帥。參見 David K. Wyatt, *Thailand: A Short History, op. cit.*, p. 279.
56. *Keesing's Contemporary Archives*, November 29-December 6, 1947, p. 8973.

里迪不為所動，認為陸軍總司令亞都爾（Luang Adul Aduldejarat）聲望卓著，應足以擊潰軍中的政變企圖。但政變發生後，亞都爾下令軍隊留在營區，不許戰鬥。[57] 為酬庸亞都爾的合作，在政變後，他轉任樞密院委員。

在政變後，普里迪突然消失，躲藏起來，後來在英國和美國海軍武官之協助下，搭乘殼牌石油公司（Shell-Oil）的油輪逃出泰國。

歸納這次發生政變的原因有三：一是譴責普里迪無法提出泰王被殺的令人滿意的解釋。二是想重建軍人之影響力，軍人認為在 1940 年底在法屬印度支那對抗法軍和在緬甸的英軍，泰國收回了十九世紀末暹羅割讓給寮國和柬埔寨的土地，以及收回泰、緬邊境的部分土地，軍人對國家是卓有貢獻的，但戰後泰國卻被迫把獲得的土地放棄給緬甸和法屬印度支那，對軍人之努力顯然不予重視。此外，戰後有許多資深軍官被迫退休，在社會上不能扮演重要角色，引起不滿。三是批評經濟惡化，將其原因怪罪戰後泰國對英、法之賠償引起經濟波動。[58]

法國在戰後亦向泰國要求取回在戰時被泰國占領的部分柬埔寨和寮國領土，1946 年 11 月 17 日，暹羅與法國在美國華府簽訂解決協議（Settlement Agreement between France and Thailand），主要內容如下：(1)成立一個混合委員會，可能包括第三方，將討論 1940 年以來暹羅和法國屬柬埔寨邊界的變動問題；(2)在簽署協議後，暹羅將撤除向聯合國安理會提出的控訴案；(3)法國不反對暹羅加入聯合國；(4)暹羅將 1941 年從維琪（Vichy）政府取得的領土歸還法國，包括馬德望、詩梳風、以及湄公河以西的寮國土地；(5)條約之執行應由一個混合委員會監督，該委員會將由中立觀察員組成，特別是應包含英國和美國；(6)暹羅和法國恢復外交關係。[59] 暹羅之所以做此讓步，主因是換取法國不反對其加入聯合國。

1948 年 1 月 29 日，舉行第五次國會選舉，庫恩領導的民主黨在國會 100 席中獲得 54 席，披汶支持的民主道德黨（Tharmatipat）失敗。由於庫

---

57. Jayanta Kumar Ray, *Portraits of Thai Politics*, Orient Longman Ltd., New Delhi, 1972, p. 209.

58. Charles F. Keyes, *op. cit.*, p. 72.

59. *Keesing's Contemporary Archives*, November 23-30, 1946, p. 8276.

恩準備起草新憲法，限制軍人之權力，故至4月6日，去年政變的軍事執政團以庫恩政府不能改善經濟問題為理由，強迫他在二十四小時內辭職。4月8日，即由披汶元帥再度出任首相。

1948年10月1日，部分軍官和文官陰謀發動政變，但事跡敗露，為政府逮捕，為首的人物包括頌汶・沙拉努七陸軍少將，匿・抗瑪育廷（Net Khemayothin）少將，吉弟・杜打暖上校，頌汶・順誦曲上校，拍戎・朱拉儂中校等。[60]

在該年泰南的北大年、耶拉（Yala）、陶公府（Narathiwat）的伊斯蘭教徒爆發反泰國暴動，因為泰國政府以叛亂罪逮捕反泰國之伊斯蘭教領袖蘇隆（Haji Sulong Tomina），在動亂的半年間死數百人。蘇隆在1954年被鮑將軍（General Phao Sriyanond）的警察暗殺。伊斯蘭教教師設立寄宿學校（Pondok），教授爪夷文（Jawi）和伊斯蘭教經典。後來蘇隆的兒子被選為國會議員，在國會提出伊斯蘭教徒的要求，遭陸軍總司令沙立以叛亂罪指控入獄。釋放後逃至馬來西亞。[61]

1949年1月23日，泰國頒布泰國王國憲法（The Constitution of the Kingdom of Thailand 1949），提升國王之地位，將最高國務會議改為9人組成的樞密院，國王可以單獨選擇樞密院委員和100名參議員。國會通過的法律，須經樞密院主席副署，而非由首相副署。國王對法案的否決，國會需以三分之二多數才能予以推翻。國王可要求舉行公投，以修改憲法。樞密院有權提名王位繼承人。

披汶首相於1949年2月17日在電臺宣布政府擬宣布緊急狀態，以對抗日益高漲的共黨威脅。他說在泰國的華人很多是毛派中國共產黨的同路人，他們的行為已受嚴密監控，如有必要將對媒體進行審查，對華人團體也要進行監控。2月23日，由攝政委員會簽署緊急狀態令。次日，逮捕數名陰謀暗殺首相和政府部長的陰謀分子，包括華人共黨分子和若干陸軍軍官（包括前任國防部長）。

---

60. 漢生，前引文。
61. Chris Baker and Pasuk Phongpaichit, *op. cit.*, p. 174.

　　普里迪於 2 月返國，在海軍及以前的「自由泰運動」黨員之支持下，於 2 月 26 日發動政變，占領大皇宮做為指揮部。他們占領政府電臺，廣播稱披汶已辭職，前駐英國大使也是「自由泰運動」分子狄瑞克（Nai Direk Jayanama）已接管政府。2 月 27 日，陸軍和海軍叛軍發生戰鬥，結果為政府軍弭平，有 12 人被殺，數人受傷，有 40 名政變者被捕。發動政變而被打死者有 3 位前任部長，包括前工業部長東金（Thongin Phuriphat）、前財政次長東普勞（Thongplaew Cholaphum）、前商業次長詹龍・道魯安（Chamlong Daoruang），另有前上議院議員陶現烏隆（Thawin Udon）（他在第二次世界大戰期間曾秘密訪問中國重慶，企圖為「自由泰運動」建立與重慶政府的聯繫管道，為「自由泰運動」駐重慶之代表）[62]被捕。東金和陶現烏隆都是律師，他們為涉嫌暗殺阿南達・馬喜道的兇手辯護。[63]

　　普里迪在政變失敗後再度流亡海外，以後二十年他在中國和法國度其餘生。海軍預算也因此大幅被削減，自由泰黨多名領袖被捕，數名重要領袖甚至遭警察暗殺。由於被暗殺者大都來自東北省分，導致東北省分對中央有疏離感。多家報社主編因批評政府而遭到毆打。3 月，由控制眾議院和參議院的民主黨起草並通過新憲法，參議員由國王委任，增加國王和參議院延擱法案的權力。軍人在眾議院的力量大為減弱。5 月 11 日，披汶利用佛誕生日（Wesak Visakha Puja Day），宣布國名改為「泰國」，泰語意思為「自由之地」。

　　6 月，披汶利用給予好處的方式賄賂國會議員，使其在國會的力量增加到 75 席（總數 121 席）。但披汶無法獲得參議院內軍人參議員的支持。

　　1951 年 1 月 5 日，泰國政府與澳洲、印度和英國達成協議，由泰國賠償這三國在第二次世界大戰期間的損失，總額為 5,224,000 英鎊。該筆錢將交給英國政府，然後由英國政府對這三國的個別的受害者給予賠償。[64]

　　6 月 29 日，首相披汶元帥在叻哇拉立碼頭，主持美國移交給泰國的一

---

62. 陳鴻瑜，中華民國與東南亞各國外交關係史（1912-2000），頁 353-370。
63. *Keesing's Contemporary Archives*, March 5-12, 1949, p. 9846.
64. *Keesing's Contemporary Archives*, January 27-February 3, 1951, p. 11231.

艘「曼哈頓」（Manhattan）號潛河船之典禮時，遭到若干親普里迪的海軍和陸戰隊軍官劫持扣押在海軍的「斯里阿瑜陀耶」（Sri Ayudhya）號砲艇上，指控內閣為腐敗的軍事集團操控，宣布解放軍已建立一個新政府，首相為沙拉沙斯（Sarasas Prahad），副首相為塔漢海軍上將（Admiral Taharn），社尼・巴莫為外長。6月30日，陸軍和警察攻擊海軍總部，空軍亦出動飛機轟炸海軍總部，「斯里阿瑜陀耶」號砲艇遭擊沈，首相披汶游泳逃到岸上。7月1日清晨，首相披汶從代理首相班查（Vorokaran Bancha）外長的手中接掌政府大權，他透過廣播呼籲叛軍投降，最後才弭平叛亂。在二天戰役中有68人死亡，1,100人受傷。此次政變起因為陸軍和海軍之長久失和，政變結束後，海軍總司令及75％的海軍人員遭到撤換。[65] 有50名法政大學學生被控涉嫌共產主義罪而被捕。[66]

7月1日，設立軍法庭，對政變分子進行審判，7月3日做成判決，有10名海軍將軍，包括加立特（Admiral Jalit Kulamkathorn），被解除職務，海軍軍官約有75％被暫停職務六個月。披汶成立一個委員會研究改組海軍。[67]

當蒲美蓬國王在1951年11月29日從瑞士返回泰國時，陸軍參謀長屏・春哈旺上將與警察總長鮑將軍、兩位陸軍將領、三位海軍將領、三位空軍元帥，包括空軍參謀長福恩（Air Chief Marshal Fuen R. Ridhagani）等人，率軍、警和文官發動政變，組成「行政委員會」（Executive Council），下令解散國會和內閣，譴責政府不能抑止通貨膨脹、官員貪污和共產主義活動。政變者宣布支持泰王，任命披汶元帥為攝政。30日，「行政委員會」又委任披汶元帥續任首相，接掌達尼親王（Prince Dhani）的攝政權（當時泰王拉瑪九世搭船由瑞士返回泰國），披汶首相廢止1948年憲法，重新恢復1932年憲法，使政府有權任命半數的國會議

65. *Facts on File 1951*, Published by Facts on File, Inc., July 5, 1951, p. 214；July 12, 1951, p. 222；另據 David K. Wyatt 之說法此次政變有 3,000 人受傷，1200 人死亡。（David K. Wyatt, *op. cit.*, p. 270.）而 *Keesing's Contemporary Archives* 的資料為平民 12 人死亡，286 人受傷。參見 *Keesing's Contemporary Archives*, July 14-21, 1951, p. 11590.
66. David K. Wyatt, *op. cit.*, p. 270.
67. *Keesing's Contemporary Archives*, July 14-21, 1951, p. 11590.

員。「行政委員會」任命123名國會議員，其中75％為軍人；並預定在次年2月1日舉行選舉，其中半數由民選產生。[68]「行政委員會」亦進行新聞檢查，禁止政治集會，宣布將立法限制共黨。披汶改組內閣，仍由他續任首相兼國防部長，屏・春哈旺為副首相，班查（Nai Warakan Bancha）為外長，空軍元帥福恩為交通部長。其他參與政變軍官分任各部部長或次長。

1952年2月26日，舉行第六次國會選舉（採單一院制），總共有123名議員，半數國會議員為委任，大多數委任軍人；另外半數議員由民選產生，披汶再度當選首相。

11月10日，警方破獲共黨陰謀活動，起獲共黨宣傳品、電臺設施，逮捕涉案的華文報紙記者，禁止特定的華文和日文報紙進口。該共黨案的領導人是有名的新聞記者庫拉柏（Kularb Saipardit），其妻在蘇聯駐曼谷使領館工作。[69]

11月13日，泰國國民議會通過反共法，涉嫌共黨活動者將被判處10年到無期徒刑，協助共黨資金、印刷品或集會，亦將會受到判刑。

泰國政府在1953年8月18日公布土改法，農業用地每人限制在20英畝、工業用地每人4英畝、住宅用地每人2英畝。持份超過上述規定者，需在二年內售給政府，政府將以五年分期付款購買該等土地。政府將以公共考慮有權決定土地之使用目的。王室土地、市鎮內所有土地、宗教和教育機關的土地，則不在該土改法範圍之內。[70]

1954年3月3日，泰國和印尼簽訂友好條約，兩國同意在商業、航海、領事特權、文化關係和引渡加強合作。

美國在1954年7月13日宣布將給予泰國一項新的軍事援助計畫，包括加速年輕軍官、士兵、技術人員的訓練，提供武器、技術和設備的援助，在泰國中部建設一條價值300萬美元的軍用高速公路。美軍顧問團人數在泰國約有200人，計畫還會增加。而泰國軍官在美國受訓人數有503

---

68. *Facts on File 1951*, December 6, 1951, pp. 389-390.
69. *Keesing's Contemporary Archives*, November 22-29, 1952, p. 12594.
70. *Keesing's Contemporary Archives*, August 29-September 5, 1953, p. 13106.

人。該條軍用高速公路將從中部的沙拉武里往東到拉查西瑪的鐵路交會，再往北到班派（Ban Phai），位在孔敬（Khonkaen）以南25英里，該公路全長297英里。[71]

在1950～1953年韓戰期間，泰國曾派遣軍隊參加聯合國維和部隊到朝鮮半島參戰。為配合聯合國對中華人民共和國和北韓的非戰略物資出口禁運，泰國也實施該項禁運。1956年6月20日，泰國政府宣布解除將非戰略物資出口到中華人民共和國和北韓的禁令，其理由如下：(1)根據1951年5月18日聯合國之決議，泰國對中華人民共和國和北韓實施非戰略物資出口禁運；(2)在聯合國軍之指揮下，泰國派遣軍隊到朝鮮半島作戰，泰國也決定對在聯合國禁運名單外的物品實施出口禁運，包括米、木材、工業工具、農業器具、化學產品和藥品、水泥、燃油、橡膠、鉛、鋅和其他金屬礦；(3)鑑於韓戰已結束，已無需要對於在聯合國禁運名單外的物品實施出口禁運。[72]

1955年9月20日，國會通過一項法案，允許政黨登記，每個政黨需向內政部登記其黨魁、黨員數及黨綱。其黨綱不得與憲法牴觸，且需獲得12位國會議員或1,000人之支持。依該新法律，有三大政黨成立，包括(1)斯里曼南格西拉黨（Seri Mananghasila Party, Free Stone Seat Party），由親政府人士組成，其黨名是立法研究委員會（Legislative Study Commission）集會的別墅的名稱。該黨黨魁是披汶，副黨魁是沙立將軍（General Sarit Thanarat）和福恩空軍元帥（Air-Marshal Fuen Ronabhakas），秘書長為警政署長鮑將軍（General Phao Sriyanond）。(2)民主黨（Democrat Party, Prachatipat），黨魁為前任首相庫恩（Nai 是主人的意思）和社尼‧巴莫（Mom Rajawongse Seni Pramoj），其政治立場是右派的自由主義，外交政策親西方。(3)經濟學人黨（Economists'（Sethakorn）Party），政治立場左傾，中立主義，領導人是國會議員乃貼普（Nai Thep Jotinuchit），此外還有前首相及戰時自由泰的領袖普里迪，當時普里迪

71. *Keesing's Contemporary Archives*, July 17-24, 1954, p. 13688.
72. *Keesing's Contemporary Archives*, June 20-July 7, 1956, p. 14960.

流亡中國。此外還有二十個政黨。[73]政府允許政黨活動，亦同時允許人民集會。

披汶想限制國王的活動，禁止國王離開曼谷到其他鄉下視察旅遊。因此，拉瑪九世就從事繪畫、駕船、照相和爵士樂（jazz）。1955年，披汶宣布他將恢復民主，其目的在對抗經濟和軍事力量日盛的沙立和鮑將軍。他解除黨禁、放鬆新聞檢查、釋放政治犯、取消對華文的限制、允許一個類似海德公園（Hyde Park）的自由言論講壇，1956年通過勞工法，允許組織工會，計畫在1957年舉行選舉。雖遭到王室的反對，他通過了地主最高擁有土地50萊的上限。他亦進行限制鴉片，限制部長經營商業。對中國的貿易和旅遊也放寬了，曼谷的一些左派分子和華人領袖皆可前往中國旅遊。1957年，舉行佛陀逝世二千五百週年紀念活動，國王托病沒有參加慶典。

1957年2月26日，舉行第七次國會選舉，披汶元帥首度參選，他領導的斯里曼南格西拉黨贏得多數席位（162席中的85席），民主黨28席，左派政黨19席，小黨和獨立人士20席。

民眾因不滿披汶元帥在曼谷買票作弊，而舉行反政府示威。民主黨揚言控告政府選舉舞弊，以使選舉無效。庫恩指控在曼谷某些投票區，選民投給民主黨，但最後在開票時卻是執政黨獲勝。3月2日，政府宣布緊急狀態，指稱有組織的團體陰謀與外國勾結推翻政府，禁止5人以上的集會，任命沙立元帥為武裝部隊最高司令兼警察首長。有數千名學生集會示威，要求重辦選舉以及解除緊急狀態。披汶對學生說，關於重辦選舉應由法院來解決，學生對此感到不滿。沙立元帥則表示該次選舉完全骯髒，學生感到滿意，遂平和解散。3月13日，在新國會集會前，就解除緊急狀態。[74]

3月29日，由披汶組閣，續任首相，沙立元帥為國防部長，鮑將軍辭去警察總長，改任內政部長。這次改組被視為強化沙立元帥的地位，他

73. *Keesing's Contemporary Archives*, June 22-29, 1957, p. 15615.
74. *Keesing's Contemporary Archives*, June 22-29, 1957, p. 15615.

因平息學生示威，而提升其影響力。

　　陸軍總司令沙立元帥素與警察總長鮑將軍不和，鮑將軍主張建立警察部，把警察發展成準軍事武力，配備現代武器，包括設立裝甲、航空和海上警察單位。沙立元帥反對將警察變成軍事化的組織。[75]而政變之導火線是披汶首相下令所有內閣閣員放棄商業關係，不然就辭去閣員職務。1957 年 8 月 21 日，國防部長沙立元帥、副國防部長他儂中將（Lt. Gen. Thanom Kithachon）（為海南島的符姓華裔），內政部次長普拉帕斯中將（Prapass Charusathiara），財政部長瓦拉康上校（Col. Vorakarn Bancha）辭職。沙立元帥表示，他之所以會辭職，並非因為他在商業界有兼職，乃因為披汶政府脫離民意。[76]

　　9 月 10 日，當時兼任泰國彩券局（Thai State Lottery Bureau）、亞洲銀行（Bank of Asia）主席的沙立元帥〔他同時也兼泰國柚木組織（Thai Plywood Organization）之主席〕和 46 名高階陸軍軍官（都擔任委任的國會議員）退出斯里曼南格西拉黨。有 62 名國會議員（大都為軍人背景）辭去議員職，在 320 席國會中，披汶控制了 159 席，沙立此舉，已威脅到披汶之地位。在此壓力下，鮑將軍於 9 月 12 日辭內政部長職位及斯里曼南格西拉黨祕書長職位。13 日，沙立元帥及 57 名陸軍軍官要求披汶及鮑將軍下臺，鮑將軍在 14 日辭警察總長職位。

　　9 月 15 日，群眾到沙立元帥的家門口集會，支持其主張，要求披汶下臺。9 月 16 日，披汶面謁泰王和樞密院，在會見執政黨領袖時，他尚表示將由國會決定其去留。披汶還準備逮捕沙立。17 日凌晨 4 點，沙立元帥及陸軍軍官發動一場沒有流血的政變，軍隊控制政府重要機構和重要據點。沙立元帥發布公告，宣布戒嚴，指責政府貪污及無法克服共黨之安全威脅。在同一天，沙立元帥發布新聞說，他希望請求披汶原諒他這樣做，希望他繼續住在泰國，雖然披汶聽信錯誤的話而犯錯，但他仍視披汶為領袖。[77]

---

75. Suchit Bunbongkarn, "Political Institutions and Processes," in Somsakdi Xuto(ed.), *op. cit.*, p. 53.

76. *Keesing's Contemporary Archives*, September 21-28, 1957, p. 15773.

77. *Keesing's Contemporary Archives*, September 21-28, 1957, p. 15773.

　　泰王重新進入政治舞臺，是始自1957年9月沙立元帥發動政變，沙立元帥在政變前夕和當天都面謁泰王，泰王任命他為「首都的保衛者」（Defender of Capital）。政變第二天，他又面謁泰王，泰王發表支持他的談話。[78]沙立元帥以保衛王國體制做為口實，並尋求國王之支持和給予合法性，泰王也感覺須依賴軍人才能保衛國家安全及使其繼續在位，因此迅速表示支持沙立元帥，軍人和泰王出現更密切的關係，因此在1959年2月沙立元帥執政後，重新恢復泰王自1932年起被停止的特權，如泰王可參加農耕典禮、皇家御座船出巡、舉行皇家衛隊軍旗敬禮分列式等。[79]

　　從另一個角度來看，披汶之下臺，象徵1932年政變之政治人物告別歷史舞臺，泰國重新進入一個新的歷史階段，但其進展軌跡卻難以擺脫早期留下的刻痕脈絡。

　　沙立元帥稱呼軍隊是「國王的軍隊」、「國王領導的政府」，廢棄國王反對的由披汶制訂的土地法，將國慶日從6月24日改為國王的生日12月5日，他彰顯權力是從國王而下的，不是從人民而上的。國王是大家長，須視所有人民為自己的家人。披汶在1955年允許泰王到泰國東北部旅遊。從1958年後，此一旅遊變成規律，而且可到泰國每一地方。1962年，沙立元帥修改僧伽法（Sangha Act），廢除披汶在1944年的改革，恢復朱拉隆功在1902年的僧伽的組織，恢復蒙庫特國王的「宗法派」享有特權地位。大和尚披蒙坦（Phra Phimontham）因主張民主僧伽制，被疑為共黨分子，沙立政府將他除去袈裟下獄。委任王室成員馬拉昆（Pin Malakun）出任教育部長，修改教科書，頌揚國王是國家的統治者。1960年，泰王設立一個漁場和實驗農場，在曼谷王宮內也有一個牧場。在華新附近推動灌溉計畫。泰王前往泰北，推動一個山地計畫，鼓勵當地人民砍除罌粟，改種果樹及其他作物。王后也協助當地人民從事手工藝。[80]

78. Chris Baker and Pasuk Phongpaichit, *op. cit.*, p. 177.

79. Suchit Bunbongkarn, "Political Institutions and Processes," in Somsakdi Xuto (ed.), *Government and Politics of Thailand*, Oxford University Press, Singapore, 1987, pp. 41-74, at. p. 59；Charles F. Keyes, *Thailand, Buddhist Kingdom as Modern Nation-State*, Westview Press, Boulder and London, 1987, p. 80.

80. Chris Baker and Pasuk Phongpaichit, *op. cit.*, pp. 177-178.關於泰王山地計畫，可參考陳鴻瑜，中華民國與東南亞各國外交關係史（1912-2000），頁415-418。

披汶在政變前獲得消息，所以在軍隊發動政變前立即乘車越過泰、柬邊界前往柬埔寨首都金邊避難，後來流亡日本。鮑將軍則搭機流亡瑞士。9月18日，泰王任命沙立為曼谷軍區司令（Military Governor of Bangkok），並解散國會。[81]同一天委任123名臨時國會議員，大多數為軍人背景。21日，沙立元帥推舉外交家東南亞公約組織（Southeast Asia Treaty Organization, SEATO）秘書長沙拉信（Phot Sarasin）（在美國受教育，曾任泰國駐美大使。為華裔，其父黃天喜為泰王御醫）為臨時政府首相。沙拉信首相委任沙立元帥為武裝部隊最高司令，並同意在九十天內舉行選舉。沙拉信在1945～1950年曾任外長，1950～1955年出任駐美大使，1957年7月出任東南亞公約組織秘書長，政治態度親西方。9月24日，沙拉信任命新政府人事，他儂為國防部長，普拉帕斯為內政部長，汪恩王子（Prince Wan Waithayakon）仍任外長兼駐聯合國代表。

1957年12月15日，舉行第八次國會選舉，總共有283席，其中160席民選，123席由國王委任。有十九個政黨參選。委任的議員大都是軍人背景，他們由武裝部隊最高司令沙立提名。選民總數有2,300萬人，投票人數有9,859,000人。這次選舉被認為是自1946年1月以來最乾淨的選舉。選舉結果，聯合主義黨（Unionist（Sahaboom）Party）是由經濟部長蘇基博士（Dr. Sukich Nimmanhemin）領導，贏得45席，民主黨由庫恩領導，贏得39席，各左派政黨獲15席，獨立人士獲61席。當選的許多獨立人士過去是斯里曼南格西拉黨黨員。由於沒有一個政黨獲得過半數，所以沙立與軍方和政黨協商，在12月19日組成國家社會主義黨（National Socialist Party），其成員包括123名委任的議員、45名聯合主義黨議員、40名以獨立人士當選的前斯里曼南格西拉黨議員。沙立成為該新政黨的領袖，但他並沒有接受首相職。

1958年1月3日，陸軍副總司令他儂將軍出任首相組閣，兼任國防部長，有三位副首相，普拉帕斯同時兼內政部長，汪恩王子兼外長，蘇基博士兼經濟部長。沙拉信則回任東南亞公約組織秘書長，同時兼他儂政

---

81. *Facts on File 1957*, September 18, 1957, pp. 302-303.

府之顧問。沙立控制國會，組織聯合政黨，支持他儂首相。1月沙立前往美國進行肝臟手術，並會見美國總統艾森豪（Dwight D. Eisenhower）和國務卿杜勒斯（John Foster Dulles）後到英國休養三個月。

圖 6-3：沙立元帥
資料來源：http://www.cabinet.thaigov.go.th/eng/pm_11.htm，2010 年 2 月 20 日瀏覽。

　　沙立在英國時思考泰國的國內情勢，國會內部黨爭嚴重、沒有責任的新聞批評、勞工的鬥爭示威等，已使得泰國陷於困境。他乃決定對政治體系作一次重大改變。1958 年 10 月 19 日，最高軍事統帥兼陸軍總司令沙立元帥自英國秘密返回泰國，次日早上，他召集所有內閣部長到軍事總部，要求所有部長在中午前遞出辭職。他儂隨即向國王辭職。沙立元帥在曼谷各據點派駐軍隊，宣布戒嚴，進行一次成功的不流血政變，他在電臺廣播稱，由陸軍、海軍、空軍和警察、文官組成的「革命委員會」（Revolutionary Council）已控制政府，以因應來自國內外的共黨威脅，維護憲政君主制。政變領袖宣稱：「國王和泰國民族是不可分的。在泰國史上，國王是國家的象徵及民族的靈魂。政變黨將致力於維護君王制，使之具有充分能力，並給予國王最大尊敬。沒有人可以侵犯主權，王室成員或皇家傳統自古以來即被遵守……。」[82]

　　他廢除憲法，解散國會，禁止人民參政。他頒布臨時憲法，委任制憲議會議員。10 月 21 日，解散所有政黨。約有 70 名泰人和華人，包括議員、政客、新聞記者、工會領袖和商人因涉嫌違反反共法（Anti-Communist Act）被捕。在泰國東北部有 70 名越南人因涉嫌在越南難民村宣傳共黨思想而被捕。11 月 3 日，有一些極右派新聞記者因批評沙立元帥而被捕。有 12 家泰文和華文報紙和雜誌被關閉。[83] 有些知識分子和新聞記者

---

82. Chintana Bhandfalk, ed., *The Thai Monarchy*, The Public Relations Department, Office of the Prime Minister, Bangkok, Thailand, 1999, p. 95.
83. *Keesing's Contemporary Archives*, November 8-15, 1958, p. 16493.

因訪問中國而被逮捕。

政變發言人表示，這次的行動是革命而非政變，因為政變是推翻政府，而革命針對的是國會而非政府，前首相他儂是「革命委員會」的副領袖，普拉帕斯負責民事。美國對於沙立之革命，給予支持，立即對泰國提供2,000萬美元之經濟援助。

12月11日，沙立首相宣布從1959年6月30日起禁止吸食鴉片。在這之前泰國政府發給鴉片館執照，據估計當時吸食鴉片的人數有8萬到10萬人，領有鴉片館執照者已從1,200家減少到990家。[84]

1959年1月28日，泰王簽署王國行政憲章（Charter for the Administration of the Kingdom 1959），以取代舊憲法。該新憲法由執政的「革命委員會」所起草，它規定委任制憲會議，負責起草一部憲法，也負責立法工作。在臨時憲法實施期間，首相以命令治國、任免內閣部長、頒布緊急狀態令。該委任的制憲會議委員總共有240人，其中軍人有181人，皆是在2月4日由國王敕令委任。2月9日，議會一致選舉沙立為首相，他儂為副首相兼國防部長。

當沙立元帥執政之初，他尋求泰王蒲美蓬之支持和合法性，泰王也迅速給予支持，而逐漸與政府建立互動關係，成為以後政變者尋求泰王支持之濫觴。以後沙立元帥也建議泰王和皇后出國訪問，以改善泰國形象。泰王拉瑪九世在1963年6月5日偕王后詩麗吉訪問臺灣五天。至1960年代末，泰王已成功地恢復其在泰國政體中的獨立角色，並漸獲人民支持。[85]

沙立元帥採取威權主義政策，不願實施西方的議會制，想恢復傳統的暹羅的父權主義體制，他在1959年演講說：

「在當今時代，無論政治科學如何進步，一個仍然有用且必須經常使用的傳統的泰國政府形式之原則，即是家長制原則。國家如同一個大家庭，省長、副省長和地方官員，就如同不同家庭的家長。地方

---

84. *Keesing's Contemporary Archives*, December 13-20, 1958, p. 16540.
85. Charles F. Keyes, *op. cit.*, p. 80.

圖 6-4：拉瑪九世及王后訪問臺灣

資料來源：文化部國家文化資料庫
　　　　http://nrch.cca.gov.tw/ccahome/search/search_meta.jsp? xml_id=0005829895&
　　　　dofile=getImage.jsp? d=1377587492771&id=0006421042&filename=
　　　　cca100069-hp-0100430409-0001-w.jpg

圖 6-4：拉瑪九世及王后訪問臺灣

資料來源：文化部國家文化資料庫
　　　　http://nrch.cca.gov.tw/ccahome/search/search_meta.jsp? xml_id=0005829895&
　　　　dofile=getImage.jsp? d=1377587492771&id=0006421042&filename=
　　　　cca100069-hp-0100430409-0001-w.jpg

圖 6-6：拉瑪九世在臺北圓山飯店宴請臺灣政府官員

資料來源：文化部國家文化資料庫

　　http://nrch.cca.gov.tw/ccahome/search/search_meta.jsp？ xml_
　　id=0005829911&dofile=getImage.jsp？ d=1377588130597&
　　id=0006421056&filename=cca100069-hp-0100430423-0001-w.jpg

圖 6-7：蔣宋美齡與詩麗吉王后

資料來源：文化部國家文化資料庫

　　http://nrch.cca.gov.tw/ccahome/search/se-
　　arch_meta.jsp？ xml_id=0005829900&do-
　　file=getImage.jsp？ d=1377586932347&id=
　　0006421047&filename=cca100069-
　　hp-0100430414- 0001-w.jpg

行政官員必須記住在他們管轄下的人民不是陌生人,而是其大家庭中的子女、兄姊和甥姪。」[86]

在沙立元帥執政期間(1959～1963 年),在政治上採取高壓統治,不僅禁止政黨活動,也停止國會,限制大眾傳播媒體,報紙和雜誌之出版皆須檢查,教育和文化組織都受嚴格控制,甚至在 1962 年公布法律,將佛教和尚納入政府控制之下。在經濟上則有特殊貢獻,他設立國家經濟發展局(National Economic Development Board),公布泰國第一個六年經濟計畫,建設水壩和公路,甄選許多學者和技術專家到政府機關工作。在曼谷之外的省區也建立大學,將孔敬府(Khonkhaen)設為東北地區的首府。[87]在此高壓統治下,獲得特權和好處者是軍人,軍人貪污之風盛行,據調查指出,普拉帕斯和他儂(透過他太太)貪污無數,沙立元帥在1963年12月8日逝世時個人財產達29億銖(值1億4,500萬美元)。[88]

泰國邊防警察從 1954 年起即占領泰、柬邊境的柏威夏(Préah Vihéar)古廟,1959 年 10 月,柬埔寨控告泰國,雙方訴請國際法院(International Court of Justice)仲裁,國際法院在1962年4月10日開庭,6月15 日做出判決,國際法院以9票對3票將該廟判歸於柬埔寨。其理由是該廟位在柬埔寨領土內,泰國武力應撤出該廟。三個投反對票的法官是阿根廷的金塔納(Señor Lucio Moreno Quintana)、中華民國的顧維鈞(Dr. V. K. Wellington Koo)和澳洲的司噴德(Sir Percy Spender)。法庭另以 7 票對 5 票決議,泰國應歸還掠自該廟的雕像、紀念物或古陶器給柬埔寨。

該廟位在泰、柬兩國邊境的扁擔(Dangrek)山上,距離金邊 200 英里。柬埔寨的理由是該山山脊線以東地區在 1906 年法國和暹羅的一個委員會決定劃歸柬埔寨所有,而該廟位在該山脊線以東地區。柬埔寨的法律顧問是美國前任國務卿艾奇遜(Dean Acheson)。泰國的法律顧問是

86. Charles F. Keyes, *op. cit.*, p. 80.
87. Likhit Dhiravegin, "Social Change and contemporary Thai politics: an analysis of the inter-relationship between the society and the polity," Monograph Series, No. 5, Research Center, Faculty of Political Science, Thammasat University, March 1984, pp. 6-7.
88. Charles F. Keyes, *op. cit.*, p. 77.

圖 6-8：柏威夏（Préah Vihéar）古廟

資料來源：http://zh-yue.wikipedia.org/wiki/%E6%9F%8F%E5%A8%81%E5%A4%8F%E5%AF
　　%BA，2010 年 9 月 10 日瀏覽。

英國前任總檢察長梭士基士（Sir Frank Soskice）。

　　柬埔寨在 1961 年 10 月 23 日中斷和泰國的外交關係，因為沙立政府指
控柬埔寨成為中國進攻泰國和南越的基地。柬埔寨國家元首施亞努
（Prince Norodom Sihanouk）則反控泰國和南越計畫入侵柬埔寨，並迫使
柬埔寨加入東南亞公約組織（SEATO）。[89]

　　沙立在 1963 年 12 月 8 日病逝，留下高達 1 億 4,500 萬美元的遺產，包
括許多企業公司、2 萬萊（8,000 英畝）土地和許多房子。除了一名妻之
外，還有 50 名情婦。[90]沙立的聲望受到質疑，軍人的威權統治和金錢掛
勾，其當年為了恢復社會秩序和傳統暹羅的價值所推動之革命目標，大
打折扣。接替沙立的首相位置的是他儂將軍，追隨沙立的政治路線。他
儂任命普拉帕斯（Praphas Charusathian）為副首相兼內政部長，他儂與普
拉帕斯為親家，他儂的兒子納隆（Narong Kittikachorn）娶了普拉帕斯的
女兒。

　　在越戰期間，泰國加入美國一方，雙方建立同盟關係，所以美軍在

---

89. *Keesing's Contemporary Archives*, August 18-25, 1962, p. 18931.
90. David K. Wyatt, *Thailand: A Short History*, p. 285.

泰國建設不少的軍事基地，打擊泰北的泰國共產黨游擊隊。泰共在 1965 年 1 月成立「泰國愛國陣線」（Thailand Patriotic Front）（背後由中國支持，在泰、寮邊境叢林地帶活動），12 月改稱「泰國聯合愛國陣線」，團結反對獨裁的各派政治力量，進行武裝鬥爭。1967 年 1 月 18 日，美國駐泰國大使馬丁（Graham A. Martin）表示，美軍在泰國有 35,000 人，其中 8,000 人從事建設計畫。1966 年 8 月 10 日，他儂首相為美國興建的在泰國最大的烏打拋（U-Tapao）空軍基地開幕，該基地靠近暹羅灣的沙塔西埔（Sattahip）海軍基地，跑道長 11,500 英尺，可起降 B-52 轟炸機。美國在泰國境內共興建和擴建了六座基地，包括烏隆（Udon）、塔克里（Takhli）、烏汶（Ubon）、那空帕隆（Nakhon Phanom）、拉查西馬（Nakhon Ratchasima）和烏打拋。美國國務院在 1966 年 12 月 7 日表示，美國直昇機運載泰國軍隊到泰國東北部，清剿當地的共黨領導的「泰國愛國陣線」。美軍並不從事實際軍事活動，只負責運載泰軍而已。美國國務院發言人麥克羅斯基（Robert McCloskey）指出美軍派遣直昇機協助泰軍是依據東南亞公約組織之規定，以及 1962 年 3 月美國國務卿魯斯克（Dean Rusk）和他儂・柯曼（Thanom Khoman）外長在華府發表的公報，美國將堅定協助泰國對抗共黨入侵和顛覆。[91]

1968 年 2 月 22 日，制憲議會通過泰國王國憲法（Constitution of the Kingdom of Thailand 1968），6 月 20 日，泰王公布憲法。恢復兩院制國會。參議院議員人數占眾議院議員的四分之三，由國王委任，任期六年，第一次任期的參議員中半數任期三年，由抽籤決定。但國王可以繼續委任這些三年期議員，其新任期則為六年。眾議員由民選產生，每 15 萬人產生一名代表，每一省至少有一名代表。每一省的各選區剩餘數若加起來超過 75,000 人，得增一名代表。眾議員任期四年。憲法保障人民宗教自由、免於專斷逮捕、擁有及繼承財產、言論及出版自由、集會結社自由、組織政黨等的權利。國會兩院通過的法案，國王若未能在九十天內批准，國會須重新審議，若再經三分之二通過，則不管國王是否簽

91. *Keesing's Contemporary Archives*, March 11-18, 1967, p. 21924.

署,在三十天內即成為法律。

國王委任國務會議主席以及15人以上或30人以上的部長。部長可以是非國會議員身分。國務會議主席上任後須至國會報告其政策,但不可對主席進行不信任投票。對國務會議主席和部長的不信任動議,須至少有兩院議員五分之一的提議,並在兩院聯席會議中進行辯論。如獲通過,則國務會議主席或部長應辭職。[92]

在憲法公布後的十五天內,國王應任命120名參議員,等到眾議院議員選舉後,再依據憲法規定將參議員人數加以調整。1969年2月,舉行眾議院選舉,選出眾議員219人,所以參議員人數為162人。

在1958年政變後,禁止政黨活動。1967年12月23日,在1,709個市鎮舉行市鎮議會選舉。惟此次選舉政黨尚未開放,所以沒有政黨參選。1968年9月2日,舉行曼谷和吞武里市(Thonburi)市議員選舉,重新開放政黨,民主黨在曼谷市議員選舉中,在24席中贏得22席,吞武里市議員24席中贏得11席。但該次選舉投票率奇低,僅有18%。

1969年2月10日,舉行第九次國會選舉,大抵平靜,在鄉下地區有共黨游擊隊「泰國愛國陣線」攻擊投票所事件,有數人死亡。總共有1,254名候選人競爭219席,其中有600人是獨立人士。此次選舉,投票率一樣低,僅有25%。親政府的統一泰國人民黨(United Thai People's Party)贏得33%的席次,獲75席。民主黨獲56席,民主陣線(Democratic Front)7席,經濟學人聯合陣線(Economist United Front)4席,其他小黨5席,另外獲得33%席次的獨立人士有72席。結果由統一泰國人民黨黨魁他儂繼續執政。普拉帕斯將軍和國家發展部長沙拉信為該黨副黨魁。副國防部長達威(Air Marshal Dawee Chullasapya)為該黨秘書長。反對黨民主黨黨魁是社尼・巴莫,主張更開放的憲法,參議員改為民選,政府對民選國會負責。兩個左派的政黨民主陣線和經濟學人聯合陣線主張中立的外交政策、承認中華人民共和國。

這次選舉充滿買票舞弊,在曼谷地區尤為嚴重,統一泰國人民黨用

---

92. *Keesing's Contemporary Archives*, April 12-19, 1969, p. 23300.

各種手段要贏得更多的席次。[93]

　　左派的「泰國愛國陣線」成立於1965年1月1日，在同年8月7日進行第一次游擊行動，11月組成「人民武裝力量」（People's Armed Forces）。他們的活動地區在泰國東北部靠近寮國邊境。有不少苗族參加，亦有越南人參加，他們在1946～1954年間因為抗拒法國而避難到泰國和寮國邊境。1968年11月7日，北越政府指控泰國強制遣返這些越南人到南越。11月20日，500名「人民武裝力量」，其中大多數是苗族，攻擊泰、寮邊境地區，與政府軍發生激戰。據稱泰共游擊隊在中國雲南、巴特寮（Pathet Lao）控制區和北越接受訓練。1969年1月1日，「人民武裝力量」改名為「泰人民解放軍」（Thai People's Liberation Army），其兵力約有4,000人。[94]

　　但民選國會要求控制政府、干涉政府行政、延擱通過預算案、批評政府的政策，結果他儂[95]在軍人之支持下，於1971年11月17日發動一次不流血的政變，廢止1968年憲法，解散國會，宣布戒嚴，禁止政黨活動和人民的政治集會。他儂自任政變後最高的政府行政機關「全國行政委員會」（National Executive Council）主席，任命他的兒子納隆中校為該委員會的助理祕書長。後來他儂出任首相兼國防部長。他儂發動政變所提出的理由是泰國正面臨泰國共產黨叛亂威脅、學生示威、國會議員之破壞、罷工、恐怖主義和顛覆之威脅，政變之目的在保護泰王和人民。[96]

　　1972年12月15日，泰王公布王國行政（臨時）憲章（Temporary Charter for Administration of the Kingdom 1972），以內閣取代「全國行政

---

93. Suchit Bunbongkarn, "Elections and Democratization in Thailand," in R. H. Taylor(ed.), The *Politics of Elections in Southeast Asia*, Woodrow Wilson Center Press and Cambridge University Press, New York, 1996, pp. 184-200.

94. *Keesing's Contemporary Archives*, April 12-19, 1969, p. 23300.

95. 他儂於1912年生於泰國西北部的鄉下，1929年畢業於皇家泰國軍校（Royal Thai Military Academy）。後升為泰國第一軍區司令，駐守曼谷。1957年，參加沙立元帥的軍事政變。1958年被任命為首相兼國防部長。1959年，沙立元帥出任首相，他儂改任副首相，仍兼國防部長。從1963年起，他儂出任政府首長兼武裝部隊最高司令。*Keesing's Contemporary Archives*, February 12-18, 1973, p. 25730.

96. *Facts on File 1971*, pp. 897-898.

委員會」，成立299名議員的國民議會。12月18日，他儂出任內閣首相，同一天國民議會舉行首次會議，所有議員都由軍政府委任，其中184人為軍人。內閣部長有27人，其中文官為12人，其餘皆為軍人。12月28日，泰王立其長子瓦七拉隆功為王儲，時年齡為二十歲。

政變後，學生、文人政客和平民舉行示威，認為政變純為軍方領袖之私人利益，而且也反對他儂—普拉帕斯—納隆三人集團。1973年初，學生示威抗議「全國行政委員會」公布的第299號令，該命令將司法機關置於「全國行政委員會」控制之下。結果政府撤銷該項命令。6月，學生成立「全泰學生中心」（National Student Center of Thailand, National Students' Center），並發動一次大規模示威，抗議9名藍甘亨大學（Ramkhamhaeng University）學生因撰文批評他儂和普拉帕斯決定延長任期1年而遭到退學處分。6月21日夜，學生在民主紀念碑前置放黑壽衣，要求在六個月內完成新憲法。最後，9名學生復學，但藍甘亨大學校長被迫辭職。[97]

1973年10月5日，政府逮捕13名反政府激進分子，其中包括前國會議員凱沙恩（Khaisaeng Suksai），政府指控他涉嫌參加共黨活動，陰謀推翻政府。有些教授也參與學生示威運動，是左傾運動的幕後指使者。據稱在內政部的一項秘密會議上，與會的將軍們同意「必須犧牲學生運動中的2％的人，以挽救國家。」而在公開場合須宣稱學生受到共黨的操縱。[98]

10月13日，約40萬名學生和群眾在民主紀念碑前示威，要求立即釋放被捕者及起草新憲法，否則將發動一次暴力示威。最後政府釋放了被捕的十三個人，普拉帕斯並答應在1974年10月以前頒布新憲法。溫和派學生主張解散示威群眾，但激進派的技術專科學校學生則不願就此罷休。10月14日晨，駐守皇宮的警察遭到群眾扔石頭，靠近法政大學的警察局遭到縱火，在中午前，數千名學生試圖占領政府公共關係署（Public

97. Robert F. Zimmerman, *Reflections on the Collapse of Democracy in Thailand*, Institute of Southeast Asian Studies, Singapore, 1978, p. 29.
98. Chris Baker and Pasuk Phongpaichit, *op. cit.*, p. 188.

Relations Department），想利用該機構廣播其主張，他儂的兒子納隆上校率領第 11 步兵團抵達曼谷，以坦克、步槍、機槍對群眾掃射，直昇機在法政大學校園掃射，軍警以武力驅散人群，引起流血事件，有 80 人死亡，數百人受傷。[99] 他儂下令陸軍總司令克立特將軍（General Krit Sivara）鎮壓學生運動，但遭克立特拒絕。

泰王蒲美蓬為避免流血及無政府狀態，乃商請他儂、副首相普拉帕斯和納隆出國，泰王並在電臺廣播宣布禍首已出國，要求學生及示威者回家，還宣布國家應返回憲政統治。此一事件反應了泰王不再只是當權者的象徵而已，他已成為權力的核心。[100] 泰王成為國內政爭的最後仲裁人。

此一革命事件後來對泰國政治產生五方面的影響：(1)軍隊遭到嚴重的心理挫折，有一段時期軍方不得直接干涉政治；(2)政黨，特別是保守性政黨趁機興起；(3)新形式的經濟力量興起，經濟更趨活力；(4)有組織的和自主的團體出現，如學生、工會及首次出現的獨立工會；[101] (5)泰王在政治衝突中所扮演的仲裁角色，更為凸顯。

他儂下臺後，泰王任命前法政大學校長、法官及樞密院主席桑耶（Sanya Thammasak）[102] 為臨時政府首相。桑耶在廣播中承諾儘快公布新憲法及在半年內舉行普選。普拉帕斯和納隆搭機前往臺灣，他儂則在 10 月 16 日前往美國。11 月 6 日，泰國政府公布此次動亂死亡 66 人，但非正式估計人數約多一倍。[103]

12 月 11 日，泰王任命 2,436 人組成國民大會（National Convention），

---

99. Likhit Dhiravegin, *Social Change and Contemporary Thai Politics: An Analysis of the Inter-relationship between the Society and the Polity*, Research Center Faculty of Political Science, Thammasat University, Thailand, 1984, p. 20. Chris Baker and Pasuk Phongpaichit 的書說有 77 人死亡，857 人受傷。參見 Chris Baker and Pasuk Phongpaichit, *op. cit.*, p. 188.

100. Charles F. Keyes, *op. cit.*, p. 84.

101. John L. S. Girling, *Thailand: Society and Politics*, Cornell University Press, Ithaca, New York, 1981, p. 195.

102. 桑耶生於 1907 年，曾任最高法院首席法官，法政大學（Thammasat University）校長，樞密院（Privy Council）主席。

103. *Keesing's Contemporary Archives*, November 19-25, 1973, p. 26209.

國民議會議員則全體辭職，國民議會也廢除。12 月 18 日，國民大會集會，每位委員從全體委員名單中圈選 100 人，按得票數多寡產生 299 名臨時國會議員，負責起草憲法。這批臨時國會議員僅有 36 名軍警，其餘皆為官員、大學教授、以前的政治人物和新聞記者。1974 年 1 月 28 日，完成憲草，2 月 28 日，開始討論憲草。

由於國民大會遲遲未能通過新憲草，致未能早一點舉行國會選舉，而引起桑耶的不滿。媒體和「全泰學生中心」要求解除過去軍政府時期的部長們的職務，內閣亦因為無法抑制通貨膨脹問題而遭到批評，米價漲了一倍，犯罪率上升、泰國共黨游擊隊在泰南、泰北、泰東北部活動頻繁，在過去十個月有 500 名軍人被泰共殺害。5 月 23 日，桑耶在臨時國會議員之要求以及獲得「99 團體」（99 Group）（與商界和軍界關係良好的代表組成）支持下，改組內閣，桑耶為首相，普拉科博士（Dr. Prakob Hutasingh）為副首相。內閣部長中軍人從三位減為兩位，包括國防部長為軍人，內政部長為警察。在 31 名部長中，有 9 人屬於「99 團體」。[104]

1974 年 10 月公布新憲法，為 1997 年憲法頒布之前泰國史上最民主之憲法。

1974 年 12 月，他儂在沒有事前通知泰國當局的情況下返回曼谷，泰國政府要把他送回美國，他表示要前往新加坡，所以新加坡同意他居留，惟不得從事政治活動。

在 1975 年國會選舉之前，社會氛圍相當自由，學生組織各種團體，在農村組織政治訓練班，鼓吹民主以及社會主義思想，1940～1950 年代左傾知識分子的作品重新出版，其中包括乃集・蒲朱隆和乃古臘・柿巴立的作品，書店充斥著馬克斯主義的著作，例如，毛澤東、胡志明、金日成、列寧、史達林等人的著作。還有呼籲進行鬥爭和革命、如何製造燃燒瓶以及伏擊政府官員的方法等書籍。城市勞工亦經常發動罷工示

---

104. *Keesing's Contemporary Archives*, July 1-7, 1974, p. 26604.

威。[105]

1975年1月舉行第十次國會選舉，在269席中沒有一個政黨獲得過半數議席。獲72席的民主黨和社會行動黨（Social Action Party）、社會農業黨（Social Agrarian Party）組聯合政府，共133席。由民主黨黨魁社尼・巴莫組閣，但在位僅二個月，國會就通過不信任投票迫使他下臺。由社尼・巴莫之弟弟社會行動黨領袖庫克立・巴莫[106]聯合右派政黨組織聯合政府。1976年1月，左派在國會內發動不信任投票，軍方見庫克立・巴莫之地位岌岌可危，乃向其發出最後通牒，要求他舉行新選舉，或讓軍人接管政府。結果，庫克立・巴莫決定舉行新選舉。

1976年4月舉行國會選舉，投票率為43.99％，庫克立・巴莫落選，由獲114席的民主黨領袖社尼・巴莫重組中間偏右聯合政府，在國會279席中占206席。社尼・巴莫邀請前陸軍總司令克立特將軍出掌國防部，但不幸二天後克立特即去世，導致無人可控制軍方諸派系。

一部分軍人要求政府讓他儂和普拉帕斯返國。8月中旬，當普拉帕斯返國時，學生舉行示威抗議，反對他返國，警民衝突造成2人死亡。社尼・巴莫政府敦勸他離開泰國，十天後，他終於再度流亡他鄉。三週後，他儂也返國，立即到王宮附近的波汪尼維特寺（Wat Boworniwet）剃度為僧，此符合泰人的生活方式，經一段時間後即可還俗，泰王和皇后也到廟裡給他布施，象徵皇室已接受他返國。[107]但學生（特別是法政大學）反對他儂返國。民主黨也因此分裂為贊成（右派人士）和反對他儂返國二派，社尼・巴莫想重組一個沒有右派政黨或右派人物的政府，但泰王拒絕

105. 大衛・K・威阿特原作，譯者：陳冀新，「西元1957年至1982年泰國的發展與革新」，星暹日報（泰國），1989年1月7日，頁25。
106. 庫克立・巴莫生於1911年，是拉瑪五世時期警總監昭堪洛的最小兒子，出生地在信武里府的湄南河的一條船上，庫克立名字是由拉瑪五世王后詩博差娑所賜予的。1933年，獲英國牛津大學政治經濟學士，是泰國人第一個獲得該學位者。他曾在稅務廳、國家銀行及財政部工作過，隨後進入曼谷商業銀行擔任董總，並手創泰文沙炎叻報。1946年，出任進步黨黨魁，後加入民主黨，曾任曼谷民代及財政部代理部長。1975年7月1日，訪問北京，與中國建交。他的曾祖母是拉瑪二世的一位王妃，姓林的華裔，來自中國的潮州。參見南洋星洲聯合早報（新加坡），1988年4月30日，頁17。
107. Charles F. Keyes, *op. cit.*, p. 98.

新閣名單，高階軍官也拒絕支持此一名單。

1976 年 9 月 25 日，二名學生張貼布告要求他儂離開泰國，遭到警察阻止。不久，這二名學生被發現吊死了，學生團體和右派團體發生衝突，軍方電臺和右派報紙譴責學生示威分子為共黨分子，指責他們危害國家、宗教和君王制。10 月 5 日，法政大學學生表演吊死王儲瓦七拉隆功芻像戲，引起軍方不滿，軍方電臺呼籲學生參加愛國運動，反對共產主義學生運動。軍隊進入法政大學，毆打學生，有些甚至被燒死。10 月 6 日晨，有 2,000 名學生在法政大學靜坐示威，軍隊進入校園進行鎮壓驅離，有 46 名學生、警察和民眾死亡，數百人受傷，1,300 名被捕。當晚，國防部長桑加德‧差羅如（Admiral Sangad Chaloryu）、社姆將軍（General Serm Na Nakhon）、克里安薩將軍（General Kriangsak Chomanan）、空軍總司令卡莫勒（Air Chief Marshal Kamol Dechatunka）率海、陸、空三軍和警察發動政變，成立「全國行政改革委員會」（National Administrative Reform Council），接管政權，廢止 1974 年憲法，另頒布王國行政憲法（Constitution for the Administration of the Kingdom 1976），禁止 5 人以上集會。隨後委任最高法院法官他寧（Thanin Kraivichien）（馬姓華裔）擔任首相。[108]

他寧採取反共和高壓政策，禁止政黨、學生團體的集會活動，也禁止罷工，對新聞進行檢查，許多書籍和期刊遭到禁刊。在這波高壓控制下，有許多學生、工人和農運分子逃到泰北，投靠泰國共產黨，參加泰共的游擊隊。也有些人逃至外國。

1977 年 3 月 26 日，前陸軍副參謀長查拉德將軍（General Chalad Hiran-yasiri）和 4 名陸軍軍官、2 名文官、300 多名軍人發動政變，結果失敗了。曼谷第一師師長阿倫將軍（Gen. Arun Tharathasin）因拒絕參加叛變而遭射殺。後來查拉德將軍被判死刑，4 名軍官被判無期徒刑，另有 18 人被判五至二十年不等的徒刑。[109]

---

108. John L. S. Girling, "Thailand：The Coup and Its Implications," *Pacific Affairs*, Vol. 50, No. 3, Fall 1977, pp. 387-405. 官方宣布有 43 名學生和 2 名警察死亡。3,000～5,000 人被捕。參見 Chris Baker and Pasuk Phongpaichit, *op. cit.*, p. 195.
109. *Facts on File 1977*, April 30, 1977, p. 331; May 21, 1977, p. 33.

1977 年 10 月 20 日，國防部長桑加德又發動不流血政變，成立「革命委員會」（Revolutionary Council），推翻他寧政府，另委任陸軍參謀長克里安薩將軍為首相，頒布王國行政憲章（Charter for Administration of the Kingdom 1977）。

克里安薩為四十五年來第一位出身陸軍但非擔任過第一軍區司令和陸軍總司令而出任首相的人。[110] 此次政變之原因有四：⑴文人政府太弱，軍方擔心泰國繼印支三邦之後被赤化；⑵外來投資政策不明確，影響泰國經濟；⑶文人政府預備十二年後恢復民主，時間過久，桑加德保證在 1978 年舉行國會選舉；⑷9 月 22 日，3 名伊斯蘭教徒謀刺泰王和皇后，失敗後被捕，軍方要求撤換內政部長沙瑪克（Samak Suntoravej）及其他 8 名部長，但未為他寧政府接受，雙方關係惡化。[111]

1978 年頒布泰國王國憲法（Constitution of the Kingdom of Thailand 1978），內容相當民主和開放，允許工人、學生、農民組織團體，設立民選的眾議院和任命的參議院。國會兩院有平等的監督行政機關的權力。該憲法定了一個過渡期限，即在 1983 年 4 月 21 日後不得任命軍人和文官出任首相和內閣成員，首相和內閣成員須由國會議員出任。

克里安薩採取較開放的政策，允許人民參政，取消新聞檢查，允許言論和集會自由。1979 年 4 月，舉行國會選舉，投票率為 43.9％，在 301 席中，社會行動黨獲 79 席，泰國黨（Chart Thai Party, Thai Nation Party）獲 37 席、民主黨 30 席、新力量黨（New Force）8 席，沒有一個黨獲過半數席位。克里安薩不參加任何政黨和選舉，在國會中的權力基礎薄弱，國會反對他提高油價，再加上泰王和軍方不願支持他，由於他不能解決經濟問題，不得不在 1980 年 3 月遭陸軍總司令普瑞姆（Prem Tinsulanonda）脅迫下臺，由普瑞姆繼任首相。

---

110. Chai-Anan Samudavanija, *The Thai Young Turks*, Institute of Southeast Asian Studies, Singapore, 1982, p. 40；Charles F. Keyes, *op. cit.*, p. 101.
111. *Facts on File, 1977*, October 29, 1977, pp. 826-827.

第三節　民主之路顛簸

克里安薩下臺之主因，是因為提高油價遭到反對以及不再能獲得軍中「少壯派」（Young Turks）之支持。「少壯派」轉向支持普瑞姆，而使普瑞姆取代克里安薩。惟普瑞姆並不完全依賴「少壯派」的支持，他獲得泰王的信任，泰王認為他是一位清廉的將軍。後來「少壯派」反對普瑞姆的內閣人員，如反對普瑞姆任命群眾路線黨（Mass Line Party）領袖蘇德賽少將（Majar-General Sudsai Hasdin）為首相辦公室主任及聯合黨（United Party）領袖普拉差將軍（General Prachuab Suntharangkura）入閣。「少壯派」指責蘇德賽在 1974 年組織「紅衛隊」（Red Gaur）的極端主義組織，對抗左派運動，他本人及參加「紅衛隊」組織之職業學生要對 1976 年 10 月四十多名大學生被殺事件負責。[112]「少壯派」也對普瑞姆與泰國黨及與尋求商業利益的高階軍人有密切關連，感到沮喪和失望。[113] 此外，「少壯派」也反對普瑞姆同時擔任首相和陸軍總司令兩個職位，特別是普瑞姆有意第二次延長陸總任期。武裝部隊最高統帥艾迪（General Arthit Kamlang-ek）將軍在 1980 年支持普瑞姆延長退役一年，艾迪將軍是軍校第五屆畢業生，他發起軍官聯名奏呈泰王要求延長普瑞姆之退役年限，此舉引發第七屆畢業生不滿，尤其是首相署主任秘書詹龍（盧金河）上校認為此舉有損泰王之不介入政治之清譽。[114]

「少壯派」也譴責政府無能，吸毒及犯罪率升高，道德淪喪。[115] 1981 年 3 月 31 日夜，第七屆畢業生「少壯派」二位領袖普拉恰克上校（Colonel Prachak Savangchit）和馬儂上校（Colonel Manoon Rupkachorn）向普瑞姆建議，首相不是辭職就是自行發動政變。普瑞姆表示願意辭職，並請二位同意他到皇宮向泰王辭職。普瑞姆到皇宮後，當晚與泰王

---

112. Chai-Anan Samudavanija, *The Thai Young Turks*, p. 66.
113. Charles F. Keyes, *op. cit.*, p. 104.
114. 曼梭，「艾迪將軍其人其事」，南洋商報（新加坡），1983 年 10 月 13 日，頁 29。
115. Amporn Tantuvanich, "Prem no longer has full loyalty of army," *Hongkong Standard*, April 8, 1981.

及王后搭機逃離曼谷，飛往東北部的柯叻（Korat）。[116]顯示泰王仍支持普瑞姆，而不支持軍方發動的政變。

　　4月1日晨，「少壯派」軍官請求陸軍副總司令桑特將軍（General Sant Chitpatima）和第一軍區司令瓦辛中將（Lt. General Wasin Issarangkul na Ayuthaya）發動政變，獲得贊同。政變軍人共約八千多人，占領了曼谷主要地點和重要政府大廈、電視臺，打死了一名政府軍和一名平民。4月1日中午，桑特將軍出現在電視上，自稱「革命委員會」領袖，下令解散政府、廢除憲法和國會，答應儘快舉行選舉和推動民主。「少壯派」領袖也開始起草社會和經濟改革計畫，包括大企業公司、天然資源國有化和土地改革等。[117]由於泰王站在普瑞姆一邊，柯叻電臺播放王后詩麗吉發表的一篇支持普瑞姆政府的文告，（這是很技巧的避開由泰王發布，以免招來干涉政治之批評）所以內閣中半數以上閣員、72省中的40名省長、第二軍、第三軍、第四軍和空軍司令也相繼到柯叻支持普瑞姆。4月3日，效忠普瑞姆的軍隊進入曼谷，叛軍未戰即告投降。有155名軍警和文官被捕。桑特將軍逃至緬甸。二個月後，桑特獲泰王赦免返回泰國。

　　這次政變失敗之主要關鍵因素是泰王之態度。政變軍人不願破壞君王制，馬儂上校後來在他的回憶錄中提到這點，他說：「我們的力量確足以打贏政府軍，但損失會很大。假如我們贏了，我們會付出重大的損失。當我們贏了，我們將會被譴責破壞君王制。我們將如何自處呢？」[118]過去泰國有一種說法是：「誰控制了第一軍，就控制了曼谷，誰控制了曼谷，就控制了泰國。」但這次的政變，推翻了上述的看法，較恰當的說法應是：「誰與泰王在一起，雖然不能控制曼谷，但在歷經政變時也

---

116. Surachai Sirikrai, "General Prem Survives on a Conservative Line," *Asian Survey*, Vol. XXⅡ, No. 11, November 1982, pp. 1093-1104.另一種說法是，第二軍區副司令艾迪（General Archirt Kamlang-ek）前往皇宮晉見皇后，由皇后下令政變團體讓普瑞姆前往皇宮。見 Chai-Anan Samudavanija, *op. cit.*, p. 66.

117. Larry A. Niksch, "Thailand in 1981：The Prem Government Feels the Heat," *Asian Survey*, Vol. XXⅡ, No. 2, February 1982, pp. 191-199.

118. 引自 Chai-Anan Samudavanija, *op. cit.*, p. 66.

能成為贏家。」顯示泰王在政治變遷過程中，角色愈來愈重要。[119]

1981 年政黨法又規定政黨必須提名全部議席一半以上的候選人，否則撤銷其政黨註冊。參議院議員由內閣任命，參議院推舉首相，所以首相或內閣部長不必具備眾議院國會議員身分。普瑞姆不必參選國會議員即可出任首相。

1982 年 5 月 29 日，泰國國會通過一項修憲案，規定每個選區只能選出3名議員。1984年，泰國國會再度醞釀修憲，擬允許軍人出任內閣部長職位，其目的是預備讓武裝部隊最高統帥艾迪（General Arthit Kamlang-ek）將軍先出任部長，作為繼承普瑞姆首相職位的跳板。此一修憲動議引發各黨派的衝突，政局陷入不穩。9 月 2 日，艾迪在國會準備辯論修憲動議的前夕，出乎意料地發表聲明：促請全體各派基於國家團結的大前提，展期討論這個爭論性的問題。次日，國會兩院聯席會議以371票對76票表決通過展期辯論修憲動議，[120]政治紛爭暫告平息。

在 1979 年，參加反政府的武裝游擊隊的人數達到 1 萬人，在1977～1979 年間，因衝突而死亡人數每年有 1,000 人，學生到森林接受泰共的訓練。由於越南在 1978 年 12 月入侵柬埔寨，而中國在 1979 年 2 月對越南發動懲罰性戰爭，泰共因此分裂為親中國和親越南兩派。克里安薩重新恢復與中國的關係，要求中國撤銷對泰共的支持。普瑞姆繼續對泰共進行剿撫兩手策略，以美國經濟援助大力在農村推動農村發展計畫，對於泰共分子給予特赦。在 1979～1981 年間，有許多學生離開森林返回曼谷居住。1982 年底，許多泰共放下武器投誠。1987 年，一些殘餘的泰共擬召開會議，遭政府軍逮捕。泰共分子至此完全消滅。[121]

根據 1979 年憲法之規定，過渡條款將在 1983 年 4 月 21 日國會任期屆滿後失效。該過渡條款規定各政黨可派出最少162名候選人參選，候選人可以獨立人士身分參選；一個選區可就超過一個政黨以上的候選人選出議員。在該過渡條款失效後，新選舉制將以府為選區單位，選出一個政

---

119. *Ibid.*
120. 南洋星洲聯合早報（新加坡），1984 年 9 月 4 日，頁 1。
121. Chris Baker and Pasuk Phongpaichit, *op. cit.*, pp. 196-197.

黨的一批候選人為國會議員。由親軍方的國家民主黨在國會內提出修憲案，希望維持過渡條款的舊選制，延長參議院擁有立法權四年，及允許軍人和官員擔任部長職務。學生和群眾集會示威，反對修憲。3月16日，該修憲案在眾議院301席及參議院225席中，獲得254票，未達半數而失敗。普瑞姆乃在3月19日宣布解散國會。[122]

1983年4月18日，舉行大選，有十四個政黨、1873人參選，要角逐324席。投票率為50.76%。結果由社會行動黨（占101席）（庫克立·巴莫為黨魁）、民主黨（57席）、泰公民黨（36席）、國家民主黨（14席）組聯合政府，總共有208席。泰國國家統計處對於此次選舉做了一次分析，認為大部分選民是選人而非選黨，它提出三點理由：(1)可選出兩名議員的府份或選區，中選者兩黨都有。比如甲咪府，社會行動黨和民主黨都獲選。(2)可選出3名議員的府份和選區，中選者屬於三個黨，譬如加拉信一區，社行黨、民主黨、和國家民主黨都獲選。在難（南）府，泰國黨、社行黨和民主黨都獲選。(3)可選出3名議員的府份和地區，有2名來自同一黨，但其中一兩名所得票數比另一獲選議員為低。譬如曼谷第五選區，泰國民黨獲選2名，但其票數比民主黨少。在彭世洛府第一區，泰國黨獲選兩名，但票數比泰國民黨少。[123]

首相普瑞姆在1984年將泰銖貶值14.8%，遭到武裝部隊最高司令兼陸軍總司令艾迪之批評，要求政府改組內閣。另有五位高級將領也聯名要求改組政府。普瑞姆乃設立「官僚制度改善委員會」。1985年7月，該委員會主席克拉莫博士坦承，該委員會的工作失敗，主要原因是由於政府機關不肯接受權力均分的行政制度，致使委員會無從著手。他說，內政部拒絕從其他部門派出人員作為地方行政官員的建議，造成推行地方分權制的致命阻礙。另一個原因是現居高職的政府官員害怕失掉控制權及個人利益，儘管他們大都認識到改善成功將帶給廣大人群莫大的好處。在過去一年多的工作中，在計畫中的一百個部門裡，只有十個接受

---

122. 南洋商報（新加坡），1983年3月17日；佘文鎖，「泰國的修憲與大選」，南洋商報（新加坡），1983年3月22日，頁26。
123. 南洋商報（新加坡），1983年5月1日。

改革建議。庫立‧巴莫親王說現行的公務委員會過度庇護公務員，不如改稱為「官僚公會」。前外交部常任秘書，後來出任一家私人公司總裁的阿南‧潘雅拉春亦批評說，低效率和嚴峻死板的限制，是政府機關官僚制度的要害弊端。[124]

1985 年 9 月 9 日晨，由前武裝部隊最高統帥森納納孔將軍（General Sirm Na Nakorn）率一群退役軍官、500 名「少壯派」軍人和 22 輛坦克車，發動政變。當時普瑞姆在印尼訪問，武裝部隊最高統帥兼陸軍總司令艾迪在瑞典訪問，而泰王和皇后在泰南渡假。叛軍占領政府大廈、包圍皇宮、占領國家電臺，宣布成立「革命委員會」，停止憲法，解散內閣和國會。政府軍與叛軍發生駁火，有 2 名政府軍、2 名美國全國電視網（CNN）記者（其中 1 人為澳洲人）和 1 名平民死亡。當天下午 3 點，普瑞姆趕回曼谷，叛軍在 3 時 35 分投降。參與政變的「少壯派」軍官馬儂上校逃至新加坡，後轉往西德；馬儂之弟弟馬納特（Wing Commander Manat Rupkachorn）則逃至泰、緬邊境。他們兩位之所以能逃脫，是泰政府以被叛軍扣為人質的空軍總司令普拉坦上將（Air Chief Marshal Pratan Dhupatemiya）做為交換條件。[125]

9 月 17 日，泰政府逮捕涉嫌參加政變的前首相克里安薩、前武裝部隊最高司令兼陸軍總司令森納納孔將軍、前陸軍副總司令姚斯將軍（General Yos Thephatsadin Na Ayudthaya）、前空軍副總司令克拉塞（Krasae Intharathat）、及現任空軍副總司令亞倫（Arun Promthep）。後來又逮捕了 7 名勞工領袖。泰國政府有史以來首度引用刑法提控這些涉案者33人，刑法第 113 條規定以暴力推翻政府，可處以死刑或終身監禁。第 114 條規定，凡聚集軍隊與武器謀反，可判監三年到十二年。第 116 條規定，用口頭或書面煽動公眾不安，最高刑罰是七年徒刑。1987 年 11 月 29 日，內政部長布拉楚宣布，涉案的 33 名軍官和平民因為已在獄中度過二年鐵窗生涯，他們的家屬也備嘗心酸，所以予以釋放。另外克里安薩等 5 名將領，

---

124. 南洋星洲聯合早報（新加坡），1985 年 7 月 27 日，頁 20。
125. *Keesing's Contemporary Archives*, 1985, Longman Group Limited, England, 1985, p. 33920.

則在稍早前獲准保釋。[126]

綜合歸納，這次政變之原因有三：一是普瑞姆準備在 10 月公布高級軍官升遷名單，有少數軍官獲知無法獲得擢升，內心不滿。武裝部隊最高統帥兼陸軍總司令艾迪在 8 月中旬達退休年齡（六十歲），但在 4 月 16 日獲普瑞姆同意延長一年任期。艾迪續任原職，引起排隊等待升遷的高級軍官不滿。二是在政變前，查瓦利（Chaovalit Yongchaiyut）中將由陸軍副參謀長晉升為陸軍總參謀長。查瓦利與「少壯派」軍官之政治立場不和，查瓦利之晉升，對「少壯派」軍官是一個大打擊。查瓦利贊同現行的政權結構，即軍人和政黨應分享政權，現役軍人不得參與政治活動，只有在退役後才可以參政。惟「少壯派」軍官則希望回復 1973 年前的政權形態，由軍人在政治權力結構中扮演支配性角色。[127] 三是政府對於倒閉的銀會事件之處理，已打擊了某些軍官之利益，政變者指責經濟不景氣只是其利用作為發動政變之藉口而已。[128] 此後，「少壯派」因領導人物被逮捕或流亡海外而宣告瓦解。

1985 年 10 月 19 日、12 月 26 日，曼谷舉行國會議員補選，由於科技及能源部長丹龍（Damrong Lathapipat）去世，在 10 月 19 日舉行補選，結果由民主黨黨魁副首相比柴（Pichai Rattakul）的兒子披集（Pichit Rattakul）獲得當選。12 月 26 日的補選，因為泰國民黨（Prachakorn Thai, Thai People's Party or Thai Citizens' Party）的議員辭職，結果亦是由民主黨的漢恩將軍（General Harn Leenanond）擊敗社會行動黨的候選人而當選。[129]

在泰南的伊斯蘭教徒受到東南亞激進伊斯蘭運動之影響，也蠢蠢欲動，1985 年 11 月初，「北大年聯合解放組織」（Pattani United Liberation Organization, PULO）組織了一個「革命委員會」（revolutionary council），積極推動泰南伊斯蘭革命運動。該年 9 月 16 日，「北大年聯合解放

---

126. 南洋星洲聯合早報（新加坡），1987 年 11 月 30 日，頁 20。
127. 曼梳譯，「印尼人看泰國流產政變」，南洋星洲聯合早報（新加坡），1985 年 9 月 14 日，頁 16。
128. 曼梭，「泰國流產政變的前因後果」，南洋星洲聯合早報（新加坡），1985 年 9 月 11 日，頁 35。
129. *Keesing's Contemporary Archives*, Vol.XXXII, September 1986, p. 34615.

組織」、「北大年民族解放陣線」（Pattani National Liberation Front, PNLF）（成立於 1986 年 4 月 21 日）及其他穆斯林分離主義運動組織合併，組成「北大年聖戰者運動」（Mujahidin Pattani Movement）。[130]

庫克立・巴莫在 1975 年成立社會行動黨，1975～76 年出任首相，1985 年 12 月因健康及年事已高而辭去黨主席職位，由外長西迪空軍元帥（Air Chief Marshal Siddhi Sawetsila）出任臨時主席。

此時泰國政治氣氛較為開放，政黨競爭出現過熱現象，成立許多新政黨，例如，1985 年 11 月 4 日，鄉村發展黨（Phatthana Tchonnabot, Rural Development Party）完成正式登記。曾參加 1985 年 9 月 8 日反政變行動的陸軍副司令普拉山將軍（General Prasan Tangchai）在 1986 年 5 月 8 日辭去參議員職位，成為新登記的人民黨（Rassadorn Party, People's Party）的黨魁，馬納將軍（General Mana Rattanakoset）亦於同一天辭去參議員職務，改任該黨秘書長，該黨成員大都為軍人。

1985 年 11 月 14 日，曼谷舉行市長選舉，無黨的詹龍少將（Maj.-Gen. Chamlong Srimuang）（華文姓名盧金河）[131] 獲得當選。他在晉升少將兩天後，即於 10 月 3 日退役，以便投入選戰。他與馬儂上校及其他軍校同學在 1970 年代末組織「少壯派軍官」（Young Officers, Young Turks）（1908 年土耳其少壯軍官的秘密組織，目的在進行革命），成為陸軍中最有勢力的派系。1985 年政變失敗後，普瑞姆曾下令解散「少壯派軍

---

130. *Keesing's Contemporary Archives*, Vol.XXXII, September 1986, p. 34618.
131. 詹龍生於 1936 年，華裔，廣東澄海縣冠山鄉，中文姓名為盧金河。泰國朱拉鍾克寮軍校第七期畢業生，因批評軍校當局管理不善和貪污腐化，以至於比同期生晚數月才畢業。早年參加過印度支那戰爭。1980 年曾任普瑞姆首相辦公室的秘書，因反對墮胎自由化法案而辭職。1981 年，在武裝部隊最高司令部任職。1985 年，以少將身分退役。在該年以獨立人士選上曼谷市長。他妻子為軍中護士，兩人奉行無欲主義，無子，吃素，自己開一間素食餐廳。每天只吃一餐素食、喝牛奶和水。他是苦修式的佛教徒，信奉「山帝-阿梭克」（Santi-Asoke）教派，1989 年主流的泰國佛教最高理事會（Buddhist Supreme Council）禁止該教派活動，因此主流佛教最高理事會的和尚反對詹龍出任首相。（見 Surin Maisrikrod, *Thailand's Two General Election in 1992 Democracy Sustained*, Research Notes and Discussions Paper No. 75, Institute of Southeast Asian Studies, Singapore, 1992, p. 43.）他嚴持八戒律，不僅不殺生、不貪財，過午不食，甚至他公開說過去十年與其妻子沒有性生活。因此有「一餐市長」之外號。參見吳湧，「泰國精神領袖占隆」，聯合日報（菲律賓），1992 年 6 月 15 日，頁 5。

官」組織。

1986年5月1日，普瑞姆政府因汽車稅法案在國會中受挫，主要反對黨泰國黨（Chart Thai）準備發動對普瑞姆的不信任動議，首相普瑞姆決定改選國會，經呈請泰王同意，發布敕令，於7月27日舉行選舉。執政聯盟包括民主黨、社會行動黨、泰國民黨和國家民主黨（National Democracy Party），由於社會行動黨41名議員倒戈，導致汽車稅法案以147票對143票而未能通過。遠東經濟評論（*Far Eastern Economic Review*）在5月15日報導稱，有不少國會議員，包括一名部長，被收買而投下反對票。[132]

1986年3月24日，普瑞姆宣布武裝部隊最高司令兼陸軍總司令艾迪將在8月31日因屆滿六十歲而退休。資深軍官在3月21日公開表示不給予艾迪延長任期1年是違反武裝部隊之意志的。但陸軍參謀長查瓦利支持普瑞姆的決定。5月27日，查瓦利取代艾迪，成為陸軍總司令。艾迪的軍校同學陸軍副總司令朱太（General Chuthai Saengthawip）也由陸軍助理司令（Assistant Army Commander）亞卡波將軍（General Akkaphol Somroop）取代。9月1日，查瓦利進行軍中人事改組，共318人，大量起用朱拉鍾克寮皇家軍校（Chulachomklo Royal Military Academy）第一屆畢業生和第五屆畢業生。查瓦利是第一屆畢業生。代表第五屆畢業生的助理參謀長蘇欽達（Lt.-Gen. Suchinda Kraprayoon）高升為副參謀長。[133]

1986年5月1日，普瑞姆解散國會，在這之前，普瑞姆組織四黨聯合政府，包括社行黨101席、民主黨57席、泰國民黨34席、進步黨3席。最大反對黨泰國黨101席。普瑞姆解散政府的原因是聯合政府中的社行黨有38名議員倒戈，與反對黨泰國黨合作，以147票對143票，否決了政府提出的「陸路運輸法案」。[134]

泰國民黨黨魁沙瑪（Samak Sundaravej）為華裔，姓李。他登廣告，

---

132. *Keesing's Contemporary Archives*, Vol.XXXII, September 1986, p. 34616.
133. *Keesing's Contemporary Archives*, Vol.XXXII, September 1986, pp. 34617- 34618.
134. 南洋星洲聯合早報（新加坡），1986年5月3日，頁1。

說明自己是華裔，目的在爭取華裔選票。[135] 此時的政治氣氛稍有改變，候選人才可以在公開場合說明自己的華裔背景，以爭取選票。這在以前談論自己的華裔身分是個相當敏感的問題，尤其在政治上是個禁忌。

泰國軍人都受到指示集體投票給對軍方友好的政黨候選人，而且動員家眷、親友支持特定人選。在 1985 年時，陸軍總司令艾迪上將設立「軍人選舉中心」，1986 年 6 月，由查瓦利繼任陸軍總司令，撤銷該中心，而且通令陸軍憑良心自由投票，公開聲明陸軍在大選中保持中立，以確保軍方支持政治民主化運動。1986 年大選，有 60 位退役將軍參選，顯示軍人角色已有轉變。[136]

依據 1986 年選舉法之規定，政黨必須提名全部國會議席 347 席的一半，也就是至少 174 名候選人。此一規定的目的在淘汰小黨以及財力不足的政黨，為了符合此一規定，有些小黨甚至將其司機登記為候選人，或者雇用大學生為候選人。例如聯泰黨，由於參加大選人數不夠，所以聘請 30 名大學畢業生出任該黨候選人。[137] 由泰軍中民主戰士拉威將軍在 1981 年創立的泰民眾黨，也提名 30 名婦女和一些閒人為候選人，才湊足提名數額。[138] 1986 年大選有一個創舉，即候選人可以花錢在國家電視臺買時段發表政見。[139] 此外，此次大選有超過 60 名將領參選，其中包括前陸軍副總司令天猜將軍（General Tienchai Sirisamphan）。

1986 年 7 月 27 日，舉行國會選舉，總共有十六個政黨、3,813 名候選人競爭 347 席，比 1983 年多 23 席。投票率達 61.43%，比 1983 年的 53% 還多。但曼谷的投票率僅有 37.2%，而 1983 年為 32.5%。選舉過程有買票行為，亦有暴力事件，在泰南地區有 5 人被殺。結果民主黨獲 100 席，泰國黨 63 席，社行黨 51 席，泰國民黨 24 席，進步黨 9 席，聯合民主黨 38 席。餘 4 席為其他政黨，包括自由主義黨、民主勞動黨、泰民眾黨、新力黨各獲 1 席。[140]

---

135. 南洋星洲聯合早報（新加坡），1988 年 6 月 8 日，頁 12。
136. 「泰軍人不再干預大選」，南洋星洲聯合早報（新加坡），1986 年 7 月 27 日，頁 14。
137. 南洋星洲聯合早報（新加坡），1986 年 6 月 13 日，頁 27。
138. 「泰國大選十六政黨簡介」，南洋星洲聯合早報（新加坡），1986 年 7 月 28 日，頁 16。
139. 南洋星洲聯合早報（新加坡），1986 年 6 月 10 日，頁 1。
140. 南洋星洲聯合早報（新加坡），1986 年 7 月 29 日，頁 1。

表 6-1：1983 年和 1986 年各黨國會席次

政黨	1986	1983
民主黨（Democrat Party）	100	56
泰國黨（Chart Thai—Thai Nation Party）	63	73
社會行動黨（Social Action Party）	51	92
聯合民主黨（United Democratic Party）	38	-
泰國民黨（Prachakorn Thai）	24	36
聯泰黨（Ruam Thai-United Thai Party）	19	0
人民黨（Rassadorn）	18	-
社區行動黨（Community Action Party）	15	-
進步黨（Progressive Party）	9	3
群眾黨（Luan Chon, Mass Party）	3	0
國家民主黨（National Democracy Party）	3	15
其他政黨	4	25
獨立人士	0	24
合計	347	324

資料來源：*Keesing's Contemporary Archives*, Vol.XXXII, September 1986, p. 34616.

　　1986 年大選，有幾個正面發展，第一，投票率提高，達 61.43 ％，較上屆的 50.76 ％高。第二，專業人士和受高等教育的候選人達 57 ％，當選的 347 名議員中，具大學或專業資格地位的超過一半，年齡在五十歲以下的占 62.2 ％，使眾議院的素質提高，平均年齡降低。過去雄踞一方的豪門鄉紳、財閥巨富、政界元老與軍方將領，除非在任內表現良好，否則都不免遭選民唾棄，例如前副統帥沙文上將、前海軍總司令沙英上將、前國防部次長參南上將、前財長陳崇財和現任 5 名內閣副部長都落選。第三，跳槽、跨黨、退黨、叛黨的舊議員，不是被淘汰，就是勉強上榜。政客型的候選人受到排斥，有助於提高政治水準。第四，有許多高級軍官參選，顯示軍中民主化運動取得主導地位。[141]

---

141. 丘啟楓，「泰國民主憲政漸上軌道」，南洋星洲聯合早報（新加坡），1986 年 8 月 3日，頁 2。

　　泰國軍人從政之風盛行，與過去軍人長期干政有關。例如，詹龍少將辭職後參選曼谷市長，獲得當選。隨後有民主黨的漢・李納農將軍、威吞中將參選曼谷第一選區議員，李納農獲得泰南人民的支持，在美國的泰國僑民也成立一個「支持李納農將軍協會」，捐款支持他參政。威吞則是社行黨支持的候選人，他在 1973 年泰國大學生發動 10 月革命時，拒絕上級開槍鎮壓學生運動的命令，而普獲民眾支持。[142]

　　退役空軍將軍西迪在1985年12月10日當選社會行動黨代主席，該黨的主要支持來源是東北部稻農。差霖（Chalerm Yubamrung）警察上尉在 1985 年組織群眾黨，克里安薩將軍在1980年6月組織國家民主黨。群眾黨黨魁是艾迪上將。

　　克里安薩對泰國政黨的批評很嚴厲，他在 1985 年說：「泰國國會是一盤散沙，近半數議員毫無原則，在威迫利誘情況之下，一如牆頭草，搞歪風的議員，簡直與娼妓沒有兩樣。」[143]

　　在這次選舉中，民主黨除了鞏固其在泰南的票源外，亦開拓至東北部和曼谷地區。在曼谷，泰國民黨勢力減弱，從 24 席減為 16 席，民主黨獲 16 席，社會行動黨 2 席，泰國黨和群眾黨（Muan chon, Mass Party）各贏 1 席。選後由民主黨、泰國黨、社會行動黨和人民黨組織聯合政府，由普瑞姆出任首相。8 月 4 日，新國會正式開議，學生在國會外示威抗議普瑞姆續任首相。7 月 28 日，由泰王委任的 261 名參議員組成的參議院亦在 8 月 4 日正式開議，大多數的參議員是軍人。民主黨的川立沛（Chuan Leekphai）（華文名字為呂基文）被選為眾院議長。聯合民主黨的阻止無效。普瑞姆是首相，副首相有四位，分別為民主黨的比柴（Pichai Rattakul）、泰國黨的察猜將軍（General Chatichai Choonhavan）、社會行動黨的沙拉信（Phong Sarasin）、人民黨的孫提（Adml. Sonthi Bunyachai）、天猜將軍。

---

142. 南洋星洲聯合早報（新加坡），1985 年 12 月 28 日，頁 16。
143. 劉振廷，「泰國三大政黨勢力互有消長」，南洋星洲聯合早報（新加坡），1986 年 5 月 11 日，頁 20。

察猜將軍 [144] 在 1958 年以前，一直從事軍職，為泰國黨的秘書長，1975 年，當選國會議員；1975-76 年任庫克立·巴莫政府的外長，1976～77 年、1980～83 年任工業部長。1986 年，擔任泰國黨黨魁。普瑞姆擔任第二任首相時，察猜出任副首相。馬德祥（Banharn Silpa-Archa）為泰國黨的秘書長，1980～81 年任農業與合作部長，1986 年出任交通部長。馬德祥為華裔第二代，出生於素攀武里，他從事販售氯氣給當地政府的自來水廠，以後又擴大從事建築、土地買賣、運輸、加油站和地方商業。1975 年，當選國會議員，極力爭取預算作為素攀武里發展之用。

1986 年 8 月 20 日，非執政聯盟的 19 個政黨達成協議，合組反對黨聯盟，準備監督政府，該一反對黨聯盟總共有 115 席。

由於越南控制柬埔寨未有退出之跡象，泰國為了邊界安全，尋求與美國合作，1987 年 1 月 9 日，泰國和美國簽署設立戰備軍火庫協議，美國在未來五年內在泰國設立戰備軍火庫，以因應國家安全緊急威脅。美國國防部長溫伯格（Caspar Weinberger）於 1 月 24～25 日訪問泰國，他表示該一軍火庫將從 1989 年開始運作。[145]

在另一方面，泰國也加強與中國的軍事合作關係，中國在 1979 年對越南進行懲罰性戰爭，有利於共同夾擊越南，以確保其與柬埔寨之邊界安全。因此，王儲瓦七拉隆功於 2 月 23 日至 3 月 8 日訪問中國。4 月 30 日至 5 月 2 日，查瓦利訪問中國，與中國參謀總長楊德志簽署軍事援助協議，

---

144. 察猜於 1920 年 4 月 5 日生於曼谷，其祖父是來自廣東澄海縣，姓陳。其父為前副首相、前陸軍總司令屏元帥。察猜先後畢業於泰國陸軍軍校、騎兵學院、美國裝甲兵學校。第二次世界大戰期間，曾在緬甸撣邦服役，也參加過韓戰，擔任泰國駐東京聯合國軍總部連絡官。1957 年沙立發動政變後，被解除軍職，轉到美國援助總署泰國分署工作。1958 年至 1972 年，察猜轉入外交生涯，先後任駐阿根廷、奧地利、瑞士、土耳其、梵蒂岡和南斯拉夫等國大使，駐日內瓦辦事處代表。1972 年，任外交部政治司司長，同年 12 月任副外長。1973 年 6 月晉升為少將，1974 年和其姐夫巴曼少將組成泰國黨，任秘書長。1973～1975 年任桑耶內閣副外長。1975～1976 年任庫克立·巴莫內閣外長，1975 年 7 月 1 日隨同庫克立·巴莫訪問中國，締結邦交。1976 年任社尼·巴莫內閣工業部長。1980 年 3 月任普瑞姆內閣工業部長。1986 年 8 月擔任副首相。1986 年 6 月 14 日接任其姐夫巴曼的泰國黨主席。參見南洋星洲聯合早報（新加坡），1988 年 7 月 29 日，頁 32。
Chris Baker and Pasuk Phongpaichit, *op. cit.*, p. 241
145. *Keesing's Contemporary Archives*, Vol.XXXIII, August 1987, p. 35319.

中國以友誼價格賣給泰國 30 輛 T-69 型坦克車、防空炮、飛彈和其他軍火。中國在 1982 年和泰國合作生產小型武器，1985 年售賣軍備給泰國，包括大砲、坦克車等。1987 年 1 月 12-17 日，楊德志訪問曼谷，再度進行軍備交易。[146]

1987年5月10～13日，泰國外長西迪訪問莫斯科，是泰國部長級首位訪問蘇聯者，蘇聯外長謝瓦納澤（Eduard Shevardnadze）則在同年 3 月 2 日訪問泰國。西迪在 5 月 12 日與蘇聯外貿部長阿里斯托夫（Boris Aristov）簽訂一項成立泰、蘇貿易委員會議定書。隨後西迪訪問東德、波蘭和捷克。

10 月 14 日，軍方的「內部安全行動指揮部」（Internal Security Operation Command, ISOC）舉行年度會議，查瓦利在會中要求進行溫和的改革，包括修改憲法和選舉法。1988 年 5 月中旬，曼谷充斥軍變的傳言。5 月 15 日，記者問查瓦利有關政變的消息，他回答說有可能發生人民同意的革命，又說陸軍力量足以進行政變。前首相庫克立‧巴莫在 5 月 18 日晉見泰王後，對外稱查瓦利的談話接近非法。[147]

1987年4月組成的「國家革命委員會」（National Revolutionary Council），是由普拉塞（Prasert Sapsunthorn）負責，1988 年 6 月 7 日，該組織改名為「國家民主委員會」（National Democratic Council）。

內政部次長偉拉（Veera Musikapong）被控侮辱泰王，而於 1987 年 10 月 14 日被判處六年徒刑。1988 年 6 月 22 日，最高法院對該案定讞，判處四年徒刑。他被關了 1 個月後，於 7 月 22 日獲泰王赦免而釋放。他在 1986 年 7 月國會議員競選時曾說，假如有來生，他想出生於王室家庭。他後來對此言談表示歉意並在國王的相片前舉行贖罪儀式。[148]

內政部在 1987 年 11 月 27 日宣布涉嫌參與 1985 年 9 月政變的 33 名下級軍官和文官將不予起訴。

曼谷第一軍區電視臺於 1987 年 6 月中旬廣播泰國共產黨（Communist

---

146. *Keesing's Contemporary Archives*, Vol.XXXIII, August 1987, p. 35319.
147. *Keesing's Contemporary Archives*, Vol.XXXIV, September 1988, p. 36150.
148. *Keesing's Contemporary Archives*, Vol.XXXIV, September 1988, p. 36151.

Party of Thailand）的親蘇派「泰人民革命運動」（Thai People's Revolutio-
nary Movement, TPRM）組成。該派的基地在寮國，是越南的走狗。1987
年1月18日，查瓦利在蘇叻他尼接受300名泰共的投降。1月19日，在耶
拉省，有641名伊斯蘭叛軍向查瓦利投降。4月，泰國政府逮捕5名共黨
嫌疑犯，其中兩人是泰共政治局成員。1988年4月9日，在泰南的陶公，
伊斯蘭教徒叛軍攻擊一處建築工地，死5名工人。[149]

　　1988年4月29日，泰王發布敕令，普瑞姆首相副署，解散國會，提
前兩年舉行國會改選，起因是民主黨31名議員在4月28日投票反對版權
法（Copyright Act），他們自稱「1月10日團體」（January 10 Group）（指
民主黨在1987年1月10日選舉黨領導人後成立的團體），要求改組內閣，
他們的人員在內閣中應有代表，以及更換該黨黨魁副首相比柴。[150]參加執
政聯盟的泰國黨和人民黨也建議民主黨在內閣的人數應減少，以反映該
黨國會議員之人數。在1986年國會選舉後，民主黨贏得100席，而成為執
政聯盟的一分子。現在該黨有31名議員倒戈，反對政府的提案，且反對
黨預定在5月9日舉行對政府不信任動議的辯論，迫使聯合政府必須改組
國會。

　　在1985年11月擔任曼谷市長的詹龍在1988年5月2日組織正義力量黨
（Palang Dharma, Force of Spiritual Righteousness），他在曼谷的政績卓
著，例如改善防洪設施、掃清街道和消除貪污。

　　若干反對黨國會議員威脅要揭發普瑞姆的私生活，特別是群眾黨
（Muan chon, Mass Party）領袖查稜（Chalerm Yubamrung）揚言揭發普瑞姆
有同性戀傾向。[151]普瑞姆是未婚的單身漢。

　　1988年4月22日，查瓦利將軍宣布將於5月27日辭去陸軍總司令，以
實踐他任職兩年的承諾。但在5月2日普瑞姆宣布拒絕讓查瓦利辭職，其
目的在阻止讓陸軍首長成為潛在的政敵。普瑞姆在同一天任命數名代理

---

149. *Keesing's Contemporary Archives*, Vol.XXXIV, September 1988, p. 36151.
150. Kevin Hewison, (ed.), *Political Change in Thailand, Democracy and Participation*, Routledge,
London and New York, 1997, p. 123.該書記載當時民主黨國會議員倒戈者有40名。
151. *Keesing's Contemporary Archives*, Vol.XXXIV, September 1988, p. 36148.

部長，以取代 16 名辭職的民主黨部長，例如副首相察猜出任代理公共衛生部長，副首相天猜出任科技和能源部長。

在競選期間，學生和工人進行示威，要求普瑞姆下臺，打出「不要普瑞姆」的口號。5 月 27 日，有 99 名大學教師向國王提出請願書，內容係指責普瑞姆沒有遵守中立，並利用軍隊展示實力，謀求個人的政治地位，從而製造分裂。該請願書之目的是要阻止普瑞姆繼續擔任首相，以及阻止軍人發動政變。[152] 該請願要求泰王干預，使普瑞姆在即將舉行的選舉保持中立和公正。5 月 31 日，普瑞姆承諾在選舉時保持公正，但他批評學者們將泰王捲入政治問題，並不合適。

普瑞姆內閣在 6 月 21 日通過一項有關寬赦 12 名政變軍人的法案，他們原被控在 1985 年 9 月領導一場流產政變，其中 5 人是前將領，包括前首相克里安薩、前武裝部隊首長森納納孔、前副武裝部隊司令卡拉塞、前副陸軍司令約德、及前副最高司令阿倫空軍元帥。另 7 名軍人是初級陸軍軍官。[153]

1988 年 7 月 24 日，泰國舉行國會選舉，有 17 個黨，3,612 名候選人參選競爭 357 席。為了滿足法律的規定，一些政黨臨時拉人充當候選人，湊足候選人人數。競選時贈送禮物，例如現金、肥皂、洗衣粉，跟菲律賓、臺灣和印尼的選舉差不多。這次選舉，儘管選舉法規定競選經費以泰銖 35 萬元為限，但買票猖獗，泰國政治學者估計總共付出約 35 億銖。[154] 競選期間，發生少數暴力事件，例如，泰南有伊斯蘭教徒分離主義分子放火焚燒若干學校校舍；曼谷北部的安東（Ang Thong）省，有兩人遭手榴彈炸死。

投票率達 63.5 ％，較 1986 年的 61 ％還高。曼谷的投票率很低，僅有 38 ％。沒有一個政黨獲過半數席次，普瑞姆宣布辭職，而由泰國黨黨魁察猜組織六黨聯合政府，包括泰國黨（獲 87 席）、民主黨（獲 48 席）、社會行動黨（獲 54 席）、聯合民主黨（United Democratic Party）（獲 5

---

152. 南洋星洲聯合早報（新加坡），1988 年 6 月 1 日，頁 1。
153. 南洋星洲聯合早報（新加坡），1988 年 6 月 22 日，頁 32。
154. 南洋星洲聯合早報（新加坡），1988 年 7 月 23 日，頁 12；7 月 24 日，頁 31。

席）、公民黨（獲21席）、群眾黨（獲5席）。[155]這是自1976年以來首次以民主選舉方式移轉政權。

正義力量黨於1988年5月成立，黨魁是詹龍少將。泰國黨於1974年成立，黨魁是察猜少將。人民黨是1988年5月從民主黨分裂出來，由原民主黨副主席查林潘和秘書長維拉所組織。泰民眾黨原是軍中民主戰士拉威少將在1981年創立，黨魁是艾迪上將。群眾黨於1981年成立，黨魁是警察首長差霖。進步黨於1983年成立，黨魁是眾議院議長鄔泰。社區行動黨於1986年5月成立，由前副首相、海南籍銀行家文珠（華文名字為黃聞波）任黨魁。聯合民主黨於1986年5月成立，原主席是前副首相黃文廷，後由罐頭鳳梨大王馮上校繼任。農工黨於1988年5月成立，黨魁是參議員阿南。社會行動黨於1974年成立，黨魁是外長西迪，勢力在東北部。民主黨於1946年成立，黨魁是副首相比柴。泰國民黨，前交通部長沙瑪在1979年成立，勢力在曼谷。聯泰黨於1986年成立，黨魁是前農業部長納隆，勢力範圍在泰北。公民黨於1986年成立，由工商人士和軍人支持而成，黨魁是副首相天猜上將。社會民主力量黨，由1974年新力黨改名而成，黨魁是查查旺。自由主義黨於1982年成立，黨魁是他儂元帥的公子拿龍上校。[156]從上述可知，黨魁具有軍人身分之政黨有正義力量黨、泰國黨、泰民眾黨、群眾黨、公民黨、自由主義黨。

泰國黨的支持來源在泰國中部平原，總共贏得82席的半數，另外在東北部亦獲得相當大的支持。民主黨則獲得泰南地區人民的支持。泰國民黨在曼谷的得票率下降，僅獲得20席。雖然察猜、民主黨、社會行動黨、公民黨、聯合民主黨等領袖要求普瑞姆續任首相，為其拒絕，乃由察猜出任首相，組織內閣。

在普瑞姆執政期間（從1980～1988年），泰國持續舉行國會選舉（從1979年開始），但參議員則是由任命產生，大多數是軍人出任，國防、內政、外交和財政等部部長也是由軍人出任，許多將軍也轉投入國

155. 南洋星洲聯合早報（新加坡），1988年7月26日，頁1；1988年8月10日，頁13。
156. 南洋星洲聯合早報（新加坡），1988年7月23日，頁12。

表 6-2：1988 年國會選舉各黨席次

政黨	1988 年	
	席次	得票率
泰國黨（Chart Thai,Thai Nation）	87	24.4
社會行動黨（Social Action Party）	54	15.1
民主黨（Democrat Party）	48	13.4
聯泰黨（Ruam Thai,United Thai）	35	9.8
泰國民黨（Prachakorn Thai, Thai Citizen）	31	8.7
公民黨（Citizen）	21	5.9
人民黨（Prachachon, People）	19	5.3
泰民眾黨（Puangchon Chao Thai,Thai People）	17	4.8
正義力量黨（Palang Dharma, Righteous Force）	14	3.9
社區行動黨（Community Action Party）	9	2.5
進步黨（Progressive Party）	8	2.2
群眾黨（Muan Chon, Mass）	5	1.4
聯合民主黨（United Democratic Party）	5	1.4
自由主義黨（Liberal Party）	3	0.8
社會民主力量黨	1	0.3
合計	357	

資料來源：*Keesing's Contemporary Archives*, Vol. XXXIV, September 1988, p. 36149. 南洋星洲
聯合早報（新加坡），1988 年 7 月 26 日，頁 1。

會議員，此一政治型態被稱為「半民主制」（semi-democracy）。

　　1989 年 5 月，反對黨提出兩項修憲案，內容為：第一，國會主席應由民選的眾議院議長擔任，而不應由委任的參議院議長擔任。第二，在國會參眾兩院聯合議事期間，應按眾議院的規則、程序辦理。如果這一議案獲得通過，由民選產生的眾議院在國家立法機關中的作用將會得到加強。該一憲法修正案係針對 1978 年制訂的憲法。[157] 結果該修憲案未通過。

---

157. 星暹日報（曼谷），1989 年 5 月 26 日，頁 4。

察猜上臺後，組織一個智囊機構「巴恩‧彭世洛首相官邸」（Baan Phitsanulok），由克萊塞（Kraisak Choonhaven）主持，聘請年輕學者擔任研析工作，提供政策建言。察猜政府代表從 1976 年以後的軍人出任政府職務告一段落，他企圖將權力從官僚和軍人移轉到內閣和商界手裡。巴恩‧彭世洛提出「將印度支那從戰場改變為商場」（turning battlefields into marketplace）的外交政策，亦即將過去視為敵人的共黨鄰居，利用它們經濟自由化後改變為商場，泰國或可從中獲取商業利益。而該項政策非軍人專長，察猜可藉機消除軍人的影響力。察猜的新外交政策被稱為「察猜主義」，其主要原則為：(1)多一個朋友即少一個敵人。(2)溫和而不軟弱，堅強而不強硬。(3)高層外交溝通優先，技術談判為後。(4)政經分離，沒有外交關係也可以來往。(5)大眾外交與職業外交平行交叉使用而不衝突。[158]

屬於社會行動黨的外長西迪對於察猜首相的新的外交政策，表示委婉的態度，他說泰國對印度支那政策轉變過巨，將受其害，調整泰國與其鄰國的政治與經濟關係必須是漸進、謹慎與圓滑地進行。[159] 儘管如此，西迪在1989年1月9日率領一個龐大訪問團前往越南訪問，改善雙方的關係。

察猜自認為是人道主義者，1988年9月批准外交部一項議案，宣布放寬曾在 1950 年代返回中國的泰國華裔返泰定居的手續，以及對於那些擅離職守的逃兵一律予以免罪的決定。他也同意政黨提出的電臺現場轉播國會實況的法案討論，使人民知道各黨對於法案的辯論立場。[160]

1990 年 1 月 7 日，詹龍再度當選曼谷市長，得票率為 61.3 %，他在 1985 年 11 月的得票率為 48.9 %。在市議會的選舉中，詹龍所屬的正義力量黨在57席中贏得50席。[161]詹龍於1988年組織正義力量黨。

從 1989-1990 年間，察猜政府遭到批評，認為其所領導的政府充滿貪

158. 星暹日報（曼谷），1989 年 1 月 10 日，頁 4。
159. 南洋星洲聯合早報（新加坡），1988 年 12 月 28 日，頁 10。
160. 南洋星洲聯合早報（新加坡），1988 年 9 月 18 日，頁 17。
161. *Keesing's Record of World Events*, January 1990, p. 37188.

污和揩油，媒體經常使用「吃國家」（kin mueang）一詞揶揄官員，因此，其政府被稱為「自助餐內閣」（buffet Cabinet）。[162]

1990年3月27日，查瓦利辭去陸軍總司令，隔天出任副首相兼國防部長。陸軍總司令一職由副總司令蘇欽達接任，他是查瓦利的人馬。6月初，查瓦利在一項會議上表示，他在國外旅行時，聽到外國人都知道泰國充斥貪污，因此他感到羞恥。他說此一問題若不解決，則國家將滅亡。此談話引起首相府國務部長差霖之批評，認為查瓦利的言論猶如反對黨。接著又批評查瓦利的夫人穿金戴銀，隱喻有貪污之嫌。6月11日，查瓦利不甘受侮辱，宣布辭去副首相兼國防部長職務。泰國武裝部隊最高統帥順通（Sunthorn Kongsompong）將軍和空軍總司令卡瑟將軍（Kaset Rojananil）聯袂到察猜官邸拜訪，報告查瓦利辭職之消息，並指出差霖從中作梗，但察猜仍決定批准查瓦利之辭職。

隨後駐守曼谷市區內的第一軍區大約1,000名官兵聚集在陸軍第11步兵團營區舉行「展現實力」大會，表示忠心擁護查瓦利將軍，由第一師師長瓦他納將軍主持。由軍方控制的陸軍第五頻道國家電視臺從該天下午2時播出查瓦利辭職信內容，以後每隔一小時都有「緊急新聞」插播，報導該一事件的最新發展。在晚間新聞中還播出全國九個軍區司令支持查瓦利的言論及官兵集會鏡頭，展現軍方一致的團結精神。[163] 曼谷營區流傳軍變之消息，情勢緊張。陸軍總司令蘇欽達剛好在新加坡訪問，也立即趕回曼谷。蘇欽達及數名高層軍官陪同察猜到泰南晉見泰王，隨後蘇欽達向察猜保證軍隊仍效忠察猜，故察猜依原訂計畫訪問美國。

6月20日，察猜任命查瓦利為其國家安全、對外事務、和防毒的私人顧問，但為查瓦利拒絕。6月27日，內政部長馬德祥發出一項聲明，說查瓦利已加入察猜領導的泰國黨。[164] 其實該項消息不確，查瓦利後來在1991年底成立新希望黨（New Hope Party, NHP），作為他從政的基礎。

---

162. Chris Baker and Pasuk Phongpaichit, *op. cit.*, p. 242.
163. 南洋星洲聯合早報（新加坡），1996年6月14日，頁46。
164. *Keesing's Record of World Events*, January 1990, p. 37532.

　　8月，察猜任命前武裝部隊最高統帥艾迪為副首相，軍方立即發出警告表示反對，因為艾迪與軍方當權派領袖關係惡劣。11月，軍方領袖對於內閣改組名單表示不滿，因為與軍方交惡的差霖被任命為教育部副部長，涉及貪污的內政部長普拉曼（Praman Adireksan）和交通部長蒙迪（Montri Pongpanich）卻繼續留任。[165]

　　另一個引起軍方與政府摩擦的事件是馬儂上校案件。馬儂是朱拉鍾克寮皇家軍校第七屆畢業生（1960年班），是「少壯派」的領袖，曾參加1981年和1985年兩次政變。1985年政變失敗後流亡西德，1988年10月，察猜內閣通過赦免案允許他返國，並任命他出任國防部高層職務，同時晉升為少將。察猜此舉引起皇家軍校第五屆畢業生領袖陸軍總司令蘇欽達之不滿，視為有意壓制第五屆畢業生。1990年1月，曼谷流傳了一本小冊子，影射馬儂和察猜的兒子及其顧問克萊塞（Kraisak Choonhaven）參加1982年暗殺普瑞姆首相、艾迪將軍和皇后詩麗吉案件。但這宗暗殺案調查工作遲緩，直至1990年底，由皇家軍校第五屆畢業生布恩朱中將（Lt-Gen. Boonchu Wang-Kananond）和高階警官調查後，才再引起注意。

　　1990年4月14日，進行軍方人士改組，蘇欽達安插軍校第五屆畢業生進入重要位置，陸軍中十個重要的位置，有六個是由第五屆畢業生擔任。第五屆畢業生支持查瓦利。10月14日，藍甘亨大學（Ramkhamhaeng University）學生進行反政府示威，有一名學生因自焚而死亡，警方宣布他們有充分的證據「國家革命委員會」的人介入該項意外。警方計畫逮捕該一組織的首要領袖人物，包括普拉塞（Prasert Sapsunthorn）。在過去該組織曾支持查瓦利，以及他的和平革命（peaceful revolutionary）論。[166] 10月22日，新希望黨舉行成立大會，查瓦利被選為黨魁。[167]

---

165. 南洋星洲聯合早報（新加坡），1990年11月23日，頁26。
166. *Keesing's Record of World Events*, October 1990, p. 37776.
167. 查瓦利為泰族，其姑媽嫁給寮國國家主席蘇法努旺(Souphanouvong)的同父異母的哥哥佩差拉（Pethsarath）前攝政王為妻。佩差拉是聯合政府首相富瑪親王的胞兄。佩差拉曾組織抗日政府，後在泰國流亡十一年，自任首相。查瓦利成為蘇法努旺的侄兒。參見劉振廷，「查瓦利公開家譜」，南洋星洲聯合早報（新加坡），1988年3月3日，頁16。

移動電臺卡車屬於「泰國大眾傳播組織」（Mass Communications Organization of Thailand）所有，它干擾了軍方的電臺頻率，警察總監差霖公開批評軍方干預此事，武裝部隊遂尋求裁撤差霖之職務。陸軍總司令蘇欽達警告察猜，假如他不能善加解決該一問題，則他將可能冒失去軍人支持的危險。11月12日，蘇欽達下令禁止在政府大廈前示威支持差霖的十多人集會，至11月16日才解除禁令。在此壓力下，察猜改組政府人事，差霖被降調為教育部次長。12月8日，察猜宣布辭去首相，在之前他獲得其他六個政黨的書面支持，同意他再度出任首相。所以在12月9日再度被六個政黨支持選為首相，這六個政黨包括泰國黨、民主黨、社會行動黨、人民黨、泰民眾黨、以及主要反對黨團結黨（Ekkaparb, Solidarity）。當察猜再續任後，社會行動黨和民主黨拒絕加入聯合政府，察猜遂不得不邀請泰國民黨和團結黨加入聯合政府。聯合政府的各政黨實力如下：泰國黨96席，團結黨62席，泰國民黨31席，人民黨21席，泰民眾黨17席，總共有227席，國會總數有357席，所以聯合政府實力不差。[168]

1991年1月，布恩朱和負責調查馬儂陰謀推翻皇室案的警官遭到調職，據稱察猜此舉之目的在保護馬儂。2月19日，察猜已知道軍方陰謀發動政變，乃任命艾迪為副國防部長，以控制軍隊之預算和人事升遷，此再度引起軍方領袖之不滿。

2月23日上午11時半，由於察猜政府越來越不願意讓軍人獲得更多的商業資源，[169] 最高統帥順通上將[170] 和陸海空三軍總司令遂以反貪污為名發動不流血政變，廢除憲法，解散國會，終止內閣權力，禁止人民集

168. *Keesing's Record of World Events*, December 1990, p. 37916.
169. 〔印尼〕尤利·依斯馬托諾，「泰國軍人勢力根深蒂固」，南洋星洲聯合早報（新加坡），1992年7月13日，頁12。該文認為二戰結束後，泰國軍人介入具國防戰略意義的企業，例如電信企業，以後延伸到國營企業，包括泰國國際航空公司、電視臺和電臺。至1992年，有高級軍官在19家國營公司擔任董事主席和執行人員，或透過自己的公司取得國營公司和半政府公司的合同。推翻察猜的軍事政變之表面理由是指控察猜貪污，實則是察猜限制軍人獲取更多商業利益。退役軍人有了錢後，就組織政黨搞政治，這類人物有艾迪、察猜、詹龍、查瓦利。
170. 順通與查瓦利為同期軍校畢業，查瓦利為第一名，順通為第二名。順通歷任陸軍航空中心司令，特種戰鬥部隊司令、武裝部隊參謀長。1990年3月，出任武裝部隊最高司令。

會。政變軍隊在機場逮捕了準備搭機前往清邁的察猜和艾迪。一般相信察猜攜帶了解除順通擔任武裝部隊最高統帥的命令，向刻在清邁的泰王請求批准。泰王在2月24日簽署一項任命書，說：「由於以察猜上將為首的政府不能維護國家安定，失去人民的信任，以順通上將領導的軍人、警察和平民團體因此組織『維護國家安寧委員會』（National Peacekeeping Council）接管政權。」[171]「維護國家安寧委員會」隨後起草臨時憲法，共三十三條，然後由泰王於3月1日頒布。臨時憲法規定將成立一個由200～300人組成的立法機關制訂憲法。該一臨時憲法為泰國自1932年以來的第十四部憲法。在這之前，有6部臨時憲法，7部正式憲法。

　　順通透過陸軍電視臺第五頻道宣布成立「維護國家安寧委員會」（以下簡稱國安會），實施戒嚴、廢止1978年憲法、解散國會兩院和內閣，禁止政治集會，但政黨還是合法的。順通擔任「國安會」主席，陸軍總司令蘇欽達、海軍總司令普拉巴特（Praphat Kritsanachan）、空軍總司令卡瑟和警察總長沙瓦斯迪（Sawasdi Amornvivat）為副主席。陸軍副總司令伊沙拉鵬（Issarapong Noonpakdi）為秘書長。

　　「國安會」發布第一份布告，提出接管政權五點理由：[172]

1. 官員貪污舞弊，政府不僅不取締，反而加以袒護。

2. 政治家欺凌常務公務員，誠實的常務官不願與政客合作，即被欺侮，無法升遷，不少常務官因此提出辭職。

3. 政府假借國會實行獨裁，首相與執政黨採取巧妙的政治手腕，實行獨裁。

4. 破壞軍人機構，政府與軍人處於對立，政府不僅不解除差霖之職位，而且還散布將解除軍方首長之消息。

5. 1982年馬儂等43人陰謀推翻皇室而被捕，但在一股有政治影響力人物之援助下而獲得擔保，之後再於1985年發動政變。此外，又受到察猜之扶持，擢升為少將，尤其是推翻皇室案，察猜設法歪

---

171. 南洋星洲聯合早報（新加坡），1991年2月27日，頁27。
172. 世界日報（泰國），1991年2月24日，頁1。

曲此案,並移罪他人。

政變當天,「國安會」成員到清邁晉見泰王,三天後,泰王正式任命順通為「國安會」主席。「國安會」起草頒布王國行政憲章(Charter for Administration of the Kingdom 1991)。參與政變的「國安會」的成員組成「統一黨」(Samakkhitham, Unity),恢復軍人對政府的參與和干預。

由軍事執政團委任292人組成國民立法議會(National Legislative Assembly),以取代舊國會。其成員包括:140名現役軍人、8名退役軍官、39名商家和銀行家、5名記者,其他為前國會議員和官員。國民立法議會的功能在起草新憲法。[173] 臨時憲法也授權「國安會」任免首相。「國安會」扮演的是衛國的角色,監督政府之運作。3月,「國安會」任命由外交官退下刻正從商的阿南德(Anand Punyarachun)為臨時政府首相。[174]

至5月2日,泰國政府解除軍管,恢復人民之集會結社權。8月28日,新憲法草案在國民立法議會中第一讀通過。但民間反應不佳,認為該新憲法不夠民主,因為規定參議院議長擔任國會主席;非民選的參議院有權與眾議院召開的聯席會議上對政府進行不信任投票;參議員人數多達360人;首相不必由國會議員產生;臨時條款規定常務官員或軍官可兼任政務官,該臨時條款時效四年。11月16日,新希望黨、民主黨、正義力量黨、奕甲博黨、泰公民黨、國家人民黨及社會民主力量黨等七個政黨在朱拉隆功大學開會,發表五點共同主張:(1)將堅持民主原則,並向黨員及民眾做廣泛宣傳。(2)在每次選舉中,要做到乾淨、公平合理及不買票或其他不正當辦法。(3)要求黨員執行黨的紀律,要具備忠誠及勇於自我犧牲的精神,使民眾對民主發生信仰。(4)要讓民眾在憲法中獲得基本自由權的保障,支持行政權下放到地方,而參議員只有推敲法律的權力,其人數不應超過民代的一半,應讓民眾從競選人中選出民代,而

---

173. 南洋星洲聯合早報(新加坡),1991年3月18日,頁28。
174. Suchit Bunbongkarn, "Tailand in 1991:Coping with Military Guardianship," *Asian Survey*, Vol. XXXⅡ, No. 2, February 1992, pp. 131-139.

不是用大選區單碼（指勾選一名候選人）的選舉法。常務官不能同時任政務官，並且應使修改憲法容易進行，即只要兩個議會聯席會議超過半數，就可以修改憲法。(5)七個政黨聯合反對憲法修正草案中違背民主原則的內容。[175]

11月20日，正義力量黨黨魁詹龍號召群眾七萬多人在皇家田廣場上集會，抗議新憲法的不民主。反對憲法草案的「泰國民主組織」原訂在新憲法三讀時進行抗爭，但泰王呼籲取消對憲法草案集會，該組織即取消原訂在12月6日的抗議集會。學生團體亦取消原訂在皇家田廣場進行反憲法群眾大會，改在校園內舉行小型集會。泰南宋卡王子大學及其北大年分校的學生則進行絕食抗議。12月7日，國民立法議會通過泰國王國憲法（The Constitution of the Kingdom of Thailand 1991），在總議員288人中，投贊成票有262票，反對票7票，4票棄權，15人未出席會議。[176]

第四節　泰王調解政治惡鬥

1992年3月22日，軍人政府舉行自1932年以來的第16次國會選舉，也是對新憲法的試驗。有十五個政黨、2,740名候選人參加，角逐360個議席。參選的政黨可分為兩個陣營，一個是支持軍方的，一個是支持民主的。前者的主要支持者是正義團結黨，該黨由東北煙草大王、前農業部長馬德祥為黨魁，秘書長堤帝是退役軍官，與軍方關係密切。原由察猜領導的泰國黨，在政變後，改由宋文空軍上將（Air Chief Marshal Somboon Rahong）接任黨魁，他與政變重要人物空軍總司令卡瑟上將關係密切，故該黨亦被歸類為親軍方的政黨。社會行動黨和統一黨也被歸類為親軍方的政黨。選舉結果，正義團結黨獲79席，泰國黨74席，新希望黨72席，民主黨44席，正義力量黨41席，社會行動黨31席，餘為其他小黨

---

175. 世界日報（曼谷），1991年11月17日，頁2。
176. 星暹日報（曼谷），1991年12月8日，頁1。

所獲。

　　軍事執政團主席順通亦在3月22日宣布任命270名參議員，並授權這些參議員有權監督和彈劾大選後將成立的新政府。被任命的270名參議員中，現役軍人占48％，包括武裝部隊最高司令兼陸軍總司令蘇欽達、空軍總司令卡瑟、海軍總司令巴帕特、內政部長兼陸軍副總司令伊沙拉鵬、警察首長沙瓦。另外的52％的參議員來自勞工界、金融界、政界、學術界和新聞界的知名人士。參議員的任期為四年。[177]

表 6-3：1992 年泰國選舉各黨議席數

政　黨	議席數
正義團結黨	79
泰國黨	74
新希望黨	72
民主黨	44
正義力量黨	41
社會行動黨	31
泰國民黨	7
統一黨	6
公民黨	4
泰民眾黨	1
群眾黨	1
聯合民主黨	0
地方進步黨	0
新團結力量黨	0
農業自由黨	0
合計	360

資料來源：南洋星洲聯合早報（新加坡），1992 年 3 月 24 日，頁 2。

　　3月25日，正義團結黨黨魁馬德祥與泰國黨、社會行動黨、泰國公民

---

177. 南洋星洲聯合早報（新加坡），1992 年 3 月 23 日，頁 12。

黨和泰國人民黨達成協議，組織聯合政府。但4月7日「國安會」推舉武裝部隊最高統帥蘇欽達將軍[178]出任首相，蘇欽達並兼國防部長，他委任馬德祥為副首相。4月16日，國會舉行開幕式，反對黨議員穿著黑衣、打黑領帶或纏黑臂章出席，表示哀悼民主已死亡和抗議非民選議員的蘇欽達出任首相。在1991年11月當泰國全國正為新憲法問題展開激辯時，蘇欽達就曾誓言他絕不會出任首相。詹龍在出席國會時穿著一件黑衣，上面印著「沒有一個撒謊者不犯罪」的詞句，用以諷刺蘇欽達。[179]5月5日以後，反對黨號召學生、工人和民眾15萬人在街頭舉行示威抗議，要求蘇欽達下臺，及要求修憲，由國會議員出任首相。5月17日，詹龍等反對黨領袖號召群眾聚集在法政大學（Thammasat University）附近的沙南鑾公園（Sanam Luang Park），詹龍還進行絕食抗議。這次示威是透過手機號召群眾，約有10萬群眾參加示威，因此被稱為「手機暴動」（mobil phone mob）。曼谷宣布進入緊急狀態，禁止10人以上群眾集會，禁止新聞媒體發布助長混亂的煽動性新聞，違者將拘捕法辦。公私立機關、學校停止上班上課三天。

5月18日，約1萬名警察進入群眾聚集的拉查丹龍大道（Ratchadamnoen Avenue），對空鳴槍，驅散群眾，警方逮捕詹龍。不滿的群眾攻擊軍警，軍警對示威群眾開槍，群眾放火燒毀公共關係部（Public Relations Department）大樓，大火延燒到隔壁的財政部大樓。同時有一百名機車騎士在市內破壞交通號誌和市政設施。5月19日，示威群眾在曼谷東區藍甘亨大學附近集結，其他省分亦有反政府示威。在這場衝突中有五十多人死亡，傷四百多人。該日下午4點，樞密院主席桑耶（Sanya Dharmasakti）在另一位樞密院委員普瑞姆（Prem Tinsulanonda）的住家舉行會議，建議國王

---

178. 蘇欽達，1933年8月6日出生於曼谷以西500公里佛統府，其外祖父母是來自潮州的華裔，父親為火車站職員，母親為「陳皮柚」的老板娘。蘇欽達於1958年畢業於泰國軍事學院，是第五屆畢業生。後來保送至美國西點軍校和其他美國軍校留學。越戰期間，出任砲兵司令。1971年，出任駐美國大使館副武官。曾任陸軍戰略局局長、陸軍副參謀長、陸軍助理司令。1980年代初，出任內政部長秘書，曾任普瑞姆首相的顧問。1990年4月29日出任陸軍總司令。其妻子為陸軍副總司令伊沙拉鵬的妹妹。參見劉振廷，「蘇進達其人其事」，南洋星洲聯合早報（新加坡），1992年4月8日，頁15。
179. 南洋星洲聯合早報（新加坡），1992年4月17日，頁20。

委任普瑞姆出面協調該次衝突，因為普瑞姆對於蘇欽達和詹龍都熟悉。但出乎意料之外，泰王蒲美蓬要自行出面解決衝突。[180]

5月21日，泰王蒲美蓬召見蘇欽達、詹龍和普瑞姆，希望和平解決這次動亂，泰王說：「最佳的解決辦法是修改憲法，因為沒有人會因此而受損，而且這也是最民主的作法。我們是在自己的家裡自相殘殺，令鄰居感到莫名其妙。最後每個人都將是敗者。住在焦土上是沒有意義的。這場對抗不會有勝者，只有敗者，而敗者正是我們自己的國家。」[181] 這次召見透過電視全程播放，蘇欽達等人在泰王面前跪進，泰王坐在椅子上從容訓諭，泰王的談話極具影響力。5月24日，蘇欽達宣布辭職，由副首相馬德祥暫代首相。26日，解除曼谷緊急狀態。6月9日，國會參、眾兩院通過修憲案，規定今後首相須由眾議員產生；眾議院議長是國會主席；限制委任的參議院只能審查議案；對政府的不信任案限於國會的第二個會期後才能提

圖6-9：泰王訓諭蘇欽達和詹龍

說明：泰王坐在椅子上，中跪者為蘇欽達，左跪者（理平頭者）為詹龍。背對鏡頭之白髮者為普瑞姆。

資料來源：掃描自 Chintana Bhandfalk, *The Thai Monarchy*, The Public Relations Department, Office of the Prime Minister, Bangkok, Thailand, 1999, p. 102.

---

180. Surin Maisrikrod, *op. cit.*, p. 33.
181. 南洋星洲聯合早報（新加坡），1992 年 5 月 22 日，頁 14。

出；同時也通過執政的六黨聯盟提名泰國黨宋文為首相的建議。但反對黨和民間反對宋文出任首相，認為如果讓宋文出任首相，泰國將續爆發動亂。四個反對黨提議由新希望黨的查瓦利出任首相，該四黨的席次僅有165席，組閣席次不足，乃向擁有31席的社會行動黨招手，結果社會行動黨不願倒向反對陣營。反對黨聯盟又向眾議長提議由民主黨的川立沛出組內閣，因未獲察猜派系支持，又告失敗。普瑞姆乃向負責首相提名的眾議院議長艾迪（Arthit Urairat）勸告，請其慎重考慮。艾迪婉拒勸告，向泰王呈請委任宋文為首相。此時，泰王也收到反對黨和民間的意見，反對宋文出任首相，於是推遲召見艾迪。普瑞姆再次勸告艾迪放棄對宋文提名，艾迪不為所動。6月9日，國會參、眾兩院通過修憲案，規定今後首相須由眾議員產生。泰王於6月10日任命外交家安南德出任過渡政府首相，被認為是有意削弱軍事執政團的勢力。泰王在憲法新修正案還沒有批准前任命安南德為代理首相，是一技術上成功，因為如先批准修憲案，就無法任命並非國會議員的安南德。該修憲案在7月9日呈請泰王批准。

另一項修憲案是在6月30日生效，它規定眾議院議長應為國會主席，並削減參議院的職權，使它僅能審查眾議院通過的法案。

9月13日，舉行國會大選，這次大選被喻為「魔鬼黨」和「天使黨」的對決，「魔鬼黨」指支持軍方的泰國黨、社會行動黨和獨立正義黨，而「天使黨」指支持民主運動的正義力量黨、民主黨、新希望黨。選舉結果，「天使黨」獲得勝利，在360席中贏得185席，各黨議席數如表6-4所示。這次投票率也創下泰國歷史新高，達62％。[182]

這次選舉，各黨仍在其傳統票源區域獲得支持，例如，泰國黨在其老地盤中部和東北部獲勝，由察猜領導的國家發展黨在北部維持優勢，詹龍領導的正義力量黨仍在曼谷領先，川立沛領導的民主黨仍控制南部選票，查瓦利的新希望黨也在東北部獲勝。顯示政黨和地緣關係仍影響選民的投票態度。當然，這次選舉，民主大戲應是主軸線，5月的民主訴

182. Surin Maisrikrod, *op. cit.*, p. 1.

表 6-4：1992 年泰國國會大選各黨議席數

政黨	議席數
民主黨（Democrat Party）	79
新希望黨（New Aspiration Party）	51
正義力量黨（Palang Dharma Party）	47
統一黨（Solidarity Party）	8
泰國黨（Chart Thai）	77
國家發展黨（Chart Pattana）	60
社行黨（Social Action）	22
泰國公民黨（Prachakorn Thai）	3
人民黨（Rassadorn）	1
群眾黨（Muan Chon）	4
自由道德黨（Seritham）	8
合計	360

資料來源：聯合報（臺北），民國 81 年 9 月 15 日，頁 9。

求，深深影響選民的選擇。「天使黨」獲勝，反映了整體社會的態度傾
向。從此以後，軍人在政治上的活動漸趨沈寂，過去由軍人控制的官
職，已改由文人出任。軍費亦從 1985 年的國家總預算的 22 ％降至 1996 年
的 13 ％。許多軍人轉任民間保全工作，有 700 名將軍（約占全部將軍的一
半）失去工作，投閒置散，打高爾夫球或任職於國家體育協會。[183]

9 月 20 日，民主黨黨魁川立沛出組內閣，他出身泰南小城市的律師。
川立沛是華人移居泰國的第三代，是福建人。1938 年 7 月 28 日生於泰國
南部董里府（Trang），其父為華人，父名尼空，為華文教師，母親名
端，經營蔬果攤，家有八兄弟，排行第三。小時家貧，在曼谷的一家寺
廟學校就讀。以後就讀法政大學法律系，畢業後考上律師，執律師業。
1969 年初次當選泰南董里府國會議員。以後七度連任。先後出任首相署
部長、商業部、農業部、司法部、教育部、公共衛生部等部長、副首

---

183. Chris Baker and Pasuk Phongpaichit, *op. cit.*, p. 246.

相、眾議院議長。1992年9月20日出任首相。1995年6月因為南部土地弊案而遭到反對黨壓力，解散國會後在大選中敗北而下臺。[184]

---

184. 參考中央日報（臺北），1997年11月8日，頁11。

第七章　危機四伏民主路

第一節　制訂一部現代化憲法

　　1994年7月8日，屬於新希望黨的華裔副首相林日光因為與該黨秘書長也是科技能源部長披訕（Phisan Moonlasartsathorn）不和，而辭去副首相。10月26日，川立沛改組內閣，正義力量黨黨魁詹龍出任副首相，電信業鉅子塔信（Taksin Chinnawat）受正義力量黨邀請出任外長。正義力量黨的華裔郭仲誼博士出任交通部長，國會外交委員會主席楊金泉醫生（Dr. Kasae Chanawong）出任大學事務部長。川立沛組織的五黨聯合政府，包括民主黨、正義力量黨、新希望黨、自由正義黨、統一黨，在7月29日擊敗由反對黨提出的對內閣不信任動議。

　　1994年11月26日，約有5,000名區長和村長在國會大廈前示威，抗議政府要舉行地方官員選舉的計畫，並恫言將不支持議員在下屆國會大選的競選活動。新希望黨秘書長披訕宣布政府已同意保留區長和村長在地方政府的角色後，響應區長和村長公會主席尼蓬上京抗議號召的示威者於是在下午解散。內政部以緩和對「村級行政組織法案」的強硬立場，設法打破憲法第198條和第199條修正案的僵局，修正案規定所有地方官員必須民選。[1]換言之，到此時泰國地方領袖還是反對民選地方首長和議員。

　　1994年12月8日，由國會的一個委員會提出兩項修憲案，規定地方官員須由民選產生，結果遭到否決。地方官員，包括縣長、區長和村長是由內政部長任命。而擔任內政部長的是參加聯合政府的新希望黨查瓦利，該黨宣布將維護全泰國十幾萬名縣長、區長和村長的基本權利。五

---

1. 南洋星洲聯合早報（新加坡），1994年11月27日，頁25。

黨聯合政府之一的新希望黨，與國會反對黨議員和參議員一起投下反對票，而使修憲案無法通過。[2] 因此，川立沛將新希望黨逐出聯合政府，另選察猜的國家發展黨（Chart Pattana Party）加入聯合政府，使得聯合政府席次增加。國家發展黨在四十五個政府部長職位中分到十四個。川立沛的聯合政府席次包括：民主黨 79 席、國家發展黨 60 席、正義力量黨 46 席、統一黨 8 席、自由正義黨 8 席。占總席次 360 席中的 201 席。[3] 至 1997 年新憲法才將地方首長改變為地方民選制。

1995 年 1 月 4 日，國會參眾兩院聯席會議通過修憲案，共有 211 條，重要規定如下：將投票年齡由二十歲降低為十八歲；首相須由民選的眾議員推舉產生；非民選的參議院席次削減 30 席；禁止政府部會首長享受國家賦予特許權；允許婦女享有平等權利。[4] 此外，亦禁止部長涉及商業利益，即不可兼職商業公司。其是否違憲將由憲法仲裁委員會決定。塔信因受此新的修憲案之限制，而在 2 月 11 日辭去外長職務。

1995 年 7 月 2 日舉行國會大選，有十四個黨、2,372 名候選人角逐 391 個席次，有八個黨候選人不足，遭撤銷提名並解散。該年選舉法規定每個黨提名的候選人人數不得低於眾議院議席數的四分之一或低於 98 人以下。若未派出候選人的政黨，亦會遭到吊銷註冊的處分。[5] 在這次大選中，軍方聲明保持中立。泰國政府也頒布臨時禁酒令，禁止在投票前三天賣酒和飲酒。違反者將處以一至五年的有期徒刑，或最高可罰 5 萬泰銖（約 5 萬 3,000 元新臺幣）。

投票結果，泰國黨獲 92 席，民主黨 86 席，新希望黨 57 席，國家發展黨 53 席，道德力量黨 23 席。參見表 7-1。由泰國黨黨魁馬德祥[6] 組閣，聯

---

2. 南洋星洲聯合早報（新加坡），1994 年 12 月 9 日，頁 2。

3. 南洋星洲聯合早報（新加坡），1994 年 12 月 19 日，頁 26。

4. 南洋星洲聯合早報（新加坡），1995 年 1 月 5 日，頁 31；聯合報（臺北），1995 年 1 月 5 日，頁 4。

5. 南洋星洲聯合早報（新加坡），1995 年 6 月 10 日，頁 35。

6. 馬德祥，祖籍廣東省潮陽縣成田鄉，1932 年 8 月 19 日（據稱他是在 7 月 20 日出生，後算命先生勸告他該日不好，所以改為 8 月 19 日。參見南洋星洲聯合早報（新加坡），1996 年 8 月 21 日，頁 18。）生於素攀府，兄弟排行第四，家境貧寒，小學四年級後輟學，在其兄所經營的酒業中擔任送貨員，以後在華文學校和泰文學校學習，初中畢業後在一家裁縫店當學徒。兩年後，前往曼谷謀生。後又回到老家當建築承包商，並在曼谷開建築公

表 7-1：1995、1996 年泰國大選各黨議席數

政黨	1995	1996
泰國黨（Chart Thai Party）	92	39
民主黨（Democrat Party）	86	123
新希望黨（New Aspiratin Party）	57	125
國家發展黨（Chart Pattana Party）	53	52
正義力量黨（Palang Dhama Party）	23	1
社會行動黨（Social Action Party）	22	20
泰國民黨（Prachakorn Thai Party）	18	18
泰先鋒黨	18	-
自由正義黨（Seritham Party）	11	4
統一黨（Solidarity Party）	8	8
群眾黨（Muanchon Party）	3	2
保泰黨	0	-
泰黨（Thai Party）	-	1
民主自由黨	-	0
泰勞工黨	-	0
合計	391	393

資料來源：南洋星洲聯合早報（新加坡），1995 年 7 月 4 日，頁 22；*The Straits Times*, November 19, 1996, p. 1.

合政府包括泰國黨、新希望黨、正義力量黨、社會行動黨、泰國民黨、群眾黨。聯合政府的政策共有七點：(1)爭取泰國為本區貿易和交通通信

司，從此財運亨通。他捐錢在素攀府修建城隍廟的慈善機構，並在家鄉捐建六所中學和一所專業學校，以及一座醫院。他上高中夜間部進修，然後進開放大學蘭甘亨大學學法律。1973 年畢業不久，學生推翻獨裁軍政府的「10‧14」事變後，當時政府召集馬德祥到曼谷參加由 298 人組成的國民議會，這是他步上政壇的開始。1974 年，他參加新成立的泰國黨，在 4 月的大選中名列全國得票最多的國會議員，第一次入閣擔任工業部副部長。1976 年起到 1994 年擔任泰國黨秘書長，1994 年 5 月 7 日，接任創黨人巴曼的黨主席職位。在普瑞姆時代，他曾出任農業部長和交通部長，1988 年到 1991 年的察猜政府時期，曾出任工業、內政和財政各部長。由於他不惜以重金禮聘跳槽的國會議員加入泰國黨，因此傳媒比喻他為「活動櫃員機」。參見南洋星洲聯合早報（新加坡），1995 年 7 月 4 日，頁 22。

中心。⑵致力政治改革。⑶中央均權，地方均富。⑷完成編訂 1996 年度
預算案。⑸矯正前屆政府在土改方面出現的偏差問題。⑹解決曼谷交通
阻塞問題。⑺重視環保和改善生活素質。[7]

　　1995 年 10 月 5 日，國會兩院否決反對黨提出的修憲案，修憲案建議
把委任參議員的權力移交給集體制訂決策的遴選委員會。參議院共有 260
位參議員，以軍人占優勢。表決時，有 328 人投反對票，195 人贊成，71
人棄權。[8]

　　國防部長查瓦利和勞工部在 11 月底聯合舉辦後備軍人籌款計畫的籌
委會，他表示泰國將以志願兵制取代徵兵制，同時將軍事基地改為訓練
中心，成為人力資源發展單位。[9]1996 年 3 月，馬德祥首相公布新一屆參
議員名單，在260人中，軍方將領占39人，包括武裝部隊最高司令威洛上
將、陸軍總司令巴蒙上將、海軍總司令巴澤上將、空軍總司令西里鵬上
將等。[10]4 月，泰國政府開始精簡將軍人數，泰國各軍種將軍有 500 人，
其中陸軍有 54 名上將。現有陸軍兵力 19 萬人，計畫自該年起的十年中裁
減 25 ％。泰國軍方將自該年 4 月起對將軍實施獎勵退休制度，將以每年
10 月以五十九歲以下的將軍為對象，如果願意提早退休將可晉升一級，
津貼也可增加。但是一旦退休，不可再恢復軍職。過去，泰國女性軍官
最高階級僅止於上校，但今後將在軍醫和管理部門產生女性將官。[11]

　　1996 年 9 月 18 日，反對黨對馬德祥提出不信任動議，指責政府對國
家財務管理不當和貪污，也指控馬德祥的碩士論文（他讀空中大學）抄
襲和偽造文件謀取公職，進而指控他不具泰國國籍而擔任泰國國會議
員，依據 1978 年憲法規定，放寬華裔參政資格，規定凡在泰國出生且完
成高中教育者，即可競選眾議員。但馬德祥是在 1932 年出生，他的父親
馬成根是在 1937 年從中國廣東汕頭移民泰國定居，顯然馬德祥並非在泰

7. 南洋星洲聯合早報（新加坡），1995 年 7 月 4 日，頁 22。
8. 南洋星洲聯合早報（新加坡），1995 年 10 月 6 日，頁 24。
9. 南洋星洲聯合早報（新加坡），1995 年 12 月 1 日，頁 30。
10. 南洋星洲聯合早報（新加坡），1996 年 3 月 23 日，頁 33。
11. 聯合報（臺灣），1996 年 3 月 18 日，頁 10。

國出生。在各方壓力下，馬德祥在 9 月 21 日宣布在七天內辭職。[12]9 月 27 日，解散國會，重新舉行選舉。有十三個政黨、2,310 名候選人參加 11 月 17 日的大選。此次選舉買票問題嚴重，而且相當血腥暴力，有多人遭槍殺死亡。根據泰國農民研究所的資料，全泰國有 16.2 ％勞工表示他們曾接受候選人的賄金。在這些被收買的選民中，有 55.4 ％的人是屬於東北部地區選民。中部地區，每張選票要價 100 到 200 銖，東北部地區，因為競爭激烈，每張票要價約 200 到 500 銖。[13]

選舉結果，由查瓦利[14]領導的新希望黨贏得 125 席，他與國家發展黨、社會行動黨、泰國民黨、群眾黨、自由正義黨等組成聯合政府。

由於各界對於 1991 年憲法頗有爭議，且國會議員經常提案修改，造成憲政不穩，於是決議重訂新憲法。1995 年，普拉衛士（Prawase Wasi）建議首相馬德祥制訂新憲法，由前首相安南德擔任制憲會議（Constitution Drafting Assembly）主席。1996 年 11 月 25 日，馬德祥下臺，由查瓦利繼任首相。

1996 年 12 月 16 日，由各界推薦 760 人參選制憲會議代表，其中包括律師 270 人、工商界 174 人、退休政府官員 148 人、前國會議員 50 人。然後將該份名單送請國會審查，國會再從 760 人中選出 76 人，每一名代表一府。這 76 人再加上代表學術界的 23 人，總共 99 人負責在二百四十天內起草一部新憲法。[15]

---

12. 自由時報（臺北），1996 年 9 月 20 日，頁 8。
13. 南洋星洲聯合早報（新加坡），1996 年 11 月 5 日，頁 31。*The Straits Times* (Singapore), November 5, 1996, p. 19.
14. 查瓦利是民選產生的軍人首相，1932 年 5 月 15 日出生於曼谷一個貴族家庭，泰國陸軍官校第一屆畢業生，曾到美國陸軍參謀學校深造，1960 年代末期參加越戰。1980 年代初，擔任普瑞姆首相的副官，專門處理柬埔寨問題和難民事務，成功地招安東北地區的共黨分子，也成功說服馬共放下武器，在 1989 年 12 月在泰南合艾市與馬國政府簽署和平協議，結束馬共持續四十一年的叛亂活動。曾擔任陸軍總司令和三軍最高統帥後，提前退役，1990 年創立新希望黨，擔任黨魁。在察猜、川立沛和馬德祥聯合政府中擔任副首相、國防部長和內政部長等職。他與寮國總統蘇法努旺有親戚關係，他太太潘柯為雅加達出生的有荷蘭血統的印尼人。他主張軍人民主，軍人不干涉政治。由於他聰明多謀，故被稱為「軍中孔明」或「智多星」。參見劉振廷，「『智多星』查瓦利」，南洋星洲聯合早報（新加坡），1996 年 11 月 5 日，頁 31。
15. 南洋星洲聯合早報（新加坡），1996 年 12 月 17 日，頁 23。

　　泰王蒲美蓬在1997年1月19日接見制憲會議代表，語重心長的說：「新憲法應該簡潔，又有靈活性，以便適應迅速變化的社會經濟發展。」他勸制憲會議代表說，修憲程序也應簡化，使國家憲法能趕上日益變化的世界。[16]泰王在修憲問題上亦表現他的影響力。

　　1997年9月27日，國會參眾兩院聯席會議以578票對16票通過新憲法草案。在表決新憲法草案前半小時，遭反對黨連續三天彈劾的查瓦利首相，也在眾議院以212票對170票，擊敗不信任動議。在同一天，泰國與國際貨幣基金組織（IMF）簽署貸款協議。新泰國王國憲法（The Constitution of the Kingdom of Thailand 1997）共336條，呈請泰王批准後正式實施。該憲法是自1932年以來的第十六部憲法，也是最平民化的憲法，取消了許多讓軍人介入政治的條款，例如首相需由國會眾議院選出以及參議員改為民選產生，故被稱為「人民憲法」。

　　新憲法對於修憲的程序規定如下：

　　根據憲法第313條之規定，修憲應遵行下述的程序：

1. 有權提出修憲案者包括部長會議或眾議院全體議員五分之一的提議，或兩院全體議員五分之一的提議。

2. 眾議員提出修憲動議，必須為其所屬政黨的決議。

3. 修憲的動議若係涉及改變以國王為國家元首的民主體制或改變國家的形式，應予禁止。

4. 修憲案需經國會三讀會通過。修憲案第一讀會應以唱名表決和公開投票為之，經兩院全體議員過半數通過行之。修憲案第二讀會應逐條討論，以普通多數通過行之。第二讀會結束十五天後才進行修憲案第三讀會，應以唱名表決和公開投票為之，經兩院全體議員過半數通過行之。然後將修憲案提呈國王批准。

　　此外，為了適應新的環境的需要，新憲法規定要成立許多新機構，例如監察委員（Ombudsmen）、國家反貪污委員會（National Counter Corruption Commission）、政務人員之刑事程序（Criminal Procedure for

---

16. 南洋星洲聯合早報（新加坡），1997年1月20日，頁19。

Persons Holding Political Positions）、國家審計委員會（State Audit Commission）以及有關公民投票的程序，這些都須在新憲法公布後二年內完成立法程序。（憲法第329條）

泰國在金融危機之際通過此一部現代化憲法，顯見泰國菁英對於艱困局勢深具改革之心，也擔心軍人再度利用時機干政，因此在第65條規定：「任何人有權和平地反抗任何人以非本憲法規定的方法攫奪權力來治國。」新憲法規定了國家權力的劃分、保護個人權利，以及防止專斷國家出現的機制，例如設立選舉委員會、國家人權委員會、監察委員、行政法院和憲法法院等。這些新機制的設立，向自由主義體制往前邁進一大步。[17]

惟該新憲法的一些新規定影響既得利益者，所以員警首長、軍方的將軍、參議員、法官、地方政治人物和村長等因為反對參議員和地方首長改為民選，都站出來反對該新憲法。但曼谷的商界和中產階級批評是由於政客弄權，才導致爆發金融危機，因此促請立即通過該新憲法，要求查瓦利內閣下臺，期望川立沛及其技術官僚重新組閣。亦有人主張軍隊介入，但軍隊此時沒有興趣。

10月19日，財政部長他農因為不滿查瓦利朝令夕改而辭職。他農為因應國際貨幣基金組織之要求，而提議增加汽油稅，以增加國庫收入。但查瓦利在實施三天後，遭到民眾反對，又取消該決議。同一天有6,000人在曼谷市中心示威抗議要求查瓦利下臺。20日，有3,000失業者在曼谷首相府外示威，要求查瓦利下臺。這些示威者中有三分之二是大學畢業生，其中有18％是碩士畢業生，3％是具博士學位。此外有民間企業者、受雇者、公務員、家庭主婦和學生。這些中產階級在這一波金融危機中失去工作，他們批評查瓦利的財經政策，未能恢復金融秩序。[18]查瓦利也接受48名部會首長的辭職。

---

17. Ji Giles Ungpakorn, *Radicalising Thailand, New Political Perspective*, Institute of Asian Studies, Chulalongkorn University, Bangkok, 2003, p. 330.
18. *The Straits Times* (Singapore), October 23, 1997, p. 24; Peter Eng, "Thailand's middle-class at the front line," *The Straits Times* (Singapore), November 4, 1997, p. 37.

11月7日，反對黨聯合提名川立沛組閣，包括民主黨、泰國黨、統一黨、正義力量黨、泰黨等反對黨，以及原為執政聯盟的社會行動黨、自由正義黨和13名倒戈的泰國民黨議員，共209席，擊敗獲得183席的察猜。[19]11月10日，國王蒲美蓬任命川立沛為泰國第二十三任首相。查瓦利被迫下臺，以消除人民對政府怨恨不滿的情緒。

塔信在1998年7月創立泰愛泰黨（Thai Rak Thai Party, Thai Love Thai Party），獲得商界的支持，例如卜蜂集團（Charoen Pokphand）、曼谷銀行、和其他服務業等。該黨的意識形態是一種反西方的民族主義，尤其是對於西方人操縱泰國發生金融危機提出批評，因此，其主張是「新想法、新行動、為所有泰人著想」（Think new, act new, for every Thai），將對泰國的基本結構進行改革，以使泰國現代化、強大，並準備迎接新時代世界之挑戰。該黨與非政府組織和農村活動家合作，推動農村減債計畫、農村資本基金、廉價醫療照顧計畫。

在2000年3月4日舉行首次參議員選舉。此次要選出200名參議員，共有1,521人參選。這次採取強制投票辦法，若不前往投票者，下次將剝奪他們的投票權。以致該次選舉，投票率高達70％。

跟過去的選舉舞弊一樣，此次參議員選舉，仍有許多中選者涉及買票，以至於中央選委會將其中78位涉及舞弊者取消當選資格。[20]除了2人外，選委會允許其他76名涉嫌選舉舞弊者重新參選。由於補選時，有候選人一樣賄選，而被取消資格，以至於總共舉行五輪投票才完成參議員的選舉程序。由於參議員選舉一波三折，影響國會兩院召開的時程，因此提請憲法法院裁判，憲法法院在2000年6月22日判決說眾議院可以在6月24日開議，即使參議員還未完成選舉。[21]

2001年1月6日，舉行新憲法頒布後首次眾議員選舉，此次選舉與過去不同，採取小選區制和政黨比例代表制。新憲法規定成立一個中央選舉委員會，它有權取消那些賄選的候選人的候選資格。被中央選委會發

---

19. 南洋星洲聯合早報（新加坡），1997年11月10日，頁1。
20. 南洋星洲聯合早報（新加坡），2000年3月22日，頁28。
21. *Keesing's Record of World Events*, Vol. 46, No. 6, 2000, p. 43627.

現隱藏競選開銷的候選人,將被控上法庭,如果被定罪,涉案的候選人將被判五年以下有期徒刑,並罰鍰 10 萬銖,禁止參政五年。然而,賄選還是很普遍,一家澳洲廣播公司電視臺記者在泰國彭世洛府通艾縣鄉下拍攝到村民從泰愛泰黨助選員手中拿到一個塑膠袋裡面放著一件 T 恤和 100 銖鈔票的鏡頭。該記者又報導說,選民只要出席政黨競選大會,即可免費領取一件 T 恤和 100 銖鈔票。[22]泰愛泰黨的黨魁塔信(華文名字為丘達新)[23]由於隱藏資產而受國家反貪污委員會的調查。塔信在 1997 年將 17 家公司價值 2 億 3,200 萬美元的股票轉入他家的女傭和司機名下,其隱匿未報行為,已違反反貪污條例。國家反貪污委員會在 12 月 26 日將塔信以蓄意隱匿財產罪起訴,移送憲法法院,[24]結果以 8 票對 7 票判決無罪。

---

22. 南洋星洲聯合早報(新加坡),2000 年 11 月 25 日,頁 40。

23. 塔信在 1949 年出生,是第四代華裔,祖父丘昌在清邁開一家泰絲店,另外有物產、戲院和百貨公司。其父曾兩次出任清邁選出的國會議員。他高中畢業後,考上警官學校,1973 年以優異成績畢業。二度獲公費留學美國,獲刑事審判學博士學位(1974～1978),返國後出任警察中校,擔任警察廳電腦中心主管。1980 年,與高級警官的女兒結婚,然後將其電腦產品賣給其岳丈所屬的機構。1985 年,獲得有線電視網的許可執照。1986 年,開始經營傳呼機業。1987 年辭去警隊,自組公司,代理 IBM 電腦。1988 年,泰國政府開放電子通訊業,他擴大經營私人手提電話機、傳呼機、電纜電視。1991 年,爆發政變,他獲得第一個泰國發射通訊衛星的計畫執照。他取得這些特許,都是得益於順通將軍的照顧。1992 年,順通將軍下臺,由政客接掌政權,他不得不參與政治。1993 年底發射泰國第一顆通訊衛星「泰空一號」,使他創建的「泰納瓦」公司名揚海外。至 1994 年,該公司資產達到 24 億美元。1994 年 9 月,塔信受邀成為新加坡李光耀交流研究基金的一名研究員。1994 年,新希望黨主席查瓦利(原副首相)推薦塔信出任該黨名額的一名副首相,但塔信以他太年輕和無政治經驗理由而推辭。1994 年 10 月,接受正義力量黨黨魁詹龍邀請出任外長。(參見南洋星洲聯合早報(新加坡),1994 年 10 月 27 日,頁 33。Pasuk Phongpaichit, Chris Baker, "The only good populist is a rich populist: Thaksin Shinawatra and Thailand's Democracy," Working Paper Series, No. 36, City University of Hongkong, October 2002, p. 5.)1995 年 1 月,泰國修正憲法,禁止政府部長、國會議員和參議員擁有專利的國家特許權。1 月 5 日,川立沛首相下令調查全體閣員確保財產符合憲法修正條款。2 月 11 日,塔信以本身商業利益與國家新憲法相牴觸為理由而辭去外長。1995 年 5 月,詹龍辭去正義力量黨黨魁,由塔信接任黨魁。1995 年 7 月到 1996 年 2 月,塔信出任副首相。1997 年,他再度出任副首相。1998 年 7 月,塔信自組泰愛泰黨。

24. 憲法法院係在 1997 年新憲法第 255 條到第 268 條下設立的,根據第 268 條之規定,憲法法院之裁判是最後的,對國會、國務會議、法院和其他國家機關具有約束力,不再受到最高法院的審查。它有權對上述機關的決定或制訂的法律判決其是否符合法律或憲法。它亦有權對法院採用的任何相關法律裁決其是否適法。憲法法院由 1 名主席和 14 名法官組成,由國王徵詢參議院的意見後任命。

據估計，這次參選的 3,722 名候選人花掉 360 億銖用於競選活動，比上屆大選的200億銖還多。競選經費之所以大量增加，部分原因是電信業大亨塔信的泰愛泰黨很早就投入選戰，而且發動聲勢浩大的競選宣傳，張貼數百萬張競選海報，在各種全國性傳媒刊登宣傳廣告。競選花招也比以往更為炫眼，有許多賄選活動都採取前所未有的形式，例如為選民付牙醫費用、為婦女提供免費電髮，或者組織歌臺色情演出、豐盛的慈善宴會等等。[25]泰愛泰黨提出許多動人的宣傳，例如每村將獲得政府百萬泰銖發展經費、提供小額貸款、看病只要30銖。

這次選舉共有四十三個政黨參加四百個選區的選舉，除了其中六黨外，其餘三十七個政黨都派人參加政黨比例代表制選舉，總共派出了2,781 名候選人，角逐500席。

這次選舉又有一個與過去選舉不同之處，即採取強制投票制，根據憲法第 68 條之規定：「每一選民應有責任行使其投票的權利。未能表明合適的原因而未能出席投票者，應喪失其依法規定的投票權。未能出席投票之原因的通知，以及出席投票之設施的規定，應符合法律的規定。」

但選舉法並沒有規定恢復投票權的程序。泰國政府為使投票之前社會秩序得以維護，禁止在選前一天從早上6點到投票日結束為止賣酒、配送酒或提供酒飲料，違反此一規定者，將被判處六個月以下有期徒刑或1萬泰銖以下罰款，或二者並罰。（選舉法第112條）。

這次投票分兩階段，部分選民無法回到居住地投票者，可以在 12 月29～30 日在曼谷先行投票，估計有 80 萬選民投票。第二階段在 2001 年 1月6日舉行第二十次國會選舉，在4,400 萬選民中，有70 ％的投票率。在競選期間，有 40 人因競選而遭喪生，十多人受傷。衝突喪生者，包括候選人、助選人和官員。買票舞弊情事亦相當嚴重，約花費 200 億泰銖。[26]中央選委會表示，此次選舉至少有100名中選的議員可能因涉嫌買票而喪

---

25. 南洋星洲聯合早報（新加坡），2001 年 1 月 5 日，頁 2。
26. Michael J. Montesano, "Thailand in 2001: *Learning to Live with Thaksin?* ," *Asian Survey*, Vol. 42, No. 1 (January/February 2002), pp. 90-99, at. p. 90.

失議員資格。[27] 有 10 ％的選票無效，較去年參議員選舉的 7 ％無效票還高。[28]

經過中央選委會的調查，將涉及賄選的 62 名中選議員免除其當選資格，其中 40 名屬於泰愛泰黨。在這 40 名中，有 7 人拿到「紅卡」，一年內不得參加競選；另外 33 人拿到「黃卡」，只受到警告處分，還可以參加第二輪競選。依規定須在大選結束後一個月內完成重選和公布計票結果，在 1 月 29 日部分選區重選，結果泰愛泰黨中選的議員為 248 席、泰國黨 41 席、新希望黨 36 席、自由正義黨 14 席。由於自由正義黨併入泰愛泰黨，所以泰愛泰黨的議席數增加至 262 席，[29] 此外又有上述諸黨的聯合，已可控制議會。

塔信由國會眾議員選舉出任首相，他首先改組高層官僚組織和國營企業，另設顧問機構，在部長之外另建決策機制，他自稱是「首席執行官首相」（Chief Executive Officer, CEO），企圖以民間商業的效率做法來改造公務員體系。其次他積極掃毒，對都市窮人提供廉價住房，重分配土地給無地者，在鄉下推動「30 泰銖醫療照顧計畫」（30-Baht Health Care Scheme），推出的每村給予「100 萬銖農村基金（one million Baht one village fund program），從事廉宜貸款制度，支撐米和甘蔗價格的措施，「一村一產品計畫」（one tambon one product program），以及 2003 年打擊毒品交易的行動，都令他深受農民的愛戴、贏取許多鄉下人的支持。

在實施「30 泰銖醫療照顧計畫」之前，泰國已有兩種醫療服務計畫，一種是「公務員醫療福利計畫」（Civil Servent Medical Benefit Scheme，CSMBS），另一種是「社會安全計畫」（Social Security Scheme）。「公務員醫療福利計畫」實施對象是 700 萬的公務員和國營企業員工。「社會安全計畫」實施對象是 1 千萬非農業私人受雇者。「30 泰銖醫療照顧計畫」是將現行的「健康照顧計畫」（Health Care Scheme）和「窮困

---

27. 南洋星洲聯合早報（新加坡），2001 年 1 月 7 日，頁 29。
28. 南洋星洲聯合早報（新加坡），2001 年 1 月 12 日，頁 43。
29. 南洋星洲聯合早報（新加坡），2001 年 2 月 12 日，頁 21。

者健康幸福計畫」（Health Benefit fot the Poor and the Disadvantaged Scheme）予以合併。該一新計畫實施對象將包括4,750萬人，約占總人口的75％。[30] 未滿十二歲、年滿六十歲及窮困者，無須繳納 30 泰銖即可看病。泰國政府為了執行該項醫療政策，每年須津貼 20 億美元。此外，因為醫療費便宜，許多人湧向醫院就醫，造成醫療品質下降、缺乏充足的醫生，以及醫療資源的浪費。該項醫療照顧計畫是由公立醫院負責，由於醫療品質不佳，因此許多人轉往私人醫院看病。

「100萬銖農村基金」從2001年開始實施，全泰總數有78,000個村。到2005年5月，總共支出2,590億泰銖（83億美元）。[31] 該項計畫主要是提供小農低利貸款、讓村民參與農村發展計畫，每村須組織一個 15 人的管理基金委員會，半數由婦女組成。該基金會制訂一個管理辦法，每個人貸款不可超過 2 萬泰銖，期限為一年。基金須向政府儲蓄銀行（Government Savings Bank）或農業合作銀行（Bank for Agricultural and Agricultral Cooperatives）登記。在三十天內，貸款就會轉入借款者的帳戶。[32]

「一村一產品計畫」從2001年5月開始實施，目標是鼓舞村民的農企精神，創造農村產能，增加農民收入，在 2003 年的統計，已使農戶平均所得從213,420泰銖（約6,467.27美元）增加到244,452泰銖（約7,407.64美元）。[33] 惟該項計畫未能使每個村都能有新產品，有許多產品是相似的，以致彼此競爭。由於是屬於村級產品，在產品品質上也未能提高。

此外，塔信也強化控制新聞媒體，報紙被誘之以利，或以廣告來操

30. Anek Laothamatas, *Thaksina-Prachaniyom*, 3rd ed., Matichoubok, Bangkok, 2007, p. 135.
31. Jirawan Boonperm, Jonathan Haughton, and Shahidur R. Khandkur. "Does the Village Fund Matter in Thailand" April 10, 2007. <http://siteresources.worldbank.org/PGLP/Resources/S8Paper.pdf>，2010 年 10 月 15 日瀏覽。
32. Worawan Chandoevwit. and Bawornpan Ashakul. "The Impact of the Village Fund on Rural Households." *TDRI Quarterly Review*, Vol. 23 No. 2. June 2008, pp. 9-10. <http://www.tdri.or.th/library/quarterly/text/j08_2.pdf>，2010 年 10 月 16 日瀏覽。
33. Patana Ginger Tangpianpant, *Thaksin Populism and Beyond: A Study of Thaksin's Pro-Poor Populist Policies in Thailand*, A thesis submitted to the faculty of Wesleyan University in partial fulfillment of the requirements for the Degree of Bachelor of Arts with Departmental Honors in Government, Middletown, Connecticut, April, 2010, p. 66. http://wesscholar.wesleyan.edu/cgi/viewcontent.cgi? article= 1527&context=etd_hon_theses，2010 年 10 月 18 日瀏覽。

縱報紙。塔信的家族控制了一家自 1992 年成立的獨立電視臺（ITV）的股權，其他電臺則被警告只能播映正面消息。政論家和新聞記者亦受到嚴厲的監控，例如，民族報（*The Nation*）主編蘇帝猜（Suthichai Yoon）和編輯狄普猜（Thepchai Yong）及其妻子和子女在銀行的帳戶，就被反洗錢局（Anti-Money Laundering Office，AMLO）查帳。其他媒體人士、公民團體、人權團體等，亦遭到相同的對待。三位受查帳的新聞記者向行政法院提出控告，行政法院判決反洗錢局的官員濫權。[34]塔信政府亦對外國媒體進行管控，遠東經濟評論在 2002 年 1 月 10 日刊載一篇文章，認為塔信漸為泰王所不喜歡，因為泰王認為塔信自大，且企圖介入王室事務。泰王在日常政治中沒有正式角色，泰王在 2001 年 12 月生日時公開訓諭塔信，「泰國正走向災難」，應團結和激勵泰國人合作。塔信政府認為該刊物違法公開討論泰國王室，要求取消該週刊曼谷辦事處主任邵恩（Shawn Crispin）及作者羅德尼（Rodney Tasker）的簽證。在該刊物做出道歉後，才撤銷該處罰。[35]

非政府組織也受到批評，說他們只想獲取外國的資金。積極爭取地方利益的地方團體，則被批評為「無政府主義者」和國家的敵人。塔信公開表示欣賞新加坡和馬來西亞的安靜的政治，意指反對黨聲音很小。[36]軍人特權減縮，取而代之者是商人，成為中央政治的主導者，地方商人操縱選舉，控制了地方政治。大商人和中產階級利用大眾傳媒、貪污、憲政改革和現代選舉技術操控政治。塔信的政黨在金錢政治下，愈形膨脹，其力量在2005年達到最高峰。

泰國從 1985 年以來，就已無泰國共產黨的騷擾，但並沒有廢止 1952 年制訂的反共法（Anti-Communist Act），直至 2001 年 6 月 3 日才廢止該法。政府曾提議另以「人民與國家安全法」（People's and State Security Bill）取代，但未被採納。[37]

---

34. Alex M. Mutebi, *op. cit.*, p. 105.

35. Alex M. Mutebi, "Thailand in 2002: Political Consolidation amid Economic Uncertainties," *Asian Survey*, Vol. XLIII, No. 1, January/February 2003, pp. 101-112, at p. 104.

36. Chris Baker and Pasuk Phongpaichit, *op. cit.*, p. 2604.

37. *Keesing's Record of World Events*, Vol. 47, No. 6, 2001, p. 44216.

　　在塔信的經濟改革計畫下，出口增加，出現盈餘，幣值趨於穩定，通膨率下降。受到泡沫經濟的影響，2002 年約有 50 萬農戶沒有土地，3,000 萬萊（1 萊等於 1,600 平方公尺）可耕地沒有耕種。塔信利用國家預算動員鄉下的勞工掮客、角頭、契約農工的頭人，推動他的農村計畫，使廣大中低收入的農民受益。

　　在經濟情況好轉下，一些政黨也併入泰愛泰黨，例如，新希望黨黨魁查瓦利無法負擔黨的經費，而在 2002 年 1 月併入泰愛泰黨，使泰愛泰黨在國會議席數增加到 289 席。塔信的聯合政府議席在國會中總數已達 364 席，塔信在國會中幾乎可以通過他喜歡的任何法案。

　　2003 年 8 月，塔信任命其堂兄弟猜西特（Chaisit Shinawatra）為陸軍總司令，另一位堂弟也出任國防部秘書，其表弟普流攀（Priewphan Dam-apong）出任助理警政署長，引起輿論界的批評。陸軍總司令蘇拉育（Surayud Chulanont）升任武裝部隊最高司令。塔信進行軍中高層換血，目的在掌控軍隊以及協調對緬甸的統一政策。

　　他在推動各項經濟計畫，經常刺激民族主義、泰人特性（Thainess）以及人民，故被稱為具有「自由的民粹主義」（liberal polulism）色彩的經濟改革計畫，又被稱為「塔信經濟學」（Thaksinomics）。[38] 其目標是在地方扶植小商家和小企業家，由政府對中等收入的家庭提供各種貸款，使他們得以推動經濟發展。政府對窮人亦推行「貧窮登記計畫」（Poverty Registration scheme），在 2004 年 4 月約有 720 萬人登記納入該項計畫，政府答應在該年底重整 1,230 億銖窮人的債務，使窮人免受高利率的剝削。

　　塔信積極努力推動經濟發展，至 2003 年 8 月，塔信比預期的國際貨幣基金組織還款時間早歸還金融危機時期的借款，總貸款有 172 億美元，約合 5,200 億泰銖。[39] 此舉有助於提高泰人在國際間的地位，也刺激泰人的

---

38. "Thaksin, Economic Guru," *The Nation*, October 23, 2001.
39. "IMF praises Thailand for early loan repayment," *Asian Tribune*, 3 August 2003. http://www.asi-antribune.com/news/2003/08/03/imf-praises-thailand-early-loan-repayment，2005 年 2 月 15 日瀏覽。

民族主義情感。

　　2005年2月6日，舉行第二度的小選區制的選舉，也是泰國第二十一次國會選舉，塔信以極大優勢贏得377席，民主黨96席，泰國黨25席，群眾黨2席。塔信以市場行銷手法，使1998年成立的泰愛泰黨在很短的時間內從100萬黨員擴大至一千多萬黨員的大黨，改變了傳統政黨個別控制的地理區域。他提出的競選政綱，例如建議撥款100萬銖給每個村莊、延緩償付欠款、採取措施保護泰國公司免受外國公司的競爭、免費的醫療保健等，獲得廣大選民的支持。這是泰國實施民主制以來首度有政黨超過半數。在南部，民主黨贏得11席中的10席，另一席為泰國黨所得。泰愛泰黨卻全軍覆沒。主要原因是泰國政府在南部採取鎮壓分離主義分子，2004年10月軍隊在陶公府塔克拜縣槍殺示威分子86人，引起民憤。死難者中有6人是被槍殺，80人是手被反綁，然後堆疊在卡車上窒息而死。[40]

表 7-2：2005 年泰國國會選舉各黨議席數

政黨	選區制當選數	比例制當選數	合計
泰愛泰黨	310	67	377
民主黨	70	26	96
泰國黨	18	7	25
群眾黨（Mahachon）	2	0	2
總計	400	100	500

資料來源：http://www.thaiembdc.org/pressctr/pr/pr4148.pdf，2005 年 2 月 15 日瀏覽。Thitinan Pongsudhirak, "Thai Politics After the 6 February 2005 General Election," Institute of Southeast Asian Studies, Singapore, April 2005. p. 4 in http://www.iseas.edu.sg/tr62005.pdf，2011 年 3 月 12 日瀏覽。

　　一黨單獨執政，是泰國史上第一次，自然引起反對黨的恐慌，深怕變成獨裁統治。一些參議員更公開表示要媒體及民眾好好監督政府，以

---

40. Peter Symonds, "Thailand's right-wing populist wins national elections," 10 February 2005, World Socialist Web Site. http://www.wsws.com，2005 年 2 月 15 日瀏覽。

免其濫權，甚至變成獨裁政府。[41]

　　控制眾議院 500 席次中的 377 席的泰愛泰黨，因任意立法，圖利首相塔信，遭到反對黨的杯葛，迫使塔信提前改選國會。

　　媒體業「經理媒體集團」（Manager Media Group）大亨林明達（Sondhi Limthongkul）從 2005 年 9 月開始發動群眾進行反塔信示威運動。林明達原是塔信的朋黨，從 2003 年 7 月起他在國營電視臺的第九頻道有廣受歡迎的脫口秀節目，因為批評政府，而遭政府禁止播出，另找兩個親政府的人主持該節目。媒體大亨林明達當年下重本投資一家新電視臺，因為違反規定被當局關閉了。林明達找塔信幫忙，但塔信沒有給予協助，所以開始反對塔信。[42]

　　9 月 23 日，林明達先在法政大學的講堂演講，吸引一千多人聽講。以後他每週在街頭表演脫口秀，以吸引反塔信的人群。在倫披尼（Lumpini）公園的演講，吸引了 4 萬人聽講。他批評塔信及其家人的濫權和貪污，及對國王不忠，侵奪國王的權力。[43]林明達的報紙刊登了一則新聞，是有關在寮國邊境的一名有聲望的和尚宣稱塔信企圖改君主制為總統制；有一篇文章說塔信主持泰國最神聖的在伊莫拉德佛廟（Emerald Buddha）的積功德的儀式，這是篡奪國王的角色。林明達利用各種手段，包括有線電視、報紙、雜誌、書籍、光碟片和網路肆意攻擊塔信，突破政府的封殺，經過四個月，形成一股政治勢力。

---

41. Anucha Charoenpo, "Senators urge public, media to monitor single-party rule," 9 Feb. 2005. http://www.bangkokpost.com/election2005/090205_news05.html，2005 年 2 月 15 日瀏覽。

42. 林明達於 1947 年出生在曼谷的華裔移民家庭，其父為中國國民黨人、黃埔軍校軍官，早年開設出版公司。他曾就讀過法國教會學校、臺灣機械工程課程、美國加州大學柏克萊分校歷史系、猶他州立大學。1973 年返泰後，出任左傾的民主（Prachathipatai（Democracy）刊物執行編輯，通過投資股市和房地產致富，建立自己的媒體王國。他旗下的媒體公司包括「Phujadkarn」商業日報和跟「民盟」有聯繫的 ASTV 電視臺，他最有名的英文報「Thai Day」創刊於 2006 年，一度曾和國際先驅論壇報一道分發。他還曾試圖買下美國合眾國際新聞社(UPI)。他最大手筆的投資是在 1995 年出版，欲和亞洲華爾街日報抗衡的亞洲時報，但在 1997 年受金融危機影響，目前該報只有網路版了。國營電視臺分配一個頻道給林明達的脫口秀節目。參見南洋星洲聯合早報（新加坡），2009 年 4 月 18 日。Kasian Tejapira, "Toppling Thaksin," *New Left Review*, 39, May-June 2006, pp. 1-25, at p. 14.

43. Michael H. Nelson, "Thailand and Thaksin Shinawatra: From Election Triumph to Political Decline," *Eastasia*, Vol. 4, No. 2, December 2005, pp. 1-9, at pp. 3-4.

2006年1月，塔信子女將塔信從政前創立的臣那越集團（Shin Corp）49.6％股份賣給了新加坡淡馬錫控股公司，獲得733億泰銖的免稅交易，[44] 為了逃避30％的交易稅，預先安排了企業結構的重組，在交易前更改了稅務法，又取消了外國不得擁有泰國電信企業25％股份的限制，以便讓兩天後完成的交易完全合法。此舉引起塔信以前的朋友林明達在2月4日召集約4萬人，舉行泰國十四年來最大規模的抗議遊行。8日，成立「人民民主聯盟」（People's Alliance for Democracy），5位領袖包括林明達、詹龍、非政府組織活動家和教育改革者菲博（Phiphob Thongchai）、勞工領袖宋沙克（Somsak Kosaisuk）、大學講師和抗議運動領袖宋基雅特（Somkiat Phongpaiboon）。11日，又有2萬人參與了反塔信的遊行，要求塔信下臺。

有28名參議員就塔信非法得利案向憲法法院提出控告，要求對塔信展開調查。憲法法院於2月16日以8票對6票，判決塔信不需要接受違憲調查，因為沒有足夠證據顯示，他擔任公職期間政商不分。主要原因是請願者沒有清楚說明首相如何涉及操控這項股權交易。[45]

2月11日和18日連續兩個週末曼谷爆發數萬人的反對塔信的示威集會。2月24日，塔信解散國會。2月26日，約有3萬多人在曼谷集會示威，出席集會的包括七十歲的前副首相詹龍，群眾高呼塔信下臺。3月2日，來自泰北和東北部的支持塔信的「武吉斯縱隊」（Khabuan E-tan，Column of Buggies）和「走路窮人大隊」（Kharavan Khonjon Doenthao，Caravan of the Walking Poor）走路到曼谷，兩個星期後抵達曼谷郊區，獲得塔信的熱情歡迎。他們與計程車司機、機車司機以及「窮人和愛好民主村民大隊」（Caravan of the Poor & Democracy-Loving People Village）的人在城北的查度恰克公園（Chatuchak Park）紮營。他們主張給予塔信道義支持、以選舉鞏固民主、呼籲政府給窮人更多的抒困措施。[46]

3月12日，王室以電話通知電視臺，要求每個頻道播映蒲美蓬國王於

---

44. 南洋星洲聯合早報（新加坡），2006年2月27日。
45. 南洋星洲聯合早報（新加坡），2006年2月17日。
46. Kasian Tejapira, "Toppling Thaksin," *New Left Review*, 39, May-June 2006, pp. 1-25, at pp. 2-3.

1992 年 5 月 20 日告訴當年的首相蘇欽達和領導反對派的前副首相詹龍化解爭端的影帶。蒲美蓬是在反政府集會出現暴力場面後召見蘇欽達和詹龍。這段錄影片在暗示，國王的介入能起作用，理由是他們不想局勢繼續惡化下去。[47]這是王室第一次採取行動公開介入當前的政治危機，而且是在另一次反塔信大示威即將舉行的前一天播出。3 月 14 日，由林明達領導的「人民民主聯盟」號召 10 萬名學生、工會會員、教師和其他活躍分子從皇宮附近的廣場遊行到兩公里外的政府大廈，示威群眾高喊塔信下臺。

反塔信的主要勢力來源包括王室、官僚、軍方高層、南部分離主義分子、都市中產階級、有組織的草根和勞工團體、不滿塔信的前任朋黨（如林明達）等。

4 月 2 日，舉行第二十二次國會選舉。在選區選出的 400 席中，只有泰愛泰黨候選人參選而沒有競爭對手的選區就有 247 席。選舉結果，泰愛泰黨贏得大勝，獲得 56 ％的得票率，在 500 席中贏得 460 席，反對黨仍處於不利的局勢。但反對黨質疑該次選舉的合法性。根據 1997 年憲法之規定，任何政黨在一個選區內如果沒有對手，則該候選人須獲得至少 20 ％選票，才能合法當選。由於三大反對黨抵制 4 月 2 日的大選，全國有四十個選區，泰愛泰黨無對手，在多個無對手的選區泰愛泰黨料將得不到 20％選票。而憲法也規定，必須所有選區都有合法當選的議員後，國會才能召開，政府才能組閣。

塔信在 4 月 4 日謁見泰王，說明這次選舉難以產生新政府。4 月 5 日，塔信召開臨時內閣會議，向閣員宣布他將開始休假，指定副首相兼司法部長奇柴暫時代理職務，直到新的國會成立，並選出新任首相為止。5 月 5 日，塔信恢復執行公務，率領內閣部長到曼谷大皇宮謁見國王蒲美蓬，為泰王加冕日主持慶典。

泰國長期以來，對於政治力的衝突，並未有適當的解決方法，以致於任令軍人介入政爭，成為最後的政治仲裁人，演成相繼的軍事政變。

---

47. 南洋星洲聯合早報（新加坡），2006 年 3 月 13 日。

為防止此弊，泰國在 1997 年制訂新憲法，對於政爭作了特別的規定，即設立憲法法院。根據1997年憲法第268條之規定，憲法法院之裁判是最後的，對國會、國務會議、法院和其他國家機關具有約束力，不再受到最高法院的審查。它有權對上述機關的決定或制訂的法律判決其是否符合法律或憲法。它亦有權對法院採用的任何相關法律裁決其是否適法。

4月19日，舉行參議員選舉，大致和平進行。只有在泰國南部，發生了兩起護送投票箱的車隊遭受回教激進分子襲擊的事件，造成一名警員死亡，8人受傷。依據選舉法規定，參議員候選人不得召開集會，舉行造勢大會，而只能安靜地分發傳單。

4月23日，舉行40席眾議員補選，仍有14席因為只有泰愛泰黨候選人，沒有其他黨競爭，但得票率不到20％，所以還必須補選。這些需補選的席次大都位在泰南，屬於民主黨的地盤。

泰國國王蒲美蓬在4月26日分別對行政法院法官和最高法院法官訓諭，他對行政法院法官說：「這次選舉與你們有關，只有一位候選人而未能獲得20％得票率，則他不能當選，議會將無法召開，……。你們已發誓要為民主服務，要為此一問題找出解決方法，若不能解決，則你們應該辭職。該一問題亦與憲法法院有關，憲法法院說他們的責任是起草憲法，現在已完成憲法，工作已完了。我要說不要忽略民主，因為該一體系才使得國家得以運作。

另一個問題是，解散國會並在三十天內舉行匆促的選舉是對的嗎？目前對此沒有討論，這是不對的，應予糾正。這次選舉應為無效的嗎？你有權說什麼是合宜的或不合宜的。假如說不合宜，這不是說政府是不好的。我所關心的是，一黨競選是不正常的。只有一名候選人參選是不民主的。當選舉是不民主的，你應仔細審視行政之問題。我請你們各盡所能。假如你不能這樣做，則你應辭職，不是政府，因為你未能盡責。注意你所發的誓言。……我請你們好好研究此一問題，若不，你們最好辭職。……沒有眾議院，就沒有民主。我們有各種的法院和委員會，他們必須團結起來，尋求解決之道。

憲法第七條並沒有賦予國王片面的權力，若我這樣做，將逾越權

力，是不民主的。有人提及桑耶（Sanya Dharmasakti）出任首相的案例，當時我們有國會，而沒有國會議長，所以由副議長副署該任命案。當時憲法規定首相不是由國王任命的，所以並不違憲。若規定由國王任命首相，意即無須規定就可任命首相。那時桑耶教授被任命為首相，是由副議長副署。」[48]

接著蒲美蓬對最高法院的法官說：「選舉的目的是為了確保民主。但假如國會缺乏法定人數，則是不民主的。請與治國者、最高法院、上訴法院、刑事法院及其他法院商量，協助國家依民主規則治理。不要等候國王任命首相，那是不民主的。原諒我，要說這是混亂的，是不民主的。……人民說法官是誠實的、有學問的人，因為法官知道法律，細心謹慎的人，所以國家才能存在。假如你們不能依據法律原則、正確的行政原則，則國家不能生存到現在。國會未達500名議員的法定人數，就不能運作。你們應考慮如何解決此一問題。你們不能說國王已簽署憲法，所以要求國王作決定。憲法第七條未賦予國王此一權力。我堅持若未獲任何憲法、法律或法案之指示，絕不發出任何敕令。人民請求國王任命首相，但此沒有法令規定。……最高法院法官有權告訴憲法法院、行政法院如何作，並訂出規則。因此，我請你們與其他法院法官，例如行政法院法官商量，迅速想出解決辦法，否則國家將會崩潰。」[49]在國王發言後，最高法院、行政法院和憲法法院等三大法院於是定於29日召開聯席會議，共同作出裁決。[50]

行政法院在4月28日判定預定在29日在十四個選區舉行的第二次補選必須暫停，因為選舉場地的方向不對，讓別人可看到投票人在選票上哪一欄上打勾，違反了投票必須保密的原則。[51]

5月8日，憲法法院做出一個很重要的判決，以8票對6票認為4月2日的眾議員選舉是無效的選舉。憲法法院對於政爭案件，上次做了一次重

48. "HM the King's April 26 speeches," *The Nation* (Bangkok), 27 April 2006.
49. "HM the King's April 26 speeches," *The Nation* (Bangkok), 27 April 2006.
50. 南洋星洲聯合早報（新加坡），2006 年 4 月 28 日。
51. 南洋星洲聯合早報（新加坡），2006 年 5 月 2 日。

要判決，是在2000年6月22日判決眾議院可以在6月24日開議，即使參議員還未完成選舉。5月20日，塔信銷假返回首相府工作。

學術界和民意觀察家將這次選舉是否違法提請憲法法院仲裁，他們提出四項控案：包括選舉日期是否恰當、投票站的位置設計是否不良、小黨受雇參加選舉以及中央選舉委員會未達法定人數做出決議。最後憲法法院只針對前面兩項議題做出決定，以8對6票，判決政府在解散國會選舉後在很短的時間就舉辦選舉（憲法規定在國會任滿後四十五天內或在解散後六十天內舉行選舉，而4月選舉係在國會解散後三十五天就舉行選舉，對執政黨有利，喪失選舉的誠實和公平性）以及投票站的位置設計不良（易使他人知道投票內容，未做到秘密投票），中央選舉委員會的作法違憲。憲法法院另以9對5票判決該選舉無效，必須重新舉辦選舉。[52]

受此次憲法法院判決衝擊最大的是中央選舉委員會，使該委員會的信用受創，有4名委員準備辭職。如果局勢演變至中央選舉委員會無法組成，將影響舉辦新的選舉。最高法院計畫組織「監督選舉委員會」，由最高法院、行政法院和憲法法院的法官組成，俾便立即可以接手籌辦選舉。

泰國司法體系為何在此次政爭中積極任事？此並不符合泰國長期以來司法機關所扮演的角色。在軍人長期干政下，司法體系受到壓制，有時甚至被迫做出承認軍事政變的判決，或者判決參與軍變的軍人無罪或不予起訴。而此次司法機關積極承擔政治銜接器的工作，勿使選舉中斷，並非民主化的結果，而係泰王在4月25日的談話，泰王呼籲司法機關協助解決政治危機。

西方國家或臺灣的憲法法院並不職司選舉無效的判決，都是由一般法院管轄，而泰國的憲法法院的設計明顯不同，另一個特點是它採取一審定讞，且可以在很短的時間內做出判決，以縮短政爭的時程，有利於政治穩定。尤有進者，泰國最高法院亦表示將隨時接手舉辦選舉，以使

---

52. Supawadee Inthawong, "Court throws out April 2 elections," *Bangkok Post*, May 9, 2006.

民主進程持續不斷。在泰國的民主化過程中，司法機關正扮演了一個重要的角色——政爭的仲裁人。而該項角色獲得泰王的敦促和支持。

塔信另一個遭批評之處是他扼殺了泰國媒體自由，並允許他的商業和政治密友利用政策漏洞，進行貪污撈取巨大利益。在泰王於2006年6月慶祝登基六十週年時，塔信違反禮儀在泰王之前先招呼到訪的外國皇室成員，明顯是在搶泰王的風頭，令泰國王室極度不滿。[53]曾為泰王撰寫傳記從不微笑的國王（*The King Never Smiles*）的作者漢德利（Paul Handley）說：「塔信表現出，他對泰王和王室的期望已缺乏一定的尊重。他表現出很大的獨立性，這是王室無法苟同的。」[54]塔信對泰王的不敬，埋下了他遭政變推翻的伏筆。

塔信在 8 月底訪問緬甸，同時會見緬甸有名的占星家伊逖（E Thi），據稱伊逖告訴塔信說：「你將會在9月8日到22日期間離開泰國，因為這一段時間有日食，該一日食會有一塊陰雲遮蔽你的星星。假如你能到外國度一長假，也許在 9 月 29 日後能消除災難。你的星星會重新閃耀。你將立於不敗之地。」[55] 塔信遂在 9 月 9 日出國訪問數個國家，預定在9月22日返國。

第二節　2006 年再度政變

泰國在 2006 年 9 月 19 日發生政變，這是自 1932 年以來的第二十次政變，上次政變是在 1991 年，前後相距十五年。在這一段時間，泰國曾在 1997 年頒布一部最現代化的憲法，不過該項民主實驗，於今再度證明失敗。

---

53. 南洋星洲聯合早報（新加坡），2006 年 9 月 2 日。
54. 南洋星洲聯合早報（新加坡），2006 年 9 月 21 日。
55. Charles Keyes, *The Destruction of a Shrine to Brahma in Bangkok and the Fall of Thaksin Shinawatra: The Occult and the Thai Coup in Thailand of September 2006*, ARI Working Paper No. 80, Singapore, December 2006, p. 25. Electronic copy available at: http://ssrn.com/abstract=1317155，2008 年 12 月 20 日瀏覽。

2006 年 9 月初，曼谷即傳言可能發生政變，陸軍總司令宋提（Sonthi Boonyaratglin）[56] 一再對外表示不會有政變。事實上，以宋提為首的軍方將領對泰國政局已感不滿，並開始調動軍中親首相塔信的人馬遠離曼谷。宋提且將其接管政府的計畫向前首相、現為樞密院主席的普瑞姆報告，以取得他的支持。普瑞姆為緩和政局，並扮演宋提和塔信之間的調人。

塔信在 9 月 9 日前往芬蘭參加亞歐高峰會（Asia-Europe Summit），會後轉往古巴和美國訪問，並到紐約聯合國大會發表演說。其間，宋提的政變計畫愈趨明顯，他與武裝部隊最高司令魯恩格羅傑（Gen Ruengroj Mahasaranont）在 19 日晚上 8 點進行談判，樞密院主席普瑞姆也參與調解。宋提以塔信退出政壇作為支持政府的交換條件。結果談判失敗，普瑞姆向泰王報告。在紐約的塔信得知談判破裂的消息，在 9 點立即下令解除宋提陸軍總司令的職務，同時發布緊急狀態令。

宋提不接受此一解職令，隨即在當晚 9 點過後發動兵變，[57] 手臂上纏著黃絲帶的士兵占領首相府和其他政府辦公大樓，宣布成立「民主改革委員會」（Council for Democratic Reform），宋提擔任該委員會主席，其第一道命令是宣布緊急狀態、全國戒嚴。宋提第二道命令是所有軍隊不得調動和動員，未經「民主改革委員會」之同意，所有軍人不能離開崗位。宋提第三道命令是廢除憲法，解散參、眾兩院、內閣和憲法法院，樞密院和一般法院則繼續存在。同時廢止塔信所發布的緊急狀態令，不過，禁止 5 人以上的集會。宋提在當晚 12 點晉見泰王。宋提、海軍總司令沙特拉潘（Adm Sathiraphan Keyanont）、空軍總司令查里特（Air Force Chief ACM Chalit Phukphasuk）和警察首長柯偉特（Gen Kowit Watana）等都是「民主改革委員會」之委員，也是武裝部隊預備學校（Armed Forces

---

56. 宋提於 1946 年出生於曼谷郊區，為伊斯蘭教徒，有兩位妻子。祖輩曾有人擔任泰國伊斯蘭教領袖。其母曾任王室中貼身隨從。他畢業於朱拉鍾克寮軍校，曾至美國接受軍事訓練。曾任皇家步兵團軍官、特戰司令部軍官，參加過越戰。2005 年 9 月 8 日出任陸軍總司令。參見南洋星洲聯合早報（新加坡），2006 年 9 月 21 日。

57. 據稱宋提的星象逢九會帶來好運，因此，他是在泰國佛曆 2549 年 9 月 19 日晚上 9 點發動政變，結果成功。參見 Charles Keyes, *op. cit.*, p. 25.

Academies Preparatory School）第六期的同班同學。[58]

　　塔信是泰國史上第一個在國會中領導超過半數席次的單一政黨領袖，他憑其財富和個人魅力贏得多數鄉下地區人民的支持。他因貪污和濫權而遭反對黨和都會區選民的反對，雙方僵持對抗無休止。

　　面對這樣的民主僵局，軍人已沈不住氣，極思介入，以保護泰王、挽救民主。泰國歷經十五年的「民主實驗」，政治和社會結構出現傾斜，富者控制國會，且多為華裔，而泰土著則大部分為窮人，散居鄉野，稍能幹者入伍以求顯達。長期以來，泰軍人掌握政權其來有自。如一旦實施民主，則政權將為富有的華裔控制。自1997年金融危機以來，華裔即一直掌握政權，其與泰土著掌握軍權形成鮮明對比，且存在著緊張關係。政治和社會結構之不平衡，使泰國民主化中途夭折，這毋寧是民主派一大挫敗。回顧1992年民主派在群眾運動中贏得勝利，以致有1997年新憲法的誕生。而在新憲法下的民主政黨，卻在激烈的黨爭中，雙雙落敗，將泰國重新推上軍人掌權之路，這可能是他們始料未及者。

　　歸納言之，這次政變發生的原因如下：

　　(1)首相塔信濫權、利用國會多數黨的優勢修改法令，使其家族獲得好處。(2)華人長期控制政權，引起泰族不滿，軍人遂發動政變，將政權收回泰族手中。(3)是君主憲政下的泰王與首相之間不斷加深的隔閡。兩人性格截然不同：國王超然無私，而首相奉行民粹主義──常被看成狂妄自大。朱拉隆功大學政治學教授希帝南教授表示，國王用四十年時間，默默投身公益事業，贏得了民心；而塔信卻想用四年時間，通過民粹宣傳品，奪取民心。人們只是喜歡塔信，但卻愛戴國王。[59]

　　在塔信執政期間，因功高震主，其言詞被認為狂妄自大，未將泰王看在眼內。他被認為奉行民粹主義，常被看成對國王不敬，而引發保皇派不滿，尤其泰王年事已高、健康不佳，保皇派懷疑塔信有推翻君主制而改行共和之野心。

---

58. *Bangkok Post.* September 20, 2006.
59. 「廣受泰人崇敬　泰王穩居泰國政壇中心」，大紀元時報（臺灣），2006年9月26日。

　　領導政變的將軍們說他們的行動是為了保衛國王，甚至還戴上了黃色的臂章來表示效忠國王。陸軍總司令宋提將軍接管政府之後，旋即前往觀見國王，報告最新情況。儘管並無證據顯示國王直接參與了政變，但是有足夠的線索顯示他至少是默許了 2006 年 9 月 19 日晚間的政變。其中最具關鍵性人物樞密院主席普瑞姆，是泰王最親近的大臣，他出身軍旅，曾任首相，他可能是軍事政變的幕後影武者。塔信在2009年4月初就曾指控普瑞姆涉及推翻他的政變，要求普瑞姆下臺。

　　毫無疑問的，保皇派的代表勢力是軍人，從 1932 年發動政變改行君主立憲制以來，軍人並未將泰王廢黜，而形成共生關係，軍人政變後要掌權，就須獲得泰王的默許，沒有泰王的明示或默示，政變難以取得合法性。

　　軍人與泰王形成共生關係，還有另一層因素，即泰國自戰後以來，從軍者大都為傣族，而若有國會選舉，則當選國會議員者大多數為華人，傣族要進入國會很難，除非是從軍中退役的將軍，才有機會組織政黨，經由參選進入國會。因此，泰國政治形成雙元權力系統，一是由華人掌控的國會系統，另一個是由傣族掌控的王權和軍權系統。自二戰結束以來，泰國政權由軍人執掌，本質上就是傣族控制政權。若是依國會多數產生政府，就會變成由華人控制政府。此一雙元權力結構從 1997 年以來益為明顯，具有傣族背景的查瓦利首相因為無法應付金融危機而下臺，上臺的川立沛是華人，以後至塔信歷任首相都是華人。從這個脈絡來看，泰國政治的底蘊隱藏著族群間的問題，惟還不至於像馬來西亞一樣族群問題表面化。

泰王默許政變

　　領導政變的將軍們說他們的行動是為了保衛國王，甚至還戴上了黃色的臂章來表示效忠國王。宋提將軍接管政府之後，旋即前去觀見國王，進行了交談。儘管並無證據表明國王直接參與了政變，但是有足夠的線索表明他至少是默許了 9 月 19 日晚間的政變。塔夫茨大學（Tufts University）國際政治學榮譽教授湯普森（W. Scott Thompson）在洛杉磯

時報（*Los Angeles Times*）的一篇特稿評論說：「蒲美蓬國王仍然是統而治。他外表是個紳士，但這位富有技巧的政治人物有謀劃的治國。……塔信犯了一個錯誤，他想追究，是誰允許那個老人（指國王）這時刻搬到南部的海濱離宮居住。他沒公開反對國王，卻想用盡各種方法削弱他的權勢。」[60]結果塔信失算，蒲美蓬國王默許軍方將他推翻。

自1932年至2006年，泰國共有59位首相（參見表7-6），由軍人出任首相的即有15位，但在七十四年之間，軍人首相在位期間共達五十一年四個月（參見表7-4）。換言之，69％的時間是由軍人執政，軍人角色之受重視，自不待言。

表 7-3：泰國歷次政變年代、政變者身分和政權移轉形態

政變年代	政變者身分	是否成功	傷亡	是否執政	政權移轉形態
1932.6.24	陸軍校級軍官	是	否	否	委任法官曼諾為首相
1933.6.20	陸軍校級軍官	是	否	是	披耶帕洪上校出任首相
1933.8.6	陸軍士官	否	否	否	
1933.10.11	國防部長、王族	否	死傷無數	否	
1947.11.8	陸軍將軍	是	否	否	委任庫恩出任首相
1948.4.6	陸軍將軍	是	否	是	由陸軍總司令披汶出任首相
1948.10.1	陸軍將軍	否	否	否	
1949.2.26	陸海軍校級軍官	否	不詳	否	
1951.6.29	海軍校級軍官	否	死68、傷1100	否	
1951.11.29	陸軍參謀長	是	否	否	委任披汶續任首相
1957.9.16	陸軍總司令	是	否	否	委任外交官波特出任首相
1958.10.20	陸軍總司令	是	否	是	陸軍總司令沙立出任首相

---

60. W. Scott Thompson, "He not only reigns, he rules," *Los Angeles Times*, December 11, 2008.

表 7-3：泰國歷次政變年代、政變者身分和政權移轉形態（續）

政變年代	政變者身分	是否成功	傷亡	是否執政	政權移轉形態
1971.11.17	他儂首相	是	否	是	他儂出任首相兼國防部長
1976.10.6	國防部長	是	否	否	委任最高法院法官他寧出任首相
1977.3.26	前陸軍副參謀長	否	死1人	否	
1977.10.20	國防部長	是	否	否	委任克里安薩將軍出任首相
1981.4.1	陸軍副總司令	否	死2人	否	
1985.9.9	武裝部隊最高統帥	否	死5人	否	
1991.2.23	武裝部隊最高統帥	是	否	否	委任外交官阿南德出任首相
2006.9.19	陸軍總司令宋提	是	否	否	委任前武裝部隊最高司令蘇拉育出任首相

說明：本表係根據漢生撰，「五十三年來政變知多少」一文及其他相關資料編製而成。另據 Chai-Anan Samudavanija 所著 *The Thai Young Turks* 一書第4頁所載，政變次數少了 1933 年 8 月，1948 年 4 月二次政變。

表 7-4：泰國軍人首相任期時間表

姓名	任期時間	任期長度
Colonel Phya Phahon	1933 年 6 月 21 日～ 1938 年 12 月 16 日	五年六個月
Field Marshal Phibulsonggram	1938 年 12 月 16 日～ 1944 年 8 月 1 日； 1948 年 4 月 8 日～ 1957 年 9 月 16 日	十五年一個月
Admiral Thamrong Nawasawat	1946 年 8 月～1947 年 11 月 8 日	一年三個月
Field Marshal Thanom Kittikachorn	1958 年 1 月 1 日～ 1958 年 10 月 20 日； 1963 年 12 月 9 日～ 1973 年 10 月 14 日	十一年八個月

表 7-4：泰國軍人首相任期時間表（續）

姓名	任期時間	任期長度
Field Marshal Sarit Thanarat	1959 年 2 月 9 日～ 1963 年 12 月 8 日	四年十個月
General Kriangsak Chommanand	1977 年 11 月 11 日～ 1980 年 2 月 29 日	二年三個月
General Prem Tinsulanond	1980 年 3 月 11 日～ 1988 年 7 月 24 日	八年四個月
Maj-Gen Chatichai Choonhaven	1988 年 7 月 24 日～ 1991 年 2 月 23 日	二年七個月
General Suchinda Kraprayoon	1992 年 4 月 7 日～ 1992 年 5 月 24 日	一個半月
General Chavalit Yongchaiyudh	1996 年 11 月 25 日～ 1997 年 11 月 9 日	一年
General Surayud Chulanont	2006 年 10 月 1 日～ 2008 年 1 月 29 日	一年三個月

資料來源：(1) Chai-Anan Samudavanija, *The Thai Young Turks*, Institute of Southeast Asian Studies, Singapore, 1982, p. 73. 該文年代資料有些錯誤，已加以訂正。(2) 1988 年以後的資料為作者補加。

政變領袖宋提頒布臨時憲法

　　宋提在發動兵變後，占領首相府和其他政府辦公大樓，宣布成立「民主改革委員會」，宣布全國戒嚴、廢除憲法，隨後公布臨時憲法，臨時憲法共有三十九條，其中要點規定：

1. 由陸軍總司令宋提領導的「民主改革委員會」將更名為「國家安全委員會（國安會）」，「國安會」有權任命新首相、新立法機構，並負責監管國家安全事務。
2. 「國安會」委任一位臨時首相，再由臨時首相委任其他內閣部長，臨時內閣可多達35人。
3. 「國安會」有權免除臨時首相的職務。

4. 賦予「國安會」權力召開內閣與「民主改革委員會」聯席會議，「以解決行政問題」。

5. 它也授權「國安會」選舉國會議長以及挑選起草永久憲法的 200 人委員會當中的一百個成員。

6. 給予參與政變之軍人完全的赦免權，讓他們無須因政變行動面對法律制裁。

7. 只有首相有權力宣布國家進入緊急狀態或實施軍法統治。[61]

臨時憲法在獲國王簽署批准後，於 10 月 1 日頒布立即生效。

內閣政策

10 月 1 日，「民主改革委員會」委任前陸軍總司令蘇拉育（Surayud Chulanont）（現任樞密院大臣）為臨時首相，蘇拉育隨後公布內閣名單，強調他的政府將把「人民的快樂」放在經濟成長之上。他說：「我們會專注於發展國王所提倡的自給自足的經濟，我們不會太過重視國內生產總值（GDP）資料，而會比較注意人民的開心與繁榮指數。」「民主改革委員會」同時改名為「國家安全委員會」。

新政府批評塔信的平民政策講的是錢、物質、經濟增長，而新政府不要走同一條路。蘇拉育提出將發展自給自足的經濟模式，並不意味著泰國不再注重經濟發展。這個概念其實是泰王在多年前提出來的。泰王認為，過度強調經濟增長可能把財富集中在一小部分的人身上，因此新政府決定把重點放在自給自足的經濟，希望能夠改善國內貧富懸殊的問題。將側重於（國內各地區達到）自給自足的經濟模式，而不會那麼注重國內生產總值增長率的衡量方式。

蘇拉育強調，他會更重視國民的幸福指數，而非資產的增長；他籲請各部門與各階層人士實事求是，落實泰王的自足自給經濟政策，為泰國經濟發展和穩定而齊心努力。[62]

---

61. 南洋星洲聯合早報（新加坡），2006 年 10 月 2 日。
62. 南洋星洲聯合早報（新加坡），2006 年 10 月 2 日。

　　塔信在農村地區廣受歡迎，主要是因為他實施了一系列的「親窮人」措施。例如，他推行的醫療保健計畫，泰國人看一次醫生只要花費30泰銖就行了。泰國北部反軍人政府的民眾縱火焚燒了3所學校，抗議軍人發動政變推翻前首相塔信。縱火事件發生在曼谷以北310公里的甘烹碧，是塔信以前在北部的勢力堡壘。3所小學幾乎在同個時候著火，其中2所學校完全燒毀，另外1所則受到輕微毀壞。縱火者的動機也許是不滿軍方關閉400家社區電臺。這些社區電臺過去大多數是前塔信政府的喉舌。

　　此外，塔信所推出的「農村基金」廉宜貸款制度、支撐米和甘蔗價格的措施，以及2003年打擊毒品交易的行動，都令他深受農民的愛戴。

　　10月2日，塔信在倫敦發函給泰愛泰黨，表示他辭去黨員及黨魁職務，委任前農業部長副黨魁蘇達拉暫代黨魁。

國民立法議會

　　10月11日，泰王批准國民立法議會名單，國民立法議會242名成員名單包括政黨代表、政府機構代表、軍方代表以及企業、學術等社會各界代表，未來將扮演臨時國會的角色。242名委員名單中，以市民代表所占的43人最多，其次則是軍方代表35人，另外還有20名媒體、藝術與作家代表，17名政府機構代表以及12名檢察系統的代表等，幾乎網羅了各界菁英分子。另外也有4名政黨代表，分別來自於民主黨、大眾黨、泰愛泰黨與泰國黨，其中泰愛泰黨的代表是已經退黨的前公共衛生部長平尼吉（Pinij Jarusombat）。[63]

　　由242名各界代表組成的國民立法議會，具有臨時國會的功能，可以質詢內閣官員，不過不具有罷免官員的權力。

　　「國家安全委員會」發布「恢復泰國民主政治：2006年9月19日前後事實陳述」（Restoring Democracry in Thailand: A Factual Account, before and After 19 September 2006, executive summary）的報告，針對政變前後泰

---

63. 大紀元時報（臺灣），2006年10月13日。

國所面對的國內情勢，指出泰國之政治衝突源起於對於 1997 年憲法的不滿以及塔信在任內的濫權和貪污，導致反對勢力和政府發生嚴重衝突，超出調解和妥協之範圍。軍隊為了維護君主政治、國家利益以及避免社會分裂，所以暫時接管政權。該報告還指出將在 12 月開始遴選制憲委員，最後憲草將交由公民投票通過。

該項報告指控塔信政府嚴重的貪污、破壞國家經濟和社會福利、企業集團之間的衝突演變成企業與政府的對立、國會失去成為解決問題的機構、立法機構和監督政府的機構受到操縱及功能不彰、泰國南部違反人權情況嚴重，最重要的，塔信多次以文字和行動、公開與私下冒犯國王，嚴重影響視聽。該項報告最後強調泰國之未來是走向實質民主，真正實現自由、公平和負責任的民主體制。

該項報告指控塔信對泰王不敬，應該也是以後批評塔信具有共和主義傾向的根源。以泰人對泰王的尊敬程度，此一指控很容易讓大多數泰人接受軍事政變的合理性。軍事政變再度承襲以前的保衛君王、懲治貪污、維護民主的軍變政治文化。

對自由之限制

新公布的臨時憲法，並未涵蓋被廢止的 1997 年憲法中第 39、40、及 41 條等有關新聞自由條文。但實際上兩家網站幾度遭到關閉，其中頗負盛名的「午夜大學網」教授宋奇亞（Somkiat Tangnamo）直指政府就是「巨大的犯罪組織」，指控泰國軍人政府的濫權。9 月 29 日晚上，午夜大學網就遭到以鎖 IP 的方式而被封鎖。一個「民主泰國網站」則是屬於新聞性網站，經理奇拉努（Chiranuch Premchaiyaporn）表示，在政變之後，由於泰國主要的入口網站，包括 Pantip、Sanook 與 mthai 等的留言版都遭到監控，因此民主泰國網站的留言版一時之間流量大增，可是隨後卻三度遭到駭客與來自政府的壓力而關站。

11 月 10 日，泰國國民立法議會同意放寬有關在 9 月 19 日泰軍政變後實施的限制，同時一致通過解除對超過 5 人的公共集會實施的禁令。

對塔信起訴

泰國最高行政法院在2006年10月17日接受一起起訴前首相塔信的訴訟，要求吊銷塔信以前擁有的臣那越集團所持有的電信服務業執照。

起訴人是法律教授薩斯托，他在起訴文中說，臣那越集團以往是塔信擁有，但已經售賣給新加坡淡馬錫控股公司，因此，不能再擁有電信業執照。要求有關政府機構撤銷臣那越集團持有的衛星與電信服務執照。臣那越集團擁有的執照，包括經營商業通訊衛星、手機通信服務、電視廣播等。該集團是在2006年1月售賣給淡馬錫控股公司，當時引起泰國各界的抨擊，其中原因之一是塔信的子女在售賣該集團49％股份，而沒有繳稅。根據泰國法律，外國公司的代理擁有一家泰國公司49％以上股權的罪名如果成立，將面對三年監禁或罰款100萬泰銖，或兩者兼施。顧拉伯（Kularb Kaew）的控股公司是由一名泰裔馬來西亞商人控制，在2006年1月與淡馬錫控股公司聯手以38億美元收購臣那越公司。泰國商業部初步的調查已判定顧拉伯公司是一家非泰國人的公司。[64]

解散泰愛泰黨

美國白宮發言人斯諾（Tony Snow）說，美、泰自由貿易協定談判暫停，何時恢復將視泰國是否恢復民主而定。在泰國政變後，美國停止對泰國軍方發出2,400萬美元的支援，作為對泰國軍方於9月19日發動政變推翻塔信的懲罰。但反恐援助沒有取消。

曼谷在2007年新年前夕以及2007年第一天，發生八起連環爆炸案，造成3名泰國人死亡、38人受傷，包括9名外國遊客（4名匈牙利人、3名塞爾維亞人及兩名英國人）。

泰國「國家安全委員會」宣稱，爆炸案是由效忠於前首相塔信的政客和軍官策劃的。陸軍總司令宋提說，爆炸案是失去政權的那些人發動的……他們要破壞國家的安全和經濟，最終可能會導致社會動亂。他排除爆炸案與外國恐怖組織，如「凱達」（al-Qaida）有任何聯繫。

---

64. 南洋星洲聯合早報（新加坡），2006年10月3日。

　　由學者和學生組成的稱為「2006 白鴿」的組織，他們指宋提違反法紀，註冊兩段婚姻並且同兩個妻子一起生活。他們指宋提同第一個妻子素坎雅（Sukanya）註冊結婚後，又同第二個妻子皮雅達（Piyada）註冊結婚。宋提是伊斯蘭教徒，所以娶兩妻子。

　　11 月 28 日，臨時政府宣布 41 府將解除軍法統治，其餘 35 府因國內外安全、販毒及非法移民等問題，保留軍法統治。曼谷及鄰府將解除軍法統治，但孔敬、武里南和清邁則將保留。事實上，清邁市是前首相塔信的家鄉。東北部兩大城市孔敬和武里南是塔信支持者的根據地。[65]

　　泰國軍人政府委任的國民立法議會在 2006 年 12 月 27 日晚上通過 2006 ／ 2007 財政年預算案，批准增加國防開支近 34 %。國防部表示，這是為了填補 1997 ／ 98 亞洲金融風暴後出現的資金缺口，以及應對泰南的回教徒叛亂。

　　新預算案包括撥出 5 億 5,500 萬泰銖設立「維和指揮部」，指揮部將包括 1 萬 3,000 多名軍人和員警，他們的工作是通過收集情報和進行心理戰來維持政治穩定。新預算案縮減建設農村的經費，以別於塔信重視農村的政策。塔信所推出的「農村基金」廉宜貸款制度、支撐米和甘蔗價格的措施，以及 2003 年打擊毒品交易的行動，都令他深受農民的愛戴。

　　屬於塔信的民主勢力主要根據地在泰國北部農村地帶，塔信下臺後，在甘烹碧附近地區有反政府的爆炸案發生，其他地方有零星的反抗。在首都曼谷以西 50 公里的佛統府，亦有農民反對軍人政變。

　　泰國憲法法院於 2007 年 5 月 30 日裁決泰愛泰黨違憲，指控該黨在 2006 年 4 月舉行的大選中作弊，憲法法院下令解散泰愛泰黨，而塔信及該黨包括所有執委在內的 110 名黨要，五年內不准參政。憲法法院同時宣布民主黨在選舉中沒有犯下錯誤，所以沒有宣判它解散。[66]泰愛泰黨黨員立即成立人民力量黨（Party of People's Power, Palang Prachachon），繼續運作。軍方當局在政變後發出的第 27 條政令修改了法律，規定如果政黨因選舉違法而被解散，其執委也必須受罰而五年不得從政。

---

65. 南洋星洲聯合早報（新加坡），2006 年 9 月 29 日。
66. 南洋星洲聯合早報（新加坡），2007 年 5 月 31 日。

第三節　2007年後政局動盪

2007年大選

2007年7月6日，新憲法草案獲得制憲大會的通過。蘇拉育政府在8月19日將新憲法草案提交公民複決，投票率為54.8％，結果獲得56％選民之支持，成為泰國第十七部憲法。新憲法限定首相任期最多不能超過八年，規定高級從政人員不得持有媒體股權，其直系家屬亦不得在任何公司持股；國會議員若徵集到兩萬個簽名即可對首相提出彈劾案，徵集到十萬個簽名可以提出修憲動議，而徵集到一萬個簽名可提出新法律條款。

此外，2007年新憲法亦修改國會的產生辦法，將過去的小選區兩票制改為中選區兩票制，在480席中，區域選舉要選出400席，政黨比例代表選出80席。前者將全國分為157個選區，每個選區產生1至3名議員。政黨比例代表制要選出80名議員，將全國劃分為八個大選區，每個選區依政黨得票比例選出10人。泰國改變選舉制度的主要原因就是小選區造成塔信領導的泰愛泰黨贏得國會中三分之二席次，變成超大政黨，其違反過去半個世紀以來泰國國會的組成結構。過去國會無法出現超過半數的政黨，是經過軍人政權精心設計的，同時也獲得泰王的默許，因為泰王和軍方高層將領都不願見到一個擁有超過半數的政黨控制國會，因為這樣的國會結構，不僅會將政權掌握在富有的華人手裡，而且會威脅泰王的權威和泰族的利益。在過去半個世紀以來，泰國即是維持該一傳統的政治架構，使泰王、軍人和國會的權力關係達致平衡。

9月30日，宋提辭去「國家安全委員會」主席職，10月1日，卸下陸軍總司令職務，而於10月5日出任副首相。

12月21日，國民立法議會通過國內安全法（Internal Security Act），規定設立國內安全行動司令部（Internal Security Operations Command，ISOC），由首相和陸軍總司令負責，擁有宣布宵禁、管制行動自由和限制政府官員的權力。對於違犯安全問題的人，該機構負責人有權將他送

至特定地點進行再教育六個月。[67]該法令採取類似馬來西亞和新加坡的內安法的規定，允許該機構在不經審訊的情況下將嫌犯拘留長達六個月，以及限制進入電子設備。唯一不同的是，星、馬兩國是將該權力置於內政部下，而泰國則是由首相擔任「內部安全行動司令部」的首長，軍事首長為該機構副司令，猶如軍管體制。由於正式國會尚未產生，軍政府匆促通過該法引起不少批評，認為該種行政懲罰是危害民主及侵犯人權的作法。[68]

蘇拉育軍人政府在部署完成國內安全法後，準備還政於民，於2007年12月23日舉行國會選舉，結果支持塔信的人民力量黨（簡稱民力黨）在480席中贏得233席，將近半數席次，取得主導聯合政府的權力。塔信的勢力仍然屹立不搖，對泰國未來政治將保有影響力。民主黨獲165席，泰國黨37席，為祖國黨（Puea Pandin Party，For the Motherland Party）24席，泰人聯合國家發展黨（Thais United National Development Party ,Ruam Jai Thai Chat Pattana）9席，中立民主黨（Matchima Thipataya，the Neutral Democratic Party）7席，皇民黨（Pracharaj, Pracharat）5席。[69]

泰國選舉委員會宣布取消人民力量黨3位當選議員的資格，理由是他們涉嫌在12月23日的大選中收買選票。3名被取消資格的當選議員來自東北的武里南府，他們都將面對刑事指控，而且不能參加預計1月13日舉行的補選。此外，他們也必須承擔舉行補選的費用。

選前局勢充滿不明朗氛圍，選後又存在暴力衝突的隱憂，這令泰王蒲美蓬憂心忡忡。他在2008年1月初兩度少有地公開喊話，呼籲各方人士

---

67. 「泰國會批准內安法 被批評軍方大選後繼續掌權」，南洋星洲聯合早報（新加坡），2007年12月22日。

68. "Thailand: Internal Security Act Threatens Democracy and Human Rights, Government Proposes Draconian Steps to Institutionalize Military Control," Human Rights Watch, November 5, 2007. in http://www.hrw.org/news/2007/11/04/thailand-internal-security-act-threatens-democracy-and-human-rights，2011年8月8日瀏覽。

69. "Election of Members of The House Of Representatives," December 23, 2007, http://www.ect. go.th/english/2007% 20MP % 20Election % 20Results % 20(Unofficial))/Grand % 20Summary. pdf，2010年4月13日瀏覽。

表 7-5：2007 年國會選舉各黨議席數

政黨	選區議席數			政黨比例議席數			總數
	得票數	%	議席數	得票數	%	議席數	
人民力量黨（People's Power Party）	26,293,456	36.63	199	14,071,799	39.60	34	233
民主黨（Democrat Party）	21,745,696	30.30	132	14,084,265	39.63	33	165
泰國黨（Thai Nation Party, Chart Thai）	6,363,475	8.87	33	1,545,282	4.35	4	37
為祖國黨（For the Motherland, Puea Pandin）	6,599,422	9.19	17	1,981,021	5.57	7	24
泰人聯合國家發展黨（Thais United National Development Party, Ruam Jai Thai Chart Pattana）	3,395,197	4.73	8	948,544	2.67	1	9
中立民主黨（Neutral Democratic Party, Matchima Thippathai）	3,844,673	5.36	7	528,464	1.49	0	7
皇民黨（Royalist People's Party, Pracharai）	1,632,795	2.27	4	750,158	2.11	1	5
其他	1,897,953	2.64	—	1,626,234	4.58		0
有效票	71,772,667*	100	400	35,535,767	100	80	480
沒有投票者				906,216	2.32		
無效票				2,539,429	6.51		
總投票數				38,981,412	85.38		

資料來源："Thailand General Eleciton, 2007," http://en.wikipedia.org/wiki/Thai_general_election,_2007，2011 年 3 月 11 日瀏覽。

保持克制，也敦促司法機關和軍方保持中立。他告訴法官，他們的職責是保持公正，維護正義。他又呼籲軍人和員警保持正直，運用他們的精神力量，協助帶領國家擺脫政治混亂。

　　民主黨候選人猜瓦提出控告，要求法庭裁決民力黨是不是泰愛泰黨的代理人，如果是，就屬於非法，因為泰愛泰黨在2007年5月就已被憲法法院判決解散了。猜瓦還提出，民力黨分發內容含有塔信的光碟是不是違反了選舉法，如果法庭判決猜瓦勝訴，民力黨就可能被解散。另外針對選舉委員會有兩項指控，指通信投票提前在12月15日至16日進行的合

法性。結果這些控案都未能成立。

選舉委員會在2008年1月3日宣布,正在對83名獲勝的候選人進行調查,其中65人來自民力黨。這些人被指違反規定,這可能造成民力黨的總席次減少。

新選制原意是要糾正上次小選區制的缺點,但從這次選舉的結果來看,未必完全奏效。軍政府刻意打壓塔信勢力,將泰愛泰黨解散,禁止其111名執委在五年內參加政治活動。結果支持塔信的人民力量黨還是贏得將近半數的席次。獲勝的人民力量黨揚言將解除這些前泰愛泰黨要員的禁令。而軍事政府正積極查辦塔信家族的貪污、逃漏稅案件,以剷除其勢力。選舉過後政治紛爭並未就此止息。

2008年1月22日,「國家安全委員會」解散。1月29日,民力黨黨魁沙瑪(Samak Sundaravej)宣誓成為新首相,他組織六黨聯合政府,共占了國會480席的316席,反對黨陣營只有民主黨一個政黨。聯合政府的政黨包括泰人聯合國家發展黨(9席位)、中立民主黨(6席)和皇民黨(5席)、泰國黨(35席位)和為祖國黨(24席位)。泰國黨和為祖國黨擁有國會的59席次,他們加入聯合政府提出五個條件,包括尊重泰王、不向敵對政黨報復、尊敬泰王的最高顧問普瑞姆、不解散政變後由軍方成立的反貪污機構「國家資產審查委員會」(AEC)。

泰國新首相沙瑪兼任國防部長,以防軍隊發動政變推翻他所領導的政府。

不過,根據2月2日生效的新法律,泰國政治領袖,包括首相和國防部長,都沒有權力決定軍隊高層的升遷;一切升遷活動交由7名軍事委員負責。此一法律之目的在預防沙瑪控制軍隊系統。

依據2007年憲法之規定,參議員由兩種成分組成,一是由憲法法庭委任74人,二是由76府各選出1名議員。委任參議員的委員會以憲法法庭的首席法官為首,首席法官是由軍人政府委任的。委員會的其他成員包括高級法官和肅貪官員。2008年2月19日,憲法法庭新委任參議員多數是退役的軍人和員警以及在2006年軍事政變後由軍人選入國會的議員。新議員當中,14名是軍方或警方將領、8名曾經是軍人政府時期的國

會議員，其他的議員來自媒體、保健服務、商界或農業等行業。[70]

　　2008年3月2日，舉行參議員選舉，投票率為57％，曼谷的投票率只有40％，清邁投票率70％。大體上，投票秩序良好。泰南地區則發生爆炸案，耶拉府1隊負責維安的軍警在執行完任務返回營地時遇襲，造成5人受傷，其中2人傷勢嚴重。泰國76府每府選出1名參議員，參選者須為無黨籍。另外74人是由憲法法院院長召集的7人遴選委員會遴選產生。參議員任期六年。

「黃衫軍」作亂

　　反對沙瑪政府的主力是「人民民主聯盟」（簡稱「民盟」），是在2005年9月崛起，是媒體大亨林明達個人打著改革旗幟建立起來的。他原來是塔信的盟友，卻因為利益糾紛而同塔信反目成仇。2008年5月，「民盟」再次掀起示威浪潮，一度使得曼谷中部交通陷入停頓。造成「民盟」再次崛起的主要有三大因素：

　　首先，「民盟」的主要領袖林明達和詹龍一直堅決反對任何同塔信有關聯的人進入政府。他們拒絕接受2007年12月的選舉結果，認為親塔信的人民力量黨，是通過買票才會勝出。他們也利用泰國人民普遍擔心，泰王蒲美蓬去世後的泰國局勢，指責塔信和人民力量黨奉行共和主義，以爭取人民的支持。

　　其次，在2008年2月回到曼谷的塔信，雖然堅持已沒有任何政治野心，但許多泰國人民相信，他仍然在資助和影響執政黨，並找機會推翻五年內無法參政的禁令，以及逃避貪污和濫權舞弊的指控。

　　第三，沙瑪政府上臺第一個月政績不理想，引起人們擔憂，沙瑪政府會協助塔信重返政壇，而非處理國家的其他問題。例如，沙瑪政府試圖修憲的做法，意圖使塔信免受法律懲罰。其次是未經國會批准，支持柬埔寨為兩國邊界上的柏威夏（Préah Vihéar）古寺申報世界文化遺產等，泰國人民認為該古寺領土主權屬於泰國所有。

---

70. 南洋星洲聯合早報（新加坡），2009年2月20日。

圖 7-1：佔據公共建物的黃衫軍

資料來源："Thai 'yellow shirt' leader shot in head but cheats assasination att-
tempt," Apr 18 2009, in http://www.mirror.co.uk/news/top-stor-
ies/2009/04/18/，2010 年 8 月 25 日瀏覽。

「民盟」主要的支持來源，多為曼谷的傳統精英分子及部分中產階
級人士；沙瑪的支持者則主要來自人口眾多的北部與東北部鄉村地區，
這些地區的選民向來也是沙瑪的盟友、塔信的強力支持者。

沙瑪與軍方和國王的關係不錯，所以軍方還能保持中立立場，不公
開表示反對之意。換言之，沙瑪政府是在軍方監督下執政，施展空間有
限。最明顯的例子，就是當反對運動初起時，軍方就不支持他宣布緊急
狀態，直至事情鬧大出了人命，才給予支持。

2008 年 5 月底，泰國反對沙瑪政府的「人民民主聯盟」的支持者
（「黃衫軍」）1 萬多人在曼谷集會示威，持續約一週。8 月 26 日上午，
「黃衫軍」占據國家電視臺和財政部。下午衝進首相府大院，要求首相
沙瑪辭職。暴民並占據首相府。

「民盟」支持者也包圍教育部、交通部和農業部，圍堵國際機場。
示威活動使曼谷市區數條街道的交通中斷，首相府周邊地區的學校和政

府部門全部停課和關閉。首相搬到其他地方辦公。

參與反政府行動的「民盟」支持者身穿黃衣，以示支持王室。大約1萬名示威者湧上街頭，警方調派了大約3,000人維持秩序。

9月2日清晨，沙瑪政府支持者（紅衫軍）〔正式名稱是「反獨裁民主聯合陣線」（United Front for Democracy Against Dictatorship）〕試圖驅散占領首相府大院的數千名反政府示威者，引發衝突，造成1人喪命、45人受傷，其中3人受槍傷。這是自「民盟」在5月發動示威以來，所發生的最嚴重的暴力衝突。首相沙瑪宣布首都曼谷進入緊急狀態。不過，陸軍總司令阿努蓬（Anupong Paochinda）表明，軍隊不會使用武力驅趕占據首相府大院的示威者。

9月3日，代表泰國20萬名工人的四十三個工會發動工人進行罷工，曼谷約四分之一的學校停課，但水電供應並沒有中斷。9月4日，政府內閣同意舉行公投，讓人民決定沙瑪是否該繼續留任。批評者表示，公投只會帶來新的騷亂，甚至可能引發另一次暴力衝突。但當時泰國還沒有公投法，所以無法舉行公投。

9月6日，泰國武裝部隊最高司令汶桑（Boonsrang Naimpradit）表示，軍方不會發動政變，以化解泰國的政治危機。不過，他也表明，如果人們不斷呼籲軍方採取行動，他無法保證會發生什麼事。

參議員向憲法法院指控首相沙瑪主持電視烹飪節目收取報酬是違憲的行為，9月9日，憲法法院裁決，首相沙瑪主持電視烹飪節目收取報酬（每錄製一集節目，獲得報酬560美元），違反了憲法第267條，他必須辭職。現任內閣將成為看守內閣，為期三十天，直到國會選舉新首相為止；第一副首相宋猜（Somchai Wongsawat）出任看守政府的首相。宋猜是前首相塔信的妹夫，其妻也是國會議員。

9月11日，泰國國會舉行推舉首相的會議，結果只有161名議員出席，未達法定人數的235人（國會議席總數有480席），以致於流會。國會在17日再度集會，結果以298票選出宋猜為泰國第二十六任首相。

10月7日，曼谷爆發了16年來最嚴重的暴力事件。「人民民主聯盟」的示威者為阻止國會議員前往國會舉行會議，聚集在國會大門外，

警方因而向群眾施放催淚彈。一名 28 歲的女性安哈娜胸中催淚彈，不幸喪生。另外超過四百人在事件中受傷。10 月 13 日，王后詩麗吉、公主朱拉蓬、陸軍總司令阿努蓬、反對黨的資深成員還親往弔祭，詩麗吉並捐出一億泰銖醫藥費給事件中受傷的人，[71]顯見「黃衫軍」獲得王室之非正式支持。

阿披實在亂局中上臺

塔信在農村地區廣受歡迎，主要原因是他實施了一系列的「親窮人」措施。例如，他推行的醫療保健計畫，看病一次只要 30 泰銖（約 28 元新臺幣）。他也在鄉下廣泛設立社區電臺，成為推行政務的宣傳喉舌。他的主要支持來源在泰國北部和東北部的農業地帶。

2008 年 12 月 2 日，泰國憲法法院判決在去年大選中舞弊的人民力量黨和執政聯盟的兩個小政黨中立民主黨和泰國黨（Chart Thai）違憲必須解散。這三個政黨的領袖和領導高層因此必須禁止參政 5 年，包括首相宋猜。

國會在 12 月 17 日以 235 票對 198 票選出民主黨的阿披實（Abhisit Vejjajiva）[72]出任新首相。民主黨的票源基礎在泰南、曼谷以及中產階級。至此，塔信的舊勢力才被清除出政府。但代表塔信勢力的是穿紅衫的群眾，他們開始聚集街頭，反對阿披實政府。他們採取類似「黃衫軍」的作法，群聚曼谷政府辦公大樓附近街道，到曼谷以南的濱海旅遊勝地巴塔雅（Pattaya）騷擾「東協加三」高峰會（ASEAN Plus Three Summit）

---

71. 「泰皇后亮相女示威者葬禮」，星島日報（香港），2008 年 10 月 14 日。
72. 阿披實之祖先是從越南移民到泰國的華裔，本姓袁，為客家人。其父為泰國馬喜道大學（Mahidol University）校長，曾任 1991 年軍政府的公共衛生部次長。母為醫學教授。其祖先住在華富里，為一富有的醫生，獲拉瑪六世賜姓為 Vejjajiva 。1964 年 8 月 3 日在英國 Newcastle 出生，進伊頓(Eton)公學就讀，牛津大學哲學、政治和經濟學學士（PPE）畢業。畢業後在朱拉鍾克勞皇家軍校短暫任教。然後返回英國就讀牛津大學經濟學碩士。畢業後在法政大學任經濟學講師。1990 年獲藍甘亨大學法學士學位，以及該大學榮譽法學博士。1992 年，以二十七歲當選國會議員。2005 年，當選民主黨主席。參見"Biography," The Official Abhisit Vejjajiva Website, http://www.abhisit.org/360detail.php? cate_id=16 "Abhisit Vejjajiva," http://en.wikipedia.org/wiki/Abhisit_Vejjajiva，「泰國第十七位總理是誰？」，http://wenwen.soso.com/z/q176245997.htm，2010 年 9 月 16 日瀏覽。

圖 7-2：與警方對峙的「紅衫軍」

資料來源：Zoe Daniel, "Thai PM rejects Red Shirts' compromise," http://www.
　　abc.net.au/news/stories/2010/04/24/2882058.htm，2010 年 8 月 17 日瀏
　　覽。

圖 7-3：示威中的「紅衫軍」

資料來源：Gavin Gough, "Red Shirt Protests: Day 8," in http://www.gavingough.
　　com/2010/03/red-shirt-protests-day-8/，2010 年 8 月 25 日瀏覽。

及東亞高峰會（East Asia Summit）的會場。面對此一亂局，軍隊採取鎮壓手段，逮捕「紅衫軍」數名領導人，其勢力才稍微受到抑制。而「黃衫軍」領導人林明達卻遭不明人士刺殺未死，益使泰國政局緊繃。

透過法庭削減塔信勢力

泰國軍政府為了清除塔信的影響力，透過法庭對塔信勢力進行削減。首先塔信所領導的泰愛泰黨，於2007年5月30日遭泰國憲法法院裁決違憲，指控其在2006年4月舉行的大選中作弊，憲法法院下令解散泰愛泰黨，而塔信及該黨包括所有執委在內的110名黨要，五年內不准參政。泰愛泰黨黨員另成立人民力量黨。

泰國軍政府在2007年控告塔信涉嫌貪污，理由是他在2003年協助妻子寶乍蔓（Pojaman Shinawatra）以低價買入曼谷黃金地段一片土地。塔信夫人寶乍蔓購買的地段易手後兩個月增值暴漲了一倍。資產審查委員會指稱，這起交易違反了禁止首相或其配偶同政府機構進行交易的肅貪條例。塔信的妻子寶乍蔓和她的哥哥班那朴（Bannaphot Damapong）以及秘書於2007年3月被控逃稅案，在1997年將家族企業的股票轉讓，以逃稅5億4,600萬泰銖。法庭起訴塔信的罪名有：圖利其妻購買國有土地；以優惠政府貸款給緬甸政府，購買塔信之電信公司的電信設備；變更電信法，使其公司獲益，損及政府電信機關的權益；非法制訂政府賭博計畫，利用賄賂所得作政治目的之用。泰國刑事法庭在2008年7月31日判決寶乍蔓三年有期徒刑。[73]

接著，最高法院判決民力黨在2007年12月大選涉嫌舞弊案有罪，解散該黨，包括宋猜在內的黨要未來五年被禁止參與政治。民力黨的國會議員為延續其勢力，另成立「為泰黨」（Puea Thai），繼續運作，但力量已大為削減。

2008年3月11日，由軍人委任的泰國調查人員對塔信提出新的貪污控狀，指責塔信和其他前高級官員濫用國家彩票基金，以及在沒有獲得國

---

73. Robert Horn/Bangkok, "Thaksin's Wife Found Guilty," *Time*, July 31, 2008.

會批准的情況下，就擅自把彩票計畫合法化。8 月，塔信逃離泰國。10 月，最高法院政務官刑事分庭（Criminal Division for Persons Holding Political Positions）依據反貪污法判決塔信兩年徒刑。其他對塔信的控案，如貪污、利益衝突和濫權等還在審理中。在違反人權的指控中，包括他領導的政府在對抗製造毒品時違法殺害人民、在泰南鎮壓回族叛亂分子。

泰國最高法庭審理塔信的貪污罪，指控塔信擔任首相期間，隱瞞了擁有臣那越電信公司股份這件事。塔信和前妻寶乍蔓仍擁有超過 10 億泰銖的臣那越股份。當時塔信政府政策和臣那越公司之間存在著利益衝突。在塔信任職期間，政府制定有利其家族公司的政策，允許把臣那越的部分特許費轉為國產稅，讓國家為公司買單。

2008 年 12 月由憲法法院裁決，沙瑪因主持電視烹飪節目收取報酬，違反了憲法第 267 條，判決他必須辭職。隨後由第一副首相宋猜代理首相。

泰國最高法院於 2010 年 2 月 26 日就塔信家族 766 億泰銖的凍結資產作出判決，批准政府沒收其中的 467 億泰銖（14 億美元），占塔信總資產的 60 %；法院也把其餘塔信在 2001 年就職前便累積的凍結資產歸還給塔信家族。最高法庭裁定，塔信把臣那越電信公司賣給新加坡淡馬錫控股所賺取的錢，是屬於非法所得，可以由國家沒收。法院的理由是塔信的財產是不尋常的增加以及以不正當手段聚斂的。[74]

當聚集在最高法院大樓附近的「紅衫軍」，聽到判決以後，憤怒的示威者放火燒了一座寺廟。「反獨裁民主聯盟」（the United Front for Democracy against Dictatorship）的領導人宣布，「紅衫軍」將會在 3 月 12 日至 14 日舉行大型集會，要求政府解散國會和結束菁英統治。

塔信在背後操縱「紅衫軍」運動

自從阿披實在 2008 年 12 月上臺以來，「紅衫軍」已舉行了好幾場示

---

74. 劉青青和吳漢鈞，「達信過半資產近 20 億充公」，南洋星洲聯合早報（新加坡），2010 年 2 月 27 日。

威。2009 年 4 月，「紅衫軍」發動暴力示威，演變成騷亂，導致 2 人死亡，數十人受傷。

　　「紅衫軍」預定在 2010 年 3 月 12 日到 3 月 14 日舉行大型集會，要求政府解散國會，重新改選。「紅衫軍」組成分子複雜，包括窮人、經濟和社會受到不公平對待者、支持塔信重新出任首相者、馬列主義思想者、暴力分子。[75]泰國政府為防患這次大示威發生意外，宣布從 3 月 11 日到 23 日為期十三天實施內安法和十八項相關法令，以維護法治，受影響的地區包括暖武里府，以及鄰近巴吞他尼、北欖、龍仔厝、北柳、佛統和大城六府的多個縣區。

　　3 月 14 日，「紅衫軍」發動示威，人數約在 10 萬人左右，主要訴求是政府須在 15 日中午前解散國會重選、恢復 1997 年憲法。首相阿披實拒絕該項要脅，聲言願意傾聽民意，不會屈服於無理的要求。由於「紅衫軍」和政府軍的自制，所以未發生大衝突，唯一發生的傷害事件是在危機應變中心的第 11 步兵團總部外，有人丟擲炸彈，炸傷了兩名士兵。

　　「紅衫軍」號召群眾捐血，準備蒐集 100 萬 CC 的鮮血，意圖用血潑灑政府建築和首相府。群眾聚集在曼谷的潘帕橋、市中心的皇家田廣場附近、銅馬廣場和繁華橋一帶。「紅衫軍」的支持者大多來自泰國較貧困、偏遠的地區，身穿紅色汗衫、揮舞著紅旗和足形響板。

　　「紅衫軍」的活動，都受到塔信的鼓舞。他經常透過錄影帶、視訊和電視牆，在群眾集會處廣播他的談話，這也變成泰國政治運動的一個奇特景象。泰國政府對於反政府示威群眾使用現代科技傳播反政府甚至推翻政府的言論都給予容忍，並未加以取締。塔信流亡在蒙特內哥羅共和國（Republika Crna Gora），並擁有該國護照。他在 3 月 12 日發出手機簡訊給數千名支持者，鼓舞他們起來推翻獨裁者。他在 3 月 15 日又發表了四十分鐘的視訊講話，呼籲支持者保持耐心。

　　3 月 20 日，「紅衫軍」又發動一場 6 萬多人的示威遊行。4 月 3 日，

---

75. 泰國駐臺北貿易與經濟辦事處（Thailand Trade and Economic Office）於 2010 年 5 月 12 日寄給筆者的一份文件：Current Political Situation in Thailand, p. 1.

「紅衫軍」占據曼谷商場和旅館密集的商業區，封鎖交通並在那裏舉行集會。政府下令民眾解散，民眾並沒有離去。

4月8日，「紅衫軍」攻擊國會，阿披實搭乘直昇機逃離國會大廈。政府宣布曼谷市及周邊五個府進入「嚴重緊急狀態」。9日，紅衫軍衝闖曼谷北郊巴吞他尼府的太空衛星地面接收站，軍警使用少量催淚彈驅散示威者，在推擠中有23人受傷，其中包括7名士兵。由於政府解決緊急局勢委員會在8日下令切斷紅衫軍喉舌電視臺 PTV 的衛星轉播信號，該電視臺的信號原來是透過這座泰國衛星信號傳播中心轉播到全國的衛星接收設備和有線電視網。[76]10日，政府軍採取驅逐行動，在繁華橋和五馬路進行掃蕩，引發雙方衝突，有8百多人受傷、21人死亡（包括15名平民和3名軍人），其中1人是日本記者。當天晚上泰國首相府遭到 M79 榴彈的襲擊，造成首相府部分建築受損。[77]在這次衝突中，群眾中有人使用戰爭武器，例如催淚瓦斯槍、M67 手榴彈、M79 榴彈發射器、AK47 衝鋒槍、和其他武器。[78]

兩股勢力以暴易暴的對峙

民主黨是在「黃衫軍」、軍方和王室的支持下取得政權，而「黃衫軍」從 2005 年起就以街頭暴力對抗塔信的勢力。等到民主黨取得政權，「紅衫軍」亦採取以暴易暴的方式對抗，意圖推翻所稱的「獨裁政府」。

塔信的勢力來自泰國北部清邁和東北部伊山地區的窮鄉僻壤，塔信被當地農民視為英雄，因為他是第一個妥善處理農村民眾需要的首相。

---

76. 世界日報（泰國），2010 年 4 月 10 日。http://www.udnbkk.com/article/2010/0410/article_66999.html，2010 年 4 月 11 日瀏覽。

77. 世界日報（泰國），2010 年 4 月 11、12 日。
http://www.udnbkk.com/article/2010/0411/article_67036.html，http://www.udnbkk.com/article/2010/0412/article_67051.html，2010 年 4 月 13 日瀏覽。*The Straits Times* (Singapore), April 15, 2010.

78. "Current Political Situation in Thailand," provided by the Thailand Trade and Economic Office in Taipei, Taiwan, 12 May, 2010, p. 3.

塔信上臺後制定的 30 泰銖醫療計畫和低息貸款計畫，贏得農民的支持。塔信的平民化政策和個人領導風格吸引了這些被邊緣化民眾的支持。

首相阿披實對於過去塔信的政策並沒有完全廢除，但鄉下農民仍然感念塔信。阿披實走的是傳統、遠離民眾的治理風格，菁英和群眾之間存在的鴻溝未能突破。阿披實依靠六個黨派組成聯盟，並獲得軍方和城市菁英階層的支持。

「紅衫軍」自認為自己是社會的二等人，受到不公平對待，他們指責目前政府的統治精英分子推翻民選政府和袒護社會不平等，所以他們的抗議運動是要反對泰國軍隊和王室官員的精英分子。因此，「紅衫軍」的大示威，除了支持塔信外，亦為了追求社會平等。在 2010 年 3 月 20 日的示威中呼籲曼谷市民（中產階級）支持他們的主張。

首相阿披實為了緩和鄉下農民的不滿情緒，特別於 4 月由泰國農民重建與發展基金撥出 13 億美元援助農民的計畫，主要用於幫農民償債，農民並可有十五年償債期。[79]惟「紅衫軍」不為所動，仍要求阿披實下臺。

政府鎮壓群眾運動

泰國「紅衫軍」在街頭作亂已達臨界點，不僅曼谷市民感到不滿，政府也失去耐性，幾度談判，終於在 2010 年 5 月 3 日晚公布團結和諧五步驟，這五個步驟包括各方合力維護君主制度；建立一個公平、平等的社會福利制度；確保媒體能自由和建設性的運作，不能被誤用製造社會衝突或仇恨；設立一個獨立的真相委員會，調查暴力事件的真相；訂立一個彼此可接受的政治規則，以消除社會不公之現象。[80]政府並同意在該年 11 月 14 日舉行國會選舉，而「紅衫軍」也必須撤離街區，恢復市容秩序。孰料，「紅衫軍」的強硬派卡迪亞將軍（Major General Khattiya Sawasdipol）拒絕撤離，且鼓動「紅衫軍」繼續守衛他們控制的街段，並派出保安人員巡視。卡迪亞的強硬態度，使得溫和派的「紅衫軍」不得不

79.「泰政府 18 億助農民還債」，南洋星洲聯合早報（新加坡），2010 年 4 月 1 日，頁 4。
80. "Current Political Situation in Thailand," *op. cit.*, p. 4.

聽從他的意見，繼續留在街上。

阿披實首相對於「紅衫軍」未能守諾感到不快，於是在 5 月 13 日下令軍隊驅逐「紅衫軍」控制的街區，狙擊手選定了主要目標人物民眾軍事顧問卡迪亞，在當天晚上 7 點 20 分，當卡迪亞在接受記者訪問時，遭槍擊兩發，頭部重彈，被送至醫院醫治。第二天政府軍進而使用催淚瓦斯、橡皮子彈和真槍實彈掃蕩約有兩千名「紅衫軍」控制的街區，造成 7 人死亡，一百多人受傷。第三天，死亡人數上升至 24 人。從 4 月動亂以來，已有 40 多人死亡，數百人受傷。卡迪亞亦傷重不治。

政府軍威力鎮壓暴動的「紅衫軍」，使得街頭肅殺之氣瀰漫，是否會重演過去的歷史？回顧 1973 年，激進學生要求民主化，進行街頭示威抗議，遭軍警鎮壓，死了一百多人。1992 年 4 月，政變奪權的蘇欽達出任首相並兼任國防部長，4 月 16 日，國會舉行開幕式，反對黨議員穿著黑衣、打黑領帶或纏黑臂章抗議非民選議員的蘇欽達出任首相。5 月 5 日以後，反對黨號召學生、工人和民眾 15 萬人在街頭舉行示威抗議，要求蘇欽達下臺，詹龍等反對黨領袖還進行絕食抗議。5 月 18 日，軍警對示威群眾開槍，死五十多人，曼谷宣布進入緊急狀態，警方逮捕詹龍，禁止 10 人以上群眾集會。

這兩次動亂最後都是靠泰王出面解決，泰王對兩派鬥爭領袖，說以道德訓諭，於是這些鬥過頭的要角，就偃旗息鼓，各退一大步解決了彼此的爭端。不過這似乎只是暫時的解決問題而已，並未根本解決政治結構問題。泰國政局的特色是每隔一段時間就會發生軍事政變，然後修改憲法，再度舉行國會選舉，出現短暫的民主氣氛，然後再度政變或動亂。從上述的概略陳述可知，泰國幾乎每二十年會發生一次大動亂，而且每次都是兩股勢力的對陣，經過鎮壓，死了一些人才會平息下來。

塔信背離泰式政治文化

塔信因遭政變而流亡國外，並非泰國史上第一人。過去曾有數個因為政爭而促使當事人流亡海外的案例，例如，1947 年的普里迪和桑隆；1957 年的披汶和鮑將軍；1973 年的首相他儂、副首相普拉帕斯和納隆；

1981 年的桑特將軍和馬儂上校；1985 年的馬儂上校和馬納特。依據泰國的政治文化，政治鬥爭雖然激烈，但尚不致於會將對手關押判刑以做為懲罰，而是採取赦免的方式。所以這些流亡海外的人士，在經過一段時間後，通常會獲得赦免而安全返回泰國定居。

其中有一個例子最為特別，就是 1976 年前首相他儂在流亡外國三年後返國，立即到廟裡剃度為僧，此符合泰人的生活方式，經一段時間後即可還俗，泰王和王后也到廟裡給他布施，象徵皇室已接受他返國。

換言之，當事人若能在外國保持低調，而且請求泰王的赦免，都會被接受返回泰國。但觀察塔信的作法，卻違反此一過去泰國的政治文化，他在外國仍積極批評泰王顧問普瑞姆及陸軍總司令阿努蓬干預政治，甚至還指揮「紅衫軍」進行街頭示威，企圖利用人民力量推翻政府，而該政府還是泰王接受的政府。2009 年 3 月，塔信接受英文的日本時報專訪時，表示他曾寫信三次給泰王請求他赦免其貪污罪，結果沒有回音。[81]塔信在海外的活動，一定惹惱了泰王。

泰國軍事政變後擔任首相的蘇拉育曾在 2007 年 1 月表示，只要塔信承諾不再從政，則他可以回國。他的談話正代表泰國的政治文化。塔信若未能依照泰國的政治文化行事，仍逆勢操作，將繼續被視為共和主義分子，對泰國王權體制有威脅性，則其返泰之日將遙遙無期。泰王健康欠佳住院，政局未明朗前，塔信是不可能返回泰國的。

共和主義和君主主義之爭

從塔信政權被推翻後，泰國社會的動亂環繞在一個主軸線，即共和主義和君主主義之爭。2010 年 4 月 13 日，泰國外交部長卡實（Kasit Piromya）在美國華府出席核子安全高峰會時打破禁忌，建議對泰國君主制進行改革，讓鄉村貧民能夠更多地參與政治。他指出，要解決泰國的政治危機，或許需要改變皇室所扮演的政治角色。他說：「這是我們必經的一個過程，我認為我們應該勇敢面對，即使是有關君主制的禁忌課題，

---

81. 南洋星洲聯合早報（新加坡），2009 年 3 月 13 日。

我們也得討論……以適應先進的環球化社會。」[82]他也形容前首相塔信為「恐怖分子」，煽動國內動亂，並抨擊一些國家允許塔信入境。

4月27日，泰國政府公布一份顛覆君主政體的名單，包括三名前首相塔信、查瓦利和宋猜、若干「紅衫軍」的領袖和學者等。政府發言人指控這些人經常侮辱君主制。軍隊逮捕兩位「紅衫軍」的成員，指其是共和主義分子。在泰國，批評王室是重罪，最高可能判處十五年徒刑。政府以共和主義之罪名逮捕兩位「紅衫軍」，其企圖很明顯。「紅衫軍」為了表示他們不是政府所指控的共和主義分子，在5月5日泰王蒲美蓬登基六十週年紀念日時，也在他們控制的鬧區舞臺上舉辦慶祝儀式，「紅衫軍」領袖維拉（Veera Musikhapong）強調抗議人士對國王忠誠，沒有意圖要推翻君主制度。

泰國內政部長操哇臘（Chaovarat Chanweerakul）在5月12日表示，將成立一個由87萬人組成的保衛皇室志願者隊伍。他強調內政部將繼續堅定不移地保護和效忠皇室，並促進國民團結。他下令行政廳聯合各府舉辦保衛皇室和維護皇室尊嚴活動，以表達對泰王的尊重與愛戴。[83]他說每個縣必須組織至少1,000名志願者參加效忠和保護皇室活動，全泰將有87萬8,000名志願者參加。

從泰國政府一些行動來觀察，對於共和主義之疑慮，不是憑空想像，而確實是令王室以及高層泰族官員寢食難安。塔信之被迫下臺，可能不是「功高震主」一詞或貪污腐化可以一言以蔽之。君主政體是否持續不墜，才是關鍵因素。

2011年修憲及大選

泰國國會參、眾兩院於2011年2月11日完成修訂憲法兩議案三讀表決，通過修訂憲法第190條關於簽署國際協議的規定，以及憲法第93～98條關於國會議員產生辦法。憲法第190條關於簽署國際協議必須獲得國會

---

82. 南洋星洲聯合早報（新加坡），2010年6月19日。
83. 世界日報（泰國），2010年5月13日。

表決批准。憲法第 93～98 條之修正條款規定，國會議員產生辦法是直選國會議員 375 席，政黨比率國會議員 125 席，並在全國重新規劃選區。新條款設國會議員人數 500 人，比舊條款國會議員人數增加 20 人。

表 7-6：2011 年國會選舉各黨議席數

政黨　　　　　議席	選區當選數	政黨名單當選數	小計
為泰黨	204	61	265
民主黨	115	44	159
泰自豪黨	29	5	34
泰國發展黨	15	4	19
為國發展黨	5	2	7
春府力量黨	6	1	7
愛泰國黨	0	4	4
祖國黨	1	1	2
新民主黨	0	1	1
群眾黨	0	1	1
愛好和平黨	0	1	1
合計	375	125	500

資料來源：「泰大選正式結果出爐 投票率 75 ％」，世界日報（泰國），2011 年 7 月 6 日。

　　阿披實為獲取人民的信任，以穩固政權，在 2011 年 7 月 3 日舉行大選，反對黨為泰黨推舉塔信的妹妹穎拉（Yingluck Shinawatra）參選。這次選民投票率約為 74 ％，與四年前的大選相接近。選舉結果，為泰黨在直選選區獲得 204 個席位，另獲得 61 個政黨名單席位，總計為 265 席，超過半數席位 14 席；民主黨獲得 115 席直選議席，另獲 44 席政黨名單席次，總計 159 席。其餘的 76 席，分由其他黨獲得，包括：泰自豪黨（Bhumjai Thai）34 席、泰國發展黨（Chartthaipattana）19 席、為國發展黨（Chart Pattana Puea Pandin）7 席、春府力量黨（Palung Chon）7 席、愛泰國黨（Love Thailand, Rak Thailand）4 席、祖國黨（Matubhum）2 席、新民主黨（New Democrat）1 席、群眾黨（Mahachon, The Masses）1 席、

愛好和平黨（Rak Santi）獲得政黨名單席次1席。[84]

　　民主黨的議席數跟上屆 2007 年大選差不多，力量沒有增加，由於為泰黨議席數超過半數，所以民主黨已無法籌組聯合政府。穎拉[85] 成為泰國歷史上首位女首相。這次選舉跟過去一樣，買票風氣很盛，泰國中部地區每票約 200 泰銖到 1,500 泰銖，其他地區則較低，惟東北部特定地區有高到 1,700 泰銖。

穎拉首要工作抗洪與民族和解

　　8月9日，穎拉提名的39人新內閣獲得泰皇批准，「紅衫軍」議員沒有受邀入閣，以免觸怒軍方、政府和王室人員。新內閣設5名副首相職，為泰黨黨魁榮育（Yongyuth Wichaidit）出任副首相兼內政部長，為泰黨原議會黨團負責人差霖出任副首相，其餘三個副首相職位分別由前副首相兼內政部長哥維（Kowit Wattana）、證券交易所前主席吉替拉（Kittiratt Na-Ranong）和執政聯盟國家發展黨黨魁春蓬擔任，其中吉替拉和春蓬還分別兼任商業部長以及旅遊和體育部長。原塔信政府國防部副部長、現任國家奧會主席的育他薩（Yuthasak Sasiprapa）出任國防部長。育他薩本次出任防長獲得軍方認同。泰國證券交易委員會原秘書長提拉猜（Thirachai Phuvanatnaranubala）出任財政部長，原國會下議院財政、銀行業和金融委員會主席素拉蓬（Surapong Tovichakchaikul）出任外交部長。

　　7月底，大城因雨季來臨下雨過久而引發水災，河水宣洩不及，大城泡在水中數月，積水不退。10月，位在湄南河下游的曼谷，連帶也遭逢更嚴重的洪患。自古以來，曼谷地區是沼澤地，直至鄭昭選擇吞武里為

---

84. 「泰大選正式結果出爐 投票率75%」，世界日報（泰國），2011 年 7 月 6 日。

85. 穎拉於 1967 年 6 月 21 日生於清邁，Regina Coeli College 女子中學畢業，Yupparaj College 高中畢業。1988 年清邁大學政治與公共行政系畢業，後前往美國留學，1991 年獲肯塔基州立大學（Kentucky State University）公共行政碩士。返國後在其哥哥塔信的公司任職，以後擔任 SC Asset 公司的財務主管，2002 年出任泰國最大手機業 Advanced Info Service 公司的經理。她已婚，育有一子。"Yingluck Shinawatra," http://en.wikipedia.org/wiki/Yingluck_Shinawatra，2011 年 8 月 8 日瀏覽。

圖7-4：泰王84歲生日鼓勵抗洪
資料來源：掃描自南洋星洲聯合早報（新加坡），2011年12月6日，頁26。

首都始，曼谷地區才從小漁村變身為人口聚集的大都會。但地勢低窪的事實卻難以改變，每遇下雨，市區內就會淹水。穎拉剛上臺，就忙於救災，因為海水上漲，湄南河水無法洩入大海，於是她利用數艘軍艦在湄南河游曳，企圖利用船體游動，將河水晃動，加速其流入大海。但該一方法似乎未見效，只好在曼谷市中心區畫出一個區域，列為防洪保護區，曼谷市政府堆疊沙包阻止洪水入侵。該一作法，導致該防洪區外的民居遭到淹水，民怨沸騰。

國王所居住的大王宮，幾度遭到洪水威脅，都仰賴堆疊沙包才阻止洪水。為鼓勵民眾抗洪，泰王堅持不撤離大王宮，2011年12月5日正值泰王八十四歲生日，為鼓勵人民抗洪，蒲美蓬暫從醫院出來，與其全家人在大王宮卻克里王殿的陽臺上致生日獻詞，呼籲泰國人民團結抗洪，幫助那些受災戶，並開發一套可持續的水利系統。[86] 此次洪災，持續約五個月，至2012年1月中旬，洪水才逐漸消退。泰國此次洪災，在全國77省中有65省遭水災，死815人，許多房舍、工廠被水淹沒，損失高達457億美元。[87]

在這次水患中，泰國中部糧食產區嚴重受損，聯合國糧農組織預估

86.「84歲生辰獻詞，泰王：全民應團結抗洪」，南洋星洲聯合早報（新加坡），2011年12月6日，頁26。

87. "2011 Thailand Floods," http://en.wikipedia.org/wiki/2011_Thailand_floods，2012年7月21日瀏覽。

泰國大米將減產約 400 萬噸。東協與日本、中國、韓國在 2011 年 10 月的農業部長會議上簽署了大米儲備協定，緊急大米儲備基金由東協與日、中、韓 13 國（10+3）出資 400 萬美元設立。當一國因洪水、旱澇等自然災害陷入糧食不足的困境時，相關國家動用該基金購買大米向受災國提供援助。此次日本出資 5 萬美元購買泰國大米，并通過泰國紅十字會等機構交給泰國災民。東協與日、中、韓於 12 月 8 日首次動用「緊急大米儲備」援助泰國洪水災民。[88]

　　為了促進民族間的和解，穎拉在 2012 年 3 月 6 日批准 20 億銖的「癒合預算」，對 2005 年以來在政治暴力中的所有受害人給予賠償。除了賠償國內的組織和個人外，對受害的外國人亦給予賠償，例如，2010 年 4 月在曼谷拍攝軍警鎮壓紅衫軍時中彈殉職的路透社（Reuters）日籍攝影師村本博之的家屬，將獲得 25 萬美元的撫邮金。[89]

　　為泰黨政府從 2012 年 3 月起推動審議「政治和解法草案」和爭取修改憲法第 291 條（有關於修憲程序，擬設立「憲法起草會議」（Constitution Drafting Assembly，CDA），以修改 2007 年憲法）以來，[90]支持反對黨的「人民民主聯盟」支持者「黃衫軍」與支持政府的「反獨裁民主聯盟」支持者「紅衫軍」便先後在曼谷舉行示威，引發泰國政局動盪。反對黨認為，執政黨這些動作之目的在為塔信洗脫罪名，讓他可以回國，甚至重返政壇。

　　國會對此修憲案已通過二讀。6 月初，民主黨隨即向憲法法院提交暫停三讀表決動議。泰國憲法法院於 6 日以 7 票對 1 票裁定，國會須暫停有關修憲審議和表決，引起支持為泰黨的「紅衫軍」不滿。上千名「紅衫軍」連日在國會大廈外集會，要求罷免投贊成票的法官。他們指憲法法院這麼做是為「司法政變」奠定了基礎，目的是要在六年內第三次推翻親塔信的政府。「黃衫軍」則放話暗示，如果通過有關和解議案，讓塔

---

88. 「亞細安與日中韓動用緊急大米儲備援泰」，南洋星洲聯合早報（新加坡），2011 年 12 月 9 日。
89. 「泰國賠償政治暴力受害者」，南洋星洲聯合早報（新加坡），2012 年 3 月 7 日。
90. "Pheu Thai considers options on charter," *Th Nation* (Thailand), July 15, 2012.

信回國，他們將鬥跨政府。[91]

2013 年 6 月 12 日，反對塔信以及穎拉政府的抗議活動與日俱增，同時影響範圍逐步擴散到全國各地。有數千人戴上「白面具」的示威群眾，在全國各地遊行活動，甚至連泰國東北部都有類似的遊行。他們發動反政府的主要訴求是穎拉首相的不當言辭；政府的不作為；政府用人不當；兩年來，南部伊斯蘭教徒叛亂問題仍懸而未決；物價飛漲，國內物價達前所未有的高。[92]

民主黨等五個團體分別向泰國憲法法院及最高檢察院提告，認為國會修改憲法第291條，有違憲甚至危及國家政體之嫌。憲法法院法官團隊於 6 月 13 日召開會議，就是否決定繼續審理民主黨國會議員呈請的「國會修訂憲法第68條涉嫌違憲」訴案進行投票表決。憲庭最後以5對4票的投票結果決定受理續審。7 月 13 日，憲法法院以 7 票對 1 票裁定，為泰黨推動修改憲法並不違反憲法，不過，如果政府要對憲法整體上作大修改，應通過公投來決定。[93]

泰國內閣於7月31日決定，從8月 1 日起暫時在首都曼谷三個區實施國內安全法，以因應近期可能舉行的大規模反政府集會。這三區包括曼谷律實、拍那空、邦巴沙都拍。泰國國會計劃於 8 月 7 日至 8 日討論由為泰黨議員沃拉猜提出的一份特赦法草案，其主要內容為特赦曾遭受政治集會影響的民眾，旨在推動國內和解、化解矛盾。但反政府組織認為，這一法案有利於泰國流亡前首相塔信回國並洗脫罪名。「反塔信政權人民軍聯盟」、「彩衫運動」[94]和「綠色政治組織」等反政府組織於 8 月 4

---

91. 「泰國修憲之爭 恐引發動盪不利經濟」，南洋星洲聯合早報（新加坡），2012 年 6 月 12 日。
92. 「沉默中的爆發」，星運日報（泰國），2013 年 6 月 12 日。http://www.singsianyerpao.com/web/newsdetail.asp? id=3868&clang=1　2013 年 12 月 2 日瀏覽。
93. 「法院裁定泰政府推動修憲不違憲」，南洋星洲聯合早報（新加坡），2012 年 7 月 14 日。
94. 彩衫軍曾於 2010 年 9 月 24 日由領導人敦醫師舉行新聞發布會，宣布反對國會審議赦免法，理由是該項法規並不能起到促進社會和解作用，反而會導致分裂更加嚴重，無論是那個民眾團體都有權舉行集會，但集會行為若違法，就應該接受司法處理。「彩衫軍反對出臺赦免法」，世界日報（泰國），2010 年 9 月 25 日。http://www.udnbkk.com/article/2010/0925/article_73791.html 2013 年 12 月 2 日瀏覽。

日至8日舉行不同規模的集會，抵制國會審議這一法案。支持政府的「紅衫軍」亦舉行集會，支持特赦法案的通過。

8月7日，國會開始審議為泰黨民代沃拉猜提出的赦免法草案。沃拉猜版本的草案整體包括7項條文，主要赦免從2006年9月19日至2011年5月10日期間因政治集會違法者之罪責，其中第3條規定對於在上述期間，不管是參加政治集會、發表政治言論等均視為無罪，並不必對違法的行為承擔責任。但對於下達命令者不適用該赦免條例，因此這些人不可能從赦免條例中受益。另有一個察霖版本的「國家和解條例」草案，其赦罪範圍涵蓋自2006年政變之後發生的政治衝突，反對黨派擔心這法案可能會讓最高法院對沒收流亡前首相塔信460億銖財產的判決也一併被撤銷。[95]

「紅衫軍無線電業聯盟」於8月6日向憲法法院呈遞請願文件，要求憲庭命令「反塔信政權人民軍聯盟」解散集會，理由是該組織意圖推翻皇上陛下領導下的民主政府，這一行為是違法的。

民主黨黨魁阿披實、民主黨前主席川立沛、民主黨前秘書長素貼（Suthep Thaugsuban）等民主黨成員，8月7日上午率領約2,500名支持者遊行至國會大廈，抗議國會審議特赦法草案。

鑒於曼谷3個區實施國內安全條例8天以來，示威活動相對平和。副首相巴差蓬諾（Pracha Promnok）上將於8月8日宣布，於當日終止實施內安法。

民主黨發言人操哇暖於8月18日表示，民主黨發函給各國駐泰使領館、聯合國辦事處、國際組織、國際民主組織，以及亞洲各國政黨和協會，就民主黨反對赦免條例的理由加以說明。他指出，民主黨也向應邀參加政治論述活動的國外知名人士致函。操哇暖還指出，政府推動赦免條例的做法根本就是在踐踏泰國民眾的人權，政府絕對不會接受國內外組織機構的意見和建議。同時公布穎拉首相參加2010年紅衫軍活動，法

---

95. 「赦免法今審議　抗議示威掀高潮」，世界日報（泰國），2013年8月7日。http://www.udnbkk.com/article/2013/0807/article_109276.html　2013年12月2日瀏覽。

院已明確裁定該集會活動違反憲法和刑法規定，該集會活動給國家和人民造成了重大損失。所以現在穎拉首相及同僚準備以佔有國會多數席位的優勢強行通過赦免條例，達到洗脫罪責目的。[96]

民主黨宋卡府國會議員威叻要求憲庭介入審理國會修訂憲法第68和237條是否違反憲法，以及審理向國會提出修訂憲法第68條的六個政黨是否應以違憲罪名給予解散。憲庭公告顯示，憲庭依照憲法第68（2）條款賦予的權力審理上述申訴，並要求投訴方在規定的限期內提交312份文字資料，及被投訴方在十五天內提交解釋文件。[97]

「反塔信政權人民軍聯盟」領導人猜上將、哇差拉空軍上將、班威海軍上將、泰功和巴頌空軍上校等，8月20日帶領上百名成員在是隆路遊行發傳單，呼籲民眾參加該聯盟組織的抵制赦免條例抗議集會活動。同時，巴頌空軍上校呼籲民主黨參與國會外抗議活動。「人民軍聯盟」在傳單中指出，政府根本不重視民生問題，放任物價上漲、不顧人民溫飽、政策性貪汙、國家行政管理失敗、公共負債大幅增加等問題，政府不但不加以解決，還利用國會多數席位的優勢強行推動審議修憲案、赦免條例等法案，幫助前首相塔信。[98]

「紅衫軍無線電業聯盟」領導人頌臘於8月21日向憲法法庭遞交文件，表示支持憲庭，希望憲庭能依照許可權履行職責，不要屈從於政治壓力而迴避審理和仲裁一些重大案件。他表示，希望憲庭能儘快就民主黨與部分民間團體要求憲庭仲裁國會審議修憲案是否違憲的請求，以及對阿披實國會議員資格是否有效進行裁決。因為這兩宗案件都與社會現狀有著密切聯繫，憲庭應儘早做出裁決，緩解政治氣氛。

同時，「反塔信政權人民軍聯盟」也向憲庭呈遞文件表示支持，該聯盟領導人泰功表示，因為政治立場的不同，導致部分民間團體相互對

96. 「民主黨致函各國領事 說明反對赦免法」，世界日報（泰國），2013年8月19日。http://www.udnbkk.com/article/2013/0819/article_109545.html　2013年12月2日瀏覽。
97. 「修憲第68條涉違憲案 憲庭續審」，世界日報（泰國），2013年6月14日。http://www.udnbkk.com/article/2013/0614/article_107804.html 2013年12月2日瀏覽。
98. 「反赦免法 人民軍邀民主黨集會」，世界日報（泰國），2013年8月21日。 http://www.udnbkk.com/article/2013/0821/article_109603.html。

立，已嚴重威脅到社會穩定，憲庭理應就重大問題做出合理仲裁，尤其是儘早裁決國會強行修訂憲法的行為是否違憲。[99]

9月28日，國會參、眾兩院審議表決通過修訂憲法第190條，將參議員遴選制全改為民選制，112名反對黨眾議員和40名參議員在修憲案過關後，立即呈文國會議長，要求呈請憲法法庭對修憲案是否違憲進行裁決。參議院「40名參議員團體」於9月30日強烈要求穎拉首相兼國防部長暫緩向皇宮秘書處上呈修訂憲法關於參議員產生辦法的法案，以呈奏皇上陛下的御准。反對派認為修憲過程不符合憲法和國會相關法規規定，其中包括過於匆促結束審議辯論，使反對黨派一方面未能行使立法權，而且與會人數不合法。按照憲法第154條規定，只要有國會10%的代表連署，就可以請求國會議長呈請憲法法庭對修憲案是否違憲進行裁決。所以，國會議長頌薩根據該規定，於10月2日簽署文件，提請憲法法庭裁決修憲案是否違憲。

11月1日，眾議院通過赦免法，赦免範圍擴大，從2004年1月1日到2013年8月8日期間因政治罪行遭起訴的人可獲得特赦，包括在2010年紅衫軍示威期間，抗議領袖、軍人、下令鎮壓紅衫軍的執政者在內。但參議院在11日否決該備受爭議的法案。[100]

11月4日，眾議院三讀通過憲法第190條修正案，依照國會章程，該項議案獲得三讀表決通過後，穎拉首相需在二十天內向皇宮秘書處遞交奏呈，在獲得皇上陛下簽字御准後正式生效。憲法法庭於8日由9位法官針對民主黨國會議員威叻等提出的修訂釋憲案進行初審，以6比3的表決結果正式受理續審該案。20日，憲法法庭裁決，修憲案是違憲的，因為2007版憲法比1997版憲法更好，遴選參議員有助於參議院議員產生方式的平衡。

---

99. 「修憲違憲案 紅衫軍促憲庭速裁決」，世界日報（泰國），2013年8月22日。http://www.udnbkk.com/article/2013/0822/article_109631.html 2013年12月2日瀏覽。

100. 「反赦免法升溫 泰愈趨不平靜」，世界日報（泰國），2013年11月3日。http://www.udnbkk.com/article/2013/1103/article_111663.html 2013年12月2日瀏覽。"Senators shoot down blanket amnesty bill," Bangkok Post, 12 November, 2013, http://www.bangkokpost.com/news/local/379319/senators-reject-amnesty-bill .

11月24日傍晚6時，前副首相素貼及民主黨8名前民代、大學生改革泰國聯盟領導人鄔泰和尼迪通、「反塔信政權人民軍聯盟」領袖比差上將和猜上將、民主企業家俱樂部領袖頌傑、77府民間聯盟領袖頌杰、國營企業工會聯盟等領袖出現在叻丹能路民主紀念碑演講臺，宣布各組織將放棄前嫌，攜手推動今天開始的大規模集會活動。素貼宣布，各示威團體達成兩項共識，即把塔信制度徹底清除出泰國，並致力推動國家政治改革以實現真正的民主。

由於曼谷市中心地區示威集會升級，規模越來越大，因此市政府決定批准帕那空、律實和砲臺三個區24所市立學校在25-26日間停課兩天，以確保家長與師生安全。

11月28日，國會針對反對黨對穎拉首相和內政部長乍魯蓬（Charupong Ruangsuwan）提出不信任動議進行表決，結果穎拉獲297張、乍魯蓬獲296張信任票。反對黨在議會內未能獲得勝利，改走群眾路線，繼續杯葛穎拉政府。

反對派領袖前副首相素貼於11月29日在曼谷號召各反政府團體宣布建立正式的統一組織「君主立憲制下絕對民主泰國人民委員會」（簡稱人民民主改革委員會）（People's Committee for Thailand's Absolute Democracy under the Constitutional Monarchy, The People's Democratic Reform Committee, PDRC），參與該組織的民間政治團體，除了素貼率領的「反塔信政權人民軍聯盟」以外，還有學術專家聯盟、改革泰國大學生與民眾聯盟、人民軍、道義軍、77府改革國家人民網絡聯盟、國營企業工會聯盟、媒體代表等等。素貼是該組織的秘書長，他正式宣布「攤牌方案」，下令支持者佔領所有的部級、廳級部門及國營企業，徹底癱瘓穎拉政府的行政管理機制，並要求全國公務員從12月2日起全部放假，直到「人民政府」請他們回來上班。而且這一「放假模式」將全面擴展到所有的政府部門，包括國營的泰國通訊公司和電話公司兩大國營企業，所有的政府部門都不工作，促使穎拉政府還政於民。[101] 29日，大約一千

101."Suthep declares 'people's revolt: Protesters target 'total seizure' of govt agencies," Bangkok Post, 30 November, 2013. http://www.bangkokpost.com/news/politics/382361/suthep-declares-people-revolt 2013 年 12 月 1 日瀏覽。

多名反政府示威者闖入陸軍司令部，但遵照示威領袖的指示，只闖到草坪進行象徵性舉旗抗議和陳情，之後和平撤出。

以素貼為首的示威團體「君主立憲制下絕對民主泰國人民委員會」，11 月 30 日上午發動示威者遊行至正瓦他納路的司法部特別案件調查廳（DSI）總部、國營通訊總公司以及 TOT 電話公司，並控制以上三個部門。

支持穎拉政府的紅衫軍於 30 日在華目體育場舉行大規模集會活動，來自藍甘亨府三百多名紅衫軍民眾搭乘旅遊巴士、麵包車和私家車進京支援。藍甘亨大學學生在 30 日下午與在華目國家運動場集會紅衫軍發生衝突，晚上 8 時半左右，在藍甘亨大學後門傳出槍聲，6 名大學生受傷，其中一名學生重傷後不治身亡。[102]

示威者在 12 月 1 日佔領國務院、國家警察總署、曼谷警察總署、教育部、律實動物園（國會辦事處旁邊）、勞工部、內政部、商業部、外交部等部級和廳級部門。示威者之前已控制財政部和民聯廳，示威領袖直接進駐財政部長辦公室。警方鑑於警力可能無法顧及所有的政府機關，因此要求軍方援助，但軍方保持中立。在警方鎮壓下，與示威群眾爆發嚴重衝突，死傷人數升高。12 月 5 日，蒲美蓬過 86 歲生日，他呼籲全民團結一心，認真履行職責，為國家利益盡忠職守。反政府和支持政府各派停止示威，共同慶祝泰王生日。12 月 9 日，穎拉宣布解散國會，泰國民主之路顛簸跌宕進入下一個階段。

2014 年政變

穎拉的看守政府決定在 2014 年 2 月 2 日舉行國會大選，反對黨杯葛，進行「封鎖曼谷」示威活動。2014 年 1 月 10 日，有上千名身著白衣的曼谷市民在市中心地區集會，表達對「封鎖曼谷」行動的反對和對 2 月 2 日如期舉行大選的支持。這些曼谷市民認為白色代表純潔，不代表任何政治團體，認為大選是幫助泰國走出困境的出路。反對派領袖素貼宣布從 1

102.「示威傳槍擊 學生 1 死 5 傷」，世界日報（泰國），2013 年 12 月 1 日。

月30日起連續四天進行遊行示威，直至2月2日發動大規模封城示威。

　　按照法律規定，未參加2010年國會大選投票的公民，雖然仍有參與投票資格，但不具備成為候選人資格。中選會查出後可直接宣布取消其參選資格，而且按照法律規定，這些人員如果報名參選，則等於明知故犯，將被中選會依刑事法律嚴懲，視情節輕重處以一至十年監禁，罰款2～20萬銖。而且由法院宣布撤銷其參政資格十年。這些參選的人員所屬政黨的黨魁也要負法律責任，被視為「從犯」，因為他在其黨員參選的文件上簽字認可。1月6日，中央選舉委員會宣布撤銷87名政黨名單民代候選人資格，包括25人是加入參選政黨不足三十天，其他人則多數屬於上次選舉時未行使投票權，其中包括4名為泰黨政黨名單民代候選人。

　　2月2日舉行的國會大選，分兩階段投票，第一階段是海外投票，從1月13日起至26日，在67個國家的92個領事館設置投票所，選民可採用直接投票、郵寄選票等方式進行投票。海外投票一共有14萬3,807位選民登記要投票，登記人數最多的前五個國家和地區分別是新加坡1萬332人、臺灣8,560人、洛杉磯8,251人、特拉維夫7,238人、香港5,627人。[103]投票過程沒有發生混亂情況。第二階段是在2月2日舉行，受到反對黨之杯葛，有二十八個選區沒有候選人註冊參選，有一萬多個投票所因示威者干擾等原因無法舉行投票，投票率只有45.84%。

　　反政府示威組織「人民民主改革委員會」領袖易沙拉（Luang Pu Buddha Issara）在投票日晚上宣布，該組織將終止在叻抛路口和勝利紀念碑兩處集會地點，讓示威者集中到其他5個「基地」繼續進行封鎖曼谷行動。該組織秘書長素貼則於3日上午到叻抛路口，率領該地點示威者遊行到勝利紀念碑，之後遊行到巴吞汪路口的示威地點。這次包圍曼谷示威活動中，最為特別的是易沙拉是來自佛統省的高僧，和尚介入政治，在過去較為少見。

　　泰國最大在野黨民主黨於2月4日向憲法法庭提告2日大選違憲無效，並要求解散執政的為泰黨，要求肅貪委員會彈劾看守首相穎拉違

---

103 「海外十國完成提前投票」，世界日報（泰國），2014年1月23日。

憲。兼任國家稻米政策委員會主席的穎拉涉嫌怠忽職守，在大米典押計畫中涉嫌貪污舞弊。反對黨批評政府以高於國際大米價格蒐購農民的大米，致使國庫損失。此一稻米政策目的在收買農民。3月21日，憲法法庭以6:3票判決2月2日選舉違反憲法第108條第2款而無效，因為南部28個選區沒有候選人登記參選，未能在同一天完成大選投票。

在3月30日舉行上議員選舉，總共有150名議員，其中77席由77府選出，其餘則由遴選產生。投票過程順利，但僅有42.5%的投票率。廢票率偏高，達到5.15%。

國家安全委員會秘書長塔維爾（Thawil Pliensri）因在2011年9月7日被內閣會議決定調為首相府顧問，他感到不滿，該委員會的公務員亦在9日發表聯合聲明，宣布反對政府強行調動秘書長塔維爾的行為，並決定抵制他人接任秘書長一職，塔維爾向初級行政法院正式遞交控訴，還到上議院監督政府行政管理與公正權益維護委員會，就投訴遭政府不公正調職問題作證。2013年6月高等行政法院判決該項調動令違法。穎拉政府向最高行政法院上訴，該法院在2014年3月7日裁定該項調任是不合法的，並要求看守政府在四十五天內恢復其原職。塔威爾認為高級文官之職務應受到保障，不隨政黨政治而變動。

接著27名上議員在2014年4月初向憲法法庭提告穎拉在2011年調動國家安全委員會秘書長塔維爾職務，是出於維護其政黨利益，屬於違憲行為。塔維爾被調任沒有實權的首相府顧問，而由穎拉兄長塔信的妻舅普萊潘（Priewpan Damapong）警察總長上將接任。

憲法法庭在5月7日以9比0票判決穎拉及其他9名內閣閣員濫權瀆職，因為穎拉在2011年9月調動國家安全委員會秘書長塔維爾職務一案違憲，並決定終止其看守政府首相職務。憲庭是以最高行政法院的判決為依據。憲庭法官宣讀判決說，穎拉調動塔維爾案於法不合，圖利她所屬的為泰黨及她的家族成員。穎拉被迫辭去首相，由副首相兼商務部長尼哇探隆（Niwattumrong Boonsongpaisan）代理看守內閣首相。

繼憲法法庭判決之後，肅貪委員會在5月8日以7：0的表決結果裁定穎拉作為首相，無視和未制止大米典押計畫所出現的貪污舞弊問題，導

致國家利益損失，因此裁定失職罪名成立，提交上議院進行罷免。穎拉以職務之便，故意作出違反憲法第178條規定，以及故意違反行政管理條例第 11 條第 1 款規定，可依據憲法第 270 條進行罷免。10 日，反政府的「人民民主改革委員會」要求最高法院、上議院和中選會在3天內連手推翻看守內閣，成立非民選的臨時人民政府。支持政府的「紅衫軍」於 10 日在曼谷西郊阿薩路集會，該組織主席乍都蓬警告最高法院和上議院，有關臨時人民政府「非法」主張的任何討論，都可能引爆內戰。

反對黨透過法律程序節節獲勝，親塔信派系則走上街頭抗爭，兩派勢不兩立。5 月 20 日凌晨三點，陸軍總司令帕拉育（Prayuth Chan-ocha）宣佈戒嚴，成立「國家維持和平與秩序委員會」（National Council of Peace and Order, NCPO），禁止王國全境任何人在晚上 10 時至凌晨 5 時離開家，禁止 5 人以上集會。21 日，宣布除了有關皇室的規定、國會上議院及所有法院將持續運作以外，暫時中止 2007 年憲法。帕拉育邀請看守政府、執政黨為泰黨、紅衫軍組織「反獨裁民主聯合陣線」（UDD）、在野黨民主黨、反政府組織「人民民主改革委員會」與選舉委員會商討解決政治危機，但看守首相尼哇探隆沒有出席。22 日，帕拉育舉行第二次的和解協調會，調解失敗後，泰國軍方通過電視宣布，該日下午 4 時 30 分起由「國家維持和平與秩序委員會」的領導人開始接管國家行政事務，泰國全境所有學校從 5 月 23 日至 25 日停課。軍方要求看守政府 18 名官員到皇家護衛軍第一軍區報到，當天晚上 20 時 20 分，軍方宣布逮捕前副首相差林，他曾是穎拉內閣的副首相。23 日，帕拉育下令已遭罷黜的內閣閣員，包括前首相穎拉，在當天早上十點向軍方報到。穎拉報到後，被軍方留置三天才獲釋。26 日，泰王發布聖旨，正式委任陸軍總司令帕拉育上將出任「國家維持和平與秩序委員會」主席，執掌行政管理權。

7月22日，臨時憲法獲泰皇批准，共有四十八條款，其中主要內容包括，將成立由 220 名議員組成的國民立法議會（National Legislative Assembly），由國民立法議會提名新首相，並組成過渡內閣。新首相及部長必須在過去三年內不隸屬於任何政黨。該臨時憲法還規定，將成立由

250人組成的國家改革議會；第44條賦予「國家維持和平與秩序委員會」有否決政府、立法議會及最高法院各項措施或法令的權力；新一部永久憲法的草擬將使用一百二十天時間。

8月1日，「國家維持和平與秩序委員會」任命220名國民立法議會議員，其中105人為軍人、11人為警察，其餘為反塔信的學者、商界領袖、前任上議員和政治人物。8月21日，國民立法議會以191：0票通過選舉帕拉育為泰國第二十九任首相。

2015年1月22日，由軍方任命的國民立法議會，有190席同意彈劾穎拉，剝奪其未來五年參政權。至此，塔信家族在泰國的政治生命才告一段落。帕拉育首相循著老路，在2015年3月組成新憲法起草委員會，預定2016年1月公投通過新憲法，接著選舉國會議員，產生新政府。9月6日，國家改革議會對新憲法草案進行表決，有135票反對，105票贊成，草案遭否決。需另組新憲法起草委員會，重新草擬新憲法。由於黃衫軍和紅衫軍的殘餘勢力尚在，只是暫時避風頭，養精蓄銳，以待再度國會選舉之機會，故一旦舉行國會選舉，將可能再度引發兩股勢力較勁。泰國軍方在紛擾的政治亂局中，重新站上政治舞臺，泰國會重蹈過去的政變、選舉、執政、再度政變的老路嗎？讀完此書，讀者應該了然於胸。

表 7-7：1932 年以來泰國歷任首相名字

No.	姓名 （Life）	內閣	任期起始		任期結束		政策 日期	政黨
			日期	理由	日期	理由		
1	 Phraya Manopakorn Nititada （1884-1948）	1	1932,6,28	眾議院決議	1932,12,10	新憲法頒布	沒有正式政策宣布	無
		2	1932,12,10	眾議院決議	1933,4,1	緊急國王敕令解散眾議院	1932,12,20	
		3	1933,4,1	國王敕令	1933,6,21	1933 年政變被推翻	1933,4,1	
2	 General Phot Phahonyothin （1889-1958）	4	1933,6,21	眾議院決議	1933,12,16	委任：11 月 15 日選舉	1933,6,26	人民黨軍事部門
		5	1933,12,16	眾議院決議	1934,9,22	國會不同意「橡膠限制法」（Rubber Limitations Act）而辭職	1933,12,25	
		6	1934,9,22	眾議院決議	1937,8,9	因涉及王室不動產醜聞而辭職	1934,9,24	
		7	1937,8,9	眾議院決議	1937,12,21	任期屆滿：11 月 7 日選舉	1937,8,11	
		8	1937,12,21	眾議院決議	1938,12,16	國會解散：11 月 12 日選舉	1937,12,23	
3	 Field Marshal Plaek Pibulsonggram （1897-1964） （1st Term）	9	1938,12,16	眾議院決議	1942,3,7	因內閣改組而辭職	1938,12,26	人民黨軍事部門
		10	1942,3,7	眾議院決議	1944,8,1	辭職：國會不同意皮查汶市法（Petchaboon Municipality Act）	1942,3,16	
4	 Major Khuang Abhaiwongse （1902-1968） （1st Time）	11	1944,8,1	眾議院決議	1945,8,31	戰後選舉而辭職	1944,8,3	人民黨

表 7-7：1932 年以來泰國歷任首相名字（續）

No.	姓名 （Life）	內閣	任期起始		任期結束		政策 日期	政黨
			日期	理由	日期	理由		
5	Tawee Boonyaket （1904-1971）	12	1945,8,31	眾議院 決議	1945,9,17	辭職	1945,9,1	無
6	M.R. Seni Pramoj （1905-1997） （1st Time）	13	1945,9,17	攝政委 員會命 令	1946,1,31	內閣內部衝突而辭職	1945,9,19	自由泰
(4)	Major Khuang Abhaiwongse （1902-1968） （2nd time）	14	1946,1,31	眾議院 決議	1946,3,24	政府不同意國會之決議 而辭職	1946,2,7	民主黨
7	Dr. Pridi Banomyong （1900-1983）	15	1946,3,24	眾議院 決議	1946,6,11	1946 年憲法宣布而辭職	1946,3,25	自由泰
		16	1946,6,11	眾議院 決議	1946,8,23	因疲倦而辭職	1946,6,13	
8	Rear Admiral Thawal Thamrong Navaswadhi （1901-1988）	17	1946,8,23	眾議院 決議	1947,5,30	國會開議 7 天後辭職	1946,8,26	軍人
		18	1947,5,30	眾議院 決議	1947,11,8	因 1947 年政變被推翻	1947,6,5	

表 7-7：1932 年以來泰國歷任首相名字（續）

No.	姓名（Life）	內閣	任期起始		任期結束		政策日期	政黨
			日期	理由	日期	理由		
(4)	Major Khuang Abhaiwongse（1902-1968）（3rd Term）	19	1947,11,10	大內閣決議	1948,2,21	任期屆滿：1 月 29 日選舉	1947,11,27	民主黨
		20	1948,2,21	眾議院決議	1948,4,8	因受政變團體之壓力而辭職	1948,3,1	
(2)	Field Marshal Plaek Pibulsongkram（1897-1964）（2nd Time）	21	1948,3,1	眾議院決議	1949,6,25	解散：6 月 5 日選舉	1948,4,21	軍人與斯里曼格西拉黨
		22	1949,6,25	眾議院決議	1951,11,29	1949 年政變後重被任命	1949,7,6	
		23	1951,11,29	政變宣布	1951,12,6	解散：2 月 26 日選舉	沒有正式政策	
		24	1951,12,6	眾議院決議	1952,3,24	-	1951,12,11	
		25	1952,3,24	眾議院決議	1957,3,21	任期屆滿：2 月 26 日選舉	1952,4,3	
		26	1957,3,21	眾議院決議	1957,9,16	因 1957 年政變被推翻	1957,4,1	
政變集團（領袖：Field Marshal Phin Choonhavan）			1957,9,16		1957,9,21			軍人
9	Pote Sarasin（1905-2000）	27	1957,9,21	眾議院決議	1958,1,1	解散：12 月 15 日選舉	1957,9,24	無
10	Field Marshal Thanom Kittikachorn（1911-2004）（1st Time）	28	1958,1,1	眾議院決議	1958,10,20	1958 年政變後辭職	1958,1,9	軍人

表 7-7：1932 年以來泰國歷任首相名字（續）

No.	姓名 （Life）	內閣	任期起始		任期結束		政策 日期	政黨
			日期	理由	日期	理由		
11	Field Marshal Sarit Thanarat（1909-1963）（Acting from 20 October to 10 February 1959）	29	1959,2,9	眾議院決議	1963,12,8	死於任上	1959,2,12	軍人
⑩	Field Marshal Thanom Kittikachorn（1911-2004）（2nd Time）	30	1963,12,9	眾議院決議	1969,3,7	委任：2 月 10 日選舉	1963,12,19	軍人
		31	1969,3,7	眾議院決議	1971,11,17	因 1971 年政變被推翻	1969,3,25	
國家行政委員會（領袖：Field Marshal Thanom Kittikachorn）			1971,11,18		1972,12,17			軍人
⑩	Field Marshal Thanom Kittikachorn（1911-2004）（2nd Time（continued））	32	1972,12,18	眾議院決議	1973,10,14	因 1973 年 10 月 14 日動亂而辭職	1972,12,22	軍人
12	Sanya Thammasak（1907-2002）	33	1973,10,14	皇室敕令	1974,5,22	辭職：不完整的憲法草案	1973,10,25	無
		34	1974,5,27	眾議院決議	1975,2,15	委任：1 月 26 日選舉	1974,6,7	

表 7-7：1932 年以來泰國歷任首相名字（續）

No.	姓名（Life）	內閣	任期起始		任期結束		政策日期	政黨
			日期	理由	日期	理由		
(6)	M.R. Seni Pramoj（1905-1997）（2nd Time）	35	1975,2,15	眾議院決議	1975,3,14	國會不同意正式政策	1975,3,6	民主黨
13	M.R. Kukrit Pramoj（1911-1995）	36	1975,3,14	眾議院決議	1976,4,20	解散：4 月 4 日選舉	1975,3,19	社會行動黨
(6)	M.R. Seni Pramoj（1905-1997）（3rd Time）	37	1976,4,20	眾議院決議	1976,9,25	因他儂流亡返國引發爭論而辭職	1976,4,30	民主黨
		38	1976,9,25	眾議院決議	1976,10,6	因 1976 年政變被推翻	沒有正式政策	
行政改革委員會（領袖：Admiral Sangad Chaloryu）			1976,10,6		1976,10,8		軍人	
14	Thanin Kraivichien（1927-）	39	1976,10,8	行政改革委員會決議	1977,10,20	因 1977 年 10 月政變被推翻	1976,10,29	軍人

表 7-7：1932 年以來泰國歷任首相名字（續）

No.	姓名 （Life）	內閣	任期起始		任期結束		政策 日期	政黨
			日期	理由	日期	理由		
15	General Kriangsak Chomanan（1917-2003）	40	1977,11,11	政變宣布	1979,5,12	解散：4 月 22 日選舉	1977,12,1	軍人
		41	1979,5,12	眾議院決議	1980,3,3	因石油危機和難民衝突而辭職	1979,6,7	
16	General Prem Tinsulanonda（1920-）	42	1980,3,3	眾議院決議	1983,4,30	解散：1 月 19 日選舉	1980,3,28	軍人
		43	1983,4,30	眾議院決議	1986,8,5	解散：5 月 1 日選舉	1983,5,20	
		44	1986,8,5	眾議院決議	1988,8,4	解散：4 月 29 日選舉	1986,8,27	
17	General Chatichai Choonhavan（1922-1998）	45	1988,8,4	眾議院決議	1990,12,9	辭職：成立新內閣	1988,8,25	泰國黨
		46	1990,12,9	眾議院決議	1991,2,23	因 1991 年政變被推翻	1991,1,9	
國家維持和平委員會（領袖：General Sunthorn Kongsompong）			1991,2,24		1991,3,2			軍人
18	Anand Panyarachun（1932-）（1st Time）	47	1991,3,2	維持國家和平委員會決議	1992,4,7	委任：3 月 22 日選舉	1991,4,4	無

表 7-7：1932 年以來泰國歷任首相名字（續）

No.	姓名（Life）	內閣	任期起始		任期結束		政策日期	政黨
			日期	理由	日期	理由		
19	General Suchinda Kraprayoon（1933-）	48	1992,4,7	眾議院決議	1992,6,10	因黑色5月事件而辭職	1992,5,6	軍人
	Meechai Ruchuphan（1938-）（Acting）	-	1992,5,24	皇室敕令	1992,6,10	辭職：敕令 Anand Panyarachun 出任首相	沒有政策聲明	無
(18)	Anand Panyarachun（1932-）（2nd Time）	49	1992,6,10	眾議院決議	1992,9,23	解散：9月22日選舉	1992,6,22	無
20	Chuan Leekpai（1938-）（1st Time）	50	1992,9,23	眾議院決議	1995,7,13	解散：5月19日選舉	1992,10,21	民主黨
21	Banharn Silpa-archa（1932-）	51	1995,7,13	眾議院決議	1996,11,25	國會解散：9月27日選舉	1995,7,26	泰國黨

表 7-7：1932 年以來泰國歷任首相名字（續）

No.	姓名（Life）	內閣	任期起始		任期結束		政策日期	政黨
			日期	理由	日期	理由		
22	General Chavalit Yongchaiyudh（1932-）	52	1996,11,25	眾議院決議	1997,11,9	因 1997 年亞洲金融危機辭職	1996,12,11	新希望黨
⑳	Chuan Leekpai（1938-）（2nd Time）	53	1997,11,9	眾議院決議	2001,2,9	任期屆滿：1 月 6 日選舉	1997,11,20	民主黨
23	Police Lieutenant Colonel Thaksin Shinawatra（1949-）	54	2001,2,9	眾議院決議	2005,3,9	任期屆滿：2 月 6 日選舉	2001,2,26	泰愛泰黨
		55	2005,3,9	眾議院決議	2006,9,19	2006,2,24 解散	2005,3,23	泰愛泰黨
-	Police General Chitchai Wannasathit（1946-）（Acting）	-	2006,4,5	皇室敕令	2006,5,23	4 月 2 日選舉後辭職	沒有政策聲明	泰愛泰黨

表 7-7：1932 年以來泰國歷任首相名字（續）

No.	姓名（Life）	內閣	任期起始		任期結束		政策日期	政黨
			日期	理由	日期	理由		
㉓	Police Lieutenant Colonel Thaksin Shinawatra（1949-）（caretaker PM）	-	2006,5,23	眾議院決議	2006,9,19	被 2006 年政變推翻	沒有政策聲明	泰愛泰黨
	國家安全委員會（領袖：General Sonthi Boon-yaratglin, then later Air Chief Marshal Chalit Pookpasuk）		2006,9,19		2006,10,1			軍人
24	General Surayud Chulanont（1943-）	56	2006,10,1	國家安全委員會宣布	2008,1,29	因 2007 年憲法第 298 條之規定	2006,11,3	無
25	Samak Sundaravej（1935-2009）	57	2008,1,29	眾議院決議	2008,9,8	憲法法院裁決	2008,2,18	人民力量黨
26	Somchai Wongsawat（1947-）（從 2008 年 9 月 8 日到 17 日代理首相）	58	2008,9,18	眾議院決議	2008,12,2	憲法法院裁決	2008,10,7	人民力量黨

表 7-7：1932 年以來泰國歷任首相名字（續）

No.	姓名 （Life）	內閣	任期起始		任期結束		政策 日期	政黨
			日期	理由	日期	理由		
	 Chaovarat Chanweerakul （1936-） （代理首相）	-	2008,12,2	皇室敕令	2008,12,17	因任命 Abhisit Vejjajiva 為首相而辭職	沒有政策聲明	人民力量黨
27	 Abhisit Vejjajiva （1964-）	59	2008,12,17	眾議院決議	2011,8,8	眾議院改選	2008,12,30	民主黨
28	 Yingluck Shinawatra		2011,8,8	眾議院決議	2014,5,7	憲法法院判決違憲下臺，由尼哇探隆代理首相		為泰黨
29	 Prayuth Chan-ocha		2014,8,21	國民立法議會選舉				軍人

資料來源："Prime_Ministers_of_Thailand," in http://en.wikipedia.org/wiki/List_of_Prime_Minis-ters_of_Thailand，2011 年 3 月 10 日瀏覽。

說明：穎拉和帕拉育之欄位的照片和文字為筆者所加。

第四節　因應金融危機

　　1997年1月底起，來自全泰各地，主要是東北部的貧民一萬多人齊聚在政府大廈前紮營，舉行「貧民大會」，抗議政府漠視他們的困境，他們要求解決市區貧民窟、工廠的勞動條件和政府發展計畫對民眾的影響、東部烏汶府受水壩計畫影響的居民尋找土地和給予合理的補償費等。該抗議示威運動直到5月2日與政府達成協議才告落幕。政府同意在十五天內設立一個基金來給予受水壩興建影響的居民（共5610戶）的補償。[104]5月，泰國發生金融危機，有數百家公司面臨破產，至少有4萬人可能失業。泰國經濟從1995年的8％增長率下滑到1996年的負0.1％。出口嚴重衰退，泰銖幣值下滑，從1美元兌23泰銖跌到1美元兌26.5泰銖。泰國政府採取了積極的因應措施，包括中央銀行極力捍衛泰銖的幣值、注入10億美元的資金挽救有關的企業、下令出事的金融機關進行合併、大量削減該年公共開支1,000億泰銖、設立公民營基金10億美元、協助提昇紡織業技術以提高競爭力、政府保證提出500億泰銖的債券對於有困境的開發者疏困、鼓勵有困難的金融公司合併、允許外國人擁有100％的公寓大廈、給予公務員貸款以購買他們的第一個家、簡化海關程序以減少出口者的成本、提高銀行貸款的條件以避免壞帳等。[105]

　　7月2日，泰國採取浮動匯率，泰幣由25.88銖兌1美元貶值到28銖兌1美元，貶值15～20％。外資撤走，失業人口增加到200萬人。泰國政府為挽救財經頹勢，進一步擬定了幾項紓困方案，較重要的包括：(1)加強出口，邀請各主要國家業者組團赴泰採購。(2)獎勵外人投資。(3)再度削減預算。(4)調整產業結構。(5)向世界金融組織或外國政府貸款以應急等。[106]1997年8月，國際貨幣基金組織為泰國制訂了總額172億美元的拯救配套計畫，泰國先向國際貨幣基金組織借40億美元，向日本貸款40億美元，澳洲、馬來西亞、新加坡和香港各提供10億美元貸款，亞洲開發

---

104. *The Straits Times* (Singapore), May 3, 1997, p. 19.
105. *The Straits Times*, May 16, 1997, p. 44.
106. 貿易快訊（臺北市），1997年8月19日，頁2。

銀行對泰國貸款 12 億美元，以協助其挽救經濟危機。泰國接受國際貨幣基金組織的貸款，同時也接受其提出的六項條件，包括：⑴要泰國增加稅收。⑵平衡預算。⑶結束對國營企業和公用事業的津貼。⑷緊縮銀根。⑸維持現有的外匯系統以保護貨幣穩定。⑹整頓金融業。[107] 據此建議，泰國政府削減約 700 億泰銖的開支預算、增加稅收和提高增值稅、國營企業私營化。

9 月 13 日，聯合政府的國家發展黨黨魁察猜進宮謁見泰王，此係由泰王蒲美蓬主動邀請，目的在瞭解泰國經濟惡化的情況。而察猜此時進宮，引起輿論猜測，認為他可能會脫離聯合政府，迫使政府改組。9 月 14 日，約有 2,000 名工人在曼谷示威，要求查瓦利下臺，要求政府考慮把增值稅從 10 ％減少到 7 ％，延遲推行國營企業私營化的計畫、控制商品價格、改善工人的福利，以及取消浮動工資的計畫。[108]

10 月 14 日，泰國政府進一步推行開源節流政策，公布全面改革金融方案，容許經營不善的金融公司在引進外資或增資及改革結構後，重新經營，其中外資可在今後十年內持有 50 ％以上的股份。至於債臺高築的 58 家金融公司，可向當局設立的資產管理公司售出產業。或在金融改革局監督管理下，實行機構改革；或增資重組後，重新經營。[109]10 月 22 日起一連數天，約有一千多名示威者在政府大廈前集會抗議示威，要求查瓦利下臺，示威者大都是失業者，有些還是大學畢業生。

11 月 7 日，由川立沛領導的八黨，包括民主黨（123 席）、泰國黨（39 席）、社會行動黨（20 席）、泰國民黨（15 席）、統一黨（8 席）、自由正義黨（4 席）、泰黨（1 席）和正義力量黨（1 席），呈送國會主席簽署支持川立沛出任首相。11 月 10 日，國王蒲美蓬遂任命川立沛為泰國第二十三任首相。查瓦利成為金融危機下經濟受創而下臺的首相。

12 月 8 日，泰國政府下令關閉 56 家負債累累的金融公司，以符合國際貨幣基金組織發出第二筆拯救貸款給泰國的先決條件。另外兩家公

---

107. 南洋星洲聯合早報（新加坡），1997 年 8 月 6 日，頁 1。
108. 南洋星洲聯合早報（新加坡），1997 年 9 月 15 日，頁 2。
109. 南洋星洲聯合早報（新加坡），1997 年 10 月 15 日，頁 31。

司：曼谷投資公司和傑納京金融證券公司，則經過評估後准其恢復營業。泰國政府將設立一家新銀行接管上述 56 家金融公司的資產。受此關門之影響，有 2 萬名員工失業。[110]

泰國為了因應金融危機，除了向國際金融機構求助外，亦尋求自救。泰國軍方此時推動了收集黃金救國運動。在 1998 年 1 月 25 日，泰國武裝部隊展開為期九天的自願捐獻黃金運動，目的除了挽救經濟外，亦在激發人民的愛國心，以期與國家共同打經濟戰。一些佛教廟宇和其他民間團體亦展開「泰國人幫助泰國人」的運動，他們募得 1,654 萬泰銖、1 萬 7,295 美元和大約 1.5 公斤黃金。[111]

經過上述各種經濟措施，泰國經濟已逐漸恢復，外商投資亦漸增加，金融危機的夢魘已離泰人遠去。2003 年 8 月 1 日，在塔信的積極努力下，泰國歸還了國際貨幣基金組織的 172 億美元的貸款，而且是提早兩年清償，恢復泰國人的自信心和民族主義。但塔信的功勞反而給他帶來政治危機，權威及王權受到挑戰的泰王、泰族為主的軍方和分不到好處的反對黨形成聯合陣線，以政變手段將塔信放逐在外國，以致造成社會動亂。

第五節　泰南回民分離主義運動

泰南伊斯蘭教徒占總人口的 4 %，主要集中在北大年（Pattani）、耶拉（Yala）、陶公（Narathiwat）三府，這三府之所以發生反泰國運動，原因有三：第一，相信傳統的價值和北大年王國（*Patani Darussalam*）的偉大。第二，認同馬來人，與北馬吉蘭丹州的馬來人常相往來。第三，宗教因素，都是信仰伊斯蘭教。[112]

---

110. 南洋星洲聯合早報（新加坡），1997 年 12 月 9 日，頁 2。

111. 南洋星洲聯合早報（新加坡），1998 年 1 月 18 日，頁 35。

112. Connor Bailey and John Miksic, "The Country of Patani in the Period of Re-Awakening: A Chapter from Ibrahim Syukri's Sejarah Kerajaan Melayu Patani," in Andrew Forbes (ed.), *The Muslims of Thailand*, Volume II: *Politics of the Malay-Speaking South*, Centre for Southeast Asian Studies, Bihar, 1989, p. 151.

　　在 1786 年，北大年王國被暹羅兼併，暹羅在該地實施暹羅化政策，強迫學習泰國文化、語言、宗教和社會行為。暹羅在北大年之統治方式，引起馬來人不滿，經常爆發衝突，暹羅採取強力鎮壓手段，而形成惡性循環，成為泰國內政上最為棘手的問題之一。

　　在第二次世界大戰後，泰南回民問題依然沒有解決。1947 年 8 月 24日，暹羅政府派遣一個七人小組到北大年進行調查，與當地馬來人溝通意見，想擬定一個合理的治理北大年的計畫。「伊斯蘭理事會」（Islamic Council）主席蘇倫（Haji Sulung bin Abdul Kadir）和「北大年精神聯盟」（Persekutuan Semangat Patani, Alliance of the Spirit of Patani）主席歐斯曼・阿瑪德（Wan Othman Ahmad）代表北大年馬來人向七人小組提出七點建議如下：泰南的北大年、耶拉、陶公府和西吐爾（Setul）的首長應由來自該四省的穆斯林出任，且由人民選出；來自四省的稅收應用於該四省；政府應支援四省馬來人從中級到第四級學校教育之費用；四省公務員 80 %應從該四省的穆斯林出任；四省公務機關應可同時使用暹羅語和馬來語；政府應允許「伊斯蘭理事會」制訂伊斯蘭教的習俗和慶典的法律，然後與高階官員簽署協議；政府應在四省分別實施宗教法庭和一般法庭，有關穆斯林案件歸由宗教法庭審理。[113]

　　陶公府的 55 位馬來人領袖也提出類似北大年的要求，譬如，曼谷的廣播局的廣播，每天應有馬來語的廣播時段；南部政府應規定星期五為休假日，該天是禮拜日；教育應符合現代世界的標準；在穆斯林官員的治理下，四省的稅收應用於改善四省人民的福利。西吐爾省的馬來人領袖阿布都拉（Incik Abdullah bin Mahmud Sa'ad）也提出類似的建議。[114]結果上述各項建議都未獲得曼谷政府的採納。

　　1947 年 12 月，北大年一名暹羅警察在比路卡・馬沙哈克村（Kampung Belukar Masahak）遭土匪槍擊死亡，暹羅警察逮捕村內數名馬來青年，懷疑他們與土匪有關連，遂加以拷打，進而焚燬該村莊，導致有 25

---

113. Ibrahim Syukri, *op. cit.*, pp. 57-58.
114. Ibrahim Syukri, *op. cit.*, p. 58.

圖 7-5：泰南三府位置

資料來源：Jayshree Bajoria, "The Muslim Insurgency in Southern Thailand," September 10, 2008. in http://www.cfr.org/publication/12531/muslim_insurgency_in_southern_thailand.html，2010 年 10 月 20 日瀏覽。

戶馬來人無家可歸。[115] 當時北大年地區學校關閉，在耶拉和陶公府僅有少數馬來人的宗教學校還開著，主要原因是馬來人不願將其子女送至暹羅人辦的學校，也不願學習暹羅語。北大年也沒有馬來文報紙、電臺和政治組織，唯一聚會傳遞消息的地方是回教堂。

暹羅政府進而在 1948 年 1 月 16 日逮捕蘇倫，兩天後又逮捕歐斯曼·阿瑪德、汪·胡笙（Haji Wan Hussein）、馬穆德·阿米（Wan Mahmud Ami），其他支持馬來人要求的馬來人領袖都被逮捕，並被控以叛國罪。蘇倫等人被判刑三年，關入曼谷的監獄。政府宣布「伊斯蘭理事會」為違法組織，許多馬來人逃難到馬來亞。1 月 30 日，暹羅加派軍隊進南部四省，實行鎮壓。4 月 27 日，派飛機轟炸南部穆斯林住區，逮捕馬來人領袖。4 月 28 日，陶公府的杜順·尼亞村（Kampung Dusun Nyior）爆發警察和 1 千名馬來人之間的衝突，警方指控當地馬來人進行反政府活動，結果造成 400 名馬來人被殺、暹羅警察死 30 人。

從 1960 年代起，泰南陸續出現兩個反泰國的激進的伊斯蘭教組織，即

---

115. Ibrahim Syukri, *op. cit.*, p. 56.

「北大年聯合解放組織」（Patani United Liberation Organization，PULO）和「新北大年聯合解放組織」（New PULO）。前者從 1960 年代起就在泰南活動。該組織的武裝團體是「北大年聯合解放軍」（Pattani United Liberation Army，PULA），主要活動方式是以炸彈攻擊當地公共建築物和政府大樓。[116]

1960 年 3 月 13 日，有另一個分離主義組織——「民族革命陣線」（Barisan Revolusi Nasionale, BRN），其目的在泰南五府耶拉、北大年、陶公、宋卡、沙敦（Satun）建立一個獨立的、社會主義的國家，它在泰、馬邊境森林地帶有武裝基地，專門從事炸彈攻擊、燒毀卡車和射殺不願向其繳稅的村民。[117]

1988 年 11 月，泰南發生一系列縱火及佛教徒被謀殺事件。察猜首相認為泰南伊斯蘭教徒有必要學習泰文，以與泰國官員溝通，因為這些伊斯蘭教徒講爪夷語（Jawi）（即馬來語）。伊斯蘭教徒將泰語視為佛教語文，許多伊斯蘭教徒擔心講泰語會沖淡他們自己的宗教特色。他們幾乎不看泰語電視節目，而收看馬來西亞的電視節目。為吸引伊斯蘭教徒內附泰國，須施以泰語教育，教師是極為重要的，內閣於是同意給予泰南的教師額外津貼，數額為薪水的 10 ％，因為他們遭到日益猖獗的恐怖分子的威脅。泰國教育部長說，泰南的伊斯蘭教自治運動分子得到外國政府金錢的協助。泰南恐怖分子的遊擊隊人數約有200人。[118]但陸軍總司令查瓦利將軍表示，他不同意泰南伊斯蘭教顛覆分子獲得阿拉伯國家的支持，而是由於不良的官僚制度才是造成南部治安不好的原因。一些官員對於伊斯蘭教徒持有偏見，是造成局勢不安的原因之一。[119]

1993年8月1日，泰南34座學校和政府建築物遭人縱火，暴徒也襲擊火車和火車站等處，在公開場所安放炸彈，導致5人死亡、多人受傷。[120]

---

116. Peter Chalk, "Thailand," in Jason Isaacson and Colin Rubenstein (eds.), *Islam in Asia: Changing Political Realities*, AJC and AIJAC, Washington, D.C., and Melbourne, 1999, p. 166.

117. *The Straits Times*, April 18, 1997, p. 32.

118. 南洋星洲聯合早報（新加坡），1988 年 11 月 5 日，頁 10。

119. 南洋星洲聯合早報（新加坡），1988 年 11 月 17 日，頁 12。

120. 安德魯‧庫克，「泰南局勢與北發展三角」，南洋星洲聯合早報（新加坡），1993 年 10 月 29 日，頁 21。

　　1995 年 1 月 3 日，合艾鎮火車站發生爆炸案，兩名恐怖分子攜帶炸藥意外爆炸而喪生。泰國軍方情報人員在 1993 年曾報告說，「北大年聯合解放組織」內部已出現一個分裂集團「新北大年聯合解放組織」，其領袖是阿龍，該組織前軍事首領薩馬爾是阿龍的副手之一。軍方當時也聲稱，1993 年 8 月發生在泰南耶拉、北大年和陶公三府的三十多所學校遭人縱火案，就是該一新組織幹下的案子。[121]

　　「新北大年聯合解放組織」是在 1995 年從「北大年聯合解放組織」分裂出來，該組織追求北大年自治，不主張採取激烈暴力手段，而主張採用小型的攻擊，以困擾當地員警和政府當局。[122]

　　該兩個組織並不協調彼此的行動，因為有不同的戰術。但在 1997 年中，該兩組織同意採取戰術合作，以引起各界注意「南方」的問題。雙方合作進行「團結」（Bersatu, Solidarity）的計畫，以代號「落葉」（Falling Leaves）進行協調攻擊，目標在殺害國營公司工人和執法人員。

　　該兩組織獲得馬來西亞北部激進伊斯蘭教徒的支持。泰國政府表示北馬吉蘭丹州對泰南叛軍提供安全庇護，主要是該州的執政黨伊斯蘭教黨（Islamic Party，PAS）在暗中支持，還有吉隆坡政府對此漠不關心所致。泰南伊斯蘭教叛軍的武器是從柬埔寨運到吉蘭丹，再運到泰南。[123]

　　在 1997 年底，在「落葉」行動後，馬國在後面支持泰南叛軍益發明顯，泰國情報單位說，若無馬來西亞的伊斯蘭教黨的支持，不可能發動此一行動，而引起泰、馬兩國外交關係緊張，泰國政府警告，假如跨國合作對抗該叛軍沒有進展，則兩國經濟合作將予削減。[124]

121. 陳新才，「泰南爆炸案與伊斯蘭教什葉派」，南洋星洲聯合早報（新加坡），1995 年 1 月 16 日，頁 16。

122. Correspondence with Thai Military Intelligence, Bangkok, July 1997. See also "Terrorist Suspect Has Violent Past," *The Sunday Nation*, January 25, 1998.

123. See, for instance, "Minister: 'Southern Separatists Receive Foreign Training'," *The Nation*, January 6, 1995; "Malaysia Denies Thai Terrorist Claims," *The Australian*, January 6, 1998; and "Malaysia 'Not Training Ground for Thai Rebels'," *The Straits Times*, January 5, 1998; "Worse to Come," *Far Eastern Economic Review*, July 29, 1999.

124. Correspondence with Tony Davis, Specialist correspondent with *Jane's Intelligence Review*, Canberra, September 1998. See also "PM: Peace in South Vital to Growth Triangle," *The Bangkok Post*, January 21, 1998.

　　雖然泰南經濟有所增長，但與泰國其他地方相較還是低度發展，它的平均每人所得為 7,000 銖（baht），比鄰近省分少。此外，南方還存在著語言和宗教的差異，伊斯蘭教徒參與地方事務很少，此造成伊斯蘭教徒的不滿和挫折，阻礙了地方重建的希望。[125]

　　1998 年 1 月 2 日，川立沛首相說泰南伊斯蘭教叛軍游擊隊是在馬來西亞接受訓練。「北大年聯合解放組織」的游擊隊以手榴彈攻擊陶公府塔克拜縣（Takbai）的警察局。在耶拉府吻洞（Betong）也有炸彈攻擊一所學校，導致 3 名青少年被殺、12 人受傷。[126]泰國外長蘇林（Surin Pitsu-wan）對於泰南此次爆炸案表示，不贊成在泰南部署軍隊，其理由是最近的事件是零星的，地方人民未受到阻撓，且他們的精神仍煥發。內政部長沙南・卡宗巴塞少將（Major General Sanan Kachornprasat）也不贊成將南部的行政改變為特別行政區，因為問題還不很嚴重。[127]

　　泰南地區也成為印尼伊斯蘭教祈禱團（Jemaah Islamiyah）分子逃亡躲藏的地點。 2003 年 5 月 16 日，泰國警方在陶公府逮捕新加坡籍恐怖分子阿里分（Arifin bin Ali）。6 月 10 日，泰國警方又在陶公府逮捕涉嫌 2002 年印尼巴里島爆炸案的主嫌漢巴里（Riduan Isamuddin, Hambali），並交由美國關押。

　　2004 年 1 月 4 日，泰南再度爆發伊斯蘭教分離主義分子叛亂，一群武裝分子在陶公府搶劫一處陸軍軍火庫，殺害 4 名軍人，搶走 300 支 M-16 步槍，並燒毀陶公府內十二縣的 18 所學校。1 月 5 日，泰國政府在泰南三府宣布戒嚴。國防部長譚瑪拉（Thammarak Isarangura）授權第四軍區司令馮薩克中將（Lt-General Phongsak Aekbansingha）將陶公府六個區、耶拉府三個區、北大年四個區置於戒嚴法統治。[128]4 月中旬，陶公府有 11 所學

---

125. Peter Chalk, *Grey Area Phenomena in Southeast Asia*, Strategic Defence Studies Centre, Canberra, Australia, 1997, p. 62; "Ties of Faith," *Far Eastern Economic Review*, April 11, 1996; and Ladd Thomas, "Thailand" in William Carpenter and David Wiencek (eds.), *Asian Security Handbook*, M. E. Sharpe, New York, 1996, pp. 242-43.

126. *The Straits Times*, January 3, 1998, p. 25.

127. 星暹日報（曼谷），1998 年 1 月 8 日，頁 7。

128. "Thailand Islamic Insurgency,." in http://GobalSecurity.org./Thailand%20Islamic% 20Insurgency. htm，2011 年 3 月 15 日瀏覽。

校被縱火，引發教師恐慌。另有村長和地方自願維安人員遭到槍擊。4月28日，拿著彎刀和槍枝的武裝暴徒又分別攻擊泰南宋卡、耶拉和陶公三府十五處軍營和警局崗哨，軍警擊斃了107名暴徒，另有軍警5人陣亡。[129]

　　7月10日，泰國首相塔信批評馬國庇護伊斯蘭教分離主義分子，泰國要求馬國逮捕這些分離主義分子，但馬國並沒有積極的回應。馬國外長賽阿密（Datuk Seri Syed Hamid Albar）表示是因為泰國提供的名單，名字不清楚，而且沒有地址，很難查出來。泰國國防部長譚瑪拉更指出這些伊斯蘭教分離主義分子的戶頭有從外國匯進的約1億泰銖的資金。從資金匯出和匯入，即可查出這些分子。[130]12月5日，泰國政府用50架飛機在泰南四府上空灑下1億2,000萬隻紙鶴，除了慶賀泰王七十七歲生日，同時祈禱泰南和平。為了籌備該項活動，泰國政府在各公共場所張貼折紙鶴的方法，並設置紙鶴收集箱。除了泰人折紙鶴外，亦有來自日本、美國和中國的紙鶴。然而該項活動並沒能因此遏阻伊斯蘭教徒分離主義者的破壞活動。

　　2005年2月10日，陶公府府尹出席一項軍事檢閱儀式時，會場在當地的體育場，遭到暴徒以遙控方式爆炸，傷5人，幸好府尹距離爆炸點有50公尺，所以平安。在前一天，亦有6、7名暴徒偷襲陶公府一處員警哨所，並引爆一顆炸彈，導致村民一死一傷。2004年，泰南動亂，總共死了650人。泰國政府在南部實施戒嚴，派遣軍隊25,000人，但還是不能平息動亂。[131]

　　泰國政府在7月19日宣布泰南陶公、耶拉和北大年三府「進入緊急狀態」。泰南安全部隊總司令匡察中將（Khwanchart Klaharn）進而在11月3日宣布，泰南宋卡府的兩個縣乍納（Chana）和貼帕（Thepha），即日起實行軍法統治。[132]

---

129. 南洋星洲聯合早報（新加坡），2004年4月29日。
130. 南洋星洲聯合早報（新加坡），2004年7月11日。
131. 南洋星洲聯合早報（新加坡），2005年2月11日。
132. 「暴力襲擊升級，泰南軍管範圍擴大」，南洋星洲聯合早報（新加坡），2005年11月4日。

　　泰國政府於 2006 年 4 月 18 日在內閣會議上宣布，將把南部三府的緊急法令再次延長三個月。

　　陸軍總司令宋提於 2006 年 9 月發動政變後，泰南回教徒和分離組織領袖異口同聲說，有助於解決泰南動亂，並希望他履行與回教分離組織談判的承諾。流亡瑞典的「北大年聯合解放組織」（Patani United Liberation Organization, PULO）副主席盧克曼於 2006 年 9 月 21 日表示歡迎政變，認為這有助於解決泰南動亂，因為宋提是回教徒，是唯一真正瞭解泰南問題的人。宋提曾在幾個星期前提議與泰南分離主義者談判，但遭塔信政府拒絕。[133]

　　泰國首相蘇拉育於 11 月 2 日前往泰南，為兩年前陶公府塔拜（Tak Bai）地區的 85 名回教徒因為參加抗議活動而致死一事，向他們的家人和當地群眾道歉，以緩和泰南的緊張情勢。泰國政府在 11 月 23 日宣布將為泰南地區制定一套特別發展計畫，並由首相蘇拉育親自負責有關泰南的政策。蘇拉育召開內閣特別會議後透露，將對泰南地區進行減稅措施、發展工業、增加更多工作機會。[134]

　　自從 2004 年 1 月起，泰南教師遭到攻擊而死亡的人數，至 2006 年 11 月已經超過 60 人，使得教師人人自危，雖然稍早曾經通過教師可隨身攜帶槍械防身，但效果並不明顯。因此，從 2006 年 11 月 28 日起，北大年、耶拉和陶公三府在教師會同意之下，決定無限期停止上課。停止上課的學校總數，超過 1,000 所。[135] 至 12 月初，這些學校陸續恢復上課。當局勸告教師、學生和家長成群結隊前往學校，以策安全，當地官員也增派人手，沿途保護他們。

　　此外，泰國蘇拉育新政府恢復四年前被前首相塔信廢除的「泰南邊境府行政中心」，以便讓動亂的泰南三府：北大年、耶拉和陶公府的民眾和當地官員，擁有一個更好的討論及解決問題的管道。在取得泰國新

---

133. 「泰南回教與分離組織領袖：軍人政變有助解決泰南動亂」，南洋星洲聯合早報（新加坡），2006 年 9 月 22 日。
134. 南洋星洲聯合早報（新加坡），2006 年 11 月 24 日。
135. 「泰南安全堪慮 逾千所學校停課」，大紀元時報（臺灣），2006 年 11 月 29 日。

成立的臨時政府的正式批准後，這個新成立的中心重新命名為「南部邊境府發展與行政中心」。不過，這個新行政中心的宗旨仍然是為泰國南部催生「和平、和解及發展」。新行政中心歸屬內政部管轄。塔信在2002年廢除了「泰南邊境府行政中心」，泰國異議人士指塔信這個錯誤決策引發了2004年初爆發的泰南暴亂。兩年多來的動亂已造成1,700多人死亡。但塔信一直堅持泰南動亂是治安問題，派出大批軍警到泰南三府鎮壓，從來沒有採納宋提上將提出的和叛軍領袖談判的建議。

泰國軍政府於2007年1月10日宣布，延長以回教徒居多的泰南三府的緊急管制令。在緊急管制令下，安全部隊將擁有對南部三府廣泛的管制權，包括可以不經審訊扣押嫌犯達三十天。軍方也無需搜查及拘捕令即可搜查或逮捕嫌犯、竊聽嫌犯電話，並且有檢控豁免權。2月12日，馬來西亞首相巴達威（Abdullah Ahmad Badawi）訪問曼谷，與蘇拉育商談泰南回民避難到馬國的問題，2005年有130名泰國人逃到馬國避難。雙方同意合作，以消除泰國南部的動亂。馬來西亞外交部長賽哈密（Datuk Seri Syed Hamid）於4月6日表示，馬國樂意協助泰國平息泰南亂局，但不願充當泰國政府與回教分離主義分子之間的調解人。[136]

2008年1月18日，泰國政府首次承認，國際恐怖組織「凱達」（基地）組織和販毒分子為泰國南部的種族分離分子提供金錢和武器幫助。此一說法與泰國政府長期以來的立場截然不同，泰國政府過去一直堅持，沿泰、馬邊境南部三個府的暴力衝突完全是國內問題，跟國際回教激進組織沒有關係。[137]

泰國內政部長差霖（Chalerm Yubamrung）於2008年2月14日表示，新政府將考慮讓泰南北大年府、耶拉府和陶公府享有某種程度的自治，但新首相沙瑪對有關建議採取謹慎的立場，他認為差霖的提議是危險的，可能導致泰南暴力事件升級。所以差霖在三天後撤消其之前的所有

---

136. 「賽哈密：泰南暴亂 馬願協助但不能插手」，南洋星洲聯合早報（新加坡），2007年4月7日。

137. 「泰國政府：泰南叛軍得到基地組織資助」，南洋星洲聯合早報（新加坡），2008年1月19日。

有關講話。[138]

　　10 月 28 日，首相宋猜首度前往泰南的北大年和陶公府巡視，他強調應加強南部保安官員的安全保護、提升他們的配備、改善教育和提高泰南主要農作物橡膠的價格，改善人民的經濟條件是解決問題的重要途徑之一。2009 年 1 月 17 日，阿披實首相也前往泰南巡視，瞭解當地的情況。

　　國際危機組織（International Crisis Group）是致力於預防和解決危機的獨立研究機構，他們在十六個月內訪問了多名參加過泰南地下招募活動的宗教教師和學生，於 2009 年 6 月 22 日完成了一份「泰南招募好戰分子」（Recruiting Militants in Southern Thailand）報告。報告說：「分離組織主要邀請私立學校那些虔誠和努力學習的學生，參加回教堂的課程，有時假稱是足球訓練，讓他們受到激進主義教育。而這些年輕人很容易被回教徒受壓迫和虐待的歷史所打動，接受武裝聖戰思想。」泰國南部的叛亂分子從當地回教學校的超過 10 萬學生中，招募 1,800 至 3,000 位新人，加入武裝組織，向他們灌輸激進主義思想，不過當地的武裝活動跟國際聖戰運動沒有聯繫，主要負責招募武裝叛亂分子的組織是「全國革命協調陣線」（National Revolutionary Front-Coordinate, Barisan Revolusi Nasional-Coordinate, BRN-C）。[139]

　　泰國政府與南部伊斯蘭教叛軍組織「全國革命協調陣線」於 2013 年 2 月 28 日在吉隆坡警察訓練中心簽署協議，同意在兩個星期後在馬來西亞首都吉隆坡舉行和談。其他叛軍組織則尚未與泰國政府有和談跡象。雙方於 3 月 28 日在吉隆坡舉行第一次和談，該陣線在 4 月 28 日提出五點和談要求，(1)泰國政府必須承認「全國革命協調陣線」是解放運動組織，不是分離主義組織；(2)無條件釋放所有與叛亂活動有關的囚犯；(3)允許東

138. 「泰內政部長收回『讓南部自治』講話」，南洋星洲聯合早報（新加坡），2008 年 2 月 16 日。

139. International Crisis Group, "Recruiting Militants in Southern Thailand," Asia Report No.170, 22 June 2009, http://www.crisisgroup. org/en/regions/asia/south-east-asia/thailand/170-recruiting-militants-in-southern-thailand.aspx，2011 年 8 月 8 日瀏覽。

協和伊斯蘭會議組織（Organization of Islamic Conference）成員國及非政府組織以觀察員身分參與和談；(4)只有具有馬來人血統的泰南人才能出席和談；(5)馬來西亞政府不僅是安排和談而已，其身分應是調停人。[140]

　　泰南的伊斯蘭教徒的分離主義運動主要集中在泰南耶拉、陶公、北大年三省，該三省以北的省分，例如蘇叻他尼（Surathani）、單馬令和萬崙（Bandon）等地也有伊斯蘭教徒，但似乎他們與泰人相處和平，沒有發生宗教和種族衝突，顯然該一情況與過去北大年王朝的勢力範圍有關，主張脫離泰國統治的伊斯蘭教徒是以北大年王朝範圍及後裔為主。

　　泰南的伊斯蘭教徒分離主義運動，有其長期的歷史背景，更有外國勢力的介入，尤其在伊斯蘭教復興主義在全球各地蠢動不已之情況下，欲其在短期內平息，恐非易事。泰南從第二次世界大戰結束後就爆發種族衝突，從 2004 年至 2013 年之間已造成 5,300 多人喪生及無數財產的損失，泰國政府對於此一亂局無法立即加以控制，以致於隨時都發生暗殺及爆炸事件。泰南的局勢有如菲律賓南部的回民作亂一樣，唯一的差別是泰國無意讓南部三省實施回民自治，而菲律賓雖已讓菲南回民自治，仍無法饜足其對獨立的要求。

第六節　柏威夏古廟之爭

　　暹羅在 1796 年曾占領柏威夏（Préah Vihéar）古廟（泰國名為考帕威寒 Khao Phra Viharn）周圍 4.6 平方公里的地區。1806 年，柬埔寨安贊二世（Ang Chan II）奪回該古廟。法國在 1907 年與泰國進行了邊界勘定，負責繪製地圖的法國人把柏威夏寺歸於柬埔寨境內。自從法國軍隊於 1954 年撤離柬埔寨之後，柬、泰兩國就不斷爭奪建於十一世紀的柏威夏古廟、達莫安寺（Ta Moan）、達格拉貝寺（Ta Krabei）和這三座古寺周圍

---

140. 「泰南和談前夕，分離主義組織提五要求」，南洋星洲聯合早報（新加坡），2013 年 4 月 29 日，頁 26。

扁擔山脈（Dangrek）森林的主權。柬埔寨堅持它們位在其國境內，泰國卻宣稱它們位於泰國的素林府。柏威夏古廟位於泰、柬邊界地區海拔650公尺高的懸崖峭壁之上，古寺正門在泰國一側，從柬埔寨進入則需要爬峭壁的石階，非常險峻。

　　泰國不承認法國在1907年繪製的有關柏威夏地圖，在1954年出兵占領泰、柬邊境的柏威夏古廟，柬埔寨提出抗議。柬埔寨副首相兼外長宋山（Son Sann）在1958年9月4日前往曼谷舉行談判，結果談判破裂，隔天雙方宣布將把柏威夏古廟的所有權糾紛送交國際法院仲裁。宋山表示，根據1904年法國與暹羅條約，該古廟屬於柬埔寨之領土，1954年被暹羅邊境警察強占。但泰國外長衛塔雅康王子（Prince Wan Waithayakon）認為，依據自然水道分水線規則，該古廟應屬於泰國所有。9月7日，在曼谷爆發反柬埔寨示威活動，約有5萬名示威群眾前進至柬埔寨大使館，遭警察驅離，雙方發生衝突，約有100人受傷。[141]

　　柏威夏古廟位在扁擔山脈的東段，南邊是柬埔寨，北邊是泰國，該廟位在峭壁上，泰國認為峭壁是兩國的自然邊界，所以堅持該廟屬於泰國所有。兩國各提出自然環境、歷史、宗教和考古的證據，但國際法院不認為上述論據具有法理決定力。1962年6月15日，國際法院對於柏威夏古廟做出判決，其主要是根據1907年3月23日法國和暹羅簽訂的條約，暹羅割讓馬德望、暹粒和詩梳風（Sisophon）三地予法國。該條約規定法國和暹羅兩國疆界，國際法院法官最後以9票對3票，判決該廟位在柬埔寨領土內，應屬於柬埔寨所有；以9票對3票，判決泰國有義務撤出在該廟及其附近的軍隊、警察或看守人員；以7票對5票，判決泰國有義務歸還柬埔寨其自1954年占領該廟後所有取走的物品，包括雕刻品、石碑、紀念物殘片和古瓷。[142]

　　2007年，柬埔寨將柏威夏寺向聯合國教科文組織申報世界文化遺

---

141. *Keesing's Contemporary Archives*, August 8-15, 1959, p. 16949.該資料說柬埔寨是以1907年法國和暹羅條約做為證據，實則是以1904年法國和暹羅條約做為證據。
142. Covey Oliver, "Case Concerning the Temple of Preah Vihear (Cambodia v. Thailand)," *The American Journal of International Law*, Vol. 56, No. 4 (Oct., 1962), pp. 1033-1053.

產，遭到泰國反對。當時由軍人委任的蘇拉育政府稱，古寺周圍4.6平方公里範圍內的地區是雙方爭議區，柬埔寨無權單方面提出申報。

柬埔寨於2008年再次提出為柏威夏寺申遺的申請，但申報範圍縮小至古寺本身，不包括周邊地區。

2008年6月17日，沙瑪政府未經國會批准，與柬埔寨政府簽署一項支持柬埔寨向聯合國教科文組織申報柏威夏古廟為世界文化遺產的聯合聲明，而引起泰國人民的不滿。柬埔寨和泰國一直聲稱擁有這座古寺四周4.6平方公里的土地。7月2日，該古廟獲得聯合國教科文組織列為文化遺產。柬埔寨認為法國於1907年繪製的地圖將柏威夏寺歸於柬埔寨境內，泰國認為這個地區從未劃清國界，激烈反對教科文組織的決定。[143]「黃衫軍」領袖素瓦等13人以不符合法律程序為由向行政法院提出控訴，行政法院在2008年6月28日發出臨時禁令，制止政府支持柬埔寨申請把兩國邊界的柏威夏古寺列入世界文化遺產；泰國外長那帕丹（Noppadon Pattama）因與柬埔寨簽署聯合聲明同意柬埔寨申請聯合國文化遺產而受到批評，於7月9日辭職下臺。2009年12月30日，憲法法院宣判該一聯合聲明違反憲法程序，應予廢止，因為未與國會商議。[144]

2008年7月15日，泰國軍隊和柬埔寨軍隊在古廟地區進行駁火，並派兵駐守古廟附近地區。7月19日，中國和越南的軍事參贊以及法國和美國駐柬埔寨官員由金邊搭乘直升機抵達柏威夏古廟；他們巡視柏威夏古廟一帶並且拍攝了照片，他們試圖解決該一衝突。7月28日，泰國外長特傑（Tej Bunnag）和柬埔寨外長何南宏（H. E. Hor Nam Hong）在暹粒舉行超過十二小時的會談，雙方同意撤退部署在該古廟附近的800名柬軍和400名泰軍。8月2日，約70名泰國軍人，占領了柬埔寨西北部邊界地區的一座十三世紀古廟達莫托寺（Ta Moan Thom Temple），它位在柏威夏

---

143. 澳洲學者波拉（Bora Touch, Esq）在2008年寫了一篇文章，認為泰國已同意接受1962年國際法院判決案附件一所附地圖，1907年法國和暹羅混合委員會中泰國代表亦看過地圖，顯示地圖本身沒有問題。該文批評泰國對於國際法院的判決的瞭解有錯誤。參見Bora Touch, Esq, "Preah Vihear Temple and the Thai's Misunderstanding of the World Court Judgment of 15 June 1962," in http://www.preah-vihear.com/，2011年10月26日瀏覽。
144. 「行庭判決廢除泰柬神廟聲明」，世界日報（泰國），2009年12月31日。

圖 7-6：柏威夏寺 1

資料來源：http://friendspvtw.blogspot.com/p/preah-vihear-info.html

圖 7-7：柏威夏寺 2

資料來源：http://www.mekong.net/cambodia/cambodia-preview24.htm，2011 年 10
　　月 10 日瀏覽。

圖 7-8：柏威夏寺 3

資料來源：http://www.mekong.net/cambodia/cambodia-preview24.htm，2011 年 10
月 10 日瀏覽。

古廟以西 150 公里處，引起柬埔寨的抗議。10 月 3 日，泰、柬軍人在柏威
夏古廟以西 3 公里處駁火，導致兩名泰國軍人、一名柬國軍人受傷。10 月
13 日，泰國外長特傑和柬埔寨外長何南宏在金邊舉行談判，沒有結論。

2009 年 4 月，泰、柬雙方又發生衝突，造成 7 名軍人死亡。

2009 年 4 月 3 日，泰國軍人武裝攻擊柏威夏神廟遺址附近的貿易市
集，柬埔寨外交部於 5 月 12 日正式發文給泰國政府，要求泰國政府就該
一事件提供賠償，具體的賠償金額為 7,400 萬銖（215 萬 500 美元）。而在
此之前，柬埔寨一個民間機構曾向泰國駐柬埔寨大使館提出 900 萬美元的
賠償要求。該邊境市集有 264 間店鋪被焚毀，319 戶人家因此喪失工作和
收入。該事件造成的經濟損失達到 7,400 萬銖。[145]

11 月，柬埔寨聘請遭罷黜的泰國前首相塔信出任首相洪森（Hun

145.「泰邊境衝突 柬索賠 215 萬美元」，世界日報（泰國），2009 年 5 月 13 日。

Sen）的個人顧問和政府的經濟顧問，引起泰國政府不滿，立即在 11 月 5 日召回駐金邊大使，柬埔寨政府也同樣召回駐曼谷大使。2010 年 8 月，塔信辭去柬埔寨經濟顧問，8 月 24 日，泰國和柬埔寨恢復外交關係。

2011 年 1 月 31 日，泰、柬兩軍在柏威夏古廟附近發生戰鬥，導致一名泰國士兵喪命。2 月 4～7 日，泰、柬兩軍在柏威夏附近爆發激戰，導致 11 人喪命。柬埔寨首相洪森促請聯合國安理會召開緊急會議，以及呼籲聯合國派出維和部隊到爭議地點駐守。泰國則反對由聯合國調停，有關爭端應該由兩國自行解決。[146]

聯合國安理會於 2 月 14 日發表公報，敦促柬、泰雙方實現永久性停火，但並未接受柬埔寨所提出的、派遣維持和平部隊至爭執地點的建議。2 月 22 日，東協外長集會討論泰、柬邊境糾紛，同意接受印尼觀察員到衝突地區視察。但是泰國軍方在 3 月表示，由於當地太危險，而且觀察員會把事情複雜化，而拒絕觀察員前往衝突地區的古廟。柬、泰兩國的高級官員在 4 月初在印尼西爪哇省的茂物（Bogor）就糾紛舉行的會談也沒有成果。[147]

4 月 22 日，泰、柬兩軍再次交火，打破了維持了兩個月的平靜。駁火地點距離柏威夏古廟約 250 公里的達莫安寺和達格拉貝寺。一名泰國軍人被打死；泰軍已有 5 人戰死，31 人受傷。柬軍已有 7 人死亡，17 人受傷。[148] 4 月 25 日，泰、柬雙方再度交火。泰軍發射了 1,000 枚炮彈和迫擊炮，一些炮彈深入柬國境內 20 公里，導致一所農村學校和 10 間房子被炸毀，約 1 萬 7,000 名村民被疏散。柬埔寨國防部也指責泰國的炮火破壞了寺廟。[149] 4 月 28 日，泰、柬達成停火協議。29 日，雙方又駁火，造成一名泰國軍人死亡、4 人受傷。

5 月初東協在印尼舉行高峰會，印尼總統尤多約諾（H.E. Dr Susilo Bambang Yudhoyono）為了化解泰、柬邊界衝突，還特地安排與泰、柬領

---

146. 南洋星洲聯合早報（新加坡），2011 年 2 月 14 日。
147. 南洋星洲聯合早報（新加坡），2011 年 4 月 10 日。
148. 南洋星洲聯合早報（新加坡），2011 年 4 月 26 日。
149. 南洋星洲聯合早報（新加坡），2011 年 4 月 26 日。

導人舉行會談，但還是未能取得任何突破。在峰會結束後，印尼外長馬蒂（Dr. R.M. Marty M. Natalegawa）與泰國外長甲西（Kasit Piromya）和柬埔寨外長何南洪三人在雅加達外交部舉行了特別會議。馬蒂提出「一攬子解決方案」。在泰國簽署印尼提出的「受委託事項」文件之後，印尼將根據這項文件立即派出觀察團到泰、柬邊境的衝突地區執行任務。[150]

柬埔寨在 4 月 28 日向國際法院提出申請書，要求國際法院解釋其於 1962 年把柏威夏古廟判歸柬埔寨的判詞含義，同時要求國際法院下令泰國立即無條件地從有主權爭執的柏威夏古廟一帶撤軍，以及停止損害柬埔寨領土主權的行為。柬埔寨要求國際法院澄清有關判決的含義和範圍，以及解釋「將約束柬埔寨和泰國……相關文句，作為最終以談判或其他任何和平手段解決這起糾紛的基礎。」[151]

5 月 30 日，國際法院舉行公聽會，有 16 名法官聽審，柬埔寨外長何南洪在會上說：「泰國有義務把寺廟周圍地區的軍隊撤走。」他堅持，泰國一定要「尊重柬埔寨的主權和領土。」但泰國外交部長甲西在庭外對記者表示，泰國並沒有質疑國際法庭在 1962 年對柏威夏古廟所做出的裁決。泰國是對該古廟周圍 4.6 平方公里的地區主張為泰國所有，法庭對此並未做出有關判決。1962 年，國際法庭裁決柏威夏寺歸柬埔寨所有，但並未對該寺四周 4.6 平方公里的土地做出裁決。[152]

泰國國防部長帕維（Prawit Wongsuwon）於 6 月 4 日在新加坡舉行的亞太安全會議（香格里拉對話）場外對記者說，國際法院沒有權力下令泰國從柏威夏寺周圍 4.6 平方公里的領土主權糾紛地區撤軍及停止在該範圍內的一切軍事活動，如果它當真作出這樣的裁決，泰國將不會遵守。泰國外交部長甲西較早時也曾說過，如果國際法院下令泰國撤軍，對柬埔寨也應當下達同樣指令。[153]

7 月 18 日，國際法院以 11 票對 5 票，下令柬埔寨和泰國軍警同時離開

---

150. 南洋星洲聯合早報（新加坡），2011 年 5 月 31 日。
151. 南洋星洲聯合早報（新加坡），2011 年 5 月 4 日。
152. 南洋星洲聯合早報（新加坡），2011 年 5 月 31 日。
153. 南洋星洲聯合早報（新加坡），2011 年 6 月 6 日。

柏威夏寺周圍地區。法院也呼籲泰、柬允許東協官員進入該地區，以實現由聯合國安理會在2013年2月提出的永久性停火協議。為了讓泰、柬撤軍，國際法院在柏威夏寺周圍劃定「臨時非軍事地帶」，以迫使泰國從占領多時的地點撤軍，柬埔寨軍隊也必須同時離開寺廟的鄰近地區。國際法院也下令泰國，不得阻擋柬埔寨人民自由進出柏威夏寺，也不能阻止柬埔寨向那裏的非軍事人員發放補給。[154]

9月15日，泰國新首相穎拉訪問金邊，與首相洪森達致協議，雙方同意兩國從柏威夏寺地區撤軍。2012年4月29日，柬軍在柏威夏邊境地區巡邏時，遭到泰國軍隊攻擊，雙方以步槍和手榴彈駁火了約十分鐘，造成一名柬軍受傷。泰國

圖 7-9：柬埔寨軍隊從柏威夏古廟撤軍儀式
資料來源：南洋星洲聯合早報（新加坡），2012 年 7 月 19 日。

軍方發言人訕森指出，由於柬埔寨的非法伐木工在泰國境內向泰國安全部隊開槍後逃走，泰方才做出反擊。在國際法院下令柬、泰兩國從柏威夏古廟地區撤軍後的一週年，柬埔寨和泰國於 7 月 18 日分別從柏威夏古廟地區撤出了數百名軍事人員，改派員警和保安人員駐守。泰、柬並設立聯合小組，研究印尼觀察員在該地駐守的職責範圍。印尼將派出觀察小組，負責監控這片面積4.6平方公里有爭議地區的局勢。[155]

154.「古寺周邊主權爭議下判 國際法庭下令 泰柬兩國同時撤軍」，南洋星洲聯合早報（新加坡），2011 年 7 月 19 日，頁 4。
155.「柬泰軍隊撤出邊界爭議地區」，南洋星洲聯合早報（新加坡），2012 年 7 月 19 日。

　　2013年11月11日，國際法院宣讀泰國與柬埔寨之間考帕威寒山柏威夏神廟周邊領土爭議案判決，否決柬埔寨提出的以殖民時期地圖劃定泰柬邊境要求，使古神廟遺址周邊大片領土仍然屬於泰國。但國際法院要求泰方檢討執行1962年判決的古神廟遺址邊界範圍，並要求泰柬兩國共同保護作為世界文化遺產的考帕威寒山神廟古蹟。對柬方提出使用法國殖民時期「1:20萬比例地圖」作為劃定兩國國界的要求，國際法院作出裁定，此案審理不涉及解決兩國邊界爭端問題，國際法院沒有必要對兩國邊界進行裁定。所以柬方自稱古神廟以西大約4.6平方公里山區以及普瑪克山（茄子山）制高點屬於柬埔寨的說法，法院不予認同，以上區域目前屬於泰國的控制範圍。[156]此案終於塵埃落定。

　　泰國和柬埔寨為了古廟發生糾紛，過去也曾為了吳哥窟是否為泰國所有而發生衝突。2003年，泰國報章引述一名電視女藝人的談話，指吳哥窟屬於泰國所有，激怒柬埔寨人群起抗議，甚至放火焚燒在金邊的泰國大使館。柏威夏古廟之領土爭端，應該是當年國際法院只解決問題的一部分，而留下未決的領土的後遺症。

---

156. 「泰柬神廟領土案 國際法庭判雙贏」，世界日報（泰國），2013年11月12日。

第八章　國家、佛教與國王

第一節　王權的來源

在長期的泰國王政史中，王位繼承沒有固定的法律，完全由國王就其叔伯、兄弟或兒子中任命繼承。假如國王去世而未任命繼承人，選舉國王權就交由皇室高層人員、貴族、高僧組成的會議決定。優先權通常給予嫡長子，但對拉瑪三世之選擇，卻不遵守此一規則，而是從同父異母生的兄弟中選擇。傳統上，泰皇擁有很多妻妾，所生子女中唯有排名在前的后妃所出之兒子，才有繼承人資格。從素可泰王朝、阿瑜陀耶王朝到曼谷王朝，都禁止女性繼承王位。[1]

十九世紀時西方的君王觀念開始影響泰國的傳統慣例。泰國王權體系的一個特徵是設立副王或第二君王（Uparat 或 Second King）。副王在某些方面與泰皇分享權力。副王通常為泰皇之兄弟，但副王不一定成為國王，因為中途可能發生政治衝突或比泰皇早死。拉瑪四世皇蒙庫特登基後頭幾年是個例外，當時的副王是其弟弟，享有與泰王同等的地位，以後副王之聲望和重要性在十九世紀中葉後趨於式微。

1868 年 9 月 22 日，泰皇蒙庫特病危時，傳召他的兩位兄弟及統轄泰南的大臣斯里蘇里雅萬斯（Chao Phya Sri Suriyawongse），要求三位聯合執政。二天後，在皇家會議前宣讀泰皇的上諭：「泰皇希望繼承王位的人必須是皇室兄弟、皇太子或皇侄子，且唯有在獲得皇太子和最高國務會議的完全贊同下才能成為繼承人。皇太子和大臣應選擇一位具有才華

---

1. Benjamin A. Batson, *The End of the Absolute Monarchy in Siam*, Oxford University Press, Singapore, 1984, p. 27.

和智慧的皇太子，他具有維持和促進王國之和平和幸福之資格者。」[2]

　　泰皇蒙庫特最鍾愛第九子朱拉隆功，惟當時年僅十五歲，擔心他太年輕不足以擔負大任，後經斯里蘇里雅萬斯等大臣之力荐，始立朱拉隆功為副王。蒙庫特駕崩後，由朱拉隆功繼位。依古例國王須年屆二十一歲始能親臨秉政，因此，從 1868 年到 1873 年，由斯里蘇里雅萬斯擔任攝政。1874～1875 年間，朱拉隆功與副王發生權力衝突，待爭議解決後，雖保留副王制，但其權力和地位已減弱。1886 年副王去世後，未再任命繼承人，此後泰國王位即由父傳子或兄傳弟。[3]

　　1887 年，王位繼承制改變了，朱拉隆功的長子瓦七倫希特王子（Prince Wachirunhit）被授予泰國第一個正式承認的王儲（Crown Prince），但王儲卻在1895年去世，雖然朱拉隆功有一位年僅2歲的弟弟馬喜道親王（Prince Mahidol），但他決定由其嫡系兒子繼承王位。朱拉隆功有九子，只5人存活。1895年封賜次子瓦七拉兀為王儲，時年十四歲，正在英國倫敦求學。1903年遊學美、日後才返泰執政。

　　朱拉隆功於 1880 年代中期，進行行政改革，加強君王之權力地位。他並派皇太子和貴族到歐洲求學。這批受西方教育的菁英，後來挑戰了傳統的權力和合法性之基礎。1885 年，一群受西方教育的親王和官員向朱拉隆功呈遞請願書，剖析暹羅所面臨的問題，建議採行君主憲政制，以解決問題。請願書並批評了政治權力過度集中，部長缺乏明確的責任，及絕對王權制不符合時代潮流，唯有建立廣泛基礎的政治結構才能使暹羅免於被西方帝國主義者殖民，該請願書雖然認為議會制政府不是當前立即優先的問題，但仍應建立民選的國會。朱拉隆功對此請願書之答覆簡潔直接，他解釋他不想獨占權力，也不反對進步和改革，他同意政府改革是必要的，但懷疑西方政治模式之可行性，因為泰國沒有足夠的受教育的人來承擔該種廣泛的行政和立法責任。1880 年代末，他選擇那些受西方教育的親王掌理新政府部門，並讓他們出席國務會議。1892

---

2. Fred W. Riggs, *Thailand, The Modernization of A Bureaucratic Polity*, East-West Center Press, Honolulu, Second Printing, 1968, p. 45.

3. Benjamin A. Batson, *op. cit.*, p. 27.

年，正式組內閣政府。12 位內閣部長中，有 9 位是他的兄弟、2 位是貴族，只有國防部長是資深貴族，為前朝遺臣。朱拉隆功的行政革新更加強了王權的地位。

由朱拉隆功傳位給瓦七拉兀，在繼承制度上也發生了些微的變化。朱拉隆功在死前，鑑於瓦七拉兀尚未成婚，所以曾指示由瓦七拉兀之弟弟卻克拉朋親王為王位繼承人。但卻克拉朋親王與一位俄國女子結婚，後又離婚，而於 1920 年去世，乃改由阿斯丹親王（Prince Asdang）為王位繼承人。1924 年，制定王位繼承法（Palace Law on Succession），正式承認由朱拉隆功皇后邵哇哈（Saowabha）所生諸子為順位繼承人。但該法規定唯有當國王不能運用其權力任命繼承人時，才可引用該法（即由皇子繼承王位），[4] 同時也規定與外國人結婚者不得繼承王位。瓦七拉兀無子，阿斯丹成為王位繼承人。但阿斯丹於 1925 年去世，其四弟朱大烏吉親王（Prince Chutadhuj）又已於 1923 年去世，故最後由朱拉隆功最年幼的五子巴差帝帕繼承王位。

巴差帝帕因體弱多病，並未期望成為國王，也不想當國王，當瓦七拉兀死前指定他為王位繼承人時，他推辭說他年輕、沒有經驗，另推荐年長的同父異母兄波里帕特親王（Prince Boriphat）或其他皇室中年長的

---

4. 泰皇巴差帝帕（Prajadhipok）於 1926 年撰「暹羅的問題」（Problems of Siam）一文，提及泰國王位繼承之沿革，他在文章中說：「我們假定過去暹羅王是由民選產生的，過去曾舉行選舉儀式。在國王死時，由諸皇子、大臣、高僧所組成的委員會來推選國王。資深的親王或大臣建議某某親王應出任國王，並詢問有人反對嗎？通常沒有人質疑，但有時肯定回答是由舉手或點頭表示通過的。國王即正式宣布產生，『民選』之意指此。此一傳統沿襲至第五世皇，朱拉隆功開始設皇儲，由王儲繼承王位，老王死時，只是宣布新王而已。拉瑪六世無子嗣，由內閣會議決定由其兄弟繼承王位，後來他制頒王位繼承法。此一王位繼承法包含二項原則：選舉原則和世襲繼承原則。國王有權任命皇室人員為其繼承人，但假如國王死時未任命一位繼承人，則應由其兒子繼承。由於一夫多妻制之習慣，而使此一問題變成複雜，繼承法規定宋迪契（Somdetch Phra Rajini）之子有較其他人之子優先繼承權。以後優先順序即按皇后、妃之順序排列，最後是妾所生之子。假如國王不突發奇想把皇后之位置排在妾之後，則上述方法原則上是可行的。但我認為這種方法很複雜。我建議按母親之出生別來決定兒子之優先繼承順序。我意指優先權應給予公主的兒子，如國王的女兒，其次順序為國王的侄女的兒子等。假如同階級的母親之間有許多兒子，則繼承優先順序按年齡大小排列。如國王沒有兒子，則由國王的兄弟繼承。」（參見 Benjamin A. Batsan, op, cit., p. 286.）

人繼位。1926 年，巴差帝帕描述拉瑪六世皇死時他的心情如下：「……老王開始喪失人民之信任，走向王朝的末期，繼承問題引起極大的焦慮不安。在諸皇太子中，唯一具聲望的是巴里巴特拉親王（Prince Paribatra）（即波里帕特親王），許多人樂見由他繼承王位。雖然大家都知道國王期望有個男孩，假如他沒有男孩，則由國王之兄弟繼承王位，對於此，我很遺憾的說，多數人不認為我是最適當人選。對我而言，我是一匹黑馬，在處理政務上完全沒有經驗。」[5]

　　1932 年 6 月 24 日發生軍事政變，泰國從絕對君主政治改變為君主立憲制。但王權繼承問題並未受到重大影響，唯一最大的改變是王權由憲法加以規定。憲法明訂國家主權來自人民，國王成為該一主權的保護人。

第二節　傳統的王權觀念

　　泰國土地曾歷經泰族和高棉（吉蔑）族之統治，因此在文化上融合了佛教和印度教的文化特質，在君主制方面，也深受這兩個宗教文化思想之影響。對於傳統泰國王權觀念之分析，有二種研究途徑：一是辛納潘（Thinapan Nakata）從政治文化的角度，二是柴安南（Chai-Anan Samudaranija）從宗教觀的角度所做的分析。

　　辛納潘的政治文化研究途徑，是採父權主義（paternalism）和神權主義（theocratic）二分法，分別詮釋素可泰王朝時期和阿瑜陀耶王朝時期的王權觀的特質。他認為在素可泰時期，泰皇具父權主義特質，泰皇被視為人民之父。在阿瑜陀耶時期，引進高棉族和婆羅門教的君權神授觀念，國王被視為濕婆（Shiva）、毗濕奴（Vishnu）和菩薩（Bodhisattava）之子嗣後代。泰皇之命令成為上帝之命令，人民必須無疑地尊敬服從，不允許反對和批評。辛納潘認為這種君權神化的色彩，直到拉瑪四

---

5. Benjamin A. Batson, *op. cit.*, p. 28.

世和拉瑪五世才告結束，而返回父權主義統治。[6]

柯亨（Erik Cohen）的觀點與前述辛納潘很近，他說泰國與緬甸和柬埔寨都是信奉小乘佛教，本質上都是佛教，但君王政治深受婆羅門教觀念的影響，而婆羅門教是源自孟族和柬埔寨帝國。雖然佛教是主要的軸心的宗教，但君主政體提供了許多以前的特點，例如神君（divine kingship）的觀念，它將國王置於宇宙之間的神秘宗教的媒介者的地位。在社會的邊陲地帶，佛教會與地方的民俗宗教結合。[7]

關於泰皇具父權主義之特性，丹龍親王（Prince Damrong）在1927年曾有一段精闢的描述，他說：

> 「關於泰人對政府之看法，泰人尊敬國王，視之為所有人民之父。政府之統治方式，是以家庭之治理方式為其典範。例如，它認為父親是一家之主……。數個家庭組成村子，由村長統治，受其統治者，即稱為『村之子民』。數村再組成城鎮。假如它是一個依附的城鎮，它即是由『城鎮的父親』統治；假如它是一個獨立的城鎮，統治者即為『首長』。數個城鎮合組成國家，由國王統治，但在古代，他被稱為『父王』（father-chief），許多官員都被稱為『首長之子民』。由此可見，泰王之統治方式，類似父親統治其子女——這是今天暹羅政府之原則。」[8]

泰皇是人民之父，也是戰時之領袖，和平時的聰明的顧問和法官。泰皇是最後裁判或請求救濟之法官。遠在素可泰時期，在王宮前放著一面銅鑼。任何人有所喊冤，都可到王宮前敲鑼，泰皇即要出來聽訟。

然而這種父子關係並不能維持王權的穩定，在藍甘亨國王去世後，王權遭到挑戰，各地侯王不服中央統治，王親國戚紛起爭奪王位，李泰

---

6. Thinapan Nakata, "Political Culture：Problems of Development of Democracy," in Somakdi Xuto(ed.), *Government and Politics of Thailand*, Oxford University Press, Singapore, 1987, pp. 168-195.

7. Erik Cohen, *Thai Society in Comparative Perspective*, White Lotus, Bangkok, Thailand, 1991, p. 131.

8. David A. Wilson, *Politics in Thailand*, Cornell University Press, Ithaca, N.Y., 1962, p. 8.

在當太子時主持撰寫了一部三界論的佛教著作，他登基後自稱「法王」，「法王」是佛陀稱號之一。李泰自稱是以佛法治國，希望藉助佛教思想來鞏固王權地位，宣揚王權的神聖不可侵犯，以佛教教義引導人們遵循道德規範，承認王室統治。他在三界論一書中，說明人是生活在欲界、色界和無色界三個世界中，違犯道德者，將入地獄，受到懲罰，做好事者，得以下輩子輪迴再生為人，他以「因果報應」來解釋「國王」、「王權」的神聖所在。國王之所以能成為萬人之上的一國之主，乃因為前生建造了偉大的德行，現世方能功德無量，洪福齊天，非他人可比，非他人可當。所以他是神聖不可侵犯的。[9]

就小乘佛教而言，法輪王（Wheel-rolling King）不是俗世人民的父親，而是道德上正義之君。俗世的君王須受道德律法之規範，譬如：「國王必須嚴格遵守十大戒律，經常奉行五個共同的箴言，在聖日時遵守八個箴言，對所有生命仁慈寬厚。他潛心鑽研律法（Thammasat），遵守四大正義原則：即評估所有給予他的服務或虐待是對的或錯的，遵守正義和真理，透過正義手段獲取財富，透過正義手段維護國家之繁榮。」[10]

阿瑜陀耶王朝的第一任國王拉瑪狄菩提一世自稱為「拉瑪」，意即是毗濕奴的化身，在 1353 年，暹羅出兵高棉，陷其首都，高棉成為暹羅的屬國。暹羅俘虜許多高棉宮廷中的婆羅門祭司，將他們帶回阿瑜陀耶，為暹羅國王服務。以後舉行許多婆門教的禮儀，其中最重要的禮儀是「盟詛」，該儀式每年舉行兩次，主要目的是向國王宣誓效忠的儀式。在儀式中，祭司將三枝箭插入盛著水的器皿中，這三枝箭代表婆羅門教三大主神。接著祭司以一種陰森可怕的語言和聲調帶領所有參加「盟詛」的人朗誦「盟詛辭」。「盟詛辭」的內容是頌揚王恩浩蕩，功德無量，忠君者得福，叛君者受禍。「盟詛辭」開頭是讚頌大梵天神（Great Lord Brahma）、濕婆和毗濕奴三大主神，然後說世界的形成、人

---

9. 邱蘇倫，「印度文化對泰國文化的影響」（二），星暹日報（泰國），1989 年 6 月 10 日，版 13。
10. David A. Wilson, *op. cit.*, p. 88.

類的出現、國王的誕生,以及國王的偉大恩澤,接著邀請三界諸鬼神一齊來詛咒那些對國王懷有二心的人統統死於非命。最後祝福效忠於國王的人。這些宣誓效忠國王的人須依次喝下經過詛咒過的「聖水」,以表忠心。因此有人把該「盟詛」儀式稱為「水咒」儀式,把「盟詛辭」稱為「水咒賦」。該種「盟詛」儀式,原是從印度傳入高棉,再從高棉傳至暹羅。在阿瑜陀耶王朝成立之前,已有一些土邦實行該種儀式,而拉瑪狄菩提一世隆重舉行該一儀式,目的即在鞏固王權。[11]

柴安南則從印度教和佛教之不同教義來詮釋泰皇之角色。他認為印度教和佛教對於泰皇之角色和行為有不同的影響。在印度教的概念中,包含二種規範性的行為法則:一是正常情況下政府應循的規則,二是政府應付非常狀況之規則。在佛教概念中,泰皇的角色和行為是高度道德的,不能脫離理想類型(idea-type)的標準。換言之,印度教的君王模式較有彈性,較適合採用馬基維利式(Machiavellian)的權術,而佛教的君王模式則係在追求道德目標,與現實政治無所關連。[12]

由於有此種差異,所以在阿瑜陀耶王朝時期就存在了混合的政治思想,把印度教和佛教中有關君王之責任、角色和行為的政治概念混合起來。統治者的責任是按照印度教法典(Dharmasastra)和國王制頒的十項君王戒律(Rajadharma)給予人民保護和公道正義。統治者的角色也是戰士的角色。規範君王的行為是採自印度教的十項君德律(Rajaniti)(包括施捨、道德、大公無私、坦誠、仁慈、自律、毋念、毋暴、耐性和正義)經文和佛教的十生律(Tosajati)(即成佛陀的十個生命)。國王依據十項君德律經文來處理他與官員和敵人之事務,而以十生律作為處理和尚與人民大眾之指導原則。

對阿瑜陀耶王朝的君王而言,可利用佛教之宗教信仰及技巧地將之應用,以使其專制統治權取得合法性;而利用印度教的君王模式,以達到建立官僚體制及其他符號之政治目的。這二股思想並存於阿瑜陀耶王

11. 邱蘇倫,「印度文化對泰國文化的影響」(二),版13。
12. Chai-Anan Samudavanija, "Political History," in Somsakdi Xuto (ed.), *Government and Politics of Thailand*, Oxford University Press, Singapore, 1987, pp. 1-40, at p. 9.

朝和拉塔納科新時期。因此,在世俗的國度裡,人們著重戰爭、光榮、物質利益和塵世的快樂,而在佛教的國度裡,人們著重心靈平靜、和平、無我、拋除俗念和涅槃。因此,泰國人從小即生活在兩種國度中,男子一生中有一段時間要出家當和尚,尋求心靈之平靜,返回俗世後,即致力於政治活動和追求名利。這兩股思想之並存和融合,一方面使權威統治持續不墜,另一方面使人民有滿足的態度和情感。

在阿瑜陀耶和卻克里王朝,泰皇不僅是政治的推動者,而且是社會的主軸。如一位佛教學者所說:「做為人民之領袖、統治者和保護者,國王被託付以大責,他成為皇族、官員、社會和整個王國的行為表率,在這個世界維持正義的秩序;他被認為應直接地或間接地為其人民之好事或壞事負責。假如統治者是對的,則國家的每件事都是對的;雨水不足、缺糧、旱災、疾病、流行病、戰爭、甚至控制人民之惡靈——這些都被認為是因為國王犯錯所引起,人民可能因此抱怨和懷疑他不再實踐他的君王道德,他是以不義治理國家。」[13]

泰皇除了受上述道德律法之約束外,其人格和行為也受到其近臣以及和尚的評價,由於大臣及和尚與人民大眾密切接觸,故他們對泰皇之評價深具影響力。因此,泰皇也許自稱為神君或具有類似神的屬性,但這種屬性是由其家庭、高階官員、婆羅門教士與和尚所賦予。當國王的行為不符合他所自稱的屬性時,或者他的行為嚴重影響他王朝內的人(包括皇室成員、高階官員、婆羅門教士、和尚)的利益和幸福時,國王的人格、領導風格和治國績效就會受到批評。

1932 年以前,泰國有很多君王即因違反上述精神,而遭到廢黜。傳統上對王權之威脅,主要來自貴族,而非來自人民群眾。因為人民遇到壓制時就逃至森林躲避,或尋找不同的施恩者,以尋求保護。在阿瑜陀耶時期,只發生過三次群眾運動,時間分別在 1569、1656、1688 年,都沒有成功推翻政府。在拉塔納科新時期,在拉瑪二世和拉瑪四世(1901年)時各發生一次暴動,但都被弭平。1932 年的革命,是由中階軍官和

---

13. *Ibid.*, p. 11.

知識分子參加，民眾未參加。

　　阿瑜陀耶王朝共有四朝，第一個王朝是從 1350 年到 1569 年，有 17 位君王，由親王領導的政變有六次，其中五次在暴力中結束。第二個王朝是從 1569 年到 1629 年，有 7 位君王，發生兩次政變，最後一位君王因年幼為其大臣所弒。第三個王朝是從 1629 到 1688 年，有 5 位君王，發生兩次政變。第四個王朝是從 1688 年到 1767 年，有 6 位君王，1732 年發生王位繼承戰爭，在 1732～1758 年間，因宮廷衝突有 3 位親王被處死。[14]

　　雖然在理論上絕對君王之權威是不受挑戰的，但泰皇行使權威還須視其個人能力而定，而且也受到許多的限制，如傳統泰國君王必須與其他皇室人員和貴族分享權力。雷格斯（Fred W. Riggs）也認為傳統泰皇僅是名義上的「絕對主義」，實際上泰皇的權力十分有限，他說：「泰皇的權力不是由憲法或法律加以限制，而是由報酬遞減律加以限制：即君王之控制若超出其窄狹控制範圍之外，則其所付出的邊際成本，會超過其所獲得的邊際效益。」[15]

第三節　現代的立憲君權體制

　　1932 年 6 月 24 日，一群中階軍官和文官發動政變，控制曼谷，他們自稱人民黨。他們邀請泰皇巴差帝帕留任，另頒臨時憲法，成立虛君立憲政體。

　　1933 年 10 月，皇族波瓦拉德傑親王叛變，為政府討平。泰皇與政府之間的關係趨於緊張。1933 年底，泰皇巴差帝帕決定出國治療眼疾，政府希望聘請名醫到曼谷為他治療，請求他不要出國。1934 年 1 月，泰皇巴差帝帕先到爪哇會晤流亡的波里帕特親王，及其他皇室人員，然後前往英國。泰皇巴差帝帕在英國向泰政府要求增加王權，否則將宣布退位。

---

14. Chai-Anan Samudavanija, *op. cit.*, pp. 23-24.
15. Fred W. Riggs, *op. cit.*, p. 95.

1934 年 11 月，泰政府派 3 名特使到英國，但未與巴差帝帕達成協議。12
月，巴差帝帕表示反對憲法剝奪他的王權，反對國會運用簡單多數即可
封殺國王對法案的否決權。他認為他沒有實權，所以不能繼續負起責
任，因此在 1935 年 3 月 2 日簽署退位文件。最後他聲明：「我不希望運用
我的法定權力任命一位繼承人。」[16]他退位後，泰國真正走入君主立憲的
政治。

依據歷來的泰國憲法，泰皇依憲法規定沒有實權，只擁有象徵性的
權力，而且大部分之權力須獲國會之同意。有時首相的權力凌駕國王之
上，例如披汶下令電影院在唱國歌時，播映他的照片，而非國王的照
片。[17]在憲法意義而言，泰皇是「統而不治」（reign without rule）的。然
而在實際政治上，泰皇卻扮演相當重要的角色。泰皇蒲美蓬從 1953 年起
就到各地巡視，例如在 1953-1954 年巡視泰國中部、1955 年巡視泰國東北
部、1956 年巡視泰國北部、1958 年巡視泰國南部，這些活動贏得地方人
民對泰王的好感和效忠。泰王藉此瞭解地方建設以及人民的需求，他籌
募資金從事地方建設，例如修建道路和建立醫院。[18]

泰皇重新進入政治舞臺，是始自 1957 年 9 月沙立元帥發動政變時，沙
立元帥以保衛王國體制做為口實，並尋求國王之支持和給予合法性。泰皇
也感覺須依賴軍人才能保衛國家安全及使其繼續在位，因此迅速表示支持
沙立元帥，軍人和泰皇出現更密切的關係，因此在 1959 年 2 月沙立元帥執
政後，重新恢復泰皇自 1932 年起被停止的特權，如泰皇可參加春耕典禮、
皇家御座船出巡、舉行皇家衛隊軍旗敬禮分列式等。[19]

1961 年開始的第一個國家發展計畫，泰皇蒲美蓬對各項發展計畫表
示極大的興趣，特別是在農業方面。他總共設立林業開發農場（Forest

---

16. 以上文句引自 Benjamin A. Batson, *op. cit.*, pp. 251-252, 317.

17. Erik Cohen, *op. cit.*, p. 25.

18. Chintana Bhandfalk, ed., *The Thai Monarchy*, The Public Relations Department, Office of the Prime Minister, Bangkok, Thailand, 1999, p. 57.

19. Suchit Bunbongkarn, "Political Institutions and Processes," in Somsakdi Xuto (ed.), *op. cit.*, pp. 41-74, at. p. 59；Charles F. Keyes, *Thailand, Buddhist Kingdom as Modern Nation-State*, Westview Press, Boulder and London, 1987, p. 80.

Demonstration Project）、稻米實驗農場（Rice Field Experimental Project）、養牛場（the Chitralada Cattle Farm）、碾米廠（Experimental Rice Mill）、奶粉工廠（Powdered Milk Factory）、種漁場（Fish Raising for Reproduction Project）等六個發展中心，[20]而且經常下鄉訪問，分種籽給農民。1969 年，泰皇蒲美蓬又在泰北進行「泰王山地重建計畫」，鼓勵泰北地區人民鏟除罌粟花，改種水果、蔬菜、花卉。此一計畫自 1973 年起還獲臺灣農耕隊協助。[21]1975 年，泰皇蒲美蓬為協助推行土改計畫，捐出 2 萬英畝土地給政府，再分配給農民。在乾旱地區，他也推行灌溉計畫。他及其家人經常到鄉下訪問農民，了解他們的問題。從 1973 年 10 月到 1974 年 9 月，他下鄉訪問 108 次。翌年，又下鄉訪問 153 次。[22]

　　泰王在習俗和政治上仍扮演重要的角色。泰國是農業國家，農業生產占國家重要比重，農業收成的好壞，攸關農民的生存和農村的穩定，因此農耕是很重要的經濟活動。對此，泰王即須帶領農民從事農耕，他透過每年春耕典禮的儀式，反映他對農民的重視。他每年在泰曆4月（西曆 5 月）在大皇宮前沙南鑾（Sanam Luang）稻田主持傳統耕耘禮，兩頭白色耕牛由身穿傳統服飾的農業部官員牽引，到沙南鑾稻田犁田，然後禮儀官就撒下吉祥糧種，希望今年全國獲得豐收。這是根據七百年前泰國流傳下來的婆羅門教儀式進行的。在耕耘禮後，王室耕牛就被取下軛，接著就開始享用禮儀官送來的七種飲食，包括：米、玉蜀黍、青豆、芝麻籽、乾草、水和米酒。1996 年，耕牛選吃米酒，根據傳統的說法，這預示著泰國今年會有更好的交通和外貿以及繁榮的經濟。在耕耘禮後，民眾就獲准衝上沙南鑾稻田搶拾禮儀官撒下的神聖糧種。傳統上，農民喜歡把拾來的神聖糧種與自己的稻種摻在一起播種，希望給自己帶來好運。[23]

---

20. Chintana Bhandfalk, ed., *op. cit.*, pp. 60-61.
21. 丘啟楓，「泰皇美夢成真」，南洋星洲聯合早報（新加坡），1988 年 8 月 12 日，頁 14。泰北山區辛勒耕耘十二年，臺北，行政院國軍退除役官兵輔導委員會出版，民國 74 年 1 月出版。
22. Suchit Bunbongkarn, "Political Institutions and Processes," in Somsakdi Xuto (ed.), *op. cit.*
23. 南洋星洲聯合早報（新加坡），1996 年 5 月 17 日，頁 30。

　　泰國的君主政體已存在了七百多年，在宗教和文化之影響下，泰國建立了絕對王權觀念，國王不僅是政治的領袖，同時也是佛教的保衛者。但泰國的政教關係，跟其他政教合一制國家不同，如傳統的西藏和1979年何梅尼（Ayatollah As-Sayyid Ruhollah Mostafavi Musavi Khomeini）統治時的伊朗—政治領袖同時也是宗教領袖，而泰皇並非佛教領袖，泰皇會見和尚高僧時，還須行跪拜禮。因此泰國憲法規定泰皇須為佛教徒，他只是佛教的保衛者而已。

　　自1932年後，泰皇的權力被剝奪了，角色也拘限了，直至1959年後，才慢慢恢復公共活動的次數，並成為政府之認可者。在後來歷次的政變中，如果未取得泰皇之認可支持，是難以成功的。在嚴重的政爭中，也往往須賴泰皇運用其崇高的地位，居中仲裁，化解歧見。在憲法上，泰皇是超越政治、統而不治的，有影響力而非權力，[24]但在政治陷入紛擾和危機時，泰皇的守護者角色使其在泰國邁向現代化時仍具有舉足輕重的重要性。泰皇的崇高的和精神領袖的地位，使其在歷次政治變遷中，成為維護及認可合法性之來源，泰皇和佛教已成為泰人日常生活中不可分的一部分。

　　泰皇雖是超越政治的，但每在重要政治關鍵時刻，泰皇會發表政治性的談話，以解決政治僵局。泰皇蒲美蓬自1950年親政以來，這方面的表現非常突出，挽救了不少次政治危機。茲就其在這方面的表現列述如下：

1. 1954年，泰皇蒲美蓬對於國會通過的土地改革法，兩次予以否決，最後才加以簽署。該法規定每人最高擁有土地限於50萊（20英畝），當時因為皇家財產局（Crown Property Bureau）是最大的土地持有者。當沙立將軍發動政變，推翻民選政府，才廢止該法。[25]

---

24. Robert Slagter, Harold R. Kerbo, *Modern Thailand, A Volume in the Comparative Societies Series*, McGraw-Hill Higher Education, the United States, 2000, p. 52.
25. "Bhumibol Adulyadej," http://en.wikipedia.org/wiki/Bhumibol_Adulyadej，2011年1月8日瀏覽。

2. 在1973年他儂軍事政權後期，新聞受檢查，泰皇即替不滿的知識
   分子和學生講話。泰皇引述一位外國觀察家的話，贊成民選國會
   可延續古老泰族的傳統，即平民可向國王申訴其冤屈。泰皇說：
   「我對將軍們說，他們必須了解，我們有向政府請願的傳統，將
   軍們必須學習傾聽人民的意見。」因此，1973年10月14日發生流
   血示威事件時，泰皇就出面干涉，要求他儂和普拉帕斯中將出國
   流亡，泰皇並在電臺廣播宣布禍首已離開泰國，勸學生及示威者
   返家，以恢復憲政秩序。[26]

   泰王隨後任命法官及樞密院主席桑耶為臨時政府首相。桑耶記錄
   了當晚奉召入宮晉見泰王的談話內容：「我立即被召入吉拉達宮
   殿（Chitralada Palace）的玻璃屋（Glass Room），晉見泰王。我匆
   促趕到。國王告訴我要實況電視轉播，告訴人民，政府已同意從
   現在開始在六個月內公布新憲法，並將迅即舉行普選。請各方現
   在平靜下來……。」[27]

   在1974年憲法草案中曾規定，國王的敕令應由樞密院院長副署，
   但蒲美蓬反對該一條文，他認為樞密院院長是由國王委任，此一
   規定無法彰顯國王超越政治之上的原則。[28]所以就取消此一規定。

3. 1976年，國會以149票對19票通過一項法案，將民主選舉延伸到地
   方層級。泰皇蒲美蓬拒絕簽署該項法案。國會沒有再對此案進行
   投票。[29]當時地方首長都是由任命產生，若改為民選，將影響其既
   得利益，所以有許多地方首長反對民選制。

4. 1981年4月，桑特將軍發動政變，首相普瑞姆獲泰皇蒲美蓬支持，
   相偕避難到柯叻省，政變者未獲泰皇之支持，政變乃告失敗。

5. 1985年9月，馬儂上校發動政變，普瑞姆首相正在印尼訪問，副陸

---

26. David Morell, Chai-anan Samudavanija, *Political Conflict in Thailand, Reform, Reaction, Revolution*, Oelgeschlager, Gunn & Hain, Publisher, Inc., Cambridge, Massachusetts, 1981, p. 69.

27. Chintana Bhandfalk, ed., *op. cit.*, p. 97.

28. Chintana Bhandfalk, ed., *op. cit.*, p. 98.

29. "Bhumibol Adulyadej," http://en.wikipedia.org/wiki/Bhumibol_Adulyadej，2011年1月8日瀏覽。

軍總司令天猜・詩里三攀上將向泰皇稟奏政變事件經過,泰皇諭示儘量避免自相殘殺,對所發生的不靖事件,應適可而止,切勿記恨。[30]

6. 1987年2月28日,泰皇蒲美蓬邀請記者到清邁省杜沙吉特區(Doi Saket District)的「懷鴻克萊教育與發展中心」(Huai Hong Khrai Education and Development Center)參觀他所推動的各項計畫,在午宴時,泰皇對行政問題做了評論,他說:每個國家必須修改行政體系,以適合國家之需要。這對於泰國也是可行的。3月3日,普瑞姆首相在內閣會議中引述泰皇這一段話,並要求每位閣員記住。但反對黨批評普瑞姆犯了錯誤,因為他不當地將泰皇引入政治,損害了泰皇之超越政治的角色。普瑞姆立即加以辯護,認為泰皇之談話對人民和國家都是有益的。[31]

7. 1991年2月26日,政變領袖順通向泰皇稟奏政變經過,並宣告保護聖駕,泰皇於當天正式任命順通為「維護國家安寧委員會」主席。泰皇在任命書中說:「由於以察猜上將為首的政府不能維護國家安定,失去人民的信任,以順通上將領導的軍人、警察和平民團體因此組織『維護國家安寧委員會』,接管政權。」泰皇在任命書中呼籲全國人民安心,各政府機構公務員應聽從順通的指揮。接掌政權的軍人集團也先後觀見王儲瓦七拉隆功殿下和僧王。[32]

8. 1991年11月,泰國軍人執政團提出憲法草案,規定由軍人執政團委任的參議院有權委任首相,也有權參與國會重要政務的辯論,但遭學生和反對黨之反對,經修改條文,仍讓參議員有權參與對民選政府不信任動議的辯論。泰皇蒲美蓬在12月5日他六十四歲生日時向前來祝壽的文武百官和人民發表呼籲團結一致,勿因修憲爭執,引起流血衝突。他說:「任何條例是可以修改的,沒有什

---

30. 星暹日報(泰國),1985年9月10日,頁1。
31. *Lak Thai (in English)*, Bangkok, 19 Mar., 1987, pp. 16-18.
32. 南洋星洲聯合早報(新加坡),1991年2月27日,頁27。

麼東西是一成不變的，但我們必須避免出現可能導致流血的衝突，現有的規章制度是必須擁護的。」[33]

9. 1992年5月，由於蘇欽達首相和國會議員詹龍之對抗，詹龍反對由軍人出任首相，乃號召群眾示威，引起軍警鎮壓，死傷數百人，泰皇於5月21日召見二人，訓誡他們即刻停止流血對抗。[34]此一訓諭場景透過電視現場轉播，令泰人動容，泰王贏得民心。隨後，蘇欽達辭去首相，眾議院也順利修改憲法，將首相職改為由國會議員選舉產生。

10. 泰王蒲美蓬在1997年1月19日接見制憲會議代表，語重心長的說：「新憲法應該簡潔，又有靈活性，以便適應迅速變化的社會經濟發展。」他勸制憲會議代表說，修憲程序也應簡化，使國家憲法能趕上日益變化的世界。[35]泰王在修憲問題上亦表現他的影響力。

11. 在1997年發生金融危機後，泰王在1998年元旦新年賀詞中，呼籲泰人恢復更樸實的傳統生活方式，他說：「泰國人需要謹慎對待自己的日常生活，過穩健的生活。任何言行必須忠於公眾和以國家利益為重。」[36]

12. 2001年12月5日，泰王在他七十四歲生日時對全國演說，他警告首相塔信說：「泰國正走向災難」，他給予塔信指引，來團結和激勵泰國人合作。但他沒有指出泰國所面臨的問題。[37]

13. 賈魯芳（Jaruvan Maintaka）在2001年被提名為國家審計委員會（State Audit Commission）審計長三名候選人之一，另兩位是帕拉坦（Prathan Dabpet）和龍塔蓬（Nontaphon Nimsomboon）。在8名國家審計委員的投票下，帕拉坦獲得5票，賈魯芳獲得3票，依據憲法之規定，國家審計委員會主席攀雅（Panya Tantiyavarong）應

---

33. 南洋星洲聯合早報，1991年12月6日，頁1。
34. 南洋星洲聯合早報，1992年5月22日，頁14。
35. 南洋星洲聯合早報（新加坡），1997年1月20日，頁19。
36. 南洋星洲聯合早報（新加坡），1998年1月2日，頁22。
37. *Keesing's Record of World Events*, Vol. 47, No.12, 2001, p. 44514.

提名得票最高的帕拉坦給參議院審議通過。但 7 月 3 日，攀雅將三位候選人一併送交參議院，結果參議院選舉賈魯芳為審計長。她從 2001 年 12 月 31 日起擔任五年任期的審計長。攀雅後來因為行為不正罪被判三年有期徒刑。[38]

2003 年 6 月 24 日，該任命案送交憲法法院審理其合憲性。2004 年 7 月 6 日，憲法法院判決該案違憲，理由為憲法規定國家審計委員會僅能提名一位得票最高者。但該項判決沒有說賈魯芳應離開其審計長現職。賈魯芳堅持她是經由國王蒲美蓬的敕令而出任審計長，若無國王敕令她不辭職。國家審計委員會立即停止賈魯芳的職務。國家審計委員會另提名前財政部次長偉蘇特（Wisut Montriwat）為審計長，並於 2005 年 5 月 10 日經參議院同意，但國王蒲美蓬未發出同意敕令。國民議會（包括眾議院和參議院）未對國王之否決進行投票。10 月，參議院否決了重提確認賈魯芳提名案的動議。

賈魯芳的政治立場是反塔信的，她加入民主黨和人民民主聯盟，並向國王請願撤換塔信首相。她訴求國王出面干預的舉動遭致批評。國王在 2006 年 4 月 26 日對憲法法院法官表示：「要求國王任命首相是不民主的，原諒我，這是混亂的，是非理性的。」[39]

國王蒲美蓬的首席私人秘書辦公室（Office of King Bhumibol Adulyadej's Principal Private Secretary）致送國家審計委員會一份備忘錄，表示該事應該解決。所以國家審計委員會在 2006 年 2 月 15 日一致決定恢復賈魯芳為審計長，其理由說國王任命賈魯芳為審計長仍有效，儘管憲法法院認為其任命是違憲的。[40] 該案很明顯的國王蒲美蓬運用了他實質的否決權，也成功的解決政治危機。

14. 2006 年初反塔信的群眾運動持續進行，「人民民主聯盟」預定在 3

---

38. "Jaruvan Maintaka," http://en.wikipedia.org/wiki/Jaruvan_Maintaka，2011 年 1 月 7 日瀏覽。
39. "HM the King's April 26 speeches (unofficial translation)," *The Nation*, 27 April, 2006. http://nationmultimedia.com/2006/04/27/headlines/headlines_30002592.php，2011 年 1 月 8 日瀏覽。
40. "Jaruvan Maintaka," http://en.wikipedia.org/wiki/Jaruvan_Maintaka，2011 年 1 月 8 日瀏覽。

圖 8-1：泰王蒲美蓬登基大典
資料來源：http://en.wikipedia.org/
　　wiki/Bhumibol_Adulyadej，2011
　　年 1 月 9 日瀏覽。

圖 8-2：泰王蒲美蓬及王后婚後合影
資料來源："Bhumibol_Adulyadej,"
　　http://en.wikipedia.org/wiki/
　　Bhumibol_Adulyadej，2011 年 1
　　月 9 日瀏覽。

月14日發動10萬群眾進行反塔信示威。3月12日，王室以電話通知各電視臺播放 1992 年國王召見蘇欽達和詹龍並給予訓諭的影片，意圖讓人民知道政治動亂的嚴重後果。這是王室公開採取行動介入政治危機的首次，顯示國王站在超越政治之上的地位和角色。

　　4 月 2 日舉行國會大選，遭到反對黨抵制，無法產生國會議員及選出首相，泰國國王蒲美蓬在4月27日表示：「在反對黨抵制下，這次選舉產生了不民主和混亂的局面，但泰國憲法並沒有賦予他委任新首相的權力，法院應當對此作出裁決。」在國王發言後，最高法院、行政法院和憲法法院等三大法院於是定於 29 日召開聯席會議，共同作出裁決。5 月 8 日，憲法法院做出一個很重要的判決，即 4 月 2 日的眾議員選舉是無效的選舉。

　　此外，泰皇在國內也授予大學畢業生學位、授予軍警階級、接見外

圖 8-3：泰王蒲美蓬全家福
資料來源：掃描自 Chintana Bhandfalk,ed., *The Thai Monarchy*, The Public Relations Department, Office of the Prime Minister, Bangkok, Thailand, 1999, p. 14.

國大使、外國政府代表。在國外，泰皇是泰國人民和國家的代表。泰皇的照片無所不在，在一般家庭、公共建築物和政府辦公室皆可見到，泰皇是傳統、威嚴和國家統一的體現。儘管政治變遷頻繁，但泰皇之特殊地位卻保持不變。

依據 1997 年泰國憲法之規定，泰國王位繼承應依據 1924 年王位繼承法之規定。對該法之修正，應屬國王之特權。若由國王提議，則樞密院應起草王位繼承法修正案，並提請國王卓裁。國王贊同該修正案並簽署後，樞密院主席應通知國會主席將該修正案知會國會。國會主席應副署該敕令，該修正案在政府公報刊登後即生效。（憲法第22條）

假如王位空缺，且國王已任命其繼承人，部長會議（Council of Ministers）應知會國會主席。國會主席應召開國會予以認可，國會主席應邀請該王位繼承人登基並宣布其為國王。

假如王位空缺，國王亦未任命其繼承人，則樞密院應依據第 22 條提

出王位繼承人姓名給國會。基此目的，公主之姓名得向國會提出。經國
會同意後，國會主席應邀請該王位繼承人登基並宣布其為國王。當眾議
院任期屆滿或解散時，則由參議院承擔認可國王繼承人的工作。（憲法
第23條）

2007年憲法有關王位繼承之規定完全與1997年憲法相同。

新憲法特別規定公主亦有權出任國王，主要的原因是未雨綢繆，因為
現任國王蒲美蓬年事已高，其唯一的兒子，行為不檢點，泰人普遍不支持
其繼承王位，而較喜歡二公主詩琳通（Princess Maha Chakri Sirindhorn）。
蒲美蓬國王在1972年立其兒子瓦七拉隆功為王儲。二公主詩琳通在1979年
被任命為女王儲，一樣具有王位繼承權。在民間的聲望，詩琳通公主高過
瓦七拉隆功，一般泰人希望詩琳通公主繼任為女王。

第四節　佛教之傳入與生活體系

印度佛教僧侶可能在西元一世紀時進入當時柬埔寨控制的泰國中部
地區，然後再進入寮國，甚至至越南的清化（Thanh Hoa）和宜安（Nghe
An），他們越過了壯松（Truong Son）山脈。因此，很有可能越南的大
乘佛教經典（Mahayana Prajna）是經由印尼和占婆（Champa）傳去的，
而非由中國傳去的，因為中國的第一部般諾心經（*Prajna*）是在西元二世
紀時漢朝時翻譯成中文的，而且影響力不大。直到五世紀初，在鳩摩羅什
（Kumarajiva）抵達中國後，般諾心經才大量出版。[41]

早期泰國信奉佛教的地點有兩處，一處是墮羅鉢底國所在的佛統一
帶，基本上該國是信仰佛教，但也有印度教流行，在湄南河以西平原地
帶的塔披耶查克（Tha Phraya Chak）考古遺址發現有印度教圖案的金屬
錢幣和石雕，例如濕婆神、林伽（Linga）（即男性陽具）石雕。印度教

---

41. Minh Chi, Ha Van Tan, Nguyen Tai Thu, *Buddhism in Vietnam*, The Gioi Publishers, Hanoi, 1993,
    pp. 11-13.

在都市貿易地區流傳，而佛教在都市、村鎮和鄉下地區流傳，佛教比印度教更深入人民內心，是主流的信仰。[42]

另一處是在泰南的猜耶（Chaiya）。朱加伊德（Chana Chugaed）的書上說，泰國南部的猜耶約在一千五百年前為大乘佛教的中心，蘇叻他尼且是室利佛逝的首都所在地，控制馬來半島和爪哇。[43]該書稱猜耶是室利佛逝的首都，這是不可靠的，但可能猜耶是室利佛逝的屬國，以致文化受到室利佛逝的影響。

從素可泰王朝開始，泰國即信奉佛教，藍甘亨國王為了減弱大乘佛教及婆羅門教的影響力，而從斯里蘭卡請來高僧宣傳小乘佛教。以後泰國即成為小乘佛教流行的國度。

大多數的泰人都信仰佛教，泰人與佛教幾乎成為一體。泰人對政治和官員不太信任，但對於佛教和和尚卻是信任不疑。依據泰國習俗，男子在成年到結婚之期間須出家當和尚，結婚後亦可短期出家，在雨季時，約當三個月和尚，稱之為攀捨或「佛教大齋」（phansaa 或 Buddhist Lent）（在 7～10 月三個月雨季安居期，和尚不出門，在廟中修習和冥想）。泰國的和尚約有三十幾萬人，大都來自鄉下的窮人，出家都是為了解決經濟問題。他們也認為出家是接受教育的好機會，傳統上也認為出家是一種孝順父母的表現，父母因為有一個穿袈裟的男孩而獲得功德。當受完教育後，許多和尚也還俗，當然也有很多人終身為和尚。

鄉下窮人家的小孩，通常在受完小學的義務教育後，無法負擔高一級的學校學費，才會出家，待在寺院繼續求學。在寺院的教育包含兩個部分，一是佛教經典課程，二是跟公立學校一樣的課程。這些學生和尚在學成後還要參加政府辦的考試。若學習高中課程，他們就須到省城較大的寺廟。若想獲得更高級的宗教和世俗課程，他們必須學習巴利文（Pali），那是寫作小乘佛教經文的文字，同時也要讀第四和第五年的高

---

42. Dhida Saraya, *(Sri) Dvaravati, The Initial Phase of Siam's History*, Muang Boran Publishing House, Bangkok, 1999, pp. 19, 23-26, 28.

43. Chana Chugaed, *History of Wat Phra Boromthat Chaiya*, no publish company, place, and year, pp. 9-10.

中課程。完成此一階段的學習後，他們可以進入曼谷兩所佛教大學之一就讀。大學畢業後有些和尚到國外，如印度，讀碩士或博士。從以上的描述可知，泰國的佛教寺廟是窮人小孩接受教育的途徑，亦是下層社會往社會上層爬升的途徑。[44]

寺院教育之功能在累積傳統的知識，惟它不必然會對青年造成宗教人格，而導致其最後真正出家。寺院教育的宗教發展和課程知識二者關聯性不強。因此，許多受過高等教育的和尚，在離開寺院後還俗，都能順利進入社會工作，其表現往往比在寺院更好。

在農村地區，和尚的行為和修道院院長的任命是由地方政府控制，較高層級則由國王掌控。在許多重要儀式，人們須依賴和尚的參與，例如商店開張、喬遷慶宴、婚喪、國家慶典等場合，都會請和尚來祈福或祝禱。泰國政府知道佛教對於人民具有整合的功能，因此從過去以來，泰國政府就控制佛教組織，和尚課程的標準化以及對於成為和尚的歷程頒布各種法令，佛教的階層體系猶如政府的階層體系，最後是由國家加以控制。

1782年，暹羅翻譯佛教經典，並予以標準化，以大藏經（*Tripitaka*）作為聖經。在二十世紀初（1902年），和尚已有統一的中央的佛教法律加以規範，有關和尚的訓練、紀律和儀式皆有佛教律令。和尚的地位高於俗人，所以不受俗人的批評。儘管俗人知道有些和尚不能遵守戒律，俗人亦不能加以批評，俗人若不能克制而作了批評，將遭到譴責。換言之，對於佛教界內的敗德惡行，只能由和尚自己提出批評。[45]

拉瑪四世在未成為國王前曾出家一段時間，他見到當時寺院和尚喜歡賭博和積聚財富，因此他在其出家的波瓦尼瓦特寺（Wat Bowaniwate）定下嚴格的戒規，另建一個新的教派，稱為「法之追隨者」（Thammayut，Dhammayut，Dharmayuta, the Followers of the Law），一直傳至今天，其重視戒規和儀式而非教義，此比當時普遍流行的大教派

---

44. Niels Mulder, *Inside Thai Society, Interpretations of Everyday Life*, The Pepin Press, Amsterdam, 1996, pp. 114-116.
45. Niels Mulder, *op. cit.*, p. 126.

（Mahanikai, the Great Sect）還嚴格。蒙庫特王親自在他的寺廟中講道，對於佛法重新加以詮釋，以取代已趨於隳壞的教規。他甚至邀請天主教神父到他的寺中講解西方宗教，讓和尚們知道西方宗教的精神。[46]蒙庫特當上國王後，將皇家僧院和俗人僧院予以區別，對於前者更加控制，皇家僧院的領袖由他任命。俗人僧院的領袖則由支持該僧院的人或貴族任命。[47]

在拉瑪六世瓦七拉兀國王執政時，提出了「國家（民族）、宗教與國王」（Nation, Religion and Monarchy）的概念，他應該是第一個泰國民族主義者。他曾留學英國，此一概念是學習自英國的「神、國王與國家」（God, King and Country）的概念。無論如何，當時的泰國遭遇西方國家的入侵，喪失了不少領土，因此，拉瑪六世才會將民族放在首位，企圖藉此發揚泰國民族的信心，以團結對付外國的入侵。其次他強調佛教，最後是國王，此一順序符合前述泰國的傳統觀念，僧權的地位高於王權，而無論是僧權或王權，若沒有國家（民族），則僧權和王權都將無法存在。

泰國憲法規定，國王必須信奉佛教，且為佛教之擁護者（憲法第7條）。換言之，非佛教徒，不得為國王。佛教優先於國王，和尚在精神層次上高過國王，譬如，國王見到最底層的和尚，須鞠躬致敬，而和尚無須起立回禮。[48]

佛教和政治亦有區別，僧侶雖是泰族，但不是完全的公民，因為他們沒有身分證，不能投票，不向國旗或國歌行鞠躬禮。僧侶被認為是超越政治，雖然近年有少數和尚介入政治活動，不過，基本上泰國的和尚不介入政治事務。[49]

同樣地，國王的處境很像和尚，不是一個完全的公民，雖然國王依

---

46. Robert Bruce, "King Mongkut Of Siam And His Treaty With Britain," *Journal of the Royal Asiatic Society Hong Kong Branch*, Vol. 9 (1969), pp. 82-100, at p. 90.

47. "The Rise of the Thammayut Order Reform: The Guise of Control?," http://www.thaibuddhism.net/maha_tham.htm，2011/4/5 瀏覽。

48. Erik Cohen, *op. cit.*, p. 31.

49. Erik Cohen, *op. cit.*, p. 32.

法可以投票，但國王從不去投票。雖然國王是國家的象徵統治者，在國家危機時扮演重要的角色，但實際上國王仍被假設是超越政治。國王不介入政府管理工作，在憲法意義上國家實際主權在人民，但由於軍人長期執政，人民主權變成沒有實質意義。而且在相當程度上，軍人政權須與國王合作，才能穩固執政。若軍人無法繼續執政，國王亦無能為力。當政局陷入危機，國王又變成具有影響力的人物。國王與國家的關係是微妙的，可能不是任何理論可以解釋。它是動態的權力移動，以維持國家的存在。

泰國的僧伽（sangha, Buddhist order）[50] 是國家權力和合法性的工具。1902 年，通過僧伽法（Sangha Act），1962 年加以修改，規定由國家來規範和尚的生活，限制他們的獨立性。該法模仿官僚體制建立和尚的階層制度，在曼谷設立中央僧伽委員會（Central Sangha Council），各省設立省僧院委員會（Provincial Monastic Council）。該一規定猶如將和尚視同公務員。和尚的主要角色是使國家具有合法性、支持君主政體和軍人政權、反共及祝福當權者。不允許政治異議，亦不允許批評和尚，違反此一主流思想的和尚，將被邊緣化，甚至驅逐出僧院。[51]

僧伽委員會是由宗教事務部（Religious Affairs Department）監督，它是由資深的老和尚組成，他們大都脫離了日常生活的社會事務。他們主要來自皇家寺廟的菁英。這些資深和尚致力於維持佛經要義，在 1980 年代反對非主流的「和平阿索克派」（Santi Asoke）佛教運動和 1990 年代末期的「法身寺派」（Wat Dhammakaya）。儘管泰國憲法規定所有人民有宗教信仰自由，但國家自認有權決定何者是真正的佛教，對於不願接受僧伽法令的佛教教派可給予懲罰。因此司徒華特（Roh Stewart）認為

---

50. 僧伽是印度的梵文，有三個定義：第一，普遍的定義是指包括所有佛教的實行者；第二，僅指受戒的和尚和尼姑；第三，嚴格的指直接實踐空無（emptiness）的實行者。"*A View on Buddhism*: The Sangha," http://viewonbuddhism.org/sangha_monks_nuns.html，2010 年 4 月 24 日瀏覽。

51. Duncan McCargo, "Buddhist Democracy on Trial: Thailand's Southern Conflict," in Imtiyaz Yusuf and Canan Atilgan(eds.), *Religion and Democracy in Thailand*, Konrad-Adenauer-Stiftung e. V., Bangkok, 2008, pp. 62-79, at p. 66.

泰國沒有宗教自由。[52]

　　當蘇安莫（Suan Mok）教派之領導人在 1993 年去世後而使得該教派歸於沈寂。「和平阿索克派」仍處於邊陲，影響力有限。「法身寺派」在 1990 年代末期被視為國家安全的威脅，但卻因為塔信首相將該教派納為其政黨的基本構成分子，而給予政治護身符。自從主張禁慾苦行的布達達沙（Buddhadasa Bhikkhu）高僧在 1993 年去世後，泰國佛教已脫離普世主義（universalism）的立場、自由的價值，批評其他宗教，特別是伊斯蘭教，強調泰國佛教是建國的工具。泰國高僧帕友德（Prayudh Payutto）在 2002 年出版了泰國佛教之危險（*Dangers for Buddhism in Thailand*）一書，對於泰國佛教的寬容和伊斯蘭教和基督教的不寬容作了比較，他對普世主義提出批評，認為唯有佛教才能維護泰國的宗教自由以及提供泰國國家認同的來源。由於帕友德的社會地位崇高，學術界及媒體輿論不願批評他的保守立場。佛教的這種不寬容性，很易使佛教走向國家宗教。此一情況可從泰國南部的佛教看出來。泰南陶公府（Narathiwat）、耶拉和北大年三省是伊斯蘭教徒人口多於佛教徒，約占當地人口的 80 %。至 2008 年，該一地區被殺害的人數達 3,000 人，大多數是伊斯蘭教徒。[53] 泰國政府軍警利用泰南三省的寺廟做為據點，以保護和尚及佛廟，同時監督、巡視伊斯蘭教徒的活動。此外，還有佛教的游擊隊和民兵參加對抗伊斯蘭教分離主義分子。

　　泰國流行小乘佛教，教義較為出世，除了人民辦理婚喪喜慶會請和尚主持典禮外，和尚很少在社會上活動，也很少對政治表示意見，因此歷史上和尚很少介入政治，或引發政治動亂。當十六世紀西方宗教傳入後，泰國也很少發生宗教衝突，這是泰國和其他東亞國家最大不同之處。中國和越南實行大乘佛教，當西方宗教傳入後，都引發嚴重的宗教衝突，造成排斥、驅逐和殺害西方傳教士的教案，亦可見泰國人對於佛教信仰的自信和包容態度。

---

52. 參見 Duncan McCargo, *op. cit.*, p. 67.
53. Duncan McCargo, *op. cit.*, pp. 69-71.

　　泰國是佛教國家，但佛教不是國教，國王應是佛教徒且是佛教的保護人。佛教高僧之地位高過世俗的國王，但僧王只管來世的世界，不介入世俗事務，二者不會發生衝突。所以泰國不是「政教合一」的國家，也不是「政」高於「教」的世俗國家，而是相互尊重的「二王論」觀點。就此而言，佛教已成為泰國國家體制和日常生活中的重要部分。對父母報恩及積功德的「短期出家」，更強化此一國家、佛教和國王三位一體的體系。泰王、佛教和國家形成三位一體，在君主立憲制下，泰國並未改變此一傳統的政治文化型態。

第九章　泰國的風俗習慣和文化

第一節　風俗習慣

泰國文化受印度文化影響較深，例如拉瑪耶那（Ramayana）史詩影響泰國戲劇和文學之內涵，其信仰之小乘佛教亦是源自印度。但泰國將印度文化轉化形成其在地化的宗教文化，而顯示其獨特性。這也是泰國文化與鄰國的緬甸、柬埔寨、印尼、馬來西亞等國不同之處。

泰人的生活哲學

泰人愛好和平，與人為善，效忠國家、宗教和國王。

「沒關係」（Mai Pen Rai）是一種對生活的積極態度，是農業社會普遍的想法，重視現狀，不想改變。宗教教育人民要仁慈、敦厚和諒解。

避免衝突或干預，避免引起問題，造成此一情況的原因是慣性、過度為別人著想、恐懼危險、或恐懼困擾。有一種說法：「說話是銀，沈默是金」。因此泰國人傾向妥協，以免與他人發生衝突。

不當面拒絕別人的要求，通常會當面答應，但不會有動作，有時會說：「再看看」。此一做法的目的是不讓別人感到失望和傷心。

個人重於制度，泰人崇拜個人，無論制度如何完美，個人的重要性位居制度之上，因此在政治上，領袖個人重於政黨，領袖變動了，政黨就瓦解了；或者跳槽跟隨領導人到一個該領導人成立的新政黨。

泰人的個人主義表現在不重視紀律和行政規範。直至 1920 年代，泰國才建立正規的常備軍，在過去大城王朝時期，泰國甚至雇請日本人、法國人和葡萄牙人擔任禁衛軍。此乃因為泰國農民不願入伍、不喜軍中生活、不注意軍中紀律、不太願意作戰。在其他生活方面也表現個人主

義，例如，父親是想像的家中領導人，實際上孩子對父母沒有強烈的義務與責任感。即使家中的訓誡也是很溫和，不像中國的儒家那樣嚴厲。[1]

上層階級的人，不願意受法規限制，常會玩法，此表現在政治人物當權時常會修改法律，使之對自己有利；軍人發動政變後，亦經常修改憲法，使之對軍人有利。[2]

由於重視人情關係，以致於官僚體系中盛行同事、同學、姻親關係，人情主義和派系主義導致偏袒徇私和族閥主義（Nepotism），官員常將其職位視為個人地盤，利用之以從事促進其本人或派閥之利益。這種以派閥關係為考量的關係網絡，形成泰國官員貪污的主因。為完成施恩及受惠之心理需要，調職和升遷常涉及破壞法律規定，任命沒有資格但關係良好的人。[3]

喜愛玩笑，不喜歡悲傷。此可能是受到佛教的影響，態度中庸。不喜歡作過度的事。

「風下之竹」的行事風格，泰人相信「知道如何保存自己，是所有德行之最。」泰人知道如何在變動的環境中，調整自己。泰國的外交政策最能表現此一義理。泰國善於利用拖延和敷衍的手段，以防止強國對其用兵。當西方列強要脅要攻擊泰國時，泰國政府的第一個反應是微笑，若未能使列強收回入侵之意，泰國政府會微笑的說：「是的，我會考慮」的拖延戰術，以使該列強改變主意或趁機尋求他國的協助，再給對方一個否定的答覆。[4]

泰國人個人主義的起源是佛教信仰，因為佛教強調尋求個人善功，以完成救贖。農村社會結構鬆散，年輕人都跑到大曼谷或其他城市謀生，甚至到外國做工。

---

1. John Fee Embree, "Thailand, A Loosely Structured Social System," in Hans-Dieter Evers, *Sociology of Southeast Asia, Readings on Social Change and Development*, Oxford University Press, Oxford, 1980, pp. 164-171.

2. David A. Wilson, *Politics in Thailand*, Cornell University Press, Ithaca, New York, 1962, p. 81.

3. David Morell, Chai-anan Samudavanija, *Political Conflict in Thailand, Reform, Reaction, Revolution*, Oelgeschlager, Gunn & Hain, Publishers, Inc., Cambridge, Massachusetts, 1981, p. 48.

4. 同上註。

客氣和禮貌，對待客人要讓對方有賓至如歸之感。因此，泰國被稱為「微笑國度」。

泰人見面打招呼，是以雙手合掌，向長輩打招呼時，手掌要舉高至前額，對平輩，則舉掌高度在鼻子以下即可。合掌時，習慣會說問候語：「沙瓦迪卡」（泰語「您好」的意思）。長輩對晚輩還禮手掌舉到胸前，地位較低或年紀較輕者應先合掌致意。合掌問候，是彼此互動，須以合掌回敬，否則為失禮。但僧侶對俗人之合掌禮則不必回禮。僧侶面見泰王或王后，也不用還禮，只是微笑致意。

泰人通常稱呼人名時，在名字前會加一個「坤」（Khun）字，無論男女均可用，表示為「先生」、「夫人」、「小姐」之意。在一般公司內，職員們經常會以「Pee」（兄姐）和「Nong」（弟妹）相稱，以示關係友好。

泰人信奉佛教，尊重佛像，進寺廟須服裝整齊，不要穿短褲、短裙和無袖上裝，進入主殿要脫鞋。對僧侶應禮讓，對和尚布施不要直接給錢，大都為食物。女性不能碰觸僧侶，如須奉送物品，應請男士代勞，或將物品置放在桌上。如果女性要親手贈送，僧侶便會使用一塊黃袍或手巾，承接該女士交來的東西，僧侶不容許碰觸女性的手。

泰人視頭部為神聖，不要隨便觸摸別人的頭部。如果用手打了小孩的頭，認為一定會生病。坐著時，忌諱他人拿東西從自己的頭上掠過。泰人視腳為低賤的，所以不要用腳指人或物，特別是腳底不要對著佛像或人，也不可用腳開門或關門。坐著時，腳不要朝對方。通常泰人習慣跪姿，採側跪方式，腳部會朝後擺放。跟中國人相似，泰人睡覺時頭部不能朝西，因為西方象徵死亡，只有人在死後才能頭部朝西停放。

泰人跟其他東南亞人一樣，在古代，是用左手洗屁股，故左手為不潔，拿東西給別人忌用左手。右手是掬飯之用。

泰人不用紅筆簽名，因為泰國人死後，要在棺材口用紅筆寫上其姓氏。泰人不喜歡在晾曬衣物下穿過，特別是褲子、裙子和襪子之類，因為會帶來厄運。在放水燈時，忌撿拾水燈，以免招來厄運。

泰人喜愛紅、黃色，禁忌褐色。過去白色用於喪事，現在改為黑

色。泰國的國旗由紅、白、藍三色構成。紅色代表各族人民的力量與獻身精神。白色代表宗教，象徵宗教的純潔。藍色代表國王。三種顏色代表三位一體。

狗在泰國是禁忌動物，因為泰人認為狗會帶來厄運。這一點與臺灣人的觀點不同，臺灣人認為貓來窮、狗來富。

泰人尊敬有地位的人，願意跟有地位的人做事，有一個諺語這樣說：「假如你跟著有社會地位的人，則狗將不會咬你。」

尊重國王及王室成員

泰人非常尊重他們的國王、王后以及王室家族，禁止批評王室人員，刑法第112條有處罰對王室不敬罪的規定，最高可處罰十五年有期徒刑。試舉一些例子來說明泰國如何保護泰王的名譽。

泰王地位榮崇，不僅不能被控告，亦不能受批評。1988 年 6 月 22 日，泰國東北武里南府的地方法院判決前內政部副部長維拉因誹謗泰王和王室成員罪名成立，坐牢四年。維拉係因在1987年7月競選演說時說，他出身貧寒，如果他出身曼谷大皇宮，身為「維拉王子」，不是政壇人物，即可以享受一切，不必辛勤奔波，他的日子會過得愉快、更輕鬆。結果被控以侮辱泰王和王室罪。理由是泰國王室在全世界王室之中，最熱中於服務民眾，王室成員終年奔波，辛勤工作，備受朝野崇敬。維拉的說法不符合事實。[5]

2006年3月，媒體業者林明達因為在反塔信集會上引述政敵所發表的侮辱國王的言論而面對刑事訴訟。刊登林明達言辭的一家泰國報章已經道歉，並且主動停刊五天，請求國王寬赦。[6]泰國法院在 2013 年 9 月判他二年徒刑。

2006 年，一名瑞士人因冒犯泰王被判監十年。他獲泰王特赦後，被驅逐出境。

---

5. 南洋星洲聯合早報（新加坡），1988 年 6 月 23 日，頁 12。
6. 南洋星洲聯合早報（新加坡），2006 年 4 月 29 日。

2007年3月，一名瑞士男子因在泰王蒲美蓬生日的照片上塗鴉，結果被判處十年監禁，此人後來被驅逐出境。泰國首相署部長賈卡波（Jakrapob Penkair）是前首相塔信的政府發言人。2007年曾帶領群眾示威，抗議2006年9月爆發的反塔信政變。賈卡波於2007年8月在泰國外國記者協會演講時，發表了侮辱王室的言論。[7]

泰國電影院在放映電影前，都播放頌聖歌和錄影帶，頌揚泰王蒲美蓬的豐功偉績。在播放時，觀眾必須肅立。2007年有一名男子繼續坐在座位上，立即引起一場風波，多名觀眾怒氣沖沖地臭罵他，向他投擲爆米花和水瓶。有一人更氣得在走道上跟他扭打，後來員警將他起訴。他被控以欺君罪，最高刑期是十五年。[8]

2008年6月，泰國一名員警中校告發英國廣播公司（BBC）駐東南亞特派員黑德（Jonathan Head），指他在2006年至2008年的報導中「破壞和侮辱泰王聲譽」，同時涉及前首相塔信顛覆泰國王室的「陰謀」。黑德被控告的理由是，他在英廣網站的一則報導中，把塔信的照片放在泰王照片的上方，這違反了泰國永遠把泰王照片放在最上方的傳統。[9]

維護新聞自由的「無國界記者」（Reporters without Borders, Reporters sans frontières，RSF）組織於2008年6月5日說，泰國的政客們利用受尊重的泰王的名義，通過新聞審查制度打壓批評他們的意見。「無國界記者」指責政客們宣稱在維護泰王的聲譽，實際上是操縱法律保護自己。[10]

泰國知名社會批評家七十六歲的蕭素樂（Sulak Sivaraksa）在英國接受教育，他也是國際入世佛教協會的創辦人。他在2007年12月在泰國東北部孔敬大學發表的一次演講有侮辱王室之嫌，在2008年11月被曼谷警方逮捕。[11]

2009年1月，泰國朱拉隆功大學政治系教授賈爾斯（Giles Ji Ungpak-

---

7. 南洋星洲聯合早報（新加坡），2008年3月26日。
8. 南洋星洲聯合早報（新加坡），2008年4月23日。
9. 南洋星洲聯合早報（新加坡），2008年6月3日。
10. 南洋星洲聯合早報（新加坡），2008年6月7日。
11. 南洋星洲聯合早報（新加坡），2008年11月8日。

orn）因其著作為富人發動的政變（*A Coup for the Rich*）的內容敏感而被起訴。他在書中批評軍方在 2006 年發動政變，將當時的首相塔信拉下臺。他也經常針對王室在泰國政治所扮演的角色發表評論。[12]

2009 年，已有近四千個網站因涉嫌侮辱君主制而遭泰國當局禁止，有超過十七種侮辱王室的刑事案正在受審。[13]

澳洲作家尼古拉德斯在 2005 年出版了誹謗王室的小說逼真（*Verisimilitude*）。該書批評泰王、太子、泰國和君主政體，而被控冒犯君主罪，他認罪後於 2009 年 1 月被判監三年。他在刑事法 112 條文下罪名成立，法庭原本判他監禁六年，但由於他認罪，因此刑罰減至三年。[14]後來他本人及澳洲外長請求泰國國王給予赦免，最後如願獲得赦免。

2008 年 12 月 4 日的經濟學人（*The Economist*）因為刊登了一篇題為「泰國、泰王和其危機」的報導，而沒有在泰國發行，以免犯了冒犯君主罪。該報導引述了一本在泰國禁售的書籍從不微笑的國王（*The King Never Smiles*）裏頭的內容，這本未經授權撰寫的泰王傳記已在泰國禁售。2009 年 1 月 24 日發行的一期因為裏頭有一篇報導，提到澳大利亞一名作家因為誹謗泰國王室而被判監禁三年，所以也不會在泰國發行。[15]1月 31 日發行的期刊，收錄了一篇名為「令人遺憾的倒退」（A sad slide backwards）的文章，批評了泰國虐待緬甸羅興亞難民的事件，也簡略地提到了王室參與泰國政治的敏感課題。所以該期也不在泰國發行。[16]2010年3月中旬，該刊物又刊登了一篇有關泰國王位繼承問題的文章。在泰國，王位繼承問題十分敏感，對此話題的討論受到法律嚴格限制。根據泰國法律，誹謗、侮辱或威脅國王、王后、王儲或攝政的行為會被判處最多十五年徒刑。因此，該刊物這一期未在泰國發行。[17]

2009年11月19日，放射科醫生達沙邦因為在泰國政治網站Prachathai

12. 南洋星洲聯合早報（新加坡），2009 年 1 月 13 日。
13. 南洋星洲聯合早報（新加坡），2009 年 1 月 21 日。
14. 南洋星洲聯合早報（新加坡），2009 年 1 月 20 日。
15. 南洋星洲聯合早報（新加坡），2009 年 1 月 28 日。
16. 南洋星洲聯合早報（新加坡），2009 年 2 月 1 日。
17. 南洋星洲聯合早報（新加坡），2010 年 3 月 20 日。

貼文散播謠言批評王室，在曼谷一家私人醫院被捕。警方也充公了她的上網本（netbook），以作進一步調查。警方在 11 月初以相同罪名逮捕 3 人，其中兩人已認罪。[18]

此外，由於網路資訊無遠弗屆，近年透過網路攻擊泰國王室的訊息亦相對增加，因此，泰國警方在 2010 年 6 月 15 日成立反互連網犯罪機構，以打擊網路對泰國王室的攻擊貼文。[19]

婚俗

泰人訂婚或結婚時都會請和尚或婆羅門教法師占卜良辰吉日。訂婚當日，準新郎和家長、親友會攜帶聘禮，包括金、銀、珠寶、香蕉、椰子等前往準新娘家。訂婚後三至六個月擇日結婚，新居通常會選擇在新娘家或其附近，是為了將來婚姻破裂時新娘不致於走投無路。在成親的前一天下午，新娘會偕同家長及親友在新房舉行宗教儀式，請和尚當晚在新房誦經祈福。翌日早晨，新婚夫婦送禮給和尚和齋僧。婚禮在早上舉行，新郎和新娘或坐或伏在一張桌子上，都伸出雙手及合十，由資深和尚先灑法水及祝福；下午則輪由雙方家長及親友輪流向新人灑法水。法水中放著茉莉花、玫瑰花及香水。儀式進行中都會有泰國古式鼓樂演奏。當晚設宴款待賓客，至午夜歡送新人進洞房，婚禮才告完成。[20]

生育禁忌

在過去，泰人嬰兒出生後，接生者只能用竹刀割斷臍帶，而不能用剪刀。然後將嬰兒的胎盤放在瓦鍋裏，等孩子滿月後才將胎盤埋到屋後。初生的嬰兒每日都需放在冷水中浸泡幾次，直到他面白唇紫時，才抱起來，據說這樣可以增強其體力，袪除疾病。鄰居親友探望產婦時，不能談論冷熱、汗疹、生病和死亡等事情。

---

18. 南洋星洲聯合早報（新加坡），2009 年 11 月 20 日。
19. 南洋星洲聯合早報（新加坡），2010 年 6 月 16 日。
20. 斯文，「泰國傳統婚禮談」，星暹日報（泰國），1985 年 9 月 23 日，版 24。

泰國文化來源

泰國立希博士曾對泰國文化歸納出四種來源。第一是泰國本國文化，表現在農業社會的普羅大眾的大方樸素、享樂主義、隨和、無憂無慮、享受生活以及和諧的人際關係。

第二，佛教及婆羅門教。佛教是社會名流與民眾的一種基本原則教義。婆羅門教則是宮廷及其他國家大事的神聖儀典規範。印度教帶來了迪瓦呶神的崇拜，此促成君權神授觀念的興起。此三大教均是來自印度，而影響泰國的文化。

第三，中國的影響。主要是在飲食以及人際關係，很多官員具有華人血統，達官貴人、商人和稅務員形成一個特殊的華人和泰人的族群結構，影響泰國的官場文化。

第四種是西方文化。從拉瑪四世開始學習西化開始，西方的文化和術語已深入泰國社會。立希博士認為泰國面臨一個如何將新興的科學和技術的科學文化與前述四種文化相互融合的問題。[21]

習俗

在拉塔納科新時期（1767～1932 年），皇家在十二個月的慶典如下：

第一個月是御船巡遊慶典（Lai Rua 或 Royal Barges Procession）。在阿瑜陀耶時期，該慶典是不讓雨水澆灌在水田中，以防止稻子受損。由 100 艘以上的遊船在湄南河上遊曳。國王亦會利用此一機會在皇家寺廟（Wat Arun，Temple of Dawn）主持奉獻伽亭（Thod Kathin 慶典），為人民祈福，國王乘船在河上遊曳，每艘船妝點華麗。

第二個月是皇家盪鞦韆慶典（Triyampawai Lo Chingcha or Giant-Swing Ceremony），這是婆羅門教傳下來的慶典，主要是歡迎濕婆神下凡世，人民亦可參與該慶典。在慶典期間，有些父母會將小孩送到印度廟，將其頭上頭髮剪成一個髻。

---

21. 星暹日報（泰國），1989 年 1 月 10 日，頁 4。

第三個月是皇家燃燒稻米慶典（Thanayatho or Rice Burning Ceremony），該節慶與春耕節有關連。

第四個月是皇家做功德慶典（Samphatcharachin Merit-Making Ceremony），此一節日是借用自斯里蘭卡，此為佛教儀式，以慶祝一年的結束，用吟唱的方式驅逐惡魔及給予祝福。

第五個月是宋干節（Songkran），就是新年，人們相互潑水慶祝新年。現在泰國將潑水節的時間訂在每年4月13～15日，象徵泰國傳統新年的開始。年輕人拜訪其親友，將香水潑在長輩手上，以示祝福。請出佛像，由和尚祈福。然後用水灑到佛像和宋干女神身上，祈求新年如意，風調雨順。接著，人們互相灑水，祝福新年平安快樂。在鄉下地區亦有在新年第一天到郊外河中沐浴。為慶賀新年，會舉行「賽象大會」，內容有人象拔河、跳象拾物、象跨人身、大象足球賽、古代象陣表演等。

潑水節的由來有各種不同的說法，第一種說法是：據傳古代泰族有一個國王，有神力，個性殘暴，作威作福，好搶民女為妻，強迫七名小姐為妻妾，最小的姜尤金下決心要除去該一暴君。有一次暴君喝醉酒，尤金向他撒嬌，問他雖有神力，亦會有弱點，何處是他的弱點呢？該暴君醉醺醺的說出他的秘密，就是他的脖子。尤金續問他為何脖子最弱呢？他說只要剪下他的一根頭髮，然後用該根頭髮纏繞他的脖子，就足以掐斷他的脖子。尤金聽到此一秘密，就召集她的眾姊妹，將該暴君的頭髮剪下一根，然後繞著暴君的脖子，脖子立即折斷，但噴出來的不是血，而是熊熊火焰。眾姊妹遂舀水將火焰澆熄。以後，隱喻泰人潑水以慶祝殺死暴君，獲得自由。[22]「泰」的意思是自由，「泰族」即是愛好自由的民族。「潑水」即表示泰人獲得自由，所以要大肆慶祝。

第二種說法，相傳古代有一位富翁，沒有兒子，其鄰居是個酒徒，卻生了兩個兒子，有一天，酒徒喝醉酒後嘲諷富翁死後沒有兒子繼承財產，死後財產都是別人的。富翁很生氣，經常祈求神祇讓他有子嗣。經過三年後，富翁祈求樹神，樹神可憐他，便升天向天帝代為富翁求子，

---

22. 無作者，「傣族的潑水節及其美麗傳說」，世界日報（泰國），1991年10月1日，頁6。

天帝命護法仙童投胎為富翁的兒子。護法童子七歲時便通曉婆羅門經典，能懂鳥語，並對人說吉祥經。當時有兩位長老，一位是摩訶婆羅門，另一位是伽頻婆羅門。伽頻婆羅門認為護法童子黃毛未退，膽敢自稱人師，便下凡去為難他，提出三個問題要他解答，答得出，他願意割下首級，答不出，則要割下護法童子的首級。約定七天內解答。到了第六天，護法童子仍無法解答，他在兩棵棕櫚樹下苦思，忽然聽到樹上兩隻老鵬在講話，雌鵬問道：「明天去哪兒找食呢？」雄鵬說：「明天護法童子無法解答伽頻婆羅門的問題，會被砍頭，所以要去吃他的屍體。」雌鵬又說：「那三個難題如何解答呢？」雄鵬說：「一、早上祥光在臉，所以人類用水洗臉。二、中午祥光在胸，所以人類用香水洒胸前。三、晚上祥光在腳，所以人類用水洗腳。」第二天，伽頻婆羅門向護法童子索解答，護法童子將雄鵬的話答覆。伽頻婆羅門認輸，便召七位仙女下凡說：「我要割下首級，但頭落地就會起火，世界將遭火災，頭拋向天空，便永不下雨，擲向大海，海便乾涸。你們得小心用盤子盛著我的頭，輪流捧著，在拍素明山下周遊三十分鐘，然後供奉在健陀都利山洞中。」以後每逢宋干節，七位仙女輪流捧著伽頻婆羅門的頭在山下周遊一次才返天庭。由於伽頻婆羅門的頭會帶來火災，所以人們在這一天都會潑水，以降低火氣。[23]

第六個月是皇家春耕節（Royal Ploughing Ceremony）。慶祝春耕的到臨，以及稻米豐收。在古代，國王偶爾會下田耕種。在拉塔納科新時期，國王偶爾主持該慶典，但不下田耕種。蒲美蓬國王從 1960 年恢復該春耕禮，每年主持該慶典，邀請官員、外國使節和人民觀禮，慶典是在大皇宮附近的沙南鑾（Sanam Luang）舉行。

國王每年在泰曆 4 月（西曆 5 月）在大皇宮前沙南鑾主持傳統耕耘禮，兩頭白色耕牛由身穿傳統服飾的農業部官員牽引，到皇家田犁田，然後禮儀官就撒下吉祥糧種，希望今年全國獲得豐收。這是根據七百年

---

23. 鈺，「暹羅潑水節的由來」，載於南洋月報，新加坡南洋商報發行，1951 年 12 月，2 卷 9 期，頁 34。

前泰國流傳下來的婆羅門教儀式進行的。在耕耘禮後，王室耕牛就被取下軛，接著就開始享用禮儀官送來的七種飲食，包括：米、玉蜀黍、青豆、芝麻籽、乾草、水和米酒。1996年，耕牛選吃米酒，根據傳統的說法，這預示著泰國今年會有更好的交通和外貿以及繁榮的經濟。在耕耘禮後，民眾就獲准衝上沙南鑾稻田搶拾禮儀官撒下的神聖糧種。傳統上，農民喜歡把拾來的神聖糧種與自己的稻種摻在一起播種，希望給自己帶來好運。[24] 2010年5月11日，因蒲美蓬國王身體欠安，由王儲瓦七拉隆功代理主持該春耕禮。

第七個月是薩郎盤儀式（Salakphat Ceremony），是從拉瑪四世起舉行，是點蠟燭舉行功德會，國王和平民都參加。

第八個月是皇家的蠟燭節（Thian Phansa Celebration）。在雨季期間所有和尚必須住在僧院中，信眾供奉蠟燭給和尚，讓他們可以在未來的三個月隱居（Phansa）中使用。在供奉蠟燭給和尚前，會吟唱念經以及賜和尚中餐。然後將蠟燭放在僧院內。點燃蠟燭須使用太陽光。

第九個月是祈雨節慶，由和尚和婆羅門祭司負責祈雨。拉瑪二世請出帕刊他拉（Phra Khantharat）佛像來祈雨。該佛像現在藏放在伊美拉德佛廟（Emerald Buddha）中。平民也有祈雨慶典，稱為祈雨儀式（Nang Maeo Procession or Cloud Making Ceremony），在慶典中，人民歡唱遊行。

第十個月是皇家鬼節（Sat Ceremony），是攪動神聖的米和椰谷米（Yakhu）。椰谷米是由新杵的米加上奶油和香草葉混攪而成。這是婆羅門教傳下來的攪和米的方式。神聖米則是由花生、芝蔴、椰子奶和水果混攪而成。該攪和工作是由處女來作。在拉瑪一世統治時期，是由他本人和女兒共同主持該典禮。拉瑪二世和三世停止該慶典。拉瑪四世恢復該慶典。今天在鄉下地區的寺廟也有平民舉行該慶典。

第十一個月是皇家賽舟節（Assayut，或 Boat Racing Ceremony）。這是從阿瑜陀耶時期傳下來的節慶。在夜晚的河上點燈籠。

---

24. 南洋星洲聯合早報（新加坡），1996年5月17日，頁30。

第十二個月是皇家燈籠節（Chong Priang Loy Phra Pratip Ceremony）。Chong Priang 意即用蠟燭點燃燈籠，然後將燈籠高掛在竹竿上，以敬獻佛祖、帕朱拉瑪尼（Phra Chulamani）佛塔（供奉佛陀出家所剃下之頭髮）和佛陀足印（Phra Buddha Bat）。此一慶典受到印度教崇拜的婆羅瑪（Brahma）（大梵天神）、濕婆（Siva）和毗溼奴（Vishnu）三個神的影響。由於泰國國王是信仰佛教，所以將敬獻的對象改為佛教的三個神，即佛祖、佛陀頭髮和佛陀足印。[25]

佛誕生日（Visakha Puja Day），是慶祝佛陀的生、得道和滅，是在六月舉行，泰國人要作功德、在僧院參加點蠟燭的活動。

鬼臉節（Phi Ta Khon Festival），這是每年6月或7月在羅伊（Loei）省的丹賽（Dan Sai）和南化地區（Na Haew Districts）舉行的民俗慶典，鬼臉節遊行是每年舉行做功德慶典的一部分。鬼臉節的角色通常是由未成年或成年的男性扮演。此節日源自於傳統的佛教神話，敘述傳說中釋迦牟尼轉世的最後一世吠山東（Vessandorn）王子回到他的城市，城內列滿歡迎他歸來的隊伍，連妖魔鬼怪也都前來祝賀。鬼臉節是泰國東北部一個較大的節日。當天年輕男子們會戴著各式各樣可怕的面具，打扮成妖魔鬼怪的模樣來捉弄村民。

在沙拉武里（Saraburi）舉行的做功德節慶（Tak Bat Dok Mai，Merit-making Festival），當舉行佛教大齋（Khao Phansa，Buddhist Lent）時，當地人民在帕拉佛廟（Wat Phra Buddha Bat）舉行做功德及供奉蠟燭，亦會對和尚施捨鮮花。

在烏汶拉查塔尼舉行的燭光節（Candle Festival in Ubon Ratchathani），該節慶是在每年8月或佛誕日舉行，慶典是在吞史明廣場（Thung Si Muang ground）舉行，有蠟燭競賽，在將蠟燭供奉給僧院前，會持蠟燭繞城遊行。

在披吉舉行的龍舟賽（Long Boat Racing in Phichit），是在每年9月為敬獻城內鑾抱碧佛（Luang Pho Phet）而舉行的慶典，在城外的南

---

25. Anchalaporn Siriwan, ed., *op. cit.*, pp. 88-89.

（Nan）河舉行船隻競賽，獲勝者可得到國王的獎品。

在春武里舉行的水牛賽跑節（Buffalo Race in Chon Buri），每年10月舉行，農民在其水牛身上披上五彩衣服，然後在市政廳前廣場舉行牛隻賽跑，獲勝者可得牛隻。

普吉島的素齋節（Phuket Vegetarian Festival），每年中國農曆9月1～9日舉行，第一天由信徒抬神像遊街，信徒也有過火表演，在慶典期間華人穿著白衣及吃素。

在那空帕龍舉行的點亮船隻巡禮節（Illuminated Boat Procession in Na-khon Phanom），這是水燈節（Loy Krathong）的東北版，在湄南河沿岸各省舉行，每艘船隻都妝點漂亮。

在烏泰塔尼舉行的施捨典禮（Takbat Thewo, alms-giving ceremony, in Uthai Thani），在解夏節（Ok Phansa Day）早晨，約有200-300名和尚在佛像引導下，從高沙卡克彎（Khao Sakaekrang）高處的佛陀足印寺（Phra Buddha Bat）臺階走下來，到烏泰塔尼（Uthai Thani）的蒙區（Muang District）的商干拉搭納可里寺（Wat Sangkat Rattanakhiri）的廣場接受信眾的布施。

在塔克舉行的水燈節（Loy Krathong Sai in Tak），這是在塔克市的拼（Ping）河沿岸舉行的傳統慶典，信眾將火絨填塞在椰殼內，點燃後放在河裡漂流。同時也有各種表演，例如跳舞、戲劇等。

清邁的易朋元宵節（Yi Peng Lantern Festival 和 Yi Peng Ceremony），這是清邁版的水燈節。每家和街上都點燃燈籠，有燈籠比賽和遊行。

康查那武里舉行的桂河大橋週（The River Kwai Bridge Week in Kan-chanaburi），康查那武里省每年12月在桂河大橋舉行紀念儀式，以紀念第二次世界大戰時興建桂河大橋時死難的戰俘和工程人員，慶典有歷史和考古展覽、桂河上的聲光表演。

猜納舉行的草鳥節（Straw Birds Fair in Chai Nat），猜納的人民大多數是農民，1986年首度舉行草鳥節，農民用稻草結紮各種鳥類，每隻鳥高約3公尺，以吸引觀光客。

在單馬令舉行的迎佛骨節（Hae Pha Khun That in Nakhon Si Thammarat），

主要是敬奉單馬令佛陀遺骨，慶典第一天要煮米粥，第二天，用布包裹佛陀遺骨和燈籠。最後一天，在用布包裹遺骨神龕之前，舉行布匹繞城遊行。

在北大年舉行的林姑娘像出巡節（Chao Mae Lim Ko Nieo Fair in Pattani），在中國農曆1月中旬舉行，信眾將林姑娘像和其他神像放在神轎上遊街，亦有過火儀式，信眾在慶典七天中吃素。林姑娘是明朝末年從中國避難到北大年的林道乾的妹妹林慈貞，林道乾與北大年女王結婚，其妹從中國前往北大年，勸其兄返回中國，林道乾以正在建造清真寺為藉口，拒絕返鄉，林姑娘在清真寺旁的木坎樹上吊，且詛咒這座清真寺必遭天毀，永遠也建不成。當地華人感念其慈悲心，當其死後建廟祭祀之。

在那空沙萬北欖坡舉行的舞龍舞獅遊行（The Procession of Chinese Gods and Goddesses of Pak Nam Pho in Nakhon Sawan），那空沙萬華人慶祝農曆新年的慶典有七天，期間有舞龍舞獅的活動。

迷信

泰國人大都信奉佛教，也保留傳統的風俗和迷信，再加上其境內有11.3 %的華裔，華裔也帶進了華人的風俗和迷信。這些迷信和泰國現代政治同時並存，對其政治並無害處或嚴重影響。也許受到佛教的影響，泰國人對政治的寬容也是其他國家所不及，最為人樂道的是，泰國有頻繁的軍事政變，但卻很少人受到法律制裁。政變失敗者，不是從容逃居外國，就是遭法院起訴，最後也是獲得寬赦或不了了之。

1981年6月6日，泰國國會以288票對4票通過一項法案，修改皇家赦免法（Royal Amnesty Act）。該法案寬赦8位拒絕在4月1日政變後投降的涉案人。其中包含流亡在緬甸仰光的桑特將軍（General Sant Chitpatima）。泰王在5月簽署赦免涉及4月1日政變的52名參與者的罪刑。[26]6月22日，桑特從緬甸返回曼谷，結束兩個月的流亡日子。

泰國政府在1987年11月釋放1985年9月9日政變的33名嫌犯，理由是

---

26. *South China Morning Post*, June 7, 1981.

嫌犯在獄中度過兩年鐵窗生涯，他們的家屬也備嘗辛酸。另外5名將領仍將面對刑事提控，他們包括前首相克里安薩將軍、兩名參議員，他們較早時獲准保釋。逍遙法外的政變首領馬儂和馬納斯也首次被引用刑法提控。[27] 1988年6月21日，普瑞姆內閣通過一項有關寬赦涉及1985年9月流產政變的12名領導分子的法案，此一法案並經國會和國王的批准同意。這些軍變涉案人包括前首相克里安薩、前武裝部隊首長森納納孔、前武裝部隊司令卡拉塞、前陸軍副司令約德、前副最高司令阿倫空軍元帥。另7人為低階陸軍軍官。[28]涉及1985年政變的馬儂上校於1988年10月，結束在西德三年的自我流放生涯返回曼谷。和他一起策動事件的少壯派軍官，較早時已獲特赦。[29]

1984年11月，泰國政府高級官員相繼病死，包括素攀府首長甘差諾邁、猜納府首長阿拉巴、行政部主管差卑巴，前內政部長丹依拉惹奴巴，還有病重的內政部次長奧沙旦奴洛等，使得內政部官員不得不迷信，於12月1日在該部辦公大廈舉行一個驅邪的宗教儀式，同時也邀請曼谷各政府部門官員參加。[30]

1997年6月11日，首相查瓦利和其夫人在曼谷一家佛寺與數百名身穿黑衣的善男信女參與一項宗教儀式，祈求神靈賜福和協助振興經濟。在這之前，查瓦利夫人攀關請了12位和尚到她在暖武里舊住家舉行五小時驅邪儀式，以便使她全家不會因暫時搬家而倒楣。主要原因是她在搬家前，沒有向暖武里住家的守護神通報。不過，攀關之所以搬家，即因為其舊家屋頂漏水和牆壁出現裂痕，會給她全家帶來麻煩。在和尚做完驅邪儀式後，她就前往曼谷一間佛寺和查瓦利會合，然後與其他數百人一起穿著黑衣參加向「黑影神」告別的儀式。據說，「黑影神」在1995年到來時，泰國就立即出現日全食。他們必須以黑色祭品祭拜它。查瓦利夫婦以108支黑色蠟燭向「黑影神」告別。風水先生說，在舉行儀式後，

---

27. 南洋星洲聯合早報（新加坡），1987年11月30日，頁20。
28. 南洋星洲聯合早報（新加坡），1988年6月22日，頁32。
29. 南洋星洲聯合早報（新加坡），1988年10月2日，頁15。
30. 南洋星洲聯合早報（新加坡），1984年11月24日，頁32。

查瓦利首相將會得到黑影神留給他的神力，使他變得更強壯、更果斷和更有魄力。查瓦利首相利用該神力，將可使國家經濟好轉，使他有本領拯救國家。[31]然而祈神儀式並無神效，查瓦利還是不敵「黑影神」，而在金融危機中下臺。

2000年11月20日，為泰國大選的首天候選人登記日，有一位候選人扛著棺材去登記，根據泰國的傳統風俗，如果扛著壽板去謀求重要職位，跟隨他的衰運就會消逝。[32]

2010年3月13日，親塔信的為泰黨大本營暖武里府，大約有2,000名「紅衫軍」在府內舉行曼谷集會之前的最後一場示威活動。他們分成三隊，朝三個方向展開遊行。他們行動之前，還到首府的寺廟舉行儀式，包括焚燒辣椒和鹽巴。

15日中午，阿披實在「紅衫軍」最後通牒期限截止前，公開拒絕他們的要求，一個小時之後，「紅衫軍」揚言公開募血行動，他們準備蒐集100萬CC的鮮血。16日早上就在曼谷主要的示威地點展開捐血活動，當日晚上，「紅衫軍」在政府辦公樓和執政黨民主黨總部前面潑灑鮮血。17日冒著大雨遊行到阿披實私邸，並於中午12時左右向他私邸大門潑血，還把裝滿鮮血的多個塑膠袋扔進院子。根據泰國民間習俗，潑血是一種下咒的巫術。亦有人認為是一種他們不惜為民主而浴血的表示。

泰國人篤信命理，生活上大小事如愛情、生意和政治都喜歡參考算命師的意見。

在2006年9月泰國爆發政變以前，算命師巴努瓦預測，前陸軍總司令蘇拉育將可能成為泰國的臨時首相。他說：「今年是瘋狗年，而明年將會是瘋豬年，所以我們需要一名身持軍火的制服人員來管理這個國家。」他曾於三個月前預測，前首相塔信可能在10月被暗殺或車禍身亡，他也建議塔信下臺以避免發生街頭流血事件。[33]

---

31. 南洋星洲聯合早報（新加坡），1997年6月13日，頁27。
32. 南洋星洲聯合早報（新加坡），2000年11月21日，頁33。
33. 南洋星洲聯合早報（新加坡），2006年9月29日。

　　由於首相府遭「紅衫軍」破壞，經修復後，阿披實進入首相府大院的大門對面，有一棟稱為「泰古法」（Thai Ku Fah）的大樓。在該大樓前面的草地，放置著六盆黃色和綠色的同種植物，以驅邪避惡，而植物的鮮豔顏色則有助於加強好運，營造團結，同時召來貴人，提升領導人的魅力。首相辦公室的屋頂還安置了一尊彌勒佛，「泰古法」大樓的好幾個地點則以許多圓彈珠點綴，以驅走霉運，加強好運。[34]

人妖

　　凡是到過泰國旅遊者都會留下深刻的印象，即泰國有人妖以及人妖表演，遊客對於人妖之妖嬈嫵媚都會讚賞不已。但有關人妖之起源，則有不同的說法，有者認為是源自早期古印度的閹人，與中國宮廷中的太監相同，是為了防止他們混亂內宮秩序而將男性閹割，以致成為人妖。其實在泰國古史中，儘管國王妻妾一大群，但並無內宮設置太監的記載。顯然該一傳說不甚可靠。

　　筆者讀中國元朝周達觀所寫的真臘風土記一書，在人物卷中記載一段話：「家家皆修佛事。國中多有二形人，每日以十數成群，行於墟場間；常有招徠唐人之意，反有厚餽，可醜可惡。」[35]

　　周達觀在 1296 年出使真臘，即今天的柬埔寨，他所描述的「二形人」，應即是男扮女裝者，他們在市場間穿梭，招攬男客，原來他們是娼妓。他們特別喜歡華人，而且會給華人特別的回饋，周達觀沒有說是何厚餽。柬埔寨在十一世紀到十三世紀曾統治今天泰國中部到南部一帶，可能柬埔寨此一風俗傳播到這些地區，並流傳至今。

---

34. 南洋星洲聯合早報（新加坡），2010 年 6 月 22 日。
35. 金榮華校注，周達觀，真臘風土記校注，正中書局，臺北市，民國 65 年，頁 49。

第二節　語言、文字與文學

語言

　　泰國的官方語言是泰語，泰語可分為兩種，一種是日常通用的泰語，使用在家庭、學校和社會；另一種是高級泰語，稱為坎拉恰沙普（Kam Racha Sap），是使用在對國王、王室人員、省長、和尚與正式場合之語言。該種高級泰語會加上一些敬語，讓說話者更具教養。在泰北，說蘭那方言或坎蒙語（Kham Muang）。使用的文字類似孟族或緬族的文字。東北部說泰—伊山方言，它與北部和南部的方言接近，很容易懂。南部的語言較為複雜，有巴利語（Pali）、淡米爾語（Tamil）、梵語、高棉語、爪哇語、馬來語，甚至有華語。

　　泰國的文字是藍甘亨國王從高棉文字修改而成，而高棉文字是源自於第六世紀南印度的拔羅婆（Pallava）文字（即巴利文字），而在這些文字改造過程中，多少會保留一些拔羅婆和梵文的用語。

文學

　　早期泰國文學受到印度宗教影響，所以大都是以印度宗教為主題。早期的文學題材是來自印度的史詩拉瑪耶那，文學著作有許多使用該印度史詩的人物和情節。泰國文學名著亦有改編自拉瑪耶那，例如拉瑪一世國王改編的拉瑪堅，它超過了純文學的界線，而進入了音樂、舞蹈、繪畫、雕塑等各文藝領域。泰國最大寺廟玉佛寺的連環壁畫，就是描述拉瑪耶那的故事內容。印度史詩摩訶婆羅多，亦影響十五世紀初的作品「遠征阮夷歌」，該作品使用「摩訶婆羅多」的人物名稱，例如「黑天」、「毗濕摩」、「阿周那」、「迦納爾」等。[36]

　　以後有用散文、詩詞來寫作泰國本土的故事，例如特拉帕榮（Trai Phum, Phra Ruang）（是素可泰時期的文學著作）、帕瑪來卡龍（Phra Malai Kham Luang）（是大城王朝時期的文學著作）、巴通宋波（Pathom

---

36. 邱蘇倫，「印度文化對泰國文化的影響」（三），星暹日報（泰國），1989年，版17。

Som Phothikatha）、攀押薩差東（Panyasa Chadok）、親那刊・瑪李・帕坤（Chinnakan Mali Pakon）、力禮・那來・是邦（Lilit Narai Sip Pang）、薩瑪期佩・卡昌（Samakkhiphet Kamchan）。自十九世紀後，泰國文學受到西方文學的影響。

在各地有其民俗故事，在泰北，例如，由和尚寫的靠攤・榮・參帕・斯・吞（Khaotham Ruang Champa Si Ton）。有關於儀式者，例如，攤拉斯差搭（Tamra Seup Chata）和轟坤開（Hong Kwan Kwai）。有關於愛情者，例如靠莏・榮・昭・素吞（Khaosaw Ruang Chao Suthon）、宏新（Hong Hin）、昭素萬（Chao Suwat）、南博刊（Nang Buakham）、烏沙巴羅（Usabaros）和 Phrommachak。在東北部，有刀西松（Thao Sithon（Suthon））、刀紹沙瓦（Thao Siao Sawat）、詹皮西敦（Champi Si Ton）、南烹轟（Nang Phom Hom）、卡拉給（Karaket）、蘇里汪（Suriwong）和辛猜（Sinchai）、聖邦飛詩（Klon Soeng Bang Fai）、卡素刊（Kham Su Khwan）和塞詩（Klon Soi）。伊山流行的民俗故事有刀宏刀遮（Thao Hung Thao Chuang）、僧欣猜（Sangsilpchai）、帕微三頓差東（Wetsandon Chadok）、帕亮囊哀（Pha Daeng Nang Ai）。

南部的民俗故事有來自印度的拉瑪耶那。有關佛陀的故事有帕素吞（Phra Suthon）、帕洛瑪里（Phra Rot Meri）、商通（Sang Thong）、帕肯素禮亞（Phra Ketsuriya）。

中部的民俗故事有巴普通（Pla Bu Thong）、宋內仁安（Sano Noi Ruan Ngam）、坤昌坤攀（Khun Chang Khun Phaen）。[37]

蒲美蓬國王的文學修養不錯，他在 1993 年出版他翻譯的著作將金貼在佛陀背上的人（*Nai In Phu Pit Thong Lang Phra*），該書是史帝文生（William Stevenson）所寫的一個稱做勇者的人（*A Man Called Intrepid*），該書是有關第二次世界大戰時的秘密工作。1994 年，他又翻譯奧替（Phyllis Auty）的狄托（*Tito*）一書。狄托是一個天才，他有辦法將不同種族、宗教的南斯拉夫人團結起來對抗史達林主義（Stalinism）。

---

37. Anchalaporn Siriwan, ed., *op. cit.*, pp. 72-73.

　　泰國亦有將中國文學名著譯為泰文者，例如披耶洪（爵號為披耶披帕哥薩）在 1802 年（拉瑪一世）將三國演義譯為泰文。此外，水滸傳、西遊記、封神榜演義、薛仁貴征東、孫子兵法等亦譯成泰文。近代中國的文學作品，例如1930年代魯迅的阿 Q 正傳、狂人日記、祝福、藥；老舍的駱駝祥子；茅盾的子夜；楊沫的青春之歌；曹禺的劇本雷雨亦譯成泰文。詩琳通公主亦熱愛中國文學，曾將王蒙、方方等中國知名作家的文學作品翻譯成泰文。她還翻譯了一百多首唐詩宋詞，並從中選出幾十首，出版了兩本譯詩集。[38]

第三節　表演藝術

戲劇（Drama or Lakhon）

　　諾拉戲（Lakhon Nora），是泰南的戲劇。有三到四位穿著華麗服裝的男性演員，內容在引發觀眾發笑，因此大多為即興的表演。泰國中部稱此戲劇為查特里戲（Lakhon Chatri）。

　　民俗戲（Lakhon Nok or folk drama），是泰國中部的戲劇。早期表演者都是男性，拉瑪五世統治末期，允許女性表演。表演時使用皮拍特（Pi Phat）樂隊，表演的內容是民俗故事，例如，考那瑪（Kaew Na Ma）、拉克沙那汪（Laksanawong）和昌塔可克賀洛（Chantha-khorop）。皮拍特是打擊樂器，包括銅鑼鼓、鑼、銅鍵、木琴，以及末端吹奏的簧管及節奏樂器，通常在宗教儀式以及為藝術表演伴奏等場合使用。

　　宮廷戲（Lakhon Nai or palace drama），是在王宮中表演的戲劇，是由女性表演。戲劇內容是拉瑪耶那、著名古典文學長詩伊瑙（I-Nao）、著名古典文學烏那如（Unnarut）。

　　拉坤攀湯（Lakhon Phanthang），是由那拉提・巴攀烹王子（Prince

---

38. 「詩琳通」，http://baike.baidu.com/view/1020208.htm，2011 年 2 月 13 日瀏覽。

Narathip Praphanphong）改良的戲劇，內容攙雜了外國戲劇成分，主要故事有拉恰提拉特（Racha Thirat）、帕法（Phra Law）、山姆角（Sam Kok）。

面具戲（Khon），是舞蹈戲劇，所有演員須戴面具，它是種蓋住整個頭的頭飾，留有眼洞以便觀看外界。頭飾妝點很漂亮，具泰國藝術色彩。表演時使用皮拍特樂器，表演的唯一的故事是拉瑪耶那。

民俗劇（Li-Ke，Thai folk drama），是源自馬來西亞的表演戲劇，表演時使用皮拍特樂器，表演者有時用唱的或說的。服飾很華美，舞臺有布幕。表演的民俗故事有坤昌坤攀（Khun Chang Khun Phaen）和考那瑪（Kaew Na Ma）。

皮影戲（Nang Yai），是一種古老的表演戲劇。主要故事內容是拉瑪耶那。

在拉瑪五世時，引進西方戲劇，音樂和舞蹈更為多元化，也使用金屬管樂器，皮拍特樂隊也有改良。

服飾

在泰北，婦女穿傳統服飾「信」（Sin）或像沙龍（sarong）的裙子，有時搭配上衣。從拉瑪五世開始，男性改穿襯衫和褲子。東北部的伊山族（E-San）已改穿西式服裝，「信」或沙龍是在特殊場合才穿。在東部，男子穿寬鬆的衣服，婦女穿像沙龍的裙子或帕同（Pha Thung）。在南部，也大都改穿西式服裝，但在慶典時則穿傳統沙龍。少數伊斯蘭教徒，女性則穿長袍，男子穿西式服裝。泰國曾推行其國服，惟並不普遍，西化的襯衫和 T 恤、西裝褲已成為日常服飾。

舞蹈

當泰國在 1431 年占領柬埔寨首都吳哥後，引進了柬埔寨的舞蹈，以後融合了兩種文化的舞蹈風格。泰國舞蹈強調柔軟、優雅的動作，著重頭部、眼神和手的動作。最有名的古典舞蹈是「福恩泰國」（Fawn Thai），是在暹羅時代在宮廷中表演的舞蹈，表演人數約在四對到六對

的舞團。「福恩泰國」舞蹈是
流傳在清邁的舞蹈，有五種類
型，包括：蠟燭舞（Fawn Tian or
the Candle Dance）、手指甲舞
（Fawn Leb or the Finger nail Dan-
ce）、頭巾舞（Fawn Ngiew or the
Scarf Dance）、蝴蝶舞（Fawn Marn
Gumm Ber or the Butterfly Dance）
和快樂舞（Fawn Marn Mong Kol
or the Happy Dance）。[39]此外，泰
族是一個愛好舞蹈的民族，在各
地發展出具有地方特色的舞蹈，
例如扇子舞、泰拳舞、面具舞、
戰鬥舞等等。

圖 9-1：「福恩泰國」舞蹈
資料來源：http://www.chiangmai-chiangrai.
　　com/art_of_thai_dance.html，2010 年 9 月
　　14 日瀏覽。

　　在表演舞蹈時，
舞者的服飾非常華
麗，穿多彩色衣服，
有頭飾，指甲上會戴
上假指甲套，讓舞者
在表演時手部姿勢更
具流線型。男性舞
者，通常穿燈籠褲，
褲管到小腿處，然後
紮起來。女性舞者則
穿沙龍，通常身上會
披上長巾。無論是男
舞者或女舞者，舞蹈

圖 9-2：優雅的舞蹈
資料來源：http://www.richardbarrow.com/thai-culture/thai-dance.
　　html，2010 年 9 月 15 日瀏覽。

39. http://www.chiangmai-chiangrai.com/art_of_thai_dance.html，2010 年 9 月 14 日瀏覽。

時都是赤腳。舞蹈時通常都會有傳統樂器伴奏，例如鼓、銅鑼、鈸、笛和鑫，樂音柔和婉轉。舞蹈內容包含早期印度史詩故事或民間流傳的愛情故事。

泰拳（Muay Thai）

泰拳為泰國獨特的武術，對打時使用雙拳、雙腿、雙膝和雙肘攻擊對手，可謂是拳打腳踢的一種武術，是一項極為激烈的格鬥。其源起於何時，不可考，據稱在古時暹羅軍中即已有該種格鬥訓練，以培養戰鬥士氣和技能。在二十世紀初，曼谷玫瑰園廣場開始擺設泰拳擂臺，才使該一拳擊運動成為泰國國粹的體育運動。

鬥雞

鬥雞也是泰國一項特別的民俗活動，它起源自十六世紀納里軒（Naresuen）國王養雞隻相鬥，當時在雞隻的腿和翅膀綁上小刀和刀片，以打傷對手贏得勝利。後來在鄉下地區普遍有鬥雞活動，農民們都會藉此下

圖 9-3：泰拳之招式

資料來源：http://www.wmcmuaythai. org/，2012 年 6 月 28 日瀏覽。

圖 9-4：傳統的鬥雞活動

資料來源：http://rakkai.blog.co. uk/2012/05/24/history-of-cock-fighting-in-thailand- 13731027/，2012 年 6 月 28 日瀏覽。

賭注。2004年1月，爆發禽類傳染的感冒疾病，泰國政府禁止鬥雞活動，以免禽流感流傳。此一禁令影響很多人的生計，在2005年11月底，在素攀武里（Suphan Buri）有12萬人上街要求恢復鬥雞活動以及幫鬥雞施打疫苗。最後泰國政府在2006年1月1日同意開放鬥雞，足見該項民俗活動多受泰人喜愛。

第四節　宗教信仰

泰人信仰佛教，也信仰萬物有靈論（animism），二者是結合在一起，後者是強調要馴服社會上的精靈，利用他們為人類謀利益。而此萬物有靈論，係源自早期婆羅門教的拜物信仰。今天許多典禮、慶典仍可見到此一信仰遺跡。例如一年一度的春耕禮、種子節等國家盛大慶典，就是婆羅門教的禮儀。在該儀式上，唱主角的是婆羅門的祭司，亦有佛教的儀式。泰國的藝術院校在舉行拜師節時，都要請出象徵智慧和順利的印度教的「象頭神」（Ganesa）（是智慧之神），頂禮膜拜，以求學業順利。[40]

泰人習慣在每家住房前，或外牆上放置一座婆羅門的「土地神壇」，裡面供奉公雞或其他神祇，或鮮花，作為守護神。屋主每天早晚燒香上供，以求消災除禍。這種「土地神壇」與室內供奉的佛陀，共同保佑著屋主。[41]「土地神壇」泰語稱為「拍奔」，祭拜土地神的食物，由於相傳會失去滋味，所以一般是不吃的。身上帶有佛像者，更不敢吃這種祭拜過的食物，因為怕佛像失靈。另有一種傳說，和尚臨終時不穿黃袍，否則和尚再生時會成為「拍奔」土地神。因此，和尚在臨終前會先還俗。[42]

---

40. 邱蘇倫，「印度文化對泰國文化的影響」（一），星暹日報（泰國），1989年6月3日，版24。

41. 邱蘇倫，「印度文化對泰國文化的影響」（一）。

42. 「泰國人與『土地神』」，南洋星洲聯合早報（新加坡），1985年5月5日，版14。

圖 9-5：素可泰行走的佛陀

資料來源：http://4.bp.blogspot.com/_
　　Top0_xZayDU/TJAhgKbpUFI/
　　AAAAAAA AD7Q/qWBVOX3d16k/
　　s1600/Sukhothai+Wat+Sa+Sri+1.
　　JPG，2013/5/18 瀏覽。

佛陀造型

　　世界各地佛陀造型不大相同，素可泰時期的佛陀造型有其特殊造型，例如佛陀額頭上沒有紅點、耳垂長、有耳洞，顯然佛陀出身的北印度當時流行穿耳洞之習俗，且將銀製物插入耳洞，拉長耳垂。素可泰之外的其他地區，佛陀也大都是長耳垂，但無穿耳洞。法身寺大雄寶殿內的佛陀額頭上有突出點，但未漆上紅色。

　　素可泰的佛陀還有一個特點，就是有行走的佛陀，祂甚至穿斗蓬披風，雕工精緻，從其穿的披風隨風飄迎，可感受到祂正在行走中。

男子出家

　　泰國男子一生須有一次出家，已成為泰國文化中重要的一部分。男子出家的典故源自素可泰王朝時期的李泰（Prince T'ammaraja Lüt'ai, Lithai）國王，他醉心於佛教，廣蓋佛寺和僧院。他有偉大的「正義之王」之封號。他甚至在 1361 年出家為和尚。此成為以後泰國男子在年滿二十一歲後出家一段時間的濫觴，通常在佛誕日出家為期四個月。

　　在泰國的習俗中，出家的意義已有變化，即男子以出家時間的長短來祈求其父母的福壽的功德的長短，出家時間愈長，其父母所獲得的功德愈多。

　　泰國的和尚不喝酒和吃素，但若屬短期出家的俗人，則可以喝酒和吃葷，因為短期出家的俗人並非和尚，所以戒律較寬。

　　筆者在2004年7月前往泰國南部的猜耶旅遊，巧遇當地鄉人正有一名男子出家，該名出家男子已婚，他騎在一頭大象上，穿白衣戴白帽，由其眾親友歡送其出家，在隊伍最前頭的是吹蠡擊鼓的陣頭，跟在後面的是手舞足蹈的男女舞者，接著是大象。最值得注意的是，該名出家男子的妻子手拿枕頭，在人群隊伍中舞蹈。所以觀眾很容易看出來哪位是出家男的妻子。該出家歡送隊將歡送該名男子到附近的寺廟出家，以便就近送飯菜給該名男子就食。也就是出家不是選擇到名寺，而是住家附近的寺廟。

　　在泰國，也有少數女性出家，但一般泰國人比較保守，認為婦女不應該在寺廟中扮演積極的角色。因此，長期以來受全戒並正式出家的尼姑，其身分是不受法律承認的，這和緬甸及斯里蘭卡的情況很不一樣。訕訕尼曾經是泰國著名的電視藝人，她在1977年決定洗盡鉛華出家為尼，並在曼谷郊區創辦了佛教學習中心。當地人無論男女，都可到該中心練習靜坐，學習瑜伽或參加靜修。該中心的宗旨之一，就是要讓佛教成為每個人生活中重要的部分。訕訕尼從2009年起，開始為年輕女子舉辦短期出家課程。參與者除了必須剃髮，只許身穿素袍，天沒亮就須出外化緣，天天必須打坐靜思。一切作息都有嚴格的規定。訕訕尼說，剃髮是為了教導孩子不要執著於無常的東西，而要求孩子遵守清規戒律能培養她們日後受用不盡的耐力。[43]

和尚晨起托鉢

　　泰國和尚在每天早上六點左右就會從佛廟出發，由老和尚率領大小和尚沿街托鉢，他們手中拿著鉢，用以盛水狀食物，身上背有布袋，用以裝乾食物。筆者在素可泰旅遊時，見一名和尚在市場化緣，有一名女性將十元泰幣放入鉢內，側腿坐在地上，雙手合十，面向和尚，和尚即為該女性念祈福經。

---

43. 「學習修身養性，更多泰國女孩短期出家」，南洋星洲聯合早報（新加坡），2012年4月30日瀏覽。

圖 9-6：猜耶鄉人遊行歡送已婚男子到附近佛廟出家
資料來源：筆者 2004 年 7 月 10 日攝於猜耶。

圖 9-7：猜耶鄉人遊行歡送已婚男子出家

說明：騎在大象上穿白衣者為出家者，前面隊伍中手拿黃色枕頭者為其妻子。

資料來源：筆者 2004 年 7 月 10 日攝於猜耶

　　至於早上和尚托鉢，如何知道哪家有意施捨？在素可泰，當地居民若有意施捨，習慣上會在早上在自家屋前置放一張凳子，和尚早上沿街拖鉢時，即會注意哪家門口有凳子，可獲取施捨。泰國鄉下仍保有相當濃厚的人情義理。

佛廟綜理泰人生死事

　　泰國佛廟的功能類似西方的教堂，泰人的一生從出生、成年、婚姻、祈福、消災、及喪葬都由佛廟負責，和尚地位之崇高，俱由此產生。其與臺灣最大的不同，是臺灣的佛廟不辦喪事，其理由是陰陽不同道，臺灣將佛廟視為陽，故不辦喪事。

四面神

又稱帕蓬或蓬威限四，或陶瑪哈蓬（Thao Maha Phrom），原來是印度教的三大天神中之一的大梵天神（Great Lord Brahma），是創造天地萬物之神。所以四面神不是佛教的神，而是印度教的神，因此，他不應被稱為四面佛，而應稱為四面神。

圖 9-8：君悅酒店附近的四面神

資料來源：http://zh.wikipedia.org/wiki/　%E5%9B%9B%E9%9D%A2%E4%BD%9B，2012 年 7 月 28 日瀏覽。

四面神有四張面孔和八隻手。四張臉分別望向東西南北方向，每一面分別代表著慈、悲、喜、捨，八隻手分別持有不同的法器，包括：佛珠、法杖、經典、法螺、殺鬼飛輪、金露瓶（收妖葫蘆）、法鏡、伏魔鐵杖，每種法器分別代表賜給眾生福德、健康、財富、智慧。

早在釋迦牟尼誕生及創立佛教前便已有四面神。祂與佛教不同處在於，祂是天生的，而不是凡人修成正果，是創造世界和世上一切的神，神通廣大。向佛陀祈願，若如願而未能還願，佛祖不會責怪；但四面神卻會不悅，會找麻煩。在泰國，拜佛祖，使用白色的花，例如蓮花、茉莉花、白色蘭花。拜四面神，則用多彩的鮮花。色彩愈鮮豔，四面神愈高興。

「威限四」是代表仁慈、憐憫、頌揚和犧牲四項律法。四面神是「蓬」級，而非「羅漢」級的神，仍與凡人一樣有喜怒哀樂情緒。若家裡有供奉四面神，每天可供奉一杯清水和四支清香。若要到愛侶灣（Erawan）大酒店附近膜拜四面神，可奉上一條七尺長及有七色花的花串和紅白相間的粉粿、四炷香，不可拜葷菜。

　　愛侶灣大酒店（後改名為君悅酒店）於 1956 年在建造時，工程不太順利，邀請鑾威蒼到工地坐禪，鑾威蒼坐禪後說該地土地神法力奇強，須建一座供奉四面神的神柸，以降伏土地神。於是選在大酒店右邊的奔集路和叻南里路的交叉路口建造四面神，以後工程就順利完成。此後，到該四面神祈願者，都能如願，所以它的威名遠播，祈願者絡驛於途。[44]

---

44. 思寒，「四面佛君知多少？」，星暹日報（泰國），1985 年 8 月 26 日，頁 14。

第十章　結論

　　泰國學者在論述泰族之起源時，提及他們的祖先是在西元六至七世紀被中國民族驅趕，往南遷移，進入今天泰國境內。然後沿著湄南河而下，進入湄南河谷地，另有一支進入緬甸東部，沿著清邁進入撣邦地區。十三世紀中葉，蒙古軍隊再度逼迫泰族南移。當 1264 年蒙古入主中國後，部分宋朝官員和人民從海上南逃到泰國，以後歷經明朝和清朝，因為中國政治動亂，導致愈來愈多中國福建和廣東人移民到泰國。這樣的人口移動，顯示一個很有趣的景象，泰族是被中國逼迫從中國南方進入泰國境內，而中國南方人則從海上進入泰國中部和南部，共同構成今天泰國人口的主要部分。宋朝末期華人移居泰國的烏通和佛統一帶，因經商成為當地望族，而與當地統治者通婚，從烏通到大城王朝的創建人皆具有此一族群特性。兩個民族相互依賴、共存共榮，成為泰國族群政治之特色。

　　泰國土地上原先存在著孟族、高棉族、泰族、寮族以及其他少數民族，泰族是泰北的少數民族，第十一至十三世紀受高棉統治，在 1238 年推翻高棉統治後，才成立獨立的素可泰國家。泰族國家，無論是素可泰王朝或阿瑜陀耶王朝，為了維持獨立地位及擴張勢力，長期陷入與周鄰的民族的戰爭中，特別是與緬甸、柬埔寨和寮國之間的戰爭，持續到十九世紀中葉才停止。

　　泰族歷史記錄了許多泰族的對外戰爭，最重要的對手國是緬甸和柬埔寨。在和緬甸的戰爭中，泰國兩次被緬甸滅國；在和柬埔寨的戰爭中，數次滅柬埔寨，並將柬埔寨納為藩屬國。柬埔寨為避免遭泰國入侵，將首都由吳哥搬遷到金邊。泰族和緬族、高棉族的長達數百年的戰爭，使泰國的領土範圍逐漸擴大，其最強大時的領土包括緬甸的勃固、馬塔班、墨吉、馬來半島、柬埔寨西部的馬德望和暹粒、寮國的琅勃拉

邦等。

　　泰國與週鄰國家停止戰爭，並不是因為民族嫌隙消失，而是法國從越南往西入侵、英國從緬甸往東和從馬來半島往北入侵泰國，柬埔寨和寮國成為法國的保護地，緬甸成為英國的保護地。面對法國和英國的入侵壓力，泰國只有割讓周邊土地以及簽訂不平等條約，接受治外法權和開放市場，才獲喘息而維持獨立地位。

　　至十九世紀，泰國所面對的問題跟其他東亞國家一樣，就是西方勢力入侵所造成的政治危機，泰國統治階層出現保守派和激進派。保守派企圖維持傳統王權以及王族統治結構，對於西方勢力之入侵壓力採取緩慢反應方式，主要的代表人物是拉瑪四世蒙庫特和拉瑪五世朱拉隆功。保守派也是緩進改革派，藉學習西方語文、知識和科技逐漸改變泰國的人文思想和態度，但基本上不能破壞傳統的佛教信仰和對國王的尊重和服從。換言之，君主政體不能改變。

　　激進派則是挑戰君主政體的團體，最早是 1912 年少壯派軍官發動政變，意圖推翻君主政體，改行共和政體。參與這次政變者有不少華裔軍官，引起拉瑪六世的不滿和疑慮，因此他在報紙發表文章批評華人，認為華人在泰國生活卻未能忠於泰國而另有其祖國。泰國在十九世紀末派遣王族前往西歐國家學習，至 1920 年代派遣許多平民階層的菁英出國進修，這一批留學生成為 1932 年政變的主力軍。政變成功後將絕對君主政體改為君主立憲政體，其最重要的意義是將政治權力重新分配，將過去由國王和王族獨占的權力移轉給平民菁英，平民菁英可以透過選舉參與政治，組成國會，決定國家的政策。

　　雖然泰國的君主立憲制頗多模仿英國的政制，不過，民主化程序不如英國平順，最重要的因素是兩國的社會結構不同。英國在十七世紀經歷過工業革命，產生新興都市的中產階級，才爭取到政治上的權力，發展出民主政治的基本結構。而泰國沒有經歷過工業革命，產業不發達，沒有都市中產階級，經由政變手段一下子要實施從上而下的民主政治，自然會遇到很多困難。換言之，民主對泰國而言，不過是一種移植的制度，其在泰國土壤的發育，出現畸形變態。

　　1932 年的政變是少數菁英從上而下的革命，跟人民的感受無多大關連，當時的人民並沒有感覺應享有政治權利的要求，更沒有任何一個民間團體要求政治參與。政變後所想要實施的君主立憲政體，對人民是陌生的，跟社會結構是脫節的。沒有充實的社會階層足以支撐該種新興的民主制度，所以剛萌芽的民主制度是脆弱的，是沒有實質內涵的空殼架構，國會不過是掌握政權之軍人的橡皮圖章。雖然王室復辟運動有數起，最終還是抵不過軍人勢力，軍人牢牢掌握政權，國王及王室力量更為衰微。軍人以保護國王為名，行挾持國王之實，長期壟斷政權。

　　拉瑪七世不滿權力被剝奪，憤而在英國宣布退位。拉瑪八世繼位，年僅十一歲，在瑞士繼續求學，以後十一年，拉瑪八世長期不在暹羅國內居住，而由攝政委員會代理國政，暹羅亦陷入文人普里迪和軍人披汶兩派的輪流治理和競爭的局面。在這段期間，中產階級亦無法順利成長，因為泰國經濟發展呈局部性，曼谷成為唯一最大都會區經濟發展型態，且都市內的華人掌控經濟，在有國會運作的時期，國會亦為華裔控制。當軍人派系重新掌權後，又終止國會運作，或由軍人掌控國會。直至 1957 年 9 月沙立發動政變，推翻披汶政府，才終結自 1932 年主導政變的披汶和普里迪掌控政權的局面。披汶和普里迪這兩個人控制政權達二十五年，並未替泰國奠定穩固的民主政治基礎，反而留下了軍人政變的壞模範。更為諷刺的，披汶最後還是被政變推翻而下臺。

　　泰國君王制已歷有七百多年，中間經過無數次的王位爭奪，都沒有損及其君王體制，至 1932 年在軍事政變下，才改變為君主立憲制。國王變成虛位元首，權力移轉到首相手裡。不過，泰國的君主政體表面上與其他君主立憲國家相同，例如英國、日本、柬埔寨等，但實質內涵卻不同。泰王重新進入政治舞臺，是始自 1959 年沙立元帥掌握政權。沙立元帥以保衛王國體制做為口實，並尋求國王之支持和給予合法性，泰王因為不喜歡披汶等人搞虛君立憲制，也感覺須依賴軍人才能保衛國家安全及使其繼續在位，因此迅速表示支持沙立元帥，軍人和泰王重新建立更密切的關係。在蒲美蓬國王統治期間，歷經數次軍事政變，都能獲得軍人之支持，軍人政權亦以獲得國王支持為執政之首要象徵。

　　在實際政務上，雖然國王不直接執政，但每遇重要關鍵時刻，出現政治危機時，蒲美蓬國王會適時表示意見，以化解政治危機。蒲美蓬國王成為「統而不治」但具實質影響力的國王，這是英國女王或日本天皇所難以比擬的特點。此外，蒲美蓬國王還享有崇高的地位，國王及王后生日，是國定假日，全國放假，且需擺放其照片，並敬獻鮮花。在泰國境內，泰國人或外國人均不可批評國王及王室，否則最高會被判處十五年徒刑。泰國並制訂刑法保障國王及王室的名譽。

　　泰國人個性溫和，對人友善，有「微笑國度」之稱，對外國人和外來宗教也是一樣，具有相當大的包容性。當十六世紀初，葡萄牙人初到阿瑜陀耶時，受到暹羅國王的歡迎，以後甚至允許外國人居住和傳教，國王亦捐錢興建教堂。這和其他東亞國家相比較，幾乎是明顯的對比，中國、越南都發生宗教衝突和迫害基督教徒事件。這種寬容異教的作法，跟佛教信仰應該沒有多大關連。因為中國和越南也都是信仰佛教，仍有排斥基督教的作法。最重要的，應該是國王的態度和人民對於不同宗教的觀念。

　　與上述觀念有關的是，泰族人和華人之關係。華人遠涉重洋，進入泰國，獲得泰人的接納。兩族通婚比例很高，很多華人被同化入泰國社會，已成為東南亞的另一個特色。最為特別的，泰國在 1913 年公布的國籍法，採屬人主義和屬地主義的混合制度，將父為泰籍者、父不明而母為泰人者以及在其境內出生的人全納入暹羅籍。此時暹羅境內華人勢力強大，控制暹羅的經濟。該一國籍法的目的是企圖將其境內的華人變成其公民，此與印尼和馬來西亞的國籍法精神不同，這兩國是想盡辦法阻止華人入籍。

　　泰國的華人約占其總人口數的 11 %，大都集中住在曼谷、清邁、宋卡和佛統等大城市，華人控制了泰國的經濟，也控制了國會政治和官僚系統，在高等教育系統，教師很多是華裔。國立大學的學生很多也是華裔。1932 年政變諸領導菁英幾全為華裔，以後成立國會及內閣政府，都為華裔掌控。從察猜（也是華裔）以來的歷任首相，只有查瓦利、蘇拉育不是華裔，其他皆是華裔。此一情況與鄰國相比較，可以看出泰國華

人享有極高的政治地位。馬來西亞華人占總人口數約 25.8 ％，但華人從未曾做過副首相和首相。

泰族菁英對華人的同化政策，是給予華人擔任高官的機會，讓華人自願同化入泰國社會。然後利用華人擅長經商的本事，繁榮其經濟，這一點與印尼和越南完全不同。印尼和越南對華人採取強制同化政策，又不給予高官地位，導致華人不滿，形成族群間的隔閡。泰國採取的族群共存共榮政策，證明是有效的。從阿瑜陀耶王朝以來，華人即是其重要的政治參與者，直至當代，華人在泰國政治上亦扮演重要的角色，若非華人因為被同化而無法彰顯其華人特性，則泰國被稱為「第四個中國」何嘗不可。

泰國的對外政策亦展現特色，在素可泰時期或阿瑜陀耶時期，泰國都向中國朝貢，以獲取商業利益。泰國也隨其勢力進入馬來半島，而建立其藩屬關係，吉打、吉蘭丹、登嘉樓和北大年都要向泰國進貢「金銀花」和其他珍貴物品，甚至要派兵協助泰國作戰。泰國對這些地區也派遣總督或太守管轄，納入其地方統治行政地區。

早期泰國和緬甸、柬埔寨、寮國的關係，除了使用武力解決雙邊關係外，亦使用「和親」政策，就是將公主嫁給對手國做妻妾，以拉攏或維持雙邊關係。不過，「和親」政策常常不能維持長久，因為會隨著國王的去世或內部爭端而再度引發戰爭。

泰國展開現代外交，是從十六世紀葡萄牙和法國使節到暹羅以後開始的。葡萄牙使節在 1511 年抵達阿瑜陀耶，暹羅派了一名使節跟隨葡萄牙使節佛蘭德茲經由廷那沙林到馬六甲，攜帶禮物贈送葡萄牙駐印度總督阿布奎克。暹羅在 1606 年派遣一名使節前往果阿（Goa）會見葡萄牙總督。1680 年 12 月 25 日，暹羅派遣 3 位特使和 30 名隨從前往巴黎，不幸船毀而未能達成任務。暹羅在 1684 年 1 月第二度遣使到歐洲，尋求與法國結盟。

當十九世紀英國和法國勢力興起時，競相在印度支那爭奪殖民地，英國從緬甸往東發展，法國從越南、寮國和柬埔寨往西發展，雙方兵力瀕臨泰國東西兩部邊境，迫使泰國割讓其邊境領土分別給予英國和法

國，以滿足其領土野心及維持自身的存在和安全。英國和法國因為入侵泰國造成雙方利益的衝突，為了緩和此一緊張情勢，雙方在倫敦談判，簽訂協議，雙方同意以湄公河作為勢力範圍之疆界，以泰國做為英、法之間的緩衝國，泰國在英、法勢力對峙平衡下得免於被英、法殖民統治。然而，英、法並未因此稍抑其侵略泰國之野心，法國在 1907 年取得泰國東境的馬德望、詩梳風、暹粒的土地，英國也繼之在 1909 年取得泰國南部的吉打、玻璃市、吉蘭丹和登嘉樓的領土。

泰國受到英、法的左右夾攻，其命運岌岌可危，英、法有隨時入侵泰國之可能性。幸好 1914 年爆發第一次世界大戰，英、法將注意力放在歐洲，才使泰國轉危為安。泰國原先無意參戰，宣布中立，後俄羅斯和法國遊說其加入協約國，泰國沒有答應。1917 年，鑑於美國參戰以及德國可能失敗，所以泰國加入協約國、對德國宣戰，協約國擊敗同盟國後，泰國獲得戰勝國地位。泰國利用此一戰勝國之地位，取消了與德國和奧地利的不平等條約，隨後並相繼與美國、法國、荷蘭、英國、葡萄牙、義大利簽訂條約，廢除治外法權，泰國取得了平等的國際地位。

泰國此一外交選擇影響其以後的外交作為至鉅，泰國深切體驗到選擇強國作為其保護國的重要性，若非選擇協約國，則泰國將處於國際上被宰制的一方。嗣後在第二次世界大戰前夕，泰國再度展現其彈性外交風格，泰國選擇當時東亞的強國日本作為其保護者，只抵抗日軍入侵5小時即讓日本軍隊借道進攻馬來半島和緬甸、與日本簽定同盟條約、在日本安排下承認滿州國和南京的汪精衛政權、對美國和英國宣戰。透過日本的協助，泰國收回了過去被英國和法國占領的領土，使得居功最大的披汶榮登元帥地位。但是另一派人則採取親美政策，組織「自由泰運動」，與美國、英國和中國蔣介石的重慶政府建立聯絡關係。自 1943 年日軍太平洋戰局轉趨不利後，披汶也在 1943～1944 年間數次派人與重慶政府接觸。1944年7月，因為國會否決披汶政府的兩項議案，而迫使披汶下臺，這是普里迪派系運用巧妙的策略讓披汶下臺，以免日後在與盟軍談判時被視為敵國。戰後泰國為了尋求美國的支持和友誼，更換了上臺才一個月的塔威，另推選親美的社尼・巴莫，以改善與美國的關係。泰

國之外交風格搏得「風下之竹」之美譽,非浪得虛名。

在戰後,泰國的親美外交路線,使泰國擺脫遭英國接管的厄運,且順利加入聯合國,以後在東亞事務採取與美國同一陣線的立場,而獲得美國的軍、經援助,成為美國在東南亞最重要的盟邦。在越南戰爭結束後,越南勢力膨脹,入侵柬埔寨,威脅泰國國境。中國在1979年2月發動對越南的懲罰戰爭,迫使越南從柬埔寨撤軍,遏阻越南入侵泰國。此後泰國改變外交策略,尋求中國的友誼和支持,雙方建立更密切的友好關係。最值得注意的,蒲美蓬國王是反共主義者,曾在年輕時訪問臺灣,獲蔣介石隆重接待。泰國與中國建交後,王室與中國交往的責任就交由王后和二公主詩琳通,蒲美蓬國王則從未前往中國訪問。

從1932年軍事政變成功後,軍人成為泰國政治的主要力量,軍人出任首相、部長以及其他高官。在委任的參議員中,亦約有半數是由軍人出任。在各政黨領袖中,亦不乏退役將軍出任黨魁。每當民選政府出現危機,無法解決政治僵局,軍人就會出面掌控政局。等情勢穩定後,再重辦選舉,將政權交還給民選政府。軍人幾乎變成監國之角色。泰國跟其他發展中國家不同,軍事政變沒有如此受人厭惡,人們多少還期望軍人掌權能廓清政局,恢復社會或政治秩序。參與政變的軍人,很多也獲得國王特赦,或者法庭沒有給予判罪。泰國人對於政變給予另種評價,是非常特別的。

泰國在經歷過1992年的大動亂後,幸賴泰王蒲美蓬出面協調爭鬥的雙方,解決了政治衝突。接著在1997年制訂新憲法,根據當時流行的單一選區、兩票制原則制定新選制,孰料該一新制導致泰愛泰黨贏得超過半數議席的現象,其獨占政壇的後果促使反對黨進行杯葛,引發政局動亂,最後軍人在2006年再度發動政變,以解決僵局。塔信獨占政治舞臺的作法,與過去各政黨利益均霑的政治文化不同,卒致引發政治危機。自從泰國開始舉行國會選舉以來,都是多黨組織聯合政府,多黨聯合均霑政治利益,已變成泰國的一項長期的政治文化。出現一黨獨占政治利益,是與該一傳統之政治文化格格不入。

接著因為支持塔信的「紅衫軍」和反塔信的「黃衫軍」兩股勢力,

在街頭進行攻防戰，動亂持續兩年多，最後政府採取高壓手段，才恢復社會秩序。這次動亂除了因為塔信獨占政治利益以及玩法污錢外，最重要的是蒲美蓬國王年事已高，而且健康不佳，誰將繼承其王位，引發不同勢力角力。在反塔信動亂中，當時執政的軍政府和阿披實政府指責塔信具有共和主義傾向，並大力掃除污辱或批評國王的媒體、言論及網路，藉以鞏固王權。

泰國式的民主政治，是由軍人主導的半民主體制，當民主僵局出現時，軍人就會介入。在一個成熟的民主國家，類似泰國的民主僵局，可透過公民自主性順利使民主程序運轉，但在泰國尚未出現這種公民自主性，政治鬥爭最後都演變成街頭鬥爭，兩派人馬上街頭示威和抗爭，1973～1976、1992、2006～2010 年的動亂都是明顯的例子，所以每次動亂最後都需要仰賴軍人出面解決。從這個角度來看，軍人成為泰國政治變遷的主要力量，將來還是有介入政爭的可能性。

研讀素可泰時期以及阿瑜陀耶時期的歷史，給我們一個印象，這是一段充滿戰爭的歷史階段，和平的時間短。可能是長期的戰爭因素吧，所以泰國人篤信佛教，藉以安慰面臨戰亂生命無常的心靈。自二十世紀後，泰國對外戰爭大量減少，取而代之者是內部軍人的政變。從 1932 年以來軍人掌權的時間超過五十年，難道這是因為過去對外戰爭而使得軍人有黷武傾向嗎？民主機器在泰國的運作出現扞格、打結的現象，軍人成為解開癥結的關鍵人物，所幸軍人干政只是擔任衛國和監國的角色，並沒有取代國王而成為統治者。

泰國人信奉佛教，對人溫和有禮，但泰國人也喜歡鬥雞和激烈的泰拳比賽，也喜歡群聚街頭鬥爭，這兩種截然不同的價值觀念在泰國社會可以並存，而且支配著近代泰國的歷史。也許是泰國人內心潛藏著那種激昂的鬥爭熱情，才需要許多佛廟，以安撫其衝動。因為佛教，才使人忘記過去泰國宮廷的王位爭奪鬥爭的殘酷；因為佛教，才使人忘記長期的戰爭殺戮；因為佛教，才使得政治失敗者，遁入佛門，得以獲得寬宥。然而，泰國的政教關係是和諧的，國王從未利用佛教施政，佛教所建立的權威與國王的權威是並立的，僧王的道德地位超過國王。

　　泰國、緬甸、柬埔寨和寮國都是佛教國家，然而這些佛教國家在國際舞臺並未結合成佛國集團，彼此間還有矛盾存在，例如，寮國是共黨國家，緬甸是長期孤立的軍事政權國家，[1] 柬埔寨則陷入長期戰爭。此點與中東的伊斯蘭國家不同，他們參與「伊斯蘭會議組織」（Organization of Islamic Conference）。在泰國長期的歷史裡，佛教並非泰國外交政策的決定因素，在十九世紀，泰國利用列強之間的矛盾，得以在均勢下維持生存。在 1940 年代後，泰國利用尋求並依賴保護人的外交思惟模式，才使其得以鞏固國家地位和疆域。

　　泰國建國歷史不長，至今約七百多年，在前面的五百多年建國歷程艱辛，戰爭頻繁，疆域範圍多所變動，後面的一百多年，才穩固其現在的領土疆域和政權基礎。泰國得以臻此境地，乃因得名君所致，像昭披耶卻克里、蒙庫特、朱拉隆功、蒲美蓬等勳業彪炳，亦因得華人之助，而成就其經濟發展。泰人和華人之融合將繼續共創泰國之歷史新頁。

　　蒲美蓬國王長期在位，創泰國歷史紀錄，對泰國現代化起著重要的影響和貢獻，在其任內，泰國修憲無數次，但他都能在憲法所規定的君主立憲制下，充分地發揮他對於政治的影響力，使得王權地位更加鞏固。泰國的君主立憲制可能是當今世界實施君主立憲制的國家所無法望其項背的，是一個獨特的案例。然而，跟所有君主制一樣，泰國面臨了王位繼承的問題，無論誰繼任，都將無法享有蒲美蓬那樣崇高的聲望和影響力。屆時君主立憲制是否會因此改變？抑或更為嚴重者，如果繼任者聲望低落，是否會引發共和主義革命？一旦發生共和主義運動，軍方勢力可能趁機而起。無論如何，一位長期在位的君王，帶給泰國人一個穩固的政治效忠對象，蒲美蓬國王的形象已內化為泰國人生活的一部分，國家（國族）、佛教和國王三位一體結合得更為穩固。

---

1. 緬甸從 1962 年起由軍人掌權。在國內外壓力下，軍政府在 2008 年制訂憲法。2010 年 11 月，緬甸舉行國會議員選舉，國會在 2011 年 2 月 4 日選舉登盛（U Thein Sein）為總統。登盛從 2012 年起推動民主化改革。

徵引書目

一、中文書籍

〔南宋〕陳元靚，**事林廣記**，前集，卷之五，方國類，方國雜誌，單馬令條。

〔南宋〕陳元靚，**事林廣記**，前集，卷之五，方國類，方國雜誌，登流眉條。

〔元〕汪大淵，**島夷誌略**，暹條。

〔元〕汪大淵，**島夷誌略**，羅斛條。

〔元〕周致中纂集，**異域志**，卷上，五卷二十四。

〔元〕脫脫等撰，**宋史**，卷三十一，本紀第三十一，高宗八。

〔元〕脫脫等撰，**宋史**，卷六，本紀第六，真宗一。

〔元〕脫脫等撰，**宋史**，卷四一八，列傳第一百七十七，陳宜中傳。

〔元〕脫脫等撰，**宋史**，卷四百八十九，列傳第二百四十八，外國五，丹眉流條。

〔民國〕趙爾巽等撰，**清史稿**，卷十三，本紀十三，高宗本紀四。

〔印尼〕薩努西·巴尼原著，吳世璜譯，**印度尼西亞史**，上冊，香港：商務印書館香港分館，1980。

〔宋〕宋祁撰，**唐書**，卷二百二十二下，列傳第一百四十七下，南蠻條。

〔宋〕宋祁撰，**唐書**，卷二百二十二下，列傳第一百四十七下，環王條。

〔宋〕周去非，**嶺外代答**，卷二，真臘條。

〔宋〕馬端臨撰，**文獻通考**，卷三百三十二，四裔九，州眉流條。

〔宋〕趙汝适撰，**諸蕃志**，卷上，單馬令國條。

〔宋〕趙汝适撰，諸蕃志，卷上，登流眉國條。

〔宋〕歐陽修、宋祁撰新唐書，中華書局出版，北京，1975 年 1 月第 1 版。

〔宋〕鄭樵撰，通志，頓遜條。

〔明〕佚名撰，四夷館考，卷之下，暹羅館，東方學會印本，廣文書局，臺北市，1972 年重印。

〔明〕宋濂等撰，元史，本紀第十二，世祖九，楊家駱主編，新校本元史並附編二種，第一冊，鼎文書局，臺北市，1977 年。

〔明〕宋濂等撰，元史，卷二十，本紀第二十，成宗三，楊家駱主編，前引書，頁 425-426。

〔明〕宋濂等撰，元史，卷二十一，本紀第二十一，成宗四。

〔明〕宋濂等撰，元史，卷二十三，本紀第二十三，武宗二。

〔明〕宋濂等撰，元史，卷二十五，本紀第二十五，仁宗二。

〔明〕宋濂等撰，元史，卷二十四，本紀第二十四，仁宗一。

〔明〕宋濂等撰，元史，卷二百十，列傳第九十七，暹條。

〔明〕宋濂等撰，元史，卷十九，本紀第十九，成宗二。

〔明〕宋濂等撰，元史，卷十八，本紀第十八，成宗一。

〔明〕宋濂等撰，元史，卷三十，本紀第三十，泰定帝二。

〔明〕宋濂等撰，元史，卷三十二，本紀第三十二，文宗一。

〔明〕柯邵忞撰，新元史，卷之二百五十二，列傳第一百四十九，八百媳婦條。

〔明〕胡廣等修，明實錄，太祖洪武實錄，明神宗實錄（上），中央研究院歷史語言研究所校印，臺北市，1984 年。

〔明〕張燮，東西洋考，卷二，暹羅條。

〔明〕陳邦瞻編輯，元史紀事本末，卷六，西南夷用兵。

〔明〕慎懋賞撰，四夷廣記（下），海國廣記，暹羅國條，正中書局印行，臺北市，1974 年。

〔明〕楊一葵撰，裔乘（上），南夷卷之二，沙哈魯條。

〔明〕楊一葵撰，裔乘（上），南夷卷之二，真臘條，國立中央圖書館

出版，正中書局印行，臺北市，1981 年。

〔明〕鞏珍，西洋番國志，暹羅國。

〔明〕羅日褧，咸賓錄，南夷志卷之六，真臘條。

〔南宋〕陳元靚撰，事林廣記，（明成化十四年（1478）劉廷賓等福建刊本）卷之四，方國類，單馬令條。

〔南朝‧宋〕范曄撰，後漢書，卷一一八，西域大秦傳。

〔南朝‧宋〕范曄撰，後漢書，卷八八，西域傳‧天竺。

〔南朝‧宋〕范曄撰，後漢書，卷八十六，南蠻西南夷列傳第七十六，哀牢條。

〔後晉〕劉昫等撰，舊唐書，列傳，卷一百九十七，列傳，第一百四十七，南蠻，西南蠻，驃國。

〔英國〕吳迪（W. A. R. Wood）著，陳禮頌譯，暹羅史（A History of Siam），臺灣商務印書館，臺北市，1988 年 8 月修訂重排初版，附錄（一）暹羅王敢木丁之文治武功。

〔唐〕李延壽撰，南史，卷七十八，列傳第六十八。

〔唐〕李延壽撰，南史，卷十，陳本紀下第十；陳書，卷六，本紀第六，後主。

〔唐〕杜佑纂，通典，卷一百八十八，邊防四，南蠻下，毗騫條。

〔唐〕杜佑纂，通典，卷一百八十八，邊防四，南蠻下，哥羅條。

〔唐〕杜佑纂，通典，卷一百八十八，邊防四，南蠻下，無論條。

〔唐〕杜佑纂，通典，卷一百八十八，邊防四，南蠻下，羅剎條。

〔唐〕姚思廉撰，梁書，卷五十四，列傳第四十八，海南諸國，扶南條。

〔唐〕姚思廉撰，梁書，卷五十四，海南諸國條。

〔唐〕顏師古注，班固撰，漢書，地理志，粵地條。

〔泰〕黎道綱，泰國古代史地叢考，中華書局，北京市，2000 年。

〔清〕邵星巖，薄海番域錄，京都書業堂藏板，文海出版社，臺北市，1971 年重印。

〔清〕邵遠平撰，元史類編（續弘簡錄），卷四十二，八百媳婦條。

〔清〕徐松，宋會要，蕃夷四，卷八千一百十六，占城蒲端條。收錄在
　　續修四庫全書，史部政書類，第 786 卷，上海古籍出版社，上海
　　市，2002。

〔清〕徐松，宋會要輯稿，第一百九十七冊，蕃夷四之七三，占城蒲端
　　條。

〔清〕張廷玉等撰，明史，卷二二七，列傳第一一五，蕭彥傳。

〔清〕張廷玉撰，明史，卷三百二十四，列傳第二百一十二，外國五，
　　暹羅條。

〔清〕陳夢雷編，古今圖書集成，方輿彙編邊裔典／暹羅部／彙考，太
　　祖洪武，邊裔典第 101 卷，第 217 冊第 54 頁之 1。

〔清〕陳夢雷輯，古今圖書集成（電子版），方輿彙編職方典／雲南土
　　司部／彙考，雲南土司八百媳婦考，職方典第 1517 卷，第 180 冊第
　　57 頁之 1。

〔清〕陳夢雷輯，古今圖書集成（電子版），方輿彙編職方典／雲南土
　　司部／彙考，雲南土司八百媳婦考，職方典第 1517 卷，第 180 冊第
　　56 頁之 2。

〔清〕陳夢雷輯，古今圖書集成（電子版），方輿彙編職方典／雲南土
　　司部／彙考，雲南土司八百媳婦考，職方典第 1517 卷，第 180 冊第
　　57 頁之 1。

〔清〕陳夢雷輯，古今圖書集成（電子版），方輿彙編邊裔典／丹眉流
　　部／彙考，圖考，邊裔典第 104 卷，第 218 冊第 12 頁之 1。

〔清〕陳夢雷輯，古今圖書集成（電子版），方輿彙編邊裔典／瓜哇部
　　／彙考，太宗貞觀，邊裔典第 97 卷，第 217 冊第 37 頁之 2。

〔清〕陳夢雷輯，古今圖書集成（電子版），方輿彙編邊裔典／多摩萇
　　部／彙考，高宗顯慶，邊裔典第 102 卷，第 218 冊第 2 頁之 1。

〔清〕陳夢雷輯，古今圖書集成（電子版），方輿彙編邊裔典／投和部
　　／彙考，太宗貞觀，邊裔典第 102 卷，第 218 冊第 1 頁之 2。

〔清〕陳夢雷輯，古今圖書集成（電子版），方輿彙編邊裔典／沙哈魯
　　部／彙考，成祖永樂，邊裔典第 86 卷，第 216 冊第 36 頁之 2。

〔清〕陳夢雷輯，古今圖書集成（電子版），方輿彙編邊裔典／南方未詳諸國部／彙考，單馬令，邊裔典第 107 卷，第 218 冊第 26 頁之 2。

〔清〕陳夢雷輯，古今圖書集成（電子版），方輿彙編邊裔典／南方諸國總部／彙考，外志，邊裔典第 89 卷，第 216 冊第 48 頁之 1。

〔清〕陳夢雷輯，古今圖書集成（電子版），方輿彙編邊裔典／柯枝部／彙考，太宗貞觀，邊裔典第 99 卷，第 217 冊第 45 頁之 2。

〔清〕陳夢雷輯，古今圖書集成（電子版），方輿彙編邊裔典／真臘部／彙考，寧宗慶元，邊裔典第 101 卷，第 217 冊第 57 頁之 1。

〔清〕陳夢雷輯，古今圖書集成（電子版），方輿彙編邊裔典／渤泥部／彙考，神宗萬曆，邊裔典第 104 卷，第 218 冊第 11 頁之 2。

〔清〕陳夢雷輯，古今圖書集成（電子版），方輿彙編邊裔典／都昆部／彙考，隋，邊裔典第 101 卷，第 217 冊第 61 頁之 1。

〔清〕陳夢雷輯，古今圖書集成（電子版），方輿彙編邊裔典／無論部／彙考，邊裔典第 101 卷，第 217 冊第 61 頁之 1。

〔清〕陳夢雷輯，古今圖書集成（電子版），方輿彙編邊裔典／僧高部／彙考，太宗貞觀，邊裔典第 102 卷，第 218 冊第 1 頁之 2。

〔清〕陳夢雷輯，古今圖書集成（電子版），方輿彙編邊裔典／滿剌加部／彙考，漢，邊裔典第 96 卷，第 217 冊第 30 頁之 2。

〔清〕陳夢雷輯，古今圖書集成（電子版），方輿彙編邊裔典／墮和羅部／彙考，太宗貞觀，邊裔典第 102 卷，第 218 冊第 1 頁之 2。

〔清〕陳夢雷輯，古今圖書集成（電子版），方輿彙編邊裔典/三摩呾吒部/彙考，太宗貞觀，乾象典，第 75 卷，第 215 冊第 33 頁之 2。

〔清〕陳夢雷輯，古今圖書集成（電子版），經濟彙編食貨典／貢獻部／彙考，仁宗皇慶，食貨典第 190 卷，第 691 冊第 27 頁之 2。

〔清〕陳夢雷輯，古今圖書集成（電子版），經濟彙編食貨典／貢獻部／彙考，太宗貞觀，食貨典第 185 卷，第 691 冊第 2 頁之 1。

〔清〕陳夢雷輯，古今圖書集成（電子版），經濟彙編食貨典／貢獻部／彙考，至元，食貨典第 190 卷，第 691 冊第 26 頁之 2。

〔清〕陳夢雷輯，古今圖書集成（電子版），經濟彙編食貨典／銀部／

雜錄，食貨典第 340 卷，第 703 冊第 15 頁之 2。

〔清〕陳夢雷輯，古今圖書集成（電子版），經濟彙編食貨典／錢鈔部／彙考，外國品，食貨典第 354 卷，第 704 冊第 28 頁之 2。

〔清〕陳夢雷輯，古今圖書集成（電子版），經濟彙編樂律典／鈸部／紀事，紀事，樂律典第 100 卷，第 738 冊第 41 頁之 2。

〔清〕陳夢雷輯，古今圖書集成（電子版），曆象彙編庶徵典／獸異部／彙考，寧宗慶元，庶徵典第 170 卷，第 049 冊第 36 頁之 2。

〔清〕陳夢雷輯，古今圖書集成，經濟彙編食貨典／貢獻部／藝文，暹國回使歌（并序），食貨典第 195 卷，第 691 冊第 49 頁之 1。

〔清〕曾廉撰，元書，卷一百，南蕃列傳第七十五，宣統三年出版，文海出版社，1991 年重印，羅斛條。

〔清〕曾廉撰，元書，宣統三年出版，文海出版社，1991 年重印，八百媳婦條。

〔清〕曾廉撰，元書，宣統三年出版，文海出版社，1991 年重印，車里條。

〔清〕謝清高口述，楊炳南撰，海錄，宋卡條，臺灣學生書局印，臺北市，民國 64 年。

〔清〕謝清高口述，楊炳南筆錄，海錄，太呢國條。

〔清〕魏源撰，元史新編（十），外國，卷之九十五，暹（羅斛）條。

〔清〕嵇璜、劉墉等撰修，清通典，卷九八，宋腒勝。

〔清〕嵇璜撰，皇朝〔清〕文獻通考，卷二百九十七，四裔考五，宋腒勝條。

〔越〕明崢著，范宏科、呂谷譯，越南史略，生活、讀書、新知三聯書店出版，北京市，1960 年。

中華民國僑委會編，各國華人人口專輯，第三輯，中華民國僑委會編印，臺北市，民國 98 年 12 月。

王頲著，西域南海史地研究，上海古籍出版社，上海，2005 年。

伯希和著，馮承鈞譯，交廣印度兩道考，臺灣商務印書館，臺北市，1972 年。

吳迪原著，陳禮頌譯，暹羅史，臺灣商務印書館，臺北市，1988 年。

吳翊麟，暹南別錄，臺灣商務印書館，臺北市，1985 年。

金榮華校注，周達觀，真臘風土記校注，正中書局，臺北市，1976 年。

姚枬，「古印度移民橫越馬來半島蹤跡考察記」，載於姚枬、許鈺編
　　譯，古代南洋史地叢考，頁 119-135。

姚枬、許鈺編譯，古代南洋史地叢考，商務印書館，上海，1958 年。

段立生，泰國史散論，廣西人民出版社，廣西，1993 年。

郁永河，「海上紀略」，載於裨海紀遊，卷下，臺灣銀行發行，臺北
　　市，1965 年 7 月，頁 62。

泰北山區辛勤耕耘十二年，臺北，行政院國軍退除役官兵輔導委員會出
　　版，1985 年 1 月出版。

張燮，東西洋考，卷二，暹羅（六坤）條。

清高宗敕撰，清朝文獻通考，新興書局，臺北市，1963 年重印，卷二百
　　九十七，四裔考五，宋腒朥條。

許雲樵，馬來亞史（上冊），新加坡青年書局，新加坡，1961 年。

許雲樵輯，馬來亞研究講座，世界書局，新加坡，1961 年。

陳佳榮、謝方、陸峻嶺編，古代南海地名匯釋，北京市：中華書局，
　　1986。

陳循，寰宇通志，卷 118。

陳華、常紹溫、黃慶雲、張廷茂、陳文源點校注釋，魏源撰，海國圖志
　　（上），岳麓書社，湖南，1998 年。

陳鴻瑜，中華民國與東南亞各國外交關係史（1912～2000），鼎文書
　　局，臺北市，2004 年。

陳鴻瑜，印度尼西亞史，鼎文書局，臺北市，2008 年。

陳棠花，泰國四個皇朝五十名主簡史，泰威信印刷有限公司印，泰國曼
　　谷，1959 年。

景振國主編，中國古籍中有關老撾資料匯編，河南人民出版社，中國，
　　1985。

越南社會科學委員會編著，越南歷史，人民出版社，北京市，1977 年。

馮承鈞校注，趙汝适原著，諸蕃志校注，卷上，志國，三佛齊條，臺灣
　　商務印書館，1986 年。

馮承鈞編譯，西域南海史地考證譯叢，甲集，臺灣商務印書館，臺北
　　市，1972 年。

黃省曾著，謝方校注，西洋朝貢典錄校注，中華書局，北京市，2000
　　年。

義淨，南海寄歸內法傳，華濤釋譯，佛光山宗務委員會印行，高雄市，
　　1998 年。

蔡文星編著，泰國近代史略，正中書局，1946 年滬一版。

邈菴由編，新編群書類要事林廣記九十四卷，卷八，島夷雜誌，單馬令
　　條。

鍾松發、黎煜才編著，最新馬來語大辭典，聯營出版有限公司，雪蘭
　　莪，馬來西亞，1997 年。

鍾錫金，吉打二千年，佳運印務文具有限公司，馬來西亞，吉打，1993
　　年。

韓丘漣痕、韓卓新、陳佳榮、錢江編，韓振華選集之一：中外關係歷史
　　研究，香港大學亞洲研究中心，香港，1999 年。

韓振華，「中國古籍記載上的緬甸」，載於韓丘漣痕、韓卓新、陳佳
　　榮、錢江編，韓振華選集之一：中外關係歷史研究，香港大學亞洲
　　研究中心，香港，1999 年，頁 536-560。

蘇繼卿，南海鈎沈錄，臺灣商務印書館，臺北市，1989 年。

二、英文書籍

Andaya, Barbara Watson and Leonard Y. Andaya, *A History of Malaysia*, Second
　　Edition, Basingstoke, Hampshire (English): Palgrave, 2001.

Aung, Maung Htin, *A History of Burma*, Columbia University Press, New York
　　and London, 1967.

Aung-Thwin, Michael, *Pagan: The Origins of Modern Burma*, University of
　　Hawaii Press, Honolulu, 1985.

Baker, Chris, Pasuk Phongpaichit, *A History of Thailand*, Cambridge University Press, Cambridge, 2005.

Batson, Benjamin A., *The End of the Absolute Monarchy in Siam*, Oxford University Press, Singapore, 1984.

Bhandfalk, Chintana, ed., *The Thai Monarchy*, The Public Relations Department, Office of the Prime Minister, Bangkok, Thailand, 1999.

Briggs, Lawrence Palmer, *The Ancient Khmer Empire*, The American Philosophical Society, Philadelphia, 1951.

Caldwell, Malcolm, *Thailand: Towards the Revolution*, The Institute of Race Relations, London, 1976.

Carpenter, William and David Wiencek (eds.), *Asian Security Handbook*, M. E. Sharpe, New York, 1996.

Chalk, Peter, *Grey Area Phenomena in Southeast Asia*, Strategic Defence Studies Centre, Canberra, Australia, 1997.

Chandavij, Natthapatra and Saengchan Traikasem, eds., *Visitors Guide to the Nakhon Si Thammarat National Museum*, Office of Archaeological and National Museums, Fine Arts Department, Ministry of Education, Second Edition, Rung Silp Printing Co., Ltd., Baangkok, Thailand, 2000.

Chandler, David P., *A History of Cambodia*, O. S. Printing House, Bangkok, Thailand, 1993.

Chomchai, Prachoom, *Chulalongkorn The Great*, Sobunsha, Co., Ltd., Tokyo, Japan, 1965.

Chugaed, Chana, *History of Wat Phra Boromthat Chaiya*, no publish company, place, and year.

Cœdès, George, translated by H.M.Wright, *The Making of Southeast Asia*, University of California Press, California, 1966.

Cohen, Erik, *Thai Society in Comparative Perspective*, White Lotus, Bangkok, Thailand, 1991.

Dhiravegin, Likhit, *Social Change and Contemporary Thai Politics: An Analysis of the Inter-relationship between the Society and the Polity*, Monograph Series, No. 5, Research Center Faculty of Political Science, Thammasat University, Thailand, March 1984.

Elliott, David, *Thailand: Origins of Military Rule*, Zed Press Ltd., London, 1978.

Embree, John Fee, "Thailand, A Loosely Structured Social System," in Hans-Dieter Evers, *Sociology of Southeast Asia, Readings on Social Change and Development*, Oxford University Press, Oxford, 1980, pp. 164-171.

Forbes, Andrew (ed.), *The Muslims of Thailand*, Volume II: *Politics of the Malay-Speaking South*, Centre for Southeast Asian Studies, Bihar, 1989.

Francis, Peter, Jr., *Asia's Maritime Bead Trade: 300B.C. to the Present*, University of Hawaii Press, Honolulu, 2002.

Girling, John L. S., *Thailand: Society and Politics*, Cornell University Press, Ithaca, New York, 1981.

Great Britain, Parliamentary: House of Commons, *Reports from Committees: Eighteen Volumes, East India Company's Affairs, V1-Political*, (Vol.: VII), Session 6 December 1831-16 August 1832, Vol. XIV, House of Commons Papers, 1832, pp. 508-510.

Groeneveldt, W. P., *Notes on the Malay Archipelago and Malacca*, compiled from Chinese Sources, 1880.

Hall, Kenneth, *Maritime Trade and State Development in Early Southeast Asia*, University of Hawaii Press, Honolulu, 1985.

Hammer, Ellen J., *The Struggle for Indochina 1940-1955*, Stanford University Press, California, 1968.

Harrison, Brian, *Southeast Asia: A Short History*, Macmillan & Co., Ltd., London, 1954.

Hewison, Kevin, (ed.), *Political Change in Thailand, Democracy and Participation*, Routledge, London and New York, 1997.

Higham, Charles, *The Archaeology of Mainland Southeast Asia*, Cambridge University Press, Cambridge, New York, 1989.

Hoontrakui, Likhit, *The Historical Records of the Siamese-Chinese Relations*, Debsriharis, Bangkok, 1967.

Isaacson, Jason and Colin Rubenstein (eds.), *Islam in Asia: Changing Political Realities*, (AJC and AIJAC, Washington, D.C., and Melbourne, 1999.

John, Ronald Bruce St., Clive H. Schofield, *The Land Boundaries of Indochina: Cambodia, Laos and Vietnam*, International Boundaries Research Unit, University of Michigan, 1998.

Kasetsiri, Charnvit, *The Rise of Ayudhya, A History of Siam in the Fourteenth and Fifteenth Centuries*, Oxford University Press, Kuala Lumpur, 1976.

Kennedy, J., *A History of Malaya, A.D. 1400-1959*, Macmillan, London, 1967.

Kennedy, J., *A History of Malaya, A.D. 1400-1959*, St. Martin's Press, New York, 1967.

Keyes, Charles F., *Thailand, Buddhist Kingdom as Modern Nation-state*, Westview Press, Boulder and London, 1987.

Kunstadter, Peter (ed.), *Southeast Asian Tribes, Minorities, and Nations*, Volume 1, Princeton University Press, Princeton, New Jersey, 1967.

Kurian, George T., *Encyclopedia of the Third World*, Mansell Publishing Limited, London, 1982.

Laothamatas, Anek, *Thaksina-Prachaniyom*, 3rd. ed., Matichoubok, Bangkok, 2007.

Loeb, Edwin M., *Sumatra: Its History and People*, Singapore, Oxford University Press, New York, 1988.

Maclaine, Donald, Campbell, *Java: Past and Present, A Description of the Most Beautiful Country in the World, Its Ancient History, People, Antiquities, and Products*, William Heinemann, London, 1915.

Maisrikrod, Surin, *Thailand's Two General Election in 1992 Democracy Sustained*, Research Notes and Discussions Paper No. 75, Institute of Southeast Asian Studies, Singapore, 1992.

Marks, Tom, *The British Acquisition of Siamese Malaya(1896-1909)*, White Lotus Co.Ltd., Bangkok, 1997.

McCargo, Duncan, "Buddhist Democracy on Trial: Thailand's Southern Conflict," in Imtiyaz Yusuf and Canan Atilgan (eds.), *Region and Democracy in Thailand*, Konrad-Adenauer-Stiftung e. V., Bangkok, 2008, pp. 62-79.

Minh Chi, Ha Van Tan, Nguyen Tai Thu, *Buddhism in Vietnam*, The Gioi Publishers, Hanoi, 1993.

Morell, David, Chai-anan Samudavanija, *Political Conflict in Thailand, Reform, Reaction, Revolution*, Oelgeschlager, Gunn & Hain, Publisher, Inc., Cambridge, Massachusetts, 1981.

Mulder, Niels, *Inside Thai Society, Interpretations of Everyday Life*, The Pepin Press, Amsterdam, 1996.

Murashima, Eiji, Nakharin Mektrairat, Somkiat Wanthana, *The Making of Modern Thai Political Parties*, Joint Research Programme Series No. 86, Institute of Developing Economies, Tokyo, 1991.

Oliver, Covey, "Case Concerning the Temple of Preah Vihear (Cambodia v. Thailand)," *The American Journal of International Law*, Vol. 56, No. 4 (Oct., 1962), pp. 1033-1053.

Penth, Hans, *A Brief History of Lan Na, Civilizations of North Thailand*, Silkworm Books, Bangkok, 2000.

Phongpaichit, Pasuk, Chris Baker, "The only good populist is a rich populist: Thaksin Shinawatra and Thailand's Democracy," Working Paper Series, No. 36, City University of Hongkong, October 2002.

Ray, Jayanta Kumar, *Portraits of Thai Politics*, Orient Longman Ltd., New Delhi, 1972.

Reynolds, Craig J., "Introduction: National Identity and Its Defenders," in Craig J. Reynolds (ed.), *National Identity and Its Defenders, Thailand, 1939-1989*, Silkworm Books, Chiang Mai, Thailand, 1991, pp. 1-40.

Reynolds, Craig J., *Seditious Histories, Contesting Thai and Southeast Asian Pasts*, University of Washington Press, Seattle and London, 2006.

Riggs, Fred W., *Thailand, The Modernization of a Bureaucratic Polity*, East-West Center Press, Honolulu, Second Printing, 1968.

Rooney, Dawn F., *Angkor, An Introduction to the Temples*, Airphoto International Ltd., Hongkong, 2002.

Samudavanija, Chai-Anan, *The Thai Young Turks*, Institute of Southeast Asian Studies, Singapore, 1982.

Santaputra, Charivat, *Thai Foreign Policy (1932-1946)*, Thai Khadi Research Institute, Thammasat University, Bangkok, 1985.

Saraya, Dhida, *(Sri) Dvaravati, The Initial Phase of Siam's History*, Darnsutha Press Co. Ltd., Muang Boran Publishing House, Bangkok, Thailand, 1999.

Siriwan, Anchalaporn, ed., *The Thai People and Culture*, the Public Relations Department, Office of the Prime Minister, Bangkok, 1999.

Slagter, Robert, Harold R. Kerbo, *Modern Thailand, A Volume in the Comparative Societies Series*, McGraw-Hill Higher Education, the United States, 2000.

Syamananda, Rong, *A History of Thailand*, Thai Watana Panich Co., Ltd., Bangkok, Thailand, 1973.

Syukri, Ibrahim, *History of the Malay Kingdom of Patani*: Sejarah Kerajaan Melayu Patani, Ohio University, Center for International Studies, 1985.

Tarling, Nicholas (ed.), *The Cambridge History of Southeast Asia*, Vol.One, From Early Times to C. 1500, Cambridge University Press, U.K., 1999.

Taylor, R. H. (ed.), *The Politics of Elections in Southeast Asia*, Woodrow Wilson Center Press and Cambridge University Press, New York, 1996.

Teeuw, A., D. K. Wyatt, *Hikayat Patani, The Story of Patani*, The Hague, Matinus, Nijhoff, 1970.

Terwiel B. J., *Thailand's Political History from the Fall of Ayutthaya in 1767 to Recent Times*, River Books Co., Ltd., Bangkok, 2005, p. 34.

Tongdhamachart, Kramol, *Toward A Political Party Theory in Thai Perspective*, Maruzen Asia PTE. Ltd., Singapore, 1982.

Ungpakorn, Ji Giles, *Radicalising Thailand, New Political Perspective*, Institute of Asian Studies, Chulalongkorn University, Bangkok, 2003.

Vella, Walter F., ed., *The Indianized States of Southeast Asia by G. Coedès*, An East-West Center Book, the University Press of Hawaii, Honolulu, 1968.

Wade, Geoff (selected and introduced), *Southeast Asia-China Interactions*, Reprint of articles from the Journal of the Malaysian Branch, Royal Asiatic Society, Academic Art and Printing Services Sdn. Bhd, Selangor, Malaysia, 2007.

Wheatley, Paul, *The Golden Khersonese*, Greenwood Press, Westport, Connecticut, 1961.

Wheatley, Paul, *The Golden Khersonese: Studies in the Historical Geography of the Malay Peninsula Before A.D. 1500*, University of Malaya Press, Kuala Lumpur, 1961.

Wilson, David A., *Politics in Thailand*, Cornell University Press, Ithaca, New York, 1962.

Winstedt, Richard, *The Malays, A Cultural History*, Routledge & Kegan Paul, Ltd, London and Boston, 1947.

Wolters, O. W., *Early Indonesian Commerce: A Study of the Origins of Srivijaya*, Cornell University Press, Ithaca, 1967.

Wood, W.A.R., *A History of Siam*, Chalermnit Press, Bangkok, 1982.

Wyatt, David K., *Siam in Mind*, Silkworm Books, Chiang Mai, Thailand, 2002.

Wyatt, David K., *Thailand: A Short History*, Yale University Press, Thai Watana Panich Co., Ltd., 1984.

Xuto, Somsakdi (ed.), *Government and Politics of Thailand*, Oxford University Press, Singapore, 1987.

Yusuf, Imtiyaz and Canan Atilgan (eds.), *Religion and Democracy in Thailand*, Konrad-Adenauer-Stiftung e. V., Bangkok, 2008.

Zimmerman, Robert F., *Reflections on the Collapse of Democracy in Thailand*, Institute of Southeast Asian Studies, Singapore, 1978.

三、泰文書籍

Rajani, Mom Chao Chand Chirayu, *Sri-vijaya in Chaiya*, Madsray Printling, Bangkoknoi, Bangkok, 1999.

四、中文期刊與短文

方國瑜，「宋代入貢之真里富國」，南洋學報，新加坡南洋學會出版，第四卷，第二輯，1947 年 12 月，頁 9-11。

王頲，「徑行半月：文單國新探及真臘疆域問題」，載於王頲著，西域南海史地研究，上海古籍出版社，上海，2005 年，頁 129-146。

別技篤彥原著，潘明智譯，「西洋地圖學史對馬來西亞的認識」，東南亞研究（新加坡），1966 年，第二卷，頁 103-110。

吳福元原著，陳毓泰譯，「鄭王史辯」，南洋學報（新加坡），第二卷第一輯，1941 年 1 月，頁 18-34。

馬司帛洛（Georges Maspero）撰，馮承鈞譯，「宋初越南半島諸國考」，載於馮承鈞編譯，西域南海史地考證譯叢，甲集，臺灣商務印書館，臺北市，1972 年，頁 137-170。

許雲樵，「中暹通使考」，南洋學報（新加坡），第三卷第一輯，1946 年 9 月，頁 3-35。

許雲樵，「南詔非泰族故國考」，南洋學報（新加坡），第四卷第二輯，1947 年 12 月。

許雲樵，「馬來亞古代史研究」，許雲樵輯，馬來亞研究講座，新加坡：世界書局，1961 年，頁 8-18。

許雲樵，「馬來亞的來歷」，許雲樵輯，馬來亞研究講座，世界書局，新加坡，1961 年，頁 1-7。

許雲樵，「墮羅鉢底考」，南洋學報，新加坡南洋學會出版，第四卷，第一輯，1947 年 3 月，頁 1-7。

許鈺，「丹丹考」，載於姚枬、許鈺編譯，古代南洋史地叢考，商務印書館，上海，1958 年，頁 3-10。

陳棠花，「泰國史地叢考（二三），（五）泰日古代關係」，陳毓泰主
　　編，泰國研究，彙訂本第二卷，第0076期，泰國曼谷，民國29年10
　　月1日出版，頁152。

陳棠花，「泰國史地叢考（二五）」，陳毓泰主編，泰國研究，頁156。

陳棠花，「泰國史地叢考（二六）」，陳毓泰主編，泰國研究，頁158。

陳鴻瑜，「西元初期至第七世紀環馬來半島港市國家、文明和航線之發
　　展」，政大歷史學報，第28期，2007年11月，頁131-188。

鈺，「暹羅潑水節的由來」，載於南洋月報，新加坡南洋商報發行，
　　1951年12月，2卷9期，頁34。

蘇繼卨，「後漢書究不事人考」，南洋學報，新加坡南洋學會出版，第
　　六卷，第一輯，1950年8月，頁17-19。

五、英文期刊與短文

Bellwood, Peter, "Southeast Asia before History," in Nicholas Tarling (ed.), *The Cambridge History of Southeast Asia*, Vol. One, From Early Times to C. 1500, Cambridge University Press, U.K., 1999, pp. 55-136.

Briggs, Lawrence Palmer, "The Khmer Empire and The Malay Peninsula," *The Far Eastern Quarterly*, Vol. 3, No. 3, May 1950, pp. 256-305.

Briggs, Lawrence Palmer, "A Sketch of Cambodian History," *The Far Eastern Quarterly*, Vol. 6, No. 4, August 1947, pp. 345-363.

Briggs, Lawrence Palmer, "The Treaty Of March 23, 1907 Between France and Siam and the Return of Battambang and Angkor to Cambodia," *The Far Eastern Quarterly*, Vol. 5, No. 4 (Aug., 1946), pp. 439-454.

Bruce, Robert, "King Mongkut Of Siam And His Treaty With Britain," *Journal of the Royal Asiatic Society Hong Kong Branch*, Vol. 9 (1969), pp. 82-100.

Bunbongkarn, Suchit, "Elections and Democratization in Thailand," in R. H. Taylor (ed.), *The Politics of Elections in Southeast Asia*, Woodrow Wilson Center Press and Cambridge University Press, New York, 1996, pp. 184-200.

Bunbongkarn, Suchit, "Political Institutions and Processes," in Somsakdi Xuto (ed.), *Government and Politics of Thailand*, Oxford University Press, Singapore, 1987, pp. 414.

Bunbongkarn, Suchit, "Tailand in 1991 : Coping with Military Guardianship," *A sian Survey*, Vol. XXXⅡ, No. 2, February 1992, pp. 131-139.

Chalk, Peter, "Thailand," in Jason Isaacson and Colin Rubenstein (eds.), *Islam in Asia: Changing Political Realities*, (AJC and AIJAC, Washington, D.C., and Melbourne, 1999, p. 166.

Chandoevwit,. Worawan and Bawornpan Ashakul. "The Impact of the Village Fund on Rural Households." *TDRI Quarterly Review*, Vol. 23 No. 2. June 2008, pp. 9-10.

"Current Political Situation in Thailand," provided by the Thailand Trade and Economic Office in Taipei, Taiwan, 12 May, 2010.

Facts on File 1951, December 6, 1951, pp. 389-390.

Facts on File 1951, Published by Facts on File, Inc., July 5, 1951, p. 214 ; July 12, 1951, p. 222.

Facts on File 1957, September 18, 1957, pp. 302-303.

Facts on File 1971, pp. 897-898.

Facts on File 1977, April 30, 1977, p. 331; May 21, 1977, p. 33.

Facts on File, 1977, October 29, 1977, pp. 826-827.

Flood, E. Thaddeus, "Sukhothai-Mongol Relations," *Journal of the Siam Society*, 57: 2 (July 1969), pp. 203-57.

Girling, John L. S., "Thailand : The Coup and Its Implications," *Pacific Affairs*, Vol. 50, No. 3, Fall 1977, pp. 387-405.

Grimes, A,. "The Journey of Fa-hsien from Ceylon to Canton," in Geoff Wade (selected and introduced), *Southeast Asia-China Interactions*, Reprint of articles from the Journal of the Malaysian Branch, Royal Asiatic Society, Academic Art and Printing Services Sdn. Bhd, Selangor, Malaysia, 2007, pp. 167-182.

Horn, Robert /Bangkok, "Thaksin's Wife Found Guilty," *Time*, July 31, 2008.

Keesing's Contemporary Archives, 1985, Longman Group Limited, England, 1985, p. 33920.

Keesing's Contemporary Archives, April 12-19, 1969, p. 23300.

Keesing's Contemporary Archives, August 1-2, 1937, p. 2688.

Keesing's Contemporary Archives, August 17-24, 1946, p. 8078.

Keesing's Contemporary Archives, August 18-25, 1962, p. 18931.

Keesing's Contemporary Archives, August 29-September 5, 1953, p. 13106.

Keesing's Contemporary Archives, August 30-September 6, 1941, p. 4778.

Keesing's Contemporary Archives, December 13-20, 1958, p. 16540.

Keesing's Contemporary Archives, December 27, 1932, p. 605.

Keesing's Contemporary Archives, February 12-18, 1973, p. 25730.

Keesing's Contemporary Archives, January 26-February 2, 1946, p. 7695.

Keesing's Contemporary Archives, January 27-February 3, 1951, p. 11231.

Keesing's Contemporary Archives, July 1, 1932, p. 377.

Keesing's Contemporary Archives, July 14-21, 1951, p. 11590.

Keesing's Contemporary Archives, July 1-7, 1974, p. 26604.

Keesing's Contemporary Archives, July 17-24, 1954, p. 13688.

Keesing's Contemporary Archives, June 20-July 7, 1956, p. 14960.

Keesing's Contemporary Archives, June 22-29, 1957, p. 15615.

Keesing's Contemporary Archives, June 25-27, 1932, p. 368.

Keesing's Contemporary Archives, June 29, 1932, p. 372.

Keesing's Contemporary Archives, June 8-15, 1940, p. 4095.

Keesing's Contemporary Archives, March 11-18, 1967, p. 21924.

Keesing's Contemporary Archives, March 1-4, 1935, p. 1566.

Keesing's Contemporary Archives, March 5-12, 1949, p. 9846.

Keesing's Contemporary Archives, March 7-8, 1935, p. 1572.

Keesing's Contemporary Archives, November 19-25, 1973, p. 26209.

Keesing's Contemporary Archives, November 22-29, 1952, p. 12594.

Keesing's Contemporary Archives, November 23-30, 1946, p. 8276.

Keesing's Contemporary Archives, November 29-Devember 6, 1947, p. 8973.

Keesing's Contemporary Archives, November 8-15, 1958, p. 16493.

Keesing's Contemporary Archives, October 18-25, 1941, p. 4844.

Keesing's Contemporary Archives, October 23-30, 1943, p. 6059.

Keesing's Contemporary Archives, October 23-30, 1954, p. 13848.

Keesing's Contemporary Archives, September 21-28, 1957, p. 15773.

Keesing's Contemporary Archives, September 8-15, 1945, p. 7422.

Keesing's Contemporary Archives, Vol.XXXII, September 1986, p. 34615.

Keesing's Contemporary Archives, Vol.XXXII, September 1986, p. 34618.

Keesing's Contemporary Archives, Vol.XXXII, September 1986, p. 34616.

Keesing's Contemporary Archives, Vol.XXXII, September 1986, pp. 34617-34618.

Keesing's Contemporary Archives, Vol.XXXIII, August 1987, p. 35319.

Keesing's Contemporary Archives, Vol.XXXIV, September 1988, p. 36150.

Keesing's Contemporary Archives, Vol.XXXIV, September 1988, p. 36151.

Keesing's Contemporary Archives, Vol.XXXIV, September 1988, p. 36148.

Keesing's Record of World Events, December 1990, p. 37916.

Keesing's Record of World Events, January 1990, p. 37188.

Keesing's Record of World Events, 火 January 1990, p. 37532.

Keesing's Record of World Events, October 1990, p. 37776.

Keesing's Record of World Events, Vol. 46, No. 6, 2000, p. 43627.

Keesing's Record of World Events, Vol. 47, No. 12, 2001, p. 44514.

Keesing's Record of World Events, Vol. 47, No. 6, 2001, p. 44216.

Kunstadter, Peter, "Thailand: Introduction," in Peter Kunstadter (ed.), *Southeast Asian Tribes, Minorities, and Nations*, Volume 1, Princeton University Press, Princeton, New Jersey, 1967, pp. 369-400.

Montesan, Michael J. o, "Thailand in 2001: *Learning to Live with Thaksin?* ," *As-*

ian Survey, Vol. 42, No. 1 (January/February 2002), pp. 90-99.

Murashima, Eiji, "Democracy and the Development of Political Parties in Thailand 1932-1945," in Eiji Murashima, Nakharin Mektrairat, Somkiat Wanthana, *The Making of Modern Thai Political Parties*, Joint Research Programme Series No. 86, Institute of Developing Economies, Tokyo, 1991, chapter 1.

Mutebi, Alex M,. "Thailand in 2002:Political Consolidation amid Economic Uncertainties," *Asian Survey*, Vol. XLIII, No. 1, January/February 2003, pp. 101-112.

Nakata, Thinapan, "Political Culture: Problems of Development of Democracy," in Somakdi Xuto (ed.), *Government and Politics of Thailand*, Oxford University Press, Singapore, 1987, pp. 16895.

Nelson, Michael H., "Thailand and Thaksin Shinawatra: From Election Triumph to Political Decline," *Eastasia*, Vol. 4, No. 2, December 2005, pp. 1-9.

Niksch, Larry A., "Thailand in 1981：The Prem Government Feels the Heat," *Asian Survey*, Vol. XXⅡ, No. 2, February 1982, pp. 191-199.

O'Connor, Stanley J., "Tāmbralinga and the Khmer Empire," *The Journal of the Siam Society*, Vol. 63, Part I, January 1975, pp. 161-175.

Samudavanija, Chai-Anan, "Political History," in Somsakdi Xuto (ed.), *Government and Politics of Thailand*, Oxford University Press, Singapore, 1987, pp. 1-40.

Seidenfaden, Erik, "The Name of Lopburi," *The Journal of the Thailand Research Society*, Bangkok, Vol. XXXIII, PT. 11, November 1941, pp. 147-148.

Sirikrai, Surachai, "General Prem Survives on a Conservative Line," *Asian Survey*, Vol. XXⅡ, No. 11, November 1982, pp. 1093-1104.

Tejapira, Kasian, "Toppling Thaksin," *New Left Review*, 39, May-June 2006, pp. 1-25.

Thomas, Ladd, "Thailand" in William Carpenter and David Wiencek (eds.), *Asian*

Security Handbook, M. E. Sharpe, New York, 1996, pp. 242-43.

Wade, Geoff, "The Ming Shi-Lu as a Source for Thai History — Fourteenth to Seventeenth Centuries," *Journal of Southeast Asian Studies*, 31, 2, September 2000, pp. 249-294.

Wolters, O. W., "Tāmbralinga," *Bulletin of the School of Orient and African Studies*, University of London, Vol. 21, Issue 1/3 (1958), pp. 587-607.

六、中文報紙

「84 歲生辰獻詞，泰王：全民應團結抗洪」，南洋星洲聯合早報（新加坡），2011 年 12 月 6 日，頁 26。

「古寺周邊主權爭議下判 國際法庭下令 泰柬兩國同時撤軍」，南洋星洲聯合早報（新加坡），2011 年 7 月 19 日，頁 4。

「示威傳槍 學生 1 死 5 傷」，世界日報（泰國），2013 年 12 月 1 日。

「行庭判決廢除泰柬神廟聲明」，世界日報（泰國），2009 年 12 月 31 日。

「法院裁定泰政府推動修憲不違憲」，南洋星洲聯合早報（新加坡），2012 年 7 月 14 日。

「泰大選正式結果出爐 投票率 75%」，世界日報（泰國），2011 年 7 月 6 日。

「泰軍人不再干預大選」，南洋星洲聯合早報（新加坡），1986 年 7 月 27 日，頁 14。

「泰政府 18 億助農民還債」，南洋星洲聯合早報（新加坡），2010 年 4 月 1 日，頁 4。

「泰國人與『土地神』」，南洋星洲聯合早報（新加坡），1985 年 5 月 5 日，版 14。

「泰國大選十六政黨簡介」，南洋星洲聯合早報（新加坡），1986 年 7 月 28 日，頁 16。

「泰邊境衝突 柬索賠 215 萬美元」，世界日報（泰國），2009 年 5 月 13 日。

〔印尼〕尤利‧依斯馬托諾,「泰國軍人勢力根深蒂固」,南洋星洲聯合早報(新加坡),1992 年 7 月 13 日,頁 12。

大紀元時報(臺灣),2006 年 10 月 13 日。

大紀元時報(臺灣),2007 年 2 月 10 日。

大衛‧K‧威阿特原作,譯者:陳冀新,「公元 1957 年至 1982 年泰國的發展與革新」,星暹日報(泰國),1989 年 1 月 7 日,頁 25。

中央日報(臺北),民國 86 年 11 月 8 日,頁 11。

丹彤,「泰文字的新爭論」,星暹日報(泰國),1985 年 5 月 27 日,版 14。

世界日報(泰國),1991 年 2 月 24 日,頁 1。

世界日報(泰國),2010 年 4 月 10 日。

世界日報(泰國),2010 年 4 月 11、12 日。

世界日報(泰國),2010 年 5 月 13 日。

世界日報(曼谷),1991 年 11 月 17 日,頁 2。

丘啟楓,「泰皇美夢成真」,南洋星洲聯合早報(新加坡),1988 年 8 月 12 日,頁 14。

丘啟楓,「泰國民主憲政漸上軌道」,南洋星洲聯合早報(新加坡),1986 年 8 月 3 日,頁 2。

安德魯‧庫克,「泰南局勢與北發展三角」,南洋星洲聯合早報(新加坡),1993 年 10 月 29 日,頁 21。

江平,「泰國第四任國務院長乃寬的幽默」,星暹日報(泰國),1989 年 3 月 13 日,版 21。

自由時報(臺北),1996 年 9 月 20 日,頁 8。

「亞細安與日中韓 動用緊急大米儲備援泰」,南洋星洲聯合早報(新加坡),2011 年 12 月 9 日。

「法院裁定泰政府推動修憲不違憲」,南洋星洲聯合早報(新加坡),2012 年 7 月 14 日。

吳湧,「泰國精神領袖占隆」,聯合日報(菲律賓),1992 年 6 月 15 日,頁 5。

佘文鎖，「泰國的修憲與大選」，南洋商報（新加坡），1983 年 3 月 22
　　日，頁 26。

邱蘇倫，「印度文化對泰國文化的影響」（一），星暹日報（泰國），
　　1989 年 6 月 3 日，版 24。

邱蘇倫，「印度文化對泰國文化的影響」（二），星暹日報（泰國），
　　1989 年 6 月 10 日，版 13。

邱蘇倫，「印度文化對泰國文化的影響」（三），星暹日報（泰國），
　　1989 年，版 17。

金淺，「受泰人尊敬的泰王蒲湄蓬」，南洋星洲聯合早報（新加坡），
　　1990 年 5 月 26 日，頁 22。

南洋星洲聯合早報（新加坡），1984 年 11 月 24 日，頁 32。

南洋星洲聯合早報（新加坡），1984 年 9 月 4 日，頁 1。

南洋星洲聯合早報（新加坡），1985 年 12 月 28 日，頁 16。

南洋星洲聯合早報（新加坡），1985 年 7 月 27 日，頁 20。

南洋星洲聯合早報（新加坡），1986 年 5 月 3 日，頁 1。

南洋星洲聯合早報（新加坡），1986 年 6 月 10 日，頁 1。

南洋星洲聯合早報（新加坡），1986 年 6 月 13 日，頁 27。

南洋星洲聯合早報（新加坡），1986 年 7 月 29 日，頁 1。

南洋星洲聯合早報（新加坡），1987 年 11 月 30 日，頁 20。

南洋星洲聯合早報（新加坡），1988 年 10 月 2 日，頁 15。

南洋星洲聯合早報（新加坡），1988 年 11 月 17 日，頁 12。

南洋星洲聯合早報（新加坡），1988 年 11 月 5 日，頁 10。

南洋星洲聯合早報（新加坡），1988 年 12 月 28 日，頁 10。

南洋星洲聯合早報（新加坡），1988 年 4 月 30 日，頁 17。

南洋星洲聯合早報（新加坡），1988 年 6 月 1 日，頁 1。

南洋星洲聯合早報（新加坡），1988 年 6 月 22 日，頁 32。

南洋星洲聯合早報（新加坡），1988 年 6 月 23 日，頁 12。

南洋星洲聯合早報（新加坡），1988 年 6 月 8 日，頁 12。

南洋星洲聯合早報（新加坡），1988 年 7 月 23 日，頁 12；7 月 24 日，頁

31。

南洋星洲聯合早報（新加坡），1988 年 7 月 26 日，頁 1；1988 年 8 月 10
    日，頁 13。

南洋星洲聯合早報（新加坡），1988 年 7 月 29 日，頁 32。

南洋星洲聯合早報（新加坡），1988 年 9 月 18 日，頁 17。

南洋星洲聯合早報（新加坡），1990 年 11 月 23 日，頁 26。

南洋星洲聯合早報（新加坡），1991 年 12 月 6 日，頁 1。

南洋星洲聯合早報（新加坡），1991 年 2 月 27 日，頁 27。

南洋星洲聯合早報（新加坡），1991 年 3 月 18 日，頁 28。

南洋星洲聯合早報（新加坡），1992 年 3 月 23 日，頁 12。

南洋星洲聯合早報（新加坡），1992 年 4 月 17 日，頁 20。

南洋星洲聯合早報（新加坡），1992 年 5 月 22 日，頁 14。

南洋星洲聯合早報（新加坡），1994 年 10 月 27 日，頁 33。

南洋星洲聯合早報（新加坡），1994 年 11 月 27 日，頁 25。

南洋星洲聯合早報（新加坡），1994 年 12 月 19 日，頁 26。

南洋星洲聯合早報（新加坡），1994 年 12 月 9 日，頁 2。

南洋星洲聯合早報（新加坡），1995 年 10 月 6 日，頁 24。

南洋星洲聯合早報（新加坡），1995 年 12 月 1 日，頁 30。

南洋星洲聯合早報（新加坡），1995 年 1 月 5 日，頁 31。

南洋星洲聯合早報（新加坡），1995 年 6 月 10 日，頁 35。

南洋星洲聯合早報（新加坡），1995 年 7 月 4 日，頁 22。

南洋星洲聯合早報（新加坡），1996 年 11 月 5 日，頁 31。

南洋星洲聯合早報（新加坡），1996 年 12 月 17 日，頁 23。

南洋星洲聯合早報（新加坡），1996 年 3 月 23 日，頁 33。

南洋星洲聯合早報（新加坡），1996 年 5 月 17 日，頁 30。

南洋星洲聯合早報（新加坡），1996 年 6 月 14 日，頁 46。

南洋星洲聯合早報（新加坡），1996 年 8 月 21 日，頁 18。

南洋星洲聯合早報（新加坡），1997 年 10 月 15 日，頁 31。

南洋星洲聯合早報（新加坡），1997 年 11 月 10 日，頁 1。

南洋星洲聯合早報（新加坡），1997 年 12 月 9 日，頁 2。

南洋星洲聯合早報（新加坡），1997 年 1 月 20 日，頁 19。

南洋星洲聯合早報（新加坡），1997 年 6 月 13 日，頁 27。

南洋星洲聯合早報（新加坡），1997 年 8 月 6 日，頁 1。

南洋星洲聯合早報（新加坡），1997 年 9 月 15 日，頁 2。

南洋星洲聯合早報（新加坡），1998 年 1 月 18 日，頁 35。

南洋星洲聯合早報（新加坡），1998 年 1 月 2 日，頁 22。

南洋星洲聯合早報（新加坡），2000 年 11 月 21 日，頁 33。

南洋星洲聯合早報（新加坡），2000 年 11 月 25 日，頁 40。

南洋星洲聯合早報（新加坡），2000 年 3 月 22 日，頁 28。

南洋星洲聯合早報（新加坡），2001 年 1 月 12 日，頁 43。

南洋星洲聯合早報（新加坡），2001 年 1 月 5 日，頁 2。

南洋星洲聯合早報（新加坡），2001 年 1 月 7 日，頁 29。

南洋星洲聯合早報（新加坡），2001 年 2 月 12 日，頁 21。

南洋星洲聯合早報（新加坡），2004 年 4 月 29 日。

南洋星洲聯合早報（新加坡），2004 年 7 月 11 日。

南洋星洲聯合早報（新加坡），2005 年 2 月 11 日。

南洋星洲聯合早報（新加坡），2006 年 10 月 2 日。

南洋星洲聯合早報（新加坡），2006 年 10 月 3 日。

南洋星洲聯合早報（新加坡），2006 年 11 月 24 日。

南洋星洲聯合早報（新加坡），2006 年 11 月 28 日。

南洋星洲聯合早報（新加坡），2006 年 2 月 17 日。

南洋星洲聯合早報（新加坡），2006 年 2 月 27 日。

南洋星洲聯合早報（新加坡），2006 年 3 月 13 日。

南洋星洲聯合早報（新加坡），2006 年 4 月 28 日。

南洋星洲聯合早報（新加坡），2006 年 4 月 29 日。

南洋星洲聯合早報（新加坡），2006 年 5 月 2 日。

南洋星洲聯合早報（新加坡），2006 年 9 月 21 日。

南洋星洲聯合早報（新加坡），2006 年 9 月 29 日。

南洋星洲聯合早報（新加坡），2006 年 9 月 2 日。

南洋星洲聯合早報（新加坡），2007 年 5 月 31 日。

南洋星洲聯合早報（新加坡），2008 年 11 月 8 日。

南洋星洲聯合早報（新加坡），2008 年 3 月 26 日。

南洋星洲聯合早報（新加坡），2008 年 4 月 23 日。

南洋星洲聯合早報（新加坡），2008 年 6 月 3 日。

南洋星洲聯合早報（新加坡），2008 年 6 月 7 日。

南洋星洲聯合早報（新加坡），2009 年 11 月 20 日。

南洋星洲聯合早報（新加坡），2009 年 1 月 13 日。

南洋星洲聯合早報（新加坡），2009 年 1 月 20 日。

南洋星洲聯合早報（新加坡），2009 年 1 月 21 日。

南洋星洲聯合早報（新加坡），2009 年 1 月 28 日。

南洋星洲聯合早報（新加坡），2009 年 2 月 1 日。

南洋星洲聯合早報（新加坡），2009 年 2 月 20 日。

南洋星洲聯合早報（新加坡），2009 年 3 月 13 日。

南洋星洲聯合早報（新加坡），2009 年 4 月 18 日。

南洋星洲聯合早報（新加坡），2010 年 2 月 27 日。

南洋星洲聯合早報（新加坡），2010 年 3 月 20 日。

南洋星洲聯合早報（新加坡），2010 年 6 月 16 日。

南洋星洲聯合早報（新加坡），2010 年 6 月 19 日。

南洋星洲聯合早報（新加坡），2010 年 6 月 22 日。

南洋星洲聯合早報（新加坡），2011 年 2 月 14 日。

南洋星洲聯合早報（新加坡），2011 年 2 月 14 日。

南洋星洲聯合早報（新加坡），2011 年 4 月 10 日。

南洋星洲聯合早報（新加坡），2011 年 4 月 26 日。

南洋星洲聯合早報（新加坡），2011 年 5 月 31 日。

南洋星洲聯合早報（新加坡），2011 年 5 月 4 日。

南洋星洲聯合早報（新加坡），2011 年 6 月 6 日。

南洋商報（新加坡），1983 年 5 月 1 日。

思寒，「四面佛君知多少？」，星暹日報（泰國），1985 年 8 月 26 日，
　　頁 14。

星暹日報（泰國），1985 年 9 月 10 日，頁 1。

星暹日報（泰國），1989 年 1 月 10 日，頁 4。

星暹日報（曼谷），1989 年 5 月 26 日，頁 4。

星暹日報（曼谷），1991 年 12 月 8 日，頁 1。

星暹日報（曼谷），1998 年 1 月 8 日，頁 7。

郎問津，「喃邦藩王古國與現況簡介」，星暹日報（泰國），1985 年 4
　　月 26 日，頁 12。

「泰內政部長收回 "讓南部自治" 講話」，南洋星洲聯合早報（新加
　　坡），2008 年 2 月 16 日。

「泰皇后亮相女示威者葬禮」，星島日報（香港），2008 年 10 月 14 日。

「泰柬神廟領土案 國際法庭判雙贏」，世界日報（泰國），2013 年 11 月
　　12 日。

「泰南回教與分離組織領袖：軍人政變有助解決泰南動亂」，南洋星洲
　　聯合早報（新加坡），2006 年 9 月 22 日。

「泰南安全堪慮 逾千所學校停課」，大紀元時報（臺灣），2006 年 11 月
　　29 日。

「泰國會批准內安法 被批評軍方大選後繼續掌權」，南洋星洲聯合早報
　　（新加坡），2007 年 12 月 22 日。

「泰國政府：泰南叛軍得到基地組織資助」，南洋星洲聯合早報（新加
　　坡），2008 年 1 月 19 日。

「泰國修憲之爭 恐引發動盪不利經濟」，南洋星洲聯合早報（新加
　　坡），2012 年 6 月 12 日。

「泰國賠償政治暴力受害者」，南洋星洲聯合早報（新加坡），2012 年 3
　　月 7 日。

素集・旺貼撰，翁永德譯，「泰人不是從那裡來的，泰族來源考」
　　（一），星暹日報（泰國），1985 年 1 月 21 日，版 11。

素集・旺貼撰，翁永德譯，「泰人不是從那裡來的，泰族來源考」

（二），星暹日報（泰國），1985 年 1 月 22 日，版 20。

翁永德，「否定泰人遷移的證據」，星暹日報（泰國），1985 年 2 月 11
日，版 9。

曼梳譯，「印尼人看泰國流產政變」，南洋星洲聯合早報（新加坡），
1985 年 9 月 14 日，頁 16。

曼梭，「艾迪將軍其人其事」，南洋商報（新加坡），1983 年 10 月 13
日，頁 29。

曼梭，「泰國流產政變的前因後果」，南洋星洲聯合早報（新加坡），
1985 年 9 月 11 日，頁 35。

郭顯，「園林蒼翠，文物薈萃，湄南（昭帕耶）河畔敘舊」，星暹日報
（泰國），1989 年 7 月 3 日，頁 17。

陳新才，「泰南爆炸案與伊斯蘭教什葉派」，南洋星洲聯合早報（新加
坡），1995 年 1 月 16 日，頁 16。

斯文，「泰國傳統婚禮談」，星暹日報（泰國），1985 年 9 月 23 日，版
24。

無作者，「傣族的潑水節及其美麗傳說」，世界日報（泰國），1991 年
10 月 1 日，頁 6。

貿易快訊（臺北市），民國 86 年 8 月 19 日，頁 2。

葛治倫，「比里與『自由泰運動』」（二），星暹日報（泰國），1989
年 7 月 8 日，版 7。

葛治倫，「比里與『自由泰運動』」（三），星暹日報（泰國），1989
年 7 月 15 日，版 6。

葛治倫，「比里與『自由泰運動』」（四），星暹日報（泰國），1989
年 7 月 22 日，版 18。

「廣受泰人崇敬 泰王穩居泰國政壇中心」，大紀元時報（臺灣），2006
年 9 月 26 日。

漢生，「五十三年來，政變知多少」，星暹日報（泰國），1985 年 9 月
30 日，頁 9。

「暴力襲擊升級，泰南軍管範圍擴大」，南洋星洲聯合早報（新加

坡），2005 年 11 月 4 日。

蔡文星譯，「拉瑪五世皇政治革新的豐功偉績」，世界日報（泰國），
  1991 年 10 月 24 日，頁 9。

「賽哈密：泰南暴亂 馬願協助但不能插手」，南洋星洲聯合早報（新加
  坡），2007 年 4 月 7 日。

劉青青和吳漢鈞，「達信過半資產近 20 億充公」，南洋星洲聯合早報
  （新加坡），2010 年 2 月 27 日。

劉振廷，「『智多星』查瓦利」，南洋星洲聯合早報（新加坡），1996
  年 11 月 5 日，頁 31。

劉振廷，「查瓦利公開家譜」，南洋星洲聯合早報（新加坡），1988年3
  月 3 日，頁 16。

劉振廷，「泰國三大政黨勢力互有消長」，南洋星洲聯合早報（新加
  坡），1986 年 5 月 11 日，頁 20。

劉振廷，「蘇進達其人其事」，南洋星洲聯合早報（新加坡），1992年4
  月 8 日，頁 15。

聯合報（臺灣），民國 84 年 1 月 5 日，頁 4。

聯合報（臺灣），民國 85 年 3 月 18 日，頁 10。

七、英文報紙

"A Down to Earth King," *South China Morning Post*, December 5, 1981, pp. 1, 7.

"HM the King's April 26 speeches," *The Nation* (Bangkok), 27 April 2006.

"Malaysia 'Not Training Ground for Thai Rebels'," *The Straits Times* (Singapore), January 5, 1998.

"Malaysia Denies Thai Terrorist Claims," *The Australian*, January 6, 1998.

"Minister: 'Southern Separatists Receive Foreign Training'," *The Nation* (Thailand), January 6, 1995.

"Pheu Thai considers options on charter," *Th Nation* (Thailand), July 15, 2012.

"PM: Peace in South Vital to Growth Triangle," *The Bangkok Post*, January 21, 1998.

Scott, W. Thompson, "He not only reigns, he rules," *Los Angeles Times*, December 11, 2008.

"Terrorist Suspect Has Violent Past," *The Sunday Nation*, January 25, 1998.

"Thaksin, Economic Guru," *The Nation* (Thailand), October 23, 2001.

"Ties of Faith," *Far Eastern Economic Review*, April 11, 1996.

"Worse to Come," *Far Eastern Economic Review*, July 29, 1999.

Bangkok Post. September 20, 2006.

Eng, Peter, "Thailand's middle-class at the front line," *The Straits Times* (Singapore), November 4, 1997, p. 37.

Inthawong, Supawadee, "Court throws out April 2 elections, "*Bangkok Post*, May 9, 2006.

Lak Thai (in English), Bangkok, 19 Mar., 1987, pp. 168.

South China Morning Post, June 7, 1981.

Tantuvanich, Amporn, "Prem no longer has full loyalty of army," *Hongkong Standard*, April 8, 1981.

The Straits Times (Singapore), April 15, 2010.

The Straits Times (Singapore), April 18, 1997, p. 32.

The Straits Times (Singapore), January 3, 1998, p. 25.

The Straits Times (Singapore), May 16, 1997, p. 44.

The Straits Times (Singapore), May 3, 1997, p. 19.

The Straits Times (Singapore), November 5, 1996, p. 19.

The Straits Times (Singapore), October 23, 1997, p. 24.

八、論文

Tangpianpant, Patana Ginger, *Thaksin Populism and Beyond: A Study of Thaksin's Pro-Poor Populist Policies in Thailand*, A thesis submitted to the faculty of Wesleyan University in partial fulfillment of the requirements for the Degree of Bachelor of Arts with Departmental Honors in Government, Middletown, Connecticut, April, 2010.

九、網路資源

"2011 Thailand Floods," http://en.wikipedia.org/wiki/2011_Thailand_floods，
　　2012 年 7 月 21 日瀏覽。

「泰國第十七位總理是誰？」，http://wenwen.soso.com/z/q17624 5997.
　　htm，2010 年 9 月 16 日瀏覽。

"A brief introduction to the Malay Kingdom of Patani [1]," http://www.ihrc.org.
　　uk/show.php? id=1292，2011 年 4 月 24 日瀏覽。

"A View on Buddhism: The Sangha," http://viewonbuddhism.org/sangha_mon-
　　ks_nuns.html，2010 年 4 月 24 日瀏覽。

"Bhumibol Adulyadej," http://en.wikipedia.org/wiki/Bhumibol_Adulyadej，
　　2011 年 1 月 8 日瀏覽。

"Biography," The Official Abhisit Vejjajiva Website, http://www.abhisit.
　　org/360detail.php? cate_id=16，2011 年 9 月 16 日瀏覽。

Bora Touch, Esq, "Preah Vihear Temple and the Thai's Misunderstanding of the
　　World Court Judgment of 15 June 1962," in http://www.preah-vihear.
　　com/，2011 年 10 月 26 日瀏覽。

"History of relation between Russian Federation and Kingdom of Thailand," in
　　the website of the Embassy of the Russian Federation in Bangkok, in http://
　　www.thailand.mid.ru/Win_work/korol_eng.htm，2011 年 3 月 5 日瀏覽。

"IMF praises Thailand for early loan repayment," Asian Tribune, 3 August 2003.
　　http://www.asiantribune.com/news/2003/08/03/imf-praises-thailand-early-
　　loan-repayment, "Jaruvan Maintaka," http://en.wikipedia.org/wiki/Jaruvan_
　　Maintaka，2011 年 1 月 7 日瀏覽。

"Phot Phahonyothin," in http://en.wikipedia.org/wiki/Phot_Phahonyothin，2011
　　年 3 月 1 日瀏覽

"Plaek Pibulsonggram," in http://en.wikipedia.org/wiki/Plaek_Pibulsonggram
　　2011 年 6 月 7 日瀏覽。

"Thailand Islamic Insurgency,." in http://www.globalsecurity.org/military/world/

war/thailand2.htm，2011 年 6 月 7 日瀏覽。

"The Rise of the Thammayut Order Reform: The Guise of Control?," http://www. thaibuddhism.net/maha_tham.htm，2011 年 4 月 5 日瀏覽。

「詩琳通」，http://baike.baidu.com/view/1020208.htm，2011 年 2 月 13 日瀏覽。

Anucha Charoenpo, "Senators urge public, media to monitor single-party rule," 9 Feb. 2005. http://www.bangkokpost.com/election2005/ 090205_news05. html 2005 年 2 月 15 日瀏覽。

Charles Keyes, *The Destruction of a Shrine to Brahma in Bangkok and the Fall of Thaksin Shinawatra: The Occult and the Thai Coup in Thailand of September 2006*, ARI Working Paper No. 80, Singapore, December 2006, p. 25. Electronic copy available at: http://ssrn.com/abstract=1317155，2008 年 12 月 20 日瀏覽。

http://archaeology.about.com/od/bterms/g/banchiang.htm，2006 年 6 月 9 日瀏覽。

http://archaeology.about.com/od/sterms/g/spiritcave.htm，2006 年 6 月 9 日瀏覽。

http://en.wikipedia.org/wiki/Bangkok，2010 年 7 月 31 日瀏覽。

http://web.nso.go.th/en/census/poph/indiregion/indi_whole.htm，2010 年 9 月 16 日瀏覽。

http://web.nso.go.th/eng/en/pop2000/table/tab1.pdf，2010 年 9 月 15 日瀏覽。

http://www.absoluteastronomy.com/reference/pallava，2006 年 5 月 15 日瀏覽。

http://www.chiangmai-chiangrai.com/art_of_thai_dance.html，2010 年 9 月 14 日瀏覽。

http://www.dcothai.com/product_info.php? products_id=579，2009 年 7 月 5 日瀏覽。

http://www.joshuaproject.net/countries.php? rog3=TH&sf=peopnamein-

country&so=asc，2009 年 7 月 5 日瀏覽。

http://www.san.beck.org/20-8-BurmaMalaya1800-1950.html，2010 年 12
月 13 日瀏覽。

International Boundary Study, No. 20, Laos-Thailand Boundary, The Geographer
Office of the Geographer Bureau of Intelligence and Research, Department
of State of the United States, p. 5. in http://www.law.fsu.edu/library/collec-
tion/limitsinseas/ibs020.pdf，2010 年 12 月 14 日瀏覽。

Jirawan Boonperm, Jonathan Haughton, and Shahidur R. Khandkur. "Does the
Village Fund Matter in Thailand" April 10, 2007. http://www.cid.harvard.
edu/neudc07/docs/neudc07_s3_p08_boonperm.pdf，2010 年 12 月 14 日瀏
覽。

Patit Paban Mishra, "India-Southeast Asian Relations: An Overview," *Teaching
South Asia*, Volume I, No. 1, Winter 2001. http://www4.sdstate.edu/projec-
tsouthasia/Resources/upload/India-Southeast-Asian-Relations-Mishra.
pdf，2011 年 8 月 10 日瀏覽。

Peter Symonds, "Thailand's right-wing populist wins national elections," 10 Feb-
ruary 2005, World Socialist Web Site. http://www.wsws.com，2005 年 2 月
15 日瀏覽。

Robert Guisepi, "The Meeting of East And West in Ancient Times: The Asian
Way of Life," 1992, http://www. The Meeting Of East And West In Ancient
Times.htm 2004 年 8 月 15 日瀏覽。

S.J.Gunasegaram, "Early Tamil Cultural Influences in South East Asia," Selected
Writings published 1985. ，http://www.tamilnation.org/heritage/earlyinflu-
ence.htm，2005 年 6 月 28 日瀏覽。

The 2009 Statistical Yearbook of Thailand, 泰國國家統計局（National Statis-
tical Office of Thailand） http://service.nso.go.th/nso/nsopublish/down-
load/syb_52/SYB%2052_T.pdf，2010 年 9 月 18 日瀏覽。

www.answers.com/topic/three-pagodas-pass，2010 年 5 月 29 日瀏覽。

蔡加茂，「林姑娘廟遊記」，http://www.thaisinoliterature.com/ 200201/16_07.

htm，2010 年 9 月 8 日瀏覽。

"Abhisit Vejjajiva," http://en.wikipedia.org/wiki/Abhisit_Vejjajiva, "Election of Members of The House Of Representatives," December 23, 2007, http://www.ect.go.th/english/2007%20MP%20Election%20Results%20 (Unoffi-cial))/Grand%20Summary.pdf，2010 年 4 月 13 日瀏覽。

International Crisis Group, "Recruiting Militants in Southern Thailand," Asia Report No. 170, 22 June 2009, http://www.crisisgroup. org/en/regions/asia/south-east-asia/thailand/170-recruiting-militants-in-southern-thailand.aspx，2011 年 8 月 8 日瀏覽。

http://books.google.com/books? id=lGtbAAAAQAAJ&pg=PP9&dq=Re-ports+from+Committees:+Eighteen+Volumes,+East+India+Company %E2% 80% 99s+Affairs&hl=zh-TW&ei=agdyTZP VH4f0vwPZ1eG9AQ&sa=X&oi=book_result&ct=result&resnum=3&ved=0CDEQ6AEwAg#v=onepage&q=Reports%20from%20Committees%3A%20Eighteen%20Volu-mes%2C%20East%20India%20Company%E2%80%99s%20Affairs&f=false，2011 年 3 月 5 日瀏覽。

http://en.wikipedia.org/wiki/Plaek_Pibulsonggram，2011 年 3 月 1 日瀏覽。

http://en.wikipedia.org/wiki/Three_Pagodas_Pass，2010 年 5 月 29 日瀏覽。

http://GobalSecurity.org./Thailand % 20Islamic % 20Insurgency.htm，2011 年 3 月 15 日瀏覽。

http://nationmultimedia.com/2006/04/27/headlines/headlines_ 30002592.php，2011 年 1 月 8 日瀏覽。

http://wesscholar.wesleyan.edu/cgi/viewcontent.cgi? article=1527 &con-text=etd_hon_theses，2010/10/18 瀏覽。

http://www.ihrc.org.uk/show.php? id=1292，2010 年 7 月 14 日瀏覽。

http://www.mssu.edu/projectsouthasia/tsa/VIN1/Mishra.htm

http://siteresources.worldbank.org/PGLP/Resources/S8Paper.pdf，2010 年

10 月 15 日瀏覽。

http://www.tdri.or.th/library/quarterly/text/j08_2.pdf，2010 年 10 月 16 日瀏覽。

"Thailand: Internal Security Act Threatens Democracy and Human Rights, Government Proposes Draconian Steps to Institutionalize Military Control," Human Rights Watch, November 5, 2007. in http://www.hrw.org/news/2007/11/04/thailand-internal-security-act-threatens-democracy-and-human-rights，2011 年 8 月 8 日瀏覽。

「沉默中的爆發」，星暹日報（泰國），2013 年 6 月 12 日。http://www.singsianyerpao.com/web/newsdetail.asp?id=3868&clang=1 2013 年 12 月 2 日瀏覽

「彩衫軍反對出台赦免法」，世界日報（泰國），2010 年 9 月 25 日。http://www.udnbkk.com/article/2010/0925/article_73791.html 2013 年 12 月 2 日瀏覽

「赦免法今審議 抗議示威掀高潮」，世界日報（泰國），2013 年 8 月 7 日。http://www.udnbkk.com/article/2013/0807/article_109276.html 2013 年 12 月 2 日瀏覽

「民主黨致函各國領事 說明反對赦免法」，世界日報（泰國），2013 年 8 月 19 日。http://www.udnbkk.com/article/2013/0819/article_109545.html 2013 年 12 月 2 日瀏覽

「修憲第68條涉違憲案 憲庭續審」，世界日報（泰國），2013 年 6 月 14 日。http://www.udnbkk.com/article/2013/0614/article_107804.html 2013 年 12 月 2 日瀏覽

「反赦免法 人民軍邀民主黨集會」，世界日報（泰國），2013 年 8 月 21 日。 http://www.udnbkk.com/article/2013/0821/article_109603.html

「修憲違憲案 紅衫軍促憲庭速裁決」，世界日報（泰國），2013 年 8 月 22 日。http://www.udnbkk.com/article/2013/0822/article_109631.html 2013 年 12 月 2 日瀏覽

「反赦免法升溫 泰愈趨不平靜」，世界日報（泰國），2013 年 11 月 3

日。http://www.udnbkk.com/article/2013/1103/article_111663.html 2013
年 12 月 2 日瀏覽

"Senators shoot down blanket amnesty bill," *Bangkok Post*, 12 November, 2013,
http://www.bangkokpost.com/news/local/379319/senators-reject-amnesty-
bill

"Suthep declares 'people's revolt: Protesters target 'total seizure' of govt agen-
cies," *Bangkok Post*, 30 November, 2013. http://www.bangkokpost.com/
news/politics/382361/suthep-declares-people-revolt 2013 年 12 月 1 日瀏覽

索引

三劃

六劃

七劃

十二劃

十三劃

十七劃

十八劃

十九劃

二十劃

世界史

泰國史 增訂版

作者	陳鴻瑜
發行人	王春申
編輯指導	林明昌
營業部兼任編輯部經理	高 珊
責任編輯	徐 平
封面設計	吳郁婷
印務	陳基榮
出版發行	臺灣商務印書館股份有限公司
地址	23150 新北市新店區復興路43號8樓
電話	(02) 8667-3712 傳真：(02) 8667-3709
讀者服務專線	0800056196
郵撥	0000165-1
E-mail	ecptw@cptw.com.tw
網路書店網址	www.cptw.com.tw
網路書店臉書	facebook.com.tw/ecptwdoing
臉書	facebook.com.tw/ecptw
部落格	blog.yam.com/ecptw

局版北市業字第 993 號

初版一刷：2014 年 2 月

增訂一版一刷：2015 年 11 月

定價：新台幣 650 元

泰國史 (增訂版) ／ 陳鴻瑜 著. --增訂一版. --

新北市：臺灣商務, 2015. 11

面 ； 公分. --（歷史 世界史）

ISBN 978-957-05-3020-9（平裝）

1. 泰國史

738.21   104019231

廣 告 回 信
板橋郵局登記證
板橋廣字第1011號
免 貼 郵 票

23150
新北市新店區復興路43號8樓
臺灣商務印書館股份有限公司 收

請對摺寄回，謝謝！

傳統現代　並翼而翔

Flying with the wings of tradtion and modernity.

讀者回函卡

感謝您對本館的支持，為加強對您的服務，請填妥此卡，免付郵資寄回，可隨時收到本館最新出版訊息，及享受各種優惠。

- 姓名：＿＿＿＿＿＿＿＿＿＿＿＿＿　性別：□ 男　□ 女
- 出生日期：＿＿＿＿年＿＿＿＿月＿＿＿＿日
- 職業：□學生　□公務(含軍警)　□家管　□服務　□金融　□製造
　　　　□資訊　□大眾傳播　□自由業　□農漁牧　□退休　□其他
- 學歷：□高中以下（含高中）□大專　□研究所（含以上）
- 地址：＿＿＿＿＿＿＿＿＿＿＿＿＿＿＿＿＿＿＿＿＿＿
　　　　＿＿＿＿＿＿＿＿＿＿＿＿＿＿＿＿＿＿＿＿＿＿
- 電話：(H)＿＿＿＿＿＿＿＿＿＿　(O)＿＿＿＿＿＿＿＿
- E-mail：＿＿＿＿＿＿＿＿＿＿＿＿＿＿＿＿＿＿＿＿
- 購買書名：＿＿＿＿＿＿＿＿＿＿＿＿＿＿＿＿＿＿＿
- 您從何處得知本書？
　　□網路　□DM廣告　□報紙廣告　□報紙專欄　□傳單
　　□書店　□親友介紹　□電視廣播　□雜誌廣告　□其他
- 您喜歡閱讀哪一類別的書籍？
　　□哲學‧宗教　□藝術‧心靈　□人文‧科普　□商業‧投資
　　□社會‧文化　□親子‧學習　□生活‧休閒　□醫學‧養生
　　□文學‧小說　□歷史‧傳記
- 您對本書的意見？（A/滿意　B/尚可　C/須改進）
　　內容＿＿＿＿＿＿　編輯＿＿＿＿＿　校對＿＿＿＿＿翻譯＿＿＿＿
　　封面設計＿＿＿＿＿　價格＿＿＿＿＿　其他＿＿＿＿＿＿＿
- 您的建議：＿＿＿＿＿＿＿＿＿＿＿＿＿＿＿＿＿＿＿＿

※ 歡迎您隨時至本館網路書店發表書評及留下任何意見

臺灣商務印書館　The Commercial Press, Ltd.

23150新北市新店區復興路43號8樓　電話：(02)8667-3712
讀者服務專線：0800-056196　傳真：(02)8667-3709
郵撥：0000165-1號　E-mail：ecptw@cptw.com.tw
網路書店網址：www.cptw.com.tw　網路書店臉書：facebook.com.tw/ecptwdoing
臉書：facebook.com.tw/ecptw　部落格：blog.yam.com/ecptw